聚焦先进理论方法、突破性科研成果、

前沿关键技术、典型工程应用，

记录中国高速铁路建设技术的发展历程。

邻近高速铁路立交工程
关键技术研究与实践

孙宗磊　苏　伟　禚　一　孟繁增　编著

RESEARCH AND PRACTICE ON KEY TECHNOLOGIES

OF ADJACENT HIGH SPEED RAILWAY INTERCHANGE ENGINEERING

人民交通出版社股份有限公司
北　京

内 容 提 要

本书面向邻近高速铁路立交工程安全控制需求，结合研究团队对数十座上跨、下穿、并行高速铁路的大型立交工程的研究与实践，初步构建邻近高速铁路立交工程安全控制关键技术体系。全书共分6章，主要内容包括：绪论、邻近高铁立交工程设计、邻近高铁立交工程安全影响评估、邻近高铁立交工程施工安全防护与控制、邻近高铁立交工程自动化安全监测技术、邻近高铁立交工程研究展望。

本书理论与实践并重，可作为从事该领域研究、设计、施工、安全控制和监测的科技人员及相关专业学生的参考书。

图书在版编目（CIP）数据

邻近高速铁路立交工程关键技术研究与实践/孙宗磊等编著.—北京：人民交通出版社股份有限公司，2023.10

ISBN 978-7-114-19010-0

Ⅰ.①邻… Ⅱ.①孙… Ⅲ.①高速铁路—桥梁工程 Ⅳ.①U448.13

中国国家版本馆CIP数据核字（2023）第187592号

Linjin Gaosu Tielu Lijiao Gongcheng Guanjian Jishu Yanjiu yu Shijian

书 名： 邻近高速铁路立交工程关键技术研究与实践
著 作 者： 孙宗磊 苏 伟 禚 一 孟繁增
责任编辑： 李学会
责任校对： 孙国靖 宋佳时
责任印制： 张 凯
出版发行： 人民交通出版社股份有限公司
地 址：（100011）北京市朝阳区安定门外外馆斜街3号
网 址： http://www.ccpcl.com.cn
销售电话：（010）59757973
总 经 销： 人民交通出版社股份有限公司发行部
经 销： 各地新华书店
印 刷： 北京印匠彩色印刷有限公司
开 本： 787×1092 1/16
印 张： 24
字 数： 506千
版 次： 2023年10月 第1版
印 次： 2023年10月 第1次印刷
书 号： ISBN 978-7-114-19010-0
定 价： 188.00元

翠亨路下穿京津城际铁路及京沪铁路（2012 年）

京台高速公路下穿京沪高速铁路（2016 年）

京雄城际铁路黄村高架车站邻近京沪高速铁路（2019 年）

青岛新机场连接线上跨胶济客运专线及青荣城际铁路（2020 年）

潍莱高速铁路上跨青荣城际铁路（2020 年）

沪宁沿江高速铁路上跨宁杭高速铁路（2022 年）

本书编审委员会

主　　任： 陈后军

副 主 任： 白鸿国　王　祯　宋顺忱

主　　编： 孙宗磊　苏　伟　禚　一　孟繁增

主　　审： 王召祜　张红旭

编写人员： 冯利波　李　艳　冯国军　牛远志　王淑敏
吴根存　张　军　左家强　施　威　刘　凯
顾津申　邸　昊　魏剑峰　张　海　张　上
商耀兆　赵　磊　李　悄　王　旭　杨学林
郭新伟　王胜杰　高　峰　杨　雷　历　付
吴大宏　邢继胜　林鸿洸　王砺文　吴佩泽

FOREWORD

前言

近年来，特别是党的十八大以来，我国交通事业取得了长足发展。根据《国家综合立体交通网规划纲要》，到 2035 年，我国铁路将达到 20 万 km 左右（其中高速铁路 7 万 km），公路将达到 46 万 km 左右。伴随我国“八纵八横”高速铁路网的逐渐形成以及综合交通网络的日益完善，上跨、下穿、并行高速铁路（以下简称“高铁”）的邻近立交工程日益增多。

高铁运行速度高，安全标准严格。邻近高铁立交工程在建设运营过程中的地应力场及地下水变化引起既有高铁结构变形，大型机械、临时结构物等失稳倾覆或高空坠物、漂浮物等导致侵限等，均将影响高铁运营安全。因此，针对邻近高铁立交工程关键技术开展系统研究，解决高铁运营安全与立交工程建设运营之间的矛盾，降低邻近高铁立交工程建设及运营风险，具有重大的经济和社会意义。

近十年来，中国铁路设计集团有限公司依托翠亨路下穿京津城际铁路、京台高速公路下穿京沪高铁、石济客运专线并行京沪高铁等典型工程，围绕邻近高铁立交工程关键技术研究及应用开展深入的理论分析与试验研究，先后承担了中国国家铁路集团有限公司科技研究开发计划重点课题“高速铁路立交工程关键技术研究”“石济客专并行京沪高铁施工监控及风险防范综合技术研究”，中国铁路设计集团有限公司课题“顶进框构对京津城际铁路桥梁安全防护技术研究”“软土地区临近运营高铁立交工程监测技术研究”“并行既有高铁工程措施、影响分析及监测技术研究”等，提出适用于邻近高铁立交工程的设计、风险评估管理、自动化监测、变形控制等综合成套关键技术，推进相关工程实施，为工程设计、管理、施工等提供理论和技术支撑，以保障高铁运营安全。

本书系统总结中国铁路设计集团有限公司在该领域的相关研究与实践，初步构建邻近高铁立交工程关键技术体系，可为今后同类工程提供参考与借鉴。全书共分 6 章。第 1 章绪论，系统介绍了邻近高铁立交工程的要求、国内外发展现状及本书主要内容。第 2 章在分析了邻近高铁立交工程设计理念与设计要求的基础上，介绍了上跨、下穿、并行高铁工程的设计方法，同时给出了丰富的工程设计实例。第 3 章介绍了邻近高铁立交工程的结构影响评估技术，包括评估项目分类及基本要求，评估标准、内容、方法，模型的建立方法等，并给出了丰富的影响评估实例。第 4 章主要介绍了基坑开挖、降水、堆载、顶进框构、旋喷桩施工等邻近高铁立交工程施工影响机理与安全防护设计技术。第 5 章介绍了邻近高铁立交工程自动化安全监测技术，包括监测方案设计、系统开发、数据处理等。第 6 章描述了邻近高铁立交工程未来需重点解决的问题，提出对未来研究的展望。

限于作者水平，书中难免有不妥之处，敬请读者批评指正。

作　者

2023 年 8 月

CONTENTS
目录

CHAPTER ONE

第 1 章

绪论

邻近高速铁路立交工程
关键技术研究与实践

RESEARCH AND PRACTICE ON KEY TECHNOLOGIES OF

ADJACENT HIGH SPEED RAILWAY INTERCHANGE ENGINEERING

高铁指新建设计速度 250～350km/h、运行动车组列车的标准轨距客运专线铁路，设计速度分为 250km/h、300km/h、350km/h 三级，包括设计速度为 250km/h 但初期运营速度为 200km/h，只运行客运列车的铁路。邻近高铁立交工程是指与既有高铁立体交叉或邻近并行的工程，包括上跨、下穿、并行高铁工程。随着铁路、高速公路、城市道路等交通基础设施的大规模建设，邻近高铁立交工程需求逐渐增加，据不完全统计，仅东北、华北地区自 2012—2022 年较大规模的邻近高铁立交工程就多达千余处。邻近高铁立交工程的建设运营会不可避免地对既有高铁产生影响，如杭甬高铁某桥墩由于周边城市建筑弃土导致线路横向偏移 14.6mm；京津城际铁路某桥墩由于邻近抽水引起差异沉降超限；其他京沪高铁、沪宁高铁、沪杭高铁等软土地段部分桥梁墩台，受附近基坑施工、抽水、堆载、卸载等工程建设影响，发生数十毫米甚至更大的横向偏移，超过了轨道扣件最大可调整量，使线路平顺性降低，只能采取限速运行，最终不得不进行抬梁、移梁和纠偏修复处理。高铁运营安全与邻近高铁立交工程建设运营之间的矛盾日益突出。

1.1 邻近高铁立交工程技术要求

1）优先下穿——采用新建结构下穿既有高铁

《铁路安全管理条例》（中华人民共和国国务院令第 639 号）规定，新建、改建设计开行时速 120km 以上列车的铁路或者设计运输量达到国务院铁路行业监督管理部门规定的较大运输量标准的铁路，需要与道路交叉的，应当设置立体交叉设施。新建、改建高速公路、一级公路或者城市道路中的快速路，需要与铁路交叉的，应当设置立体交叉设施，并优先选择下穿铁路方案。已建成属于前两款规定的铁路且道路为平面交叉的，应当逐步改造为立体交叉。新建、改建高铁需要与普通铁路、道路、渡槽、管线等设施交叉的，应当优先选择高铁上跨方案。目前大量新建结构采用桥梁、桩板、路基、U 形槽等方式穿越高铁桥梁结构，积累了丰富的设计施工经验。近年来，国家铁路局进一步发布了《公路与市政工程下穿高速铁路技术规程》（TB 10182—2017），对下穿高铁工程提出了更为具体的技术要求。

2）优先转体——采用转体桥梁结构上跨既有高铁

对于不具备下穿条件的立交工程项目，可采用上跨结构形式。转体施工方法，由于其具有占用天窗时间短、基础变形影响小、工期短等优势，在近年来实施的上跨高铁工程中被大量应用。各铁路局集团公司发布的路外工程管理办法中，都一致规定：当立交桥采用上跨高铁方案时，应优先采用上跨结构转体施工方法，并应使用异物侵限监测系统和视频监视系统等可靠的防护设施。受条件限制无法采用转体施工方案的立交工程项目，应在铁路局集团公司审查并提出审查意见后，报中国国家铁路集团有限公司工电部审查同意。因此，优先采用转体施工方法成为上跨高铁工程的主要跨越形式。

3）沉降控制——严格控制路桥等结构变形，确保轨道高平顺性

为了保证轨道的平顺性，邻近高铁立交工程设计施工时应严格控制既有高铁路桥等结构变形，控制附件沉降及变形影响，特别是在软土地区新建立交工程时，应开展软土条件下路基、桥梁基础附加沉降控制、监测、预测与评估等工作。考虑到地质条件复杂多变、地基土参数难以准确确定、地基土质分布不匀、地下水位变动等因素影响，实施过程中应与铁路设备管理单位建立联动机制，实时监控轨道状态，调整和优化轨道线形，确保高铁轨道保持高平顺性水平。

4）注重防护、提高标准——与高铁高标准建设及安全要求相匹配

防止上跨高铁工程异物坠落及保证既有高铁结构安全，是消除安全风险的两大方面。其中，上跨高铁工程防止异物坠落和下穿高铁工程防护结构形式选择是保障工程安全的重要防护措施，应与高铁高标准建设及安全要求相匹配。上跨高铁工程安全防护措施主要包括防撞、防抛和监控系统，以及相关附属设施。上跨高铁工程的桥梁结构除满足一般桥梁结构基本构造要求外，尚应具有比普通桥梁结构更高的安全度和防护措施。为保证高铁列车的安全运行、铁路运输系统安全高效运行，上跨高铁工程的桥梁结构应遵循“多级防护、缓冲承托、监测保障、便于维护”的设计原则。桥梁建成后须经过具有相应评估资质的安全评估机构进行详细安全评估，包括成桥后的荷载试验等，评估满足要求后方可开通使用。具体如下：

（1）提高防撞墙等级。根据《高速铁路设计规范》（TB 10621—2014）要求，上跨高铁工程桥上应采用两道防护，防护范围内桥梁防撞护栏应按不低于《公路交通安全设施设计规范》（JTG D81—2017）中规定的最高防撞等级进行特殊设计。内侧防撞墙采用 HA 级，外侧防撞墙采用 SS 级，两道防撞墙之间设置宽度不小于 1.5m 的缓冲带。

（2）设置防护网、防抛网及异物侵限监控装置。上跨高铁工程的桥梁两侧须设置坚固的防护网（板）进行垂直隔离封闭，防护网（板）设于防撞护栏上，其总高度不低于路面以上 4m，其中，路面以上 2.5m 高度以下的部分采用封闭式金属防护板，2.5m 高度以上采用防护网，防护网顶部向道路内侧弯折。为确保铁路行车安全，须在公跨铁立交桥上安装异物侵限监控装置。

（3）设置隔离设施。如中国铁路郑州局集团有限公司规定，为加强邻近营业线和营业线施工（维修）作业安全管理，防止施工作业人身、机具、材料侵限，须在作业区域与正在行车的线路之间设置隔离设施，隔离设施分为硬隔离和软隔离；隔离设施设置应向施工作业范围两端各延伸不少于 3m，如遇隧道、桥梁、房屋等无法延伸时则不再延伸。

（4）提高结构重要性系数。上跨高铁工程设计按照持久承载能力极限状态设计时，为避免一次灾害，杜绝次生灾害，根据结构破坏产生后果的严重程度，桥梁结构及相邻边跨的安全等级均采用一级，结构重要性系数为 1.1。

（5）提高公路荷载标准。上跨高铁工程应充分考虑桥上超载车辆运营对高铁安全的影

响，主跨及相邻边跨的车辆荷载标准应考虑 1.3 倍的提高系数进行设计，增加安全储备，保障桥下高铁的安全。

（6）提高铁路建筑限界余量。《高速铁路设计规范》（TB 10621—2014）第 3.3.6 条规定，跨越高铁的立交桥桥下净高，直线地段正线不应小于 7.25m，折返段及动车段内的线路不应小于 6.2m。根据上述原则，考虑上跨高铁工程竣工后的桥墩基础工后沉降影响，以及远期铁路养护维修抬道等影响，桥下设计净高应考虑预留 0.2～0.3m 余量，条件允许情况下宜预留更多富余量。

（7）提高新建结构抗震设防标准。《高速铁路设计规范》（TB 10621—2014）第 7.6.1 条规定，综合地震参数，抗震设防类别应按不低于公路（城市）桥梁抗震设计标准中规定的 B（乙）类采用，并满足《铁路工程抗震设计规范》（GB 50111—2006）的相关规定。

5）重视评估监测——全过程动态跟踪新建结构与既有高铁系统安全

（1）加强安全评估的全面性，确保高铁承载力、稳定、变形变位安全可控。

在高铁桥梁设计阶段，为保证高铁运营安全，根据《高速铁路设计规范》（TB 10621—2014）和《铁路桥涵设计规范》（TB 10002—2017），需要针对不同的荷载组合，对桥梁各构件的各项指标进行检算。其中，不同的荷载组合包括 15 类主力（结构构件及附属设备自重、预加力、土压力等恒载及列车竖向静活载，离心力、横向摇摆力、气动力等活载），6 类附加力（制动力或牵引力、风力、温度变化的影响等），6 类特殊荷载（列车脱轨荷载、汽车撞击力、地震力、长钢轨断轨力等）；需要检算的桥梁构件包括轨道板、梁部、支座、桥墩、承台、桩基。需要检算的指标包括强度、承载能力、刚度、稳定性、变形（梁体活载挠度、基础沉降、墩顶水平位移、两端水平折角、钢轨扭转角度等）、车线桥耦合动力指标等。

邻近高铁立交工程在建设、运营阶段对既有高铁产生竖向沉降、水平变形、土体压力等，这对既有高铁的强度、承载能力、刚度、稳定性、变形产生了全方位的威胁，必须重新考虑路外工程的多种附加荷载，与原设计各种荷载进行重新组合，全面检算高铁桥梁承载能力、刚度、稳定性、变形等，方可保证既有高铁安全。

（2）加强既有高铁变形监测，动态跟踪、动态调整确保安全。

《公路与市政工程下穿高速铁路技术规程》（TB 10182—2017）规定，邻近高铁立交工程施工应对高铁桥梁结构变形进行全过程监测，并根据动态评估结果调整施工工艺和工程措施。因此，安全评估和实时监测监控是确保新建工程结构施工安全和既有高铁运营安全的重要手段，只有做到动态施工、动态监测、动态评估，根据监测数值与理论评估数值的对比，动态调整评估土体参数，动态预测后续施工变形，才能确保二者系统安全可控。

6）注重环境保护——贯彻节能环保要求

在邻近高铁立交工程设计和施工措施的制定中，应贯彻环境保护和节能环保的设计原则：

（1）对于跨越铁路、公路等设施的立交桥梁工程，应制定安全、合理的施工方案，采取合理的防护措施，减少施工开挖对既有设施的破坏和行车干扰，基础施工期对既有路基等开挖，要加强防护及监测，确保施工安全，施工后应及时恢复。

（2）市区范围内的上跨高铁工程，其外形、色彩尽量做到与周围的环境相协调。

（3）注重节约用地，重视耐久性。

1.2 邻近高铁立交工程研究综述

近年来，随着国家综合交通网的不断发展和完善，邻近高铁立交工程不断增多，本书收集了千余处国内典型穿（跨）高铁的大型立交工程项目资料（限于篇幅，仅列出55处代表性工程），见表1-1。

邻近高铁立交工程统计表　　表1-1

序号	项目名称	类型	所属铁路局集团公司	运营铁路名称	运营铁路标准（速度）	上跨或下穿结构形式	上跨或下穿施工工法
1	京台高速公路下穿京沪高铁立交工程	下穿	中国铁路北京局集团有限公司	京沪高铁	350km/h，无砟	框构	顶进
2	京津高速公路互通式立交下穿京津城际铁路工程桩板桥专项设计	下穿	中国铁路北京局集团有限公司	京津城际铁路	350km/h，无砟	桩板结构	现浇
3	G104国道下穿津保高铁改建工程	下穿	中国铁路北京局集团有限公司	津保高铁	250km/h，有砟	桥梁	预制架设
4	天津市东丽航新路下津秦客运专线及京津城际铁路延伸线铁路工程	下穿	中国铁路北京局集团有限公司	津秦客运专线、京津城际铁路	350km/h，无砟	U形槽	现浇
5	北塘—黄港联络线工程北港路下穿津秦客运专线专项路面设计	下穿	中国铁路北京局集团有限公司	津秦客运专线	350km/h，无砟	路基	现浇
6	翠亨路下穿京津城际铁路工程	下穿	中国铁路北京局集团有限公司	京津城际铁路	350km/h，无砟	U形槽	现浇
7	唐山市国防道项目下穿津秦客运专线	下穿	中国铁路北京局集团有限公司	津秦客运专线	350km/h，无砟	框构	现浇
8	涿州（京冀界）至石家庄公路定兴连接线后段工程下穿京广高铁	下穿	中国铁路北京局集团有限公司	京广高铁	350km/h，无砟	桩板结构	现浇
9	涿州市北外环路及管道保护涵下穿京广高铁	下穿	中国铁路北京局集团有限公司	京广高铁	350km/h，无砟	框构	现浇
10	天津宜达水务管道下穿京津城际铁路工程	下穿	中国铁路北京局集团有限公司	京津城际铁路	350km/h，无砟	保护涵	顶进
11	禹门口提水东扩（二期）工程襄汾支线南支渠道工程下穿大西客运专线保护涵工程	下穿	中国铁路太原局集团有限公司	大西客运专线	350km/h，无砟	框构	现浇

续上表

序号	项目名称	类型	所属铁路局集团公司	运营铁路名称	运营铁路标准（速度）	上跨或下穿结构形式	上跨或下穿施工工法
12	哈尔滨市哈北市政通道穿越哈齐客运专线及滨洲线框构桥工程	下穿	中国铁路哈尔滨局集团有限公司	哈齐客运专线	250km/h，无砟	框构	现浇
13	临漳县 2017 年度地下水超采综合治理农村生活用水置换工程 3 处供水管道下穿京广高铁保护涵工程	下穿	中国铁路北京局集团有限公司	京广高铁	350km/h，无砟	保护涵	现浇
14	哈中庆公司天然气次高压支线工程（成高子—新海都）下穿哈牡高铁保护涵工程	下穿	中国铁路哈尔滨局集团有限公司	哈牡高铁	250km/h，有砟	保护涵	现浇
15	邯港高速公路下穿京沪高铁	下穿	中国铁路北京局集团有限公司	京沪高铁	350km/h 无砟	路基	现浇
16	邯郸市永年区农村生活用水管道下穿京广高铁保护涵工程	下穿	中国铁路北京局集团有限公司	京广高铁	350km/h，无砟	保护涵	现浇
17	邢台市牛尾河治理工程下穿京广高铁石家庄供电段电缆改移定向钻工程	下穿	中国铁路北京局集团有限公司	京广高铁	350km/h，无砟	保护涵	定向钻
18	邢台市泉北大街供水管道下穿京广高铁保护工程	下穿	中国铁路北京局集团有限公司	京广高铁	350km/h，无砟	保护涵	顶进
19	G309 青兰线坊子流戈庄至潍城潘里段改建工程上跨胶济铁路立交桥	上跨	中国铁路济南局集团有限公司	胶济铁路	250km/h，有砟	T 形刚构	转体
20	华北石化—北京新机场航煤管道下穿津保高铁保护涵工程	下穿	中国铁路北京局集团有限公司	津保高铁	250km/h，有砟	保护涵	顶进
21	临汾应急联络线输气管道工程下穿大西客运专线保护涵工程	下穿	中国铁路太原局集团有限公司	大西客运专线	350km/h，无砟	保护涵	现浇
22	东北新街—通达街热网工程（工厂街滨州线保护管）下穿滨州铁路及哈齐客运专线保护管工程	下穿	中国铁路哈尔滨局集团有限公司	哈齐客运专线	250km/h，无砟	保护涵	现浇
23	康化路积水治理工程退水管线下穿京津城际铁路保护涵工程	下穿	中国铁路北京局集团有限公司	京津城际铁路	350km/h，无砟	保护涵	顶进
24	太原润恒物流园区天然气管道下穿石太客运专线、大西客运专线保护涵工程	下穿	中国铁路太原局集团有限公司	石太客运专线、大西客运专线	250km/h，有砟；350km/h，无砟	保护涵	现浇
25	天津北塘—黄港联络线工程—北港路下穿津秦客运专线段专项路面设计	下穿	中国铁路北京局集团有限公司	津秦客运专线	350km/h，无砟	路基下穿	现浇
26	邢台城区集中供热管道下穿京广高铁保护涵工程	下穿	中国铁路北京局集团有限公司	京广高铁	350km/h，无砟	保护涵	现浇
27	河北建投邢台热电联产机组厂外补给水管线下穿京广高铁保护涵工程	下穿	中国铁路北京局集团有限公司	京广高铁	350km/h，无砟	保护涵	现浇
28	义乌疏港高速公路湖门互通穿越沪昆铁路、杭长高铁立交工程	下穿	中国铁路上海局集团有限公司	杭长高铁	350km/h，无砟	桥梁	预制架设

续上表

序号	项目名称	类型	所属铁路局集团公司	运营铁路名称	运营铁路标准（速度）	上跨或下穿结构形式	上跨或下穿施工工法
29	天域城自来水管道下穿京沪铁路、京津城际铁路2处保护涵工程	下穿	中国铁路北京局集团有限公司	京津城际铁路	350km/h，无砟	保护涵	顶进
30	玉泉路至大成路热力管线工程（玉泉路段）下穿京广高铁京西联络线、西长铁路工程	下穿	中国铁路北京局集团有限公司	京广高铁京西联络线	160km/h，有砟	隧道	浅埋暗挖
31	葆李沟河道治理工程（京沪高铁段）下穿京沪高铁工程	下穿	中国铁路北京局集团有限公司	京沪高铁	350km/h，无砟	隧道	定向钻
32	涿州市北外环路及管道保护涵下穿京广高铁工程设计	下穿	中国铁路北京局集团有限公司	京广高铁	350km/h，无砟	保护涵	现浇
33	涿州市影视城路管道保护涵下穿京广高铁工程设计	下穿	中国铁路北京局集团有限公司	京广高铁	350km/h，无砟	保护涵	现浇
34	榆次—晋源燃气管道下穿大西客运专线、太中银铁路、太原西南环铁路保护涵工程	下穿	中国铁路太原局集团有限公司	大西客运专线	350km/h，无砟	保护涵	现浇
35	太原东山复线（大盂—太旧高速公路）输气管道下穿大西客运专线保护涵工程	下穿	中国铁路太原局集团有限公司	大西客运专线	350km/h，无砟	保护涵	现浇
36	中庆燃气管线下穿哈大客运专线、京哈线防护涵工程	下穿	中国铁路哈尔滨局集团有限公司	哈大客运专线	350km/h，无砟	保护涵	现浇
37	德州市高铁新区主干道及配套管线下穿京沪高铁及石济客运专线工程设计	下穿	中国铁路北京局集团有限公司	京沪高铁、石济客运专线	350km/h，无砟；250km/h，有砟	路基	现浇
38	北京市南水北调配套南干渠下穿京沪高铁、京九铁路工程	下穿	中国铁路北京局集团有限公司	京沪高铁	350km/h，无砟	隧道	浅埋暗挖
39	北京市高碑店再生水厂及再生水利用工程东南四环再生水管线下穿京津城际铁路保护涵工程	下穿	中国铁路北京局集团有限公司	京津城际铁路	350km/h，无砟	保护涵	顶进
40	北京市南水北调配套南干渠下穿京津城际铁路工程防护设计	下穿	中国铁路北京局集团有限公司	京津城际铁路	350km/h，无砟	隧道	盾构
41	航新路下穿铁路工程	下穿	中国铁路北京局集团有限公司	京津城际铁路延长线、津秦客运专线	350km/h，无砟	U形槽	现浇
42	茶金路、唐津高速公路燃气管线下穿津秦客运专线、京津城际铁路延长线、京山铁路等保护涵工程	下穿	中国铁路北京局集团有限公司	京津城际铁路延长线、津秦客运专线	350km/h，无砟	保护涵	顶进
43	齐齐哈尔综合管线穿越哈齐客运专线、平齐线防护涵工程	下穿	中国铁路哈尔滨局集团有限公司	哈齐客运专线	250km/h，无砟	保护涵	现浇
44	安瑞佳石油液化气管线下穿哈齐客运专线、滨洲线防护涵工程	下穿	中国铁路哈尔滨局集团有限公司	哈齐客运专线	250km/h，无砟	保护涵	现浇
45	大庆油田储运销售分公司庆哈石油管线安全隐患治理工程穿越哈齐客运专线、滨洲线防护涵工程	下穿	中国铁路哈尔滨局集团有限公司	哈齐客运专线	250km/h，无砟	保护涵	现浇

续上表

序号	项目名称	类型	所属铁路局集团公司	运营铁路名称	运营铁路标准（速度）	上跨或下穿结构形式	上跨或下穿施工工法
46	齐齐哈尔燃气线穿越哈齐客运专线、平齐线防护涵工程	下穿	中国铁路哈尔滨局集团有限公司	哈齐客运专线	250km/h，无砟	保护涵	现浇
47	南昌市双港大街上跨昌北站立交桥改造工程	上跨	中国铁路南昌局集团有限公司	京九铁路（过高铁）	120km/h，有砟	系杆拱加劲连续梁	纵向顶推
48	绥大高速公路上跨哈齐客运专线、滨洲铁路立交桥	上跨	中国铁路哈尔滨局集团有限公司	哈齐客运专线	300km/h，无砟	T 形刚构	转体
49	省道齐齐哈尔至富拉尔基公路（嫩通高速至嫩江大桥段）跨平齐铁路及哈齐客运专线分离式立交	上跨	中国铁路哈尔滨局集团有限公司	哈齐客运专线	300km/h，无砟	连续梁	纵向顶推
50	荣乌高速公路新线京台高速公路至京港澳高速公路段下穿京广高铁专项道路设计	下穿	中国铁路北京局集团有限公司	京广高铁	350km/h，无砟	U 形槽	现浇
51	雄安新区容易线道路工程下穿京广高铁专项道路设计	下穿	中国铁路北京局集团有限公司	京广高铁	350km/h，无砟	路基	低填方路堤
52	德州东站车站北路、车站南路下穿京沪高铁、石济客运专线段路面及热力管线保护涵专项设计	下穿	中国铁路北京局集团有限公司	京沪高铁、石济客运专线	350km/h，无砟；250km/h，有砟	路基	低填方路堤
53	大庆油田中引水厂水源地替代工程供水管线防护套管下穿哈齐客运专线施工安全性评估	下穿	中国铁路哈尔滨局集团有限公司	哈齐客运专线	300km/h，无砟	保护涵	顶进
54	雄安新区大水大街下穿霸徐铁路专项道路设计	下穿	中国铁路北京局集团有限公司	霸徐铁路	200km/h，有砟	U 形槽	现浇
55	雄安新区津海大街北延延伸段下穿霸徐铁路立交	下穿	中国铁路北京局集团有限公司	霸徐铁路	200km/h，有砟	桥梁	现浇

1.2.1 邻近高铁立交工程设计施工发展现状

（1）上跨高铁工程设计施工发展现状

近年来，国内外多位专家学者针对上跨高铁工程桥式方案及施工方法开展了研究。2011年，余绍宾等研究了桥梁形式的选择、跨高铁施工所面临的困难、施工方法的比较、高速列车行驶产生的空气动力的影响及上跨高铁工程防护设计和施工，提出跨高铁桥梁形式可采用连续梁（刚构）、拱桥、斜拉桥等，指出选择跨高铁桥梁施工方案时，应尽量减少在高铁上空及附近的作业时间，不在线路内设置结构物；防护结构应充分考虑高速列车通过所产生的诱导气流的作用，比较了顶推法、转体法、悬臂浇筑法和现浇支架法的优缺点，指出转体法是比较理想的施工方法，提出了考虑列车风荷载下的防护设计要点、防护设计内容和施工流程。

具体工程方面，2011 年，唐文峰等针对漳州南联络线南靖至龙海高速公路上跨在建龙厦铁路的草坂大桥进行了设计方案比较，最终采用 50m 简支 T 梁，桥面两侧各采用 3m 平台，设置两道防撞墙及一道防抛网的形式进行防护。2013 年，孙浩林针对武咸城际铁路跨武广客运专线特大桥的转体牵引方法进行了探讨，提出了连续千斤顶法和顶推法相结合的转体牵引方法。2014 年，单旭针对某新建客运专线跨越武广客运专线设计方案进行了探讨，最终采用了连续梁悬浇方案跨越武广客运专线隧道段，采用挖井基础及旋挖钻基础，避免振动冲击既有隧道结构。2014 年，陈辉针对宁波绕城高速公路跨甬台温高铁施工技术开展了研究，该桥采用 56.45m + 115.3m + 44.5m 钢混叠合梁，与既有高铁交角为 150.66°，其研究并设计了跨高铁钢梁架设及防护平台，对既有高铁进行防护。2015 年，农纪源等以广西滨海公路上跨钦防高铁为例，介绍了钢箱梁转体法在公路桥梁跨越高铁营业线中的设计思路，阐述了钢箱梁转体系统组成及施工程序。该桥采用 2 × 50m 连续钢箱梁转体上跨钦防高铁，采用墩顶转体形式。钢箱梁分段，分片在工厂内加工后，运至现场进行纵横向拼接焊接。2015 年，岳迎九针对大西客运专线上跨郑西客运专线桥式方案进行了研究比选，综合考虑施工风险、难度、工期等因素，最终采用 64m + 68m + 64m 连续钢箱梁顶推方案。2016 年，王旭阳针对西成客运专线跨越郑西客运专线进行了桥式方案研究，该桥与郑西客运专线交叉角度为 14°，通过适用、经济、施工、安全等比选，最终采用 132m 简支钢桁梁顶推施工方案。2018 年，范文远以郑州航空港经济综合市政试验区道路穿越郑万高铁为背景，针对桥梁的不对称转体开展了研究，该桥采用预应力混凝土连续箱梁。2018 年，宋启运针对新建梅汕铁路跨杭深高铁特大桥 64m 简支钢桁梁架设的施工技术与安全管理进行了论述，该桥采用拖拉法施工。2019 年，贺文波针对厦深联络线上跨既有杭深高铁桥梁施工进行了探讨，该桥位于 800m 曲线半径上，采用 48m + 48m 混凝土连续箱梁跨越，顶推法施工。2019 年，史健等针对郑万高铁上行联络线上跨徐兰高铁的调索技术进行了研究，该桥采用 32m + 2 × 138m + 32m 混凝土梁斜拉桥，转体法施工。

综上所述，自 2011 年起，国内外专家学者针对上跨高铁工程桥式方案和施工方法进行了理论探索与实践，桥式方案涵盖了简支钢桁梁、钢箱连续梁、预应力混凝土连续箱梁等，施工工法涵盖了顶推、拖拉、转体等方法。

（2）下穿高铁工程设计施工发展现状

近年来，下穿高铁工程建设及研究逐渐增多。对表 1-1 中的 51 处下穿高铁工程的结构形式和施工工法进行统计，如图 1-1 和图 1-2 所示。

2013 年，李悄等以廊沧高速公路沧州市西绕城连接线下穿京沪高铁青沧特大桥工程为背景，采用基于 Plaxis 有限元程序的数值计算方法分析新建公路采取不同的结构形式对高铁的影响，最终采用路基形式下穿京沪高铁桥梁，并尽量减小填方，采用轻型筑路材料减轻路基填料重量。

2013 年，孙宗磊等以石济客运专线下穿京沪高铁桥梁为工程背景，分别按实体墩和框架墩两种结构方案，采用 Plaxis 三维有限元程序对京沪高铁桥梁沉降影响进行分析，以确定影响最小的结构方案，稳定线路走向。最终采用桥梁形式下穿既有京沪高铁桥梁，采用实体墩形式，并适当延长新建桥梁的桩基础长度。

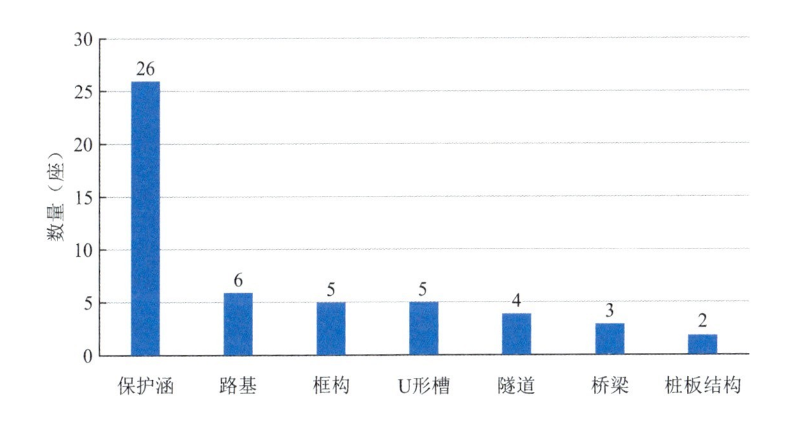

图 1-1　下穿结构形式对比分析

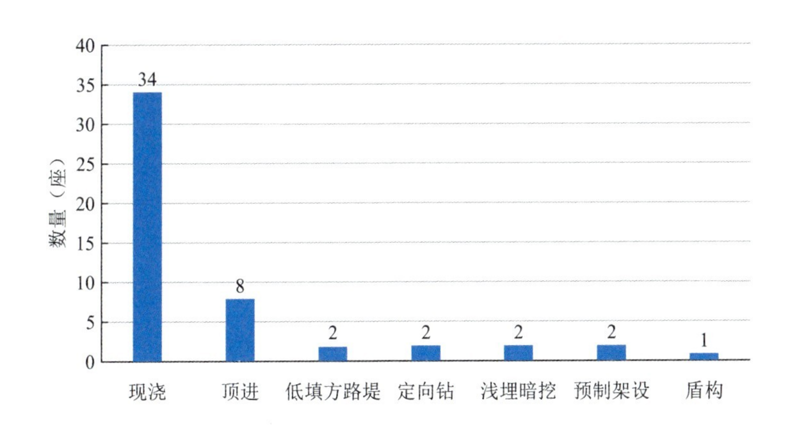

图 1-2　下穿施工工法对比分析

2014 年，张俭通过清远市几条市政道路下穿京广高铁方案设计的研究，总结确保高铁运营安全的 U 形槽和桥梁两种下穿高铁工程的设计方案，指出新建市政道路下穿运营中的高铁桥梁时，应综合考虑地形、地质条件、运营安全等要求，确定具体的下穿方案。穿越区域工程地质状况较好，路基填土在 2m 以下，地基持力层能满足 U 形槽的地基承载力要求时，首选 U 形槽下穿高铁工程设计方案。当穿越区域地质状况差，尤其是地基存在软弱下卧层，且路基填土较高在 2m 以上时，应选用桥梁方式穿越高铁桥梁的设计方案。

2014 年，李刚根据岳阳市京港澳高速公路岳阳连接线改造工程——白石岭路至随岳高速公路段的实际案例，对道路下穿高铁的情况进行了方案设计，提出了轻质路基填料填筑路基、挡土墙支护路基、U 形槽下穿以及桥梁下穿四个比选方案。经过比较分析，得出采用桥梁下穿高铁方案对高铁桥段影响最小。

2014 年，曾思坡以某城市道路下穿快速铁路干线为工程背景，研究了下穿桩板结构对高铁桥墩的影响，并提出设计和施工的注意事项及指导意见。

2015 年，高世强结合某新建高速公路下穿已建成的大西高铁桥梁工程，从桥梁承载力、垂直沉降和水平位移等方面分析新建下穿工程引起的土层变形对大西高铁桥梁的安全影响，该新建公路工程以路堤占压铁路桥墩承台下穿大西高铁桥梁时，铁路桥墩桩基础的承载力和沉降均超出规范要求，新建公路工程实施时改为以公路桥的形式下穿大西高铁桥梁。

2015 年，张文斌以某城际轨道交通下穿杭甬铁路桥梁工程为研究背景，为减少对杭甬铁路运营安全的影响，提出桩板路基及简支梁桥两种结构形式下穿高铁。并对新建的下穿结构在施工期间及运营阶段下，利用桩土共同作用有限元程序 Midas/GTS 等有限元软件，着重从桩基承载力、基础沉降等方面分析土体扰动对杭甬高铁桥梁的安全影响。研究结果表明，桩板路基及简支梁桥两种结构形式下穿既有高铁桥梁均是可行的。

2016 年，杨红春以新建道路穿越京沪高铁东石潭特大桥为例，分析新建混凝土桩板结构方案和新建路基方案对既有高铁桥墩和桩基的影响。指出，当地基土较软弱或对道路沉降变形控制较为严格时，可考虑使用板桩结构。当地基承载力满足要求时，在道路施工和运营对高铁桥梁的影响可允许的情况下，可优先考虑路基方案。路基填料可视情况使用普通路基合格土或轻质填料换填，路基边坡采用挡土墙或钻孔桩等进行支挡。一般情况下，采用道路路基方案下穿高铁工程，具有施工工艺简单、工期短、投资小的优点。

从规范层面，2017 年，国家铁路局发布了《公路与市政工程下穿高速铁路技术规程》（TB 10182—2017），并于 2018 年 4 月 1 日正式实施。该规范对受下穿工程影响的高铁桥梁结构变形标准，与高铁桥梁的安全距离及防护措施要求，不同地质条件下下穿工程钻孔桩与高铁桥梁基桩的最小间距，桥梁、桩板结构、U 形槽和框架结构以及路基下穿工程的选用原则、适用条件和结构最小长度，隧道、新开及改建河道、市政管线等下穿高铁的技术规定等进行了明确，提出了监测内容、方法、频率及变形测量精度等要求。

1.2.2 邻近高铁立交工程影响评估发展现状

李蓬结合济祁高速公路新建工程下穿郑徐高铁客运专线工程，对桥墩的影响进行了安全评估分析，考虑高铁桥墩基础承载力、基础沉降以及桥墩防撞等技术要求，提出了安全防护处置技术。路言杰结合新建狮峰路下穿京福高铁，采用数值分析方法建立有限元模型，对道路及施工荷载作用下软土地区桥梁基础受力变形进行三维数值仿真计算分析，评估道路下穿既有高铁桥孔安全性，提出相应控制措施。肖重祖以长沙市红旗路下穿沪昆高铁工程为背景，采用“层次分析法”风险评价模型对该项目施工阶段进行风险评估，根据项目风险评价的结果，对权重占比较大的项目风险给出相应的应对措施，制定出风险监控的流程，形成了一个完整的风险管理体系。2015 年，夏春燕以苏相公路下穿京沪高铁为例，对道路下穿高铁工程的情况进行了数值分析，得到了群桩基础的负摩阻力、桩身轴力和差异沉降，以及上部结构的位移，并对该设计方案进行了安全评估。2018 年，赵永明以亳州北一环道路下穿商合杭高铁段亳州特大桥 48m + 80m + 48m 连续梁为工程背景，采用通用有限元软件 ABAQUS，分 3 种工况进行土体和桥梁耦合的有限元分析计算，结果表明道路运营会对高铁桥梁基础产生一定的附加影响，设置 SS 级防撞墙可将危险源的风险等级控制为低度。禚一以天津地区邻近某高铁的道路下穿高铁工程为背景，运用 ABAQUS 软件建立三维数值分析模型，对不同距离、不同挖深、不同封闭式路堑节段的基坑施工过程进行了数值仿真分析。孟繁增对经典的分层总和法进行改进，研究了邻近基坑开挖对高铁桥梁桩基础影响的快速分析方法，并研发了相关的分析软件。

1.2.3 邻近高铁立交工程施工安全防护与控制发展现状

孙宗磊等依托京台高速公路下穿京沪高铁项目，采用风险交流法及专家调查法对下穿桥梁施工风险源进行定性辨识，再采用数值仿真分析法对施工期京沪高铁桥梁变形与桩基承载力进行安全评估，并基于自主研发的高铁桥梁变形自动化实时监测系统，利用实测数据对模型进行反演校正，进一步预测后续施工影响，采用配重调控法实现变形动态控制。王淑敏等针对软土地区及邻近既有高铁等特点，分别对工程防护设计与安全评估技术，高压旋喷桩施工和开挖对桥台影响试验，全封闭止水、开挖、顶进施工技术以及监测技术进行了深入研究和测试，指出针对降水、开挖、打桩等关键工序进行安全评估计算分析是必要的；采取“分段开挖、边挖边压、上下分层、同层分片、逐片推进”施工措施及“及时封底、分段浇筑”施工模式，可有效降低施工对高铁工程沉降变形的影响；旋喷桩施工对高铁影响较大，施工时需要注意控制旋喷压力，同时尽量在高铁结构 15m 以外。李悄等针对超深路堑下穿高铁和路基下穿高铁工程，分别提出了压重平衡顶推框构措施和换填轻型筑路填料措施，用来控制邻近施工对既有高铁变形的影响。孟繁增等基于实测数据，分析了邻近基坑开挖引起的高铁桥墩隆起现象及其产生机理。

1.2.4 邻近高铁立交工程自动化监测发展现状

随着目前新的测量技术和传输设备的出现，近年来高铁结构的变形监测经历了由人工监测为主向自动化监测与人工监测结合的转化，变形监测的自动化程度不断提高，分布式光纤、静力水准仪、计算机视觉技术测量、激光变形测量、自动化全站仪等接触式测量，遥感测量、合成孔径雷达干涉（Synthetic Aperture Radar Interferometry, InSAR）测量、全球导航卫星系统（Global Navigation Satellite System, GNSS）测量等非接触式测量技术不断发展。如禚一等研发了高铁工程结构沉降及变形自动监测分析预警集成系统（Structure Monitoring and Analysis Integrated System, SMAIS），采用大数据及云技术进行海量数据的传输及处理，在目前国内规模最大的高铁监测项目——石济客运专线并行京沪高铁监测项目中得到应用；张彬针对西安至成都高铁进行了灾害监测系统设计，得出了适用于中国高铁灾害系统的设备选择方案；包云等在系统分析印尼雅万高铁沿线自然灾害、侵限事故特点及监测需求的基础上，结合中国高铁自然灾害及异物侵限系统的建设经验，提出了雅万高铁自然灾害及异物侵限监测系统的设计方案；王凯采用“高分二号”遥感数据作为数据源，使用简单线性迭代聚类（simple linear iterative cluster，SLIC）超像素分割算法进行影像对象分割，对高铁的环境变化进行监测；王明明等对 GNSS 应用于高铁线路的自动化变形监测进行了探讨；朱为民等基于 InSAR 技术对京广高铁郑州段地面沉降进行了调查与监测。

1.3 本书主要内容

1.3.1 邻近高铁立交工程设计技术

邻近高铁立交工程安全控制的目标：一是确保高铁不限速条件下的运营安全，二是保证邻近高铁立交工程的顺利建设运营。为达到上述目标，分别从设计原则、设计标准、设计方法等角度介绍邻近高铁立交工程设计技术，主要包括上跨工程（简支梁、连续梁、钢桁梁桥、框架墩、部分斜拉桥、刚构桥等）、下穿工程（梁式桥、桩板结构、框架桥、U 形槽、路基结构等），以及邻近高铁并行工程等的结构方案、优缺点、设计简要注意事项、施工关键点，并列出了丰富的设计施工实例。

1.3.2 邻近高铁立交工程结构影响评估

邻近高铁立交工程改变了既有高铁的周边环境及地应力状态，导致既有高铁的桩基承载力、沉降、纵横向变位、结构内力等发生变化。本书针对邻近既有高铁桥梁结构的公路、铁路、管线、建（构）筑物等工程的施工、运营阶段，从设计层面对既有高铁桥梁结构受力及变形等安全性进行评估，并针对设计方案提出建议；介绍了邻近高铁立交工程结构影响评估的分类及基本要求，评估标准、内容、方法，模型的建立方法等，同时列举了丰富的影响评估实例。

1.3.3 邻近高铁立交工程安全防护设计与施工控制技术

在开展安全评估后，需要针对施工过程中的风险因素进行安全控制。针对高铁桥梁基础受周边堆载、开挖、旋喷桩施工等因素扰动的问题，分别以邻近京沪高铁桥梁周边土方堆载、下穿京沪高铁基坑开挖、邻近京津城际铁路桥梁旋喷桩施工等为工程案例，通过数值模拟与现场试验相结合的方法，研究了周边扰动对高铁桥梁基础的影响机理与规律，进一步开展针对性的防护设计；依托下穿京沪高铁顶进框构工程介绍了基于压重平衡法的动态施工控制方法。

1.3.4 邻近高铁立交工程自动化安全监测技术

邻近高铁桥梁立交工程施工及运营阶段，对高铁桥梁进行沉降和水平变形监测是确保高铁行车安全的重要措施。受自身的技术制约及高铁天窗上线等因素限制，传统的人工监测手段无法起到及时预警的作用，因此监测系统的自动化成为发展趋势。本书研究团队基于物联网与云技术，自主研发了一套高铁桥梁沉降及变形自动化监测系统，实现从现场数据的自动化采集入库、测量数据的实时处理分析、数据的实时查询展示，再到预警信息的报警以及人工手动测量数据的综合管理等一整套功能，达到自动化、实时化、远程化、可视化目标。本书基于静力水准系统及智能全站仪的自动化监测方法，仪器检验、安装、调试及系统维护管理，分布式架构的变形自动化监测系统软件等，介绍了自动化监测系统的总体方案。

本章参考文献

[1] 庄立科. 杭甬高铁桥墩基础偏移及纠偏处理[J]. 铁道建筑技术, 2014(06): 34-38.

[2] 陈占, 彭志鹏, 朱江江, 等. 运营高铁桥梁移梁纠偏关键技术研究[C]//中国铁道学会. 京沪高铁运营 10 周年学术论文集. 北京: 中国铁道出版社有限公司, 2022.

[3] 余绍宾, 张克, 陈涛. 跨高铁桥梁设计与施工[J]. 钢结构, 2011(02): 61-63.

[4] 唐文峰, 赵刚, 冯超. 公路桥梁跨越高速铁路最优方案探索[J]. 交通科技, 2011(03): 14-17.

[5] 孙浩林. 连续梁跨武广高铁转体牵引方法选择[J]. 铁道建筑技术, 2013(07): 9-13.

[6] 单旭. 新建客运专线跨越武广客运专线多种桥形比选[J]. 铁道勘察, 2014(05): 85-88.

[7] 陈辉. 跨高铁大跨度钢混叠合梁施工技术研究[J]. 安徽建筑, 2014(04): 150-152.

[8] 农纪源, 施智. 公路桥梁采用钢箱梁转体法上跨高铁营业线设计方案[J]. 西部交通科技, 2015(05): 50-53.

[9] 岳迎九. 大西客专上跨郑西客专的桥式方案研究[J]. 铁道建筑, 2015(07): 10-12.

[10] 王旭阳. 西成客运专线跨郑西客运专线桥式方案研究[J]. 铁道标准设计, 2016, 60(12): 65-70, 79.

[11] 范文远. 上跨高铁不均衡 T 构转体施工技术研究[J]. 铁道建筑技术, 2018(12): 69-72.

[12] 宋启宇. 跨高铁钢桁梁拖拉施工技术与安全管理[J]. 交通世界, 2018(12): 132-134.

[13] 贺文波. 跨高铁800m半径PC连续箱梁顶推施工控制研究[J]. 铁道工程学报, 2019(08): 56-61.

[14] 史健, 刘建峰. 郑万高铁上跨徐兰高铁转体斜拉桥斜拉索施工技术研究[J]. 交通世界, 2019(08): 77-78, 81.

[15] 李悄, 孙宗磊, 张军, 等. 软土地区新建公路下穿既有高铁影响分析及对策[J]. 高铁技术, 2013，2: 27-30.

[16] 孙宗磊, 李悄. 石济客专桥梁下穿京沪高铁沉降影响分析[J]. 铁道工程学报, 2013, 2: 54-57.

[17] 张俭. 新建道路下穿运营高铁桥梁的设计方案[J]. 中外公路, 2014, 4: 185-188.

[18] 李刚. 城市道路下穿高铁方案比选分析[J]. 广东建材, 2014, 6: 34-38

[19] 曾思坡. 城市道路下穿运营高铁桥梁的方案选择[J]. 城市道路与防洪, 2017, 4: 36-38

[20] 高世强. 桥梁桥下新建公路工程的安全性分析评估[J]. 铁道标准设计, 2015, 4: 64-66.

[21] 张文斌. 某新建轨道交通工程下穿既有高铁桥梁方案研究[J]. 铁道标准设计, 2015, 5: 83-85.

[22] 杨红春. 新建道路下穿高铁桥梁对高铁桥墩和桩基影响的分析[J]. 中国市政工程, 2016, 4: 7-9.

[23] 李蓬. 高速公路新建工程下穿高铁大桥安全影响评估及处置技术研究[J]. 郑州: 郑州大学, 2017.

[24] 路言杰. 新建道路下穿运营高铁桥孔安全评估技术的应用[J]. 上海铁道科技, 2017, 3: 37-39.

[25] 肖重祖. 红旗路下穿沪昆高铁工程施工风险管理研究[J]. 中外建筑, 2017, 11: 150-152.

[26] 夏春燕. 道路下穿段对高铁桥基础的影响性研究[J]. 公路工程, 2015, 2: 126-132.

[27] 赵永明. 道路下穿段运营对高铁桥梁基础的影响[J]. 兰州工业学院学报, 2018, 6: 25-26

[28] 禚一, 张军, 宋顺忱. 软土地区基坑开挖对临近高铁影响数值仿真分析 [J]. 铁道工程学报, 2014, 2(158): 41-47.

[29] 孟繁增. 临近地面荷载对桩基础竖向位移影响的简化计算[J]. 高速铁路技术, 2017, 8(01): 29-33.

[30] 孙宗磊, 孟繁增. 下穿高铁桥梁施工安全风险评估及变形动态控制技术[J]. 桥梁建设, 2022, 52(05): 135-141.

[31] 王淑敏. 软土地区下穿运营高铁通道工程关键技术研究[J]. 铁道标准设计, 2016, 60(09): 83-88.

[32] 王淑敏. 软土地区施工对临近高速铁路桥台影响的试验研究[J]. 高速铁路技术, 2016, 7(02): 69-75.

[33] 王淑敏. 临近既有高铁桥梁工程对运营安全性影响分析[J]. 铁道勘察, 2016, 42(02): 60-63.

[34] 李悄，孟繁增，牛远志. 压重顶进框构下穿高铁引起桥墩变形及控制技术[J]. 岩土力学, 2019, 40(09): 3618-3624.

[35] 李悄，孙宗磊，张军，等. 软土地区新建公路下穿既有高速铁路影响分析及对策[J]. 高速铁路技术, 2013, 4(01): 26-30.

[36] 孟繁增. 基坑开挖引起邻近高铁桥墩隆起变形实例分析[J]. 铁道标准设计, 2020, 64(04): 98-103.

[37] 禚一，王旭，张军. 高速铁路沉降自动化监测系统 SMAIS 的研发及应用[J]. 铁道工程学报, 2015, 32(04): 10-15.

[38] 张彬. 高铁灾害监测系统设备研究[J]. 自动化与仪器仪表, 2018(04): 246-250.

[39] 包云，王娇娇，杜亚宇，等. 雅万高铁自然灾害及异物侵限监测系统解决方案[J]. 计算机应用, 2019, 28(01): 20-25.

[40] 王凯. 基于超像素分割变化特征提取的高铁环境变化监测[J]. 铁道勘察, 2019, 4: 5-9, 32.

[41] 王明明，秦卓忠，张大庆，等. GNSS 基准站在高铁沿线自动化监测中的布局分析[J]. 北京测绘, 2019, 33(04): 419-422.

[42] 朱为民，汪宝存，宋会传，等. 基于 InSAR 的京广高铁郑州段地面沉降调查与监测[J]. 测绘与空间地理信息, 2019, 42(09): 61-63.

[43] 孙宗磊. 石济客专临近既有高速铁路桥梁设计[J]. 铁道工程学报, 2016, 209(02): 37-42.

CHAPTER TWO

第2章

邻近高铁立交工程设计

邻近高速铁路立交工程
关键技术研究与实践

RESEARCH AND PRACTICE ON KEY TECHNOLOGIES OF
ADJACENT HIGH SPEED RAILWAY
INTERCHANGE ENGINEERING

邻近高速铁路立交工程
关键技术研究与实践

RESEARCH AND PRACTICE ON KEY TECHNOLOGIES OF

ADJACENT HIGH SPEED RAILWAY INTERCHANGE ENGINEERING

设计是工程建设的源头，高质量的设计对于邻近高铁工程安全控制、质量控制、投资控制、进度控制极为关键。本章首先阐述邻近高铁立交工程设计原则、标准、控制指标和限值，然后结合丰富的上跨、下穿、并行高铁工程实例，分别介绍了不同形式邻近高铁立交工程的结构方案、设计要点、施工关键因素等。

2.1 设计原则

自 2011 年天津市武清区翠亨路下穿京津城际铁路、合肥市五湖大道上跨合肥北城站咽喉区等项目成功实施以来，我国上跨、下穿高铁的立交工程项目不断增多，技术发展日趋成熟,逐步形成了一套适应我国国情和满足时代需求的邻近高铁立交工程设计建设新理念。

（1）注重高铁运营安全与舒适

高铁桥梁与普通铁路桥梁的显著区别在于列车运行速度不同，确保设计速度目标值条件下的安全性与舒适性，是邻近高铁立交工程建设的关键之一，其涉及高铁营业线的静动力响应、桥梁结构非弹性变形、频率和路桥刚度过渡、大跨度桥梁低频振动、桥面构造以及高铁线形等方面要求。上跨、下穿高铁工程的基坑开挖、墩台浇筑、转体施工、防护结构施作等均有可能对既有高铁的运营安全产生影响，但应通过选择合理的穿跨越方案、结构形式、墩台布置、防护措施严格控制，不得恶化既有高铁运营条件。

（2）注重新建工程整体布局合理性

邻近高铁立交工程的建设在确保高铁运营安全的同时，也应统筹考虑新建工程的实际情况，二者应整体布局、统筹兼顾。下穿高铁工程应预留规划线位条件，优先考虑正交方案；同时，宜避开站场、道岔、曲线的缓和曲线及竖曲线区段。新建公路、城市道路、城市轨道交通工程上跨高铁工程宜选在平面线形为直线地段，困难条件下曲线半径不宜小于 2500m。上跨桥的最小纵坡不宜小于 0.3%，桥上机动车道纵坡不宜大于 3.0%。公跨铁立交桥交叉范围的公路视距应满足以下要求：高速公路、一级公路应满足停车视距；二、三、四级公路应满足会车视距。良好的上跨公路平、纵断面技术指标能有效降低公跨铁立交工程对高铁的安全运营风险，同时能降低跨线立交桥的工程投资。

（3）注重减少高铁运营干扰

新建工程选择的穿越结构形式不同，会对既有高铁的运营产生不同的影响，受高铁运营维修的天窗时间限制，尽可能少地占用天窗时间才能更好地减少由于新建工程建设引起的高铁运营损失。在上跨桥施工中，相比悬臂浇筑、悬臂拼装、顶推施工工法，转体桥施工工法能更少地占用天窗时间，对于降低高铁运营损失效果显著，因此，在满足施工安全防护距离等要求条件下，上跨高铁工程应优先采用上跨结构转体施工方案。

（4）注重减少服役期间的养护维修

重视耐久性设计，优先采用混凝土结构上跨、下穿高铁，根据我国高铁成网运输、维修天窗时间短的情况，按照环境类别或环境作用等级，进行上跨高铁工程的耐久性设计、施工，建造少维护、易维修的耐久性工程。

（5）注重优先桥下穿越

高铁桥梁比重大，个别高达正线线路总长的80%以上。净空条件适宜时，选择下穿高铁工程公铁交叉形式，可有效缩短工期，减轻干扰，降低工程投资。

（6）注重可持续发展

在规划设计时应注重可持续发展，长远布局，为铁路和公路（市政）工程的远期发展预留空间，一般要求上跨及下穿高铁工程应预留规划线位条件。

（7）注重节能、景观与环境相适应

邻近高铁立交工程的建设，必须考虑建设地区的环境因素，预判新建工程对环境的影响，解决不同自然环境条件下的基础设计、结构选型、环境相融性、构造措施等问题。

①注重节约用地。中国高铁多位于东、中部地区，该地区人口稠密、道路纵横交错，采用高架桥梁上跨既有高铁能更好地适应城市的规划与发展，方便沿线两侧居民的出行。

②塑造桥梁景观。尤其是跨越高铁位于城市中心或开发区时，作为永久性工程和标志性建筑的景观桥梁，必将融入当地居民的生活，给环境带来影响和变化。桥梁在发挥交通主要功能的前提下，还应体现出与环境和谐统一的美学特性，形成与环境相协调的桥梁景观。

（8）注重智能技术的应用

智能技术的发展深刻影响着人类的生产、生活活动，作为保障高铁运营安全的重要手段，智能监测、检测等智能技术得到铁路部门的高度重视，因此，在设计邻近高铁立交工程结构时，应注重智能技术的采用，选用经济合理、安全可靠的监测、检测设备。

2.2 设计标准

2.2.1 国家政策相关规定

《铁路安全管理条例》（中华人民共和国国务院令第639号）在第十二条、第十七条、第四十三条、第四十七条对高铁立交工程设计标准及限值进行了相应规定，具体如下：

第十二条　铁路建设工程的安全设施应当与主体工程同时设计、同时施工、同时投入使用。安全设施投资应当纳入建设项目概算。

第十七条　新建、改建设计开行时速120公里以上列车的铁路或者设计运输量达到国务院铁路行业监督管理部门规定的较大运输量标准的铁路，需要与道路交叉的，应当设置立体交叉设施。新建、改建高速公路、一级公路或者城市道路中的快速路，需要与铁路交叉的，应当设置立体交叉设施，并优先选择下穿铁路的方案。已建成的属于前两款规定情形的铁路、道路为平面交叉的，应当逐步改造为立体交叉。新建、改建高铁需要与普通铁路、道路、渡槽、管线等设施交叉的，应当优先选择高铁上跨方案。

第四十三条　下穿铁路桥梁、涵洞的道路应当按照国家标准设置车辆通过限高、限宽标志和限高防护架。城市道路的限高、限宽标志由当地人民政府指定的部门设置并维护，公路的限高、限宽标志由公路管理部门设置并维护。限高防护架在铁路桥梁、涵洞、道路建设时设置，由铁路运输企业负责维护。

机动车通过下穿铁路桥梁、涵洞的道路，应当遵守限高、限宽规定。下穿铁路涵洞的管理单位负责涵洞的日常管理、维护，防止淤塞、积水。

第四十七条　铁路与道路交叉的无人看守道口应当按照国家标准设置警示标志；有人看守道口应当设置移动栏杆、列车接近报警装置、警示灯、警示标志、铁路道口路段标线等安全防护设施。道口移动栏杆、列车接近报警装置、警示灯等安全防护设施由铁路运输企业设置、维护；警示标志、铁路道口路段标线由铁路道口所在地的道路管理部门设置、维护。

2.2.2 铁路行业相关规范

（1）《高速铁路设计规范》（TB 10621—2014）；

（2）《铁路桥涵设计规范》（TB 10002—2017）；

（3）《铁路桥涵钢筋混凝土结构设计规范》（TB 10092—2017）；

（4）《铁路桥涵地基和基础设计规范》（TB 10093—2017）；

（5）《铁路工程抗震设计规范》（GB 50111—2006）（2009年版）；

（6）《铁路混凝土结构耐久性设计规范》（TB 10005—2010）；

（7）《铁路工程设计防火规范》（TB 10063—2016）；

（8）《铁路给水排水设计规范》（TB 10010—2016）；

（9）《铁路技术管理规程》（TG/01—2014）；

（10）《公路与市政工程下穿高速铁路技术规程》（TB 10182—2017）；

（11）《高速铁路桥涵防公路车辆撞击装置》（TB/T 3513—2018）；

（12）国家铁路局关于印发《铁路营业线施工安全管理办法》的通知（国铁运输监〔2021〕31号）；

（13）国铁集团关于印发《国铁集团铁路营业线施工管理办法》的通知（铁调〔2021〕160号）；

（14）《铁路营业线施工安全管理办法补充规定》（铁总运〔2014〕180号）；

（15）《铁路工程基本作业施工安全技术规程》（TB 10301—2009）；

（16）《铁路工程沉降变形观测与评估技术规程》（Q/CR 9230—2016）；

（17）国铁集团工电部关于加强穿（跨）越铁路营业线和邻近营业线工程方案等审查和施工安全管理的通知（工电桥房函〔2020〕48号）；

（18）邻近铁路营业线施工安全监测技术规程（TB 10314—2021）；

（19）其他相关规范规定等。

2.2.3 公路及市政行业相关规范、规定

（1）《公路工程技术标准》（JTG B01—2014）；
（2）《公路桥梁抗风设计规范》（JTG/T 3360-01—2018）；
（3）《公路桥涵设计通用规范》（JTG D60—2015）；
（4）《公路圬工桥涵设计规范》（JTG D61—2005）；
（5）《公路钢筋混凝土及预应力混凝土桥涵设计规范》（JTG 3362—2018）；
（6）《公路桥涵地基与基础设计规范》（JTG 3363—2019）；
（7）《公路桥梁抗震设计规范》（JTG/T 2231-01—2020）；
（8）《公路工程抗震规范》（JTG B02—2013）；
（9）《公路桥涵施工技术规范》（JTG/T 3650—2020）；
（10）《公路交通安全设施设计规范》（JTG D81—2017）；
（11）《公路交通安全设施设计细则》（JTG/T D81—2017）；
（12）《公路铁路交叉路段技术要求》（JT/T 1311—2020）；
（13）《建筑基坑支护技术规程》（JGJ 120—2012）；
（14）《公路工程混凝土结构耐久性设计规范》（JTG/T 3310—2019）；
（15）《公路水泥混凝土路面设计规范》（JTG D40—2011）；
（16）《公路交通标志和标线设置规范》（JTG D82—2009）；
（17）《公路工程基本建设项目设计文件编制办法》（交公路发〔2007〕358 号）；
（18）《公路沥青路面设计规范》（JTG D50—2017）；
（19）《公路铁路交叉路段技术要求》（JT/T 1311—2020）；
（20）其他相关规范、规定等。

2.2.4 铁路相关规定及要求

1）中国国家铁路集团有限公司针对邻近高铁立交工程的规定

（1）强化设计源头质量

①公路、城市轨道交通和道路、人行过道与高铁及其相关联络线和动车走行线交叉工程应优先采用下穿铁路的方案。

②公路、城市轨道交通和道路上跨高铁及其相关联络线和动车走行线的路基、桥涵路段，以及上跨开行客车的普速铁路的路基、桥涵地段，桥梁施工应优先采用转体施工方案。受场地条件限制，上跨高铁工程施工无法采用转体施工方案时，设计文件中必须充分说明理由，并经专家论证会论证。

③公路、城市轨道交通和道路上跨铁路的桥梁不应采用 T 梁。

④公路、城市轨道交通和道路在铁路隧道浅埋地段上方通过时，宜采用桥梁跨越方案。

⑤无砟轨道区段的路基和有可能破坏地基加固效果的有砟轨道区段路基及各种过渡段，禁止框构顶进、管涵下穿。

⑥基坑支护设计应充分考虑列车荷载、水位变化、软土扰动、开挖深度、施工顺序等因素的影响。影响铁路安全运营的基坑，基坑支护结构应按现行《建筑基坑支护技术规程》（JGJ 120）一级安全等级设计。

⑦永久支挡要满足铁路设施长期稳定性要求，必要时需出具第三方评估报告。软土地区邻近铁路的河道（池塘）开挖改造清淤施工，影响铁路运营安全的，邻近铁路一侧应采用刚性防护桩防护。

⑧公路和市政工程下穿高铁技术要求应符合《公路与市政工程下穿技术规程》（TB 10182—2017）的规定。

（2）加强施工安全源头控制

①上跨高铁工程桥梁转体施工合龙段应设置在铁路建筑限界外，转体前应完成防撞墙浇筑和模板拆除，正式转体前应清理梁体内外杂物，称重、配重并试转确认。

②若采用顶推、挂篮施工或小箱梁架设施工，合拢段或横隔板应在铁路建筑限界外。防撞墙、防抛网施工应采用移动模架防护，防止异物坠落。桥下线路采用棚架防护时，应检算棚架抗落物、抗风雨雪的稳定性。

③基坑开挖需抽水降低地下水位的，应制定详细的降低地下水方案，并采取截水措施，降低地下水位影响线路稳定的应制定详细的线路加固方案。

④框构顶进、顶管、基坑开挖等影响基础稳定的工程，不宜在主汛期施工，确需施工时，应制定可靠的安全度汛措施，并经铁路局集团公司主管部门批准后，方可实施。

2）中国铁路北京局集团有限公司针对邻近高铁立交工程的规定

（1）穿（跨）铁路建设基本技术要求：

除应满足中国国家铁路集团有限公司的上述要求外，上跨铁路结构物应预留规划线位运输条件，满足施工安全防护距离等要求。

（2）立交桥上跨铁路建设技术要求：

①选择上跨铁路技术方案时，原则上应采用上跨结构转体施工方案，涉及高铁区段，应按照相关规范规定建立自然灾害及异物侵限监测系统，受条件限制无法采用转体施工方案的，设计文件中必须充分说明理由，并经专家论证会论证。

②公路、城市轨道交通和道路上跨铁路的桥梁不应采用 T 梁。

③上跨铁路立交桥的防抛屏应采用耐久性较好、施工质量容易控制的成品构件。

④公路、城市轨道交通和道路在铁路隧道浅埋地段上方通过时，宜采用桥梁跨越方案。

（3）下穿铁路建设技术要求：

①无砟轨道区段的路基和有可能破坏地基加固效果的有砟轨道区段路基及各种过渡段，禁止框构顶进、管涵下穿。

②下穿立交桥应预留规划线位条件，优先考虑正交方案，斜交时不宜小于45°，原则上应避开站场、道岔、曲线的缓和曲线及竖曲线区段，特殊情况，应经专家论证会论证。

③下穿铁路的各类管道工程原则上应采用防护结构，并应满足铁路及相关行业标准。

（4）邻近铁路建设技术要求：

①邻近铁路涉铁工程要充分考虑开挖深度、施工顺序、大型机械使用情况、新建构筑物功能、防撞结构、路基振动等因素对铁路运营安全的影响。

②基坑支护结构应按现行《建筑基坑支护技术规程》（JGJ 120）一级安全等级设计，公路工程应符合现行《公路铁路并行路段设计技术规范》（JT/T 1116）相关规定，邻近铁路爆破作业要遵守国家法律法规、国家和行业标准及《爆破安全评估规范》（T/CSEB 0009）、《爆破安全规程》（GB 6722）、《铁路工程爆破振动安全技术规程》（TB 10313）等规范规程的规定，原则上铁路线路路基坡脚、路堑坡顶、铁路桥梁外侧起向外以及铁路隧道上方中心线两侧各1000m范围内不宜进行爆破作业，特殊情况，应专家论证会论证。

（5）汛期不宜进行扰动路基、影响铁路排水的施工，无缝线路区段不宜在高温季节进行破坏道床阻力的施工，春运期间不宜进行影响列车正常运行秩序及设备正常使用的施工。

以上仅列举了个别路局的规定，在实践过程中，应遵守归口路局的具体规定。

2.2.5 技术标准

（1）《高速铁路设计规范》（TB 10621—2014）第5.4.1条关于高铁交叉、跨越时的规定如下：

①高铁与其他铁路、公（道）路交叉应按全立交设计。

②高铁与其他铁路、公（道）路交叉宜采用高铁上跨的方式，困难条件下经技术经济比选采用高铁下穿时，应采用安全可靠的防护措施。

③高铁与输油、输水、输气管道等设施交叉时，应采用高铁上跨的方式（隧道地段除外）。

（2）《高速铁路设计规范》（TB 10621—2014）第5.4.5条规定，高铁与公路并行间距较小且公路路面高程高于铁路路肩高程，或低于铁路路肩高程1.0m以内，应在靠近铁路的公路侧设置护栏，其防撞等级应符合有关规定。

（3）《高速铁路设计规范》（TB 10621—2014）第7.6.1条规定，新建公（道）路上跨高铁立交桥桥梁结构设计除应满足公（道）路相关设计标准的规定外，尚应符合下列规定：

①跨线桥跨及其相邻两边跨的安全等级采用一级，结构重要性系数为1.1。

②跨线桥跨及其相邻两边跨的汽车设计荷载采用相应标准设计荷载的1.3倍。

③抗震设防类别应按不低于公路（城市）桥梁抗震设计标准中规定的B（乙）类采用，并满足现行《铁路工程抗震设计规范》（GB 50111）的相关要求。

④梁部结构宜采用整体箱梁，采用其他结构形式时。应采取措施加强结构的整体性。

（4）《高速铁路设计规范》（TB 10621—2014）第7.6.1条规定，上跨高铁立交桥的新建公（道）路桥梁，其安全防护应符合下列规定：

①安全防护范围内桥梁护栏应采用两道防护，并按不低于现行《公路交通安全设施设计规范》（JTG D81）规定的最高防撞等级进行特殊设计。

②桥上应设置安全警示标志和接地系统。

③桥上应设置防落物网。

④桥面应采用集中排水方式，引出铁路范围以外。

⑤跨线范围内路面灯杆不宜设在桥面外侧，并采取防止灯杆倾覆坠落桥下的措施。

（5）《高速铁路设计规范》（TB 10621—2014）明确给出了工后沉降的定义、桥梁工后沉降量及差异沉降量限值要求，其内容如下：

①第 2.1.9 条给出工后沉降的定义：铺轨工程完成以后，基础设施产生的沉降量为工后沉降。

②第 7.3.10 条给出桥梁墩台基础的沉降应按恒载计算，其工后沉降量不应超过表 7.3.10 规定的限值，如表 2-1 所示。

静定结构墩台基础工后沉降限值（规范表 7.3.10） 表 2-1

沉降类型	桥上轨道类型	限值
墩台均匀沉降	有砟轨道	30mm
	无砟轨道	20mm
相邻墩台沉降差	有砟轨道	15mm
	无砟轨道	5mm

（6）《高速铁路设计规范》（TB 10621—2014）第 7.3.9 条给出墩台横向水平线刚度需要满足高速行车条件下列车安全性和旅客乘车舒适度的要求，并应对最不利荷载作用下墩台顶横向弹性水平位移进行计算。

在 ZK 活载（中国客运专线标准活载）、横向摇摆力、离心力、风力和温度的作用下，墩顶横向水平位移引起的桥面处梁端水平折角应不大于 1.0‰弧度。水平折角示意图如图 2-1 所示。

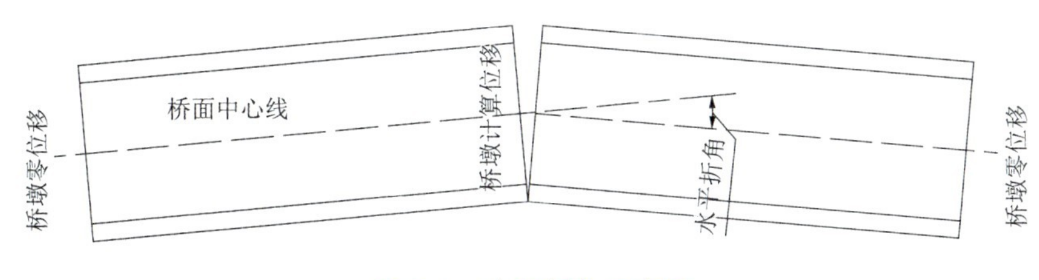

图 2-1 水平折角示意图

（7）《铁路桥涵设计规范》（TB 10002—2017）第 5.4.4 条规定，简支梁桥墩台顶面顺桥方向的弹性水平位移应满足下式要求：

$$\Delta \leqslant 5\sqrt{L} \tag{2-1}$$

式中：L——桥梁跨度（m）；当$L<24\text{m}$时，L按 24m 计算；当为不等跨时，L采用相邻中较小的跨度；

Δ——墩台顶面处的水平位移（mm），包括由于墩台身和基础的弹性变形，以及基底土体弹性变形的影响。

计算混凝土、石砌及钢筋混凝土墩台水平位移时，截面惯性矩I按全截面考虑，混凝土和石砌墩台的抗弯刚度取E_0I，钢筋混凝土的抗弯刚度取 $0.8E_0I$，E_0为墩台身的受压弹性模量。

（8）《高速铁路设计规范》（TB 10621—2014）第 6.4.2 条规定：路基工后沉降量应符合以下规定：

①无砟轨道路基工后沉降应符合线路平顺性、结构稳定性和扣件调整能力的要求。工后沉降不宜超过 15mm，沉降比较均匀，并且调整轨面高程后的竖曲线半径应符合式(2-2)的要求，允许的工后沉降为 30mm。

$$R_{\text{sh}} \geqslant 0.4v^2 \tag{2-2}$$

路基与桥梁、隧道或横向结构物交界处的工后差异沉降不应大于 5mm，不均匀沉降造成的折角不应大于 1/1000。

②有砟轨道正线路基工后沉降应符合表 2-2 的规定。

有砟轨道正线路基工后沉降控制标准（规范表 6.4.2） 表 2-2

设计速度（km/h）	一般地段工后沉降（cm）	桥台台尾过渡段工后沉降（cm）	沉降速率（cm/年）
250	≤10	≤5	≤3
300、350	≤5	≤3	≤2

（9）《高速铁路线路维修规则》规定，线路轨道静态几何尺寸容许偏差管理值见表 2-3 及表 2-4。

200～250km/h 线路轨道静态几何不平顺容许偏差管理值 表 2-3

项目	作业验收		计划维修	临时补修	限速（不大于 160km/h）
	有砟	无砟			
轨距（mm）	+2 −2	+1 −1	+4 −2	+6 −4	+8 −6
水平（mm）	3	2	5	8	10
高低（mm）	3	2	5	8	11
轨向（直线）（mm）	3	2	4	7	9
三角坑（mm/3m）	3	2	4	6	8
轨距变化率	1/1500		1/1000	—	—

注：1. 高低和轨向偏差为 10m 弦测量的最大矢度值。
2. 三角坑偏差不含曲线超高顺坡造成的扭曲量，在延长 18m 的距离范围内无超过表列的三角坑。

250（不含）～350km/h 线路轨道静态几何不平顺容许偏差管理值　　表 2-4

项　目	作业验收		计划维修	临时补修	限速（不大于 200km/h）
	有砟	无砟			
轨距（mm）	+2 −2	+1 −1	+4 −2	+5 −3	+6 −4
水平（mm）	2		4	6	7
高低（mm）	2		4	7	8
轨向（直线）（mm）	2		4	5	6
三角坑（mm/3m）	2		3	5	6
轨距变化率	1/1500		1/1000	—	—

注：1. 高低偏差和轨向偏差为 10m 弦测量的最大矢度值。
2. 三角坑偏差不含曲线超高顺坡造成的扭曲量，在延长 18 m 的距离范围内无超过表列的三角坑。

轨道静态几何不平顺长弦测量作业验收容许偏差管理值如表 2-5 所示。

轨道静态几何不平顺长弦测量作业验收容许偏差管理值　　表 2-5

项　目	基线长（m）	容许偏差（mm）	
		v = 200km/h	200km/h< v ≤350km/h
高　低	300	10	10
	30	3	2
轨　向	300	10	10
	30	3	2

注：表中容许偏差 2mm（或 3mm）指当基线长为 30m 时，相距 5m 任意两测点实际矢度差与设计矢度差的偏差；容许偏差 10mm 指当基线长为 300m 时，相距 150m 任意两测点实际矢度差与设计矢度差的偏差。

（10）《公路与市政工程下穿高速铁路技术规程》（TB 10182—2017）中要求，受下穿工程影响的高铁桥梁墩台顶位移限值应符合下列规定：

①不限速条件下，应符合表 2-6 的规定。

②不满足表 2-6 的要求时，可进行专项论证，但轨道平顺性应符合表 2-3、表 2-4 的规定。

墩台顶位移限值（单位：mm）　　表 2-6

轨道类型	墩顶位移		
	横向水平位移	纵向水平位移	竖向位移
无砟轨道	2	2	2
有砟轨道	3	3	3

（11）《邻近铁路营业线施工安全监测技术规程》（TB 10314—2021）中要求，高铁运营设备设施监测预警值、报警值和控制值可按表 2-7 确定。

高铁运营设备设施监测预警值、报警值和控制值（单位：mm） 表 2-7

监测项目			控制标准		
			累积量预警值	累积量报警值	控制值
轨道	轨道竖向位移		±1.2	±1.6	±2
	轨道水平位移		±1.2	±1.6	±2
桥梁	无砟轨道	墩台竖向位移	±1.2	±1.6	±2
		墩台顶部、底部横线路水平位移	±1.2	±1.6	±2
		墩台顶部、底部顺线路水平位移	±1.2	±1.6	±2
	有砟轨道	墩台竖向位移	±1.8	±2.4	±3
		墩台顶部、底部横线路水平位移	±1.8	±2.4	±3
		墩台顶部、底部顺线路水平位移	±1.8	±2.4	±3
路基	无砟轨道	路基竖向位移	+1.2 −3.0	+1.6 −4.0	+2 −5
	有砟轨道	路基竖向位移	+1.8 −4.8	+2.4 −6.4	+3 −8

2.3 控制指标及限值

综上所述，新建公路、市政道路及城市轨道交通工程上跨、下穿既有高速立交工程，应严格控制其施工过程中及后期运营对邻近高铁的影响。邻近高铁立交工程对高铁轨道、桥梁和路基变形影响控制指标及限值见表 2-8～表 2-10。

邻近高铁立交工程对高铁轨道变形影响控制指标及限值 表 2-8

序号	类别	控制指标	对应规范	单位	采用限值	备注
1	竖向位移量	轨道竖向位移	《邻近铁路营业线施工安全监测技术规程》（TB 10314—2021）	mm	2	无砟轨道
					2	有砟轨道
2	水平位移量	轨道横向位移	《邻近铁路营业线施工安全监测技术规程》（TB 10314—2021）	mm	2	无砟轨道
					2	有砟轨道

邻近高铁立交工程对高铁桥梁变形影响控制指标及限值 表 2-9

序号	类别	控制指标	对应规范	单位	采用限值	备注
1	竖向位移变形量	铁路桥梁墩台顶、底竖向位移变形量（附加值）	《公路与市政工程下穿高速铁路技术规程》（TB 10182—2017）、《邻近营业线施工安全监测技术规程》（TB 10314—2021）	mm	2	无砟轨道
					3	有砟轨道
2	沉降量	铁路墩台累计沉降量（设计值 + 施工附加值）	《高速铁路设计规范》（TB 10621—2014）	mm	20	无砟轨道
					30	有砟轨道

续上表

序号	类别	控制指标	对应规范	单位	采用限值	备注
3	差异沉降量	铁路相邻墩台累计差异沉降量（设计值＋施工附加值）	《高速铁路设计规范》（TB 10621—2014）	mm	5	无砟轨道
					15	有砟轨道
4	横向水平变形量	铁路桥梁墩台顶、底横向水平变形量（附加值）	《公路与市政工程下穿技术规程》（TB 10182—2017）、《邻近营业线施工安全监测技术规程》（TB 10314—2021）	mm	2	无砟轨道
					3	有砟轨道
5	横向水平变形量	铁路桥梁墩台顶横向水平变形量（设计值＋施工附加值）	《高速铁路设计规范》（TB 10621—2014）	mm	引起桥面处梁端水平折角不大于1‰弧度	
6	纵向水平变形量	铁路桥梁墩台顶、底纵向水平变形量（附加值）	《公路与市政工程下穿高速铁路技术规程》（TB 10182—2017）、《邻近营业线施工安全监测技术规程》（TB 10314—2021）	mm	2	无砟轨道
					3	有砟轨道
7	桩基承载力	铁路桥梁桩基单桩轴力值（设计值＋施工附加值）<单桩承载力值>	《铁路桥涵地基和基础设计规范》（TB 10093—2017）	kN	根据规范，按公式（6.2.2-2）计算	

邻近高铁立交工程对高铁路基变形影响控制指标及限值　　表2-10

序号	轨道类别	类别	控制指标	采用限值	单位	对应规范
1	无砟轨道	沉降量	路基与桥梁交界处的工后差异沉降	≤5	mm	《高速铁路设计规范》（TB 10621—2014）
2		竖向位移	竖向位移	+2 −5	mm	《邻近营业线施工安全监测技术规程》（TB 10314—2021）
3	有砟轨道	沉降量	沉降速率	30	mm/年	《高速铁路设计规范》（TB 10621—2014）
4		竖向位移	竖向位移	+3 −8	mm	《邻近营业线施工安全监测技术规程》（TB 10314—2021）

2.4 上跨高铁工程设计

随着我国高铁的快速发展，上跨高铁工程作为重要建设形式，越来越多地出现在邻近高铁立交工程建设中，其设计及施工成为我国桥梁设计中普遍关注的问题。本书主要介绍钢桁梁桥、框架墩、部分斜拉桥及刚构桥等上跨高铁工程结构形式。

2.4.1 上跨高铁工程设计要点

1）桥梁跨度的确定

桥梁跨度的确定应综合考虑以下因素：

（1）桥梁跨度应结合新建结构对既有高铁变形的影响评估，合理确定桥墩与既有线的距离，从而确定桥梁的跨度。

（2）跨线立交的桥墩一般要求路堑地段设在侧沟外侧，路堤地段不宜侵占路基边坡，且应确保排水系统的畅通和路基边坡的稳定性，桥墩设置除满足限界要求外，尚应考虑桥墩及其基础施工影响范围，且基坑应采取适当防护措施。

（3）当采用旁位现浇转体施工时，现浇支架不宜侵入铁路边坡，同时结合现浇支架高度（倒塌等不利情况下不侵入铁路限界）等综合因素确定桥梁跨度。

（4）上跨高铁工程的设计范围还应结合高铁现状及远期规划统筹考虑，如果既有高铁附近有远期规划的铁路线位，宜将规划线涵盖设计范围内。

（5）既有高铁设施（管线、回流线、道岔等）

2）桥位选择的原则及平面要求

（1）根据立体交叉位置附近的地形、地貌、规划以及全线纵断面的贯通情况，经过经济技术比较，合理选择桥位方案。

（2）位于铁路区间时，立体交叉的位置宜选择在铁路的直线段通过，在铁路的曲线段，设计时要注意铁路限界的曲线加高、加宽值，并考虑特种车辆超限通过的可能以及提速改造曲线半径调整的可能。

（3）位于铁路枢纽时，立体交叉的位置宜避开铁路的信号机及咽喉区。采用上跨方案时，桥墩的位置容易影响铁路的瞭望视距，采用下穿铁路方案时，对于信号机和道岔的防护将非常困难。

（4）桥位的选择要考虑接触网立柱的位置，宜在接触网立柱之间通过，对于上跨铁路方案，接触网立柱是铁路建筑物的最高点，这样有利于降低纵断面。采用下穿铁路的设计方案时可以避免接触网立柱的防护或拆改，也有利于铁路运营的安全。总之，桥位避开接触网立柱，既有利于减小施工组织的难度，缩短工程的施工周期，又能够有效地降低工程费用。

（5）上跨桥墩的基础不宜放在铁路路基或路堑的边坡，否则，在施工期间应该有对边坡稳定的防护措施和畅通的排水通道。

（6）考虑到上跨高铁工程的特殊性、重要性，以及考虑铁路信号机的瞭望条件，公（道）路上跨高铁工程宜选在直线地段，确实需要曲线通过时，曲线半径不宜小于2500m。

（7）公（道）路与铁路立交范围内的公路视距要求为：高速公路、一级公路应满足停车视距；二、三、四级公路应满足会车视距。

（8）宜在上、下两线均为平坡、直线段位置交叉。

（9）丘陵地区上跨线宜利用地形地势在下穿线的路堑段跨线。

（10）平原地区无路堑可资利用时，宜选择在下穿路基高程最低处跨线。

3）上跨高铁桥纵断面要求

（1）在桥梁设计过程中，应该充分考虑上跨结构在使用过程中基础沉降的影响，沉降的控制值除了结构的受力要求外，还应使桥跨结构最低控制点满足铁路限界的规定，同时考虑铁路规划的要求。

（2）上跨结构的各构件与高铁接触网结构带电部分最小距离不少于500mm（核实）。当海拔超过1000m时（核实），应适当增加。在距接触网支柱及带电部分5m范围内的金属结构物必须接地。

（3）上跨立交桥最小纵坡不宜小于 0.3%，桥上纵坡机动车道不宜大于 3.0%。

4）决定结构形式的主要设计因素

上跨高铁工程设计前，需收集高铁影响区范围内的铁路规划、线路、桥梁结构、轨道结构和行车速度等资料，查明工程地质、水文地质和环境条件等资料。收集铁路与公路的交叉里程、角度、线间距、信号机及电杆位置、内外轨面高程、路基侧沟的排水情况、边坡的防护情况以及铁路两侧的电缆、电线位置。此外，还应收集高铁的竣工资料，对于上跨位置位于高铁桥梁的情况，应包括高铁桥梁的桩基、承台、墩、梁体及桥下净空等资料；对于上跨位置位于高铁路基或路堑的情况，应包括地基处理情况、横断面等资料。还应调查承力索、回流线（或最高的电线）的高程和外侧电线距立柱中心的距离。对于曲线上的铁路，要调查铁路的曲线半径、瞭望条件和通视情况。另外，还应对高铁设备的使用情况、已发生的沉降情况、有无缺陷等进行详细调查。

根据高铁设备状况、自然因素和地质条件、平纵断面等情况，上跨结构物可有多种选择。如道路上跨高铁，可能采用的结构形式有钢桁梁、钢箱梁、框架墩、预应力混凝土 T 构桥、连续梁桥、简支梁桥、部分斜拉桥、斜拉桥等，不同的上跨工程结构形式对高铁的影响不同。影响结构形式选择的主要因素如下：

（1）上跨处高铁的现状

主要掌握既有高铁的设计及现状情况，同时对高铁设备的使用情况、当前沉降情况是否超限、有无病害等进行详细调查。以上内容决定是否能在该高铁段落内上跨。

（2）上跨高铁工程的平、纵断面

在决定能够上跨的情况下，按照所在项目的设计标准进行平、纵断面设计，平面决定了桥梁跨度，纵断面决定了梁高。

（3）地质资料

根据上跨位置地质资料，对上跨桥对既有高铁的结构影响进行仿真分析。比如采用转体桥时，跨度越大，其桥墩与既有高铁的距离越远，但同时桩基承载力和基坑加大，因此应对既有高铁的结构影响进行计算。一般而言，采用钢结构上跨较混凝土结构上跨对高铁的影响要小，但资金投入和后期维护成本较大。具体的结构形式应根据上述因素综合确定。

5）结构设计要求

（1）主体结构设计要求

①宜采用整体箱梁

对于上跨高铁的立交桥桥式结构，要求整体性好，即使采用简支结构，也应采用连续桥面。跨区间线路立交桥梁宜优先采用箱梁，当采用多片式箱梁时，应加强桥面板的连接，使其具有较好的整体性。

空心板梁行车不舒适、耐久性不好、养护不方便，铰梁数量较多，是薄弱环节，容易出现结构病害。如出现问题，将造成混凝土块体下坠，对高铁运营危害较大。

组合式简支T梁采用分片预制架设，跨越能力较大，施工简便，但由于横隔梁数量较多，桥位现浇的湿接缝圬工量大，如出现问题，将造成混凝土块体下坠，对高铁运营危害较大。另外，T梁的横向连接是薄弱环节，容易出现结构病害。

与T梁相比，组合式简支小箱梁横隔板数目少，现浇湿接缝工作量小，通过在箱梁内预埋不锈钢板作为湿接缝底模，减小对高铁运营的干扰。在中横隔板能避开高铁线路上方的情况下可以采用。

②宜采用养护工作量小的混凝土梁结构

钢结构、钢混结合梁等养护工作量较大，拱桥及斜拉桥等结构的吊杆和拉索易锈蚀失效造成结构承载能力降低，均应谨慎采用。宜选择混凝土梁结构，对于大跨度桥梁，可采用变截面连续梁和连续刚构等。

（2）附属设施设计要求

公路（道路）、城市轨道交通等上跨高铁工程在运营期间的安全风险具体统计如表2-11所示。

上跨高铁工程运营期间安全风险统计分析　　表2-11

危险源	风险原因	风险管理方式
异物坠落铁路	汽车冲撞护栏，由于护栏防撞能力不够，造成车辆坠落	提高公路桥梁护栏防撞能力
	发生道路交通事故，物品洒落铁路	完善桥梁防抛及监控体系
	人为随意抛掷物品	完善桥梁防抛及监控体系
	悬挂于铁路上的桥梁纵向排水管意外坠落	不得有外露的悬挂物置于高铁上方
	桥上的路灯灯柱意外倾覆下坠	主孔桥面路灯灯柱高度不得超过灯柱至桥边缘的横向长度
	桥上广告牌、各类管线意外坠落	禁止高铁上方设置广告牌及各类管线桥
桥梁结构坍塌	超载车辆长期无序通过，损坏桥梁结构	加强超载治理，提高跨高铁部分桥梁结构的设计安全度
	施工原因造成桥梁结构存在质量缺陷	严格按设计施工，加强施工质量
	地震等不可抗力因素	立交桥的抗震不低于桥下高铁的抗震设防要求

从表2-11可以看出，防止桥上异物坠落与确保桥梁结构安全，是消除安全风险的两大方面。其中防止异物坠落是上跨高铁工程安全防护措施的主要内容，包括设置防撞、防抛、监控系统，及相关附属设施。附属设施的设置应符合《高速铁路设计规范》（TB 10621—2014）、《公路铁路交叉路段技术要求》（JT/T 1311—2020）、《铁路工程防火设计规范》（TB 10063—2016）、《中国铁路总公司关于完善高速铁路桥梁附属检查设施和改进异物侵限现场监测装置安装方式的通知》等相关技术要求。

6）上跨高铁结构施工方法

（1）预制架设法

预制架设施工是在工厂或现场专门辟出桥梁的制作场地，集中制作预应力混凝土或钢梁。通过场内或场外运输至吊装工地，根据现场的不同情况采用相应的起重机械和吊装工艺，将梁按设计的顺序吊放安装至墩柱的支座上，最后，根据设计要求，形成简支梁或经过体系转换形成连续梁。

预制架设常采用起重机和架桥机等设备架设预制梁体。采用起重机架设时，要求的吊装设备比较简单，但起吊能力有限，且占用施工场地，一般适用于架设中、小跨度梁。

采用架桥机架设梁体，可不受桥下净空限制，对桥下铁路干扰小，但所需架桥设备较复杂。一般也用于中、小跨度梁的架设。

因此，预制架设法适用于跨铁路的中、小跨度梁。

（2）悬臂灌筑法

悬臂灌筑法又称挂篮法。在墩柱两侧常采用托架支撑，灌筑一定长度的梁段，称为起步长度。以此节段为起点，通过挂篮的前移，对称地向两侧逐段灌筑混凝土，并施加预应力，如此循环作业，每个节段一般长 2～6m。我国已建成的大跨度预应力混凝土连续体系桥梁，大多数都采用这种方法施工。

悬臂灌筑法施工的优点是：

①修建过程中，不需要繁重费工的支架工程。

②梁的跨度可做得较大。

③工序简单，施工设备少。

④施工时可以采用多工作面施工，缩短总工期。

其缺点是：在线路上方作业时间较长，对运营影响大，存在挂篮坠落等不安全因素。不宜在高铁线路上方合龙。

（3）顶推法

顶推法是沿桥轴线方向的墩台后开辟预制场地，通过水平液压千斤顶施力，借助滑动装置，将预制梁逐段向对岸顶推，就位后落架，更换正式支座完成桥梁施工。根据顶推装置布置不同，分为单点顶推与多点顶推。集中设在一处的为单点顶推，将总的顶推力分散到多个桥墩上的为多点顶推。

顶推法的优点包括：

①适用于中等跨径、等截面、多跨连续梁桥施工。

②适于施工场地狭小，桥下空间不能利用的施工现场。

③混凝土的浇筑和顶进工作面始终不变，适于工厂化生产。

④当孔径小于 50～60m 时可不设临时支墩，对既有高铁干扰小。

顶推法的缺点是：

①不适应变截面桥梁等桥型施工。

②通常全桥只能有两个工作面，不能多孔同时施工。

③大跨度桥梁上跨既有高铁施工时，一般需要设置临时墩，会对既有高铁造成干扰。

由于线内作业较多，存在较大安全风险。

④较其他方案而言，在铁路上方作业周期较长，对于混凝土结构顶推期间易开裂，目前混凝土结构较少采用顶推法。

（4）转体施工

桥梁转体施工是指将桥梁结构在非设计轴线位置制作（浇筑或拼接）成形后，通过转体就位的一种施工方法。它可以将在障碍物上空的作业转化为岸上或近地面的作业。根据桥梁结构的转动方向，它可分为竖向转体施工法、水平转体施工法（简称竖转法和平转法）以及平转与竖转相结合施工法，其中以平转法应用最多。

竖转法主要用于肋式拱桥中，当跨径增大以后，拱肋过长，竖向塔架过高，转动也不易控制，因此一般只在中小跨径中应用。

采用平转法施工的桥梁除斜拉桥外，还有 T 构桥、钢桁梁桥、预应力连续梁桥、连续刚构桥和拱桥。

大量跨线桥的施工非常适合采用转体施工技术，同时，转体桥梁也在朝着大吨位、大跨度的方向发展，具有广泛的应用前景。

转体施工的优点是：

①适合连续梁、连续刚构桥、斜拉桥和拱桥桥型施工。

②可在跨中或梁端合龙。施工跨越能力大，对既有高铁干扰小。跨线作业时间短（对于高铁，可利用 0～4h 的天窗时间转体到位），安全风险小。

③转体施工法用桥梁结构本身做成转动体系，充分利用结构本身及结构用钢作为施工设备，大大减少了钢管等周转性材料的投入。

④改变了施工环境和施工条件，施工安全得到了保证。

⑤施工简单快速，有利于加快工程进度，缩短施工周期。

转体施工的缺点是：

①施工中钢筋混凝土球铰（上、下转盘）的加工支座、磨合等工艺都很烦琐复杂，精度控制对于土建施工而言难度较大。

②转体施工结构为了减轻质量、增大跨度，尽量采用轻型结构或劲性骨架，这样很容易使得结构的稳定性降低，所以转体阶段容易出现结构失稳的现象，必须予以关注。

③设计较复杂，施工费用相对较高。

（5）整体支架浇筑法

整体支架浇筑法包括满堂支架施工和组合支架施工。整体支架浇筑法因为需要在桥下满布膺架或者搭设大量临时支墩再在其上方搭设支架，会阻碍交通或对既有高铁行车带来很大影响，对于上跨高铁工程的桥梁不宜采用，可用于上跨在建高铁的桥梁。

（6）施工方法比选

上跨高铁工程各种施工方案优缺点对比见表 2-12。

各种施工方法优缺点对比 表 2-12

施工方法	适用桥型	优点	缺点
预制架设	简支梁	设计和施工相对简单，工艺成熟，施工费用较低。可利用天窗时间进行架梁	架梁跨度较小，一般跨度最大不超过 50m，受到限制
悬臂法	连续梁、连续刚构、斜拉桥	适用于多种桥型，施工费用较低	在线路上方作业时间较长。需要设置防护棚，防护棚的施工与线路运营相互干扰，存在一定安全风险。不宜在高铁上方合龙，难以取得铁路管理部门的审查通过
纵向顶推	钢结构、连续梁、连续刚构	适合小跨度、多跨、等截面桥梁施工；对于 50～60m 及以下跨度，可以不设临时支承墩，对既有高铁干扰小	不适应变截面桥梁施工；对于大跨度桥梁施工时，要设置临时墩，对既有高铁造成干扰，线内作业较多，存在较大安全风险
转体施工	连续梁、连续刚构、斜拉桥和拱桥	可在跨中或梁端合龙。施工跨越能力大，对既有高铁干扰小。跨线作业时间短(对于高铁，可利用 0～4h 的养护时间转体到位)，安全风险小	设计施工较复杂，施工费用相对较高
整体支架浇筑法	简支梁、连续梁、连续刚构和拱桥	适合变宽度桥梁或弯桥以及复杂外形桥梁；施工中不需要体系转换；对机具和起重能力要求不高，施工较简便	在线路上方作业时间较长。不宜用在跨既有高铁立交桥的施工；对地基处理要求严格；需要大量脚手架，设备周转次数少，施工周期长；阻碍桥下通道

上跨高铁立交桥设计的首要任务是要保证既有高铁的正常安全运营，而合理的施工方法是实现这一任务的关键所在。在选择跨越高铁的桥梁施工方案时，应尽量减少在高铁上空及附近的作业时间及工作量，尽量不在线路内设置结构物。对于上跨既有高铁的立交桥梁施工，整体支架浇筑法和悬臂浇筑法施工对既有高铁列车运营有较大影响，存在较高的安全风险，故一般仅用于上跨在建高铁的立交桥施工。

综上所述，上跨既有高铁桥梁不同桥式结构及施工方案建议如下：

①梁部宜采用整体混凝土箱梁。

②跨度$L \leqslant 50$m 时，适合采用整体箱梁或组合式箱梁。可采用等截面连续梁、整体结构、纵向顶推法施工。对于跨度L为 40m 左右的中小跨径，也可采用组合式箱梁，施工方法推荐采用预制架设法，待吊装完毕后施工桥面接缝，形成整体桥面。

③跨度$L > 50$m 时，适合采用连续梁、连续刚构、钢-混结合梁、斜拉桥等结构。可因地制宜选用纵向顶推法、水平转体法施工。纵向顶推法适用于等截面钢结构、连续梁，且以不需要设置临时支墩为宜，以减少对既有高铁的干扰；水平转体法可适用于各种常用的桥型，具有跨越能力大、对既有高铁干扰小、跨线作业时间短等优点，是跨越高铁桥梁比较安全的施工方法。

对于上跨在建高铁立交桥的桥式结构及施工方法，考虑到后期运营对高铁安全的影响，按照以上推荐的桥式结构选用，施工方法根据具体桥式结构特点因地制宜地采用。

2.4.2 钢桁梁桥上跨高铁

1）结构方案

钢桁梁桥的上部结构由主桁、联结系和桥面系等组成，如图 2-2 所示。

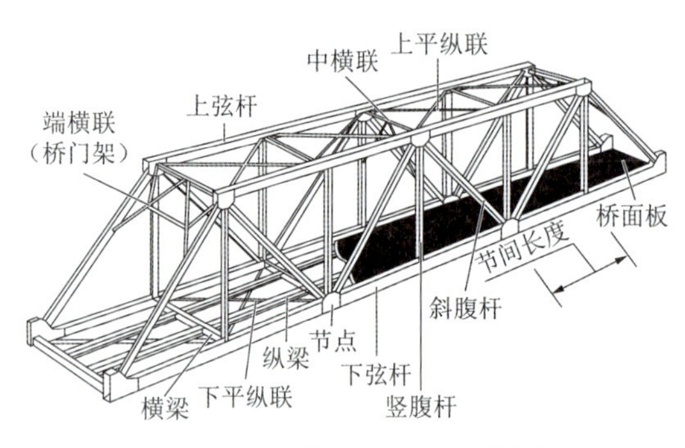

图 2-2 钢桁梁桥结构组成示意图

主桁为主要的竖向承重结构，由弦杆和腹杆组成，弦杆包括上弦杆和下弦杆，分别位于主桁的顶部和底部，其作用类似于箱梁的翼缘板，可抵抗由弯矩引起的拉力和压力；腹杆按杆件方向不同，分为竖腹杆和斜腹杆，其作用类似于箱梁的腹板，可抵抗剪力；杆件交汇的部位称为节点，节点之间的距离称为节间长度。

联结系分为纵向联结系（简称纵联）和横向联结系（简称横联），纵联设在主桁的上下弦平面内，其中位于主桁上弦平面的称为上平纵联，位于主桁下弦平面的称为下平纵联。纵联的主要作用是抵抗水平向荷载，为主桁提供侧向支撑。横联设在主桁横桥向平面内，位于跨内的称为中横联，位于两端的称为端横联，下承式桁梁桥的端横联又称为桥门架。横联的主要作用是使主桁横向成为几何不变体系，提高主桁的抗扭能力，端横联还能将纵联承担的横向水平荷载传递至支座。此外，铁路钢桁梁桥中通常需要设制动联结系，其作用是将桥面系的纵横联连接于纵联，通过纵联杆件将列车制动力或牵引力传递给主桁。

桥面系由横梁、纵梁和桥面板组成，横梁沿横桥向布置并支承于主桁节点，纵梁沿纵桥向布置并支承于横梁，桥面板支承于纵、横梁之上，直接承受移动荷载。

钢桁梁桥按桥面系与主桁的相对位置，可分为上承式钢桁梁桥、中承式钢桁梁桥和下承式钢桁梁桥。受净空限制，上跨高铁钢桁梁桥一般采用下承式钢桁梁桥。

2）钢桁梁桥结构的优点

（1）钢桁梁所承担荷载通过节点传递，杆件以轴向受力为主，截面受力均匀，杆件强度能够得到充分利用，结构的抗弯刚度较大。

（2）钢桁梁桥施工方法灵活，既可采用“化整为零”的杆件散拼施工法，亦可采用“集零为整”的节段拼装和整孔架设施工法，即先将桁架杆件拼装为小节段或整跨梁段，再运至桥位处安装。因此，钢桁梁桥能够适应跨线桥不同桥位以及不同运输条件、吊装能力和施工方法的要求。

（3）简支钢桁梁桥的经济跨径为 60～120m，连续钢桁梁桥的经济跨径为 100～280m，跨径超过 300m，钢桁梁桥的经济性会显著下降。

（4）钢桁梁桥韧性、延性好，可提高抗震性能。在受到破坏后，易于修复和更换。旧桥可回收，资源可再利用，有利于环保。

钢桥的主要缺点是易于腐蚀，需要经常检查和按期进行防腐涂装。铁路钢桥行车时噪声与振动均比较大。

3）设计简要注意事项

（1）钢桥构件的工厂加工需要经过材料预处理、作样、号料、切割、矫正、边缘加工、制孔、组焊、焊接、整形、检验、试装、除锈、涂装、包装发运等多道工序。钢结构在加工过程中，钢板或型钢会产生各种各样的变形。同时，在钢桥安装过程中（特别是工地焊接）也会产生不可忽视的变形。这些变形在钢桥零件下料时必须事先加以考虑，否则很可能出现尺寸误差等问题，使得钢桥制作安装变得困难，甚至成桥不能达到设计图的要求。

（2）钢桥一般用钢板、型钢等加工制作而成，加工工序多，工艺复杂，要求较高的技术和工厂专业化生产。为了便于控制和保证钢桥的质量，钢桥一般采用工厂焊接构件，工地现场拼装（高强螺栓连接或工地焊接）。钢结构设计要与架设方案统筹考虑，应以经济合理、便于加工、方便运输安装和检查维护为准。

（3）钢桥是高强、轻型薄壁结构，截面和自重比混凝土桥小，跨越能力大。同时，钢桥的刚度相对较小，变形和振动比混凝土桥大。为了保证车辆行驶安全和舒适性，避免过大的变形和振动对钢桥结构产生不利的影响，钢桥必须有足够的整体刚度。

（4）在恒载作用下，桥梁结构会产生变形，为了保证钢桥成桥后的桥面线形尽可能与线路设计线形一致，当恒载挠度较大时，桥跨结构应设预拱度。公路钢桥设计规范和铁路钢桥设计规范均规定，当结构重力和静活载产生的竖向挠度超过跨径的 1/1600 时，应设预拱度，其值等于结构重力与 1/2 静活载产生的竖向挠度之和，起拱应做成平顺曲线。如桥面在竖曲线上，预拱度应与竖曲线纵坡一致。对于钢桥采用工地焊接时，还必须考虑由于焊接产生的结构变形。特别是当钢桥面板采用焊接，钢梁底板和腹板采用螺栓连接的混合连接结构形式桥梁，在支架上无应力状态连接时，焊接产生的变形较大，甚至接近或超过恒载挠度。

（5）为了防止钢桥的横向失稳和过大的横向振动，桥梁结构应具有必要的横向刚度。特别是铁路钢桥，往往桥宽较窄、活载大、列车的蛇行运动容易产生横向振动，横向稳定问题较为突出。通常，跨长超过桥宽的 20 倍时，应该验算桥梁结构的横向稳定。桥跨结构在施工架设时期也应保证横向和纵向的倾覆稳定性。公路钢桥设计规范和铁路钢桥设计规范均规定，稳定系数应不小于 1.3。

（6）钢桥设计不仅要满足使用阶段的受力和工作性能要求，而且应分析施工吊装和调整支座等受力状况，使钢桥在施工过程中满足应力和变形的要求，考虑到吊装过程中的惯性作用和其他不可预见的不利因素影响，公路钢桥设计规范和铁路钢桥设计规范均规定，钢桥施工验算时起顶设备及结构本身都应按起顶重力增加 30%验算。

（7）钢桥的最大缺点是容易腐蚀，如果钢桥的设计和养护不当，将严重影响钢桥的耐久性和使用寿命。目前，钢桥采用最多的重防腐油漆涂层的防腐寿命一般不小于 20 年，钢桥在设计使用期内需要多次除浮锈、旧漆和重新涂装。钢桥所有有可能腐蚀的部位都必须留有足够的空间以便进入通道，如箱形结构横隔板需要开孔，并且满足人员通过的最小尺寸要求，保证结构的可维护性。否则必须采取可靠措施，如将结构做成完全封闭形式阻止钢材锈蚀产生的条件等，确保钢桥结构在设计使用期内不发生腐蚀，或者腐蚀控制在预定的程度之内。应尽可能避免采用梁高或梁宽很小的箱形截面或不必要的封闭式结构，减小箱内焊接和养护的难度。

（8）影响钢桥疲劳的主要因素有钢材品质、荷载性质、应力状态、连接的构造与方法、构造细节等。钢桥的设计必须选用有足够韧性的钢材，尽可能避免应力集中和容易出现疲劳的构造细节、连接构造与方法。结构在其传力途径中的截面变化的缓急程度是影响应力集中的主要因素，钢桥设计中应该避免截面的急剧变化。如 T 形连接中尽可能设置曲线过渡段，避免出现隅角。

（9）由于未栓合或未焊合的接触部分的层间紧密度不能保证，容易形成细缝吸水，不易干燥，为了防止钢梁锈蚀，钢梁结构中不应有未栓合或未焊合的接触部分。钢梁构件上的小坑和凹槽容易引起积水，应该避免。同时，对于箱形结构或有可能积水的部位，应该开泄水孔等，防止由于空气结露、漏水等原因导致积水。对于开口截面形式，应尽可能避免容易积水和灰尘堆积的构造细节。

（10）钢桥在安装或检修支座时，常需将梁顶起，故在结构上应预设可供顶起作用的结构（如在千斤顶支撑处预设加劲肋、牛腿或在连续梁的中间支点处设置可供顶起用的结构等）。在布置千斤顶位置时，需要考虑更换支座等必需的操作空间。

（11）由于钢板厚度可能有轧制负公差，且在长期运营过程中会产生锈蚀现象，因此对构件应规定钢板和型钢的最小厚度。节点板位于几根杆件交汇的部位，弦杆与腹杆的内力是通过节点板来传递的，因此，节点板应力状态比较复杂，既有压应力，也有拉应力，还有剪应力，应力分布也极不均匀。焊接板梁为保证腹板稳定和减小残余应力，板厚度均不宜过小，故规定以不小于 10mm 为宜。对于主梁、行车系或联结系，因考虑可能采用有悬伸翼缘的 I 形或 T 形构件，从满足最小宽厚比的要求出发，规定板厚度以不小于 8mm 为宜。填板为非受力构件，规定不小于 4mm。

（12）对于耐候钢桥，一般在构造上采取排水措施，防止含有防冻剂盐分的路面水流到钢材上，从而达到局部防锈的目的。具体来说有以下几点：

①伸缩件：采用非排水型。

②桥面板：设置高性能的防水层。

③排水系统：把排水管口伸到钢梁下翼缘以下，并且确保排水管不漏水。

④钢梁端部：钢梁腹板设置切口，确保通风或对端部进行防锈处理。

⑤钢梁下翼缘的截水：设置截水板，防止钢梁端部的排水向跨中流入。

⑥钢梁下翼缘的排水：设置排水坡度。

⑦护栏：确保护栏接头处止水。

4）钢桁梁桥上跨高铁施工关键点

钢桁梁桥上跨高铁可采用顶推法或横移法等施工。

（1）顶推法

纵向顶推施工是将钢桁梁在桥跨的一侧沿桥纵轴线方向逐段拼装，在梁体前安装钢导梁，梁下及墩顶布设滑道和滑移装置，用千斤顶顶推钢桁梁，沿纵向滑移到预定位置，然后拆除辅助设施构件，移正钢梁，降落到位。顶推法施工具有施工费用较低、施工设备少（无须大型起重设备）、无噪声、高空作业少、不影响桥位处交通运行和工期短等优点。其缺点是顶推钢梁悬臂所能承受的弯矩有限，并且桥梁施工期和运营期的内力相差较大，更适合于跨数较多的桥梁。

采用顶推法进行钢梁架设的方法宜满足以下要求：①台后有足够大的拼装场地，且与桥轴线方向一致；②顶推桥梁线形须是直径或半径恒定的曲线；③顶推梁宜为等高梁；④大跨度桥梁顶推过程中应为封闭的横截面，以保证结构的抗扭刚度和稳定性。

在顶进过程中，梁的每个截面都需要经历最大正、负弯矩阶段，甚至经历几次正负交替。为减小顶推过程中主梁的内力，进而达到节省材料、降低施工成本或加大顶推跨度的目的，通常在主梁的前端设置临时性结构——导梁。导梁主要有钢板梁和钢桁梁两种结构形式。

上跨高铁钢桁梁桥顶推方案施工工序如下：

施工准备→场地硬化及门式起重机基础施工→拼装支架及墩旁托架施工→门式起重机制造、运输、安装→滑道梁制造、运输、安装→导梁及钢桁梁制造、运输→顶推系统安装施工→导梁在拼装支架上拼装→实施顶推→施工监控→钢桁梁在拼装支架上拼装→顶推监控→循环顶推架设至全桥就位→起落梁及支座安装。

（2）横移法

横向移动施工是在桥梁一侧搭设拼装支架及横向滑道梁，然后用水平千斤顶沿滑道梁将钢桁梁牵引横移至桥位处，调整钢桁梁的水平位置后，用竖向千斤顶将钢桁梁落在支座上，安装钢桁梁附属设备，完成钢桁梁全部施工。该方案施工周期短，经济合理。

上跨高铁钢桁梁桥横移方案施工工序如下：

施工准备→场地硬化及门式起重机基础施工→拼装支架及托架施工→门式起重机制造、运输、安装→滑道梁制造、运输、安装→钢桁梁制造、运输→钢桁梁在拼装支架上拼装→安装拖拉横移系统→在铁路限界外要点试横移→正式横移施工→横移监控→落梁及支座安装。

（3）转体法

钢桥的转体施工是指在高铁的两侧或适当的位置，充分利用地形条件，使用支架先将半桥拼装完成，之后以桥梁结构本身为转动体，使用专门的机具设备，分别将两个半桥转体到桥位轴线位置，最后合龙成桥。其特点有：可利用地形，方便拼装；施工不影响交通；施工设备少，装置简单；施工工序简单，施工迅速。

以钢梁桥为例，转体施工多用于跨线桥，采用下方转体球铰结构及后期连续千斤顶，转体施工使两个处于交角或平行的半桥转体到位，并合龙成桥。设计要点在于，其转角连接处，既要满足强度要求，又要满足转动要求。一般而言，桥墩位置就是施工时的转动支承和旋转轴，在桥梁完成转体后，进行结构体系转换。

（4）施工风险评估

根据采用的施工方案和施工步骤，将施工分成若干个阶段，针对不同阶段对高铁的影响确定危险源级别，针对不同危险源通过评估进行计算，并制定控制风险的对策和预案。

采用钢桁梁上跨高铁施工风险为：

①钢桁梁风险，包括钢桁梁倾覆、纵向偏位、局部屈曲、落梁不当等。

②既有高铁风险，包括杂物坠落、机车信号干扰等。

③设施风险，包括支架平台、滑道梁、钢管临时墩、轨道梁、牵引系统等。

④其他风险，包括环境风险及环境风险等。

（5）施工简要注意事项

①钢桁梁施工过程中，杂物有可能会落入既有高铁上，造成严重后果。施工方应在钢桁梁进入既有高铁前在桥面两侧安装护栏，防止杂物滚落，并由专人对桥面杂物进行清理。

②钢桁梁横移施工中滑道梁挠度过大，或在拖拉顶推过程中前导梁挠度过大，会对既有高铁的正常运营产生影响，施工过程中必须实时监测滑道梁挠度或前导梁挠度。

③横移或顶推过程中，钢桁梁两侧可能会出现不同步牵引引起钢桁梁扭曲的风险，因此必须随时对两侧的牵引设备进行调整，确保同步牵引。

④横移或顶推过程中，如果一侧纵向或横向限位装置失效，有可能导致钢梁偏移过大，应在过程中及时纠偏。

⑤落梁过程中，可能会出现某一墩顶支反力过大，致使钢桁梁局部屈曲。落梁时，要保证各墩千斤顶下落进度一致，施工人员要密切注意梁底变形情况。

⑥施工平台作为施工过程中最重要的临时结构，必须对最不利工况下支架的变形与整体稳定性进行验算，定时对地基沉降进行观测。

⑦滑道梁或前导梁是钢桁梁横移或顶推的重要临时结构，横移或顶推过程中应满足强度、刚度、稳定性等设计要求。滑道梁或滑块表面摩擦系数应满足牵引力设计要求，否则可能造成横移或顶推困难。每阶段横移或顶推运行前，应反复涂抹润滑剂。

⑧施工中两台油泵如未能做到同步，同样也会造成钢桁梁发生较大偏移。施工前需对牵引设备进行全方位检查，并进行 2～3 次试牵引，在确保设备运行正常后开始正式横移或

顶推。运行过程中，必须有专人对千斤顶制动器进行控制，并实时汇报当前油压，现场负责人随时掌控当前施工中各项信息并下达进一步施工指令。

5）工程实例

（1）工程概况

潍莱铁路起于潍坊北站，止于莱西北站，正线线路长 120.375km，是胶东半岛东部地区至内地的便捷通道，也是山东快速铁路网中的重要组成部分。在莱西北站后疏解段落，潍莱右线小角度（8.5°）跨越青荣城际铁路双线路基，采用（120 + 82）m 连续钢桁梁 + 框架墩结构，仅在中支点设置 1 个框架墩，2 个边墩均在青荣城际路基外，如图 2-3 所示。

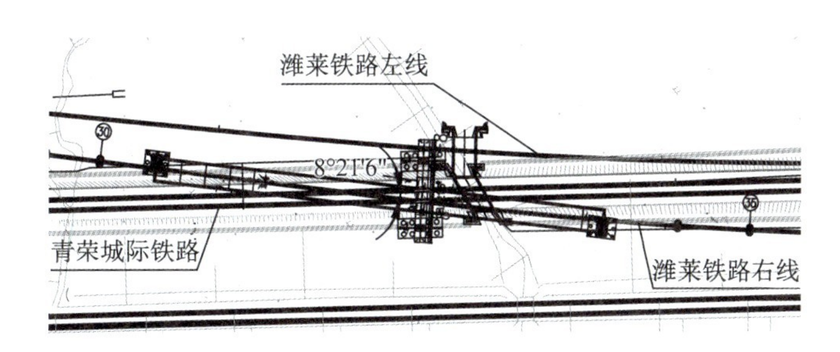

图 2-3 潍莱铁路右线上跨青荣城际铁路平面布置

潍莱铁路跨青荣特大桥立面布置如图 2-4 所示。

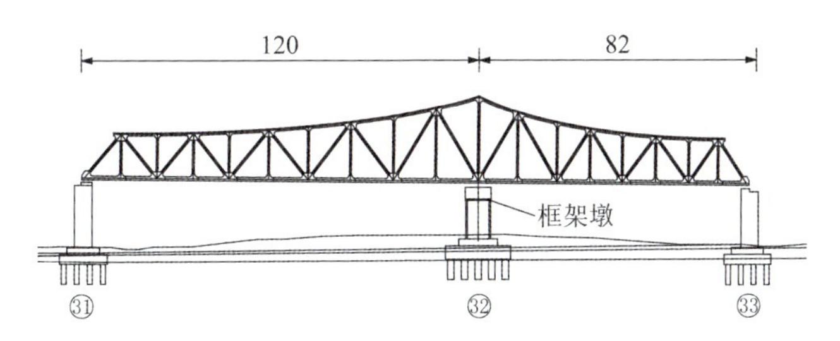

图 2-4 潍莱铁路跨青荣特大桥立面布置（尺寸单位：m）

潍莱铁路跨青荣特大桥技术标准如下：

①设计速度：160km/h。

②设计活载：ZK 活载。

③轨道类型：有砟轨道。

④线路情况：单线，位于缓和曲线及半径 2000m 的曲线上；位于 17‰的纵坡上。

⑤设计使用年限：主体结构在正常养护维修条件下设计使用年限为 100 年。

（2）钢桁梁结构设计

桥位处线路为曲线，钢桁梁采用直线外包设计，桁间距 10m。桥面设置有砟轨道、挡砟墙，人行道及防抛网。考虑曲线加宽，道砟槽宽 4.5m；人行道采用曲线外包设计，宽 1.179～2.221m。主梁横断面布置如图 2-5 所示。

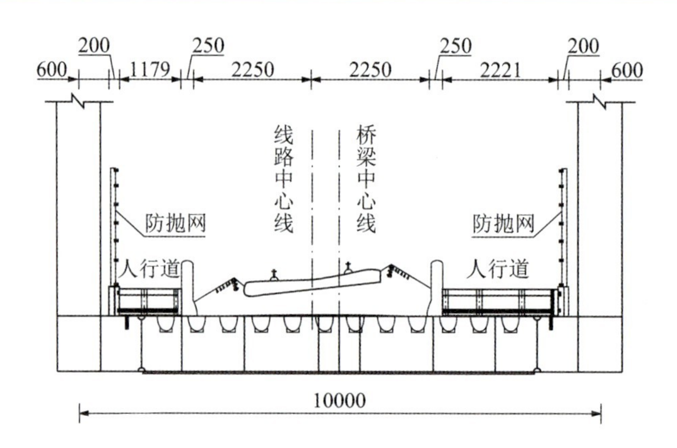

图 2-5 主梁横断面布置（尺寸单位：mm）

该桥钢桁梁为两跨结构，中支点处负弯矩大，为了控制弦杆尺寸及钢板厚度，同时考虑到景观效果，钢桁梁采用变高度曲弦钢桁构造。为选择合理的桁式结构，设计中提出了带竖杆的三角桁方案，如图 2-6 所示。

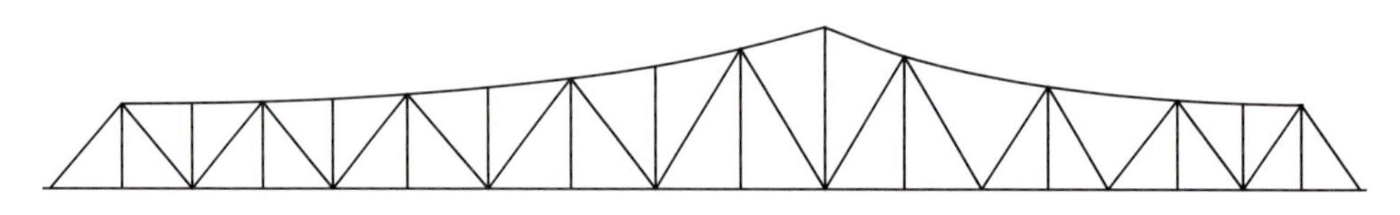

图 2-6 桁式方案

主桁采用有竖杆三角桁，桁高 13～25m，节间长 9～13m，主桁中心距 10m。上、下弦杆均采用箱形截面，高度分别为 0.8m 和 1m，内宽均为 0.8m。斜腹杆采用箱形或 H 形截面，箱形截面腹板外高 0.72m，顶、底板内高 0.8m；H 形截面翼板宽 0.7m，腹板内高 0.8m。中直腹杆采用箱形截面，截面腹板外高 0.72m，顶、底板内高 0.8m。其余直腹杆采用 H 形截面，翼板宽分为 0.6m、0.7m 两种，腹板内高 0.8m。桥面采用正交异性板结构，密布横梁体系，不设小纵梁。为了减轻二期恒载质量，不设混凝土道砟槽，桥面铺设道砟范围内采用不锈钢—耐候钢复合钢板。为了保证不锈钢与道砟的摩擦力，在不锈钢表面设置了 5cm 厚的环氧树脂砂浆。主桁节点采用整体节点形式，上、下弦杆在节点外焊接，腹杆采用对接形式与整体节点焊接，其腹板接头板焊于节点板上。上、下弦杆及腹杆均采用全焊接形式。

（3）耐候钢结构设计

①耐候钢材料性能

潍莱铁路跨青荣特大桥位于莱西市，距离海岸线约 50km，属于暖温带季风型半湿润性气候，为田园及工业大气环境，该桥下方无水源。为了减少后期运营维护的工作量，以及避免螺栓延迟断裂影响下方青荣城际铁路运营安全，该桥钢桁梁采用了全焊接免涂装耐候钢材料。钢桁梁的主桁采用 Q370qENH 钢，联结系采用 Q345qDNH 钢，桥面系钢桥面板采用不锈钢复合钢板 321 + Q370qENH 钢板，钢板以 TMCP + 回火状态交货。该桥所采用的 Q370qENH 钢及 Q345qDNH 钢的化学成分及力学性能均按《桥梁用结构钢》（GB/T 714—2015）控制，并要求耐大气腐蚀性指数 $I \geqslant 6.0$。Q370qENH 钢材的化学成分及力学性能分别见表 2-13 和表 2-14，表 2-13 中实际值均取质保书或复验证书中较不利数值。由表 2-13 和表 2-14 可知，耐候钢板的化学成分及力学性能均满足要求。Q370qENH 钢的耐大气腐蚀性指数实际值为 6.21～6.65，满足要求。

Q370qENH 钢材的化学成分 表 2-13

项目	化学成分含量（%）									
	c	Si	Mn	P	S	Cr	Ni	Cu	Als	Pcm
设计值	≤ 0.11	0.15～0.5	1.1～1.5	≤ 0.02	≤ 0.01	0.4～0.7	0.3～0.4	0.25～0.5	0.015～0.05	≤ 0.2
实际值	0.05～0.07	0.26～0.30	1.25～1.30	0.010～0.014	0.001～0.003	0.43～0.48	0.31～0.4	0.27～0.36	0.032～0.037	0.15～0.19

Q370qENH 钢材的力学性能 表 2-14

项目	板厚（mm）	屈服强度（MPa）	抗拉强度（MPa）	断后伸长率（%）	冲击吸收能量（J）
设计值	≤ 50	≥ 370	≥ 510	≥ 20	≥ 120
实测值	8	412	545	22.5	229
	20	419	536	24	275
	24	445	541	24	272
	32	426	546	25.5	286

注：冲击吸收能量为−40℃时的数值，实测值为 3 次试验的平均值。

②耐候钢表面处理设计

考虑到梁缝位置伸缩缝易漏水，参考国外经验，在梁端 1.5 倍梁高范围内进行防腐涂装设计。防腐涂装范围：梁端顺桥向 1.8m 范围内的下弦杆腹板、底板，端横梁腹板及底板，桥面板底板及 U 肋。涂装与不涂装以下弦截水条为界，涂装采用《铁路钢桥保护涂装》（TB/T 1527—2004）中的第七套涂装体系。

耐候钢在生成稳定锈层过程中，遇雨雪天气会有锈水流出，对梁面及环境造成污染并影响结构美观，也可能会对下方的既有高铁产生影响，因此，应重视锈层稳定控制。为加速锈层稳定，设计中提出了如下要求：钢构件运输到现场后，对钢结构无涂装部分进行周期性洒水（至少 3 个月，每天 3 次），维持钢结构表面干湿交替的状态，保证钢结构表面形成均匀的锈层。洒水时应采用低压洒水或水雾洒水，严禁采用高压水枪。根据现场实际情况，后期洒水次数可减少为每天 1 次。

耐候钢表面的伤痕和附着物会影响锈层的一致性和稳定性，因此，制造和安装时应注意防止混凝土、砂浆、沥青、油脂、颜料对钢结构表面的污染，应及时除去飞溅的焊渣，并要求耐候钢构件上焊接的连接件及其焊接材料均具有耐候性。

③排水设计

耐候钢桥梁排水设计的关键是确保钢结构表面不积水，该项目同时应考虑保证下方青荣城际铁路的安全运营，排水设计主要包括以下内容：

a. 采用全焊接构造，全桥没有螺栓、拼接板等易存水结构，箱形杆件内部封闭，与外界空气不连通，保证了杆件内部的防腐性能。

b. 铺设道砟范围内采用不锈钢耐候钢复合钢板，既减轻二期恒载质量，也解决了铺设道砟位置钢桥面板的防腐问题。

c. 仅在中支点框架墩及大里程侧边墩上设置排水孔，钢桁梁位于青荣城际铁路限界上方时不设排水管，利用该桥−17‰的纵坡将水引至桥墩处。即在青荣城际铁路限界以内，排水孔均置于墩顶范围内，防止排水管掉落影响青荣城际铁路运营。

d. 下弦节点位置、腹杆接头板与下弦杆均留有间隙或过水孔，以保证桥面不积水。腹杆接头板构造如图 2-7 所示。

e. 框架墩钢横梁顶设置挡水台，腹板下部设置集水槽（图 2-8）。集水槽与钢横梁腹板焊接，槽体设置坡度，最低点采用集水装置引入排水管，以防止锈水污染下方青荣城际。

f. 在下坡端支点附近，下弦杆底部设置 40mm × 24mm 的耐候钢截水条（图 2-9），防止锈水沿下弦杆滴流污染支座。

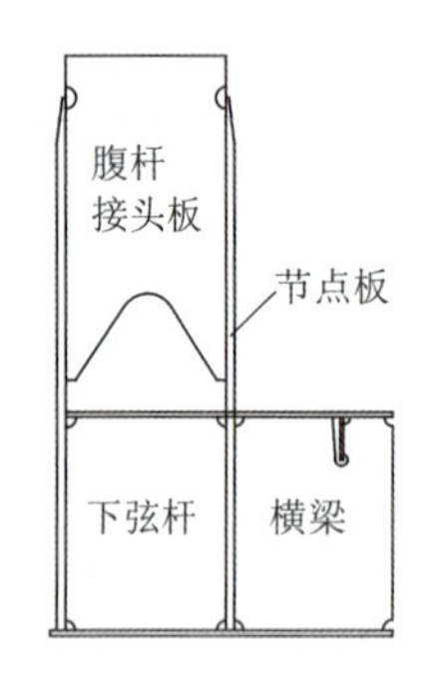

图 2-7　腹杆接头板构造

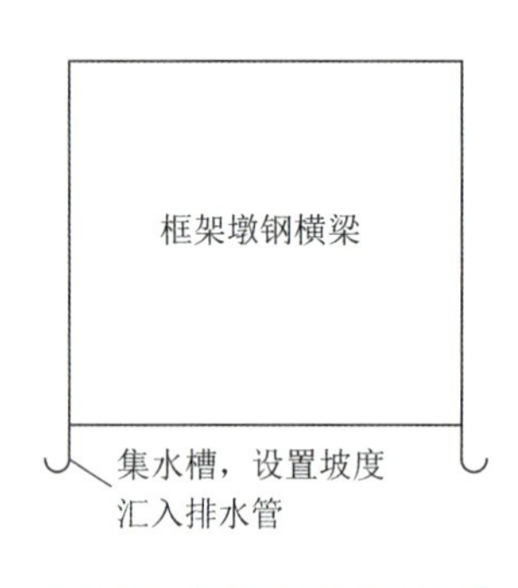

图 2-8　框架墩集水槽示意

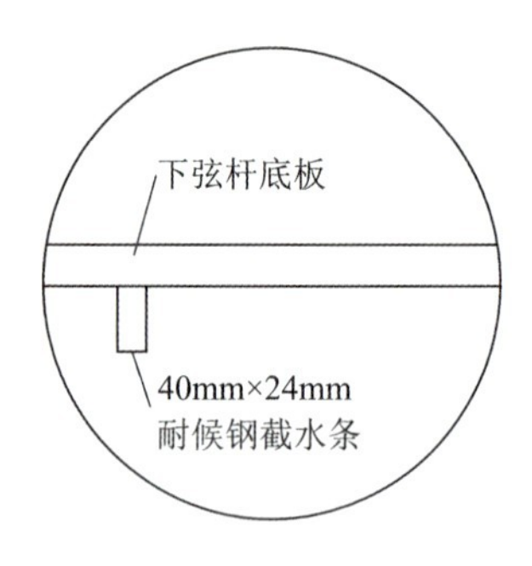

图 2-9　截水条构造

④检查养护方案设计

耐候钢的锈层稳定对其耐腐蚀性能十分重要，需定期检查耐候钢材的性能是否满足结构使用寿命要求，并对其进行养护。该桥的耐候钢养护检查分为一般性养护检查和腐蚀速率检查。一般性养护检查通常为 2 年 1 次，采用目测方式评价锈层是否稳定，重点观测锈层表面颜色及均匀性、致密性；检查桥面过水孔是否顺畅，桥底及伸缩缝是否漏水、是否有脏物聚集等。若一般性养护检查发现锈层局部膨胀及脱落，应查明原因并采取措施。腐蚀速率检查可每 6 年 1 次，主要测试钢板的残余厚度。耐候钢形成稳定的保护层之后，腐蚀速率每年不应超过 10μm。如果根据测试推算 100 年的厚度损失大于 2mm，应采取措施以减小钢结构腐蚀。

（4）全焊接构造设计

该桥钢桁梁采用全焊接构造，结合现场作业条件及焊接工艺评定，施工中对接焊缝采用了单面焊双面成型的现场焊接工艺，焊缝背面设陶瓷衬垫。

该桥钢桁梁焊接施工主要遵循以下原则：①焊接材料应与母材的性能和成分匹配，其耐大气腐蚀性指数 $I \geqslant 6.0$，保证焊接接头可以裸露使用；参考现行《铁道车辆用耐大气腐蚀钢及不锈钢焊接材料》（TB/T 2374）的规定进行焊条及焊丝的焊接工艺评定。②工厂内的对接焊缝、棱角焊缝、角焊缝等焊缝受力与常规钢桁梁相同，因此其构造及尺寸也相同。③工地现场的主桁弦杆及腹杆的对接焊缝设计采用等强双面熔透焊，顶、底板与腹板错焊 200mm，焊缝等级为Ⅰ级。④U 肋嵌补段的焊接组装精度按欧洲规范要求，以保证 U 肋焊接的疲劳性能。

由于钢桁梁所有杆件现场均采用焊接连接，无论是采用双面熔透焊还是焊缝背面设置陶瓷衬垫工艺，均需要施工人员到杆件内部操作，设计时需要考虑设置人员通道及焊接操作空间。因此，该桥在杆件横隔板处开设过人洞。普通杆件安装时，施工人员从杆件端头进入杆件内部，穿过横隔板过人洞到达焊缝施工位置。梁端位置的下弦底板设置临时进入人洞，施工完成后封闭。

（5）钢桁梁施工方案

钢桁梁设计中采用大悬臂平转方案施工。先在青荣城际铁路外拼装支架，在 120m 跨边支点（31 号墩）位置设置转体球铰；在中支点框架墩（32 号墩）顶设置滑道，框架墩兼作滑道梁。钢桁梁拼装完成后落架，此时 82m 跨边支点不设支撑，即 82m 跨为悬臂结构，见图 2-10。钢桁梁以 31 号墩支点为圆心，以 32 号墩滑道为轨迹，平面转体 8.5°。跨越青荣城际，直至 82m 跨边支点支撑到 33 号墩上，落梁就位。

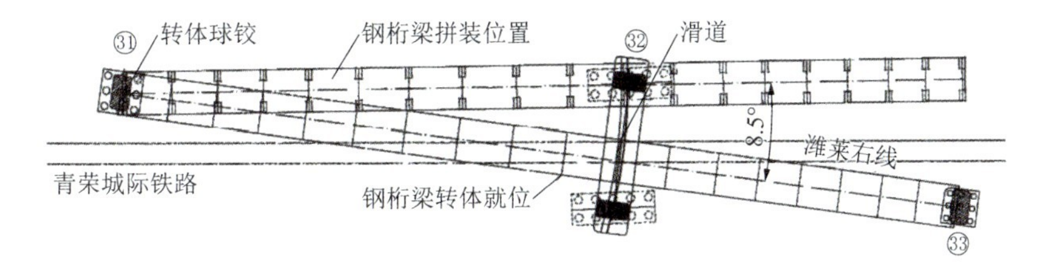

图 2-10　钢桁梁拼装位置示意

现场实施时由于工期原因，为避免影响邻近既有高铁运营，将平转施工改为横移施工。钢桁梁先平行于青荣城际铁路拼装，然后在 31 号墩及 32 号墩位置设置滑道，钢桁梁横移就位，横移时 33 号墩支点处于悬臂状态跨越青荣城际。经计算，悬臂横移时抗倾覆系数为 2.2，无须压重。32 号墩最大反力为 9028kN，悬臂端最大下挠 124mm。横移时悬臂端的下滑力小于摩擦力，可不设置顺桥向锁定装置，但为确保转体时结构安全，在框架墩位置设纵向支挡。

2019 年 12 月 28 日晚，钢桁梁横移 12m 到达邻近青荣城际铁路位置，用时仅 2h。2019 年 12 月 29 日晚，钢桁梁横移 28m 跨越青荣城际铁路就位，用时仅 2.5h。

（6）小结

潍莱铁路跨青荣特大桥采用（120＋82）m 钢桁梁＋框架墩结构，钢桁梁采用变高度曲弦、带竖杆的三角桁，景观性好。钢桁梁采用全焊接免涂装耐候钢设计，减少了后期养护维修工作量，避免了高强度螺栓延迟断裂对下方既有高铁的影响。该桥钢桁梁采用大悬臂横移方案施工，施工时无须在既有高铁上设置临时结构，可实现在 1 个天窗点内跨越既有高铁，对既有高铁影响小。潍莱铁路于 2020 年 11 月 26 日开通运营。

2.4.3 框架墩上跨高铁

在铁路建设中，由于既有道路和地下管线的复杂性，在相交平面上和新建铁路发生冲突的问题也随之增多。和大跨结构相比，框架墩结构以其布置灵活、工期短、经济性好的特点得到了广泛的应用。

1）结构方案

框架墩根据其所采用的材料可分为有钢筋混凝土结构、预应力混凝土结构、型钢混凝土结构和钢结构，根据形式可分为倒 L 式、双柱式和三柱式，根据其功能可分为公路、铁路、轻轨、管道等。其中，双柱式的预应力混凝土框架墩以其跨越能力大、施工及养护维修方便等优点，在邻近高铁立交工程中应用较多。钢横梁框架墩的建筑高度较低，而横向跨度相对较大，当邻近车站的线路纵断面抬高困难，需严格限制上跨线路的结构建筑高度时，采用钢横梁框架墩是此类工点较好的解决方案。

（1）结构尺寸

结构尺寸除了要考虑结构净空要求、建筑高度的限制、横梁预应力布置等因素外，还要重点考虑其横梁和墩柱的刚度匹配关系。刚度匹配不合理会引起结构内力、变形及隅节点应力大等一系列问题。

（2）横梁布置方式

框架墩横梁的布置方式一般有与上跨线垂直和与下穿线垂直两种，与上跨线垂直布置有利于框架墩横梁上布置支座，但会增加框架墩横梁的跨度；与下穿线垂直布置能减小横梁跨度，但需注意支座至横梁边缘的距离，不满足规范时还要增设牛腿。建议优先采用采用框架墩横梁与上跨线垂直布置，但承台旋转一定角度与下穿线路肩平行的方式，框架墩平面布置如图 2-11 所示。

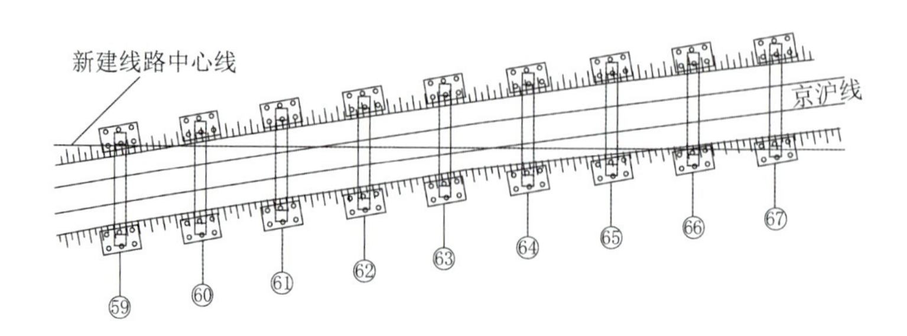

图 2-11　框架墩平面布置

（3）横梁结构形式选择

常用的框架墩横梁结构形式有矩形截面混凝土横梁、箱形截面混凝土横梁、箱形截面钢横梁等。

①矩形截面混凝土横梁通常采用预应力混凝土，支架现浇施工。框架墩跨越单线铁路、上下两线交叉角度很小或桥墩位于上下两线交叉点附近时，其横梁跨度较小，且由于横梁上支座位置处采用实心截面，如果横梁采用箱形截面，横梁空心段落很短且分布零散，虽然能降低部分自重，但降幅有限，反而增加施工难度，一般建议墩柱跨度 15m 及以下时，采用矩形截面混凝土横梁。

②箱形截面混凝土横梁通常采用预应力混凝土，支架现浇施工。箱形截面混凝土横梁与矩形截面混凝土横梁相比，自重轻、材料省。以高 2.8m、宽 3.0m、壁厚 0.5m 的箱梁为例，横梁每米自重降低 8.8t，混凝土方量降低 3.52m^3。此外，由于自重减轻，有效降低了横梁的跨中弯矩及自重作用下的挠度、墩柱轴力，一方面节省了预应力束、钢筋数量，另一方面优化了主梁及墩柱的设计，提高了结构强度安全系数。目前工程应用中，箱形截面混凝土横梁适用的最大跨度通常不超过 25m，当横梁上简支梁为 32m 梁、墩高较高或较矮时其适用的最大跨度相应减小。这是由于框架结构为多次超静定结构，混凝土横梁跨度越大，收缩、徐变、预应力及温度效应越明显，对横梁、墩柱产生的次内力越大，往往成为控制设计的关键环节。根据对相同横梁跨径、墩高及不同横梁形式（混凝土箱梁和钢箱梁）2 个模型的试算，横梁往往是强度控制设计，钢横梁的强度储备优于混凝土横梁，且钢横梁模型墩柱受力远低于混凝土横梁模型，说明预应力、收缩徐变、温度次内力作用较为显著。

③从结构受力合理的角度分析，混凝土横梁受收缩、徐变等效应影响，跨度不宜超过 25m（上部简支梁跨度大、墩高较高或较矮时，横梁最大适用跨度应再减小），超过此跨度的框架墩横梁宜采用箱形截面钢横梁。箱形截面钢横梁与混凝土横梁相比，具有自重轻、承载力强、跨越能力强及采用吊装施工对既有高铁运营干扰小等优点，当既有高铁施工条件受限、需快速跨越施工时，钢横梁是最好的选择。同时，钢横梁由于自重轻，有利于墩柱横向受力。以横梁跨度 30m、墩柱高度 10m 进行分析，与混凝土横梁相比，钢横梁在主力作用下墩顶弯矩减少 50%左右，主力 + 附加力作用下墩顶弯矩减少 42%。说明大跨度横梁采用箱形截面钢横梁时，钢横梁自重减轻、不计收缩徐变作用有利于减轻框架墩立柱横向受力。

（4）墩顶固结方式比选

根据施工方法的不同，墩顶固结方式一般分为先铰接后固结和一次固结两种。先铰接后固结是墩身混凝土浇至距离横梁底 1m 时，在其上设置临时支撑垫石，钢横梁底设置临时钢板支座，架设框架墩钢横梁后先不浇筑墩顶连接段的微膨胀混凝土，而是架设上面的简支梁，钢横梁变形后再浇筑墩顶连接段混凝土形成永久固结。一次固结是常规的施工方法，架设钢横梁后直接浇筑墩顶连接段混凝土形成永久固结，然后再架设简支梁等。

两种施工方法各有优缺点，一次固结工序简单，施工方便，但墩柱顶的负弯矩较大；先铰接后固结工序相对烦琐，但能有效减小墩柱顶的负弯矩，减小墩柱截面及配筋量，经济优势明显。

计算表明，当线路中心线处于跨中附近时，采用先铰接后固结的施工方法能有效减小墩柱顶负弯矩，并且横梁所受内力增加不大，较经济合理；而线路中心线处于横梁端部附近时，先铰接后固结施工的意义不大，可采用一次固结方式施工。

2）设计简要注意事项

①墩顶与横梁的固结方式对结构受力影响较大，线位处于横梁跨中附近时选用先铰接后固结的施工工序，能有效减小墩柱顶负弯矩，使内力分布均匀，用材节约，经济合理。

②确定合理的结构尺寸、横梁与墩柱的刚度匹配关系：框架墩结构尺寸的选择，除了要考虑结构净空要求、建筑高度的限制、横梁预应力布置需要等因素外，还要重点考虑其横梁和墩柱的刚度匹配关系。如果刚度匹配不合理，就会带来一系列的问题，如结构内力、变形及隅节点应力较大等。

③合理的预应力布置：框架墩一般均承受由支座传来的集中荷载，预应力索的转折点应位于支座附近，这样使结构的横梁和立柱受力比较合理。

④计算模型的边界条件：大跨度框架墩对基础的约束条件非常敏感，模拟约束较实际强时，横梁设计不安全，同时使立柱和基础的设计较为困难；模拟约束较实际弱时，则情况正好相反，使横梁设计困难，而立柱和基础设计不安全。因此，必须准确地模拟基础的实际刚度，检算立柱和基础时在此基础上对刚度取值乘以一个系数，以便使立柱和基础设计安全、耐久。根据实际工程实验数据，一般基础的实测刚度是计算刚度的1.1～1.2倍。

⑤横梁的有效预应力：横梁里的预应力钢束一般均锚固在横梁的两端，当横梁两端的预应力向跨中传递时，必然要首先经过框架墩的立柱，因此存在预应力有效传递的问题。经过计算发现，当框架墩的尺度能够匹配其20m左右的跨度时，传递到跨中的有效预应力约为端部施加预应力的98%（其他各种预应力损失除外），预应力通过立柱后损失2%。因此，可以认为预应力能够有效地施加在横梁上，采用预应力结构是经济合理的。

⑥制动力等面外荷载：框架墩应考虑制动力、长钢轨纵向力、梁的温度伸缩作用等面外荷载。面外力或力矩可按照杠杆原理法分配到两个立柱的顶部，然后再传至基础；也可采用空间计算程序分析。

⑦应注意温度荷载的取值，混凝土构件的截面面积愈大则导热性愈差，所以除了受大气影响使整体升降温外，日照温差应加温度梯度；而钢梁的截面面积小、导热性好（约为混凝土的 50 倍），日照温差按钢梁整体升降温即可。另外，混凝土构件的温度取月平均气温，而钢梁应按极端温度加载。

⑧钢横梁框架墩的墩柱为混凝土结构，横梁为钢结构，墩柱顶的结合部分应设置合理的连接构造。如设置连接钢板、剪力钉、微膨胀混凝土等。

⑨钢构件的容许应力注意按板厚折减，局部稳定主要由规范对构件的宽厚比限值、加劲肋设置等规定保证，局部小构件可按欧拉应力控制。

⑩钢横梁作为桥墩的一部分，其挠跨比规范未明确，若按挠跨比控制，需考虑上部梁跨的变形，即考虑综合挠跨比。另外，也可将横梁挠度计入桥墩的竖向位移。

3）框架墩施工工艺流程

框架墩施工工艺流程一般为：场地平整、硬化—邻近既有高铁施工围护—桩基施工—承台基坑开挖—承台施工—框架墩立柱施工—钢横梁现场焊接—履带式起重机试吊演练—钢横梁场地就位—铁路封锁要点—履带式起重机起吊、快速就位—临时固定—焊接施工、涂装—施工完成。

4）工程实例

（1）石济客运专线跨越胶济客运专线

石济客运专线（石家庄至济南客运专线）引入石家庄东站后，新建五里堂联络线与胶济客运专线接入，其中联络线右线小角度交叉跨越胶济客运专线，交叉角度为 9°45′，位于 R = 1300m 的圆曲线上，二者交叉关系如图 2-12 所示。跨越处胶济客运专线路基填土高 5m，双线线间距 4.4m，运行速度 200km/h。石济客运专线五里堂联络线设计速度目标值 200km/h，除跨线外均采用标准简支 T 梁，预制架设。跨线处采用框架墩进行跨越。为减少联络线施工及运营后对胶济客运专线的影响，梁部采用了整体桥面的 7m × 16m 连续箱梁，顶推施工。框架墩墩柱采用钢筋混凝土，横梁采用钢箱梁，在胶济客运专线上方吊装就位。框架墩结构形式如图 2-13 所示。

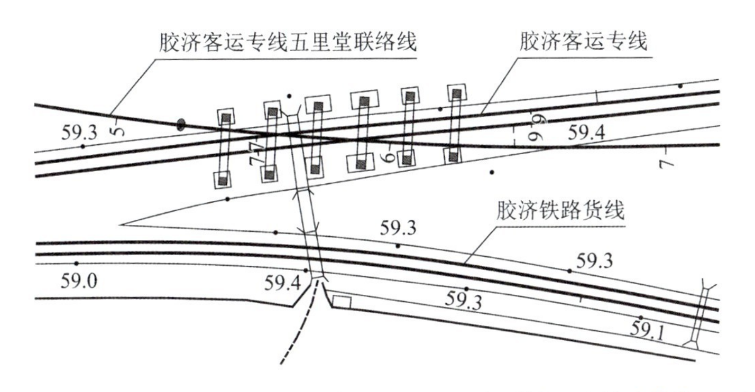

图 2-12　五里堂联络线与胶济客运专线平面交叉关系（尺寸单位：m）

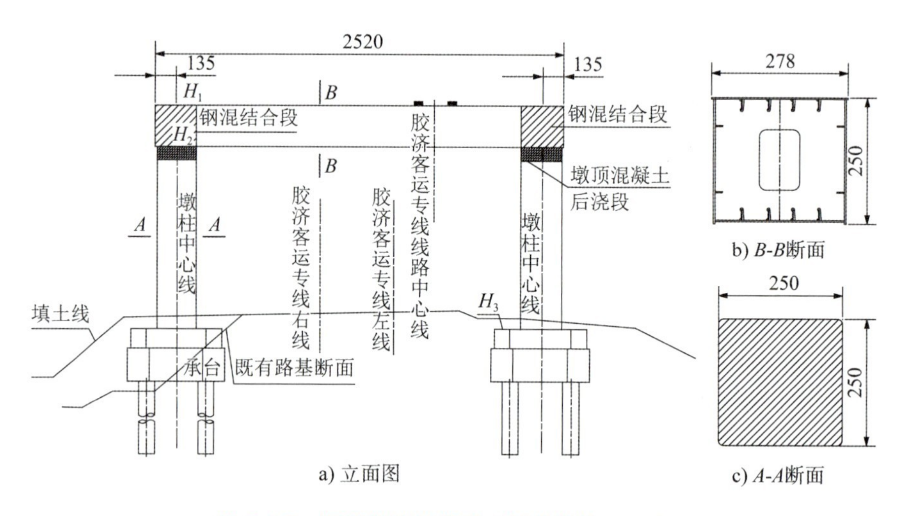

图 2-13 框架墩结构断面（尺寸单位：cm）

连续梁跨度全长 116m，连续梁平面按曲线布置。截面采用单箱单室斜腹板形式，梁高 1.6m，箱梁顶宽 7.2m，采用步履式多点顶推的方法沿线路纵向将箱梁顶推就位，顶程 150m。本桥主要的难点是曲线顶推，连续梁顶推过程走行轨迹是一条全长 150m、半径 1300m 的圆曲线，各墩上水平千斤顶按曲线弦线方向布置，弦线长度为 0.75m（一个顶程），施工时沿弦线方向顶推，滑块与梁体不产生相对滑动，梁体沿圆曲线行走。梁体在走行过程中因施工精度问题可能会产生走偏，纠偏采取微调滑道的方法。梁体走偏后，以测量数据为依据计算出滑道调整量并调整滑道，通过后期顶推循环进行纠偏。顶推前在墩顶埋设一根槽钢立柱，在立柱上设置微调螺杆，利用微调螺杆进行滑道调整。滑道微调方法如图 2-14 所示。

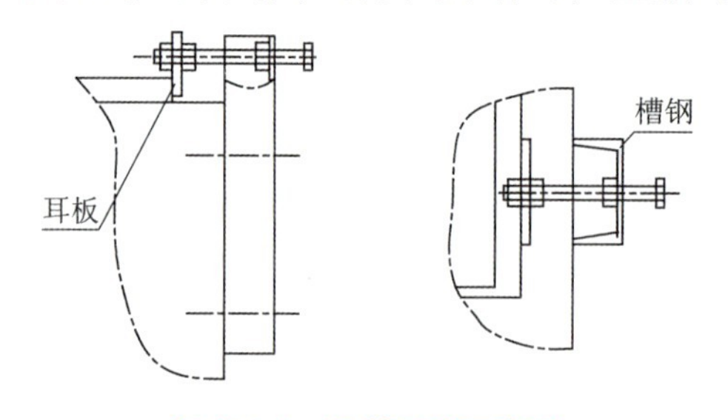

图 2-14 滑道微调示意图

目前，五里堂联络线跨越胶济客运专线已经成功顶推到位。这种形式的成功应用，减少了施工期间对胶济客运专线运营的干扰，跨线处采用连续结构、整体桥面，排除了运营后落物等对胶济客运专线运营造成的安全隐患。

（2）宣绩铁路跨越皖赣铁路

宣绩铁路跨越皖赣铁路，引入装配式结构理念，提出采用预制拼装式全钢结构（钢横梁 + 钢立柱）框架墩，整体吊装就位方案。极大降低了桥梁施工对既有高铁的影响，有效减小施工压力的同时大幅度降低了工程投资。较传统钢横梁 + 混凝土立柱框架墩方案而言，预制拼装式全钢结构（钢横梁 + 钢立柱）框架墩具有营业线施工体量小、安装周期短、墩底对接等优势，可大幅度缩短营业线施工周期，降低营业线施工难度，切实保障施工期间营业线运营安全。

宣绩铁路的技术标准如下：

①线路等级：高铁；

②设计速度：350km/h；

③设计活载：ZK 活载；

④轨道类型：I型双块式无砟轨道；

⑤线路情况：双线，直线及−4.5‰、1.5‰坡段；

⑥施工方法：整体吊装就位。

钢立柱高度 8m，钢横梁跨度为 26m，横梁高度结合受力需求分别采用 2.4m、3.5m，具体构造详见图 2-15。

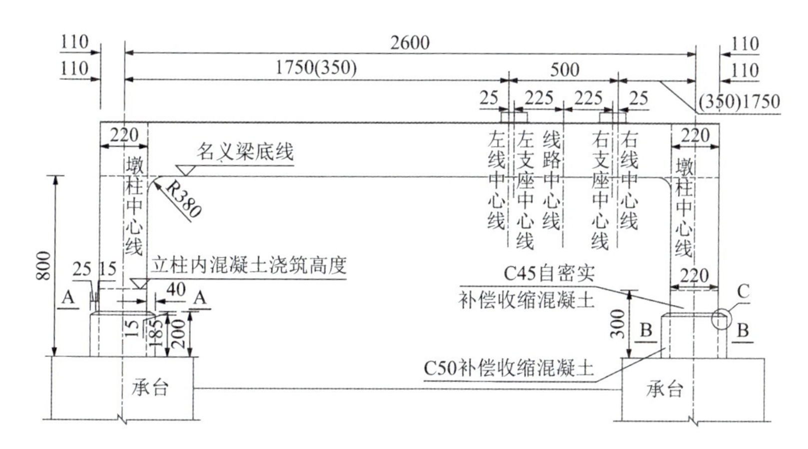

图 2-15 预制拼装式全钢结构（钢横梁 + 钢立柱）框架墩结构图（尺寸单位：cm）

钢横梁采用单箱单室箱形截面，梁高分别为 3.5m、2.4m，梁宽 2.8m。钢横梁内每隔 2.0m 左右设 1 道横隔板，在支座位置设横隔板，隔板间设水平和竖向加劲肋。为降低框架墩吊装难度，确保连接精度，在严格控制吊装变形的前提下结合框架墩受力特点优化截面尺寸，大量采用变厚板，钢结构总重控制在 173.021t，与等跨度传统框架墩钢横梁体量相当，降低了吊装难度，提升了结构经济性。

框架墩立柱采用等截面，纵横向尺寸为 2.2m、2.8m。底部设置钢混结合段，结合段设置承压钢板、加劲板，立柱内外侧设剪力钉。钢横梁及立柱结构图如图 2-16 所示。

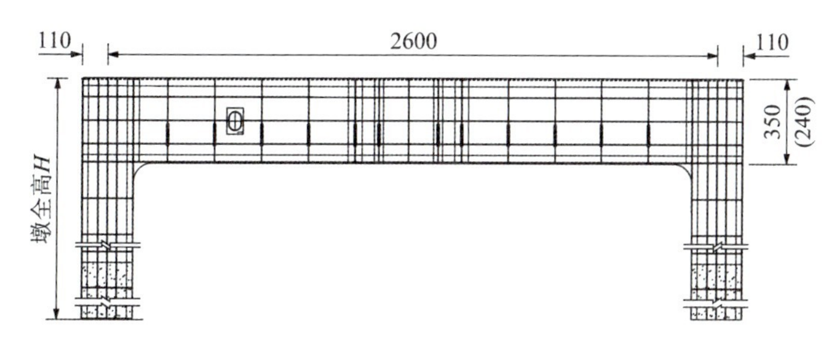

图 2-16 钢横梁及立柱结构图（尺寸单位：cm）

钢横梁与钢立柱均采用 Q345qE 钢。立柱与基础间后浇混凝土采用 C50 补偿收缩混凝土，立柱内后灌注混凝土采用 C45 自密实补偿收缩混凝土。

钢立柱与混凝土基础之间采用混合连接设计（图 2-17）。即通过承台内预埋钢板 + 连接螺栓、立柱侧壁剪力钉 + 外包（填芯）混凝土、内外侧连接钢筋 + 外包（填芯）混凝土共同作用确保钢立柱与混凝土基础可靠连接。

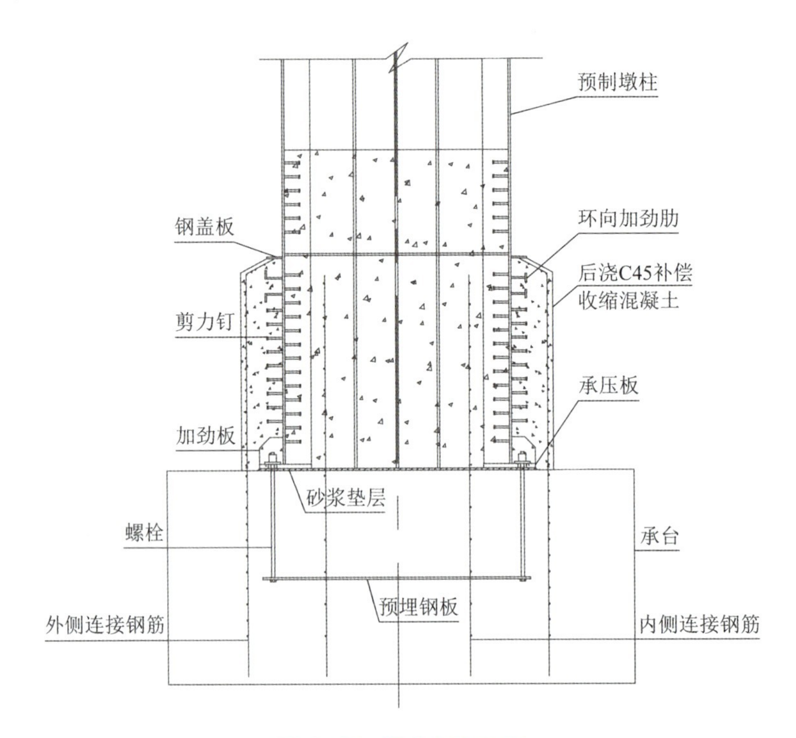

图 2-17　混合连接构造

钢横梁、钢立柱在生产厂家整根加工成型，分段运输抵达施工现场。钢横梁及钢立柱运输到达现场后进行框架墩整体拼装（图 2-18），安装完毕后采用大型吊装设备在确保安全的前提下，高效、经济、优质地完成吊装作业。框架墩钢立柱底部通过预埋法兰盘与承台上的预埋螺栓连接（图 2-19）。底部设置钢混结合段，钢立柱与基础后浇混凝土采用 C45 补偿收缩混凝土。

图 2-18　框架墩整体吊装

图 2-19　框架墩架梁

为确保桥上设备及桥下行人安全，采用两套独立接地系统，确保钢结构与梁部强电系统物理绝缘。同时预留接驳导线及测量端子，为高铁全钢结构桥墩接地导电机理研究工作预留条件。框架墩独立接地系统设计如图 2-20 所示。

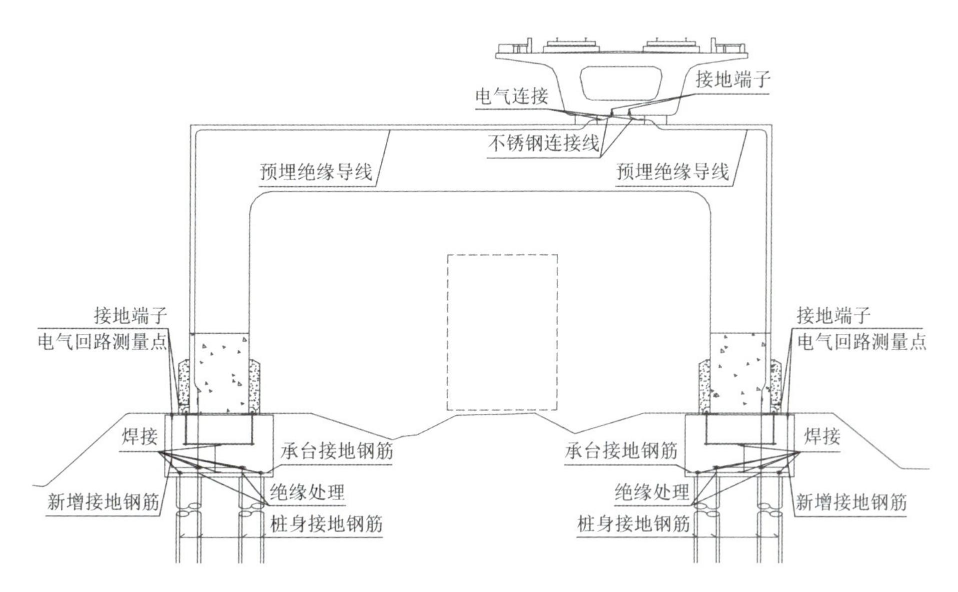

图 2-20 框架墩独立接地系统设计正视图

2.4.4 部分斜拉桥上跨高铁

1）结构方案

部分斜拉桥的结构特点是以主梁的受弯、受剪来承受竖向荷载为主，同时拉索的水平分力给主梁施加轴力，拉索的竖直分力承担部分竖向荷载。拉索对主梁只是起加劲和协助受力的作用，结构整体刚度主要由梁体提供。

从桥梁的结构特征来看，根据主梁的刚度和拉索对主梁的支承程度的大小，部分斜拉桥分别更接近于普通斜拉桥和连续梁或连续刚构桥。通过对已建部分斜拉桥的归类和对现有资料的研究可知，部分斜拉桥是一种塔高为跨度的 1/12～1/8，拉索应力幅值不大于 50MPa，为常规斜拉桥拉索应力幅的 1/3～1/2 的斜拉结构体系。

从桥型的受力特征来看，普通斜拉桥是通过拉索对梁的弹性支承来承受竖向荷载，部分斜拉桥是以梁的受弯、受压、受剪和索的受拉共同承受竖向荷载。部分斜拉桥中，主梁承担大部分竖向荷载，拉索通过桥塔对梁起加劲作用，拉索承担部分竖向荷载。因此可自由设定主梁和拉索二者的荷载分配比例，在需要整体刚度较大时，梁体刚度可以设计得较大，以减少斜拉索用量，弱化斜拉索的作用。反之，当设计要求梁体较柔时，可弱化梁体刚度，强化斜拉索的作用。这样，可根据实际情况，合理选择各部尺寸，使部分斜拉桥的应用范围更广。其受力特征总结如下：

（1）在相同梁高的情况下，较连续梁、连续刚构桥跨越能力增大。拉索的水平和竖直分力分别为主梁提供了有利的正弯矩和轴向预压力，使得部分斜拉桥的最大跨径能达到连续梁或连续刚构桥的 2 倍。

（2）梁高的减小，使得上部结构轻量化，抗震性增强。部分斜拉桥桥塔矮，刚度大，而且主梁刚度也较大，省去了普通斜拉桥上常见的端锚索。

（3）主梁抗弯刚度大，承担大部分荷载，拉索承担一部分活载，类似体外索对主梁起加劲作用。

（4）与普通斜拉桥相比，部分斜拉桥的斜拉索长度较短，在主梁上的锚固主要集中在边跨中部和主跨两边，有相当长度的边跨无索区、塔旁和中跨无索区，因而拉索垂度小，振动引起的次应力变幅小，抗风能力较强。

（5）拉索采用一次张拉，不用像普通斜拉桥需要二次张拉，同时省去了后期索力的调整。

（6）因为不承担主要的竖向荷载，拉索应力变幅较小，容许应力达到斜拉索的抗拉标准强度仍不存在疲劳问题。

（7）考虑到拉索的对称锚固和减少桥塔底部弯矩，宜采用近似对称结构布局。

2）部分斜拉桥结构的优点

部分斜拉桥不仅具有预应力连续梁式桥的特点，而且还同时具有普通斜拉桥的力学特性，不仅其结构受力合理、适用性强、外形美观，而且其造价经济，较易施工等，设计主桥跨径为100～300m，部分斜拉桥的结构体系具有较强的竞争优势。部分斜拉桥具有以下优点：

（1）对于在景观要求比较高的城市桥梁中，可以考虑采用部分斜拉桥的形式，这是由于部分斜拉桥桥型美观，能较好地与周围景观完美结合。

（2）适用于铁路桥，这是因为部分斜拉桥具有整体刚度较大且具有较小的变形等优点，所以非常适合荷载大、标准高的铁路桥梁。

（3）在桥上空间受限的地区可以考虑采用部分斜拉桥方案。这是由于部分斜拉桥的塔高要比普通的斜拉桥降低很多，可以增大桥上空间。

（4）部分斜拉桥主梁刚度较大，且拉索应力变幅较小，因此适用于曲线斜拉桥和多跨斜拉桥。

3）设计简要注意事项

（1）结构体系

部分斜拉桥常用的结构体系主要有塔墩梁固结体系、塔梁固结体系和塔墩固结体系。近年来，随着三塔甚至多塔部分斜拉桥的逐渐增加，出现了刚构、连续组合体系，即中间一个塔采用塔墩梁固结、边塔采用塔梁固结塔墩分离，该体系综合了塔墩梁固结体系和塔梁固结体系各自的优点。组合体系相比全固结体系，在控制温度变形上具有优越性。

塔墩梁固结体系刚度最大，塔墩固结体系次之，塔梁固结体系最小，桥塔及拉索对主梁的约束作用同样依次减弱。塔墩梁固结体系和连续刚构桥一样，主墩高度不应小于中跨跨度的1/10。塔墩固结体系（半漂浮体系）主梁温度跨度和塔墩梁固结体系一样都是桥长的一半，可减少在大跨度桥梁上设置轨道温度调节器的数量，降低后期养护维修工作量，并能释放主梁的体系温度力，如商合杭铁路颍上特大桥。而刚构、连续组合体系在三塔甚至多塔部分斜拉桥中具有较大竞争优势。

（2）桥面以上塔高

我国铁路部分斜拉桥桥面以上塔高与中跨跨度之比主要分布在1/8～1/6之间，国内公路部分斜拉桥桥面以上塔高与中跨跨度比值也多为 1/8～1/6。综合主梁受力、温度变形以及桥梁景观的影响，高铁大跨度部分斜拉桥桥面以上塔高与中跨跨度比值可取 1/10～1/8。

（3）主梁

由于箱形截面整体刚度大，抗弯、抗扭能力强，目前国内已建或在建的铁路部分混凝土斜拉桥均采用箱形截面，包含单箱单室、单箱双室和单箱多室。为增强箱梁截面的整体性，在拉索处设置了横隔板或横梁，对于变高度混凝土梁，横梁相比横隔板，施工更为便利。

（4）混凝土梁高

铁路混凝土部分斜拉桥主梁支点梁高与跨度的比值主要分布在 1/20～1/18 之间。建议支点梁高与跨中梁高比值取 1.7～2.2，即跨中梁高是支点梁高的 0.45～0.6。

（5）斜拉索

斜拉索面积增加后，适当减小了主梁跨中的活载变形，但索梁温差工况跨中温度变形增加明显，会增加轨道初始不平顺值，影响行车舒适性。且部分斜拉桥与同等跨度的连续梁（刚构）相比，斜拉索对边跨挠度和梁端转角改善很小，对中跨挠度仅能减少 13%左右，因此建议高铁大跨度部分斜拉桥斜拉索最小安全系数在满足要求的前提下，不宜偏大，建议取 2.0。

4）工程实例

（1）工程概述

邯济铁路至胶济铁路联络线跨胶济客运专线特大桥在 DK37＋268.9～DK37＋303.9 分别跨越胶济客运专线左右线、胶济货线上下行线、456 专用线；在 DK37＋424.55 处跨越规划大正路，立交要求 48m × 5.5m。邯济铁路至胶济铁路联络线为客货共线双线铁路，线间距 4.4m；设计速度 120km/h；有砟轨道，轨底至梁顶高度 65cm。

本桥因地制宜，采用（120＋120）m 混凝土主梁部分斜拉桥，主墩设置在既有高铁和公路之间，两个桥孔分别跨越铁路和公路。主桥位于$R = 800$m 的圆曲线上，曲梁曲做，中墩与主梁及桥塔固结。主梁支架现浇施工，平行既有高铁浇筑 103.9m＋103.9m，梁端侧各原位浇筑 14m，主梁张拉斜拉索后转体跨越铁路再浇筑 2m 合龙段。主桥立面如图 2-21 所示。

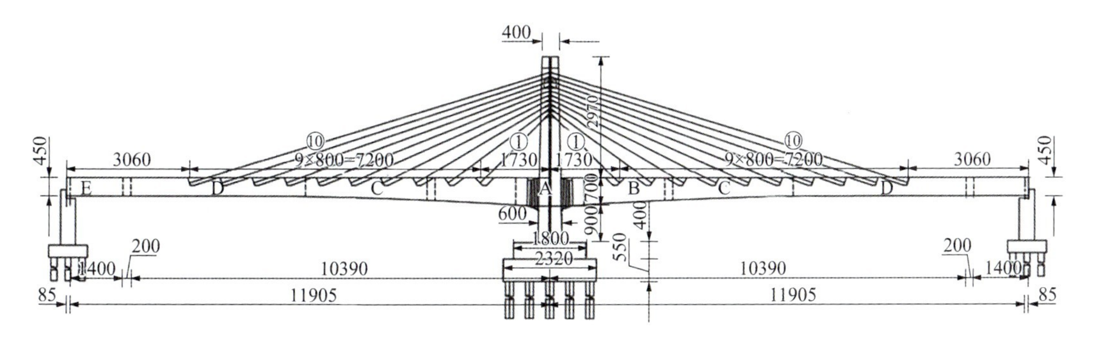

图 2-21 主桥立面示意图（尺寸单位：cm）

（2）桥梁构造

①主梁

主梁全长 239.8m，计算跨度为 119.05m＋119.05m，边支座中心线至梁端 0.85m。主梁采用C55混凝土。主梁曲梁曲做，顺桥向尺寸均为左线线路中心线处展开尺寸，横桥向均为径向尺寸。转体前现浇梁段分成A、B、C、D共7个梁段，A段位于中支点，长17m，两侧对称布置B、C、D段，长度分别为20m、30m、43.4m，在B、C段之间设置2m长合龙段。

部分斜拉桥的主梁高度由于有斜拉索的帮助而比一般梁桥低。本桥主梁采用单箱双室直腹板变高度箱梁，固结墩处箱梁梁高7m，梁端梁高4.5m，梁底直线段长度41.4m，变高段长度74m，变高段梁底曲线方程为：$Y = 250X^2/7400^2$。箱梁顶宽16.10m，底宽13.6m。顶板厚度除支点外均采用40cm，底板厚度40～100cm，腹板厚度分别为50cm、70cm、80cm，按折线变化。箱梁顶板处设置120cm×40cm梗肋，底板处设60cm×30cm梗肋。梁体在固结墩处设置1道6m厚横隔板，端部设置2m厚横隔板，隔板处设进人洞，梁端进人洞位置结合邻跨简T支梁隔板空洞位置确定，以方便检查人员进入。主梁在对应斜拉索主梁锚固处各设置1道横梁及隔板，上方为横梁，横梁与梁顶同宽，高190cm、厚100cm；下方为隔板，厚度35cm。主梁采用三向预应力体系，顶底板及腹板内布置纵向预应力钢束，顶板、横隔板、斜拉索锚固横梁上设置横向预应力钢束，主梁腹板内设置竖向预应力筋。

②桥塔

部分斜拉桥的桥塔高度可采用主跨的1/12～1/8。本桥梁面以上索塔全高29.7m，塔高基本属于部分斜拉桥范畴。桥塔与主墩及主梁固结，采用实心截面，外轮廓作倒角处理。

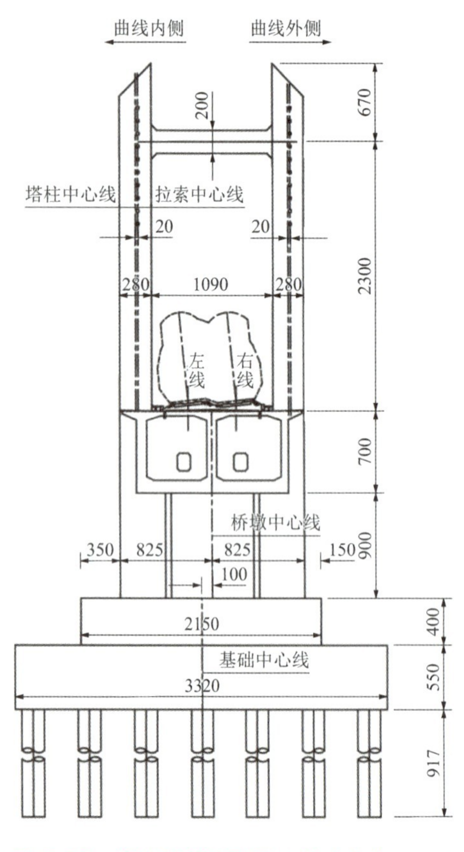

图2-22 桥塔构造示意图（尺寸单位：cm）

塔柱横向宽度均为2.8m，顺桥向宽4.0～5.3m。在塔高23m处设置横梁，横梁高度2m、宽3m。横梁使桥塔形成整体，共同承受曲线斜拉桥的斜拉索产生的横向弯矩。梁面以下桥塔采用实心矩形截面，高度9m，横向宽度16.5m，顺桥向宽5.6～6.0m，塔身纵向坡度与梁面以上桥塔一致。梁面以上塔身纵向设置10cm×40cm凹槽；梁面以下塔身纵向设置10cm×40cm凹槽，横向设置15cm×85cm凹槽，塔身纵横向开槽提升了桥梁景观效果。桥塔及横梁均采用C55钢筋混凝土结构。

斜拉索在桥塔设置20cm偏心，相对桥塔横向中心线，向曲线外侧偏移，使斜拉索竖向分力对桥塔产生朝向曲线外侧的弯矩，并在塔柱下段曲线外侧设置竖向预应力钢束，以抵抗斜拉索水平分力产生的朝向曲线内侧的横向弯矩。桥塔构造如图2-22所示。

③斜拉索

斜拉索横向为双索面布置，立面为半扇

形布置。每个索塔设 10 对斜拉索，塔上索距 1.1m，梁上索距 8.0m。斜拉索通过索鞍构造在索塔内通过，两侧对称锚固于梁体。索体采用环氧涂层高强钢绞线，规格为 15.2—73，抗拉强度标准值为 1860MPa，容许应力幅值为 250MPa。斜拉索采用智能型拉索体系，在梁端锚固密封桶位置布置 CCT20 磁通量传感器，方便施工期间和桥梁运营期间的索力监控。

部分斜拉桥基本采用鞍座式，且索鞍式锚固结构近年来逐渐应用于大跨度斜拉桥之中。本桥采用第六代分丝管索鞍，将抗滑键全部布置在转向鞍的一侧。相比于抗滑键交叉设置在两侧的上一代索鞍，新型索鞍既保持了单根钢绞线换索、双向抗滑的优点，又使抗滑力更加明确可靠，同时方便了施工。斜拉索在主梁锚固于腹板外侧，锚固区设锚固横梁。主梁锚固端采用螺钉将保护罩与锚固螺母连接，代替点焊连接，确保不脱落，保障下方铁路运营安全。

本桥为曲线斜拉桥，设计中详细计算出每根斜拉索塔端理论交点及梁端锚固点的三维坐标和角度、每个索鞍的控制点坐标及角度，确保精确定位斜拉索位置。

④转体结构及基础

本桥采用平面转体施工，以球铰中心支撑为主、环道支撑为辅。转体结构设置在主墩墩柱底部，由上下转盘、球铰、撑脚、环形滑道、牵引系统和助推系统等部分组成。

转体下盘为主墩的承台，转体完成后，与上转盘共同形成桥梁基础。下转盘采用 C55 混凝土，高 5.5m，横向宽度 33.2m，纵向宽度 23.2m，四边切角，呈八边形布置。上盘是转体的重要结构，在整个转体过程中形成一个多向、立体的受力状态，上盘布有纵、横向预应力钢筋。转体上盘也为八边形，高 2.2cm，横向宽度 21.5m，纵向宽度 18m，转台直径 15m，高度 0.8m。转动体系采用钢球铰，分上下两片，球体半径 9m，球面直径 5m。球铰设计竖向承载力为 250000kN，保证转体过程的安全，转体时球铰和两组撑脚共同受力，形成三点稳定支撑。转体系统如图 2-23 所示。

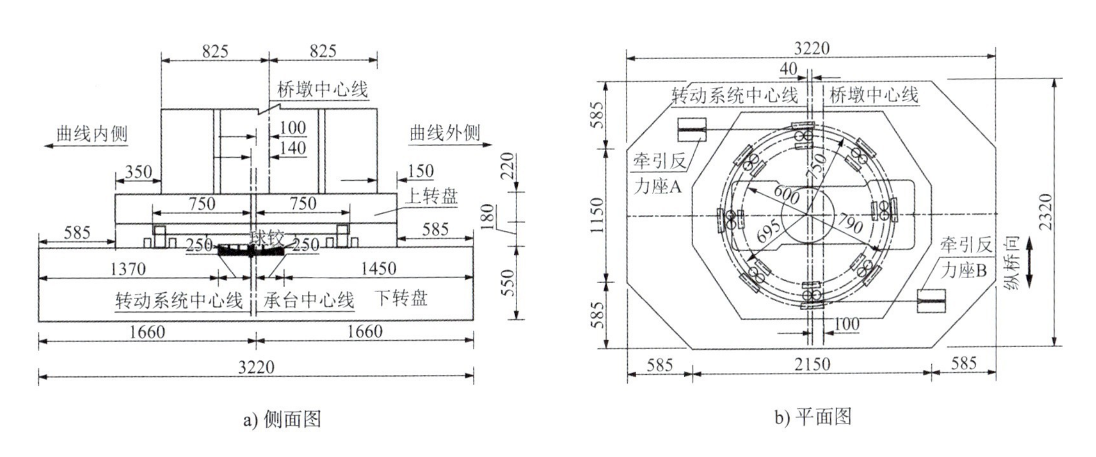

a) 侧面图

b) 平面图

图 2-23　转体系统总图（尺寸单位：cm）

本桥位于半径 800m 的小半径曲线上，大悬臂状态下主梁将产生横桥向不平衡弯矩，为保证转体时结构处于平衡状态，球铰中心向曲线内侧设预偏心 140cm，为国内最大转体偏心值。基础采用 31 根直径 2m 的钻孔桩，桩长 68m。承台及桩基横向设置 100cm 偏心，偏向曲线内侧，以减小基础横向弯矩。

（3）结构计算分析

①主梁

主桥采用 MIDAS 空间梁单元进行结构分析，并采用 MIDAS 空间梁格法及 BSAS 程序进行校核。主梁变形控制及设计指标如下：在静活载及温度作用下，梁体竖向挠度限值 ≤ $L/800$，计算值−60.13mm，为跨度的 1/1979；在列车横向摇摆力、离心力、风力和温度的作用下，梁体水平挠度限值 ≤ $L/4000$，计算值 4mm，为跨度的 1/30354；主梁竖向残余徐变变形限值 ≤ 20mm，计算值 19mm；梁端转角限值 ≤ 3.0‰，计算值 1.87‰。主梁应力及强度计算结果如表 2-15 所示。

主梁应力及强度计算结果　　表 2-15

比较项目	主力	主 + 附
上翼缘最大正应力（MPa）	14.8	16.8
上翼缘最小正应力（MPa）	1.07	0.82
下翼缘最大正应力（MPa）	14.2	15.2
下翼缘最小正应力（MPa）	2.89	2.5
最大剪应力（MPa）	3.17	3.34
最大主压应力（MPa）	14.8	16.8
最小主拉应力（MPa）	−2.12	−2.69
抗裂安全系数	1.35	1.33
强度安全系数	2.22	2.02
钢束应力幅（MPa）	110	125

针对本桥位于小半径曲线且设置多腹板的特点，为准确分析结构受力，采用 BSAS 程序和 MIDAS 的空间梁格单元进行校核计算。计算结果对比如表 2-16、表 2-17 所示。从对比结果可以看出，BSAS 程序与 MIDAS 空间单梁计算结果基本一致；MIDAS 空间单梁与梁格单元的支反力结果相差不多，但主梁应力相差 1.5MPa 左右，经分析主要是曲梁及三腹板受力不均匀引起，所以采用单梁模型计算时，应考虑足够的安全储备。在进行主梁横截面环框分析时，也要考虑腹板受力不均匀的影响，从梁格变形结果可知，主梁整体分析

时中腹板竖向变形比边腹板大出约 5mm，需将该变形作为横向环框计算中的一个强迫位移。

BSAS 程序与 MIDAS 空间单梁计算结果比较表　　表 2-16

项目	活载竖向位移（mm）	梁端转角（rad）	支反力（kN）	残余徐变（mm）	最大正应力（MPa）	最小正应力（MPa）	主拉应力（MPa）	剪应力（MPa）
BSAS 程序	59	2.08‰	15726	14	16.1	2.1	−2.5	3.3
MIDAS 空间单梁	60	1.87‰	15989	19	16.8	2.5	−2.7	3.3
MIDAS 与 BSAS 差值	−1	0.21‰	−263	−5	−0.7	−0.4	0.2	0

注：表中 MIDAS 空间单梁单元的支反力为内外侧支座反力的平均值。

MIDAS 空间单梁与梁格单元计算结果对比表　　表 2-17

项目	恒载支反力（kN）		最大悬臂状态主梁最大应力（MPa）		成桥后恒载状态主梁最大应力（MPa）	
	曲线内侧	曲线外侧	上缘	下缘	上缘	下缘
MIDAS 空间单梁模型	9940	11517	11.7	11.2	11.2	12.4
MIDAS 空间梁格模型	9259	11081	13	12.4	13	14
单梁与梁格差值	681	436	−1.3	−1.2	−1.8	−1.6

因主梁横向刚度较大，在预应力及斜拉索作用下，主梁梁端最大横向变形为 9.9mm，变形值较小，且该值随着徐变的发生逐渐减小，成桥 30 年后仅为 3.2mm，故主梁施工时无需设置横向预拱度。

②斜拉索

斜拉索采用一次张拉，不进行二次调索。斜拉索最大索力 7854kN，位于 10 号索；最小索力 7375kN，位于 1 号索。斜拉索最大应力为 760MPa，最小安全系数为 2.45，大于部分斜拉桥的斜拉索安全系数容许值 1.67；活载应力幅 42.8MPa，小于容许应力幅 250MPa。斜拉索应力幅没超过 50MPa，说明本桥属于典型的部分斜拉桥。

斜拉索在主梁的锚固结构复杂，且承受斜拉索径向分力，为确保斜拉索锚固可靠，对锚固块进行局部应力分析。根据斜拉索的受力情况，采用斜拉索力 8000kN 作为锚块局部应力分析最不利情况，按照实际斜拉索方向投影到曲线梁切向与法向来施加斜拉索力。模型中细网格尺寸为 0.15m，粗网格尺寸为 0.25m，共 30115 个节点、141300 个单元。应力分析表明，斜拉索力作用下，锚块主压应力未超限，部分区域主拉应力超限，设计考虑采用加强普通钢筋处理，同时检算裂缝宽度，经计算裂缝宽度不超过 0.15mm。分析模型如图 2-24 所示。

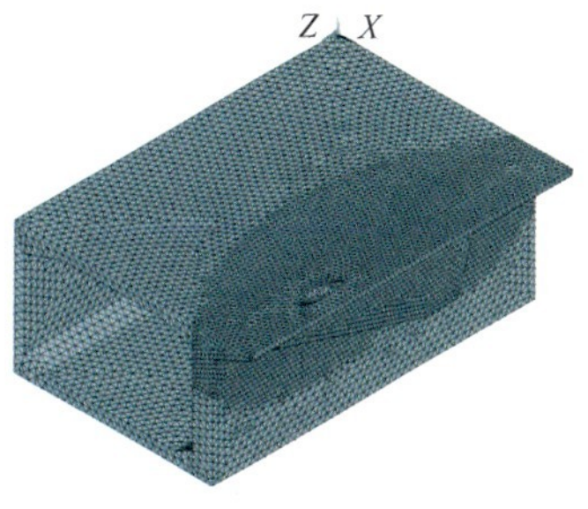

图 2-24　锚块局部应力分析模型

③桥塔和桥墩

a. 桥塔

桥塔下部配置有预应力钢束，按 A 类预应力混凝土构件设计，容许出现拉应力，但不容许开裂，计算结果如表 2-18 所示。从结果可知，曲线外侧桥塔受力更为不利，出现最大拉应力 1.9MPa，但小于 $0.7f_{ct}$，即 $0.7 \times 3.3 = 2.31$（MPa），属于未开裂构件。在斜拉索横向分力的作用下，塔顶产生 5cm 横向变形，由此引起约 8000kN · m 的横向力矩，设计中考虑了其影响。

桥塔下部计算结果（单位：MPa） 表 2-18

项目	桥塔外缘		桥塔内缘	
	压应力	拉应力	压应力	拉应力
曲线外侧塔柱	7.3	−1.9	15.2	> 0
曲线内侧塔柱	9.1	−0.9	14.8	> 0

b. 桥墩（梁面以下桥塔）

墩顶纵向位移 7.3mm，小于限值 $5 \times L^{0.5} = 54.7$mm；墩顶横向位移 2.1mm，小于限值 $4 \times L^{0.5} = 43.8$mm；中墩水平折角为 0.02‰，小于限值 1.0‰，均满足规范要求。桥墩采用钢筋混凝土构件，混凝土最大拉应力 10.11MPa，钢筋最大拉应力 159.5MPa，裂缝宽度 0.15mm。

④转体结构

本桥具有转体吨位大的特点，设计中对上转盘、下转盘、撑脚、反力座、砂箱、牵引力、转体结构稳定性、四氟滑动片应力等均进行了检算，并进行了实体元分析。采用 MIDAS/FEA 软件进行实体分析。转台、上转盘、桥墩用四面体实体单元模拟，桥墩截取承台顶以上 9m 范围，设置横向偏心 1.4m。球铰转盘中心三向位移全约束，其余节点约束竖向位移。在 MIDAS 全桥计算结果中提取承台顶以上 9m 桥墩截面处竖向力及弯矩进行加载，竖向力 234146kN，横桥向弯矩 353554kN · m。模型分析结果：横向正应力 2.84MPa、顺向正应力 1.82MPa、竖向正应力 23.8MPa、主拉应力 2.87MPa、主压应力 24.5MPa，均满足要求。实体分析模型如图 2-25 所示。

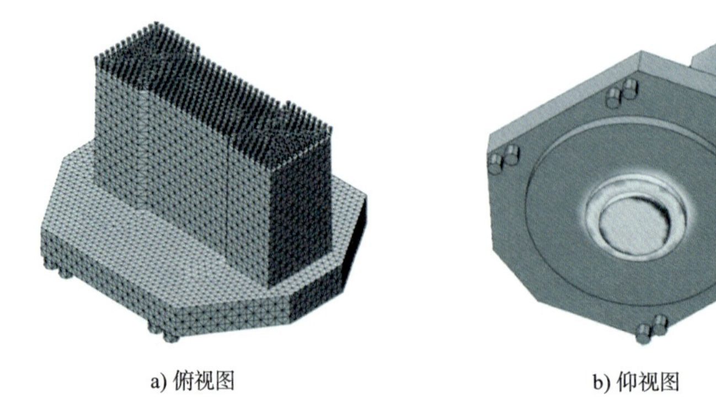

a) 俯视图　　b) 仰视图

图 2-25　转体系统实体分析模型俯视图及仰视图

⑤车桥耦合振动分析

对全桥所有构件及桩基础均采用空间梁单元建模，桩基础采用 m 法考虑桩土共同作用，采用专用软件对全桥曲线进行了精确建模。主要结论如下：当和谐号 CRH2 型电力动车组（以下简称“CRH2”）以 80～140km/h 的速度通过该桥时，所有计算工况下，桥梁的动力响应均在容许值以内，列车竖、横向振动加速度满足限值要求，列车行车安全性满足要求；当 CRH2 以 80～120km/h（设计速度）通过该桥时，列车乘坐舒适性均能够达到“良好”标准以上；以 120～140km/h（检算速度）通过该桥时，列车乘坐舒适性也能够达到“良好”标准以上。该桥具有良好的动力特性及列车走行性，当 CRH2 通过桥梁时的安全性和乘坐舒适性均满足要求。

（4）结论

①主桥采用部分斜拉桥，中支点梁高仅 7m，边点梁高仅 4.5m，大幅度降低了路肩高程，减短了桥长，减少了工程造价。

②主梁位于小半径曲线上，同时斜拉索存在径向分力，主梁承受空间弯矩、剪力和扭矩的作用。采用空间梁单元进行结构分析，并通过空间梁格模型考虑曲线及多腹板受力不均的影响，可保证主梁计算结果的可靠性。

③由于斜拉索径向分力作用，桥塔承受较大横向弯矩。采用设置上横梁、斜拉索在桥塔设置横向偏心、桥塔下部设置竖向预应力钢束等措施，可有效解决斜拉索径向力作用下桥塔横向受力问题。

④采用第六代索鞍，索鞍两侧斜拉索通过单侧双向抗滑锚固装置实现双向抗滑的目的，抗滑力更明确，且施工方便。

⑤球铰及承台向曲线内侧分别设置 1.4m、1.0m 的偏心，保证转体时的结构平衡，并改善基础受力；转体时采用球铰和撑脚三点支撑，形成稳定结构，确保施工安全。

该斜拉桥已于 2019 年底顺利建成通车，全桥工作状态良好，完全满足运营要求，如图 2-26 所示。

图 2-26　转体 120m + 120m 小半径曲线混凝土梁部分斜拉桥上跨胶济客运专线

2.4.5 刚构桥上跨高铁

1）结构方案

桥跨结构主梁和墩台整体连接的桥梁叫刚构桥。由于两者之间是刚性连接，在竖向荷载作用下，将在主梁端部产生负弯矩，因而减少跨中正弯矩，跨中截面尺寸也相应减小。刚构桥在竖向荷载作用下支柱将承受压力外，还承受弯矩及水平推力。刚构桥大多为超静定结构，混凝土收缩徐变、温度变化、墩台不均匀沉陷和预应力等因素都会在结构中产生附加内力。在施工过程中，当结构体系发生转换时也会引起附加内力。有时，这些附加内力可占整个内力相当大的比例。

2）刚构桥结构的优点

（1）墩梁固结结构造取消了支座，减少了支座制造及后期养护维修成本。

（2）墩梁固结构造大大减小墩身厚度，减少了桥墩与基础工程的材料用量。

（3）抗震性能好，水平地震力可均摊给各个墩来承受，不需像连续梁设置制动墩，或采用价格昂贵的抗震支座。

（4）墩梁固结便于采用悬臂法施工，省去了连续梁施工时采用的临时固结措施。

3）设计简要注意事项

（1）箱梁顶板和底板是结构承受正、负弯矩的主要部位。当采用悬臂施工方法时，梁的底板特别是靠近桥墩处者将承受很大的压应力。为适应受压要求，底板设计成变厚度。根部厚，通常取墩顶梁高的 1/12～1/10，跨中薄，其尺寸受跨中布置的预应力钢筋和普通钢筋的控制，一般为 0.2～0.3m。箱梁顶板厚度的取值要考虑两个因素，一是要满足桥面板横向抗弯的要求，二是要满足纵向力筋布置的要求。一般当两腹板间距增大时，顶板厚度也要相应增大。

（2）箱梁腹板主要承受结构的弯曲剪应力以及扭转剪应力引起的主拉应力。腹板厚度一般在跨中较薄，在墩顶处较厚以承受梁部墩顶处较大的剪力。除满足抗剪要求外，腹板的最小厚度还应考虑钢束管道布置包括锚固尺寸以及混凝土浇筑的要求。

（3）在箱梁腹板与顶、底板结合处需要设置梗腋或称承托。梗腋布置的方式不一，视具体情况确定。梗腋的作用在于提高截面的抗扭和抗弯刚度，减少扭转剪应力和畸变应力使力线缓和过渡，减少次应力提供一定空间来布置预应力钢筋减少顶、底板的横向宽度并可适当减薄顶、底板厚度。

（4）在预应力混凝土连续刚构的设计过程中，预应力配筋原则为：

①应选择适当的预应力束筋形式与锚具形式。

②预应力束筋的布置要考虑施工的方便，既要满足施工阶段的受力要求，又要满足成桥后使用阶段各种荷载组合下的受力要求。

③预应力束筋应避免使用多次反向曲率的连续束，因为这会引起很大的摩阻损失，降低预应力束筋的效益。

④预应力束筋的布置，不但要考虑结构在施工阶段和使用阶段的弹性受力状态的需要，而且也要考虑到结构在破坏阶段时的需要。

（5）墩柱形式的比选。

单肢柱与双肢柱高墩连续刚构桥墩一般采用整体式和分离式。由于墩较高，多为薄壁箱形截面。单肢箱形截面具有强大的抗弯、抗扭刚度，但箱形截面具有较大的纵向抗推刚度，适应结构体系纵向变形的能力较差，为了在悬浇阶段提供足够安全的抵抗纵向不平衡弯矩的作用，需要较大的纵向尺寸，而此时较大的抗推刚度导致体系在收缩、徐变、温度变化等作用下产生较大的内力，对墩柱、基础均产生较大的影响。

双肢柱可以很好地适应纵向变形，一般用于墩高以内的悬臂施工连续刚构桥，是非常经典的墩柱形式，双肢柱相对单箱单肢柱具有如下优点：

①在纵向抗推刚度相当，适应体系温度、混凝土收缩徐变能力相当的前提下，可提供远大于单肢单箱墩柱的总体抗弯刚度，为悬浇阶段提供足够安全的抵抗不平衡荷载的能力。

②纵向抗推刚度容易调整，可以通过调整单肢截面、系梁间距、系梁截面刚度等手段，较自由地调整纵向抗推刚度，减小由于温度、混凝土收缩徐变等产生的结构次内力。

③对一联多跨的适应性较好，可在保持柱顶几何尺寸不变的前提下调整不同高度墩柱的刚度，适应全联体系的受力要求，保证箱梁号及各悬臂施工节段划分不变，简化设计与施工，保持结构的整体景观协调、双肢柱对横风的迎风面积较小、风载体形系数小，对抵抗横风有利。

④在墩柱工程量相当的前提下，双肢柱纵向间距较大，减小了上部结构箱梁的净跨径，减小了箱梁的受力，上部结构相对经济。

⑤在大跨高墩连续刚构施工中，采用缆索或吊装系统附着塔吊在一定程度上能加强墩的刚度，提高稳定性。尽量控制上部箱梁最小尺寸，以保证箱梁的稳定性要求。

4）刚构桥结构施工关键点

国铁集团工电部要求公路、城市轨道交通和道路上跨高铁及其相关联络线和动车走行线的路基、桥涵地段，以及上跨开行客车的普速铁路的路基、桥涵地段，桥梁施工应优先采用转体施工方案。

（1）《高速铁路桥涵工程施工技术规程》规定牵引力安全储备系数要求为 2，对转体桥梁转动角速度规定不宜大于 0.02rad/min 且桥梁悬臂端线速度不大于 1.5m/min。

（2）考虑邻近铁路运输安全，一般转体桥悬浇施工时最外缘到邻近铁路中心线的距离按不小于 20m 控制，且边缘线不侵入坡脚。同时，转体桥悬浇施工前要做好铁路安全防护措施，所有可能影响到铁路运营的施工分项都应该在封锁点内施工。挂篮施工宜采用全封闭挂篮。

（3）一般桥梁投影下不宜有接触网立柱，当无法满足时，为便于更换接触网立柱，转体桥梁底距立柱杆顶的距离对于金属立柱不宜小于 1.0m，对于混凝土立柱不宜小于 3.0m，并遵守既有设备管理单位的具体规定。

5）工程实例

莱荣铁路莱西站后疏解段落跨越青荣城际铁路双线路基，交叉右角为 155°21′。青荣城际为双线电气化铁路，设计速度 250km/h，立交高度要求为 7.25m。青荣城际路基填高 7m。

设计采用（116 + 116）m 单线 T 构连续梁跨越青荣城际铁路。连续梁采用转体施工。跨越方案如图 2-27 所示。梁体采用曲梁曲做，一次悬浇到位，不设边跨现浇段，避免在青荣、蓝烟线间高位现浇施工。本结构悬浇悬臂长度大，且受小半径曲线影响弯扭效应十分显著。

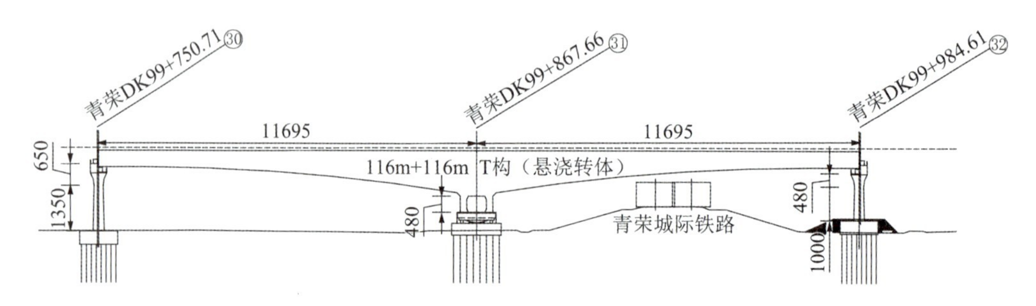

图 2-27　跨越方案示意图（尺寸单位：mm）

莱芜铁路技术标准如下：

（1）线路等级：高铁；

（2）设计速度：160km/h；

（3）设计活载：ZK 活载；

（4）轨道类型：无砟轨道；

（5）线路情况：单线，位于半径 1300m 的曲线及平坡上；

（6）施工方法：转体跨越既有高铁。

主梁采用预应力混凝土连续箱梁结构，计算跨度为（116 + 116）m，支座中心线至梁端 0.8m，梁全长 233.6m。中支点截面中心处梁高 13.5m；边跨 14.8m 等高段，截面中心处梁高 5.0m。

曲线上梁按曲梁曲做布置，截面采用单箱单室、变截面直腹板形式。箱梁顶宽 7.1m，底宽 5.0m。全桥共分 51 个节段，其中 0 号为现浇段，其余均为挂篮悬浇节段。

主墩采用普通钢筋混凝土结构，主墩墩高 4.5m，采用双薄壁墩结构形式。纵向尺寸 4.0m，墩中心纵向间距 6.0m，横向尺寸 5.0m。上承台采用八角承台，下承台采用矩形承台。桥梁立面图和主梁截面图分别如图 2-28 和图 2-29 所示。

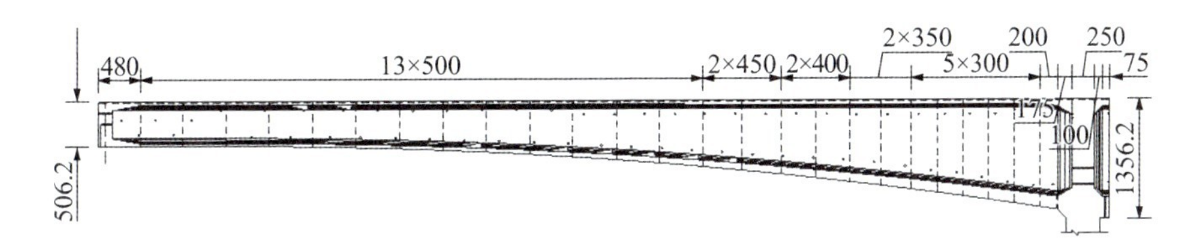

图 2-28　主梁立面示意图（尺寸单位：cm）

主梁、桥墩及承台混凝土强度等级为 C60，封端采用强度等级为 C60 的无收缩混凝土。

本工点为大跨度小半径 T 构曲梁，转体就位前后不平衡弯矩差异巨大。为减小基础平面构造尺寸，改善成桥后基础受力，引入“临时预偏心”的概念，在基础-球铰、球铰-墩身之间各自设置预偏心，确保施工-运营全过程结构受力最优。

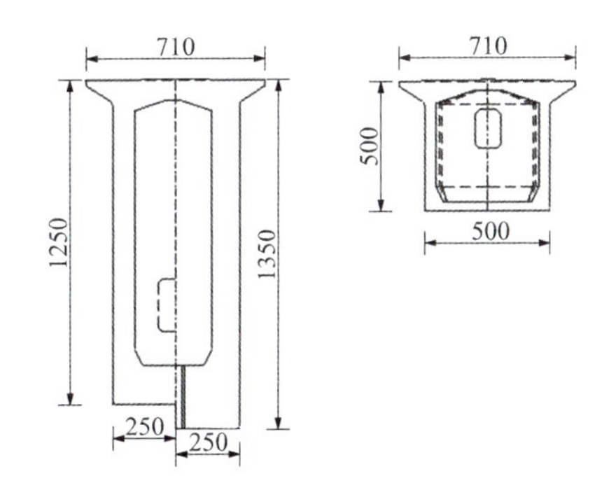

图 2-29　主梁截面示意图（尺寸单位：cm）

本工点边墩紧邻青荣、蓝烟铁路，为减小邻近营业线养护工程，避免检修设备抛落威胁高铁运营安全，通过增大墩顶尺寸和梁底至墩顶高度，设置高垫石高护墙，利用墩顶空间进行运营维修工作通道，取消桥墩围吊栏。

2.5　下穿高铁工程设计

下穿高铁是邻近高铁立交工程的另一种重要的建设形式。随着高铁沿线工业化和城镇化的发展，为解决道路交通、轨道交通、管线下穿等问题，在既有高铁线下修建构筑物需求日益增多，这些构造物的建设施工及使用，对高铁的运营安全产生了重要的影响。

由于高铁的行车速度快，对轨道平顺性要求极高。因此，下穿高铁工程是影响高铁运营安全的风险因素之一，下穿工程的方案选择是否合理，对高铁的运营安全、地区的规划、长远发展和环境保护都有重要影响。下穿高铁的结构形式主要分为 5 大类，分别为梁式桥下穿、桩板结构下穿、框架桥结构下穿、U 形槽结构下穿和路基结构下穿。

2.5.1　下穿结构设计要点

1）设计范围的确定

下穿高铁构造物设计范围，主要依据如下几方面确定：

（1）《铁路安全管理条例》相关规定

在《铁路安全管理条例》（中华人民共和国国务院令第639号）中，明确了铁路线路安全保护区的范围，高铁桥梁安全保护区的范围为桥梁梁边外侧起向外的距离：城市市区高铁为10m；城市郊区居民居住区高铁为12m；村镇居民居住区高铁为15m；其他地区高铁为20m。原则上，下穿高铁构造物的设计范围应不小于《铁路安全管理条例》规定的不同区域的最小范围。

（2）《公路与市政道路工程下穿高速铁路技术规程》相关要求

在《公路与市政道路工程下穿高速铁路技术规程》（TB 10182—2017）中规定，采用桥梁、桩板结构、U形槽和框架结构下穿高铁时，结构两端距高铁桥梁水平投影外侧的垂直距离不应小于20m。

（3）下穿工程对高铁的影响区的范围

下穿工程对高铁影响区是一个不同于铁路线路安全保护区的概念。高铁影响区范围与下穿工程的结构形式、规模、施工方法、地质条件、工程措施、高铁桥梁与设备的整体状况、轨道的类型等直接相关。应根据评估计算，确定对高铁影响区的范围，其设计范围应大于高铁影响区范围。

高铁影响区范围大小的因素有很多种，包括设计层面和施工层面，而施工层面尤为关键，主要体现在基坑开挖深度、降水影响范围、施工机具作业半径等，这类高风险因素，应在设计和施工中采取应对措施，减少对高铁的影响。

（4）高铁现状及规划的影响

下穿高铁工程的设计范围还应结合高铁现状及远期规划的统筹考虑，如果既有高铁附近有远期规划的铁路线位，宜将规划线涵盖设计范围内。

2）设计原则和要求

（1）新建下穿高铁工程段，应优先选择桥墩较高、跨径较大处下穿，这样不仅可以保证下穿工程和高铁能够彼此不受影响，还可以为下穿工程的建设提供较大的空间，从而保证施工的顺利进行。

（2）下穿高铁工程应尽量与高铁线路垂直交叉，从而保证下穿结构物与高铁桥梁的墩台保持较大的安全距离。

（3）充分考虑地形的影响，尽量选择地形平缓、高低起伏较小、填挖方不大的位置和地质条件良好的地段。

（4）符合地区交通发展规划，满足交通流量发展增长需求，一次实施到位。

（5）结构形式、安全防护措施等符合铁路管理部门的相关管理规定要求。

（6）满足高铁运营安全，结构物及安全防护措施等施工及后期运营需将对高铁结构的安全风险降至最低。

3）决定结构形式的主要因素

下穿高铁工程设计前，需收集高铁影响区范围内的线路、桥梁结构、轨道结构和行车速度等资料，查明工程地质、水文地质和环境条件等资料。收集高铁桥梁的竣工资料，主要包括高铁桥梁的桩基、承台、墩、梁体及桥下净空等资料；同时对高铁设备的使用情况、桥梁已发生的沉降情况、有无缺陷等进行详细调查，作为研究、比选下穿高铁设计方案的基础资料。

根据高铁设备状况、自然因素和地质条件、高铁桥梁下净空等情况，下穿结构物可有多种选择。如道路下穿高铁，可能采用的结构形式有桥梁、桩板、框架桥结构和 U 形槽、路基等，不同的下穿工程结构形式对高铁的影响不同，选择合适的结构形式主要因素总结起来包含如下几个方面：

（1）下穿处高铁桥梁的现状

主要掌握包括既有高铁桥梁的桩基、承台、墩、梁体及桥下净空等设计及现状情况；同时对高铁设备的使用情况、桥梁当前沉降情况是否超限、有无病害等进行详细调查。以上内容决定是否能在该高铁段落内下穿。

（2）下穿高铁工程的平、纵断面

在决定能够下穿的情况下，结合高铁桥下净空及桩基承台等情况，按照所在项目的设计标准进行平、纵断面设计，纵断面决定了填土的高低及挖深的多少，平面决定了与高铁桥墩的位置关系及安全距离。

①平面对结构形式选用的影响

下穿高铁工程所在平面线位的选定，一般来说，工程新建或改扩建与高铁交叉处是影响高铁运营安全的重要敏感点，工程实践证明，在新建工程线位选线时一定要慎重，尽量避免采用较小半径曲线与小角度交叉方式穿越。

②纵断面对结构形式选用的影响

下穿高铁工程纵断面影响主体结构施工时的挖深，挖深越大，施工过程中土体卸载对高铁桥墩变形影响越大。为了减少对高铁桥墩的影响，一方面，在纵断面选择上，应尽量抬高纵断面，减小坡度，从而减少挖深，减少土方的卸载；另一方面，如果不能优化纵断面，需要根据对高铁桥墩的变形的评估计算，采用分孔穿越、压缩断面等方式，从而调整开挖深度及开挖量。

（3）地质资料及地下水位

在道路平、纵断面，道路与高铁桥梁的距离确定的条件下，一般而言，非岩石地基采用桥梁结构、桩板结构下穿较路基结构下穿对高铁的影响要小。对路基结构，其填土荷载，路面结构层荷载和运营活载等，都将直接传递作用于高铁桥梁基础，容易导致高铁桥梁发生变形变位，影响轨道平顺性和运营安全。因此，只有在地质条件良好、浅挖或少填，并且其对高铁桥梁附加变形变位影响满足限值要求时方可考虑路基结构下穿高铁。

①地质条件的影响

在软弱土层上增加荷载，荷载的作用下会产生沉降和侧向挤出变形，对高铁桥梁桩基的影响包括：一方面，桩周土的沉降会使高铁桩基上部承受负摩阻力的作用，在负摩阻力的作用下桩基将产生不均匀沉降；另一方面，高铁桥梁桩基在两侧土压力差的作用下还会发生远离的水平位移。因此在软弱土层上，要避免采用路堤形式下穿高铁工程。

当穿越区域地质状况差，尤其地基存在软弱下卧层，且路基土较高在 2m 以上时，宜选用桥梁形式穿越高铁的设计方案；当路基填土在 2m 以下，且开挖深度较浅，通常不超过 1m 时，可采用桩板结构穿越高铁的设计方案。

穿越高铁区域工程地质状况较好，路基填土在 2m 以下，地基承载力满足 U 形槽的地基承载力要求时，可选用 U 形槽下穿高铁设计方案。当地基承载力不小于 180kPa、路基填挖方高度小于 1m 时，可采用路基形式下穿高铁的设计方案。

②地下水位的影响

地下水位的高低，直接影响下穿结构的防护措施，在高铁影响区进行地下水降水会造成桥墩周边土体沉降，使高铁桥梁桩基产生负摩阻力，降低桩基承载能力；土体下沉还会引起桥梁墩身沉降。因此，对于地下水位较高、开挖前需坑内降水的，围护结构要有止水功能，在基坑外不允许抽降地下水。

对于地下水位较浅，开挖深度较深，应选用 U 形槽或者框架桥下穿高铁设计方案，同时需要考虑土体开挖、支护和主体结构对高铁桥梁的影响；并做好基坑防护结构的止水和封水措施。

2.5.2 梁式桥结构下穿高铁工程

采用梁式桥下穿高铁工程首先建设期间对既有高铁运营干扰最小，其次，建成后结构自重和车辆荷载均通过新建桥梁桩基作用在远离既有高铁桥梁桩基的位置，对高铁桥梁的影响较小。

1）结构方案

结构组成：梁式桥结构由梁体、盖梁和桩基础组成。

下穿高铁梁式桥结构形式按照施工方法可分为装配式和现浇式。

（1）装配式

对于常规跨度的下穿工程的桥梁结构，一般设计多为标准跨径，采用标准化的装配式结构进行机械化、工厂化施工，高铁桥下施工作业时间短，同时便于养护和构件更换，可提高桥梁结构的耐久性和安全性。运输便利或桥位附近有预制场地条件，推荐考虑采用装配式结构。

装配式结构当前常用的结构形式为预制空心板梁（图 2-30）和分片式预应力混凝土箱梁（图 2-31）结构。预制空心板梁自重小，对铁路基础影响较小，但跨度较小，常需在既有桥下施工桩基，当桥下施工空间受限时，会对上部铁路桥梁安全构成隐患。分片式预应力混凝土箱梁结构跨度较大，桩基可设置在铁路投影区范围外，可更好地适应施工需求。

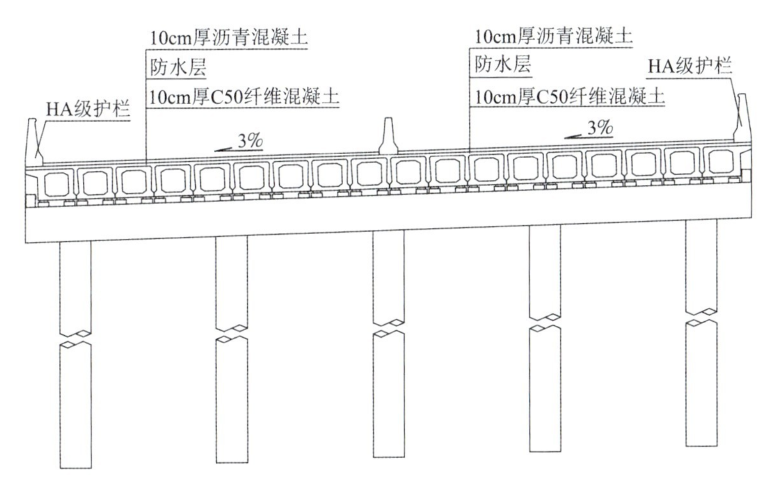

图 2-30　预制空心板梁

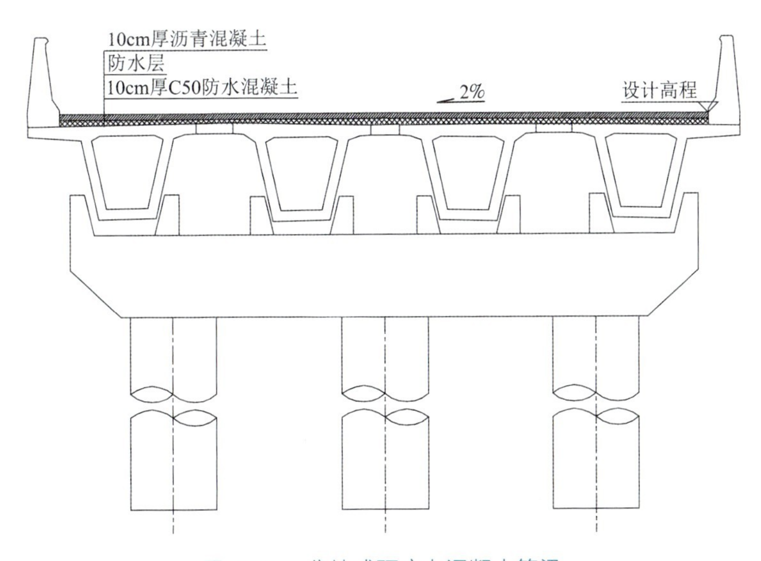

图 2-31　分片式预应力混凝土箱梁

（2）现浇式

当缺乏运输通道或不具备预制架设条件时，可以采用整体箱梁结构现浇施工。采用梁式支架法或满堂支架法现浇箱梁施工，均会对上部铁路桥梁产生一定影响，一般现浇施工箱梁在施工阶段对高铁桥梁产生的影响比装配式结构产生的影响大，因此在满足装配式桥梁施工条件的情况下，优先采用装配式结构。

桩基础采用钻孔桩时，应保证后施工桩与高铁桥梁桩有足够间距，对软土、粉细砂等软弱土两者桩中心距离宜大于6倍后施工桩的桩径；对其他良好的土层，可适当放宽桩间距，但不宜小于4倍后施工桩的桩径，还应考虑钻孔桩施工时机具与高铁之间有一定的施工安全距离。

2）梁式桥结构的优缺点

（1）结构简单、受力明确；

（2）使用桩基础，可用于地质条件较差和地下水位较高的地区；

（3）结构跨越能力强，桩基础与既有高铁桥梁距离较远，梁式桥上部结构承受的荷载通过桩基础传递到场地，对高铁桥梁影响较小；

（4）装配式梁式桥施工速度快；

（5）与其他结构形式相比，造价较高。

3）设计中简要注意事项

（1）高铁影响区的桥梁长度与孔跨布置应考虑对高铁桥梁的影响。高铁承台的水平位移与梁体的跨度和位置距离均有直接相关。

（2）架桥机选型时，要满足桥下空间的要求，架桥机外边缘与桥墩的安全净距不得小于2.0m。

（3）预制梁架设前应对架梁、吊装设备进行静、动载试验和试运转，静载试验荷载应达到预吊重量的1.3倍。

（4）现浇梁的支架应根据设计规范要求进行预压。

（5）预制梁制作场地是否要进行地基加固需根据地质条件、制作场地规模、荷载大小等因素确定，同时要评估地基处理施工过程对邻近高铁桥梁的影响。

（6）路面排水应采用集中排水方式，引出铁路范围以外；下穿节点处高铁桥下不得形成积水。

（7）下穿工程应与高铁桥下检修通道设置协同考虑，确保检修通道通畅易行。

（8）受下穿工程影响，高铁桥梁需修改桥面排水方式或设置防抛网等时，应经过铁路管理部门审查通过后实施。

4）桥梁结构下穿施工关键点

下穿高铁的桥梁根据结构形式不同通常采用预制架设或现浇方法施工。

（1）施工方案采用

装配式梁式桥结构的施工工序如下：

场地平整→桩孔定位→埋设护筒→钻孔→检孔及清孔→下钢筋笼→灌注混凝土桩→凿桩头至桩顶设计高程→立模浇筑盖梁混凝土→预制梁拼装。

预制梁堆放作用于地基上的荷载也会影响到高铁桥梁桩基，因此要求预制梁的制作与堆放场地位于高铁影响区范围之外。

现浇梁式桥结构的施工工序如下：

场地平整→桩孔定位→埋设护筒→钻孔→检孔及清孔→下钢筋笼→灌注混凝土桩→凿桩头至桩顶设计高程→立模浇筑盖梁混凝土→立模浇筑梁式桥混凝土。

浇筑时宜采用梁式支架法，当高铁桥下地质情况较好时，可采用满堂支架法施工；为减少对高铁影响，可采用膺架法施工。采用膺架法施工时，应根据跨度及施工荷载情况，确定临时墩设置数量。

（2）施工风险评估

根据采用的施工方案和施工步骤，将施工方案划分成若干阶段进行安全评估，确定危险源级别，针对不同危险源通过评估进行计算，并制定控制风险的对策和预案。

采用梁式桥结构下穿高铁施工风险为：基坑开挖与支护、地基处理施工、桩基础施工、现浇梁施工、预制梁吊装、人为因素等。

（3）施工简要注意事项

①预制梁架设前应评估吊装设备地基的承载能力以及对高铁桥梁的影响。

②承台的水平位移成为吊机的控制因素，在所设定的条件下，水平位移绝对值随吊机吨位的上升而增加。所以在满足起吊能力的情况，选用相对小吨位的吊机是最佳方案。

③架桥机选型时，要满足桥下空间的要求，架桥机外边缘与桥墩的安全净距不得小于 2.0m。

④预制梁架设前应对吊装设备、吊具等进行全面检查，满足吊装作业安全要求。

⑤预制梁架设前应对架梁、吊装设备进行静、动载试验和试运转，静载试验荷载应达到预吊重量的 1.3 倍。

⑥现浇梁的支架应根据设计规范要求进行预压。

⑦在高铁下采用架桥机架设的道路桥梁，应满足架桥机本身高度对净空的要求。施工期间严禁施工设备碰撞高铁桥梁任何部位，并做好应急预案。

⑧采用架桥机架边梁时，应避免架桥机过于靠近高铁桥墩，施工过程中应保证梁体的稳定性。

⑨预制梁制作场地是否要进行地基加固需根据地质条件、制作场地规模、荷载大小等因素确定，同时要评估地基处理施工过程对邻近高铁桥梁的影响。

5）工程实例

石济客运专线济南西上联下穿京沪高铁黄河南引桥特大桥，为减小对京沪高铁桥梁的附加沉降影响，采用桥梁下穿穿越形式，交叉角度 33°。二者的平面交叉关系如图 2-32 所示。

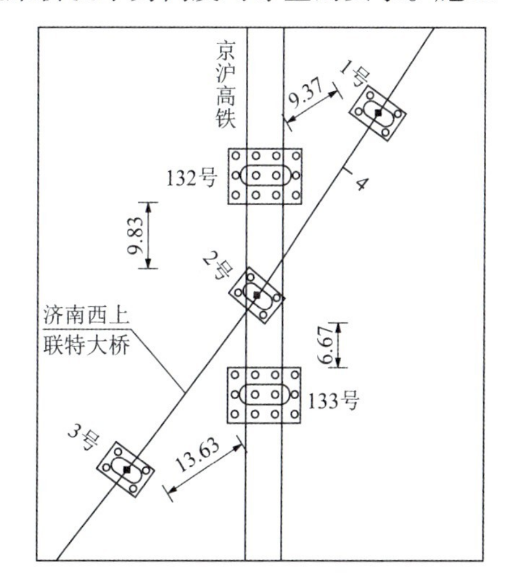

图 2-32　济西联络线与京沪高铁交叉平面关系图（尺寸单位：m）

京沪高铁墩全高 14.5m，采用 12 根直径 1.0m 的桩基础，设计桩长 40m。石济客运专线济西上联特大桥为单线桥，1 号～3 号墩之间梁跨均采用 32m 简支梁，墩全高分别为 3.4m、3.4m、4.4m；基础均采用 5 根直径 1.0m 的桩基础，桩长 41m。1 号墩基础与京沪高铁桥梁基础最近距离为 9.37m，2 号墩基础与京沪高铁桥梁基础的最近距离分别为 9.83m、6.67m，3 号墩基础与京沪高铁桥梁基础最近距离为 13.63m。

本段桥地质差异较小，桩底均置于粉质黏土层中，京沪高铁桥梁 131～134 号墩沉降值分别为 11.9mm、11.7mm、10.8mm、10.7mm，131～134 号墩相邻桥墩最大不均匀沉降为 0.9mm。

为论证联络线下穿京沪高铁的可行性，建立岩土有限元三维模型，对京沪高铁桥梁沉降影响进行数值模拟分析。

为尽可能地减小对京沪高铁的影响，新建联络线桥梁分别研究了桥下采用框架墩结构形式和常规简支梁实体桥墩形式下穿方案。分析表明，采用常规简支梁实体桥墩形式下穿方案影响最小，推荐采用。对京沪高铁影响的主要分析过程和成果如下：有限元模型总宽度 160m，土层总深度 75m，共划分 8584 个单元、25657 个节点。有限元模型如图 2-33、图 2-34 所示。总沉降和不均匀沉降数值见表 2-19。

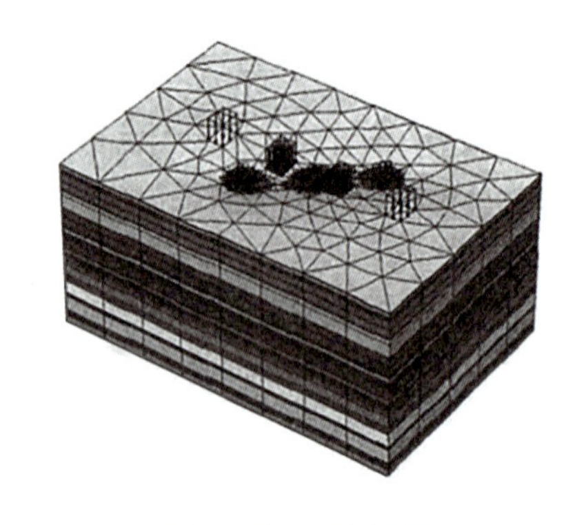

图 2-33　有限元模型

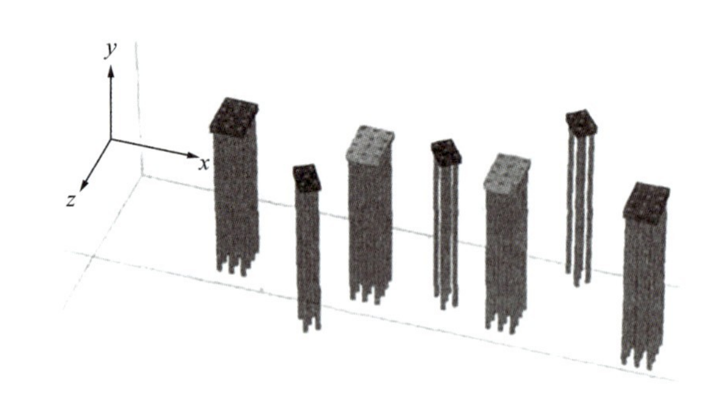

图 2-34　有限元桩基空间布置图

总沉降和不均匀沉降数值　　表 2-19

项目	131 号墩	132 号墩	133 号墩	134 号墩
原工后总沉降（mm）	11.9	11.7	10.8	10.7
新建铁路引起附加沉降（mm）	1.1	4	4.21	1.1
工后总沉降（mm）	13	15.7	15.01	11.8
与相邻墩最大不均匀沉降（mm）	2.7	2.7	3.21	3.21

从计算结果看，新建济西联络线特大桥下穿既有京沪高铁桥梁，由于新建桥梁的基础对周围土层应力产生附加应力，从而引起既有高铁桥梁基础发生沉降变形。但对京沪高铁

桥梁的沉降影响在允许范围内，分析结果表明，联络线采用桥梁下穿京沪高铁具有可实施性。

在实际施工中，为进一步减少钻孔桩钻孔过程中由于土体应力释放对既有高铁基础的影响，2 号墩采用了静压管桩的基础形式，施工中通过设置应力释放孔、跳跃式施工以及施工监测等措施，减少了对京沪高铁的影响，效果很好。

2.5.3 盾构隧道下穿高铁工程

1）结构方案

盾构法是暗挖法施工中的一种全机械化施工方法。它是将盾构机械在地层中推进，通过盾构外壳和管片支承四周围岩，防止发生往隧道内的坍塌。同时，在开挖面前方用切削装置进行土体开挖，通过出土机械运出洞外，靠千斤顶在后部加压顶进，并拼装预制混凝土管片，形成隧道结构的一种机械化施工方法。

盾构法施工起源于法国，20 世纪初已经在美英德苏等国推广，30～40 年代已经在这些国家采用盾构成功建成直径 3.0～9.5m 的多条地下铁道及过河隧道。60～80 年代，盾构法继续发展完善，这一时期相继出现了泥水盾构、土压盾构施工方法。1990 年以来，盾构法取得了长足进步，以长距离、大直径、自动化的多种断面形式的盾构机发展成熟，并在地下铁道和隧道工程大量使用。

（1）横断面

盾构隧道横断面一般由圆形、矩形、半圆形、马蹄形等，衬砌最常用的断面形式为圆形与矩形。其中圆形截面具有受力性能合理，易于盾构推进，便于管片的制作、拼装的优点被广泛采用。

（2）衬砌管片

盾构隧道衬砌按照材料和形式分类可分为装配式钢筋混凝土管片、铸铁管片、钢管片、复合管片等，其中应用较多的是装配式钢筋混凝土管片，其环宽一般在 300～2000mm 之间，常用的是 750～900mm，环宽过小导致接缝数量增加，进而加大隧道防水的困难，环宽过大会使盾尾长度增长而影响盾构的灵敏度。对于直径为 6.0m 以下的隧道，管片厚度为 250～350mm，直径为 6.0m 以上的隧道，管片厚度为 350～600mm。单线地下铁道衬砌一般分成 6～8 块，双线的分为 8～10 块，小断面分为 4～6 块。圆环的拼装形式包括通缝和错缝，其中错缝拼装可加强圆环接缝刚度，约束接缝变形。

盾构机既是一种施工机具，也是一种强有力的临时支撑结构。盾构机从外形上看是一个大的钢管机，较隧道断面略大，主要用来抵挡外向水压和地层压力。它包括三部分：前部的切口环、中部的支撑环以及后部的盾尾。

盾构有很多种不同的类型，如手掘式、半机械式、机械式、挤压式、泥水平衡式和土压平衡式盾构等。目前应用较为广泛的包括泥水平衡式盾构和土压平衡式盾构。

泥水平衡式盾构适用于从软弱砂质土层到砂砾层的各种地层，而且可用于地层中水压很大的情况。根据工程的实践情况，在砂层中进行大断面、长距离掘进的隧道，大多采用泥水平衡式盾构修建。土压平衡式盾构可用于冲积黏土、洪积黏土、砂质土、砂砾、卵石等土层，以及这些土层的互层，有软稠度的黏质粉土和粉砂是最适合使用土压平衡式盾构的地层。

在砂土中修建盾构隧道，可以选用泥水平衡式盾构或土压平衡式盾构。泥水平衡式盾构通过排泥管将切削土体从泥水舱内输送到地面，安全性好，特别适用于高水压下掘进，且对周围地层的扰动小。但是，若含水砂性地层具备以下条件：渗水系数$K \geqslant 10^{-2}$cm/s、74μm 以下的微细颗粒含量低于 10%、匀粒系数$U_c < 10$，在采用泥水盾构时，开挖面易坍塌，很难保持稳定，这种情况下不宜使用泥水平衡式盾构。另外，在覆土层浅且渗水系数大的砂土中掘进时，容易出现地表割裂现象，应引起重视。在黏土含量少的砂土中掘进时，土压平衡式盾构是最适用的。但是，必须充分注意土舱充填是否密实、均匀以及对切削面土压的正确检测，另外还要注意切削刀具、搅拌机械等机械的选择。

2）盾构隧道下穿的优缺点

盾构隧道下穿的优点是：

（1）安全开挖和衬砌，掘进速度快；

（2）盾构的推进、出土、拼装衬砌等全过程可实现自动化作业，施工劳动强度低；

（3）不影响地面交通与设施，同时不影响地下管线等设施；

（4）穿越河道时不影响航运，施工中不受季节、风雨等气候条件影响，施工中没有噪声和扰动；

（5）在松软含水地层中修建埋深较大的长隧道往往具有技术和经济方面的优越性。

盾构隧道下穿的缺点是：

（1）断面尺寸多变的区段适应能力差；

（2）新型盾构购置费昂贵，对施工区段短的工程不太经济。

3）设计中简要注意事项

（1）高铁影响区内的隧道宜加强结构强度和防水措施。防水等级应满足现行《地下工程防水技术规范》（GB 50108）规定的一级防水等级。

（2）隧道结构变形缝应远离高铁桥梁基础。

（3）隧道位于松散堆积层、含水砂层及软弱土等不良地层时，应采取隔离桩防护措施。隔离桩顶宜设置钢筋混凝土冠梁及横撑，隔离桩内土体应进行加固处理。

（4）隧道位于良好地层时，隧道结构与高铁桥梁基桩的最小净距不宜小于 1.0 倍隧道宽度；不满足要求时，应采取隔离桩防护措施。

4）盾构下穿施工关键点

（1）隧道施工应在隔离桩及桩内土体加固达到设计强度要求后实施。

（2）隧道施工应在进入高铁影响区之前设置试验段，获取最佳施工参数。

（3）盾构法隧道施工前，应做好盾构机的检查保养及姿态调整工作，不应在高铁影响区内进行换刀，停机、姿态大幅度调整等作业。

5）工程实例

（1）北京市南水北调配套东干渠盾构下穿京津城际铁路

东干渠隧洞于北京市东五环老君堂桥附近与京津城际铁路桥交叉。交叉区段京津城际铁路为简支箱梁结构，已建成通车。东干渠工程在京津城际铁路 284 号墩与 285 号墩之间穿越，交叉角度为 62°15′2″，隧洞边缘距离 284 号桥墩承台的最小净距为 6.85m，距离 285 号桥墩承台的最小净距为 6.42m。交叉处隧洞拱顶的高程为 10.3m（国家 85 高程），埋深 25.0m。交叉关系平面图如图 2-35 所示。

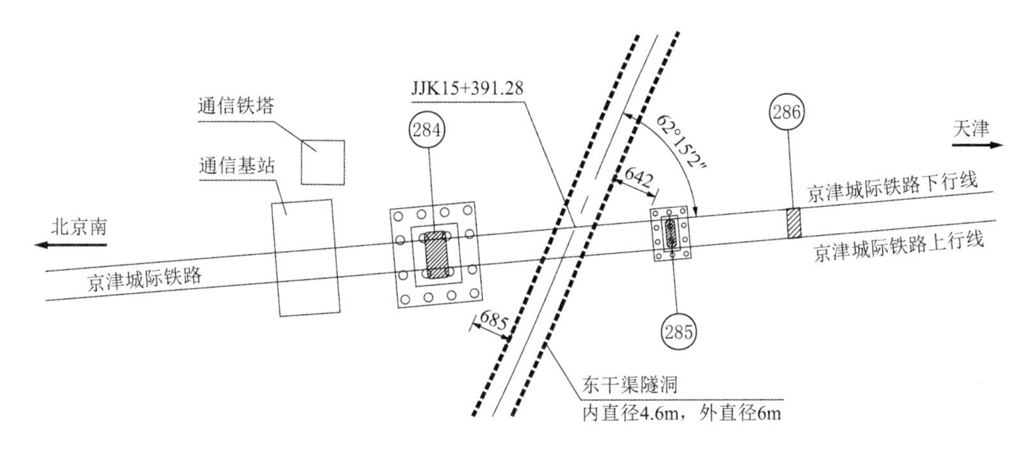

图 2-35 交叉关系平面图（尺寸单位：cm）

交叉处京津城际铁路桥梁上部结构为 40m 简支箱梁，其相邻跨分别为（80 + 128 + 80）m 连续梁及一孔 20m 简支箱梁。下部桥墩为矩形桥墩，桥墩下部设置承台，284 号墩的承台平面尺寸为 14.6m × 16.6m，承台总厚度为 6m；285 号墩的承台平面尺寸为 8m × 11m，承台总厚度为 3.5m。桥墩基础均采用钻孔灌注桩基础，284 号桥墩采用 16 根ϕ1.5m 的摩擦桩，桩长 54m；285 号桥墩采用 12 根ϕ1.0m 的摩擦桩，桩长 50m。

交叉处东干渠盾构机外径为 6m，横断面采用圆形断面，过流断面尺寸为ϕ4.6m（图 2-36）。考虑到内水压力对预制管片缝隙防水的不利影响及输水隧洞对糙率的要求，采用复合衬砌，一次衬砌为 C50、W10、F150 预制钢筋混凝土管片，厚 300mm。二次衬砌为 C35、W10、F150 模筑钢筋混凝土，厚 400mm。管片和二次衬砌间铺设连续

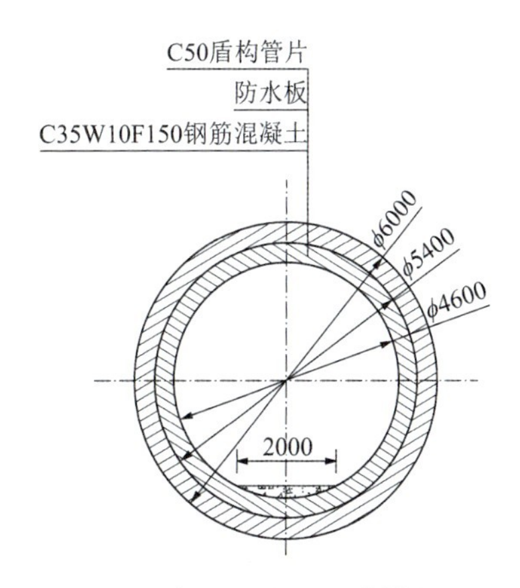

图 2-36 东干渠隧洞标准横断面图（尺寸单位：mm）

1.5mm 厚防水板。另外，在洞底铺筑宽 2.0m 混凝土平台以便今后检修并作为铺设通信光缆及电缆的通道。

当结构为联合受力状态时，管片结构处于大偏心受拉状态，是控制管片螺栓选型的工况；当结构为单独受力状态下，二次衬砌处于小偏心受拉状态，裂缝开展宽度较大，是控制二次衬砌配筋的工况。考虑到各种不确定因素以及衬砌结构受力、变形的复杂性，为安全起见，穿越段根据衬砌联合受力及单独受力中的控制情况，最终采用管片环向配筋 8 ⌀22（单环，1.2m），二次衬砌环向配筋选用 8 ⌀25@125，二次衬砌纵向钢筋按构造配筋，选配 ⌀14@200。各种工况管片及二次衬砌均能满足裂缝宽度不超过 0.25mm 的要求。管片接头选用两根 12.9 级的 M24 螺栓，经核算，可以满足结构承载力要求。

投入盾构机为ϕ6.14m 加泥式土压平衡盾构机，长度约 9.1m。盾构机穿越层为圆砾卵石⑤层，地勘揭露最大粒径 430mm，一般粒径 20～430mm，可挖性较差，加入泡沫和泥浆会有较好的塑流性，盾构机可排最大卵石粒径 640mm × 1100mm。

针对本工程主要穿越地层特点和线路上方建（构）筑物的特点，选用ϕ6.14m 土压平衡盾构机，设计理念为：

以疏为主：增大螺旋输送机直径；

以隔为辅：采用辐条式刀盘，适当降低刀盘开口率（54%）。

这种设计能保证进入土压仓的卵石都能从螺旋排除，不会使卵石在土压仓堆积，造成对刀盘和土仓隔板反复研磨，加速刀盘与刀具的磨损，螺旋机排石能力为ϕ640 × pl100，满足本区间要求。

因现况地面构筑物较多，拟投入盾构机的同步注浆采用双液注浆系统，双液注浆不仅具有填充密实功能，同时具备调节浆液凝固时间功能，在穿越建（构）筑物施工时，能够较好地控制地面变形，满足施工需要。同步注浆浆液采用水泥水玻璃双液浆，初凝时间约为 20s，60s 左右可到达 1.0MPa，长期固结强度可到 3MPa。配备二次补浆系统，可以进行二次补注浆，进一步稳定地层，控制地表沉降。

盾构机具备加泥和加泡沫功能，并能根据地质条件的变化实施单独加泥（或泡沫）、同时加注泥浆和泡沫，对土体进行塑流化改造，使其更容易排出，减少施工对地层的扰动。盾构机注浆系统如图 2-37 所示。

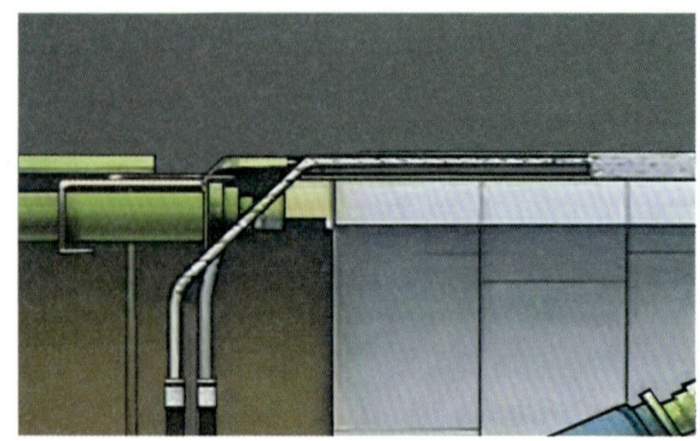

图 2-37　盾构同步注浆系统

根据实际调节推进千斤顶的推力，控制盾构机的推速为 40～60mm/min（一般推力控制为 16000～29000kN），使得在盾构土压仓内建立起的泥土压力足以与地层土压力相抗衡；保持开挖面切削土量和螺旋输送机排土量的平衡，以使泥土压力与地层土压力保持动态平衡；土压力控制为 0.05～0.06MPa；从刀盘向开挖面添加泥浆及泡沫，改善开挖面地层的力学性质，同时改善盾构刀盘和螺旋输送机的工作环境，泥浆及泡沫注入总量控制在开挖土方量的 20%～40%之间，施工中根据实际的出土效果进行加泥与加泡沫的相应比例调整；对应同步注浆进行双控，从量和压力上控制，同步注浆量为 2.3～2.5m^3、注浆压力控制在 0.3～0.35MPa，后续补注浆根据沉降监测值适当地选择注入量。同步注浆管设置在盾构机盾尾后方，随拼装完成后的管片脱出盾尾时同步实施盾尾注浆，二次注浆在同步注浆完成 5 环后进行。

为减小盾构施工推进过程中造成的京津城际铁路邻近桥墩的附加沉降，采用钻孔灌注桩对该工点进行施工防护。钻孔灌注桩桩径 1.0m，桩长 32.7m，间距 1.5m，桩尖位于隧道底板底以下 4.04m。防护桩与隧道的中心距为 4.8m，净距为 1.30m。防护桩距离 284 号桥墩桩基础的最小净距为 5.58m，距离其承台角的最小净距为 4.6m；距离 285 号桥墩桩基础的最小净距为 4.95m，距离其承台角的最小净距为 4.1m。为加强防护结构的整体性，每侧防护桩均设置冠梁，冠梁高 1m、宽 1.45m。同时，由于盾构穿越的地层范围内存在砂层，为了保证土体稳定性，在两排防护桩之间，隧道洞顶以上 2m、洞底以下 1m 的高度范围内注水泥水玻璃浆液，注浆长度范围约 25.6m。防护结构平面图、立面图和有限元模型如图 2-38～图 2-40 所示。

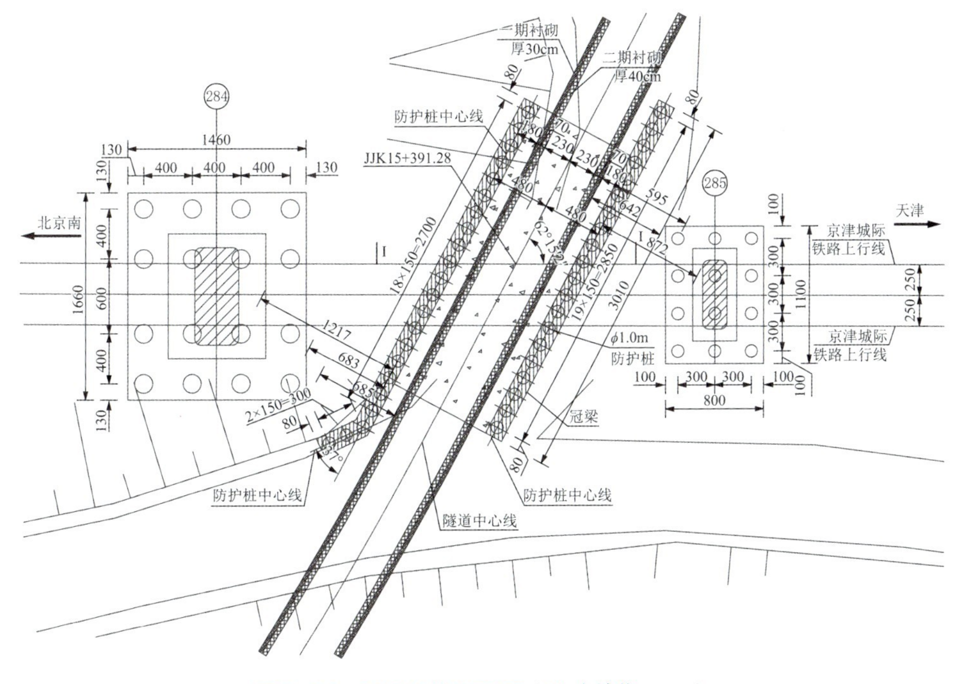

图 2-38　防护结构平面图（尺寸单位：cm）

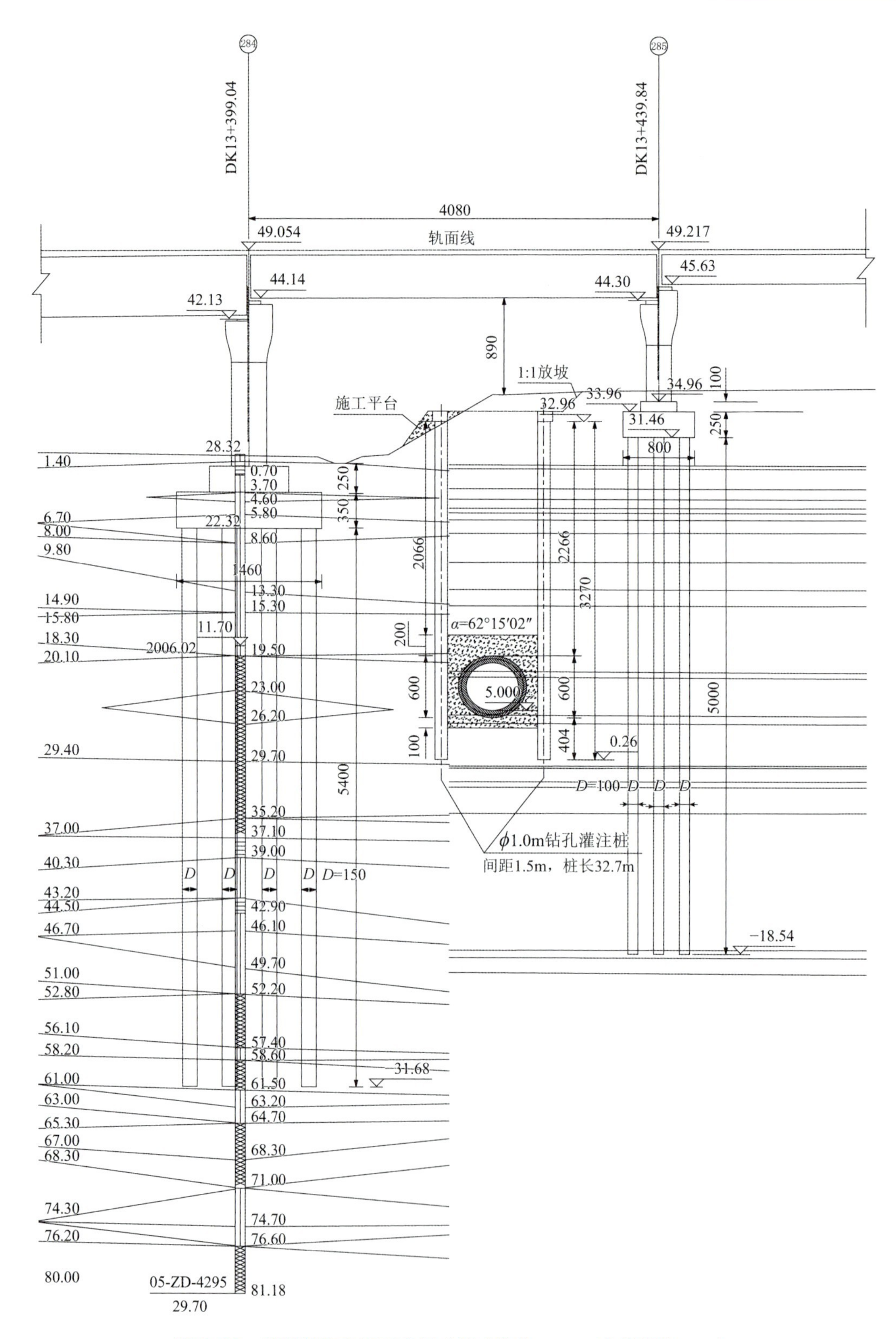

图 2-39　防护结构立面示意图（尺寸单位：cm；高程单位：m）

D-桩径

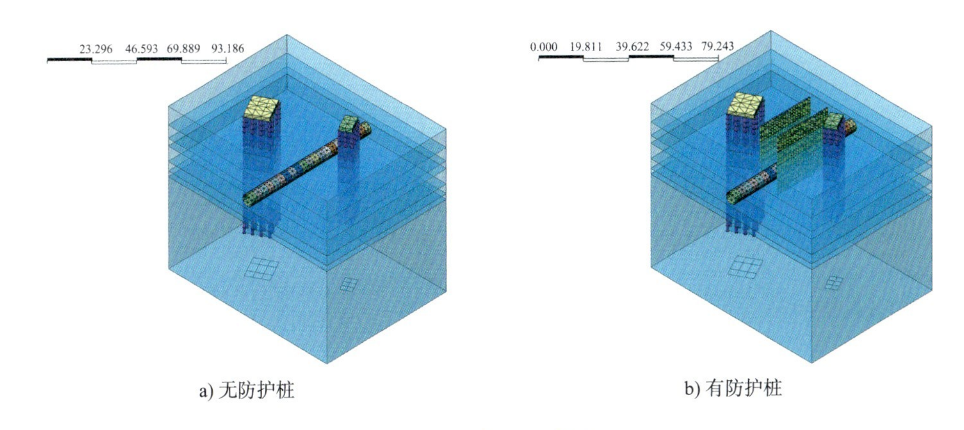

a) 无防护桩　　b) 有防护桩

图 2-40　有限元模型

通过对比分析是否采用防护措施对京津城际铁路的影响表明，当在不进行任何防护措施的情况下进行盾构施工，会对隧道周围土体造成明显扰动，无防护盾构施工对京津城际铁路桥梁 284 号、285 号墩桩基础产生了明显影响。施工过程中 284 号墩承台的最大附加沉降量达到 14.66mm，285 号墩承台底的附加沉降量达到 10.4mm，两个桥墩最大竖向差异变形量 6.48mm。增设了防护桩之后，京津城际铁路 284 号、285 号墩处由施工引起的附加沉降量明显减小。284 号桥墩最大竖向附加变形 0.46mm，285 号桥墩最大竖向附加变形 0.33mm，两个桥墩最大竖向差异变形量 0.4mm。可以保证盾构施工引起的京津城际铁路邻近桥墩的附加沉降量满足规范要求。

南水北调东干渠下穿京津城际铁路工程已于 2014 年完工，目前运行情况良好。

（2）石家庄地铁 2 号线盾构下穿石济客运专线及石德铁路

石家庄地铁 2 号线蓝天圣木站—运河桥站区间盾构下穿石德铁路和石济客运专线。盾构区间覆土约为 12.05m，由上到下地层依次为杂填土、黄土状粉土、粉细砂、细中砂、卵石，区间位于粉细砂层。本次勘察钻孔最大深度 60m，在勘察深度范围内未见地下水，设计施工时考虑管线渗漏、大气降水等上层滞水对本工程的影响。拟建工程场地抗震设防烈度为 7 度，设计地震分组为第二组，设计基本地震加速度值为 0.10g，蓝天圣木站至运河桥站区间场地类别为Ⅲ类，设计特征周期为 0.40s。

石济客运专线为双线有砟线路，最高设计速度为 250km/h，最大纵坡为 20‰。下穿位置石济客运专线为（40 + 64 + 40）m 的连续梁（在建，已经在悬浇），16 桩 1 承台，桩直径 1.5m，长 50m。盾构区间左线与石济客运专线桥桩最小净距为 5.64m，右线为 5.96m，区间拱部地层以粉细砂$④_1$层为主。

下穿段石德铁路跨建设大街段铁路桥由两部分组成，石德铁路跨建设大街地道桥，建于 1958 年，最初建造为单跨简支梁桥，桥跨 12.5m，后期又增建两侧框构（8.17m 宽 × 6.3m 高）。盾构区间与石德铁路垂直方向最小净距为 8.08m。主要采用盾构洞内处理措施。

盾构区间内径 5500mm，管片厚度 350mm，隧道纵坡坡度为 17‰，新建石济客运专线石家庄工业站大桥 11 号墩大里程侧和 12 号桥墩小里程侧均施工防护桩，如图 2-41 及图 2-42 所示，防护桩桩径为 1.25m，桩间距为 1.5m，桩长为 22m，防护桩上部设冠梁，冠梁宽度为 1.25m，高度为 1m。

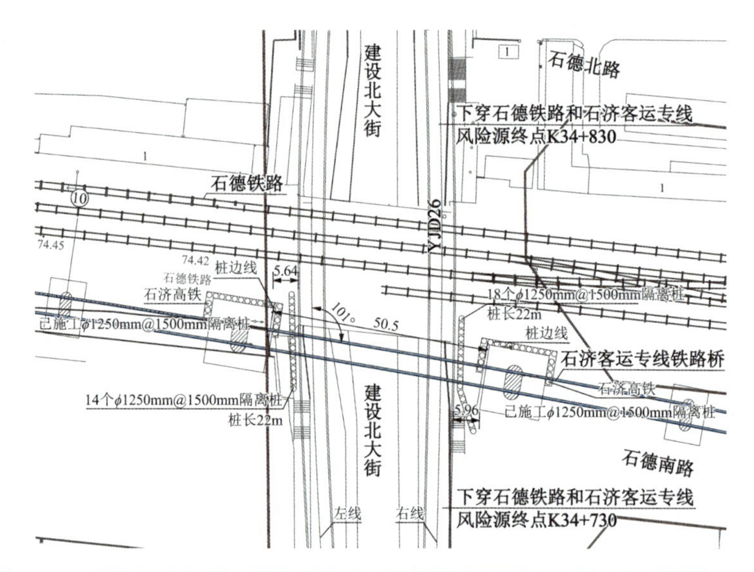

图 2-41　盾构下穿位置与既有铁路相互位置关系平面示意图（尺寸单位：m）

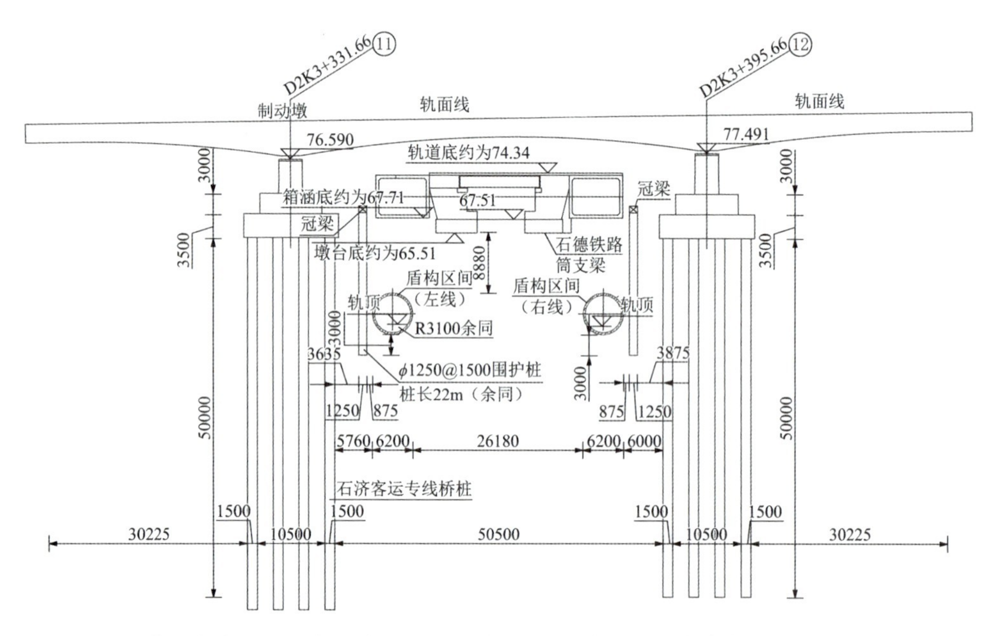

图 2-42　盾构下穿位置与既有铁路相互位置关系立面示意图（尺寸单位：mm；高程单位：m）

根据有限元模型分析计算，受防护结构施工及盾构下穿影响，既有石济客运专线桥梁将先发生沉降后出现隆起现象，该过程中产生的最大的差异沉降量为 0.58mm，最大变形数值均满足《高速铁路设计规范》（TB 10521—2014）中规定的差异 5mm、累计沉降 20mm 的要求。石家庄地铁 2 号线已于 2017 年 12 月成功下穿在建石济客运专线，目前运营良好。

2.5.4　桩板结构下穿高铁工程

桩板结构具有强度高、刚度大、稳定性好、承载能力强、施工工艺简单等优点。在下穿高铁工程中采用桩板结构是处理地基承载力较差的地基的一种新型方法，运用该结构的主要作用机理：通过承台板将上部荷载传到桩体，桩体把把荷载扩散到桩间土、下卧层或桩基底岩石层，避免上部荷载在形成的土压力以及土体变形对高铁桥墩产生直接的影响。

当纵断面的路基填土在 2m 以下，且开挖深度较浅，通常不超过 1m 时，可采用桩板结构穿越高铁的设计方案。

1）结构方案

结构组成：桩板结构路基下部的钢筋混凝土桩基、路基与上部的钢筋混凝土承载板组成，桩板固接，可与路基土共同组成一个承载结构，也可独立脱离路基土体单独组成一个承接结构；充分利用桩—板—土三者的共同作用来满足稳定和变形的需要。

桩板结构形式按照支承方式可分为三种形式，即独立墩柱式、托梁式、复合式。

（1）独立墩柱式。桩基与承载板相连，如图 2-43 所示。

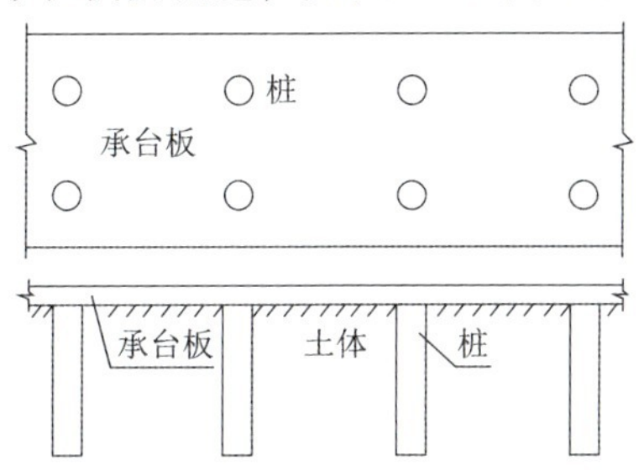

图 2-43　独立墩柱式桩板结构

（2）托梁式。首先通过过梁横向连接桩基，其上再与承载板相连，如图 2-44 所示。

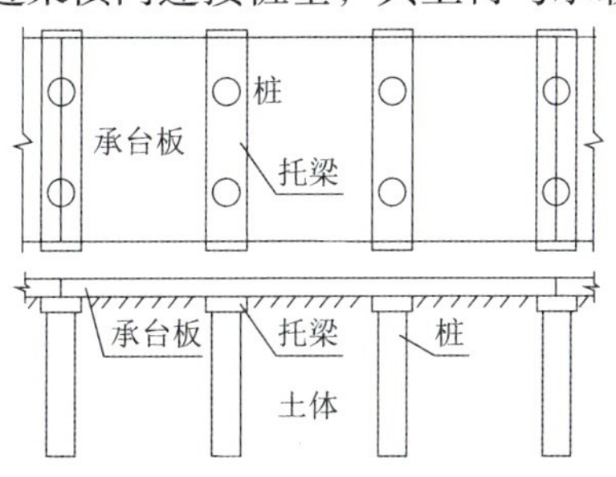

图 2-44　托梁式桩板结构

（3）复合式。独立墩式与托梁式的组合结构，中跨采用独立墩式，边跨采用托梁式，如图 2-45 所示。

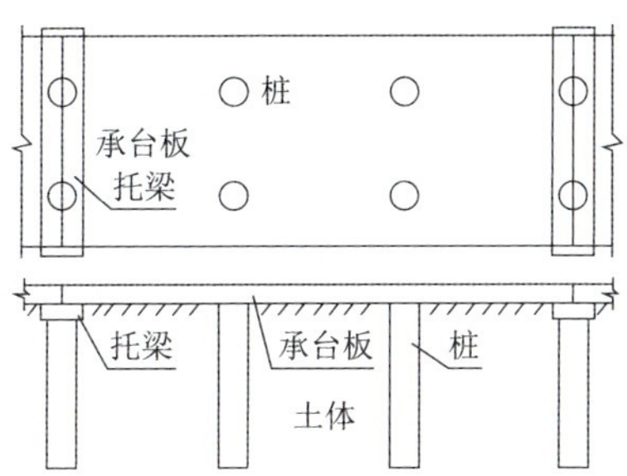

图 2-45　复合式桩板结构

为了减少高铁桥下桩基施工的影响，建议采用托梁式的桩板结构形式，适当增加桩板的跨度。

2）桩板结构的优点

（1）结构简单、受力明确。

（2）具有较高的纵向、横向和竖向刚度，纵横向稳定性好，竖向变形小。

（3）施工简单。

（4）与桥梁方案相比，工程造价较低。

3）设计简要注意事项

（1）桩板结构的板块其垂直投影面不宜与高铁桥梁承台重叠。

（2）桩板结构变形缝不宜设置在高铁桥梁投影范围内。

（3）下穿式桩板结构的道路要求桩板结构筑在填方上，应计算分析填方荷载对高铁桥梁的影响。

（4）桩板结构的板宜采用薄板结构，桩间距不宜过大。根据实际需要，可以采用等厚度的形式，也可以采用部分加厚的形式。

（5）结构计算时应考虑混凝土浇筑过程中附加荷载对高铁的影响。

（6）桩板结构不应过长，分段长度宜控制在15～20m，如相邻板块共用桩基，板块端部应按铰接或断开处理，在断开处可以在顺桥向自由伸缩，并保证位移相互协调。

（7）桩板结构与路基衔接处应设置路桥过渡段。

（8）板块施工时，应考虑采用对称平衡的浇筑方法。

（9）对于新建、改扩建道路中断高铁检修通道的项目，应在新建道路上预留出入口，恢复并贯通检修通道。

（10）为了防止下穿道路车辆碰撞高铁桥墩，危及铁路安全，同时保证在墩顶吊篮作业时物件的掉落不影响行驶汽车的安全，下穿结构物需与高铁桥墩保持一定的安全距离。

4）桩板式结构下穿施工关键点

下穿高铁的桩板结构通常采用现场浇筑的施工方法。

（1）施工工序

施工工序分布如下：

场地平整→桩孔定位→埋设护筒→钻孔→检孔及清孔→下钢筋笼→灌注混凝土桩→凿桩头至桩顶设计高程→立模浇筑托梁混凝土→立模浇筑钢筋混凝土承载板。

考虑现场浇筑承载板的加载作用，当下部空间较大时，通过风险识别及模拟评估计算，可采用少支架施工或梁式支架施工（将上部荷载承载到桩基上）；当下部空间较小或采用埋入式时，可采用换填部分轻质混凝土作为垫层现浇的方式施工。

（2）施工风险评估

根据采用的施工方案和施工步骤，将施工分成若干个阶段，针对不同阶段对高铁的影响，确定危险源级别，针对不同危险源通过评估进行计算，并制定控制风险的对策和预案。

采用桩板结构下穿高铁施工风险为：桩基施工、开挖部分土体、现浇承载板、机具影响、其他人为因素等。

（3）施工简要注意事项

①桩板结构施工前应对泵车等移动设备进行全面检查，满足安全作业要求。

②钻孔设备选型应满足桥下空间的要求。钻孔设备边缘与桥墩的安全净距应计算确定，并不得小于 2.0m。

③施工过程中应采取防护措施，防止泵车等移动设备碰撞高铁桥梁。

④桥下钻孔桩施工时，泥浆池应设置在桥梁投影范围之外，产生的废弃浆、渣应及时处理，不得污染高铁桥下环境，不得劣化高铁桥下地层。

⑤钻孔桩宜间隔施工。距离高铁桥梁桩基较近的新建桩，应适当增加钢护筒长度。

⑥钻进过程中应避免塌孔、斜孔和护筒周围冒浆、失稳等现象。

⑦现浇板圬工实体量较大，应加强混凝土水化热处理及地基沉降预防措施。

5）工程实例

京津高速公路互通式立交为拟建首都地区环线高速公路与现况京津高速公路交叉处布设的立体交叉，立交区大致位于项目主线中间路段，介于京沪、京哈两处枢纽型立交之间，与京沪枢纽型立交相距约 7km，与京哈枢纽型立交相距约 19km。根据首都地区环线高速公路及京津高速公路的规划等级，本立交定位为枢纽型全互通立体交叉，如图 2-46 所示。

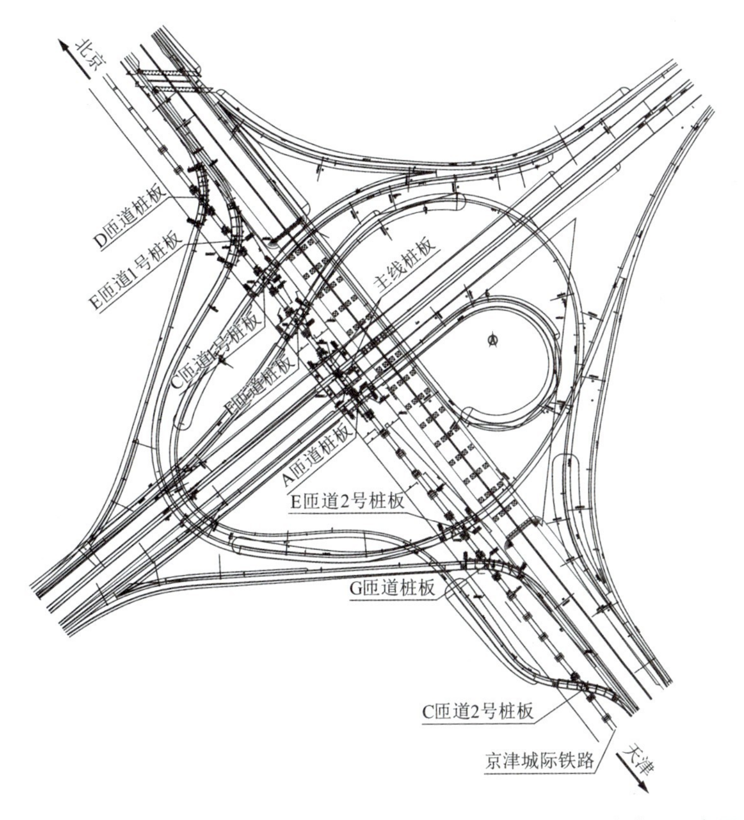

图 2-46　京津高速公路互通式立交公路主线及匝道下穿京津城际铁路平面布置示意图

京津高速公路互通式立交公路主线及匝道分别从京津城际铁路凉水河特大桥墩 496～521 号桥墩之间下穿，下穿位置均位于京津城际铁路正线，主要技术标准如下：

线路等级：城际铁路，双线；

设计速度目标值：350km/h；

轨道标准：无缝线路、无砟轨道；

设计荷载：ZK 活载。

京津高速公路互通式立交主线及匝道穿越处京津城际铁路凉水河特大桥孔跨布置均为 32.7m 简支箱梁，梁宽 13m；桥墩基础采用 10 根直径 1.0m 的钻孔灌注桩基础，承台尺寸为 7.1m × 10.4m × 2.0m；加台尺寸为 3.6m × 7.6m × 1.0m。基础按摩擦桩设计。

以互通式立交主线为例介绍下穿京津城际铁路桥梁设计。主线与京津城际铁路的位置关系如表 2-20 所示。

互通式立交主线与京津城际铁路平面关系　　表 2-20

名称	对应京津城际墩号	道路宽度（m）	交叉角度（°）	道路边缘与承台距离（m）	最大净高（m）
主线	503～505	2 × 16	90	8.2m/0.4m	5.2

京津高速公路互通式立交主线从京津城际铁路凉水河特大桥 503～505 号桥墩穿越，主线与京津城际铁路立交桥正交，道路宽度为 2 × 16m，左幅道路边缘距离凉水河特大桥 504 号、505 号桥墩承台分别为 8.2m 和 0.4m；右幅道路边缘距离凉水河特大桥 504 号、505 号桥墩承台最近距离分别为 0.5m 和 8.1m，道路均未占压京津城际铁路桥梁承台。凉水河特大桥 503～505 号桥跨梁底高程为 21.86m，交叉处设计路面高程为 16.634m，地面高程为 14.763m，桥梁最大净高为 5.2m，满足 5.0m 净高要求。位置关系如图 2-47 所示。

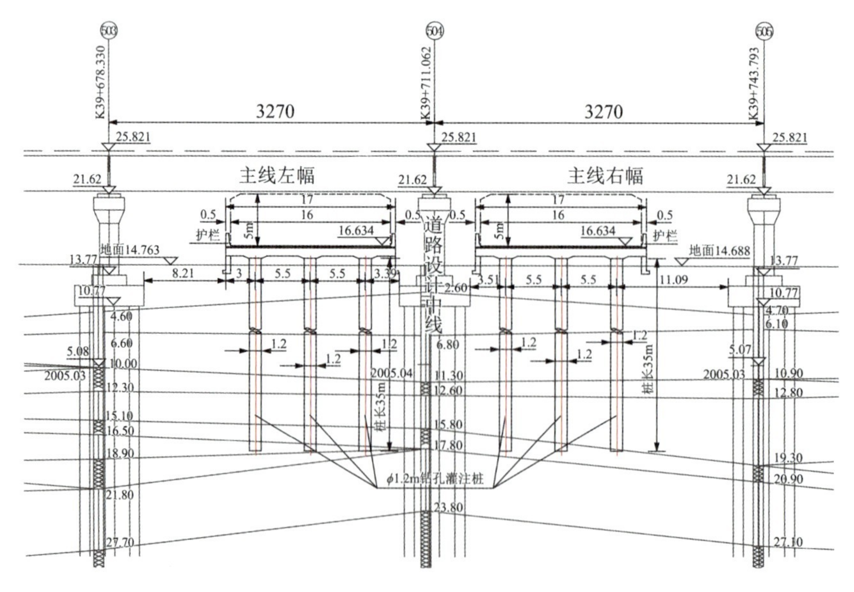

图 2-47　主线与京津城际铁路位置关系（尺寸单位：m；高程单位：m）

主线道路等级为一级公路，设计速度 120km/h。设计轴载为轴重 100kN 的单轴-双轮组轴载，桩板桥结构设计荷载为公路—I级标准。主线路基总宽度为 16m。路面类型为沥青混凝土及钢筋混凝土。行车道采用直线形路拱。桥下净高满足道路 5.0m 净高要求，限高 5.0m。

根据线位平面，与京津城际铁路交叉处位置均能避开凉水河特大桥承台，但局部距离承台距离较近，为尽量减小道路穿越铁路时对凉水河特大桥下部结构的影响，京津高速互通式立交主线及匝道采用整体现浇板方案，整体现浇板板底设置ϕ1.2m 钻孔灌注桩，使整体现浇板自重及活载大部分均由灌注桩承担。桩基布置的原则为保证桩板桥桩基础与凉水河特大桥桩基础中心距不小于后者桩径的 4 倍，即灌注桩与京津城际铁路凉水河特大桥既有桩间距离不小于 4.8m。根据此原则，主线布跨形式如表 2-21 所示。

主线布跨形式　　表 2-21

位置	孔跨布置（m）	联数	桥面净宽（m）	桥梁全长（m）
主线	12 + 15 + 12	1	16	39

道路两侧设置 SS 级防撞护栏，桩板结构端部与路基衔接设置搭板，搭板与路基衔接段铺设玻璃纤维格栅，避免地基不均匀沉降对承台产生影响。混凝土板厚度为 0.8m，主线桥在桩板固结处局部加厚至 1.2m，其余匝道桥在桩板固结处局部加厚至 1.0m。采用直径 1.2m 钢筋混凝土灌注桩，行列式布置，主线桩板桥桥面全宽 17m，横桥向采用 3 排桩，间距 5.5m，桩板固结处设计桩长 35m，桥台处设计桩长 30m。桥台及分联处设置 4cm 切缝。沥青混凝土表层为 4cm SMA-13 改性沥青蹄脂碎石混合料，底层为 6cm AC-20C 改性沥青。桥面混凝土采用 10cm C40 防水混凝土，内设一层 HRB400 直径为 12mm 的钢筋网片，距离混凝土铺装层顶面净距 4cm。

根据道路设计特点，在每联桩板桥的纵坡、横坡下坡端集中设置三个雨水口，间距 2m，并通过管道引入道路排水系统，不得在桥下积水。下穿京津城际铁路段采用 SS 级钢筋混凝土防撞护栏，护栏内侧路面以上高 1.3m，主线左右幅桥、各匝道两侧均设置。为增强防撞护栏横向刚度，将混凝土护栏钢筋锚入钢筋混凝土路面内，使二者形成整体，提高防撞强度，保证京津城际铁路的运营安全。桩板结构地面高程高于地面段落 20cm 以下，采用砖墙进行封堵；桩板结构地面高程高于地面段落 20cm 以上，板端设置 C30 素混凝土挡墙进行封堵，挡墙底设置 10cm 碎石垫层。墙身沿线路方向每隔 15～20m 设置沉降缝一道，缝宽 2cm，缝内沿墙顶、内、外三边填塞沥青麻筋，深 0.2m。

为防止超高货车撞击高铁桥梁，在主线桥左右幅的行车方向距离高铁外缘 50m 处各设置限高防撞架，限高 5.0m。限高防撞架设计可参见《铁路桥限高防护架》，图号“专桥设（05）8184”。

下穿京津城际铁路段落采用的防护及道路标准较高，下穿段落与一般段落之间的过渡应衔接顺畅，保证公路上行驶的舒适性，避免路面刚度差异、沉降差异等因素引起车辆安全事故。

桩板桥设计范围内照明灯杆应确保灯杆距铁路桥边缘净距不小于 20m。

2.5.5 框架桥结构下穿高铁工程

框架桥主要是由钢筋混凝土顶、底板和侧墙组成，通过框架整体共同承担外部荷载作用。

1）结构方案

箱形框架的横断面按使用要求可以分为单孔、双孔和三孔，个别情况还做成四、五孔甚至更多孔。当用两孔或三孔框架断面时，根据施工现场设备能力，一般将两孔或三孔整体一次浇筑、一次顶进，这样整体性好，施工进度快。采用整体顶进时，其长度宜小于30m，当单节长度大于30m时，宜在纵向分节，采用中继间分段顶入法。

2）框架桥结构的优点

（1）箱形结构整体性好、刚度大，便于顶进施工。

（2）变截面刚架结构跨中弯矩比简支梁小得多，因而顶板厚度可以做得较薄，建筑高度小。

（3）基底设计应力小，易于适应地基较差的工点。

（4）有利于防止地表水、地下水渗入。

（5）结构抗震性能好。

3）设计简要注意事项

（1）当高铁桥下净空不满足通行高度时，或者特殊情况下，必须采用下挖结构时，尤其开挖深度较大时，采用框架桥结构下穿。

（2）现浇框架桥的工作坑，一般应采用基坑围护结构；对于地下水位较高，基坑开挖需要坑内降水的，应在围护结构外侧设置止水帷幕，必要时采用基坑封底的措施，不进行坑内降水。

（3）高铁桥防护结构宜采用钻孔桩，止水帷幕宜采用水泥搅拌桩或钢板桩结合压浆的方法。

（4）框架桥基坑应进行基坑整体稳定性、桩底抗隆起、坑底抗隆起、抗倾覆、抗渗（或管涌）、变形等相关验算，基坑应结合距离高铁的距离及安全评估计算的变位大小确定安全等级，一般按照一级进行设计。

（5）框架桥的侧墙应能承受车辆撞击荷载。

（6）框架桥侧墙的设置应满足下列条件：

①当底板埋深低于承台底面时，框架桥与高铁桥梁承台边净距不宜小于3m，当地质条件良好、承台埋置较深时，可以根据评估计算结果适当调整。

②当基坑不需做支护结构且结构底板埋深高于桥梁承台顶面时，框架桥结构侧墙投影线不宜与高铁桥梁承台重叠。

（7）框架桥结构变形缝不宜设置在高铁桥梁投影线范围内。

（8）框架桥节段之间应采用可靠的止水措施，外侧应采取可靠的防水措施。

4）框架桥结构下穿施工关键点

施工应根据现场地形、梁底净高等因素选择采用设置基坑原位现浇或桥址外设置工作坑顶进到位的施工方案。

（1）顶进施工法

下穿高铁框架桥方案采用高铁外现场预制、边开挖边顶进的施工工艺，施工工序如下：

场地平整→对于预制顶进基坑进行开挖→施作底板，预制框构桥箱体，施作防水层→施作顶进后背梁、导向墩→高铁桥下防护结构施工→顶进，循环开挖土体、出土，安放顶铁→顶进到设计位置→顶进到设计位置。

考虑高铁桥下顶进过程挖土为减载过程，通过风险识别及模拟评估计算，可采用在框构上压重等重量守恒原理控制高铁桥墩变形。

（2）明挖现浇法

当框架桥规模较小、基坑开挖深度较小时，通过评估通过风险识别及模拟评估计算高铁桥墩变形，控制允许的情况下可采用明挖现浇法。

（3）施工风险评估

根据采用的施工方案和施工步骤，将施工分成若干个阶段，针对不同阶段对高铁的影响，确定危险源级别，针对不同危险源通过评估进行计算，并制定控制风险的对策和预案。

采用框构桥结构下穿高铁施工风险为桥下防护结构施工、基坑开挖施工、顶进挖土施工、基坑内抽水、机具影响、其他人为因素等。

（4）施工简要注意事项

①采用明挖法框架桥预制基坑应分区、分层、对称、均衡开挖土体，不得超挖，弃土应堆放在铁路影响区外。

②采用顶进法框架桥预制基坑的土体开挖及框构预制，应结合距离高铁桥的远近，通过评估计算的影响进行施工。

③基坑开挖过程中应及时加撑；根据设计要求在高度上分节施工、分层拆撑。

④基坑开挖及坑内框架桥的施工过程中，应加强基坑稳定性和变形监测。

5）京台高速公路下穿京沪高铁桥梁设计实例

京台高速公路设计速度 120km/h，道路横断面布置为双向八车道加硬路肩，道路宽度42m。

受附近高程控制，本高速公路分幅从京沪高铁 E138～E140 号桥墩间以路堑形式下穿，交叉角度 61.5°。18.75m 宽行车道平面上占压高铁承台，最大占压宽度 2.59m，行车道边缘与桥墩最近距离 2m，施工时公路最大挖深达 10m，开挖体量近 10 万 m³。公铁平、立面交叉关系如图 2-48、图 2-49 所示。

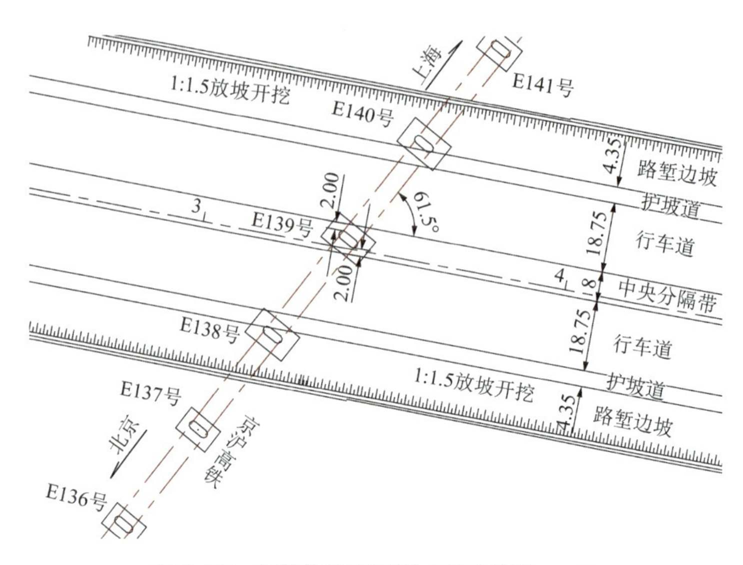

图 2-48 公铁交叉平面图（尺寸单位：m）

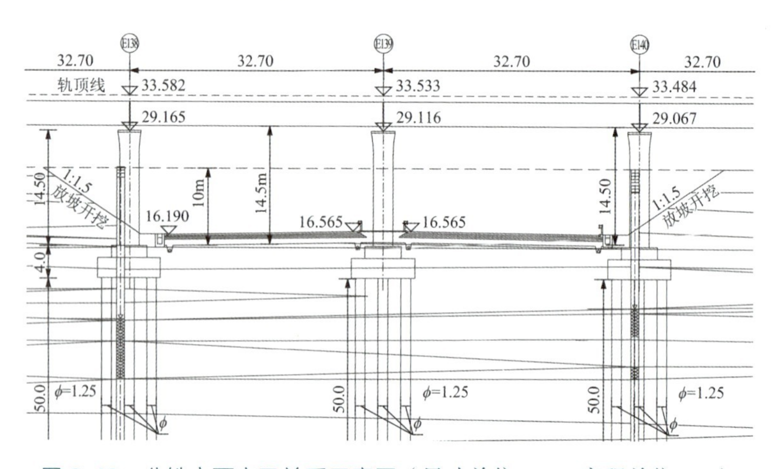

图 2-49 公铁立面交叉关系示意图（尺寸单位：m；高程单位：m）

下穿处地质岩性主要为杂填土、粉质黏土、粉砂、细砂，承载力为 80～300kPa。地下水位埋深 15m，位于基坑底以下，施工时不降水。

本工程在高铁桥下开挖达 10m 深，开挖体量近 10 万 m³，土体卸载量大。通过计算，传统的在高铁桥下明挖法或盖挖法施工将引起高铁桥墩产生较大的隆起量，导致高铁相邻桥墩差异沉降超过规范 5mm 的限值要求，大大影响无砟轨道的平顺性，无法保证高铁的运营安全。

经过综合比选，本工程采用一种基于“卸载—加载平衡”理念的压重顶进框构方案，施工中边顶进、边监控、边加载压重，可有效控制高铁的隆起变形。

采用两座 1-18.75m 正交框构，轴向长均为 76.06m，分为三节，中间设沉降缝。在京沪高铁南侧防护开挖顶进工作坑，并现浇框构，由南往北顶进。顶进施工时沿着顶进方向设置导向桩。

平面及立面布置图如图 2-50、图 2-51 所示。

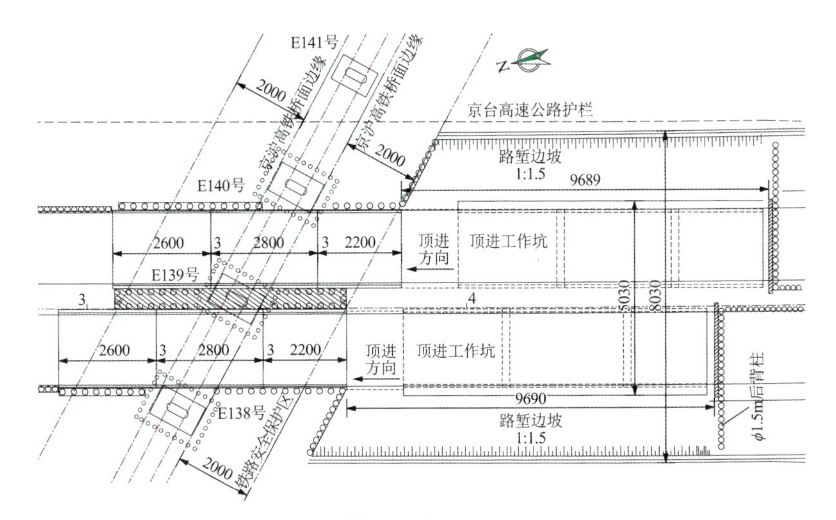

图 2-50 平面布置图（尺寸单位：cm）

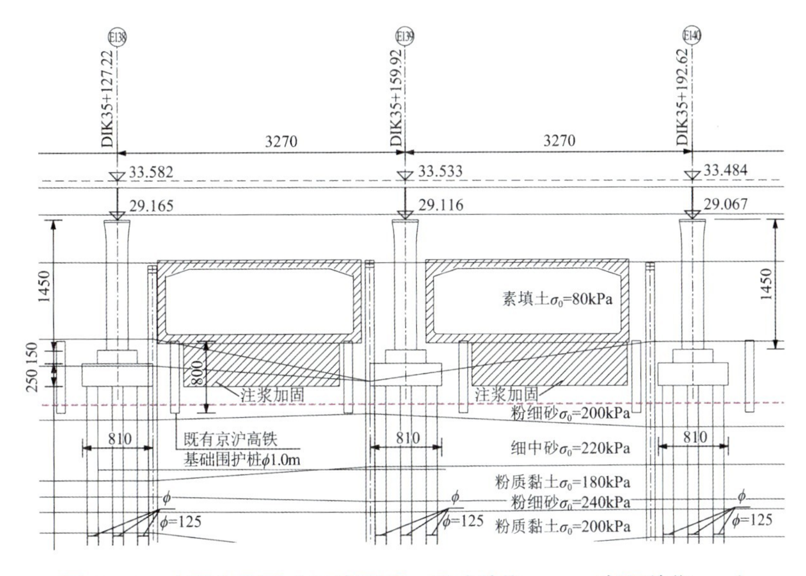

图 2-51 立面布置图（85 高程系；尺寸单位：cm；高程单位：m）

（1）主体结构尺寸

顶进框构采用两座 1-18.75m 分幅穿越京沪高铁，主要设计尺寸见表 2-22，框构主体结构如图 2-52 所示。

框构主体结构尺寸表 表 2-22

建筑物名称	结构跨度（m）	顶板厚度（cm）	底板厚度（cm）	边墙厚度（cm）	平面角度	净高（m）	轴向长度（m）	结构总高度（m）	框构顶板底至地面最小净高（机动车）（m）
京沪高铁框构	1-18.75	100	100	80	90°	7.3	76.06	9.3	6.5

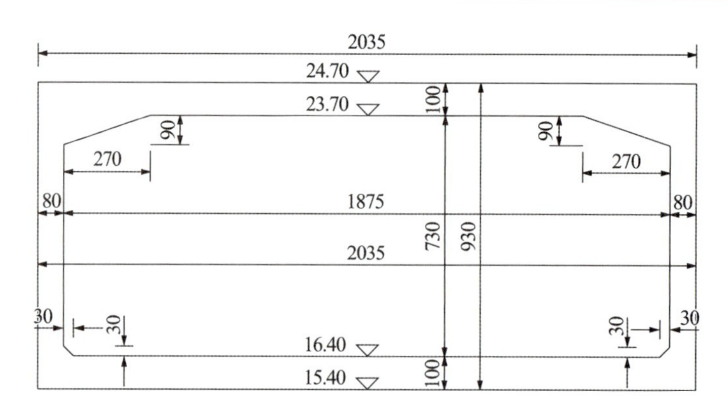

图 2-52　框构主体结构图（尺寸单位：cm；高程单位：m）

（2）与京沪高铁位置关系

框构轴向长 76.06m（包括刃角及平衡重部分），总宽 20.35m，框构就位后前后两端（框构中轴）至既有京沪高铁基础边缘均为 20m，预制框构的工作坑沿框构轴向方向长 97m，宽 52m，基坑边缘距离既有京沪高铁基础边缘为 20m。

根据计算，顶进施工过程中框构顶板需压重 20kPa 荷载，综合考虑排水及高铁维修通道与自然路面的顺坡，框构顶压重采用 80cm 碎石道砟 + 20cm 表层填土，表层种植草，绿化。在顶进过程中，框构顶的压重厚度应根据高铁沉降监测结果，逐步加载。压重结构布置图如图 2-53 所示。

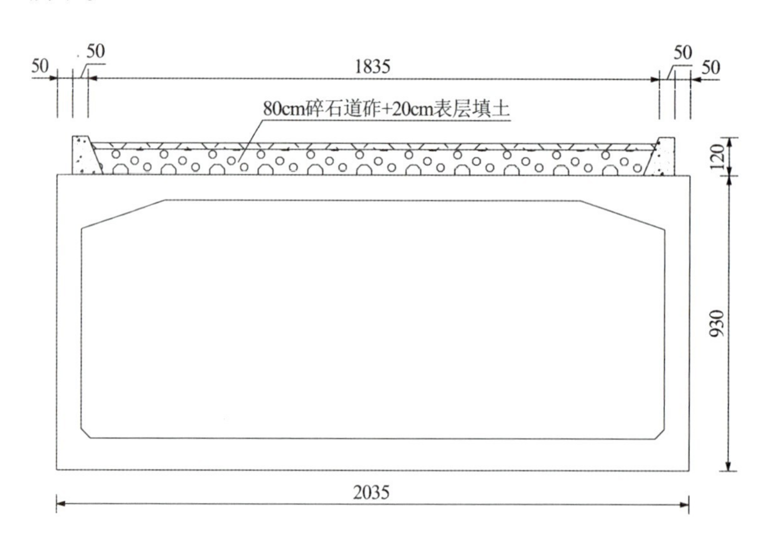

图 2-53　压重结构布置图（尺寸单位：cm）

本工程引道位于京沪铁路框构与京沪高铁框构之间，两侧路面以上 5m 范围内采用直径 1.5m 钻孔桩防护垂直开挖，桩间距 1.8m，桩长 15m，顶部采用放坡开挖，坡率 1∶1.5，边坡底与防护桩冠梁之间设置 2m 宽平台。考虑防护桩的永临结合，在防护桩内侧设置挂板并与锚杆固定，防护桩兼作挡墙使用。

路面结构为 4cm 沥青玛蹄脂碎石混合料 + 7cm 粗粒式改性沥青混凝土 + 9cm 密集配沥青碎石 + 18cm 水泥稳定碎石 + 36cm 石灰粉煤灰稳定碎石。结构厚度 74cm。

路面雨水通过道路纵坡排出，当地下水位发生变化，上涨的地下水采用盲沟形式排出。

引道平面如图 2-54 所示，引道断面如图 2-55 所示。

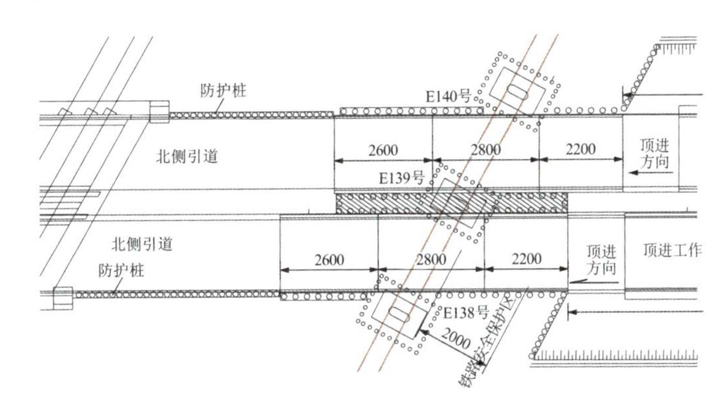

图 2-54 引道平面示意图（尺寸单位：cm）

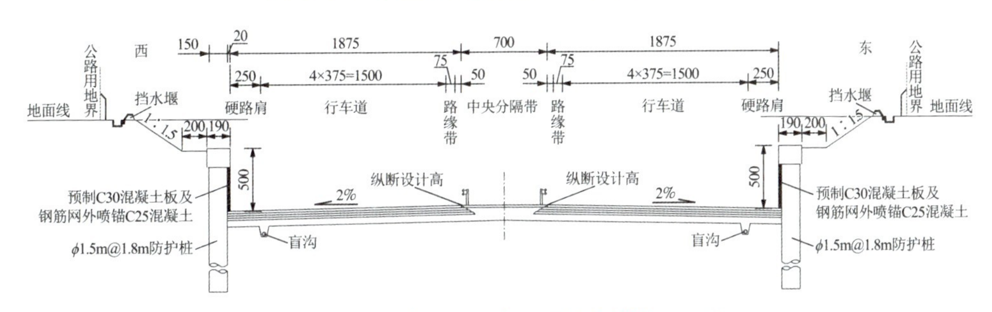

图 2-55 引道断面示意图（尺寸单位：cm）

（3）防护对策

①顶进工作坑位置及防护方案

顶进工作坑位置在满足铁路安全保护区范围要求基础上，尽量靠近高铁以减小顶程以及顶进过程中的开挖量；再根据计算确定防护方案，支护结构越强，基坑开挖对周边影响越小，同时综合考虑投资影响，采用合理的防护方案。

本工程顶进工作坑紧临京沪高铁南侧铁路安全保护区，采用防护桩支护与放坡开挖相结合的方式，基坑开挖对高铁影响较小，投资亦较小。

②压重设计及顶进施工

压重荷载要根据计算确定，既要起到对变形影响的控制，又要保证框构主体结构安全。本工程根据计算，顶进施工过程中框构顶板压重 20kPa 荷载，综合考虑排水及高铁维修通道与自然路面的顺坡，框构顶压重采用 80cm 碎石道砟 + 20cm 表层填土，表层种植草，绿化。在顶进过程中，框构顶的压重厚度应根据高铁沉降监测结果，逐步加载。

顶进施工过程中，由于土体大量卸载，对高铁隆起的作用显著，因此顶进施工要控制好速度，并做好前方掌子面防护，严禁超挖，结合压重尽量控制对高铁的隆起作用。

③引道防护设计

本工程为公路深路堑段下穿高铁，北侧引道开挖时土方卸载达到最高点，对高铁隆起作用也达到最大值。因此需尽量减小开挖量，引道两侧防护垂直开挖，并考虑运营需要，在防护桩内侧设置挂板并与锚杆固定，防护桩兼作挡墙使用。

④施工过程中禁止降水

《铁路安全管理条例》（国务院令第 639 号）明确规定：高铁线路路堤坡脚、路堑坡顶或者铁路桥梁外侧起向外各 200m 范围内禁止抽取地下水。

本工程地下水位较低，施工过程中无须降水。若水位较高地区，基坑开挖无法避免降水，应在坑内降水，坑外做好止水措施，保证高铁桥墩处地下水位不变，并加强水位观测，随时做好回灌准备。

2.5.6 U 形槽结构下穿高铁工程

U 形槽主要工作机理是通过侧墙支撑土压力，通过侧墙、底板自重及附属设施自重抵抗地下水的浮力，从而保持结构的稳定性。

U 形槽一般适用于地下水位较高或地下水渗透系数较大的含水地层及某些特殊原因不允许降低地下水的路堑结构。当穿越区域工程地质状况较好，路基填土在 2m 以下或高铁桥下净空不满足通行高度，地基持力层能满足 U 形槽的地基承载力要求时，优选 U 形槽下穿高铁设计方案。

1）结构方案

U 形槽结构主要由钢筋混凝土底板和侧墙组成。根据 U 形槽受力特点，一般可以分为重力式 U 形槽和轻型 U 形槽。

（1）重力式 U 形槽：一般自重较大，通过自重、二期恒载等荷载抵抗地下水的浮力，如图 2-56 所示。

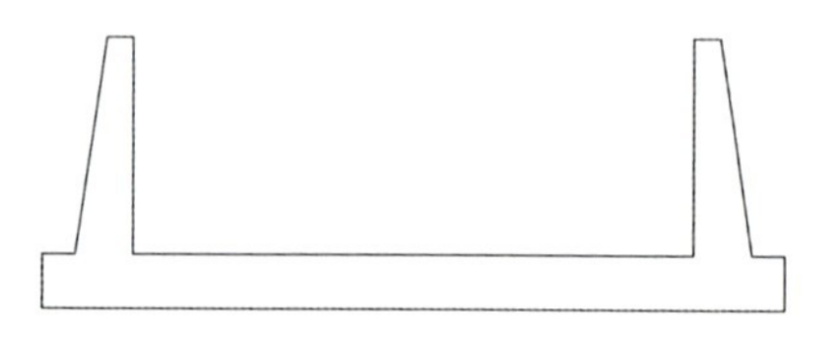

图 2-56　常见重力式 U 形槽截面

（2）轻型 U 形槽：采用高性能混凝土，结构自重较轻，结构底按需设置钻孔抗拔桩以抵抗地下水浮力，如图 2-57 所示。

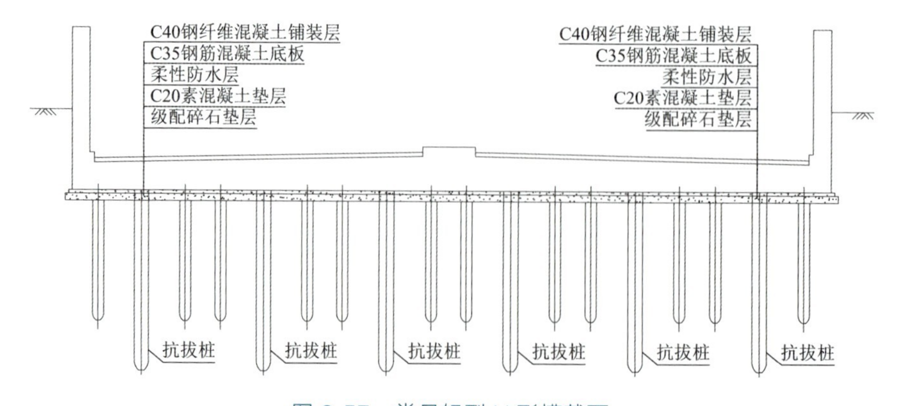

图 2-57　常见轻型 U 形槽截面

2）U 形槽结构的优点

（1）可避免采用一般路基设计时，大型机械平整场地、路基填筑和压实施工过程中，对高铁桥梁基础产生的不良影响。

（2）施工完成后，路基自重和过往车辆荷载直接作用在 U 形槽上，通过 U 形槽传递到地基上，地基受力均匀。

（3）U 形槽内可填筑轻型材料，减小对地基承载力的要求。

（4）有利于防止地面水、地下水渗入桥孔。

3）设计简要注意事项

（1）U 形槽顺道路方向的长度除应满足一般的设计范围要求外，尚应延伸至底板高于设防地下水位为止。

（2）U 形槽侧墙应能承受车辆撞击荷载。

（3）当 U 形槽底板埋深低于承台底面时，U 形槽于高铁桥梁承台边净距不宜小于 3m。

（4）当基坑不需做支护结构且结构底板埋深高于承台顶面时，U 形槽结构侧墙投影线不应与高铁桥梁承台重叠。

（5）U 形槽变形缝不宜设置在高铁桥梁投影线范围内。

（6）U 形槽基坑应进行基坑整体稳定性、桩底抗隆起、坑底抗隆起、抗倾覆、抗渗（或管涌）、变形等相关验算，基坑按安全等级一级进行设计。

（7）U 形槽结构基坑应分区、分层、对称、均衡开挖，不得超挖，高铁桥下基坑围护结构宜采用钻孔桩。

（8）U 形槽基坑开挖过程中应及时加撑；根据设计要求在高度上分节施工，分层拆撑。

（9）U 形槽施工应根据现场地形、梁底净高等因素选择采用设置基坑原位现浇或桥址外设置工作坑顶进到位的施工方案。

（10）当地下水位较高时，应在 U 形槽基坑支护结构外侧设置截水帷幕，止水帷幕宜采用水泥搅拌桩或钢板桩结合压浆的方法，禁止坑外抽降地下水。

4）U 形槽结构下穿施工关键点

U 形槽的主体施工采用满堂支架现浇施工法。

（1）施工工序

基坑开挖→基坑垫层→基础钢筋绑扎→基础模板支立→基础混凝土浇筑→基础养生拆模→侧墙钢筋绑扎→侧墙模板安装→满堂支架安装及模板安装→侧墙钢筋绑扎→侧墙混凝土浇筑→养生拆模→填筑侧墙外侧土。

高铁桥下现浇 U 形槽的工作坑，一般应采用基坑围护结构；对于地下水位较高，基坑开挖需要坑内降水的，宜在围护结构外侧设置止水帷幕。

（2）施工风险评估

根据采用的施工方案和施工步骤，将施工分成若干个阶段，针对不同阶段对高铁的影响，确定危险源级别，针对不同危险源通过评估进行计算，并制定控制风险的对策和预案。

采用U形槽结构下穿高铁施工风险为：基坑开挖与支护、地基处理施工、高铁下方U形槽现浇施工、基坑内地下水截止、施工机具与设备运输操作不当、人为因素等。

（3）施工简要注意事项

①U形槽施工应根据现场地形、梁底净高等因素选择采用设置基坑原位现浇或桥址外设置工作坑顶进到位的施工方案。

②当地下水位较高时，应在U形槽基坑支护结构外侧设置截水帷幕，止水帷幕宜采用水泥搅拌桩或钢板桩结合压浆的方法，禁止坑外抽降地下水。

③基坑开挖及坑内U形槽的施工过程中，应加强基坑稳定性和变形监测。

5）工程实例

京津城际铁路于2008年建成通车，运营速度达到300km/h以上，天津地处渤海湾，地面接近海平面，地层上覆厚达十几米的淤泥质黏土和粉质黏土层，是典型的滨海相软土地区。

天津市武清区翠亨路下穿京津城际铁路及京沪铁路立交工程位于京津城际铁路武清站东侧咽喉区，起点与既有前进路平面交叉，沿规划线位，相继下穿一支渠、既有京津城际铁路，既有京沪铁路线，终止于铁路南侧。设计起点K0＋000，设计终点K0＋459.34，路线全长459.34m。翠亨路道路等级为城市主干道，计算行车速度40km/h，修建段全长459.34m。机动车道净空高度≥4.5m，非机动车道净空≥2.5m。工程主要分三部分，分别为一支渠箱涵的施工、既有京津城际铁路三孔刚构连续梁桥下U形槽的施工以及既有京沪铁路下顶进框构桥的施工。平面位置关系图如图2-58所示。

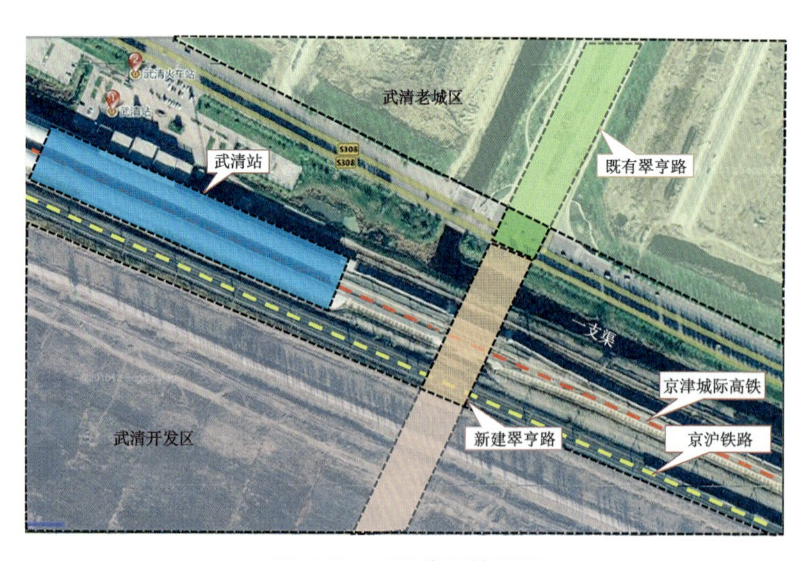

图2-58　平面位置关系图

翠亨路下穿京津城际铁路及京沪铁路立交工程立体效果图如图2-59、图2-60所示。

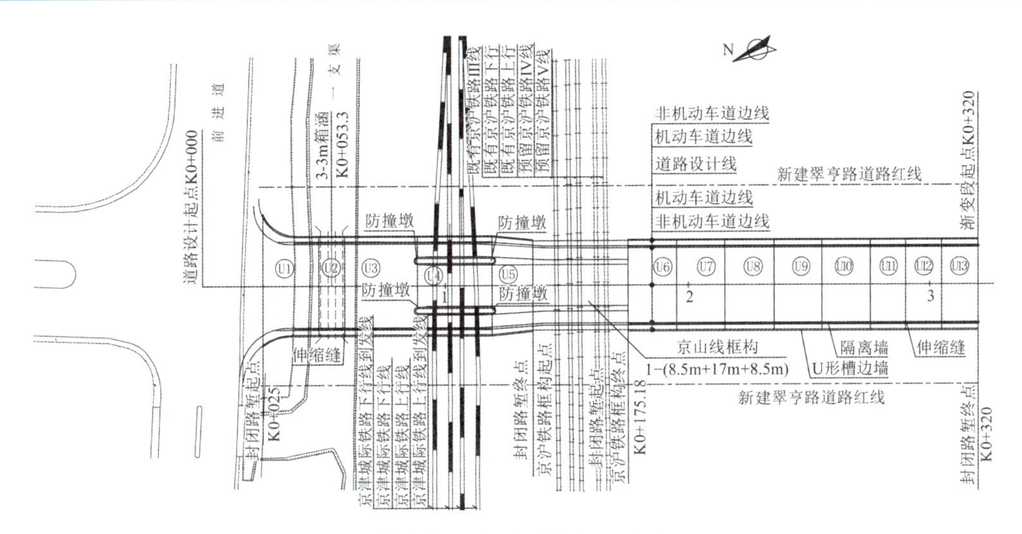

图 2-59　方案设计总平面图

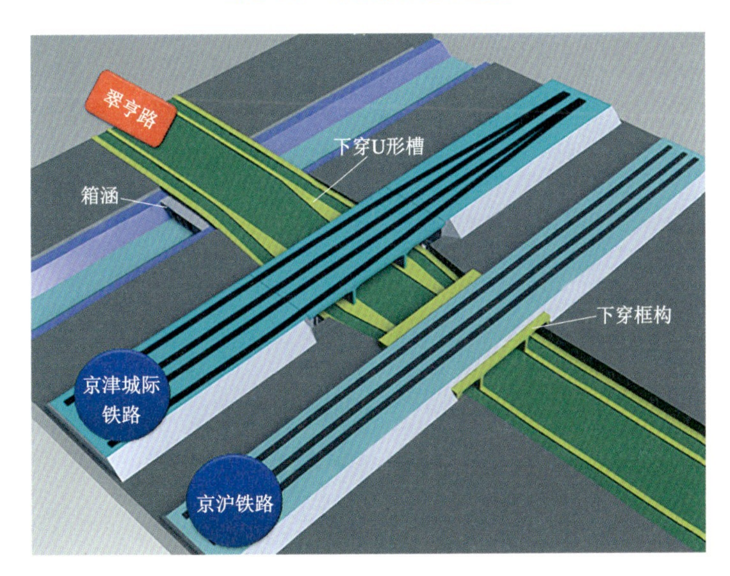

图 2-60　方案设计立体效果图

武清区翠亨路道路工程设计标准如下：

（1）道路等级：城市主干路。

（2）设计速度：40km/h。

（3）路基总宽度：40m。

（4）路面类型：钢纤维混凝土（机动车道）/水泥混凝土路面（非机动车道）。

京津城际铁路设计标准如下：

线路级别：高铁，双线，线间距 5.0m；

设计速度目标值：350km/h；

轨道标准：无缝线路、无砟轨道。

既有京津城际铁路路基基底及挡土墙基底采用 CFG 桩加固，桩径 0.4m，方形布置，左侧挡墙墙踵至右侧路基影响线范围内的路基基底桩顶设 0.15m 厚碎石垫层，其上设厚

0.5m 的 C30 钢筋混凝土板。右侧站台范围内的路基基底采用桩网结构加固，桩顶设 0.65m 碎石垫层，垫层中间夹铺两层双向钢塑土工格栅（100kN/m）。钢筋混凝土板与挡土墙踵板之间以及板之间伸缩缝缝宽 0.02m，缝内填塞沥青麻筋。路基基床底层施工完后填筑预压土。结合 2010 年 12 月 2 日实测高程及高程系统换算（翠亨路测量采用大沽高程系。大沽高程 = 国家 85 高程 + 1.668m。）后，路基桩板结构钢筋混凝土板板顶高程为 5.23m，板底为 4.73m，板厚 30cm。路基桩长 27.2m。

既有京津城际铁路翠亨路刚构连续梁位于站场内，城际线路由 2 条正线及 2 条到发线组成，2 条正线位于直线上，轨道类型为板式无砟轨道，结构高度 0.892m，线间距 5.0m；到发线为有砟轨道，上建高度 0.796m，设计速度按 300km/h 考虑。城际铁路为翠亨路预留了（16 + 20 + 16）m 钢筋混凝土刚构连续梁中桥，桥长 56.8m，顶板厚 1.25m，与既有京山线框构对孔设置，正交设计，轨顶至顶板顶 0.892m。桥上轨面高程 11.50m，梁底最低点高程为 9.36m，承台顶高程为 2.36m，刚构连续梁中桥下地面高程为 4.35m，梁底距离地面高 5.01m，两侧为路基，城际运营的刚构连续梁中桥中心里程为 JJK84 + 700.44，两桥台台尾的里程分别为 JJK84 + 672.04、JJK84 + 728.84。承台尺寸为 27.2m × 5.50m，布置 2 × 10 根钻孔灌注桩，两个边墩桩长为 38m，两个中墩桩长为 48m。刚构桥现场情况如图 2-61、图 2-62 所示。

图 2-61 （16 + 20 + 16）m 刚构连续梁

图 2-62 翠亨路中桥路桥结合

路基均为高路基，京津城际铁路刚构桥两侧路基和京沪铁路路基高度分别为 5.5m 和3.2m。

天津市武清区翠亨路下穿京津城际铁路及京沪铁路立交工程位于京津城际铁路武清站东侧咽喉区，道路中心距武清站最近站台边缘约 13.8m，工程地点为冲积平原，地势平坦、开阔，京沪铁路、京津城际铁路两侧局部地势低洼，有沟渠分布。工程区域内地层勘探深度范围内地层为第四系全新统冲积层（Q_4^{al}）、第四系全新统海积层（Q_4^{m}）、第四系上更新统冲积层（Q_3^{al}）及第四系上更新统海相沉积层（Q_3^{m}），表层为第四系全新统人工堆积层（Q_4^{ml}）。岩性为黏性土、粉土、粉砂、夹有淤泥质土。

天津地区位于华北平原沉降带的东北部、纬向构造体系和新华夏构造体系的交接部位。基底构造复杂，区域性深大断裂发育，地震频繁。市区内主要断裂有海河断裂、大寺断裂、天津北断裂、天津南断裂、宜兴埠断裂等，但活动时代较老，它们最新活动不会晚于晚更新世，全新世以来无明显活动，且有巨厚的新生界第四系和第三系沉积层覆盖。因此，地质构造对工程影响不大。

地震动峰值加速度为 0.15g（地震基本烈度为VII度）。土壤最大冻结深度 0.70m。

本工程区域的河流属海河水系。勘测期间线路 K0 + 49.3 为水渠，水渠宽 33m，水深 2.0～2.5m，淤泥厚 0.5～1.0m。根据水质分析，地表水（水渠）对混凝土具硫酸盐侵蚀性，环境作用等级 H1，具氯盐侵蚀性，环境作用等级 L2。

本工程区域的地下水为第四系孔隙潜水，勘测期间地下水埋深 1.65～2.60m（高程：3.15～4.36m），主要靠大气降水及地表水下渗补给，水位变幅 1.0～2.0m。经取地下水样分析，桥址区范围内地表水对混凝土结构具硫酸盐侵蚀性，环境作用等级 H1，具氯盐侵蚀性，环境作用等级 L2；地下水对混凝土结构具硫酸盐侵蚀性，环境作用等级 H1，具氯盐侵蚀性，环境作用等级 L2。

各土层的渗透系数：黏土、淤泥质土$k = 0.01$m/d，粉质黏土$k = 0.05$m/d，粉土$k = 0.6$m/d，粉砂$k = 2.0$m/d。

下穿处京津城际铁路为（16 + 20 + 16）m 钢筋混凝土刚构连续梁中桥，翠亨路以封闭式路堑形式（U 形槽）分三部分下穿京津城际铁路。主 U 形槽从桥梁 20m 桥孔穿过，U 形槽边墙至刚壁墩的距离为 0.5m，底板至桥梁承台的距离为 0.19m，U 形槽基础钻孔桩至最近的刚壁墩承台边为 1.15m，距离最近的既有桥桩基间距 3.0m。两个单体 U 形槽从桥梁两个 16m 孔穿过，U 形槽边墙至刚壁墩的距离为 0.5m，至最近的桥台胸墙的距离为 5.1m，底板至桥梁承台的距离为 0.19m，止水帷幕至桥台承台边的距离为 1.20m，U 形槽基础钻孔桩至最近的刚壁墩承台边为 1.15m，距离最近的既有桥桩基间距 3.0m。U 形槽边墙、底板与既有桥刚壁墩、承台之间采取止水措施。

非机动车道设计路面至京津城际铁路既有梁底距离最小为 4.25m。机动车道设计路面至京津城际铁路既有梁底距离最小为 4.85m。

翠亨路 K0 + 025～K0 + 320 段采取 U 形槽的形式，共计 13 节，每节长度从 10.6m 到 31m 不等。除 U4 段 U 形槽位于京津城际铁路刚构桥下为分体式，其余段 U 形槽均为整体式。主体混凝土强度采用 C40 抗渗指标 P6，其中 U1～U5 位于京沪铁路北侧，U6～U13 位于京沪铁路南侧。

U4 段起止里程 K0 + 088.5～K0 + 119.5，位于京津城际铁路刚构桥下，京津城际铁路刚构桥为 16m—20m—16m 三孔，桥体中心对应京津城际铁路里程为 JJK84 + 761.66，该处位于武清城际站的东咽喉，既有 4 股道，2 条正线 2 条到发线，正线为无砟轨道，到发线为有砟轨道。桥下地面高程为 4.35m，现状桥下净空 5.16m。U4 段 U 形槽为分体式，主 U 形槽从 20m 中跨穿过，两 16m 边跨各一个单体 U 形槽。U4 段 U 形槽两侧设置高压旋喷止水帷幕，深度 6.5m，基础采用 4m 深、直径 60cm 高压旋喷桩密排封底和 35m 深直径 1m 钻孔灌注桩支撑的形式，U 形槽底板至刚构桥承台最小距离 19cm，U 形槽基础单独承受公路荷载。

U5 段 U 形槽位于京沪铁路和京津城际铁路之间，对应翠亨路里程为 K0 + 119.5～K0 + 136.28，为整体式 U 形槽。两侧为直径 1m 钻孔桩支护，间距 1.2m，深度 12m，止水帷幕为双排直径 60cm 的高压旋喷桩，深度 15m。U5 基底采用直径 60cm 高压旋喷桩封底，旋喷桩长短间隔布置，桩长 4m 的，间距 0.4m，桩长 8m 的，间距 1.2m。U 形槽标准断面图如图 2-63 所示。

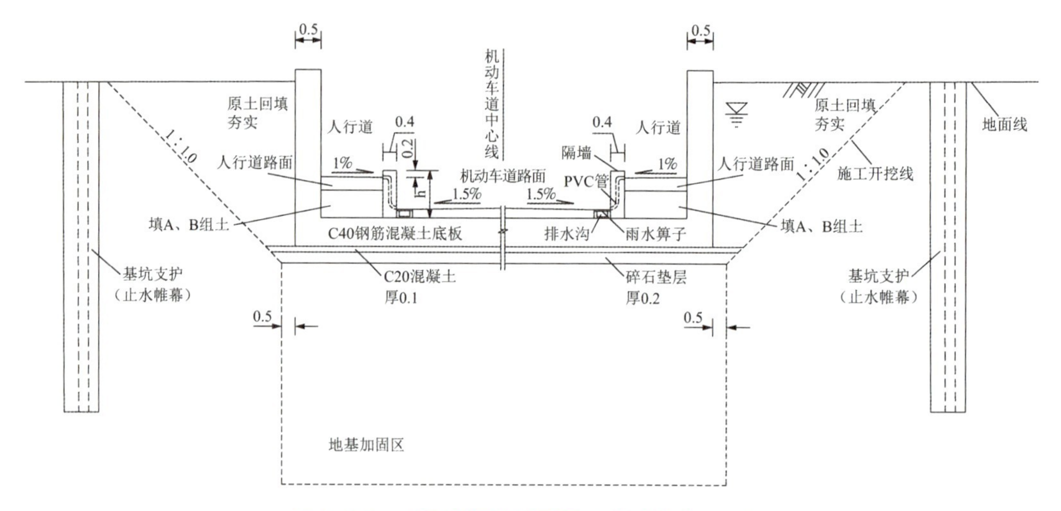

图 2-63　U 形槽标准断面图（尺寸单位：m）

根据现场的施工条件，尤其是京津城际铁路和既有京沪铁路之间（U5 段 U 形槽）施工场地有限，且施工距离京津城际铁路和既有京沪铁路都很近，出于对高铁运营安全的考虑，选择技术成熟、安全性较高的钻孔桩对基坑进行防护。钻孔桩直径 1.0m，间距 1.2m，桩长 12m，桩顶辅以 1.0m × 1.2m 冠梁，以增加防护桩的整体性能和安全性。U5 段 U 形槽基坑防护桩南侧应与框构顶进施工的防护桩衔接，北侧设置于桥台锥体前端，外围设双排旋喷桩止水帷幕。京津城际铁路两侧封闭式路堑 U 形槽基坑开挖防护桩布置图见图 2-64。

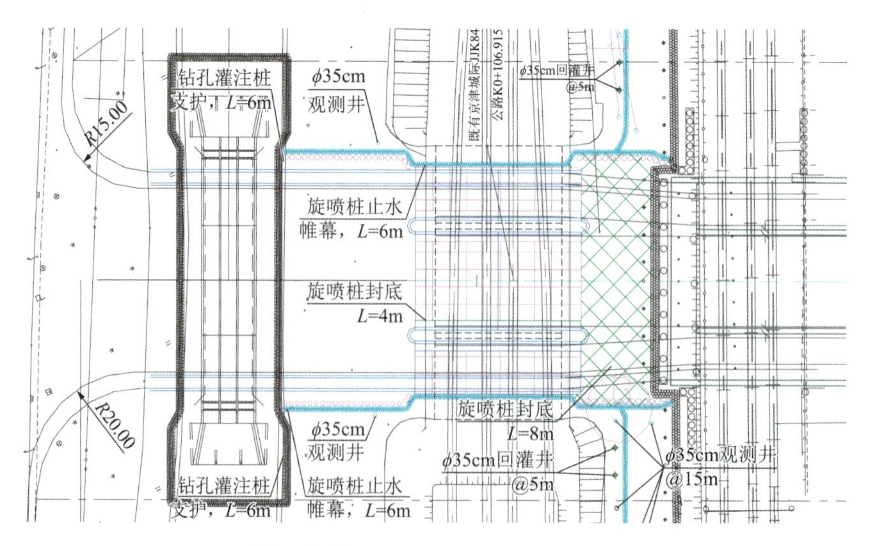

图 2-64　封闭式路堑 U 形槽基坑防护桩布置示意图

经计算，U5 段 U 形槽基坑采用直径 1.0m 钻孔灌注桩的防护技术安全合理，能够保证京津城际铁路和京沪铁路的运营安全。

2.5.7 路基结构下穿高铁工程

路基结构一般由基层、底基层、透层和面层构成，其结构简单，施工速度快，也被应用于公（道）路下穿高铁工程。

1）设计简要注意事项

（1）当高铁桥下净空满足通行高度，地基基本承载力大于 180kPa，路基填筑高度不大于 1m，或通过安全评估分析计算后，可考虑采用路基下穿高铁工程。

（2）路基坡脚边缘不得侵入高铁桥梁承台。

（3）路基排水沟外侧与高铁桥墩净距不宜小于 3m。

（4）路基下穿应优先选用轻型填料，降低填方重量对高铁桥梁的影响。

（5）护栏基础的埋深应能满足防撞要求。

（6）高铁影响区内，不应使用高压旋喷桩进行地基处理。

（7）路基填料不应集中堆放在高铁影响区内。

（8）路基施工应设置临时排水设施，排水集中区应设置在高铁安全保护区外。

2）路基结构下穿施工关键点

路基施工主要现场摊铺、碾压及现浇等施工法。

（1）施工工序

清表→水泥稳定碎石基层施工→透层施工→混凝土层及防撞墙施工→沥青混凝土面层施工。

（2）施工风险评估

根据采用的施工方案和施工步骤，针对不同阶段对高铁的影响，确定危险源级别，针对不同危险源通过评估进行计算，并制定控制风险的对策和预案。

采用路基方案下穿高铁施工风险为：清表深度的开挖、路基填筑高度、碾压机具影响及人为因素等。

（3）施工简要注意事项

①高铁影响区内，路基及路面结构层碾压不得采用重型震动碾压设备，宜采用静压方式。

②路基施工时，取土坑应设在铁路影响区范围外。

③路基防撞护栏基础设计应满足稳定性要求，施工时不应超挖。

④施工期间在铁路桥梁下及两侧各 50m 范围内进行路基、路面碾压时禁止采用振动压路机，同时在铁路两侧设置临时限高架，禁止大型施工车辆从铁路桥下穿过。公路施工碾压荷载不应大于 15kN/m^2，并且施工机械在非工作时禁止停放在桥梁两侧。

3）工程实例

容易线下穿京广高铁野桥营南拒马河特大桥从第 790～792 号墩之间以路基形式下穿，路中线与京广高铁交叉里程 RYK3 + 183.84 = 京广高铁 K105 + 432.80，交叉角度为 84°，梁底到设计路面的净高约为 6.137m，道路路面设计高程基本与原地面等高，满足 ⩾ 5m 的通行要求。

容易线（新区段）公路工程红线宽 48m，一级公路，设计速度 80km/h。

运营京广高铁（京石段）主要技术标准如下：

（1）铁路等级：高铁；

（2）正线数目：双线；

（3）速度目标值：350km/h；

（4）正线线间距：5.0m；

（5）轨道类型：无砟轨道。

《公路与市政工程下穿高速铁路技术规程》（TB 10182—2017）中规定：“路基下穿高铁时，当高铁桥下净空满足通行高度，地基土基本承载力大于 180kPa 且路基填筑高度不大于 1m 时，可采用路基方式下穿。”经研究，容易线道路工程下穿京广高铁推荐采用路基形式通过，高铁桥梁保护区范围桥下道路两侧设置 HA 级防护墙，本次设计范围道路长度 67m，换填开挖基坑坡比按 1∶0.75 设计基坑边坡采用挂网锚喷防护。

容易线下穿京广高铁工程从京广高铁野桥营南拒马河特大桥第 790～792 号桥墩下分幅通过，交叉处高铁桥梁梁部采用 32m 简支箱梁，桥墩采用圆端形实体桥墩，基础采用桩基础。下穿处高铁桥梁结构参数见表 2-23。

高铁桥梁结构参数　　表 2-23

<table>
<tr><th>道路名称</th><th colspan="2">高铁桥梁结构</th><th>类型或参数</th><th>现状铁路桥下净高</th><th>本次设计桥下净高</th></tr>
<tr><td rowspan="8">容易路</td><td colspan="2">下穿范围</td><td>第 790～792 号墩</td><td rowspan="8">6.6m</td><td rowspan="8">6.137m</td></tr>
<tr><td colspan="2">梁部</td><td>32m 双线简支箱梁</td></tr>
<tr><td colspan="2">桥墩</td><td>圆端形实体桥墩</td></tr>
<tr><td colspan="2">基础类型</td><td>桩基础</td></tr>
<tr><td colspan="2">承台尺寸</td><td>5.0m × 10.4m × 2.5m</td></tr>
<tr><td rowspan="3">桩长</td><td>790 号墩</td><td>41.0m</td></tr>
<tr><td>791 号墩</td><td>41.0m</td></tr>
<tr><td>792 号墩</td><td>40.0m</td></tr>
</table>

既有京广高铁为客运专线，设计速度为 350km/h，容易线新区段下钻既有京广高铁地段均为桥梁地段，此范围内目前无新的规划线路。

道路外边缘距离铁路 790 号桥墩承台最小距离为 7.061m，距离 791 号桥墩承台最小距离为 3.134m，距离 792 号桥墩承台最小距离为 6.389m，道路与高铁桥梁相对位置关系图如图 2-65 所示。

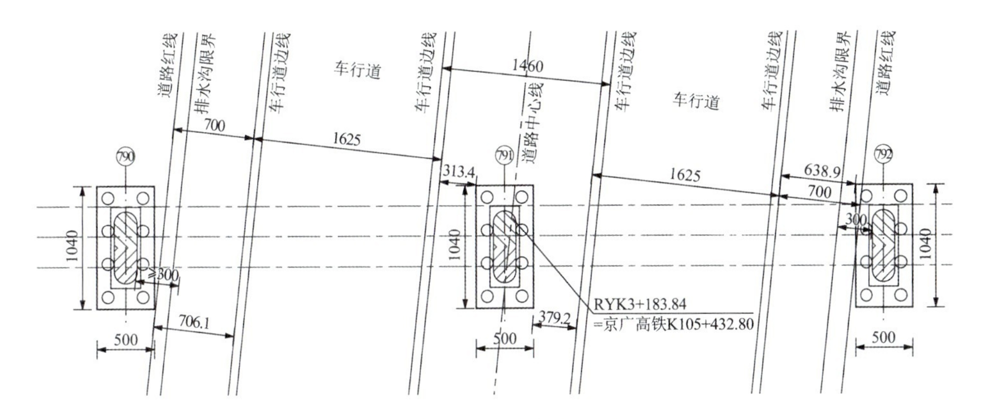

图 2-65　道路与高铁桥梁相对位置关系图（尺寸单位：cm）

容易线下穿京广高铁处，铁路影响范围内道路位于圆曲线上，曲线半径为 2500m。满足《公路工程技术标准》（JTG B01—2014）及地方发展要求，高铁桥下净高按 ≥ 5.0m 控制。下穿处道路最低点位置应位于铁路桥梁投影范围以外不小于 20m。下穿处位于$R = 26500$m 的凹形竖曲线上，与铁路交叉处小里程纵坡为−0.24%，大里程纵坡为 0.25%。容易线下穿处路面按双向六车道设计，采用整体式路基，路基标准横断面宽度为 45.5m，断面形式为：0.75m（土路肩）+ 3m（硬路肩）+ 3 × 3.75m（车行道）+ 0.5m（路缘带）+ 14.5m（中央分隔带）+ 0.5m（路缘带）+ 3 × 3.75m（车行道）+ 3m（硬路肩）+ 0.75m（土路肩）= 45.5m。容易线下穿处道路横断面如图 2-66 所示。

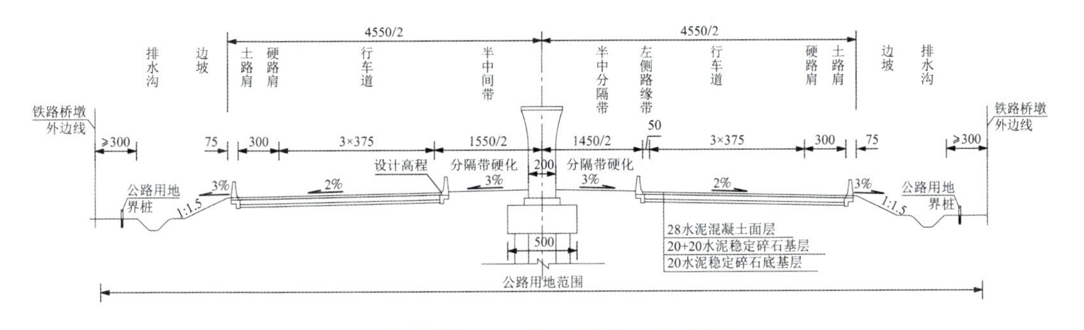

图 2-66　容易线下穿处道路横断面（尺寸单位：cm）

路面设计采用双轮组单轴轴载 100kN（BZZ-100）为标准轴载。道路等级为一级公路，安全等级为一级，设计基准期为 30 年，目标可靠度为 90%，目标可靠指标为 1.28，变异水平等级为低。变异系数变化范围应符合《公路水泥混凝土路面设计规范》（JTG D40—2011）表 3.0.2 的规定。

根据《公路水泥混凝土路面设计规范》（JTG D40—2011）及保证施工期间京广高铁的运营安全，铁路附近路面结构采用水泥混凝土路面。

道路路面结构设计如下：

28cm 水泥混凝土板；

热沥青石屑隔离封层；

20cm 水泥稳定碎石（4.0MPa/7d）；

20cm 水泥稳定碎石（3.5MPa/7d）；

20cm 水泥稳定碎石（2.5MPa/7d）；

结构总厚度为 88cm。

路基填筑前应清除地表草皮、树根、腐殖土、垃圾、杂物等，清表厚度平均控制在 30cm，清表后并大致找平，压实度不小于规范要求值。

路基必须分层填筑碾压，每层填筑松土厚度不超过 30cm，每层最大压实厚度不宜超过 20cm（高铁影响区内，路基碾压不得采用重型振动碾压设备），路床顶面最后一层压实厚度为 20cm（遇特殊情况不能满足设计要求时，最小压实厚度不得小于 10cm）。

下穿处道路最低点位置应位于铁路桥梁投影范围以外不小于 20m，道路路面排水汇流至最低点后抽除，路基排水沟外侧距高铁桥梁墩身净距不小于 3m。

道路投影范围上方，高铁桥上泄水管建议征得高铁主管部门同意后进行封堵，其余部分进行集中排水改造，通过桥墩引至桥下，并对中央分隔带内的高铁桥墩附近地面进行铺装防护，保证桥墩附近排水顺畅，铺装可采用 10cm 厚泥结碎石，向外设置 3%的横坡，且高出周围地面。

为保证行车安全，本次设计在容易路下穿铁路段（RYK3 + 148～RYK3 + 215）中央分隔带设置 HA 级钢筋混凝土防撞护栏，护栏外侧与高铁桥墩的净距大于 2.5m。

钢筋混凝土防撞护栏混凝土强度等级采用 C30 混凝土，护栏基础采用座椅式钢筋混凝土基础，将护栏基础嵌锁在路面结构中，地基承载力应不小于 150kN/m^2，基础混凝土强度与护栏相同。

为防止超高货车撞击高铁桥梁，根据要求，在机动车道迎车方向和背车方向均设置限高防护架，防护架设置位置一般为高铁两侧道路纵坡最高点附近，具体根据现场情况确定，机动车道限高 5.0m。限高防护架图纸参照《铁路桥限高防护架》[图号：专桥设（05）8184] 执行，采用桁架式结构，所有钢构件需进行防腐处理，防腐体系不低于现行《铁路钢桥保护涂装及涂料供货技术条件》（TB/T 1527）规定的第 5 涂装体系。

由于新建容易线工程施工需拆除既有高铁桥下栅栏，施工完成后应征求铁路主管部门意见对其进行恢复和封闭。

为最大限度地发挥道路通行能力，需在下穿京广高铁范围内设置醒目、直观、齐全、正确的交通辅助设施，并采取必要的安全措施。

（1）标志标线设置

按照国标《道路交通标志和标线》的规定进行标志、标线的设计。

①标志设置

在限高防护架上设置限制高度标志，限高 5.0m；限高架上设附着式下穿高铁提醒标志。

各种标志板采用铝合金材料，版面选用高强级反光薄膜，白色图案，文字及辅助标志上白底均反光。

②标线设置

桥墩防撞装置表面需涂刷黑黄相间警示条纹（采用水性反光材料），条纹宽 20cm，垂直于桥墩轴线。

限高防护架的立柱和横梁需涂刷黑黄相间警示条纹（采用水性反光材料），条纹宽 20cm，与轴线垂直。

（2）安全措施

下穿高铁段护栏按 HA 级加强型防撞标准设计，保证行车的安全以及高铁运营安全。

2.6 并行高铁工程设计

2.6.1 结构方案

新建工程与既有高铁的并行结构形式一般分为新建桥梁并行既有桥梁、新建桥梁并行既有路基、新建路基并行既有桥梁。

2.6.2 设计简要注意事项

（1）新建铁路与既有高铁的线间距一般应根据数值分析确定，并考虑施工场地空间与吊机、架桥机等影响。一方面，要求保证新建高铁的建设对既有高铁运营影响在规范允许范围之内；另一方面，要尽量压缩两条铁路之间距离，以节省占地。

（2）当新建桥梁工程与既有高铁距离较近时，可适当抬高承台，减少基坑开挖深度，降低对既有高铁的影响。

2.6.3 并行施工关键点

（1）新建高铁施工期间严禁抽水作业，可采取隔水措施，防止水位降低引起地层沉降对既有高铁运营产生影响。

（2）新建高铁桥梁施工期间应采用钢板桩等防护措施，减少基坑开挖面积，同时坑底位于地下水位以下的，应采用封底混凝土进行止水。

（3）施工期应加强既有高铁的变形监测，并提前做好相关预案。

（4）施工中不得在既有高铁桥梁下及两侧各 50m 范围内堆载，以避免引起桥墩基础附加沉降的发生。

（5）施工时不得在高铁桥梁 200m 范围内降水。

（6）具体的施工组织方案及监测方案，需上报高铁主管部门审批同意，并签订相关协议后方可施工。

（7）施工过程中严禁施工机具或人为因素对既有高铁桥墩墩身、基础及梁部造成损伤。

（8）新建工程施工前，施工单位要对地下不明障碍物的探测、预报投入足够的人力、物力，以便查明地下不明障碍物的平面位置、高程，采取必要的技术措施，规避施工安全风险。施工前应继续核准是否有各种高铁设备、管线及电缆等，并妥当处理，务必确保安全。

（9）施工前应认真复核图纸、核对高程、坐标，准确无误后方可开工。

2.6.4 工程实例

新建石家庄至济南客运专线（以下简称石济客运专线）正线线路总长 323.1km，线路走向如图 2-67 所示。该线为双线，设计速度为 250km/h，有砟轨道。其中桥梁长度为 236.6km，占线路总长的 74.9%。

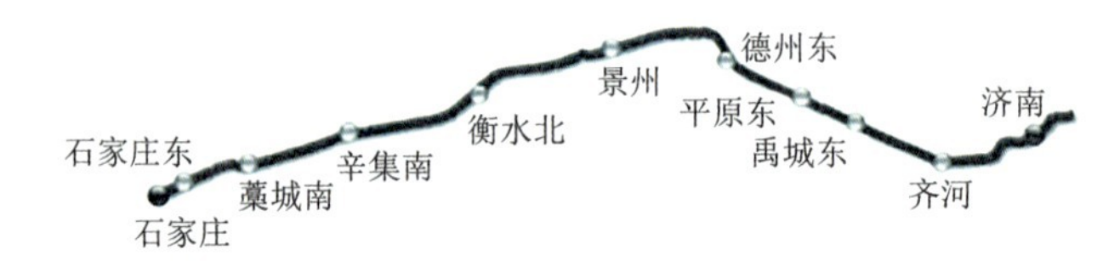

图 2-67 石济客运专线线路走向

石济客运专线与京沪高铁并行距离长达 99.4km。京沪高铁是我国最高标准的高铁之一，设计双线，速度 350km/h，无砟轨道，铁路运输异常繁忙。沿线松软地基分布广泛，分布有新生界第四系全新统人工堆积层填筑土、杂填土，冲积层黏土、粉质黏土、粉土和砂类土，局部为淤泥质土和淤泥，第四系上更新统冲洪积层黏土、粉质黏土、粉土、粉砂、细砂，黄泛区表层为第四系全新统新近冲积层黏性土、粉土和粉细砂。具承载力低、含水率大、中高压缩性的特点，易产生压缩变形。

高铁对沉降等变形要求非常高，邻近既有高铁修建新建筑物，由于新建筑物的基础基坑开挖、抽水、降水、荷载增加等因素对周围土层产生附加应力，从而引起高铁发生沉降变形。为确保既有高铁的运营安全，减少对运营的干扰，设计中考虑对邻近既有高铁的影响是石济客运专线邻近既有高铁设计的关键和难点。为此，石济客运专线开展了线间距选择、跨越桥式方案、桥梁施工方案及自动化监测等桥梁设计。

《高速铁路设计规范》（TB 10621—2014）中规定：无砟轨道相邻墩台均匀沉降不大于 20mm，相邻墩台沉降差不大于 5mm。在石济客运专线设计中，如何保证该线的建设对京沪高铁不产生影响或较小影响，保证京沪高铁长期的运营安全，同时考虑到沿线为平原地区，土地资源珍贵，因此还要尽量缩短两条铁路之间的距离，节省耕地。从有限元理论分析和施工安全等方面对京沪高铁的影响进行了分析，从而选取合理的线间距。

并行地段，京沪高铁和石济客运专线平均桥高为 10m，墩高 7m 左右。采用大型岩土分析软件，建立的有限元模型如图 2-68 所示，土体采用莫尔—库仑模型来模拟其本构关系，模型上部边界为自由面，左右边界采用水平约束，底边界采用固定约束。深入分析了15～50m线间距时石济客运专线桥梁施工过程对既有京沪高铁的桥梁附加沉降变形影响，影响云图如图2-69所示。

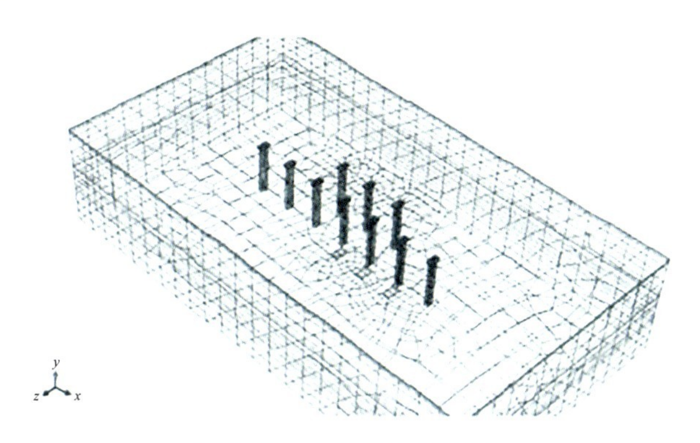

图2-68　有限元三维模型

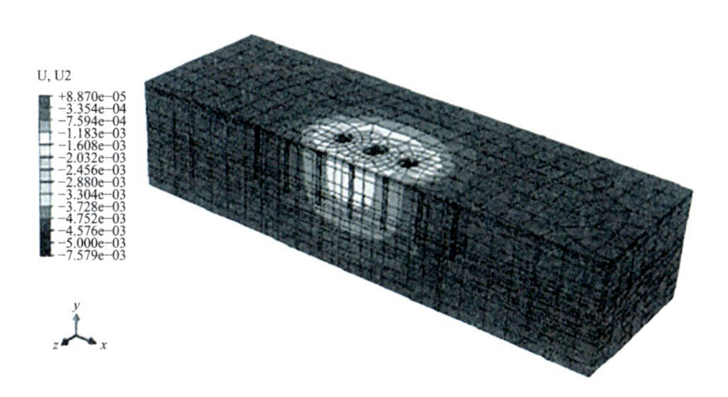

图2-69　施工附加沉降影响云图

主要计算结果如表2-24所示。

附加沉降计算值　　表2-24

线间距（m）	附加沉降值（mm）
15	5.1
20	2.7
25	1.47
30	1.16
35	0.83
50	0.41

石济客运专线与京沪高铁并行距离长，设计中应考虑施工期间大型桥梁施工机械作业时可能对京沪高铁安全运营造成影响。大型施工主要有钻机进行钻孔桩作业和吊车吊装钢筋笼作业。

钻机作业时，钻机大臂长17m，钻头高1.5m，钻头距离地面1.5m，钻机作业时总高度为20m，旋转半径为4m。吊车作业时，钢筋笼长16.5m，吊索长5m，钢筋笼距离地面1m，终起吊高度为23m。施工时可能有以下情况发生：一是钻机倾覆，钻杆倒向京沪高铁一侧；二是吊索断裂，钢筋笼从吊机掉落下来向京沪高铁倾覆；三是吊机失稳，吊杆向京沪高铁倾覆。

钻机作业如图 2-70 所示，吊机作业如图 2-71 所示。从图中可以看出，考虑施工机械倾覆，需要安全操作空间 25m 左右。

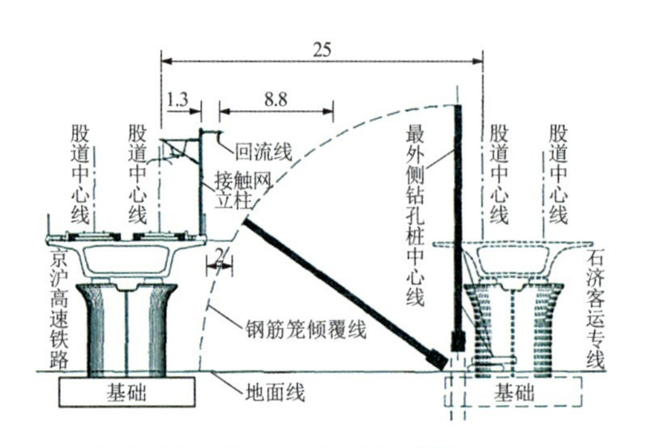

图 2-70　钻机作业（尺寸单位：m）

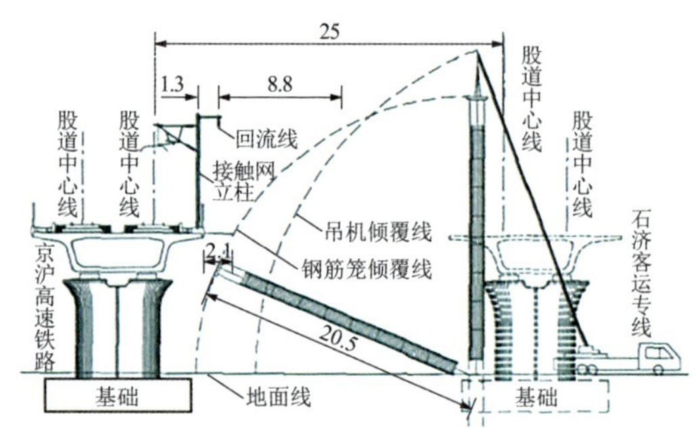

图 2-71　吊机作业（尺寸单位：m）

从理论计算看，新建石济客运专线桥梁加载作用将会对既有京沪高铁周围的土体产生附加影响，从而引起既有京沪高铁桥梁沉降变形，附加沉降影响随着线间距的增大依次递减。线间距为 15m 时，附加影响比较大，数值达到 5mm；线间距变化到 20～25m 时，附加影响急剧减小到 1.5mm；当线间距为 35m 及以上时，石济客运专线桥梁对既有京沪高铁桥梁的附加沉降已经基本没有影响。由于大范围的并行施工，施工机械的稳定也是线间距选择的重要因素。从大型施工机械桥梁钻机和吊车的稳定性分析看，当线间距为 25m 时，可以满足京沪高铁运营安全的要求。结合有限元理论分析及施工机具的操作空间，推荐新建桥梁并行既有桥梁地段最小线间距为 25m，连续梁并行地段线间距根据数值计算结果适当增加。

采用相同方法对其他结构形式并行段落进行计算分析，推荐线间距如下：

（1）既有京沪高铁为桥梁，石济客运专线修建桥梁，推荐相邻线线间距为 25m。

（2）既有京沪高铁为路基，石济客运专线修建桥梁，推荐相邻线线间距为 30m。

（3）既有京沪高铁为桥梁，石济客运专线修建区间路基，推荐相邻线线间距为 40m。

（4）既有京沪高铁为桥梁，石济客运专线修建站场路基，推荐相邻线线间距为 40m。

本章参考文献

[1] 王砺文. 大跨度双幅 T 构钢箱连续梁同步转体跨越既有铁路设计[J]. 铁道标准设计, 2022, 66(02): 61-65.

[2] 孙宗磊，张上．潍莱铁路跨青荣特大桥全焊接免涂装耐候钢钢桁梁设计[J]．桥梁建设，2021, 51(01): 109-114.

[3] 刘玉擎，陈艾荣．耐候钢桥的发展及其设计要点[J]．桥梁建设，2003(05): 39-41, 45.

[4] 乔雷涛．高速铁路跨度132m再分式简支钢桁梁设计研究[J]．铁道标准设计，2019, 63(03): 80-85.

[5] 王君．铁路钢横梁框架墩设计影响因素分析[J]．山西建筑，2020, 46(21): 132-134.

[6] 历付．高速铁路高立柱大跨度钢横梁框架墩设计研究[J]．中国铁路，2020(06): 94-102.

[7] 商耀兆．天津西南环线铁路钢横梁框架墩设计[J]．铁道建筑，2013(01): 14-16.

[8] 万明．刚度在框架墩计算中的影响[J]．铁道勘察，2010, 36(05): 88-89.

[9] 田万俊．预应力混凝土框架墩设计研究[J]．铁道标准设计，2003(08): 67-69.

[10] 郝丽维．津滨轻轨先铰接后刚接的钢-混凝土混合框架墩设计[J]．铁道标准设计，2003(08): 72-73, 77.

[11] 孙宗磊，周岳武．大跨度铁路混凝土部分斜拉桥设计参数研究[J]．铁道工程学报，2022, 39(03): 50-54, 61.

[12] 左家强．铁路小半径曲线转体施工矮塔斜拉桥设计研究[J]．铁道工程学报，2022, 39(02): 62-67.

[13] 薛晓博．上跨运营高铁上加劲连续钢桁梁设计[J]．国防交通工程与技术，2021, 19(02): 15-18+30.

[14] 王迎春．浅述矮塔斜拉桥结构设计要点[J]．建材与装饰，2020(10): 236-237.

[15] 张雷．京沪高速铁路津沪联络线矮塔斜拉桥设计[J]．桥梁建设，2012, 42(04): 69-74.

[16] 叶认秋．矮塔斜拉桥的结构特点和工程质量控制研究[J]．交通标准化，2012(15): 49-51.

[17] 施文杰．矮塔斜拉桥在国内外的发展与实践[J]．现代交通技术，2012, 9(03): 22-25, 36.

[18] 王立荣，曹伟．矮塔斜拉桥设计要点研究[J]．交通标准化，2010(Z2): 116-118.

[19] 朱刚．矮塔斜拉桥方案设计及分析研究[D]．杭州：浙江大学，2008.

[20] 李新杰．矮塔斜拉桥浅谈[J]．公路交通科技(应用技术版)，2007(04): 127-129.

[21] 陈从春，周海智，肖汝诚．矮塔斜拉桥研究的新进展[J]．世界桥梁，2006(01): 70-73, 80.

[22] 陈从春，肖汝诚．矮塔斜拉桥几个问题的探讨及发展展望[C]//中国公路学会桥梁和结构工程分会2005年全国桥梁学术会议论文集．2005: 298-303.

[23] 李晓莉，肖汝诚．矮塔斜拉桥的力学行为分析与设计实践[J]．结构工程师，2005(04): 9-11, 24.

[24] 何新平．矮塔斜拉桥的设计[J]．公路交通科技，2004(04): 66-68, 72.

[25] 孙大斌．客运专线无砟轨道预应力混凝土T构桥设计跨径研究[J]．世界桥梁，2018, 46(02): 6-9.

[26] 杨旭．大跨度预应力混凝土连续刚构桥施工监控技术研究[D]．武汉：湖北工业大学，2018.

[27] 谢晓慧. 铁路大跨度转体施工 T 构桥设计研究[J]. 科技创新导报, 2016, 13(04): 23-25.

[28] 魏峰. 上跨高速铁路立交桥方案研究[J]. 铁道勘察, 2017, 43(01): 114-118.

[29] 唐绍贵. 新建公路(道路)上跨高速铁路立交桥桥式结构和施工方法比选研究[J]. 科学时代, 2013, (3).

[30] 李红洲. 某城市道路与高速铁路立交桥附属工程设计[J]. 技术与市场, 2017, 24(04): 115, 117.

[31] 董方志. 石济客运专线并行京沪高速铁路线间距研究[J]. 高速铁路技术, 2014, 5(01): 35-41, 82.

[32] 周绪红, 刘永健. 钢桥[M]. 北京: 人民交通出版社股份有限公司, 2020.

CHAPTER THREE

第3章

邻近高铁立交工程安全影响评估

邻近高速铁路立交工程
关键技术研究与实践

RESEARCH AND PRACTICE ON KEY TECHNOLOGIES OF
ADJACENT HIGH SPEED RAILWAY
INTERCHANGE ENGINEERING

邻近高速铁路立交工程
关键技术研究与实践

RESEARCH AND PRACTICE ON KEY TECHNOLOGIES OF
ADJACENT HIGH SPEED RAILWAY
INTERCHANGE ENGINEERING

铁路是国家交通运输的命脉，确保铁路运营安全具有重要的社会、经济和政治意义。高铁建设标准高、运行速度快，对线路的平顺性要求高，任何超出限值的变形都会危及行车安全。本章旨在就邻近高铁立交工程建设及运营期对高铁产生的安全影响进行评估，着重介绍了相关评估标准、评估内容、评估方法，并列出典型的安全影响评估案例。

3.1 总体要求

（1）编制评估报告前，应收集铁路竣工资料，调查既有高铁设备的状况，加强工程地质、水文地质和环境条件等勘察工作。

（2）受邻近工程施工及运营影响的高铁桥梁结构变形及受力应满足相关规范的要求。

（3）邻近铁路工程应根据施工和运营过程各主要工况进行仿真计算，分析评估其对铁路桥梁运营安全的影响。

（4）公路和市政道路下穿高铁工程地段，净空应符合相关技术标准的规定，并按规定设置安全防护设施。

（5）评估报告应清晰、详细地反映评估工作的全部过程；报告内容应层次分明、表述准确；评估结论要客观公正；提出的安全措施要具体明确，具有针对性、可靠性和可操作性。

（6）评估报告中文字应简洁准确，前后一致，图表齐全；数据应来源可靠，处理规范，计量单位标准化；引用文件应注意时效性。

3.2 安全影响评估标准

既有高铁的安全影响评估一般从结构变形、结构强度及稳定性等方面来考虑，且一般采用变形作为主要控制指标。

3.2.1 公路与市政工程下穿高铁评估标准

《公路与市政工程下穿高速铁路技术规程》（TB 10182—2017）（以下简称《技术规程》）自 2018 年 4 月 1 日起开始实施，本规程统一和规范了公路与市政工程（桥梁、桩板结构、U 形槽和框架结构、路基、隧道、市政河道、市政管线）下穿高铁设计、施工及监测的技术要求，成为邻近高铁工程影响评估的主要标准。

《技术规程》第 3.0.3 条规定，受下穿工程影响的高铁桥梁墩台顶位移限值应符合以下规定：

（1）不限速条件下，应符合表 3-1（《技术规程》表 3.0.3）的规定。

（2）不满足表 3-1（《技术规程》表 3.0.3）的要求时，可进行专项论证，但轨道平顺性应符合高铁线路静态几何尺寸容许偏差管理值的要求。

墩台顶位移限值（《技术规程》表 3.0.3）　　表 3-1

轨道类型	墩顶位移		
	横向水平位移（mm）	纵向水平位移（mm）	竖向位移（mm）
有砟轨道	3	3	3
无砟轨道	2	2	2

当公路与市政工程下穿在建高铁时，若高铁已铺轨，则同上要求，若尚未铺轨，可不按表 3-1 位移限值要求执行，但应满足《技术规程》中其他平、立面距离、施工工艺等相关要求，以将邻近公路与市政工程施工阶段对在建高铁产生的附加影响降至最低。

3.2.2 铁路桥梁沉降评估标准

《铁路桥涵设计规范》（TB 10002—2017）（简称《设计规范》）第 5.4.6 条规定桥梁墩台基础的沉降应按恒载计算，其工后沉降量不应超过表 5.4.6-1（表 3-2）和表 5.4.6-2（表 3-3）规定的限值，如下表所示。超静定结构相邻墩台沉降差除应满足下列各表规定外，尚应根据沉降差对结构产生的附加应力的影响确定。墩台基础沉降计算值不含区域沉降。

有砟轨道静定结构墩台基础工后沉降限值（《设计规范》表 5.4.6-1）　　表 3-2

设计速度	沉降类型	限值（mm）
250km/h 及以上	墩台均匀沉降	30
	相邻墩台沉降差	15
200km/h	墩台均匀沉降	50
	相邻墩台沉降差	20
160km/h 及以下	墩台均匀沉降	80
	相邻墩台沉降差	40

无砟轨道静定结构墩台基础工后沉降限值（《设计规范》表 5.4.6-2）　　表 3-3

设计速度	沉降类型	限值（mm）
250km/h 及以上	墩台均匀沉降	20
	相邻墩台沉降差	5
200km/h 及以下	墩台均匀沉降	20
	相邻墩台沉降差	10

根据《高速铁路设计规范》（TB 10621—2014）第 6.4.2 条规定，高铁采用无砟轨道时，路基与桥梁、隧道或水平结构物交界处的工后差异沉降不应大于 5mm。

3.2.3 铁路桥梁横向水平位移评估标准

《设计规范》第 5.4.5 条规定墩台水平水平刚度应满足行车条件下列车安全性和旅客乘车舒适度的要求，并应对最不利荷载作用下墩台顶水平弹性水平位移进行计算。在列车竖向静活载、水平摇摆力、离心力、风力和温度的作用下，墩顶水平水平位移引起的桥面处梁端水平折角如图 3-1 所示，并应符合下列规定：

（1）设计时速 200km 及以上铁路梁端水平折角不应大于 1.0‰rad。

（2）设计时速 160km 及以下铁路，跨度小于 40m 的梁端水平折角不应大于 1.5‰rad，跨度大于等于 40m 的梁端水平折角不应大于 1.0‰rad。

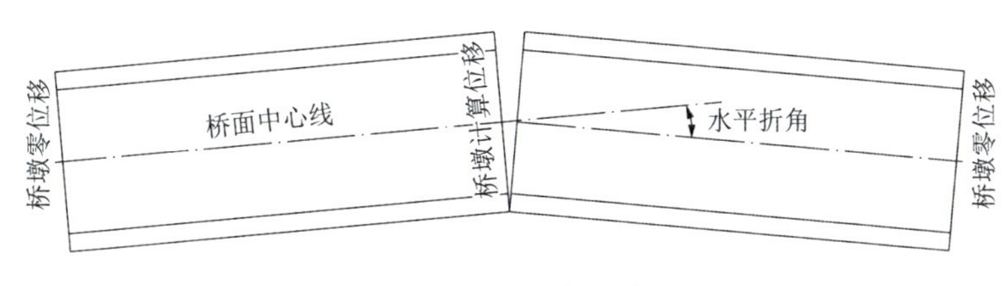

图 3-1　水平折角示意图

3.2.4　铁路桥梁纵向水平位移评估标准

《设计规范》第 5.4.4 条规定简支梁桥墩台顶面顺桥方向的弹性水平位移应满足下式要求：

$$\Delta \leqslant 5\sqrt{L} \tag{3-1}$$

式中：L——桥梁跨度（m），当$L<24$m 时L按 24m 计算，当为不等跨时L采用相邻中较小跨的跨度；

Δ——墩台顶面处的水平位移（mm），包括由于墩台身和基础的弹性变形，以及基底土弹性变形的影响。

3.2.5　铁路轨道平顺性评估标准

《高速铁路线路维修规则》规定，线路轨道静态几何尺寸容许偏差管理值如表 3-4、表 3-5、及表 3-6 所示。

200～250km/h 线路轨道静态几何不平顺容许偏差管理值　　表 3-4

项目	作业验收		计划维修	临时补修	限速（不大于 160km/h）
	有砟	无砟			
轨距（mm）	+2 −2	+1 −1	+4 −2	+6 −4	+8 −6
水平（mm）	3	2	5	8	10
高低（mm）	3	2	5	8	11
轨向（直线）（mm）	3	2	4	7	9
三角坑（mm/3m）	3	2	4	6	8
轨距变化率	1/1500		1/1000	—	—

注：1. 高低偏差和轨向偏差为 10m 弦测量的最大矢度值。

2. 三角坑偏差不含曲线超高顺坡造成的扭曲量，在延长 18m 的距离范围内无超过表列的三角坑。

250（不含）～350km/h 线路轨道静态几何不平顺容许偏差管理值　　表 3-5

项目	作业验收		计划维修	临时补修	限速（不大于 200km/h）
	有砟	无砟			
轨距（mm）	+2 −2	+1 −1	+4 −2	+5 −3	+6 −4
水平（mm）	2		4	6	7
高低（mm）	2		4	7	8
轨向（直线）（mm）	2		4	5	6
三角坑（mm/3m）	2		3	5	6
轨距变化率	1/1500		1/1000	—	—

注：1. 高低偏差和轨向偏差为 10m 弦测量的最大矢度值。
2. 三角坑偏差不含曲线超高顺坡造成的扭曲量，在延长 18m 的距离范围内无超过表列的三角坑。

轨道静态几何不平顺长弦测量作业验收容许偏差管理值表 3-6 所示。

轨道静态几何不平顺长弦测量作业验收容许偏差管理值　　表 3-6

项目	基线长（m）	容许偏差（mm）	
		$v=200$km/h	200km/h $< v \leqslant$ 350km/h
高低	300	10	10
	30	3	2
轨向	300	10	10
	30	3	2

注：表中容许偏差 2mm（或 3mm）指当基线长为 30m 时，相距 5m 任意两测点实际矢度差与设计矢度差的偏差；容许偏差 10mm 指当基线长为 300m 时，相距 150m 任意两测点实际矢度差与设计矢度差的偏差。

3.2.6　结构安全性标准

工程设计方案施工或运营期间的外力对既有高铁桥梁桩基产生附加影响，检算其单桩设计承载力不得大于原设计单桩容许承载力，且桩基配筋满足原设计要求。若高铁桥梁为超静定结构，沉降差对结构产生的附加应力不得大于结构材料容许应力，并应适当留有余量。

3.3　评估内容与评估方法

评估内容：主要为邻近铁路工程施工及运营阶段荷载对高铁桥梁结构安全及变形的影响分析。施工阶段应针对支护结构施工、基坑开挖、降水、结构主体施工、附属施工、基坑回填、其他荷载加载等主要工序进行分析。

评估方法：首先根据相关规范的要求对邻近高铁工程与高铁桥梁之间的平、立面相互关系以及施工工法等进行定性评估；满足要求后再采用理论计算和有限元模型相结合的方法开展数值模拟计算，对照评估标准开展定量评估。

3.4 评估模型的建立

3.4.1 计算软件的选取

本书所涉及评估的内容基本上属于岩土工程范畴。岩土工程中存在的开挖、堆载问题涉及土体变形，以及土与结构相互作用，具体过程较为复杂，常规的分析方法处理起来十分困难，往往需要通过有限元软件建立整体模型进行分析。该方法可以用于求解非线性问题，可在计算过程中模拟各种复杂的材料本构关系，易于处理非均匀介质问题，模拟各向异性材料，适用于各种复杂的边界条件。

可用于岩土工程分析的有限元软件可粗略地分为两大类：通用有限元软件和岩土工程专用软件。通用的有限元软件主要有 ABAQUS、ADINA、ANSYS、COMSOL Multiphysics、LS-DYNA、NASTRAN 等，目前 ABAQUS 软件应用较多；而岩土工程专用有限元软件主要有 CRISP、GeoFEA、GeoStudio、Midas GTS、PLAXIS、Rocsciences、Z-soil 等，目前 PLAXIS 和 Midas GTS 被广泛应用。开展评估工作前需结合项目情况，根据软件提供的计算模块、材料模型库以及软件建模能力等因素来选取适合的软件。

3.4.2 土体本构关系

一般而言，描述土在各类荷载作用下变形和强度变化的过程，不仅需要满足质量守恒方程、动量守恒方程、动量矩守恒方程和能量守恒方程等场方程，而且需要满足反映岩土宏观性质的本构方程。土的本构方程主要包括土的力学本构方程和反映水在土中流动规律的本构方程。土的力学本构关系即通常所指的土的应力-应变关系，其数学方程式即为本构模型。土体，作为天然地质材料在组成及构造上呈现高度的各向异性、非均质性、非连续性和随机性，在力学性能上表现出强烈的非线性、非弹性和黏滞性，其应力应变关系非常复杂，它与应力路径、强度发挥程度以及土的状态、组成、结构、温度、赋存环境等因素密切相关。

描述土的应力应变关系的本构模型有很多，邻近高铁立交工程安全评估较常使用的有 Mohr Coulomb 模型、修正剑桥模型、Plaxis Hardening Soil 模型等弹塑性模型。对于模型的选择需要根据土的特性和问题本身的复杂程度来确定。

（1）Mohr-Coulomb 模型

Mohr-Coulomb 模型是理想塑性模型，具有一个固定屈服面的本构模型。固定屈服面指的是由模型参数完全定义的屈服面，不受（塑性）应变的影响。

空间 Mohr-Coulomb 屈服准则由下述 6 个屈服函数组成。

$$
\left.\begin{aligned}
f_1 = (\sigma_2 - \sigma_3) + (\sigma_2 + \sigma_3)\sin\varphi - 2c\cos\varphi = 0 \\
f_2 = (\sigma_3 - \sigma_2) + (\sigma_2 + \sigma_3)\sin\varphi - 2c\cos\varphi = 0 \\
f_3 = (\sigma_3 - \sigma_1) + (\sigma_3 + \sigma_1)\sin\varphi - 2c\cos\varphi = 0 \\
f_4 = (\sigma_1 - \sigma_3) + (\sigma_3 + \sigma_1)\sin\varphi - 2c\cos\varphi = 0 \\
f_5 = (\sigma_1 - \sigma_2) + (\sigma_1 + \sigma_2)\sin\varphi - 2c\cos\varphi = 0 \\
f_6 = (\sigma_2 - \sigma_1) + (\sigma_1 + \sigma_2)\sin\varphi - 2c\cos\varphi = 0
\end{aligned}\right\} \tag{3-2}
$$

Mohr-Coulomb 准则的最大优点是它既能反映岩土材料的抗压强度不同的 SD 效应（strength differential，拉/压强度不对称，简称“SD 效应”）和对静水压力的敏感性，而且简单实用，材料参数c和φ可以通过各种不同的常规试验仪器和方法测定。因此在岩土力学弹塑性理论中得到广泛应用，并且积累了丰富的试验资料与应用经验。但是 Mohr-Coulomb 准则不能反映单纯的静水压力可以引起岩土屈服的特性，而且屈服曲面有棱角，不便于塑性应变增量的计算，这就给数值计算带来了困难。作为理想弹-塑性模型的 Mohr-Coulomb（莫尔-库仑）模型，其卸载和加载模量相同，应用于基坑开挖时往往导致不合理的坑底回弹，只能用于邻近高铁工程的初步分析。

（2）修正剑桥模型

土弹塑性模型中最具有代表性的模型为剑桥模型。该模型通过e-p-q之间的关系来建立土的应力-应变关系。

剑桥模型是由剑桥大学 Roscoe 等人提出，后来经过发展形成了修正剑桥模型，主要应用于描述正常或弱超固结黏土的应力应变关系。试验证明，土中的应力状态(p,q)和土的孔隙比e之间的关系是唯一的。剑桥模型中假定土的屈服只与p和q两个应力分量有关，和第三主应力无关。在三轴应力状态下，平均主应力p和偏应力q分别为：

$$
\left.\begin{aligned}
p &= \frac{1}{3(\sigma_1 + 2\sigma_3)} \\
q &= \sigma_1 - \sigma_3
\end{aligned}\right\} \tag{3-3}
$$

这样，在破坏状态，土单元内的应力分量之间有如下关系：

$$
q = Mp \tag{3-4}
$$

修正剑桥模型认为在屈服状态土中应力分量之间有如下关系：

$$
\left(1 + \frac{q^2}{M^2 p^2}\right) p = p_0 \tag{3-5}
$$

式中：p_0——初始状态时的应力（kPa）；

M——临界状态线斜率。

式(3-5)在p-q空间内则可以表示为图 3-2 中的屈服轨迹。

孔隙率e和p之间可以通过e-p或者e-ln$p$曲线来进行描述，简单起见，采用如图 3-3 中的e-ln$p$曲线加以表达。临界状态线在e-ln$p$坐标平面内投影为直线，斜率为k_1。

由正常固结线退荷时可得到不同应力比的回弹曲线，这些曲线在e-ln$p$平面内也是相互平行的直线，斜率为k_2。假设初始压缩曲线和卸荷回弹曲线的斜率分别为k_1和k_2，则p_0可以表示为：

$$p_0 = p_a e^{\left(\frac{1+e_a}{k_1-k_2}\varepsilon_a^p\right)} \tag{3-6}$$

式中：ε_a^p——从初始状态（A点）到目前状态（E点）之间的体积压缩应变；

e_a——初始状态的孔隙比；

p_a——初始应力，最小值取大气压力，若为超固结土，则为前期固结压力。

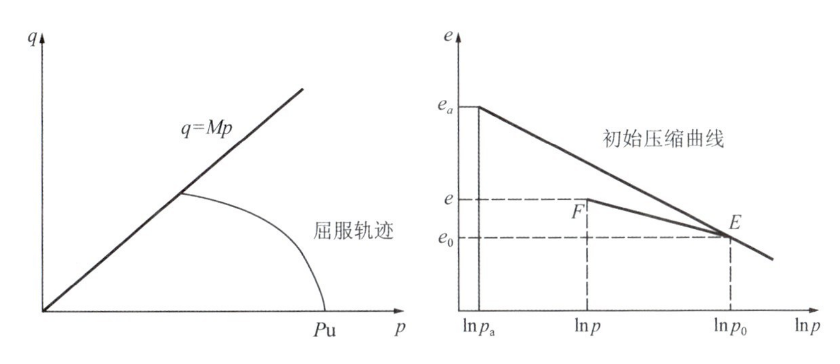

图 3-2　修正剑桥模型中的屈服轨迹　　　　图 3-3　e-ln$p$曲线

修正剑桥模型采用等向硬化法则，即屈服面在随着塑性变形的扩张过程中形状不变，只是大小发生改变，且只与塑性体积应变相关。用硬化参数p_0表征屈服面大小。参数k_1和k_2可用各向等压试验确定，M可由常规三轴压缩试验确定。

这样，完整的修正剑桥模型可以表示为：

$$\left(1+\frac{q^2}{M^2p^2}\right) = p_a e_a^{\left(\frac{1+e_a}{k_1-k_2}\varepsilon_a^p\right)} \tag{3-7}$$

修正剑桥模型由于刚度依赖于应力水平和应力路径，应用于基坑开挖分析时能得到较弹-理想塑性模型更合理的结果。修正剑桥模型能够较好地反映剪缩特性，但是不能反映剪胀特性。修正剑桥模型公式简单，参数少，物理意义明确并易于用常规试验确定，可以模拟正常固结土和弱固结土在各种应力路径下的应力-应变关系，应用广泛，但修正剑桥模型是建立在室内饱和重塑黏土基础上，对模拟复杂应力条件下黏土和天然黏土方面也存在着许多缺陷。修正剑桥模型不能描述黏土的各向异性；由于修正剑桥模型采用临界状态理论，土在屈服面内只存在弹性变形，而事实上土具有显著的非线性，因此不能很好地模拟屈服面内剪切应变；修正剑桥模型在模拟超固结土时，主要的问题是不能准确地描述小应变时的变形特性，有大量的试验均说明超固结土在小应变时具有非常明显的非线性和塑性特性，而修正剑桥模型在此时均定义超固结土的变形为弹性变形。

（3）Plaxis Hardening-Soil 模型

Hardening-Soil 模型是一个可以模拟包括软土和硬土在内的不同类型的土体行为的弹塑性模型，它考虑了土体的剪胀性，引入了一个屈服帽盖，土体刚度是应力相关的。构造 Hardening-Soil 模型的基本思想是三轴加载下竖向应变ε_1和偏应力q之间为双曲线关系。标准排水三轴试验往往会得到如下公式表示的曲线：

$$-\varepsilon_1 = \frac{1}{E_{50}} \cdot \frac{q}{1-\dfrac{q}{q_a}} \qquad q < q_f \tag{3-8}$$

$$E_{50} = E_{50}^{ref}\left(\frac{c\cos\varphi - \sigma_3\sin\varphi}{c\cos\varphi + p^{ref}\sin\varphi}\right)^m \tag{3-9}$$

式中：q_a——抗剪强度的渐进值；

E_{50}——主加载下围压相关的刚度模量；

E_{50}^{ref}——对应于参考围压p_{50}^{ref}的参考模量。

极限偏应力q_f定义为：

$$q_f = (c\cot\varphi - \sigma_3)\frac{2\sin\varphi}{1-\sin\varphi} \tag{3-10}$$

q_a与q_f关系为$q_a = \frac{q_f}{R_f}$，破坏比R_f为小于 1 的数。

卸载和再加载的应力路径使用的模量为：

$$E_{ur} = E_{ur}^{ref}\left(\frac{c\cos\varphi - \sigma_3\sin\varphi}{c\cos\varphi + p^{ref}\sin\varphi}\right)^m \tag{3-11}$$

式中：E_{ur}——卸载和再加载的参考杨氏模量。

在标准排水三轴试验中考虑应力路径时，Hardening-Soil 模型本质上给出了方程3-8中的双曲应力应变曲线。相应的塑性应变来自屈服函数如下：

$$f = \overline{f} - \gamma^p \tag{3-12}$$

式中：$\overline{f}$、γ^p——应力和塑性应变的函数。

$$\left.\begin{aligned} \overline{f} &= \frac{1}{E_{50}}\frac{q}{1-q/q_a} - \frac{2q}{E_{ur}} \\ \gamma^p &= -\left(2\varepsilon_1^p - \varepsilon_v^p\right) \end{aligned}\right\} \tag{3-13}$$

对于硬化参数γ^p的一个给定的常数值，屈服条件$f = 0$可以以屈服轨迹的形式在p-q平面上可视化。屈服轨迹的形状依赖于幂指数值m。

Hardening-Soil 模型比 Mohr-Coulomb 模型的优越之处在于其应力-应变关系为双曲线，以及对于应力水平依赖性的控制。当使用 Mohr-Coulomb 模型时，必须为杨氏模量选择一个固定的值，对于真实土体而言，这个值依赖于应力水平。因此必须估计土体中的应力水平，以得到合适的刚度值，而在 Hardening-Soil 模型中，取而代之的是对一个参考小主应力定义一个刚度模量E_{ur}^{ref}。

3.4.3 土层参数取值

结合项目情况以及地基土基本力学与变形特性，合理选取土体本构模型，材料参数的选取应以地勘报告为基准，进行合理选取，其中关键参数压缩模量的取值尤为重要，需根据地勘报告提供的土工试验报告并结合经验确定。为了更为合理准确的开展复杂工点的数值分析，可考虑以既有线沉降观测数据或简化理论计算值为基准进行反演推算，对压缩模量进行修正，使得参数取值及计算结果更加符合实际。

本节仅对在邻近高铁工程安全影响分析中常用的 MCC 模型和 Plaxis HS 模型进行相关说明。对于 MC 模型由于一般的地质勘察报告或工程地质手册中均会提供，这里不再赘述。

1)(修正)剑桥模型

MCC 模型是在数值计算中广泛使用以模拟土体的模型，在 FLAC2D/3D 和 ABAQUS 中都可以直接调用内置的模型进行参数设置。MCC 的参数由 4 个模型参数和 2 个状态参数构成。4 个模型参数为临界状态线斜率M、泊松比υ、压缩参数λ和回弹参数k；2 个状态参数分别为先期固结压力p_{c0}和初始孔隙比e_{ini}。对于泊松比υ可参见 MC 模型中的相关描述，其他参数的定义如下。

(1)临界状态线斜率M

修正剑桥模型的临界状态线斜率可以通过内摩擦角φ求出。

对于轴向压缩状态：$M=\frac{6\sin\varphi}{3-\sin\varphi}$

对于轴向拉伸状态：$M=\frac{6\sin\varphi}{3+\sin\varphi}$

对于无剪胀条件下的平面应变状态：$M=\sqrt{3}\sin\varphi$

邻近高铁基坑开挖问题属于卸载问题，因此选择轴向拉伸状态的M值是合适的，对于邻近高铁堆载问题，可选择轴向压缩状态的M值。

(2)压缩参数λ

压缩参数λ可以从等压试验中的υ- ln p曲线上得到。此外λ还可以从固结试验的υ- ln p压缩曲线中得到。需指出的是，固结试验需知道侧压力系数K_0才能绘出υ- ln p压缩曲线，在原始压缩曲线上K_0大致相等，这样υ- ln p才为直线，从而λ可用压缩指数C_c表示为：

$$\lambda=\frac{C_c}{\ln 10}=\frac{C_c}{2.3} \tag{3-14}$$

多数情况下，地质勘察报告均会给出C_c值，因此可直接通过上式求得压缩参数λ。

(3)回弹参数k

回弹参数k与压缩参数λ类似，可以通过等压拉伸试验的υ- ln p曲线求得。但是在固结试验的回弹曲线上，侧压力系数K_0是随着卸载增加的，并不是一个常量，从而在υ- ln p平面中回弹曲线不是直线，因此严格意义上说无法用固结试验来确定k。但若假设K_0为常数，则k可以近似表示为$k=\frac{C_s}{\ln 10}=\frac{C_s}{2.3}$。

研究表明上海地区软土λ/k一般介于 8～18。此外还可以建立λ、k与塑性指数的关系来进行估算。对于上海地区软土可采用下式[2]进行计算：

$$\lambda=0.0165I_p-0.1309 \tag{3-15}$$

$$k=0.0036I_p-0.0336 \tag{3-16}$$

（4）先期固结压力p_{c0}和初始孔隙比e_{ini}

①先期固结压力p_{c0}可以由下面公式求得：

$$p_{c0} = \mathrm{OCR} \times \left(p_0 + \frac{q_0^2}{M^2 p_0}\right) \tag{3-17}$$

$$p_0 = \frac{\sigma_V + 2\sigma_h}{3}$$

$$q_0 = \sigma_V - \sigma_h$$

式中：p_0——平均有效应力；

q_0——偏应力；

σ_V——竖向有效应力；

σ_h——水平有效应力；

OCR——超固结比。

②可以基于不排水剪切强度c_u来确定初始比体积υ_λ（$\upsilon_\lambda = e_{ini} + 1$）。

在$p = p_1$的临界状态线上的比体积Γ，由下式给出。

$$\Gamma = \upsilon_\lambda - (\lambda - k) \times \ln 2 \tag{3-18}$$

土体中，不排水剪切强度通过下式与比体积唯一相关。

$$c_u = \frac{Mp_1}{2}\exp\left(\frac{\Gamma - \upsilon_{cr}}{\lambda}\right) \tag{3-19}$$

上述式中：Γ、υ_λ——分别为υ-ln$p$图上正常固结线和膨胀线与竖轴的截距；

M、λ、k——修正剑桥模型的模型参数，具体含义见第 3.4.2 节中土的本构方程；

υ_{cr}——与不排水强度c_u相对应的比体积。

因此，对于一个给定的p_1（通常取 1kPa），如果对于一个比体积υ_{cr}的不排水剪切强度c_u，连同参数M、λ、k都已知，Γ的值以及υ_λ可以计算出来。进而由$\upsilon_\lambda = e_{ini} + 1$求得$e_{ini}$。

2）Plaxis Hardening Soil 模型

Plaxis Hardening Soil 模型的基本思想与 Duncan-Chang 模型相似，即假设三轴排水试验的剪应力q与轴向应变ε_1成双曲线关系，但前者采用弹塑性来表达这种关系，而不是像 Duncan-Chang 模型那样采用变模量的弹性关系来表达。此外模型考虑了土体的剪胀和中性加载，因而克服了 Duncan-Chang 模型的不足。模型采用 Mohr-Coulomb 破坏准则。PlaxisHS 模型共有 10 个参数。其中强度参数 4 个，分别为黏聚力c、内摩擦角φ、剪胀角ψ和破坏比R_f；刚度参数 5 个，分别为参考压缩模量E_{oed}^{ref}、参考割线刚度E_{50}^{ref}、参考卸荷再加荷模量E_{ur}^{ref}、卸载再加载泊松比υ_{ur}、刚度应力水平幂指数m；另外还包括静止土压力系数K_0。

这些参数中黏聚力c、内摩擦角φ参照 MC 模型中的说明，静止土压力系数的取值方法参照第 3.4.2 节的方法。刚度参数中的参考压力均是 Plaxis 中默认的 100kPa。相关参数取值方法如下：

（1）剪胀角ψ

剪胀角ψ一般可以按照表 3-7 取值。

剪胀角取值（Vermeer and de Borst，1984） 表 3-7

分类	剪胀角ψ	分类	剪胀角ψ
密实砂土	15°	颗粒状和完整的大理岩	12°～20°
松砂	< 10°	水泥	12°
正常固结黏土	0°	—	—

因此对于软土取$\psi = 0°$，FLAC 和 Plaxis 软件中建议砂土的剪胀角取为$\psi = \varphi - 30°$。

（2）破坏比R_f

在 Plaxis 中软件默认的破坏比$R_f = 0.9$。在对上海地区 16 个地质亚层中的 9 个模型进行试验中表明$R_f = 0.7$～0.85，且砂土和黏土在取值上没有区别。试验中得到的杨凌黄土破坏比的数值基本在 0.8～0.95 之间，在高干密度和低含水量时取小值。

（3）参考压缩模量E_{oed}^{ref}

采用勘察报告中 100kPa 下的压缩模量的取值，可以直接从固结试验中取得，一般勘察报告中均有此参数这里不再赘述。

（4）参考割线刚度E_{50}^{ref}

可以从三轴 CD 试验中直接得到，在无相关试验的情况下参考表 3-8 取值。

E_{50}^{ref}与E_{oed}^{ref}的经验关系 表 3-8

土类	经验关系
正常固结黏土（$q_c < 5$MPa）	$E_{50}^{ref} \approx 2E_{oed}^{ref}$
正常固结黏土（$10 < q_c < 25$MPa）	$E_{50}^{ref} \approx E_{oed}^{ref}$
正常固结砂土	$E_{50}^{ref} \approx \mathrm{E}_{oed}^{ref}$

此外对于砂土，Lengkeek 建议E_{50}^{ref}可以通过相对密实度来定义：$E_{50}^{ref} = 60D_r$（MPa）。

（5）参考卸荷再加荷模量E_{ur}^{ref}

该模量除可以通过试验测出外，还可以同 Duncan-Chang 的回弹模量的取值方法进行比照，见表 3-9。

回弹模量经验关系表 表 3-9

经验范围	经验关系	文献来源	试验土层
$K_{ur} = 1.2K$		Duncan-Chang	密砂和硬黏土
$K_{ur} = 3.0K$			松砂和软黏土
$K_{ur} = 4$～$10K$	$K_{ur}/K = 2.76 + 238.59/K$	张云等（2008）	上海地区黏土亚层
$K_{ur} = 2$～$7K$	$K_{ur}/K = 16.03 - 2.15\ln K$		上海地区砂土亚层
$K_{ur} = 4.5$～$6.09K$		张小平等（2002）	三峡粉质黏土
$K_{ur} = 2.0$～$4.5K$			三峡粉细砂质土
$K_{ur} = 1.2$～$2.0K$			三峡中粗砂

其中K在 Duncan-Chang 模型中的物理意义是围压为$\sigma_3 = 100\text{kPa}$下初始切线模量。K值的确定可以参照表 3-10。

K的经验取值表 表 3-10

序号	经验关系	文献来源	试验土层
1	$K = 5.52e^{0.0995\varphi}$	张云等（2008）	上海地区土层
2	$N = 0.899 + 535k^{-1}$	张小平等（2002）	三峡围堰区土层

此外刘国彬、郑刚等对上海、天津地区的软土卸荷模量都做过相关试验，并提出了取值方法和范围。Plaxis 中对于$E_{\text{ur}}^{\text{ref}}$默认取$E_{\text{ur}}^{\text{ref}} = 3E_{50}^{\text{ref}}$，结合之前相关有限元模拟的经验，近似采用这一默认设置是可行的。

（6）卸载再加载泊松比ν_{ur}

土在卸载时的泊松比加载时的泊松比小得多。在 HS 模型中采用卸载再加荷泊松比来描述土体在卸载时的弹性行为，在这种情况下，对于砂土，$\nu_{\text{ur}} = 0.12 \sim 0.17$，对于黏性土$\nu_{\text{ur}} = 0.15 \sim 0.2$。

（7）刚度应力水平幂指数

刚度应力水平幂指数m是描述土体刚度与应力水平关系的参数。对于砂土和粉土m在 0.5 附近，在软土中一般取$m = 1$。

3）加固体参数的取值

加固在软土地区邻近高铁的基坑中得到了广泛的应用，加固体的参数取值对于有限元计算结果的准确性有着重要的影响。加固体在基坑中的布置一般有裙边、抽条、满堂等形式。对于三维有限元计算来说，在建立模型的过程中就可以将加固体和未加固土体分开设定。而对于二维平面应变有限元来说，无法很好地考虑加固形式对于基坑变形的影响，则在实际计算采用置换率的方式来进行近似模拟。

土体的复合模量可以表示为：

$$E_{\text{c}} = m_{\text{z}}E_{\text{g}} + (1 - m_{\text{z}})E_{\text{s}} \tag{3-20}$$

式中：m_{z}——土体置换率；

E_{g}——加固体模量；

E_{s}——未加固土体的模量。

（1）强度参数

对于水泥土加固体参数，根据贾坚对水泥土的试验研究，认为工程中土体黏聚力里可以取$c = 0.2q_{\text{u}}$。李琦在对深圳地区淤泥质黏土中水泥土的试验研究结果表明当水泥土无侧限抗压强度$q = 0.5 \sim 4\text{MPa}$时，其内摩擦角变化在 20°～30°之间。

陈修（1985）曾以 16%之水泥配比制成改良土，分别施加 100kPa、200kPa 及 300kPa 的围压进行压缩试验。试验曲线反映出围压对于加固土体的单轴抗压强度q_{u}并没有太大影响。所以一般情况加固体的不排水抗剪强度可以取为$S_u = 1/2q_u$。

破坏比R_f根据彭木田（1992）由试验结果与双曲线仿真得知加固体的破坏比约为0.5。

（2）刚度参数

通过在土压三轴仪上（无围压）得出的水泥土变形模量与抗压强度q_u的关系式为：$E_{50} = (60\sim154)q_u$。而水泥土的压缩模量一般取$E_{oed} = 60\sim100MPa$。可以认为加固体的初始切线模量E_i和E_{50}十分接近，因此可以近似用E_{50}替代E_i。

3.4.4 桩土接触效应模拟

桩的承载力主要由两部分组成：一是桩侧摩阻力，二是桩端阻力。对于抗拔桩或超长桩，摩阻力起主要作用。桩侧摩阻力是桩土之间相互作用而产生的结果，只有当桩土之间产生相对位移时，摩阻力才能得到发挥。在进行荷载传递机理研究时，必须要了解桩土接触面的力学性状，建立合理的力学模型，选取合理的力学参数。在桩土体系数值计算中，确定接触面单元的力学参数也非常重要，桩-土接触变形问题是一类非线性问题，但它既非几何非线性也非材料非线性，而属于边界条件非线性问题。

（1）接触面的法向行为

Abuqus 软件中采用硬接触的接触面法向模型，即，认为土体与结构间处于压紧状态时，其间可以传递法向压力（p）；而当土体与结构间处于脱开状态时，其间则无法传递法向压力。

（2）接触面的摩擦行为

Abuqus 软件中设置土与结构（如，地下连续墙、降水井）间接触面为无厚度的单元，其由相接触的土体和结构间的节点组成，该接触面可以模拟土与结构间的摩擦滑动行为。而该摩擦行为受到两个参数的控制，其分别为摩擦系数（μ）和极限剪切滑移量（γ_{crit}），而摩擦系数μ的表达式为：

$$\mu = \tan \delta \tag{3-21}$$

式中：δ——接触面的摩擦角，其一般小于土体摩擦角。

根据 Coulomb 摩擦定律，可以利用摩擦系数μ求得土体与结构间的极限摩擦力（τ_{crit}）：

$$\tau_{crit} = \mu p \tag{3-22}$$

式中：p——土体与结构间的法向压力。

由公式(3-22)可以看出，法向压力越大，极限摩擦力就越大，有时可能会超过接触面能承受的最大摩擦力，因此，可以根据试验结果或理论分析结果指定接触面的最大摩擦力τ_{max}，当土体与结构间摩擦力大于τ_{max}时，将被视为等于τ_{max}。

土体与结构接触面的极限剪切滑移量γ_{crit}指的是土体与结构间摩擦力达到τ_{crit}前所能发生的少量相对滑移。而当土体与结构间相对滑移达到γ_{crit}，土体与结构间摩擦力也将达到τ_{crit}，此时，土体与结构间将发生塑性滑动，这一关系如图 3-4 所示。

此外，根据τ_{max}和γ_{crit}可以计算出土体与结构接触面的刚度（k_s），即图 3-4 中斜线的斜率：

$$k_s = \frac{\tau_{crit}}{\gamma_{crit}} = \frac{\mu p}{\gamma_{crit}} \tag{3-23}$$

而当土体与结构间摩擦力小于τ_{crit}时，土体与结构间摩擦力大小即为：

$$\tau = k_s \gamma \tag{3-24}$$

式中：γ——土体与结构间的相对剪切滑移量，此时$\gamma < \gamma_{crit}$，如图 3-4 所示。

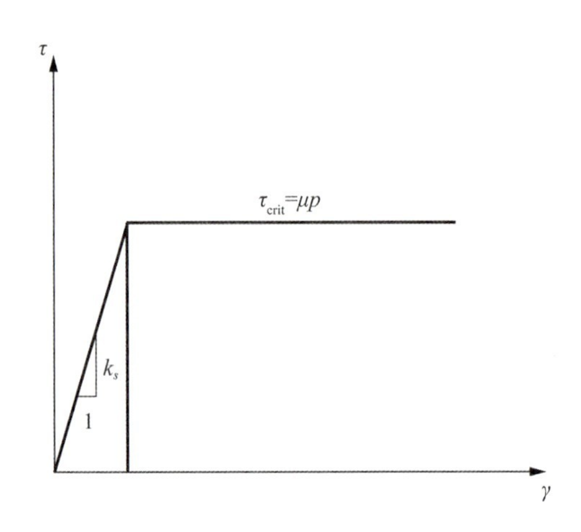

图 3-4　土体与结构接触面摩擦模型

3.4.5　土体计算模型区域选取及边界条件

建立邻近工程和既有高铁工程周围土体的二维（三维）有限元模型，需确定土体计算模型区域的大小，即长、宽、高三个方向上的尺寸。根据相关文献，当土体计算模型平面尺寸与结构平面尺寸之比大于 3～5 时，边界效应对结构的静、动力反应影响已经很小，以此原则确定模型水平区域尺寸。深度方向应满足《铁路桥涵地基和基础设计规范》（TB 10093—2017）第 3.2.3 条的规定。

土体模型边界选用地面支承边界，即在左右边界约束X方向的自由度，在前后边界约束Y方向的自由度，在底面边界约束Z方向的自由度，地面不约束自由度。

3.4.6　结构物参数取值

基于结构物的宏观物理力学性质特征，依据相关规范、试验及经验数据，合理选择本构模型及其相关参数，如桥墩、承台、桩基等钢筋混凝土类材料，多采用线弹性本构模型，具体弹性模量和泊松比可参考规范取值，基坑密排桩、地下连续墙等支护结构，可采用板单元进行模拟。

3.4.7 荷载形式

自重：程序根据建立的单元材料重度，自动计算其体积后计算其自重，最后分配给各单元节点用于分析。

外部荷载：根据相关规范，将外部荷载模拟为集中荷载、线荷载或均布荷载加载于模型中进行计算。

3.4.8 施工过程模拟

由于土体的应力应变关系具有应力路径相关联的特性，故在建模分析中，施工过程的模拟需与施工组织保持一致，施工先后工序的改变可能会影响计算结果的准确性。根据设计单位提出的施工顺序要求，结合施工单位给出的施工组织文件，确定要模拟的施工过程。在有限元模型中通常采用单元的“激活”与“冻结”来实现施工顺序的模拟。

3.4.9 有限元模型计算及后处理

整体模型建立完成，针对定义模拟的施工阶段，分阶段对铁路桥梁产生的附加影响进行数值模拟计算。数值模型计算完成后，需列出各种工况的应力、变形云图与数值汇总表，并分析计算结果，判断是否满足评估标准。

3.5 盾构隧道下穿高铁工程安全影响评估案例

3.5.1 工程概况

某市轨道交通 R1 线及远期规划 R2 线盾构区间左、右线由 104 号与 105 号桥墩间穿过京沪高铁高架桥。

R1 左线盾构下穿段隧道中心覆土厚度为 17.35m，距离京沪高铁高架桥 104 桥墩桩基最近净距为 10.45m。R1 右线盾构下穿段隧道中心覆土深度为 28.90m，距离京沪高铁高架桥 105 号桥墩桩基最近净距为 10.84m，以曲线形式通过，斜交角为 62°～71°。在铁路下通过长度约 126.7m。下穿段盾构主要穿越土层为粉质黏土、黏土层及卵石层。

规划 R2 左线盾构下穿段隧道中心埋深 10.77m，距离京沪高铁高架桥 104 号桥墩桩基最近净距为 15.82m。R2 右线盾构下穿段隧道中心埋深 10.77m，距离京沪高铁高架桥 105 号桥墩桩基最近净距为 18.8m。下穿段盾构主要穿越土层为黄土层及粉质黏土层。

盾构下穿段与京沪高铁桩基的平面及立面关系如图 3-5、图 3-6 所示。

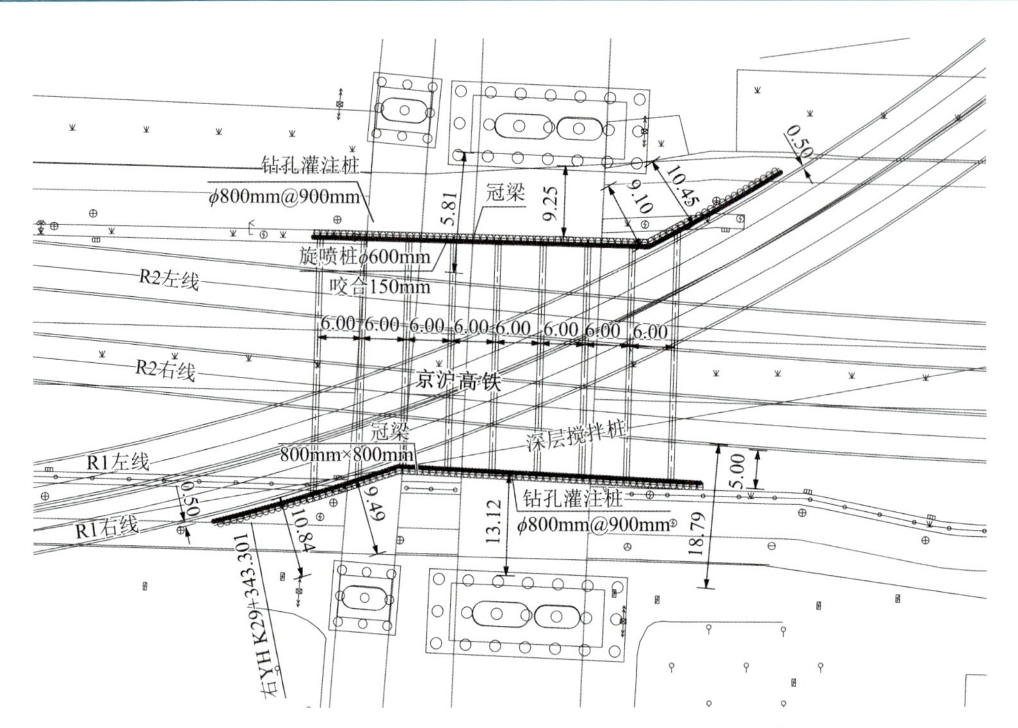

图 3-5　R1、R2 线与京沪高铁的平面位置关系及防护设计（尺寸单位：m）

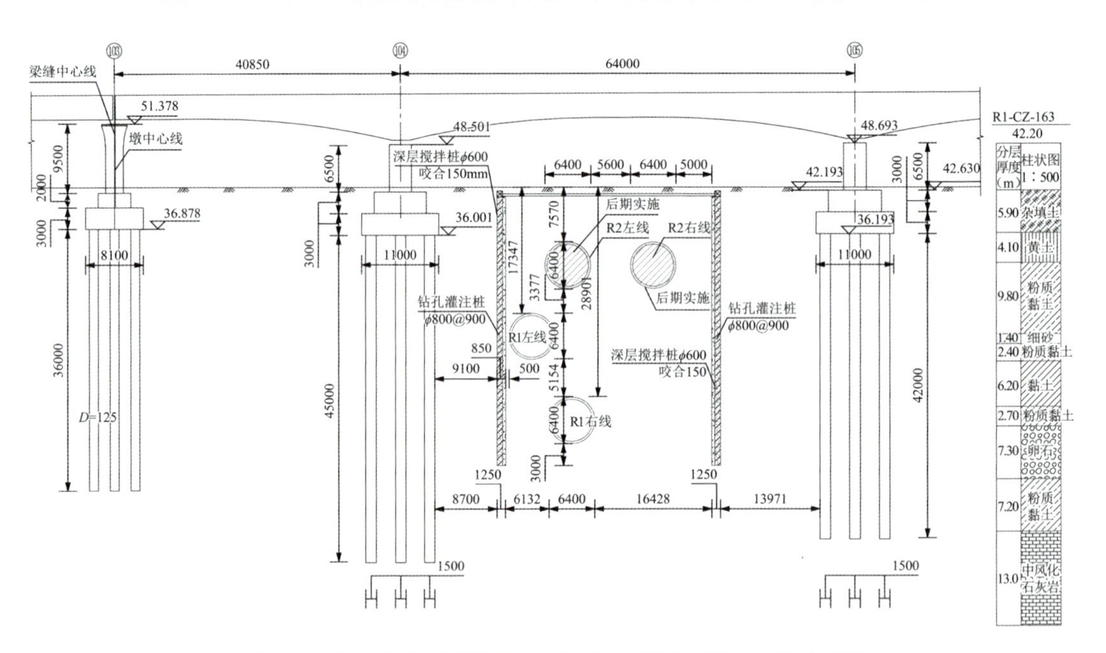

图 3-6　R1、R2 线与京沪高铁的立面位置关系及防护设计（尺寸单位：mm）

1）交叉点处既有高铁概况

下穿位置位于京沪高铁与刘长山路的交叉点下方，涉及京济南上行联络线、京济南下行联络线及京沪高铁正线。其中京济南下行联络线与京沪高铁采用分离式的桥墩，共用基础，京济南上行联络线为单独基础，如图 3-7 所示。

下穿位置处京沪高铁为 40 m + 64m + 40m 连续梁结构，如图 3-8 所示。其中京沪高铁连续梁 104 号桥墩为制动墩，桩径 1.5m，桩长 45m；105 号桥墩为非制动墩，桩径 1.5m，桩长 42m，如图 3-9 所示。承台尺寸为 11m × 26.6m，桩基础布置形式为 3 排 7 列，排距 4.2m，列距 4.0m。原桩基配筋均由震规要求的最小配筋率 0.5%控制，截面布置 26 根ϕ20mm 钢筋，2 根一束，间距为 15.95cm，104 号桥墩的桩基配筋长度为 18m，105 号桥墩的桩基配筋长度为 42m。

图 3-7　交叉位置处京沪高铁现状

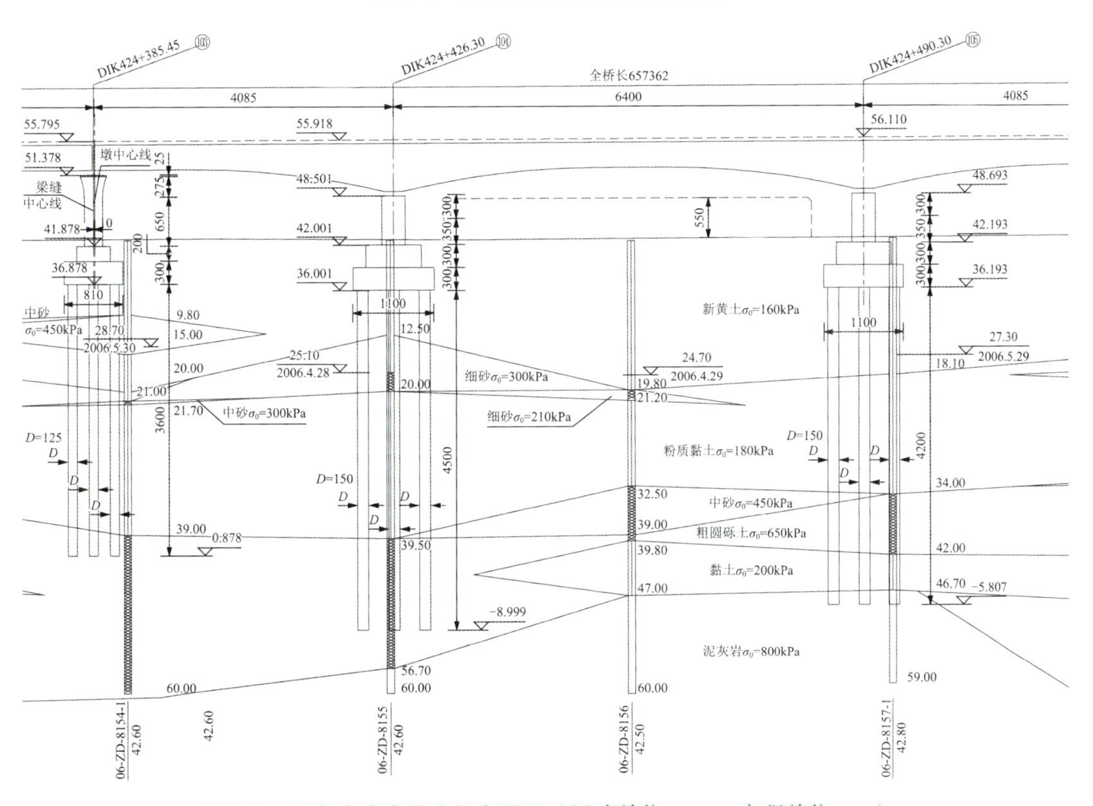

图 3-8　既有京沪高铁全桥布置图（尺寸单位：cm；高程单位：m）

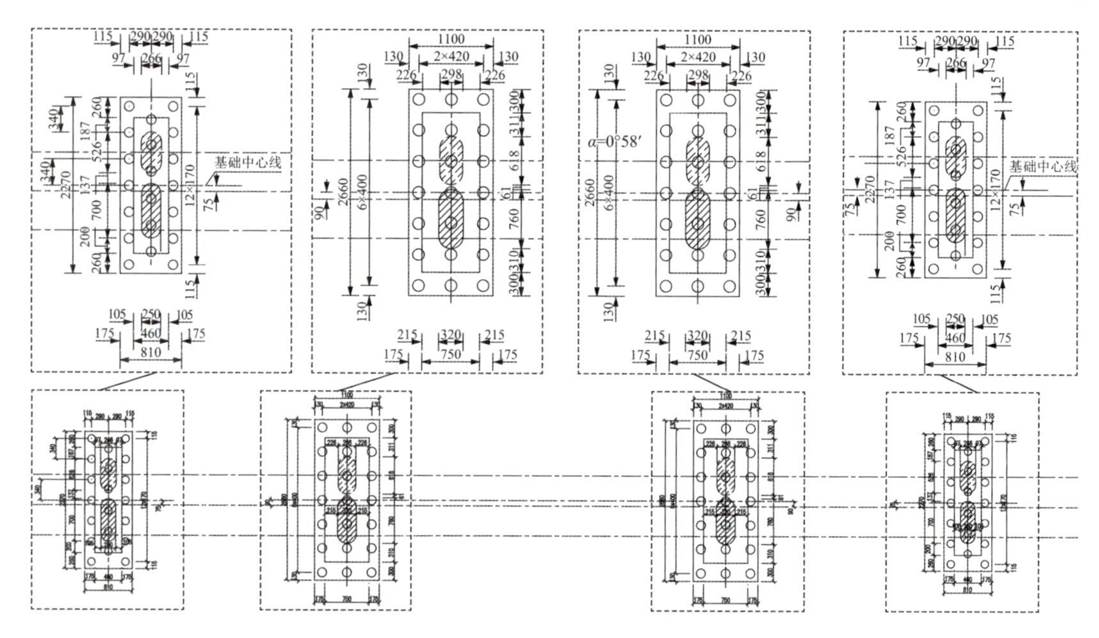

图 3-9 既有京沪高铁桩基布置图（尺寸单位：mm）

2）场地条件

拟建场地为山前冲洪积平原地貌。勘察报告显示：工点所在地区附近钻探 60m 深度范围内揭露地层主要以黄土、粉质黏土、卵石为主，局部含砂土层，第四系覆盖层厚度大于 50m，成因以冲洪积为主。

（1）工程地质条件

桩身及桩尖范围内土层由新黄土（160kPa）、粉质黏土（180kPa）、中砂（450kPa）、粗圆砾土（650kPa）、黏土（200kPa）、泥灰岩（800kPa）等互层组成，无不良地质，地下水位埋深 11.20～17.80m。既有桩基桩长 45m，采用摩擦桩。

（2）水文地质特征及评价

下穿位置处地下水埋藏形式为潜水。

（3）地下水位及类型

水位埋深 11.20～17.80m，水位高程 24.18～30.24m，观测时间 2014 年 3 月至 4 月，含水层主要为卵石⑧$_1$层、细砂⑧$_2$层、卵石⑩$_1$层、细砂⑩$_2$层等，局部具微承压性。主要接受大气降水补给和山区地下水径流补给，以侧向径流、人工开方式排泄。在丰水期及枯水期地下水位有所变化。本次勘察期间，为该区域枯水期；另外，沿线两旁有农田井抽水及附近在施工程抽水，对地下水位的观测可能有所影响。

（4）抗震地段划分

本工程沿线整体上地势平坦过渡，不存在滑坡、泥石流等不良地质作用；根据《建筑抗震设计规范》（GB 50011—2010）（2016 年版）表 4.1.1，以及条文说明第 4.1.1 条，判定该场地为可进行建设的一般地段。

（5）建筑的场地类别

根据《铁路工程抗震设计规范》（GB 50111—2006）（2009 版）：拟下穿京沪铁路及京沪高铁位置场地类别为Ⅲ类。

（6）抗震设计参数

根据《建筑抗震设计规范》（GB 50011—2010）（2016 年版）、《中国地震动参数区划图》（GB 18306—2015），拟建场地位于抗震设防烈度 6 度区内，设计基本地震加速度值为 0.05g，设计地震分组为第三组，场地类别为Ⅱ、Ⅲ类，Ⅱ类场地地震动反应谱特征周期为 0.45s，Ⅲ类场地地震动反应谱特征周期为 0.65s。根据《建筑工程抗震设防分类标准》（GB 50223—2008）第 3.0.2 条规定，城市轨道交通的地下隧道抗震设防类别为重点设防类（乙类），应按高于本地区抗震设防烈度一度的要求（即 7 度）加强抗震措施。

3）地铁设计概况

（1）设计标准

①区间隧道主要构件（即构成主体承重结构且不易维护和更换的构件）及其附属结构的设计使用年限为 100 年。

②工程结构的安全等级为一级。

③地下结构中承重构件的耐火等级为一级，其他构件应满足相应的室内建筑防火规范要求。

④区间结构防水等级均为Ⅱ级。

⑤人防等级按 6 级设防。

（2）主体结构设计

本区间隧道圆形衬砌采用单层钢筋混凝土装配式结构形式，盾构管片类型为平板型。衬砌环外径 6.4m、内径 5.8m、管片宽度 1.2m，管片厚度 0.3m，如图 3-10 所示。隧道衬砌环分为 6 块：1 块封顶块，2 块邻接块，3 块标准块。

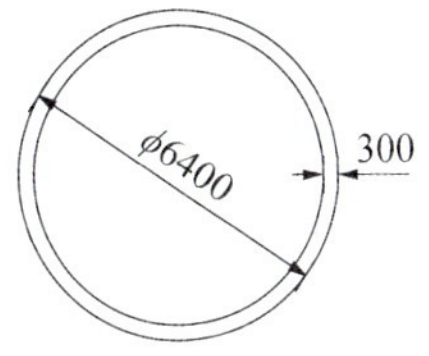

图 3-10　地铁衬砌尺寸（尺寸单位：mm）

（3）防护设计

①为减少盾构掘进施工对高铁桥墩的影响，预先在穿越段盾构区间隧道两侧各打设 1 排 ϕ800mm 钻孔灌注桩和 1 排 ϕ600mm 旋喷加固桩，深度均为 38m，防护设计的平面及立面图参见图 3-5 及图 3-6。

②盾构掘进后应及时充填管片和地层间的环形空隙，控制地层及桥桩基变形。环形间隙主要采用注浆方式填充，按注浆的时机采用同步注浆和二次注浆措施。

（4）施工方案

下穿段采用盾构法施工。盾构法（Shield method）是暗挖法施工中的一种，它是将盾构机械在地中推进，通过盾构外壳和管片支承四周围岩防止发生往隧道内的坍塌，同时在开挖面前方用切削装置进行土体开挖，通过出土机械运出洞外，靠千斤顶在后部加压顶进，并拼装预制混凝土管片，形成隧道结构的一种施工方法。

盾构法施工要点是：由盾构作为临时支护形成开挖工作面，根据不同地层采用不同的刀具及水土平衡方式，在盾尾处拼装衬砌管片形成支护及防渗结构，自动挖掘、带式输送机或管道出料，为机械化连续作业。

盾构施工阶段主要包括以下几个主要的技术环节。

①土体开挖与开挖面支护。土压平衡式盾构施工过程中，通过切削刀盘来切削前方土体。挖土量的多少由刀盘的转速、切削扭矩以及千斤顶顶推力决定，排土量的多少则是通过螺旋输送机的转速来调节。因为土压平衡式盾构机是借助土仓内土体压力来平衡开挖面水土压力的，为使土仓内压力波动较小，施工中要经常调节螺旋输送机的转速和千斤顶的推进速度，来保持挖土量和排土量平衡。

②盾构掘进与衬砌拼装。盾构依靠千斤顶的推力作用向前推进。盾构推进过程中需要克服开挖面土体压力、侧面土体摩擦阻力和内部机械设备阻力，盾构的总推力必须根据各种阻力的综合及其所需要的富余量决定。推力过大会使正面土体因挤压而前移和隆起，而推力过小又影响推进速度。千斤顶推动盾构前进后，依次收缩千斤顶在盾构内部拼装衬砌。

③盾尾脱空与壁后注浆。千斤顶推动盾构机向前推进时，本来位于盾构壳内部的拼装衬砌脱出盾壳的保护，在衬砌外围产生建筑空隙（其体积等于盾壳对应圆筒体积与盾尾操作空间体积之和），引起较大地层损失，如图 3-11 所示。如不采取补救措施会引起很大的地层位移和地面沉降。

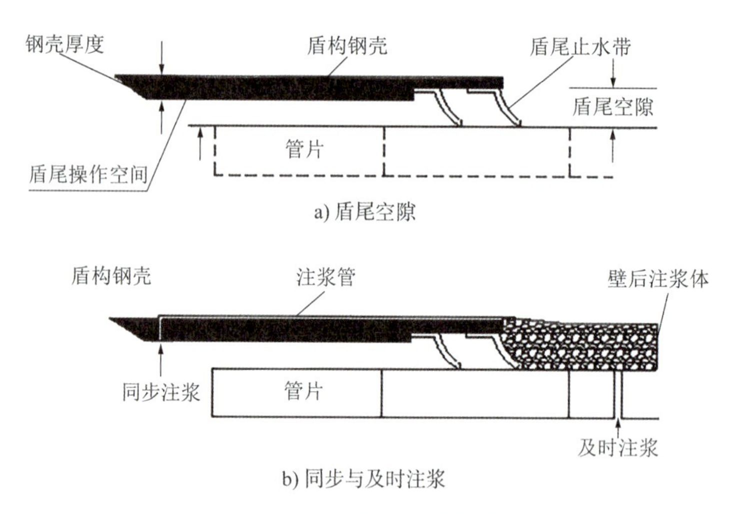

图 3-11　盾尾空隙与壁后注浆

3.5.2　模型建立

采用 Abaqus 计算软件，选取最不利截面建立二维平面模型分析计算地铁施工对京沪高铁产生的影响。

首先将既有土体按现状作为基本初始状态，计算土层的初始应力状态。然后在这种状态下模拟盾构顶进过程，分别计算土层的应力及既有高铁桥梁的沉降变化情况，进而考查盾构顶进施工对京沪高铁桥梁的影响。

1）土层的本构模型、参数取值及单元划分

土体采用剑桥模型进行模拟，土层地质参数见表 3-11。

土层地质参数　　表 3-11

地层编号	名称	层底深度	压缩指数	回弹指数	λ	k	泊松比	初始孔隙比
⑦	黄土	6.26	0.1844	0.0184	0.0802	0.0080	0.4345	0.941
⑧	粉质黏土	13.76	0.0947	0.0095	0.0412	0.0041	0.4144	0.726
⑩	粉质黏土	20.76	0.0332	0.0033	0.0400	0.0040	0.3829	0.727
$⑩_4$	黏土	22.76	0.0482	0.0048	0.0400	0.0040	0.4121	0.636
⑩	粉质黏土	23.76	0.0482	0.0048	0.0400	0.0040	0.4121	0.636
⑪	粉质黏土	30.26	0.0914	0.0091	0.0397	0.0040	0.4022	0.787
$⑪_1$	卵石	37.26	0.0365	0.0037	0.0159	0.0016	0.2632	0.696
⑫	粉质黏土	40.46	0.0914	0.0091	0.0397	0.0040	0.4022	0.787
$⑫_1$	卵石	45.76	0.0365	0.0037	0.0159	0.0016	0.2632	0.696
$⑮_2$	中风化石灰岩	100.00	0.0200	0.0020	0.0087	0.0009	0.3333	0.696

竖直方向上模型边界取为 100m，水平方向上模型边界取为 250m，共划分为 11931 个单元，13434 个节点，如图 3-12、图 3-13 所示。

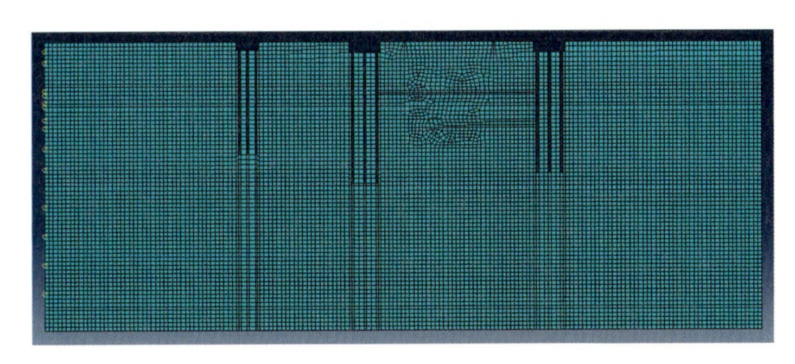

图 3-12　土体模型的单元划分

图 3-13　土层划分情况

为了考察 R1 线斜交下穿对京沪高铁的水平位移的影响，选取横桥向的最不利位置建立模型，选取 104 号桥墩进行分析，土体、防护桩及既有高铁结构的模拟同上。横桥向土层划分情况如图 3-14 所示，京沪高铁桩基、隔离桩及衬砌如图 3-15 所示。

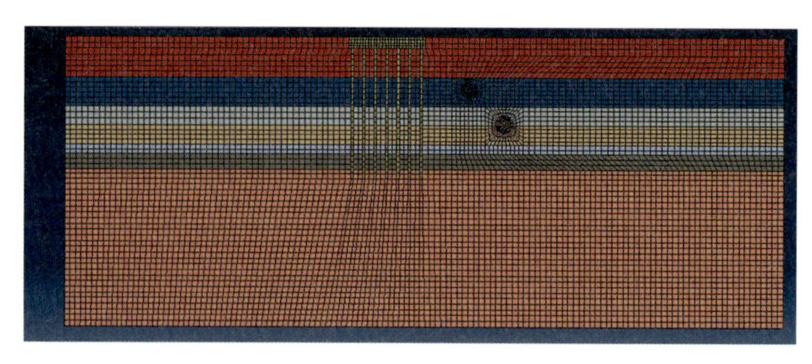

图 3-14　横桥向土层划分情况

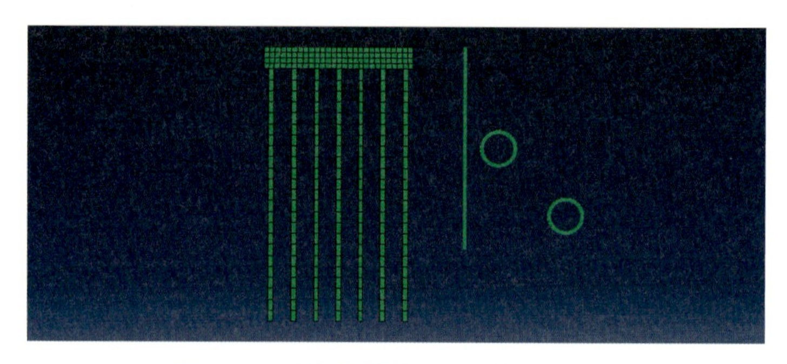

图 3-15　京沪高铁桩基、隔离桩及衬砌

2）既有高铁桥梁模拟及参数取值

采用平面板单元对既有桥梁桩基础进行模拟，本构模型采用弹性模型。桥梁桩基础的模拟如图 3-16 所示，既有高铁桥梁材料参数取值见表 3-12。

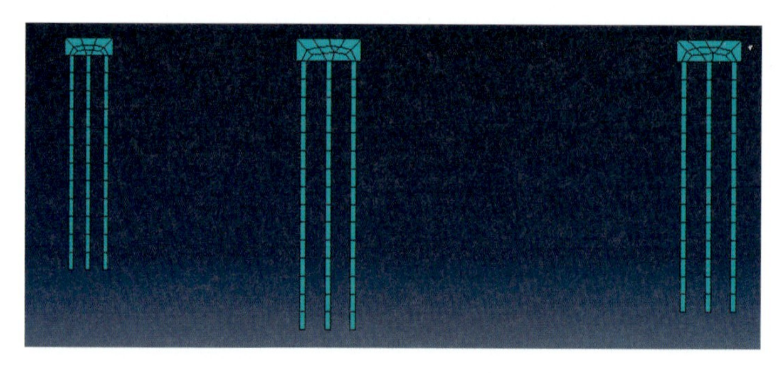

图 3-16　桥梁桩基础的模拟

既有高铁桥梁材料参数取值　　表 3-12

结构	密度（kN/m³）	弹性模量（MPa）	泊松比
桥墩/承台/桩基	25	34500	0.3

采用抗弯刚度等效的原则，将水平方向上每排桩简化为连续墙板进行模拟。原桩基的圆形截面单延米抗弯刚度：

$$I_1 = n\frac{\pi d^4}{64} \tag{3-25}$$

换算后的矩形抗弯刚度为：

$$I_2 = \frac{bh^3}{12} \tag{3-26}$$

式中：n——单延米的桩根数；

d——单根桩的直径；

b——等效宽度，取$b = 1\text{m}$；

h——等效板厚。

由$I_1 = I_2$得：

$$h = \sqrt[3]{\frac{12n\pi d^4}{64}} \tag{3-27}$$

折算板厚见表 3-13。

京沪高铁 103～105 号桥墩桩基折算厚度　　表 3-13

结构	折算厚度（m）
103 号桥墩	0.751
104 号桥墩	0.906
105 号桥墩	0.906

3）防护结构参数取值

采用抗弯刚度等效的原则，将隔离桩简化为连续墙，等效后的变形模量及板厚取值见表 3-14，模型中采用梁单元模拟。

防护桩折算为连续墙后的折算厚度及变形模量　　表 3-14

防护形式	防护桩布置	变形模量（MPa）	折算墙厚（m）
钻孔灌注桩	桩长 38m，0.8m@0.9m	34500	0.645

4）施工过程模拟

对于 R1 线及 R2 线的盾构顶进施工过程采用以下 17 个阶段模拟。

（1）初始地应力平衡，求出地层的初始应力状态。

（2）施加桩基承台顶的恒载外力。

（3）位移清零，激活钻孔防护桩，模拟钻孔灌注桩施工。

（4）R1 隧道右线掌子面开挖。

（5）R1 隧道右线施工衬砌。

该阶段采用“生死单元”功能，激活衬砌。衬砌为钢筋混凝土管片，C50 钢筋混凝土杨氏模量为 34.5GPa，泊松比为 0.17。考虑到管片柔性接头影响，管片环整体弯曲刚度有效率降低到 0.6，即计算中衬砌采用的弹性模量折减为 20.7GPa。

（6）R1 隧道右线盾尾脱开，应力全部释放。

（7）R1 隧道左线掌子面开挖。

（8）R1 隧道左线衬砌。

（9）R1 隧道左线盾尾脱开，应力全部释放。

（10）R1 线开通运营，施加 R1 线地铁车辆荷载。

（11）R2 隧道右线掌子面开挖。

（12）R2 隧道右线施工衬砌。

（13）R2 隧道右线盾尾脱开，应力全部释放。

（14）R2 隧道左线掌子面开挖。

（15）R2 隧道左线施工衬砌。

（16）R2 隧道左线盾尾脱开，应力全部释放。

（17）R2 线开通运营，施加 R2 线地铁车辆荷载。

车辆型式采用国标 B 型车，列车编组为 6 辆。车辆定距 12.6m，固定轴距 2.2m，车辆最大轴重 140kN，最小轴重 80kN，计算时最大、最小轴重可按每节车长任意排列组合，如图 3-17 所示。

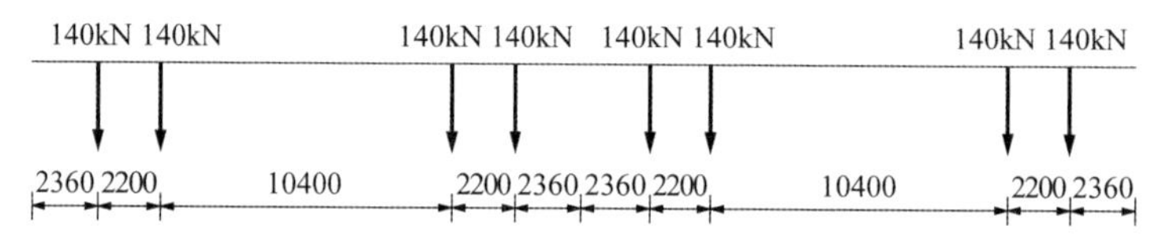

图 3-17　列车受力示意图（尺寸单位：mm）

本案例中符号规定如下：

（1）竖向位移结果正值表示沉降，负值表示隆起；

（2）水平位移结果正值表示指向大墩号上海方向，负值表示指向小墩号北京方向。

以下分别对各个工序下既有京沪高铁桩基础的影响值进行分析，并给出周围土体及桩基础随着施工进展的时程变形。

3.5.3　京沪高铁顺桥向及竖向位移评估

1）既有京沪高铁顺桥向及竖向位移

最不利工况下既有京沪高铁顺桥向变形量及沉降量见表 3-15。

最不利工况下既有京沪高铁顺桥向变形值及沉降值　　表 3-15

项目	墩号			规范允许值
	103 号	104 号	105 号	
沉降量（mm）	7.0	10.8	12.4	—
差异沉降量（mm）	—	3.8	1.6	5.0
顺桥向水平位移（弹性）（mm）	—	11.8	2.8	31.6

2）地铁施工对京沪高铁顺桥向及竖向变形的影响增量

（1）施工隔离桩阶段的土体及桩基位移

施工隔离桩造成的土体位移如图 3-18 所示。

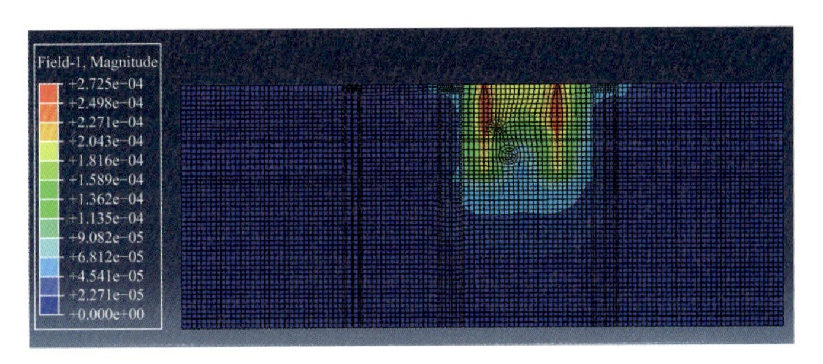

图 3-18 施工隔离桩造成的土体位移

经计算，隔离桩的施工造成了附近土体发生沉降，沉降量为 0.27mm。以下对隔离桩的施工对京沪高铁桩基础的影响量进行分析。位移图如图 3-19～图 3-21 所示。

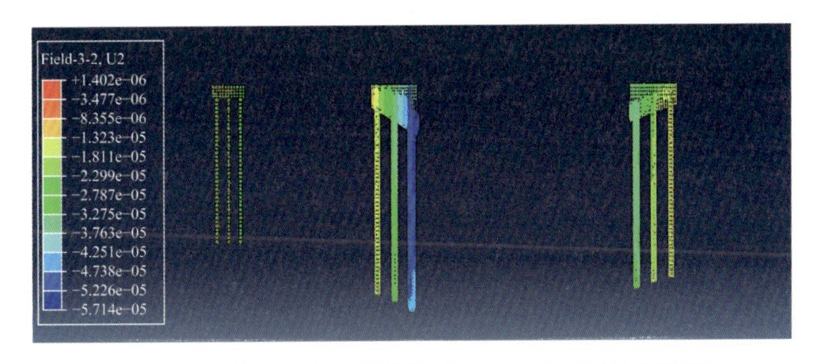

图 3-19 施工隔离桩阶段京沪高铁桩基竖向位移图

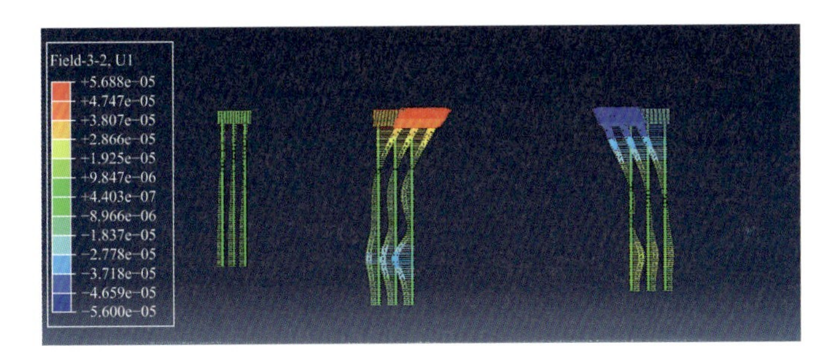

图 3-20 施工隔离桩阶段京沪高铁桩基水平位移图

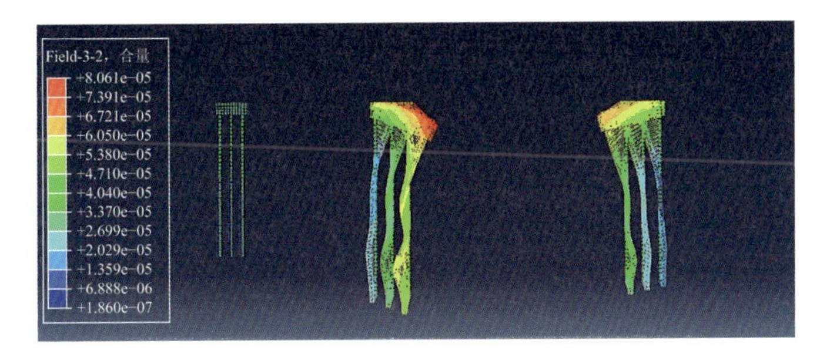

图 3-21 施工隔离桩阶段京沪高铁桩基综合位移图

由图 3-19～图 3-21 可以看出隔离桩施工阶段位移变化情况。水平方向位移：103 号桥墩的承台顶水平位移为 0.002mm（隧道方向），换算至墩顶的水平位移为 0.005mm（隧道方向）；104 号桥墩承台顶最大水平位移为 0.041mm（隧道方向），换算至墩顶的水平位移为 0.093mm

（隧道方向）；105 号桥墩的承台顶最大水平位移为 0.046mm（隧道方向），换算至墩顶的水平位移为 0.083mm（隧道方向）。竖向位移：103 号桥墩发生微量沉降，沉降量为 0.001mm；104 号桥墩发生微量沉降，沉降量为 0.034mm；105 号桥墩发生微量沉降，沉降量为 0.023mm。

（2）R1 隧道右线施工造成的土体及桩基变形

位移图如图 3-22～图 3-25 所示。

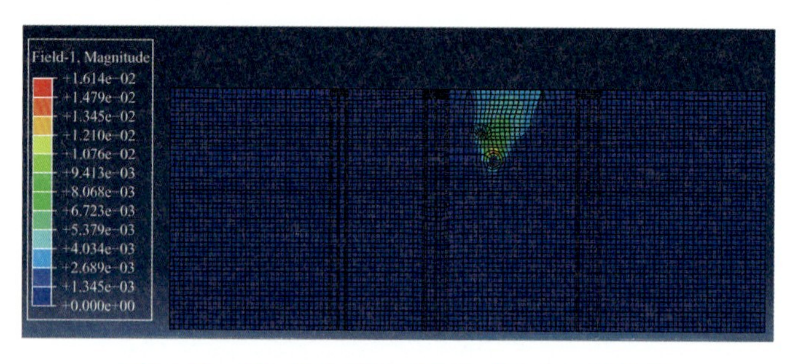

图 3-22　R1 隧道右线施工造成的土体位移图

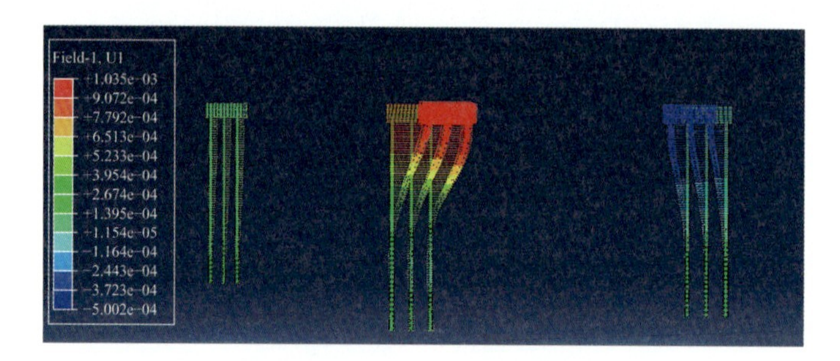

图 3-23　R1 隧道右线施工造成的桩基水平位移图

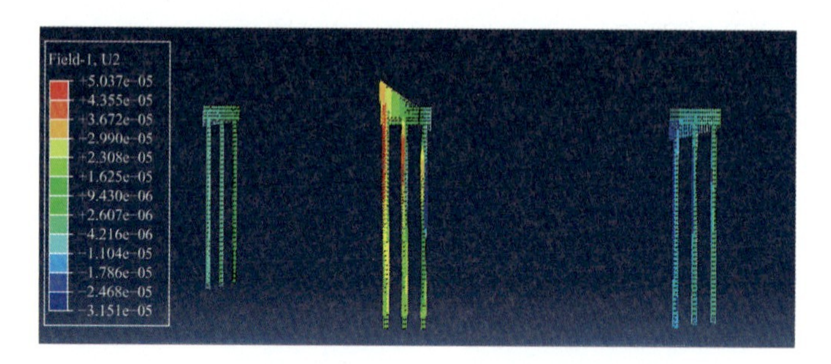

图 3-24　R1 隧道右线施工造成的桩基竖向位移图

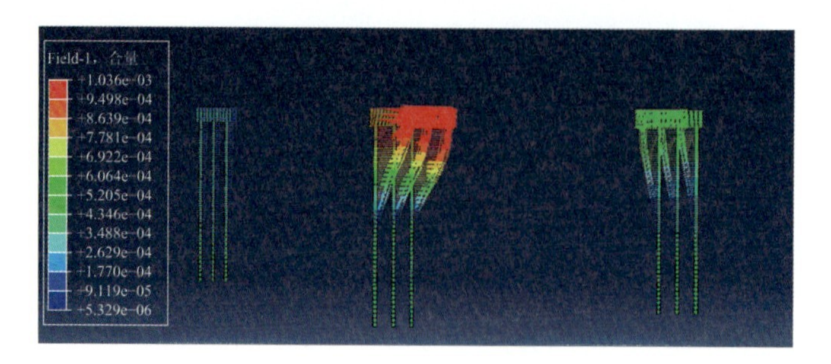

图 3-25　R1 隧道右线施工造成的桩基综合位移图

由图 3-22～图 3-25 可以看出，R1 右线隧道施工导致周围土体的应力释放，其中隧道上方尤为明显，土体变形量达到 16.14mm；由于京沪高铁两侧不平衡土压力作用，造成既有高铁桥梁桩基发生水平位移。水平方向位移：103 号桥墩承台顶的水平位移为 0.138mm（隧道方向），换算至墩顶的水平位移为 0.153mm（隧道方向）；104 号桥承台顶最大水平位移为 1.019mm（隧道方向），换算至墩顶的水平位移为 1.063mm（隧道方向）；105 号桥墩的承台顶最大水平位移为 0.494mm（隧道方向），换算至墩顶的水平位移为 0.517mm（隧道方向）。竖向位移：103 号桥墩发生微量沉降，沉降量为 0.005mm；104 号桥墩墩发生微量隆起，隆起量为 0.012mm；105 号桥墩发生微量沉降，沉降量为 0.012mm。

（3）R1 隧道左线施工造成的土体及桩基位移

位移图如图 3-26～图 3-29 所示。

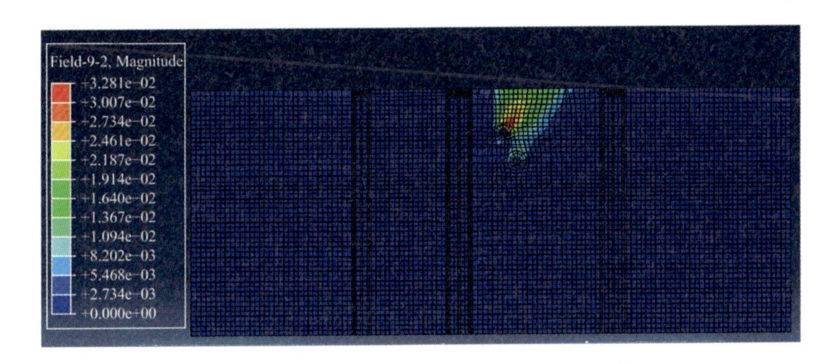

图 3-26　R1 隧道左线施工造成的土体位移图

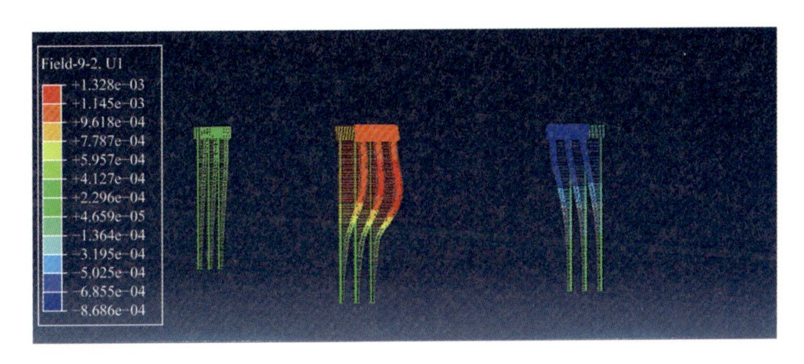

图 3-27　R1 隧道左线施工造成的桩基水平位移图

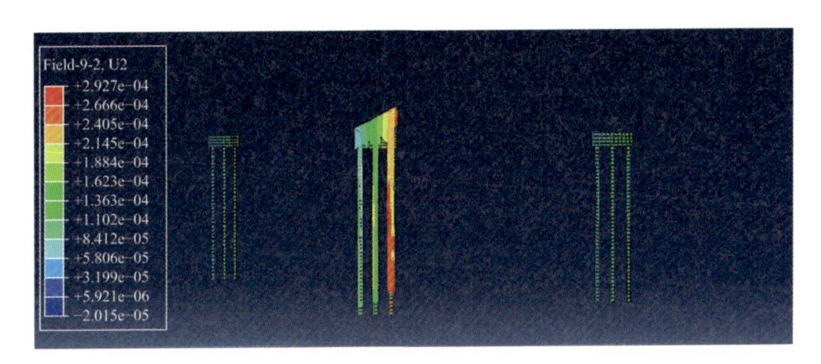

图 3-28　R1 隧道左线施工造成的竖向位移图

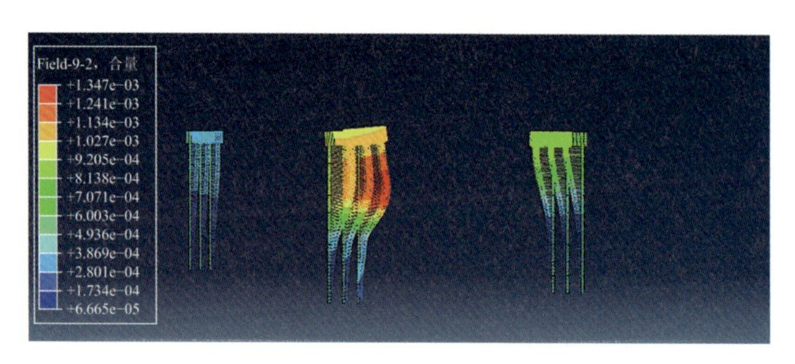

图 3-29 R1 隧道左线施工造成的综合位移图

由图 3-26～图 3-29 可以看出，隧道左线施工后，桩基位移进一步加大，且表现出了桩基下部圆砾土层的水平向嵌固作用，即位于上部软土层的水平位移明显大于下部嵌固层（圆砾层）的水平位移。水平方向位移：103 号桥墩承台顶的水平位移为 0.370mm（指向隧道方向），换算至墩顶的水平位移为 0.411mm（指向隧道方向）；104 号桥墩承台顶最大水平位移为 1.057mm（指向隧道方向），换算至墩顶的水平位移为 1.271mm（指向隧道方向）；105 号桥墩的承台顶最大水平位移为 0.866mm（指向隧道方向），换算至墩顶的水平位移为 0.887mm（指向隧道方向）。竖向位移：103 号桥墩发生微量沉降，沉降量为 0.008mm；104 号桥墩墩发生微量隆起，隆起量为 0.153mm；105 号桥墩发生微量隆起，隆起量为 0.009mm。桩身最大水平位移发生在桩顶以下 14m 处，达到 1.347mm。

（4）R1 线运营阶段的土体及桩基位移

位移图如图 3-30～图 3-33 所示。

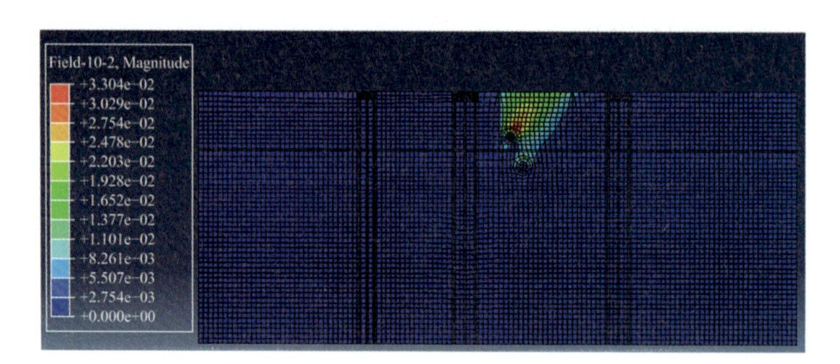

图 3-30 R1 线运营阶段土体位移图

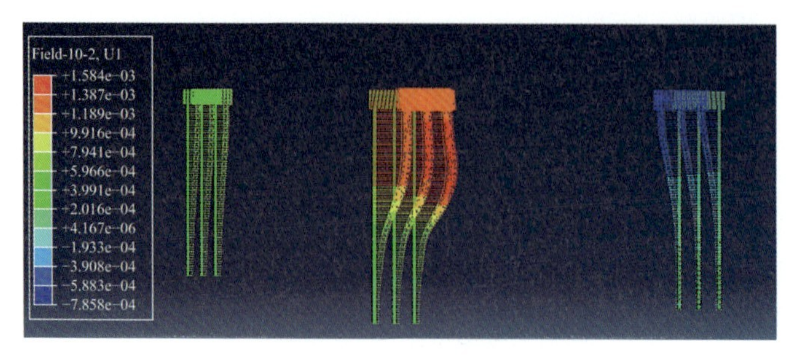

图 3-31 R1 线运营阶段京沪高铁桩基水平位移图

图 3-32 R1 线运营阶段京沪高铁桩基竖向位移图

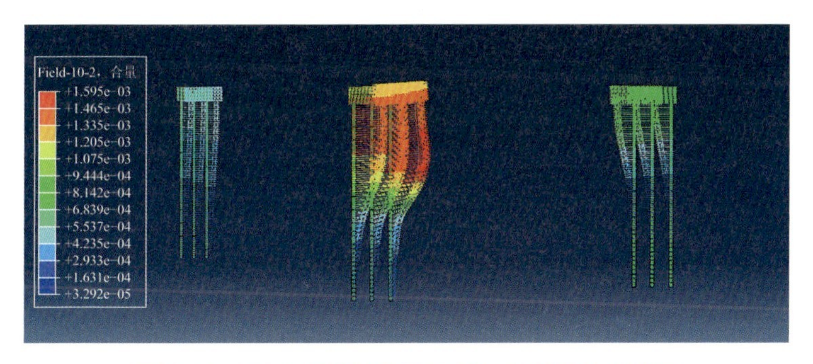

图 3-33 R1 线运营阶段京沪高铁桩基综合位移图

由图 3-30～图 3-33 可以看出，地铁投入运营后，由于地铁荷载的作用，桥梁桩基的位移进一步增加。水平方向位移：103 号桥墩承台顶的水平位移为 0.462mm（指向隧道方向），换算至墩顶的水平位移为 0.507mm（指向隧道方向）；104 号桥墩承台顶最大水平位移为 1.354mm（指向隧道方向），换算至墩顶的水平位移为 1.541mm（指向隧道方向）；105 号桥墩的承台顶最大水平位移为 0.784mm（指向隧道方向），换算至墩顶的水平位移为 0.791mm（指向隧道方向）。竖向位移：103 号桥墩发生微量沉降，沉降量为 0.009mm；104 号桥墩墩发生微量隆起，隆起量为 0.123mm；105 号桥墩发生微量隆起，隆起量为 0.003mm。桩身最大水平位移发生在桩顶以下 14m 处，达到 1.595mm。

（5）R2 隧道右线施工造成的土体及桩基位移

位移图如图 3-34～图 3-37 所示。

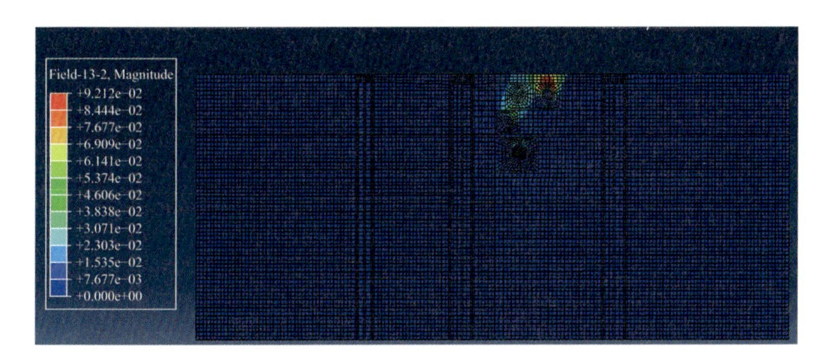

图 3-34 R2 右线隧道施工阶段土体位移图

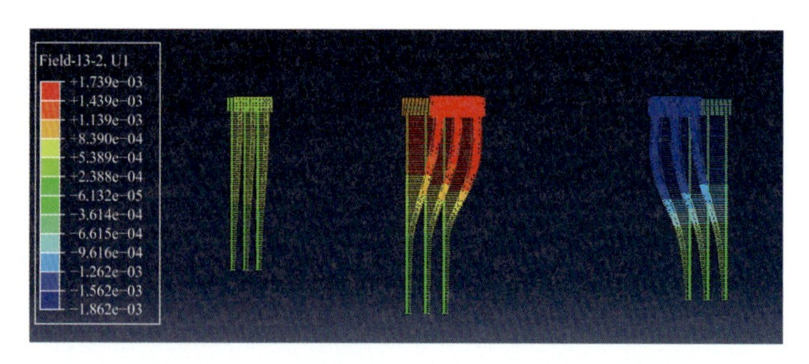

图 3-35　R2 右线隧道京沪高铁桩基水平位移图

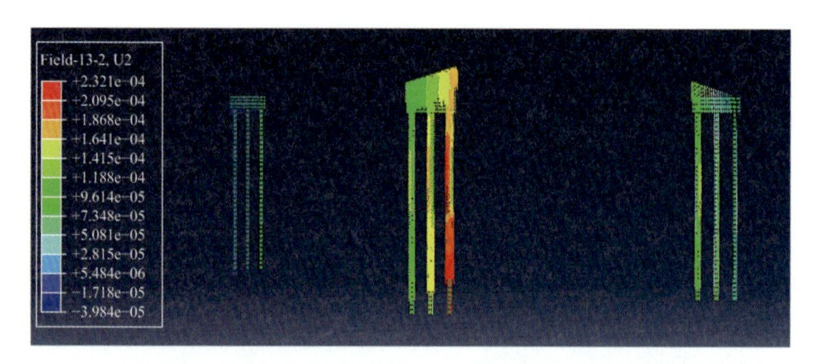

图 3-36　R2 右线隧道京沪高铁桩基竖向位移图

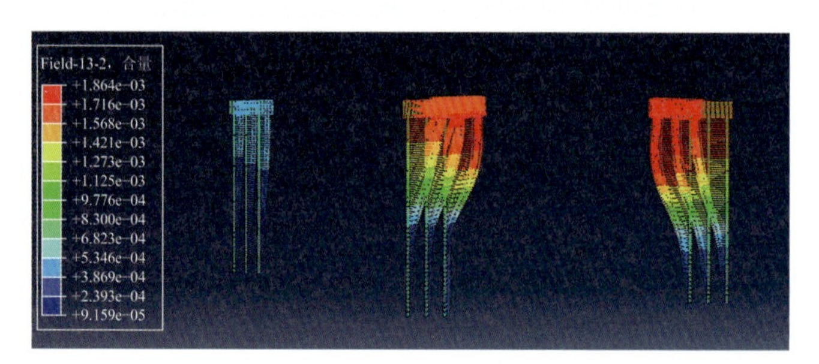

图 3-37　R2 右线隧道京沪高铁桩基综合位移图

由图 3-34～图 3-37 可以看出：R2 线隧道右线施工完成后，造成既有京沪高铁桥梁桩基发生水平位移值进一步增大，最大水平位移达到 1.739mm（指向隧道方向），位于 105 号桥墩，折算至墩顶的水平位移为 1.788mm；竖向上变化量较小，最大值发生在 104 号桥墩，最大值为 0.129mm，趋势为略微隆起。

（6）R2 隧道左线施工造成的土体及桩基位移

位移图如图 3-38～图 3-41 所示。

图 3-38　R2 左线隧道施工阶段土体位移图

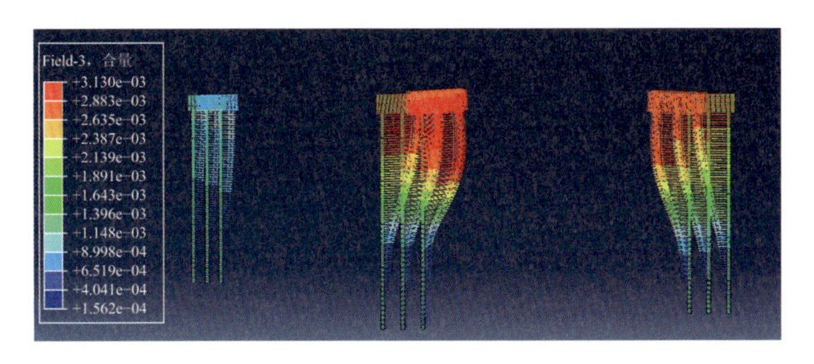

图 3-39 R2 左线隧道京沪高铁桩基综合位移图

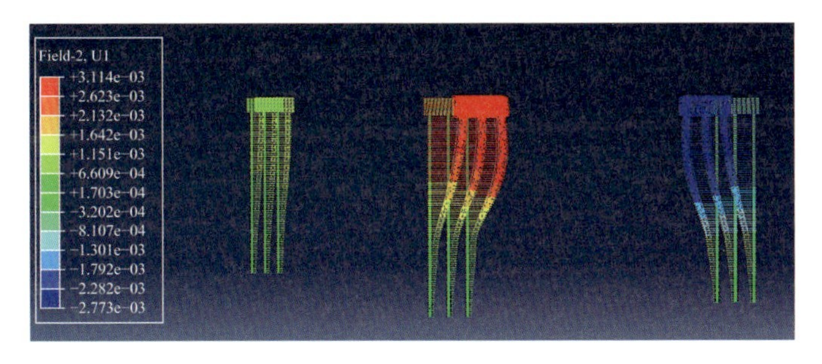

图 3-40 R2 左线隧道京沪高铁桩基水平位移图

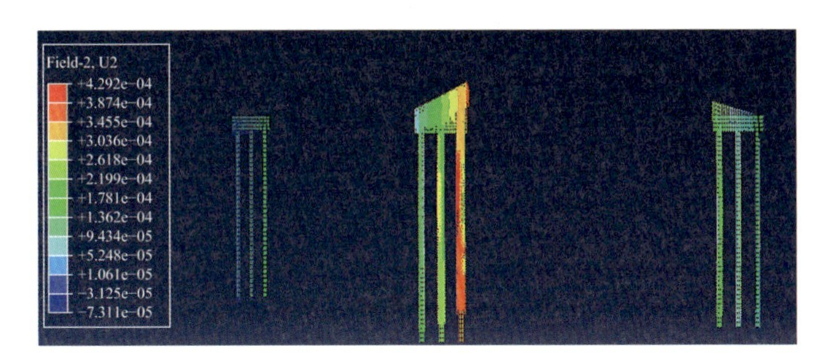

图 3-41 R2 左线隧道京沪高铁桩基竖向位移图

经计算，R2 隧道左线施工完成后，造成京沪高铁水平变形值进一步增大，最大水平变形达到 3.114mm（指向隧道方向），发生在 104 号桥墩，折算至墩顶的水平位移为 3.166mm；竖向变化量较小，为 0.216mm，趋势为略微隆起。

（7）R2 线运营阶段造成的土体及桩基位移

位移图如图 3-42～图 3-45 所示。

图 3-42 R2 线运营阶段土体位移图

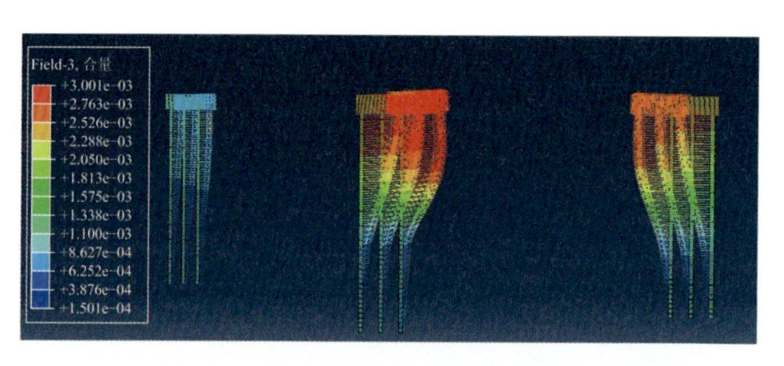

图 3-43　R2 线运营阶段京沪高铁桩基综合位移图

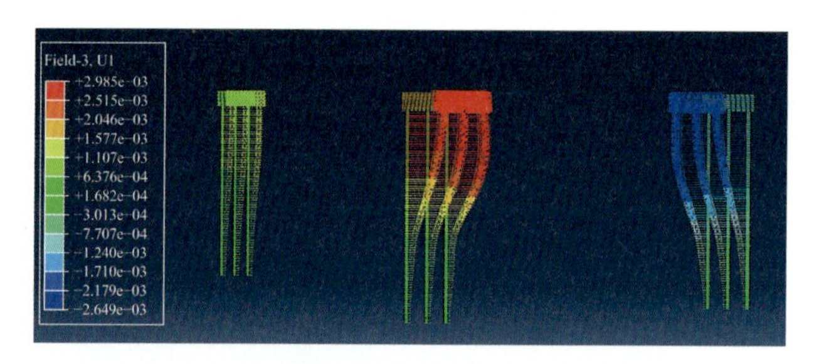

图 3-44　R2 线运营阶段京沪高铁桩基水平位移图

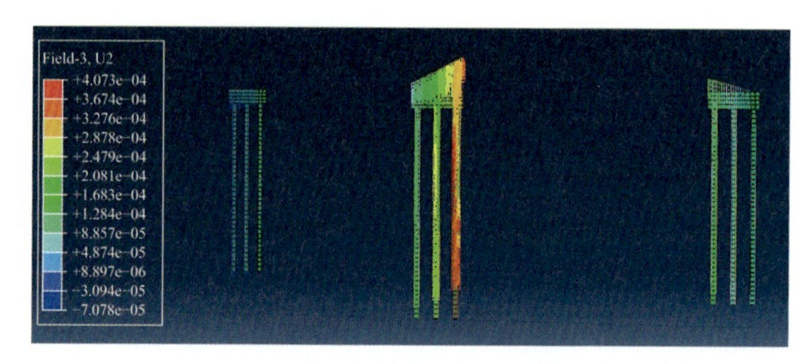

图 3-45　R2 线运营阶段京沪高铁桩基竖向位移图

经计算，R2 线开通运营后，既有京沪高铁墩顶的最大水平位移为 3.049mm，位于 104 号桥墩；竖向位移较小，最大值发生在 104 号桥墩，为 0.207mm，趋势为略微隆起。

（8）墩顶的顺桥向及竖向位移汇总

考虑地铁施工引起的承台转角后，将桩基础的水平位移换算至墩顶，见表 3-16、表 3-17。

京沪高铁 104 号墩顶顺桥向水平位移　　表 3-16

施工阶段		水平位移（mm）
设计工况组合下墩顶的顺桥向弹性水平位移（初始值）		0～11.808
施工引起的增量值（相对初始值的增量）	施工隔离桩阶段	0.093
	R1 隧道右线施工	1.063
	R1 隧道左线施工	1.271
	R1 运营阶段	1.541
	R2 隧道右线施工	1.788
	R2 隧道左线施工	3.166
	R2 运营阶段	3.049
叠加原设计值后的水平变形值		3.166～14.974
规范限值		31.6

京沪高铁 105 号墩顶顺桥向水平位移　　表 3-17

施工阶段		水平位移（mm）
设计工况组合下墩顶的顺桥向弹性水平位移（初始值）		0～2.76
施工引起的增量值（相对初始值的增量）	施工隔离桩阶段	0.05
	R1 隧道右线施工	0.49
	R1 隧道左线施工	0.89
	R1 运营阶段	0.79
	R2 隧道右线施工	1.73
	R2 隧道左线施工	2.63
	R2 运营阶段	2.53
叠加原设计值后的水平变形值		2.76～5.29
规范限值		31.6

由表 3-16、表 3-17 可知，由于地铁施工造成的墩顶最大顺桥向水平位移为 3.166mm，叠加原设计顺桥向的弹性水平位移值后，各墩的顺桥向水平位移满足规范规定的水平位移值不大于$5\sqrt{L}$（L为桥梁跨度）的要求。

地铁施工引起的京沪桩基竖向位移见表 3-18、表 3-19。

京沪高铁墩顶沉降（单位：mm）　　表 3-18

施工阶段		103 号桥墩	104 号桥墩	105 号桥墩
既有设计沉降值		−7.000	−10.800	−12.400
施工引起的增量值（相对初始值的增量）	施工隔离桩阶段	0.000	−0.034	−0.023
	R1 隧道右线施工	−0.005	0.012	−0.012
	R1 隧道左线施工	−0.008	0.153	0.009
	R1 运营阶段	−0.009	0.123	0.003
	R2 隧道右线施工	−0.027	0.129	0.041
	R2 隧道左线施工	−0.035	0.216	0.067
	R2 运营阶段	−0.035	0.207	0.061

叠加初始设计沉降值后的京沪高铁墩顶差异沉降（单位：mm）　　表 3-19

施工阶段	103～104 号桥墩	104～105 号桥墩
设计差异	−3.8	−1.6
施工隔离桩阶段	−3.834	−1.589
R1 隧道右线施工	−3.783	−1.624
R1 隧道左线施工	−3.639	−1.744
R1 运营阶段	−3.668	−1.72
R2 隧道右线施工	−3.644	−1.688
R2 隧道左线施工	−3.549	−1.749
R2 运营阶段	−3.558	−1.746
最大值	−3.834	−1.746

由上表可知，叠加了原设计不均匀沉降量后，地铁施工影响范围内最大差异沉降量为−3.834mm，满足规范限值要求的工后沉降量不大于5mm的要求。

3.5.4 京沪高铁桩基水平位移评估

1）既有京沪高铁横桥向水平位移

最不利工况下既有京沪高铁的水平位移，见表3-20。

最不利工况下既有京沪高铁的水平位移　　表3-20

墩号	104	105
横桥向变形（mm）	0～2.255	0～0.589

2）地铁施工对京沪高铁横桥向影响增量

（1）施工隔离桩阶段的土体及桩基水平位移

位移图如图3-46、图3-47所示。

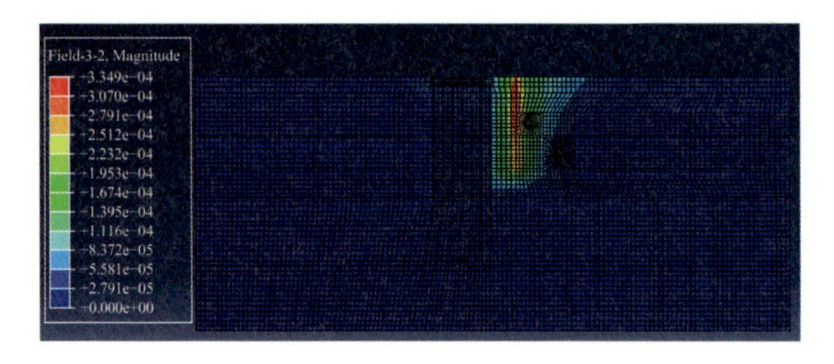

图3-46　隔离桩施工阶段的土体位移图

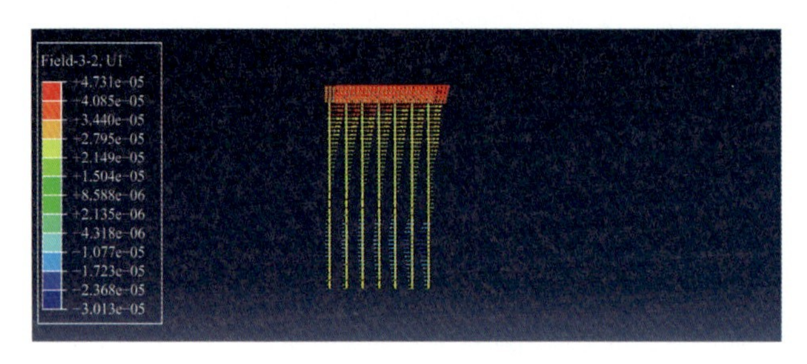

图3-47　隔离桩施工阶段京沪高铁的横桥向水平位移图

经计算，隔离桩施工阶段，既有京沪高铁桥梁墩顶横桥向位移为0.048mm（指向隧道方向）。

（2）R1隧道右线施工造成的土体及桩基横桥向水平位移

位移图如图3-48、图3-49所示。

经计算，隧道右线施工阶段，104号桥墩的墩顶横桥向水平位移为0.817mm（指向隧道方向）。

（3）R1隧道左线施工造成的土体及桩基横桥向水平位移

位移图如图3-50、图3-51所示。

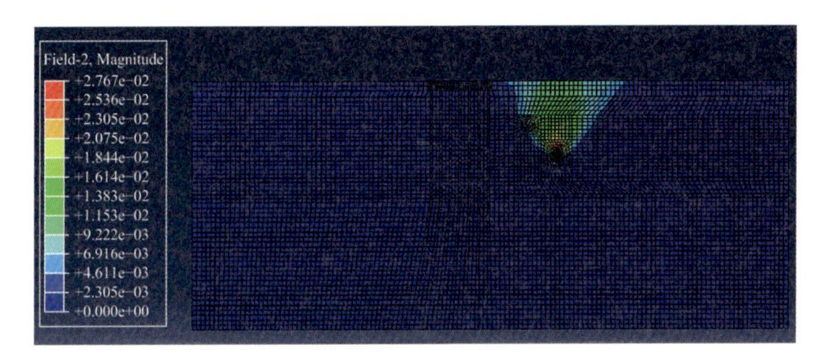

图 3-48 隧道右线施工造成的土体位移图

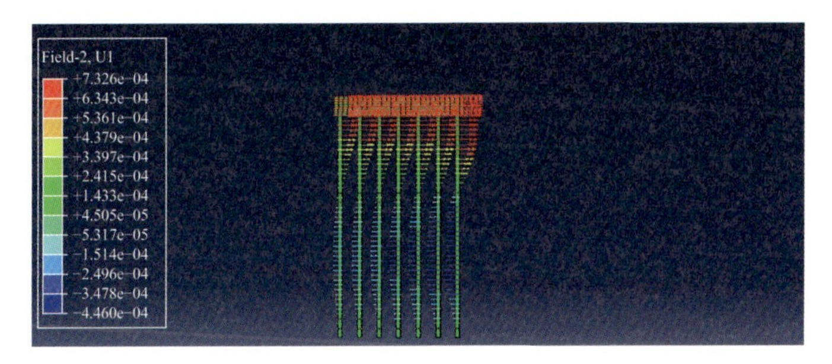

图 3-49 隧道右线施工造成的桩基横桥向水平位移图

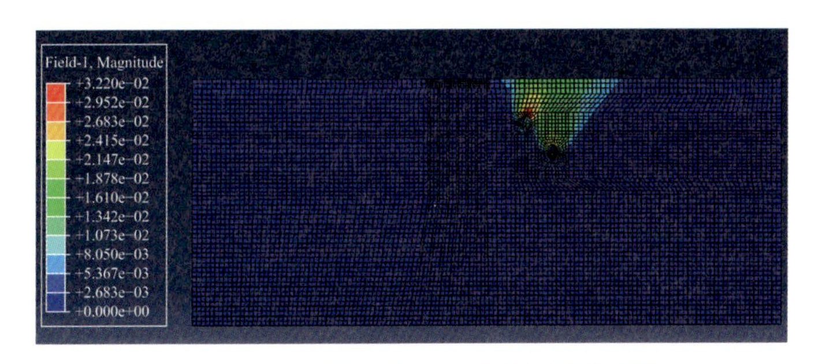

图 3-50 隧道左线施工造成的土体位移图

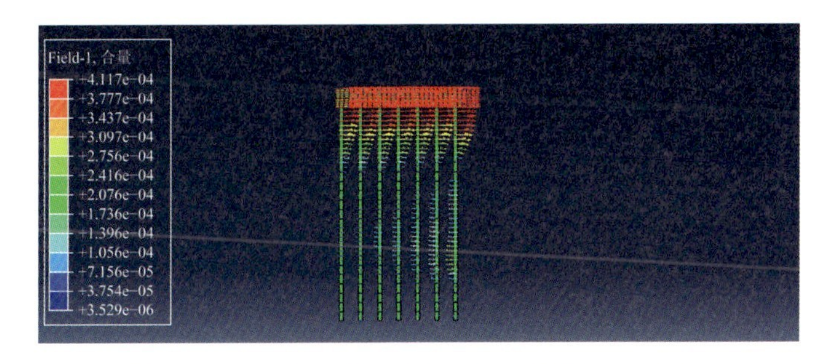

图 3-51 隧道左线施工造成的桩基横桥向位移图

经计算，隧道左线施工阶段，104 号桥墩的墩顶最大横桥向水平位移为 0.415mm（指向隧道方向）。

（4）R1 运营阶段造成的土体及桩基水平位移

位移图如图 3-52、图 3-53 所示。

经计算，运营阶段，104 号桥墩的墩顶最大横桥向水平位移为 0.491mm（指向隧道方向）。

图 3-52　运营阶段造成的土体位移图

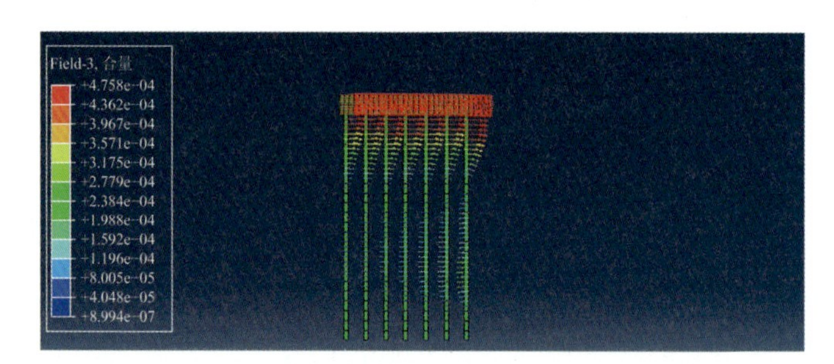

图 3-53　运营阶段造成的桩基横桥向水平位移图

（5）墩顶的横桥向位移汇总

104 号桥墩墩顶横桥向水平变形见表 3-21。

104 号桥墩墩顶横桥向水平变形　　表 3-21

施工阶段		104 号桥墩墩顶横桥向水平位移（mm）
初始阶段高铁活载引起的弹性变形		0～2.255
施工阶段的增量	隔离桩施工阶段	0.048
	R1 隧道右线施工	0.817
	R1 隧道左线施工	0.415
	R1 运营阶段	0.491
叠加高铁活载后的变形		0～3.07

经计算，考虑高铁运营荷载及地铁施工引起的增量后，既有墩顶的最大水平位移为 3.07mm。由此造成既有京沪高铁的梁体水平折角最大值为 0.09‰，小于规范规定的 1‰的要求。

3.5.5　京沪高铁桩基的内力分析及配筋评估

针对施工及运营期间产生的附加力，重新检算桥梁桩基配筋及单桩承载力。首先提取各阶段施工完成后对桥梁造成的内力增量，找到最不利工况，然后将该内力增量叠加到原设计文件模型上进行检算。针对 104 号桥墩与地铁距离最近的角点桩基进行配筋检算，弯矩符号以隧道侧受拉为正，轴力符号以受压为正。

（1）施工过程中的内力增量及内力组合

施工过程中桩身弯矩变化量如图 3-54 所示。

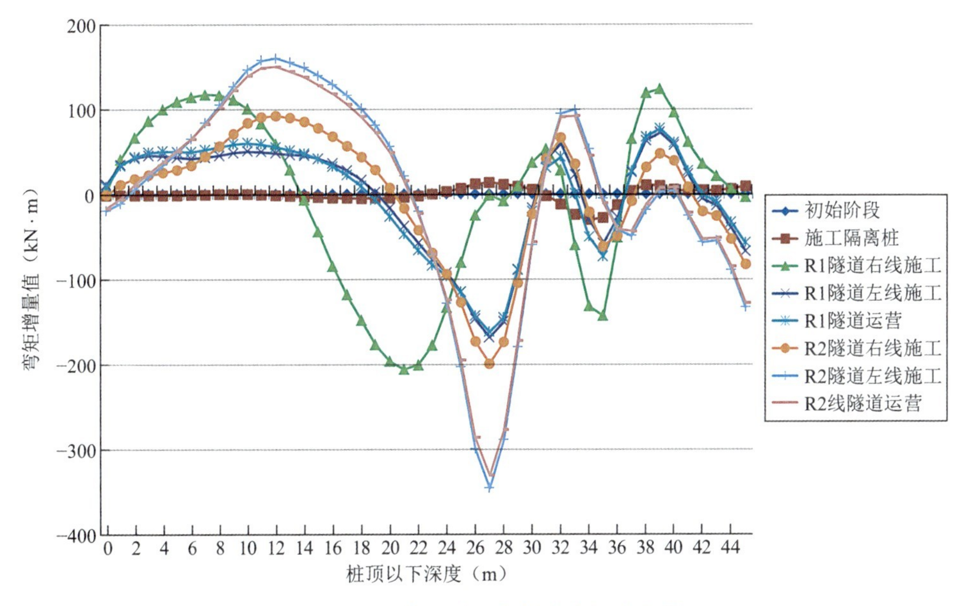

图 3-54　施工过程中桩身弯矩变化量

由图 3-54 可知，104 号桥桩的最大弯矩增量值为−30.1kN，R1 隧道施工时，最大弯矩增量值为−221.43kN · m，考虑远期规划的 R2 线施工后，最大弯矩增量值为−345kN · m（负值表示隧道侧受压）。

施工过程中轴力变化量如图 3-55 所示。

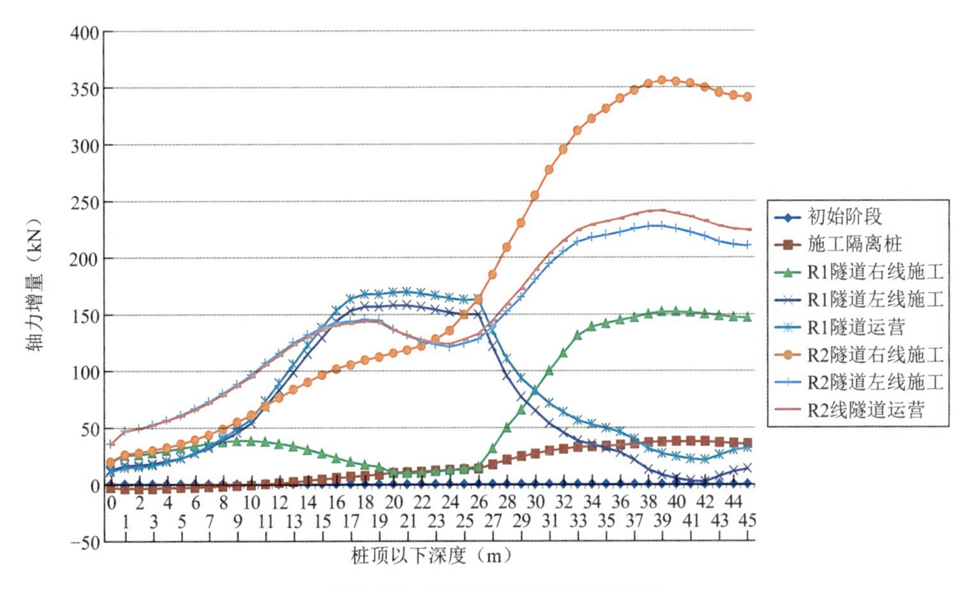

图 3-55　施工过程中轴力变化量

由图 3-55 可知，隔离桩施工时，桩身轴力产生一定增加，增加量为 40kN；R1 线隧道施工阶段，桩身轴力增加量为 170kN；考虑远期规划 R2 线施工后，桩身最大轴力增加量为 356kN。

（2）桩身强度检算

摘取最不利工况进行组合后，对桩顶及桩身弯矩最大的截面进行配筋检算，结果见表 3-22。

桩身配筋检算表　　表 3-22

验算截面深度（m）	结构情况	原设计弯矩（kN·m）	原设计轴力（kN）	计入地铁影响后弯矩（kN·m）	计入地铁影响后轴力（kN）	配筋情况	混凝土压应力（MPa）	截面偏心距（m）	核心半径（m）	是否满足
0	钢筋混凝土结构	−1396.6	2132.0	1415.6	2128.90	26ϕ20mm	8.316	—	—	是
0	钢筋混凝土结构	−1396.6	9375.20	1415.6	9410.8	26ϕ20mm	9.075	—	—	是
7	钢筋混凝土结构	601.1	2085.15	718.1	2074.87	26ϕ20mm	3.415	—	—	是
7	钢筋混凝土结构	601.1	8363.24	718.1	8266.87	26ϕ20mm	6.498	—	—	是
18	素混凝土结构	0	1991.38	147.5	1998.92	0	1.580	0.098	0.375	是
18	素混凝土结构	0	6550.16	147.5	6504.14	0	4.134	0.030	0.375	是
27	素混凝土结构	0	1921.07	345.2	1938.45	0	2.145	0.237	0.375	是
27	素混凝土结构	0	5171.29	345.2	5002.05	0	3.881	0.092	0.375	是

经检算，考虑盾构引起的附加内力后，桩基的内力及配筋、裂缝等均满足《铁路桥涵混凝土结构设计规范》（TB 10092—2017）要求。

3.5.6　京沪高铁桩基竖向承载力评估

地铁施工及运营将引起隧道周围的土体产生压缩固结，从而产生桩身的负摩阻，引起桩尖的附加应力，需对既有桩基的承载力进行检算。图 3-56 为施工过程中桩身的最大轴力增量。

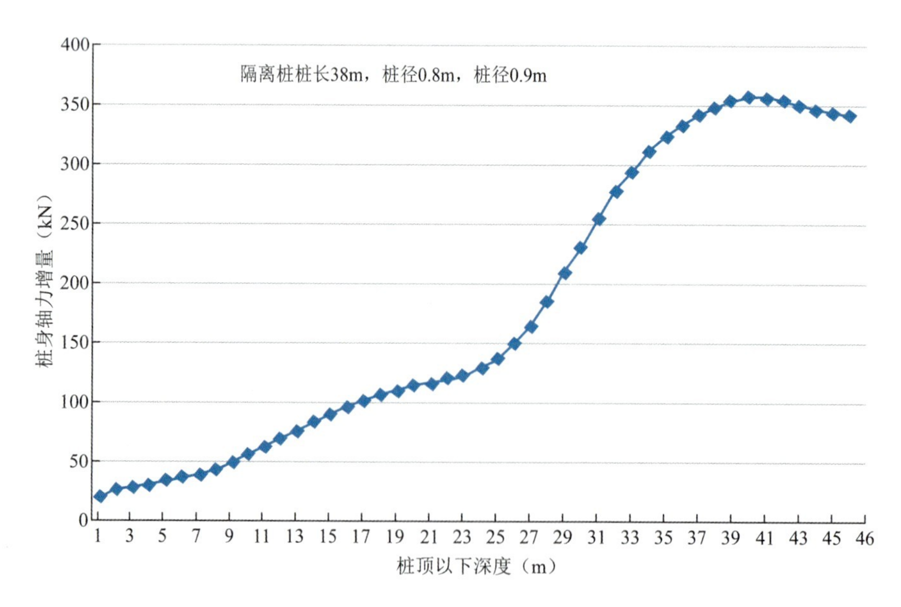

图 3-56　桩身最大轴力增量

经计算,施工过程中 104 号桩身的最大轴力增量为 356kN,桩尖的最大轴力增量为 341kN（表 3-23），计入原设计轴力后，小于原桩基承载力设计值，满足原设计要求。

104 号桥墩单桩承载力检算 表 3-23

原单桩轴力（kN）	增加值（kN）	累积值（kN）	原单桩允许承载力（kN）	是否满足
9375	341	9616	10017	是

3.5.7 评估结论及建议

1）评估结论

本评估执行项目实施期规范。

（1）经计算，R1、R2 施工及运营期间引起的附加力对京沪高铁的影响较小，原设计桩基强度及桩基承载力满足规范要求。

（2）下穿位置处 R1、R2 施工及运营期间引起的京沪高铁附加差异沉降量为−0.03～0.251mm，京沪高铁在原设计荷载下最大差异沉降量为−3.8mm。相邻桥墩的最大累积差异沉降量为−3.83mm，满足《高速铁路设计规范》（TB 10621—2014）规定的工后差异沉降量小于 5mm 的要求。

（3）R1、R2 施工及运营期间引起的京沪高铁附加纵向位移为 0.093～3.166mm，京沪高铁在原设计荷载下的纵向最大位移为 11.81mm。纵向位移最大累积值为 14.97mm，满足《铁路桥涵设计规范》（TB 10002—2017）中规定的不大于$5\sqrt{L}$（31.62mm）要求，其中L为桥梁跨度（m），当$L < 24$m 时L按 24m 计算，当为不等跨时L采用相邻中较小跨的跨度。

（4）R1、R2 施工及运营期间引起的京沪高铁附加横向位移为 0.048～0.82mm，京沪高铁在原设计荷载下横向位移的最大值为 2.26mm。横向位移最大累积值为 3.07mm，由此引起梁体的最大水平折角 0.09‰，满足《高速铁路设计规范》（TB 10621—2014）中规定的梁端水平折角不大于 1‰的要求。

（5）设计单位编制的《风险源专项设计》文件中的杂散电流防护原则及设计措施基本合理。

综上所述，地铁 R1、R2 从京沪高铁 104～105 号墩间穿越方案可行。

2）建议

（1）设计单位重视管片间接缝的可靠性设计，避免运营期间渗水，穿越高铁段的管片结构设计建议适当提高结构重要性系数。

（2）为避免防护桩塌孔对京沪高铁墩顶水平变形引起影响，建议京沪高铁正线（三线桥范围）桥下对应的防护桩采用全钢护筒跟进方式。

（3）设计单位加强防护桩设计检算，保证强度满足受力要求，结构的耐久性标准不低于京沪高铁耐久性标准（100 年）。

（4）施工及运营期间不得在铁路桥梁两侧堆载，避免引起桥墩基础附加沉降发生。

（5）因设计采用不降水施工方案，本评估中未考虑施工降水及抽水的影响。根据《铁路安全管理条例》(中华人民共和国国务院 639 号令)规定，铁路桥梁自外侧起向外各 200m 严禁抽取地下水，因此下穿段施工过程中严禁降水，并确保盾构及衬砌密封情况良好，同时制定防止掌子面涌水的措施。

(6)为确保地铁施工、运营期间京沪高铁的运营安全，建议对铁路桥梁变形监测，并制定应急处理预案。监测数据要实时体现高铁桥梁的沉降及变形，建议采用自动化沉降监测系统，并辅助以人工测量作为校核手段，确保监测的实时性和准确性。

(7)本次评估是按照设计资料和施工方案建立的计算模型，施工单位应严格按照设计要求及相应规范，如变更设计参数或施工方案，需重新进行评估。

3.6 超长并行高铁工程安全影响评估案例

3.6.1 工程概况

新建石家庄至济南铁路客运专线(简称“石济客专”)是我国“四纵四横”快速客运网主骨架的重要组成部分太青客运专线的一部分，横贯我国华北地区，连接河北省省会石家庄市与山东省省会济南市。新建石济客专在山东省德州市与济南市之间与京沪高铁并行，如图 3-57 所示。石济客专并行线路总长 98.546km，京沪高铁并行线路总长为 99.450km，其中线间距$S \leqslant 25$m 的桥梁段落和线间距$S \leqslant 35$m 的路基段落总长为 48.518km，为该工程的重点风险防范地段。为确保石济客专的顺利建设和京沪高铁的安全运营，需要开展安全影响评估。

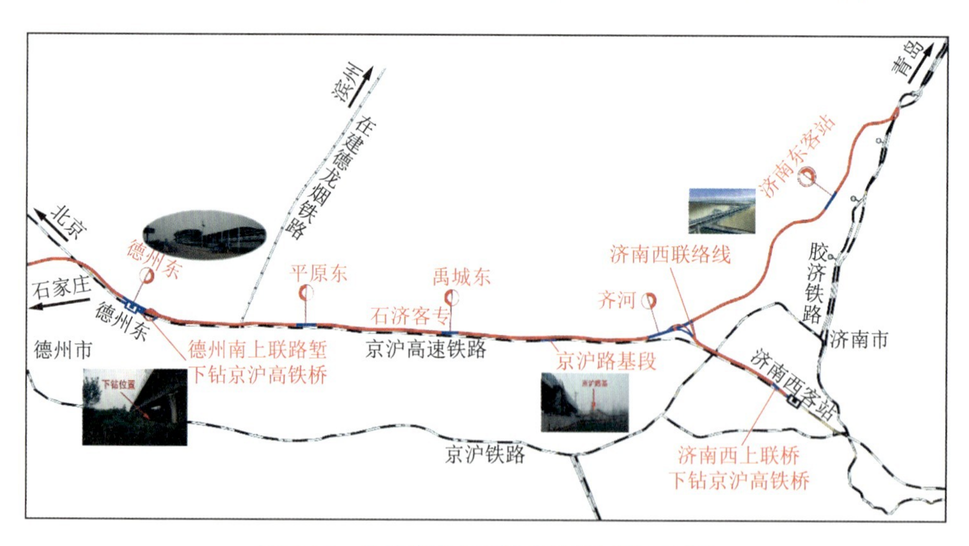

图 3-57　石济客专与京沪高铁并行段示意图

依托新建石济客专工程，收集既有京沪高铁的工后沉降量、差异沉降量的设计成果，系统开展新建石济客专的并行大跨连续梁、简支梁、框构桥、上跨京沪高铁的大跨连续梁等多种结构形式的安全影响评估，分析在不同施工阶段条件下(基坑开挖、桥墩施工、架梁施工）对京沪高铁的桥梁和路基的竖向与水平变形的影响规律。

本书将从以下四个方面系统介绍石济客专并行京沪高铁工程的安全评估工作。

（1）安全评估理论中最重要的土层计算参数取值原则。

（2）典型工点的安全评估分析。选取 8 处工点进行计算，即普通地段工点沉降影响分析、高墩工点沉降影响分析、大跨连续梁工点沉降影响分析、刚构连续梁地段沉降影响分析、多座桥梁并行地段沉降影响分析、上跨京沪高铁地段沉降影响分析、桥梁并行路基地段沉降影响分析、下钻京沪高铁工点沉降影响分析。

（3）评估分析总结及合理线间距确定。

（4）施工安全影响分析。

3.6.2 土层计算参数取值原则

1）压缩模量的经验公式

土层的压缩模量取值以土工试验报告中的压缩模量以及压缩曲线为基础，结合文献 *Bangrund-Taschenbuch*（U.Smoltczyk，第五版，2001）中给出的下述压缩模量计算公式进行计算取值。计算得到地面 10m 以下不同土层在不同深度处的压缩模量（地面以下 10m 范围内的土层由于其有效压应力较小，故未考虑其深度变化，取值来源于土工试验报告）。

$$E_S = V_e \cdot \sigma_{at} \left(\frac{\sigma}{\sigma_{at}} \right)^{W_e} \tag{3-28}$$

式中：V_e、W_e——参数，对于粗砂：$V_e = 250$，$W_e = 0.70$；

对于细砂：$V_e = 150$，$W_e = 0.75$；

对于硬塑黏土：$V_e = 50$，$W_e = 0.90$；

对于可塑黏土：$V_e = 10$，$W_e = 1$；

对于高黏性土：$V_e = 6$，$W_e = 1$。

σ_{at}——参数，正常固结的土层取 100kN/m^2。

σ——该深度处的自重应力，若在地下水位以上取天然重度，在地下水位以下取浮重度（kN/m^2）。

这是与土层深度有关的压缩模量计算公式。在有限元计算过程中，在考虑相关土工试验报告给出值的基础上，利用上述公式计算给出了压缩模量随深度的变化值。

2）压缩模量的取值原则

本项目计算中土层压缩模量的取值分为以下三部分：

（1）京沪高铁桥梁桩基桩尖以上土体

此部分土体压缩模量根据前文经验公式计算取值。

（2）京沪高铁桥梁桩基桩尖以下土体压缩层

根据桥梁沉降理论的分层总和法确定桩尖以下土体的压缩层厚度，确定方法为桩尖以下某一层土体的沉降量小于或等于桩尖以下总沉降量的 0.025 倍，此部分土体压缩模量按照查询土工试验报告*e-p*曲线中，对应土层应力的压缩模量值的 3 倍取值。

（3）模型底部理论不发生压缩变形土层

此部分土层为桩尖以下土体压缩层与模型底部之间的土层，压缩模量按照查询土工试验报告*e-p*曲线中，对应土层应力的压缩模量值的 10 倍取值。

3.6.3 普通地段沉降影响评估

1）工点介绍

本工点为新建石济客专与既有京沪高铁桥梁并行段，梁跨绝大多数为 32m 简支梁，基础为桩基础，最小线间距为 25m。京沪高铁设计时速为 350km，采用无砟轨道，基础采用 8 根 1.0m 桩，桩长约 46m，平均墩高约 6.5m。石济客专设计时速为 250km，采用有砟轨道，基础采用 8 根 1.0m 桩，桩长约 48m，平均墩高约 7.0m。

2）工程地质和水文地质概况

（1）工程地质条件

桩身及桩尖范围内土层由粉砂（200kPa）、细砂（300kPa）、粉土（130～210kPa）、黏土（220kPa）、粉质黏土（140～260kPa）等互层组成，无不良地质，地下水位埋深为 0.3～12.4m。

（2）水文地质特征

桥址区地下水为第四系孔隙潜水，主要受大气降水补给，本次勘测期间水位埋深 0.3～12.4m（高程 8.38～20.54m），水位变幅 2～4m。

3）安全评估内容

分别按 25m、30m、35m、50m 线间距近似评估新建石济客专对相邻既有京沪高铁的沉降影响值，从而确定新建石济客专与既有京沪高铁的最小安全距离。

4）建立有限元模型

（1）土层参数取值

依照地质资料，本工点安全性影响评估工作依据土层类型将施工场地的分层土简化为如下若干个土层，详见表 3-24。

土层参数表　　　表 3-24

土层序号	岩土名称	土层厚度（m）	土层深度（m）	基本承载力（kPa）	天然重度γ（kN/m^3）	黏聚力c_q（kPa）	内摩擦角φ_q（°）	压缩模量（MPa）
1	粉质黏土	2.4	2.4	140	18.1	8.2	16.1	2.4
2	粉土	2.3	4.65	130	19.7	6.4	22.7	5.3
3	粉质黏土	5.7	10.3	140	19.2	23.7	11.93	8.3
4	粉土	13.8	24.1	170	20.2	8.52	17.07	20.1

续上表

土层序号	岩土名称	土层厚度（m）	土层深度（m）	基本承载力（kPa）	天然重度γ（kN/m^3）	黏聚力c_q（kPa）	内摩擦角φ_q（°）	压缩模量（MPa）
5	细砂	8.1	32.2	300	20.5	5	38	42.4
6	粉土	4.4	36.6	200	20.2	9.1	22.2	26.7
7	粉质黏土	2.9	39.5	200	19.9	36.45	2.7	21.4
8	粉土	1.5	41	190	19.7	15.5	16.8	30.4
9	细砂	5.6	46.55	300	20.5	5	38	55.6
10	粉土	2.7	49.2	200	19.3	5.5	23.6	55.0
11	粉砂	3.6	52.8	200	20.5	5	36	105.0
12	粉土	6.6	59.35	200	19.4	4.9	22.3	116.6
13	粉质黏土	3.9	63.2	260	19.4	49.5	5.45	78.4
14	粉土	2.8	66	210	20.5	10.2	17.9	133.9
15	固结层	34	100					1339

（2）计算模型

采用岩土有限元分析软件 Plaxis 2D 进行模拟。模型宽度为 260m，深度 100m，采用土体硬化模型来模拟土的本构关系，桥梁承台、桩基均采用板单元模拟，桥梁上部结构均以均布荷载形式加载在承台上来模拟，桩土之间摩擦关系采用界面单元模拟，土体水平边界采用水平约束，底边界采用固定约束。

（3）施工阶段

计算分以下 9 个施工阶段，分别为：

①施加土层自重和静水压力的初始阶段；

②京沪高铁现状阶段；

③石济客专桩基施工阶段；

④石济客专承台基坑开挖阶段；

⑤石济客专承台施工阶段；

⑥石济客专承台基坑回填阶段；

⑦石济客专桥墩施工阶段；

⑧石济客专架梁阶段；

⑨石济客专运营阶段。

5）安全评估结果分析

根据以上各施工阶段，分别按 25m、30m、35m、50m 线间距计算石济客专施工及运营对京沪高铁的附加影响。25m 线间距的情况下，石济客专施工及运营对京沪高铁的附加影响最大，故在此仅列举 25m 线间距下详细评估计算结果（表 3-25），其他线间距下运营阶段计算结果（表 3-26）。

25m 线间距各施工阶段评估计算结果汇总表　　表 3-25

施工阶段	建模过程	竖向力（kN）	阶段附加水平位移（mm）	阶段附加竖向位移（mm）	累计附加水平位移（mm）	累计附加竖向位移（mm）
桩基施工	桩基建模				0.14	−0.15
承台基坑开挖	开挖		0.04	0.07	0.17	−0.08
承台施工	承台建模	2496	0.01	0	0.18	−0.09
基坑回填	回填		0.09	−0.11	0.27	−0.2
桥墩施工	桥墩自重加载	2147.5	0.14	−0.15	0.41	−0.35
架梁	梁重加载	7434	0.55	−0.57	0.95	−0.92
运营	二期恒载加载	6836	0.54	−0.54	1.50	−1.47

注：竖向位移负值为沉降，正值为隆起。

各线间距运营阶段评估计算结果汇总表　　表 3-26

线间距（m）	附加差异竖向位移（mm）	水平位移（mm）
25	1.47	1.50
30	1.16	1.47
35	0.83	1.25
50	0.41	1.00

运营阶段线间距—位移曲线如图 3-58 所示。

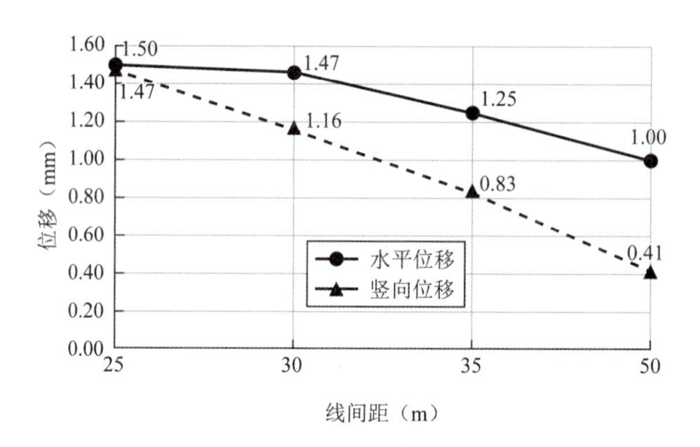

图 3-58　运营阶段线间距—位移曲线

综上所述，邻近既有京沪高铁施工石济客专，会引起京沪高铁的竖向沉降和向石济客专方向的水平位移，其值随着线间距的增大而逐渐减小。近距离时，水平位移比竖向沉降值略大；随着线间距的增大，竖向沉降值衰减幅度远比水平位移值大。

25m 线间距且石济客专桥墩墩高在 7m 左右时，均为简支梁，对京沪高铁的沉降影响值为 1.47mm，对京沪高铁水平位移影响值为 1.5mm。30m、35m、50m 条件下对京沪高铁的沉降影响值分别为 1.16mm、0.83mm、0.41mm，对京沪高铁水平位移影响值为 1.47mm、1.25mm、1.00mm。因此本工点按照 25m 线间距的条件下，石济客专的施工及运营引起京沪高铁桥梁基础沉降满足《高速铁路设计规范》(TB 10621—2014)中墩台均匀沉降小于 20mm，差异沉降小于 5mm 的要求，以及满足墩顶横向水平位移引起的桥面处梁端水平折角不大于 1.0‰弧度的要求（按照 32m 简支梁计算水平限值最大为 16mm)。同样，该评估结论满足高铁无砟轨道平顺性评估标准中经常保养条件下 4mm 的竖向和水平位移要求，同时建议在施工石济客专时进行有挡开挖。

3.6.4 高墩地段沉降影响评估

1）工点介绍

为了分析不同线间距情况下，新建石济客专简支梁高墩建造时对既有京沪高铁的影响及变化趋势。选取工点为新建石济客专禹济特大桥 225 号桥墩（墩全高 14.5m）与既有京沪高铁德禹特大桥简支梁并行位置，在线间距为 25m、30m、35m、50m 四种不同情况下的施工影响安全评估。

选取的评估计算截面为：石济客专禹济特大桥 225 号墩，梁跨为 27m 简支梁，如图 3-59 所示；对应京沪高铁德禹特大桥 O-60 号墩，梁跨为 32m 简支梁；设计桥墩之间的线间距约为 25m。

石济客专禹齐特大桥全桥长 27km，合计 832 孔，平均墩高 8m。225 号墩墩高 14.5m，位于跨越徒骇河大里程边滩位置，采用 12 根 1m 钻孔桩，桩长 49m；京沪高铁德禹特大桥 O-60 号墩墩高 10.5m，采用 10 根 1m 钻孔桩，桩长 44m。

根据桥梁桩基计算软件 Rbcad 计算结果，石济客专禹齐特大桥 225 号墩恒载竖向外力为 22618.8kN，考虑桩身、桩底平面弹性压缩变形、地基土压缩变形的总位移量为 7.2mm。

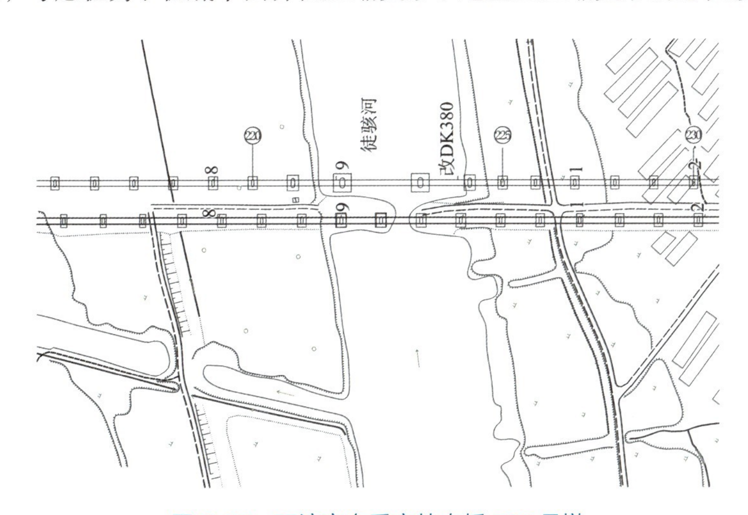

图 3-59　石济客专禹齐特大桥 225 号墩

2）工程地质和水文地质概况

(1) 工程地质条件

桩身及桩尖范围内土层由粉质黏土（140～260kPa）、粉土（130～210kPa）、细砂

（300kPa）、粉砂（200kPa）、黏土（220kPa）等互层组成，无不良地质，地下水位埋深为1.5～2.4m。既有桩基桩长44m，采用摩擦桩。

（2）水文地质特征

桥址区地表水水深0.6～3.0m，多为灌溉水。地下水类型为第四系孔隙潜水，地下水埋深1.5～2.4m，高程16.35～17.11m，水位变幅2～3m。地下水主要由大气降水及地表水补给。

3）安全评估内容

本工点安全评估的内容主要包括以下两个方面：

（1）石济桥梁桩基施工、承台基坑开挖、承台施工、基坑回填、桥墩施工、架梁、运营阶段对京沪高铁桥梁附加沉降的影响评估；

（2）石济桥梁桩基施工、承台基坑开挖、承台施工、基坑回填、桥墩施工、架梁、运营阶段对京沪高铁桥梁附加水平变形的影响评估。

4）建立有限元模型

（1）土层参数

土层参数使用的压缩模量的经验公式以及压缩模量的取值原则均按照前文中的确定方法为准。根据地质资料以及前文的取值原则，本工点将场地土简化为如下若干个土层，详见表3-27。

土层参数表 表3-27

土层序号	岩土名称	土层厚度（m）	土层深度（m）	基本承载力（kPa）	天然重度γ（kN/m^3）	黏聚力c_q（kPa）	内摩擦角φ_q（°）	压缩模量（MPa）
1	粉质黏土	2.4	2.4	140	18.1	8.2	16.1	2.4
2	粉土	2.3	4.65	130	19.7	6.4	22.7	5.3
3	粉质黏土	5.7	10.3	140	19.2	23.7	11.93	8.2
4	粉土	13.8	24.1	170	20.2	8.52	17.07	20.0
5	细砂	8.1	32.2	300	20.5	5	38	42.3
6	粉土	4.4	36.6	200	20.2	9.1	22.2	26.6
7	粉质黏土	2.9	39.5	200	19.9	36.45	2.7	21.3
8	粉土	1.5	41	190	19.7	15.5	16.8	30.3
9	细砂	5.6	46.55	300	20.5	5	38	55.5
10	粉土	2.7	49.2	200	19.3	5.5	23.6	34.3
11	粉砂	3.6	52.8	200	20.5	5	36	105
12	粉土	6.6	59.35	200	19.4	4.9	22.3	116.55
13	粉质黏土	3.9	63.2	260	19.4	49.5	5.45	78.42
14	粉土	2.8	66	210	20.5	10.2	17.9	133.89
15	粉土	34	100	210	20.5	10.2	17.9	4463

（2）计算模型

采用岩土有限元分析软件Plaxis 2D进行模拟。模型宽度为260m，深度100m，土体采用土体硬化模型来模拟土的本构关系，桥梁承台、桩基均采用板单元模拟，桥梁上部结构均以均布荷载形式加载在承台上来模拟，桩土之间摩擦关系采用界面单元模拟，界面折减系数取 0.7，土体水平边界采用水平约束，底边界采用固定约束。

利用前文所确定的分层土的地质参数和土体计算模型尺寸，可建立二维空间有限元模型。

（3）施工阶段

计算分以下 9 个施工阶段，分别为：

①施加土层自重和静水压力的初始阶段；

②京沪高铁现状阶段；

③石济客专桩基施工阶段；

④石济客专承台基坑开挖阶段；

⑤石济客专承台施工阶段；

⑥石济客专承台基坑回填阶段；

⑦石济客专桥墩施工阶段；

⑧石济客专架梁阶段；

⑨石济客专运营阶段。

5）安全评估结果分析

根据以上各施工阶段，分别按 25m、30m、35m、50m 线间距计算石济客专施工及运营对京沪高铁的附加影响。25m 线间距的情况下，石济客专施工及运营对京沪高铁的附加影响最大，故在此仅列举 25m 线间距下详细评估计算结果，见表 3-28。

线间距 25m 时对京沪高铁的附加影响评估结果汇总表　　表 3-28

施工阶段	建模过程	竖向力（kN）	阶段附加水平位移（mm）	阶段附加竖向位移（mm）	累计附加水平位移（mm）	累计附加竖向位移（mm）
1. 桩基施工	桩基建模		0.119	−0.203	0.119	−0.203
2. 承台基坑开挖	开挖		0.665	0.343	0.744	0.139
3. 承台施工	承台建模	4999.28	0.03	−0.18	0.768	0.121
4. 基坑回填	回填		−0.184	−0.347	0.676	−0.232
5. 桥墩施工	桥墩自重加载	4527.5	0.181	−0.268	0.849	−0.494
6. 架梁	梁重加载	7434	0.322	−0.445	1.17	−0.938
7. 运营	二期恒载加载	5658	0.251	−0.329	1.42	−1.27

注：竖向位移负值为沉降，正值为隆起。

通过线间距 25m 的情况下，石济客专施工及运营对京沪高铁的附加影响评估结果可以看出，在石济客专施工桩基时，桩基本身会挤压土体，带动整个影响区域的土体下沉，同时使得既有京沪高铁结构沉降并向石济客专侧倾斜；在石济客专承台开挖时，承台部分的土体应力被释放，影响区域范围内的土体有向上隆起的趋势，使得既有京沪高铁结构隆起并同时继续向石济客专侧倾斜；石济客专承台施工时，由于承台占据了原有表层土体的位置，替代了表层土体的应力，影响区域范围内的土体有沉降趋势，使得既有京沪高铁结构沉降但依旧向石济客专侧倾斜；石济客专基坑回填时，基坑位置的剩余土体重新被填筑，影响区域范围内的土体沉降且向两侧挤压，使得既有京沪高铁结构沉降并向石济客专相反方向偏移；石济客专桥墩施工、架梁及铺设二期恒载后运营的三个阶段，由于都是在石济客专基础上部施加荷载，其影响区域范围内的土体竖向及水平位移趋势与承台施工时基本相同，对既有京沪高铁的变形影响趋势也基本一致，但其竖向及水平影响数值与施加荷载的大小成正比。25m 线间距情况下，石济客专对京沪高铁的阶段附加位移及附加位移如图 3-60、图 3-61 所示。

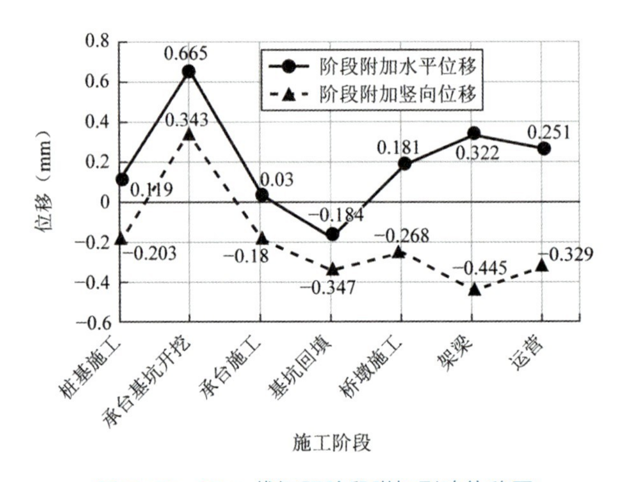

图 3-60　25m 线间距阶段附加影响位移图

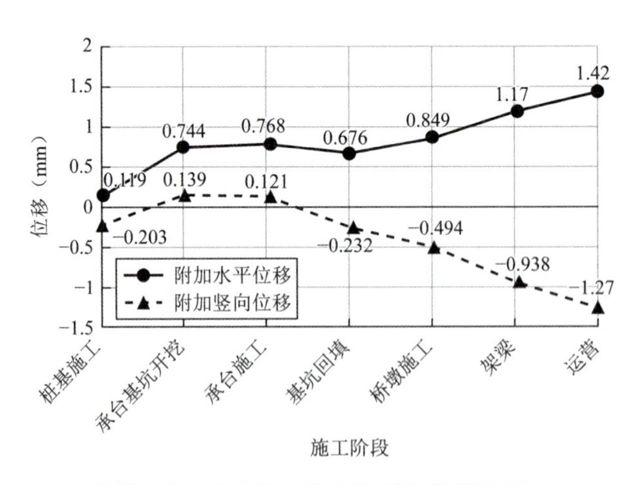

图 3-61　25m 线间距累计附加影响位移图

当石济客专与既有京沪高铁间线间距为 25m、30m、35m、50m 时，运营阶段石济客专对既有京沪高铁产生的附加竖向位移及水平影响见表 3-29。

不同线间距石济客专运营阶段对京沪高铁的附加影响汇总表 表 3-29

线间距（m）	附加竖向位移（mm）	附加水平位移（mm）
25	−1.27	1.42
30	−1.16	1.49
35	−0.93	1.38
50	−0.46	1.07

注：竖向位移负值为沉降，正值为隆起。

通过上表可以看到，随着石济客专与既有京沪高铁间线间距的拉大，石济客专施工及运营对京沪高铁的附加沉降及水平影响逐渐降低。附加影响竖向位移曲线如图 3-62 所示。

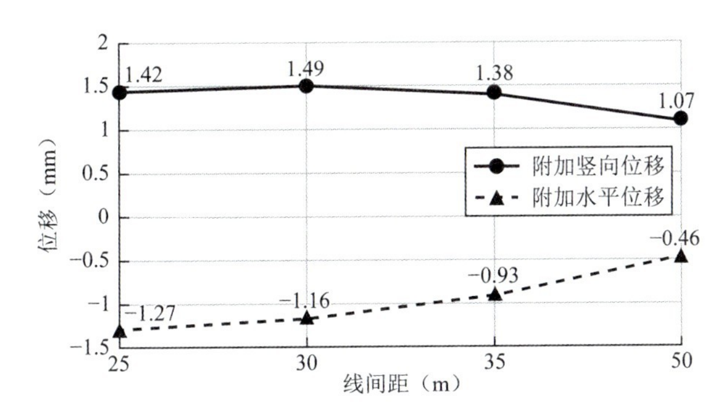

图 3-62 不同线间距附加影响竖向位移图

石济客专邻近既有京沪高铁施工，将会引起京沪高铁竖直及水平方向的位移，其值随着线间距的增大而逐渐减小。随着线间距的增大，竖向沉降值衰减幅度远比水平位移值大。

25m 线间距时，石济客专施工对既有京沪高铁的沉降影响值为 1.3mm 左右，在安全范围内，当线间距在 50m 以上时对京沪高铁影响甚微，建议在施工石济客专时采用有挡开挖。

综上所述，石济客专禹济特大桥并行京沪高铁德禹特大桥，石济客专 225 号墩与京沪高铁德禹特大桥 O-60 号墩，均为简支梁跨，设计线间距为 25m。25m 线间距时，石济桥墩施工及运营对京沪桥墩产生的累计附加影响最大，其附加沉降变形为 1.27mm，附加水平变形为 1.42mm。30m、35m、50m 条件下对京沪高铁的沉降影响值分别为 1.16mm、0.93mm、0.46mm，对京沪高铁水平影响值为 1.49mm、1.38mm、1.07mm。因此本工点按照 25m 线间距的条件下，石济客专的施工及运营引起京沪高铁桥梁基础沉降满足《高速铁路设计规范》（TB 10621—2014）中墩台均匀沉降小于 20mm，差异沉降小于 5mm 的要求，同时满足墩顶水平位移引起的桥面处梁端水平折角不大于 1.0‰弧度的要求（按照 32m 简支梁计算水平限值最大为 16mm）。同样该评估结果满足高铁无砟轨道平顺性评估标准中经常保养条件下 4mm 的竖向和水平要求。

3.6.5 大跨连续梁并行简支梁地段沉降影响评估

1）工点介绍

本工点为石济客专禹齐特大桥于改 DK379 + 952.00（与京沪高铁设计里程相对应）处跨徒骇河，与既有京沪高铁 32m 简支梁桥并行。石济客专梁跨为 40m + 64m + 40m 连续梁，基础为桩基础，最小线间距为 25.41m，如图 3-63 所示。京沪高铁设计时速为 350km，采用无砟轨道，基础采用 12 根 1.0m 桩，桩长约 42m，墩高约 15.5m。石济客专设计时速为 250km，采用有砟轨道，基础采用 16 根 1.5m 桩，桩长约 65m，墩高为 17.5m。

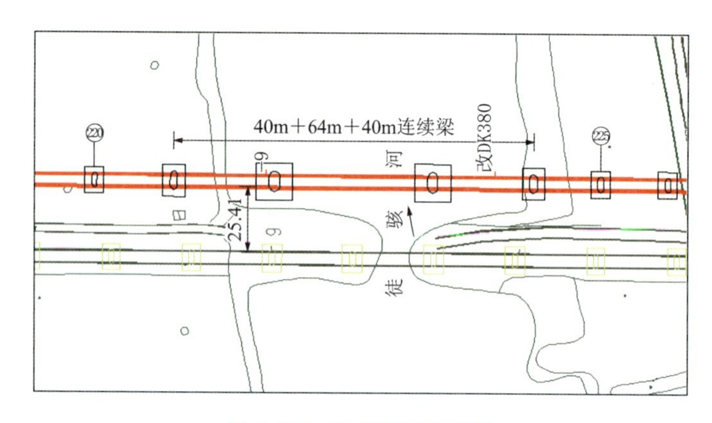

图 3-63 工点平面布置图

2）工程地质和水文地质概况

（1）工程地质条件

桩身及桩尖范围内土层由粉质黏土（130～260kPa）、粉土（140～210kPa）、粉砂（200kPa）、细砂（300kPa）等互层组成，无不良地质，地下水位埋深为 1.5～2.4m。既有桩基桩长 42m，采用摩擦桩。

（2）水文地质特征

桥址区勘测期间改 DK379 + 950 沟渠内有水，水深 0.6～3.0m，多为灌溉水。地下水为第四系孔隙潜水，勘测期间地下水埋深 1.5～2.4m，高程 16.35～17.11m。地下水主要由大气降水及地表水补给，水位变幅 2～3m。

3）安全评估内容

评估新建石济客专 40m + 60m + 40m 连续梁对相邻既有京沪高铁 32m 简支梁的沉降影响值。

本工点安全评估的内容主要包括以下两个方面：

（1）石济桥梁桩基施工、承台基坑开挖、承台施工、基坑回填、桥墩施工、架梁、运营阶段对京沪高铁桥梁附加竖向位移的影响评估；

（2）石济桥梁桩基施工、承台基坑开挖、承台施工、基坑回填、桥墩施工、架梁、运营阶段对京沪高铁桥梁附加水平位移的影响评估。

4）建立有限元模型

（1）土层参数

土层参数使用的压缩模量的经验公式以及压缩模量的取值原则均按照前文研究内容为准。依照地质资料，本工点安全性影响评估工作依据土层类型将施工场地的分层土简化为如下若干个土层，详见表 3-30。

土层参数表 表 3-30

土层序号	岩土名称	土层厚度（m）	土层深度（m）	基本承载力（kPa）	天然重度γ（kN/m^3）	黏聚力c_q（kPa）	内摩擦角φ_q（°）	压缩模量（MPa）
1	粉土	2.4	2.4	140	19.6	4.6	24	2.3
2	粉质黏土	2.2	4.6	150	18.6	24.2	18	3.4
3	粉土	12.2	16.8	160	20.0	4.8	23	13.8
4	粉砂	9.4	26.2	200	19.5	3	34	22.9
5	粉土	2.7	28.9	200	20.0	5	24	20.9
6	粉质黏土	3.8	32.7	200	20.1	33.7	22	16.8
7	粉土	6.6	39.3	190	19.8	3	23	28.8
8	粉质黏土	4.8	44.1	190	19.9	29.1	21	23.1
9	细砂	3.3	47.4	300	20.5	1	38	56.3
10	粉质黏土	5.5	52.9	200	19.5	30.3	20	28.4
11	粉土	8.4	61.3	200	19.3	7	25	45.5
12	粉质黏土	10.6	71.9	200	19.7	40	20	174
13	粉砂	26.1	98	260	19	7	25	400
14	虚拟 1	15.0	113	210	19	40	20	750
15	虚拟 2	25.0	138					750

（2）计算模型

采用岩土有限元分析软件 Plaxis 2D 进行模拟。模型宽度为 260m，深度 138m，采用土体硬化模型来模拟土的本构关系，桥梁承台、桩基均采用板单元模拟，桥梁上部结构均以均布荷载形式加载在承台上来模拟，桩土之间摩擦关系采用界面单元模拟，土体水平边界采用水平约束，底边界采用固定约束。

（3）施工阶段

计算分以下 10 个施工阶段，分别为：

①施加土层自重和静水压力的初始阶段；

②京沪高铁现状阶段；

③石济客专桩基施工阶段；

④石济客专施工防护桩阶段；

⑤石济客专承台基坑开挖阶段；

⑥石济客专承台施工阶段；

⑦石济客专桥墩施工阶段；

⑧石济客专承台基坑回填阶段；

⑨石济客专架梁阶段；

⑩石济客专运营阶段。

5）安全评估结果分析

根据以上各施工阶段，计算石济客专施工及运营对京沪高铁的附加影响。其中计算结果见表 3-31。图 3-64 为各阶段位移曲线图。

各施工阶段评估计算结果汇总表

表 3-31

施工阶段	建模过程	竖向力（kN）	阶段附加水平位移（mm）	阶段附加竖向位移（mm）	累计附加水平位移（mm）	累计附加竖向位移（mm）
1. 桩基施工	桩基建模				0.16	−0.34
2. 防护桩施工	防护桩施工		0.15	−0.17	0.31	−0.51
3. 承台基坑开挖	有挡开挖		1.76	0.57	2.06	0.06
4. 承台施工	承台建模	26715.50	0.05	−0.04	2.12	0.02
5. 桥墩施工	桥墩自重加载	12040.00	0.10	−0.09	2.22	−0.07
6. 基坑回填	回填		−0.07	−0.80	2.15	−0.87
7. 架梁	梁重加载	21595.00	0.29	−0.60	2.44	−1.47
8. 运营	二期恒载加载	11213.60	0.17	−0.29	2.61	−1.76

注：竖向位移负值为沉降，正值为隆起。

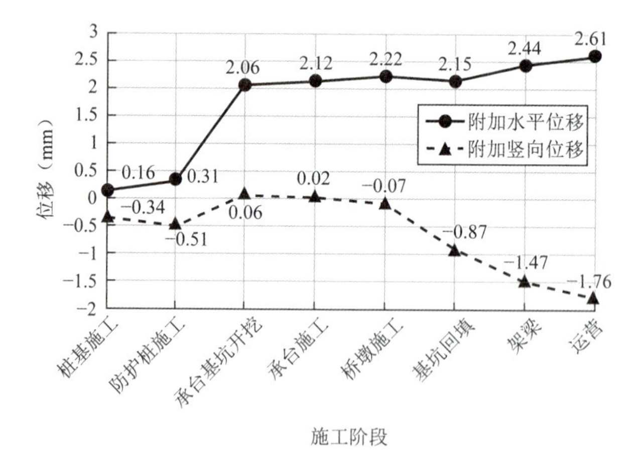

图 3-64 各阶段累计附加位移曲线图

综上所述，除了承台基坑开挖阶段外，其余阶段均引起京沪高铁桥梁的沉降，其中以桥墩施工阶段影响最为显著。承台基坑开挖，使得京沪高铁桥梁基础略向上隆起，靠近石济客专侧基础隆起值为 0.57mm。

邻近既有京沪高铁施工石济客专 40m + 64m + 40m 连续梁，会引起京沪高铁的竖向沉降 1.76mm 和指向石济客专方向的水平位移 2.61mm，水平位移比竖向沉降值略大。因此本工点按照 25m 线间距的条件下，石济客专的施工及运营引起京沪高铁桥梁基础沉降满足《高速铁路设计规范》（TB 10621—2014）中墩台均匀沉降小于 20mm，差异沉降小于 5mm 的要求，同时满足墩顶水平位移引起的桥面处梁端水平折角不大于 1.0‰弧度的要求（按照 32m 简支梁计算水平限值最大为 16mm）。同样该评估结果满足高铁无砟轨道平顺性评估标准中经常保养条件下 4mm 的竖向和水平变形要求。

3.6.6 大跨连续梁并行段沉降影响评估

1）工点介绍

本工点为石济客专德平特大桥于 D2K336 + 489.10（与京沪高铁设计里程相对应）处梁跨 353 省道，与既有京沪高铁 48m + 80m + 48m 连续梁桥并行，如图 3-65 所示。石济客专梁跨为 48m + 80m + 48m 连续梁，基础为桩基础，最小线间距为 33.2m。京沪高铁设计时速为 350km，采用无砟轨道，基础采用 16 根 1.5m 桩，桩长约 58m，墩高约 9.0m。石济客专设计时速为 250km，采用有砟轨道，基础采用 16 根 1.5m 桩，桩长约 61m，墩高为 10.5m。

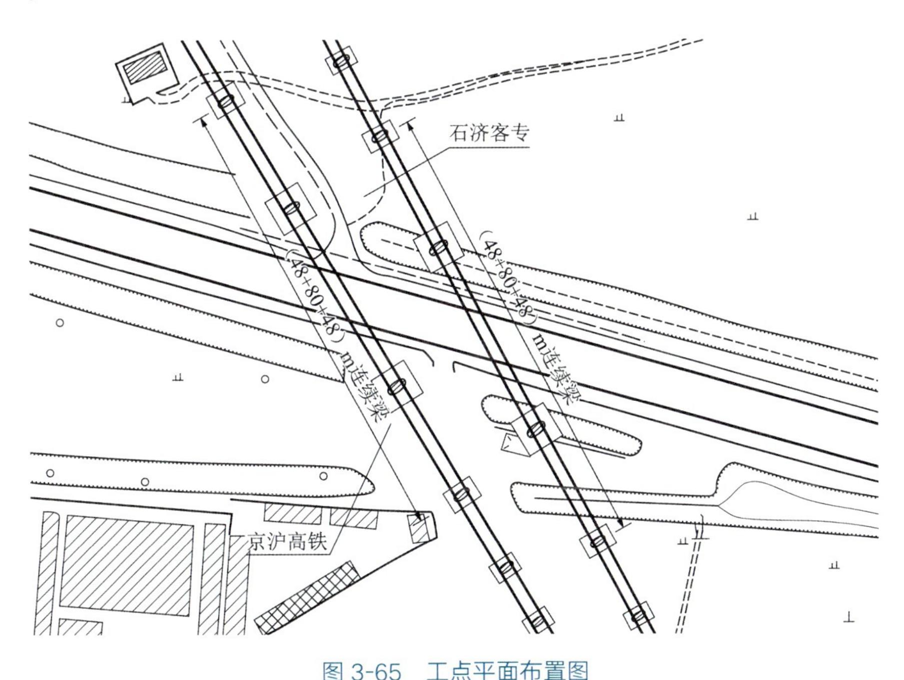

图 3-65 工点平面布置图

2）工程地质和水文地质概况

（1）工程地质条件

桩身及桩尖范围内土层由粉土（150～240kPa）、黏土（130～260kPa）、粉砂（110kPa）、

细砂（300kPa）、粉质黏土（220～270kPa）等互层组成，无不良地质，地下水位埋深为 1.3m。既有桩基础桩长 58m，采用摩擦桩。

（2）水文地质特征

地下水主要由大气降水及地表水补给，水位变幅 2～3m。

3）安全评估内容

评估新建石济客专 48m＋80m＋48m 连续梁对相邻既有京沪高铁 48m＋80m＋48m 连续梁的沉降影响值。

本工点安全评估的内容主要包括以下两个方面：

（1）石济桥梁桩基施工、承台基坑开挖、承台施工、基坑回填、桥墩施工、架梁、运营阶段对京沪高铁桥梁附加沉降的影响评估；

（2）石济桥梁桩基施工、承台基坑开挖、承台施工、基坑回填、桥墩施工、架梁、运营阶段对京沪高铁桥梁附加水平变形的影响评估。

4）建立有限元模型

（1）土层参数

土层参数使用的压缩模量的经验公式以及压缩模量的取值原则均按照前文研究内容为准。依照地质资料，本工点安全性影响评估工作依据土层类型将施工场地的分层土简化为如下若干个土层，详见表 3-32。

土层参数表　　表 3-32

土层编号	土层名称	土层厚度（m）	深度（m）	天然重度（kN/m^3）	黏聚力（kN）	内摩擦角（°）	土层应力（kPa）	压缩模量经验公式取值（MPa）
1	粉土	3.0	3	19.1	21	28.5	27.9	2.5
2	粉土	4.2	7.2	19.5	19	30.5	68.5	5.4
3	粉质黏土	7.4	14.6	18.9	41	15.4	208.4	9.7
4	粉土	3.4	18	21	22	27.2	245.4	16.1
5	粉砂	8.3	26.3	20.5	5	36	323.5	25.6
6	粉质黏土	3.1	29.4	19	25	16	382.4	16.7
7	粉土	5.2	34.6	20	24	26.3	436.0	26.2
8	粉质黏土	5.7	40.3	20.7	50	15	554.0	23.3
9	粉质黏土	8.2	48.5	20.6	52	15	722.9	29.7
10	粉土	8.5	57	20.6	20	30	814.4	44.6
11	粉质黏土	7.4	64.4	20.5	54	16	966.1	38.5
12	粉土	3.2	67.6	20.3	20	30	998.6	53.0
13	粉质黏土	2.8	70.4	21	57	16	1057.4	41.8
14	粉质黏土	14.6	85	20.2	60	18	1352.4	52.1
15	锁定层							521

（2）计算模型

采用岩土有限元分析软件 Plaxis 2D 进行模拟。模型总宽度 200m，土层总深度 135m。

土体采用土体硬化本构模型，桥梁桩基、承台、防护桩均采用板单元。桥梁上部结构均以均布荷载形式加载在承台上来模拟，桩土之间摩擦关系采用界面单元模拟，土体水平边界采用水平约束，底边界采用固定约束。

（3）施工阶段

计算分以下 10 个施工阶段，分别为：

①施加土层自重和静水压力的初始阶段；

②京沪高铁现状阶段；

③石济客专桩基施工阶段；

④石济客专施工防护桩阶段；

⑤石济客专承台基坑开挖阶段；

⑥石济客专承台施工阶段；

⑦石济客专桥墩施工阶段；

⑧石济客专承台基坑回填阶段；

⑨石济客专架梁阶段；

⑩石济客专运营阶段。

5）安全评估结果分析

根据以上各施工阶段，计算石济客专施工及运营对京沪高铁的附加影响。各阶段位移曲线如图 3-66 所示。其中计算结果见表 3-33。

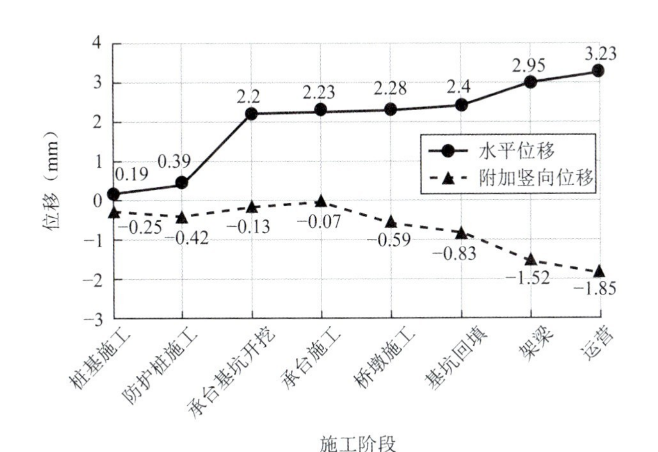

图 3-66 各阶段位移曲线图

各施工阶段评估计算结果汇总表 表 3-33

施工阶段	建模过程	阶段附加水平位移（mm）	附加水平位移（mm）	阶段附加竖向位移（mm）	附加竖向位移（mm）
1. 桩基施工	桩基建模	0.19	0.19	−0.25	−0.25
2. 防护桩施工	打防护桩	0.19	0.39	−0.17	−0.42
3. 承台基坑开挖	开挖	1.99	2.2	0.37	−0.13

续上表

施工阶段	建模过程	阶段附加水平位移（mm）	附加水平位移（mm）	阶段附加竖向位移（mm）	附加竖向位移（mm）
4. 承台施工	承台建模	0.09	2.23	−0.05	−0.07
5. 基坑回填	回填	0.2	2.28	−0.67	−0.59
6. 桥墩施工	桥墩自重加载	0.11	2.4	−0.24	−0.83
7. 架梁	梁重加载	0.56	2.95	−0.7	−1.52
8. 运营	二期恒载加载	0.27	3.23	−0.33	−1.85

注：沉降值负值为沉降，正值为隆起。

综上所述，除了承台基坑开挖阶段外，其余阶段均引起京沪高铁桥梁的沉降，其中以桥梁架设阶段影响最为显著，为下降 0.7mm。承台基坑开挖，使得京沪高铁基础略向上隆起，靠近石济客专侧基础隆起值为 0.37mm。

邻近既有京沪高铁 48m + 80m + 48m 连续梁施工石济客专 48m + 80m + 48m 连续梁，会引起京沪高铁桥梁的竖向沉降 1.85mm，京沪高铁桥梁向石济客专方向的水平位移 3.23mm。因此本工点按照 35m 线间距的条件下，石济客专的施工及运营引起京沪高铁桥梁基础沉降满足《高速铁路设计规范》（TB 10621—2014）中墩台均匀沉降小于 20mm，差异沉降小于 5mm 的要求，同时满足墩顶水平水平位移引起的桥面处梁端水平折角不大于 1.0‰弧度的要求（按照 32m 简支梁计算水平限值最大为 16mm）。同样该评估结果满足高铁无砟轨道平顺性评估标准中经常保养条件下 4mm 的竖向和水平变形要求。

3.6.7 刚构连续梁地段沉降影响评估

1）工点介绍

本工点为石济客专王官中桥并行京沪高铁杨家沟中桥，石济客专王官中桥为(24 + 32 + 24)m 简支梁桥，京沪高铁杨家沟中桥为(12 + 16 + 12)m 刚构连续梁桥，如图 3-67 所示。

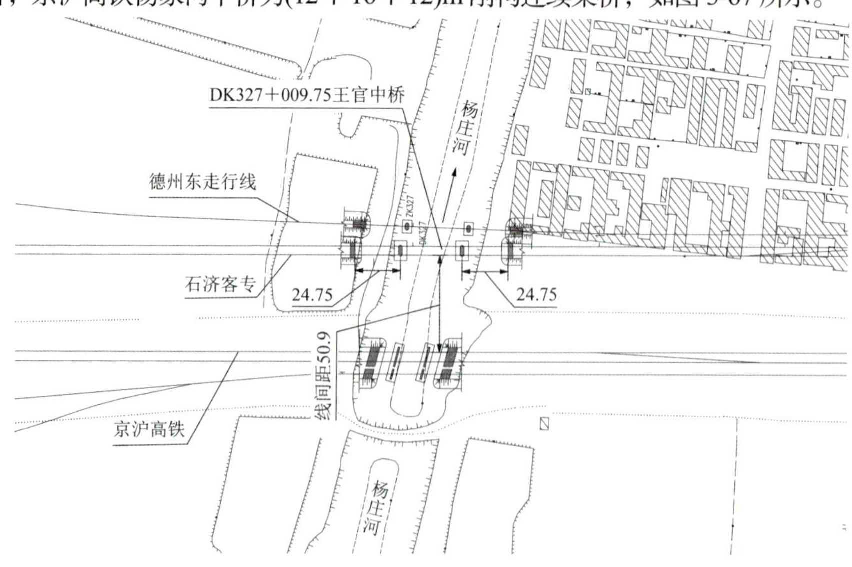

图 3-67　石济客专平面图（尺寸单位：m）

选取的评估计算截面为：石济客专1号墩，设计里程DK326+993.40；京沪高铁1号墩，设计里程DK326+991.80，线间距为50m。

石济客专1号墩墩高8.5m，采用10根1m钻孔桩，桩长45m；京沪高铁1号墩墩高11m，采用12根1m钻孔桩，桩长39m。

2）工程地质及水文地质概况

（1）工程地质条件

桩身及桩尖范围内土层由粉土（110～200kPa）、粉质黏土（120～200kPa）、黏土（110～190kPa）、粉砂（200kPa）、细砂（300kPa）等互层组成，无不良地质，地下水位埋深为5.3～12m。既有桩基础桩长39m，采用摩擦桩。

（2）水文地质特征

本段地下水为第四系孔隙潜水，2009年勘测期间地下水位埋深5.30～12.0m（高程10.50～14.30m）。地下水主要由大气降水及河水补给，水位季节变化幅度1.0～5.0m。

3）安全评估内容

本工点安全评估的内容主要包括以下两个方面。

（1）石济桥梁桩基施工、承台基坑开挖、承台施工、基坑回填、桥墩施工、架梁、运营阶段对京沪高铁桥梁附加沉降的影响评估；

（2）石济桥梁桩基施工、承台基坑开挖、承台施工、基坑回填、桥墩施工、架梁、运营阶段对京沪高铁桥梁附加水平位移的影响评估。

4）建立有限元模型

（1）土层参数

土层参数使用的压缩模量的经验公式以及压缩模量的取值原则均按照前文研究内容为准。根据地质资料以及前文的取值原则，本工点将场地土简化为如下若干个土层，详见土层参数表3-34。

土层参数表　　表3-34

土层序号	岩土名称	土层厚度（m）	土层深度（m）	基本承载力（kPa）	天然重度γ（kN/m^3）	黏聚力c_q（kPa）	内摩擦角φ_q（°）	压缩模量（MPa）
1	黏土	6.4	6.4	110	19	20	15	6.0
2	粉土	11	17.4	150	20	20	20	15.3
3	细砂	3.6	21	200	20.5	5	36	31.4
4	粉砂	11	32	200	20.5	5	38	40.0
5	粉质黏土	17	49	200	20	20	15	29.2
6	粉质黏土	11	60	200	20.2	48	13	93.0
7	粉质黏土	30	90	200	20.2	63	10	400.0

（2）计算模型

采用岩土有限元分析软件 Plaxis 2D 进行模拟。模型宽度为 220m，深度 90m，土体采用土体硬化模型来模拟土的本构关系，桥梁承台、桩基均采用板单元模拟，桥梁上部结构均以均布荷载形式加载在承台上来模拟，桩土之间摩擦关系采用界面单元模拟，界面折减系数取 0.7，土体水平边界采用水平约束，底边界采用固定约束。

（3）施工阶段

计算分以下 9 个施工阶段，分别为：

①施加土层自重和静水压力的初始阶段；

②京沪高铁现状阶段；

③石济客专桩基施工阶段；

④石济客专承台基坑开挖阶段；

⑤石济客专承台施工阶段；

⑥石济客专承台基坑回填阶段；

⑦石济客专桥墩施工阶段；

⑧石济客专架梁阶段；

⑨石济客专运营阶段。

5）安全评估结果分析

根据以上施工阶段，分别计算石济客专施工及运营对京沪高铁的附加影响，计算结果见表 3-35。

评估计算结果汇总表　　表 3-35

施工阶段	建模过程	阶段附加水平位移（mm）	阶段附加竖向位移（mm）	累计附加水平位移（mm）	累计附加竖向位移（mm）
桩基施工	桩基建模	0.14	−0.16	0.14	−0.16
承台基坑开挖	开挖	−0.05	0.08	0.09	−0.08
承台施工	承台建模	0.01	−0.004	0.1	−0.084
基坑回填	回填	0.25	−0.106	0.35	−0.19
桥墩施工	桥墩自重加载	0.15	−0.1	0.5	−0.29
架梁	梁重加载	0.36	−0.22	0.86	−0.51
运营	二期恒载加载	0.37	−0.22	1.23	−0.73

注：竖向位移负值为沉降，正值为隆起。

石济客专运营后对京沪高铁的累计差异沉降影响见表 3-36。图 3-68 为各阶段位移曲线图。

评估计算结果汇总表　　表3-36

施工阶段	水平位移（mm）	附加竖向位移（mm）
桩基施工	0.14	−0.16
承台基坑开挖	0.09	−0.08
承台施工	0.1	−0.084
基坑回填	0.35	−0.19
桥墩施工	0.5	−0.29
架梁	0.86	−0.51
运营	1.23	−0.73

注：竖向位移负值为沉降，正值为隆起。

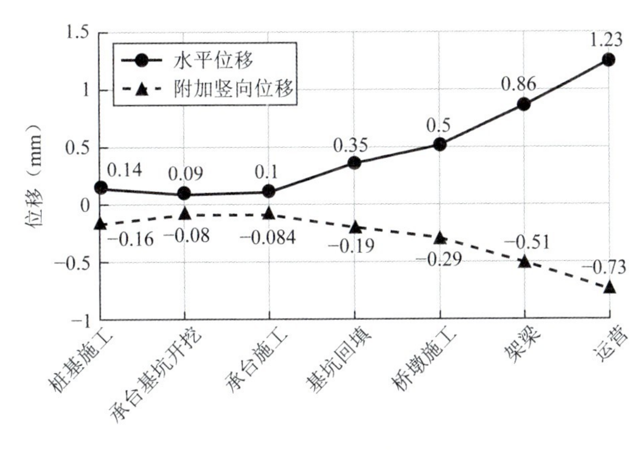

图3-68　各阶段位移曲线图

综上所述，石济客专王官中桥并行京沪高铁杨家沟刚构中桥，线间距为50m，石济桥墩施工及运营对京沪桥墩产生的最大附加沉降为0.73mm，最大附加水平变形为1.23mm。因此本工点按照50m线间距的条件下，石济客专的施工及运营引起京沪高铁桥梁基础沉降满足《高速铁路设计规范》(TB 10621—2014)中墩台均匀沉降小于20mm，差异沉降小于5mm的要求，差异沉降小于5mm的要求，同时满足墩顶水平位移引起的桥面处梁端水平折角不大于1.0‰弧度的要求（按照32m简支梁计算水平限值最大为16mm）。同样该评估结果满足高铁无砟轨道平顺性评估标准中经常保养条件下4mm的竖向和水平变形要求。

3.6.8　多桥并行段落沉降影响评估

1）工点介绍

本工点为石济客专德平特大桥、德州南上、下联特大桥与既有京沪高铁连续梁桥四桥并行，且跨度均为40m＋64m＋40m，斜对孔，里程范围为D2K332＋700～800，如图3-74所示。本模型沿图3-69中斜线建立，由左到右分别为德南上联63号墩，京沪高铁德禹特大桥 A49 号墩，德南下联 50 号墩和石济客专德平特大桥 50 号墩。京沪高铁德禹特大桥 A49 号桥墩基础采用 12 根 1.5m 桩，桩长 60m，墩高 7m。石济客专设计时速为 250km，采用有砟轨道，50 号墩基础采用 16 根 1.5m 桩，桩长 54m，墩高为 16.5m。德南上联设计时速为 160km，采用有砟轨道，63 号墩基础采用 10 根 1.25m 桩，桩长 60m。德南下联设计时速为 160km，采用有砟轨道，50 号墩基础采用 10 根 1.25m 桩，桩长 62m。

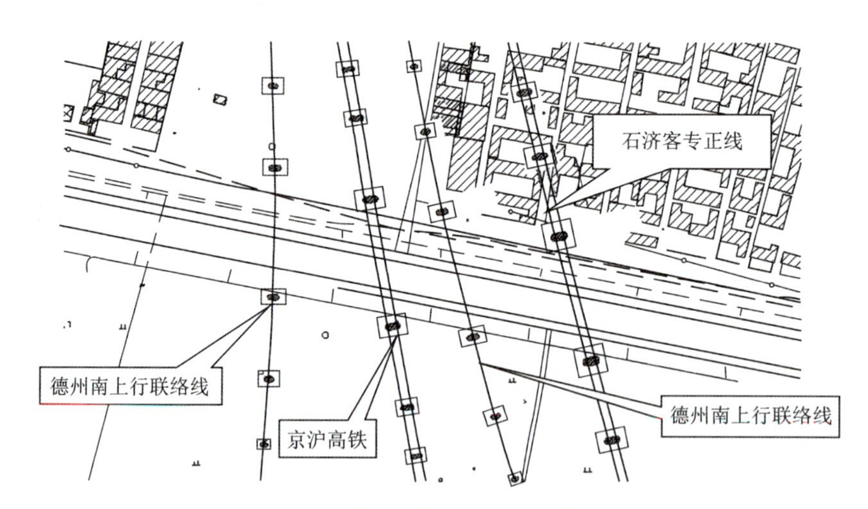

图 3-69　工点平面布置图（尺寸单位：m）

2）工程地质和水文地质概况

（1）工程地质条件

桩身及桩尖范围内土层由黏土（130～270kPa）、粉土（120～200kPa）、粉质黏土（160～270kPa）、粉砂（110～200kPa）、细砂（300kPa）等互层组成，无不良地质，地下水埋深为 0.3～12.4m。既有桩基础桩长 60m，采用摩擦桩。

（2）水文地质特征

桥址区地下水为第四系孔隙潜水，主要受大气降水补给，本次勘测期间水位埋深 0.3～12.4m（高程 8.38～20.54m），水位变幅 2～4m。

3）安全评估内容

评估新建德州南上联特大桥 40m + 64m + 40m 单线连续梁 63 号墩，德州南下联特大桥 40m + 64m + 40m 单线连续梁 50 号墩及石济客专德平特大桥 40m + 60m + 40m 双线连续梁 50 号墩对相邻既有京沪高铁 40m + 64m + 40m 连续梁 A49 号桥墩的沉降影响值。

4）建立有限元模型

（1）土层参数

土层参数使用的压缩模量的经验公式以及压缩模量的取值原则均按照前文研究内容为准。依照地质资料，本工点安全性影响评估工作依据土层类型将施工场地的分层土简化为如下若干个土层，详见表 3-37。

土层参数表 表 3-37

土层序号	岩土名称	土层厚度（m）	土层深度（m）	基本承载力（kPa）	天然重度γ（kN/m³）	黏聚力c_q（kPa）	内摩擦角φ_q（°）	压缩模量（MPa）
1	粉质黏土	6.1	6.1	160	18.1	5	21	5.5
2	粉土	5.3	11.4	150	20	5	28	11.4
3	黏土	7.6	19	150	19.1	20	18	13.8
4	粉质黏土	4.8	23.8	160	20.1	34	20	17.7
5	粉砂	1.2	25	200	19.5	3	34	31.4
6	黏土	8.5	33.5	220	19.7	54	16	24.6
7	粉土	3.9	37.4	190	19.9	5	24	35.7
8	黏土	3	40.4	220	19.9	50	18	28.3
9	粉砂	1.9	42.3	200	20.5	3	34	47.9
10	粉质黏土	9.8	52.1	270	20.4	40	22	36.4
11	粉土	4.2	56.3	200	20.2	3	28	50.9
12	粉砂	1.2	57.5	200	19.5	5	36	61.3
13	粉质黏土	9.1	66.6	260	20.4	40	22	45
14	细砂	6.4	73	300	20.5	1	38	80.7
15	黏土	11.7	84.7	270	20.9	50	16	296
16	虚拟 1	15.3	100		21	6	30	320
17	虚拟 2	10	110		21	60	20	600
18	虚拟 3	20	130		21	6	30	700

（2）计算模型

采用岩土有限元分析软件 Plaxis 2D 进行模拟。模型宽度为 400m，深度 130m，采用土体硬化模型来模拟土的本构关系，桥梁承台、桩基均采用板单元模拟，桥梁上部结构均以均布荷载形式加载在承台上来模拟，桩土之间摩擦关系采用界面单元模拟，土体水平边界采用水平约束，底边界采用固定约束。

（3）施工阶段

计算分以下 19 个施工阶段，分别为：

①施加土层自重和静水压力的初始阶段；

②京沪高铁现状阶段；

③施工德州南上、下联防护桩阶段；

④施工德州南上、下联桩基施工阶段；

⑤德州南上、下联基坑开挖阶段；

⑥施工德州南上、下联承台阶段；

⑦施工德州南上联桥墩阶段；

⑧施工德州南下联桥墩阶段；

⑨回填德州南上、下联基坑阶段；

⑩德州南上联架梁运营阶段；

⑪德州南下联架梁运营阶段；

⑫施工石济客专防护桩阶段；

⑬施工石济客专桩基阶段；

⑭石济客专基坑开挖阶段；

⑮施工石济客专承台阶段；

⑯施工石济客专桥墩阶段；

⑰回填石济客专基坑阶段；

⑱石济客专架梁阶段；

⑲石济客专运营阶段。

5）安全评估结果分析

根据以上各施工阶段，计算石济客专施工及运营对京沪高铁的附加影响。其中计算结果见表 3-38。图 3-70 为各阶段位移曲线图。

各施工阶段评估计算结果汇总表　　表 3-38

施工阶段	竖向力（kN）	阶段附加水平位移（mm）	阶段附加竖向位移（mm）	累计附加水平位移（mm）	累计附加竖向位移（mm）
施工德州南上、下联防护桩				0.05	−0.16
施工德州南上、下联桩基		0.06	−0.21	0.11	−0.37
德州南上、下联基坑开挖		0.13	0.24	0.23	−0.13
施工德州南上、下联基坑承台		0.03	−0.03	0.26	−0.16
施工德州南上联桥墩	2940	−0.05	0	0.21	−0.16
施工德州南下联桥墩	2743.5	0.08	−0.04	0.29	−0.20
回填德州南上、下联基坑		0.08	−0.35	0.37	−0.55
德州南上联架梁运营	34236	−1.28	−0.22	−0.91	−0.77
德州南下联架梁运营	34236	2.03	−1.63	1.13	−2.40
施工石济防护桩		0.01	−0.06	1.14	−2.46
施工石济桩基		0.08	0	1.22	−2.46
石济基坑开挖		0.01	0	1.31	−2.45
施工石济承台		0.02	0	1.32	−2.45
施工石济桥墩	13592.5	0.03	0	1.36	−2.45
回填基坑		0.08	0	1.44	−2.45
石济架梁	21595	0.17	0	1.61	−2.46
石济运营	12184	0.08	0	1.68	−2.46

注：竖向位移负值为沉降，正值为隆起。

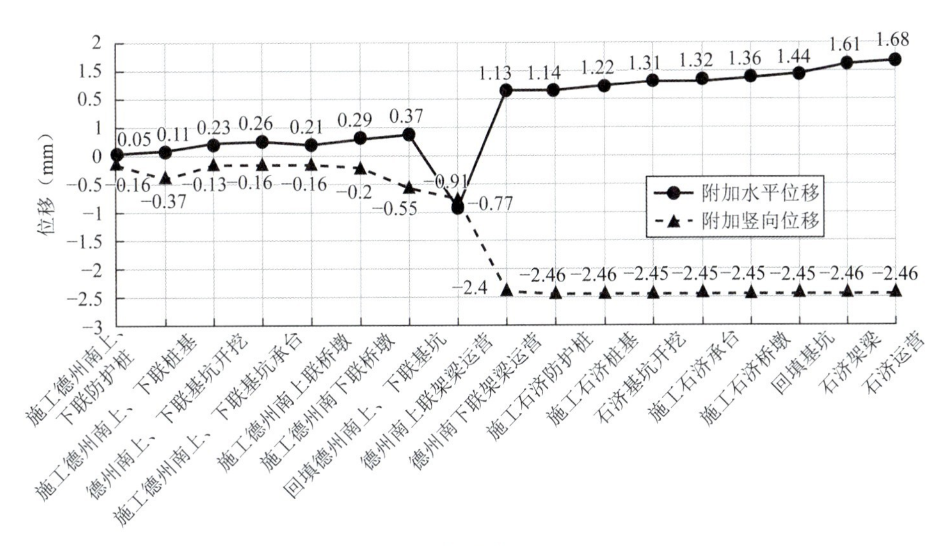

图 3-70 各阶段位移曲线图

综上所述，除了德州南上、下联基坑开挖阶段外，其余阶段均引起京沪高铁桥梁的沉降，其中以德州南下联架梁运营阶段影响最为显著。德州南上、下联基坑开挖，使得京沪高铁基础略向上隆起 0.24mm。因德州南下联距离京沪高铁最近，故其对京沪高铁 A49 号墩沉降影响最大；德州南上联沉降影响次之，石济客专沉降影响甚微。

德州南上联的架梁会使京沪高铁的基础向其方向发生水平位移，与整体水平变形趋势相反。故建议在石济施工过程中，德州南上、下联同步进行，这样会减少对京沪高铁的水平位移影响。

邻近既有京沪高铁施工石济客专，会引起京沪高铁的竖向沉降 2.46mm 和向石济客专方向的水平位移 1.68mm。因此本工点施工及运营引起京沪高铁桥梁基础沉降满足《高速铁路设计规范》（TB 10621—2014）中墩台均匀沉降小于 20mm，差异沉降小于 5mm 的要求，同时满足墩顶横向水平位移引起的桥面处梁端水平折角不大于 1.0‰弧度的要求（按照 32m 简支梁计算水平限值最大为 16mm）。同样该评估结果满足高铁无砟轨道平顺性评估标准中经常保养条件下 4mm 的竖向和水平位移要求。

3.6.9 上跨京沪高铁地段沉降影响评估

1）工点介绍

本工点为石济客专景德特大桥上跨京沪高铁沧德特大桥。上跨点石济客专为 48 + 80 + 48m 连续梁，目前已施工完，京沪高铁为 32m 简支梁，如图 3-71 所示。

选取的评估计算截面为：石济客专 1016 号墩，设计里程 D2K189 + 754.38，梁跨为 32m 简支梁；京沪高铁 K295 号墩，设计里程 DK318 + 213.86，梁跨为 32m 简支梁；两桥墩之间的线间距为 42m。

石济客专 1016 号墩墩高 24.5m，采用 12 根 1m 钻孔桩，桩长 43m；京沪高铁 K295 号墩墩高 5.5m，采用 8 根 1m 钻孔桩，桩长 44m。

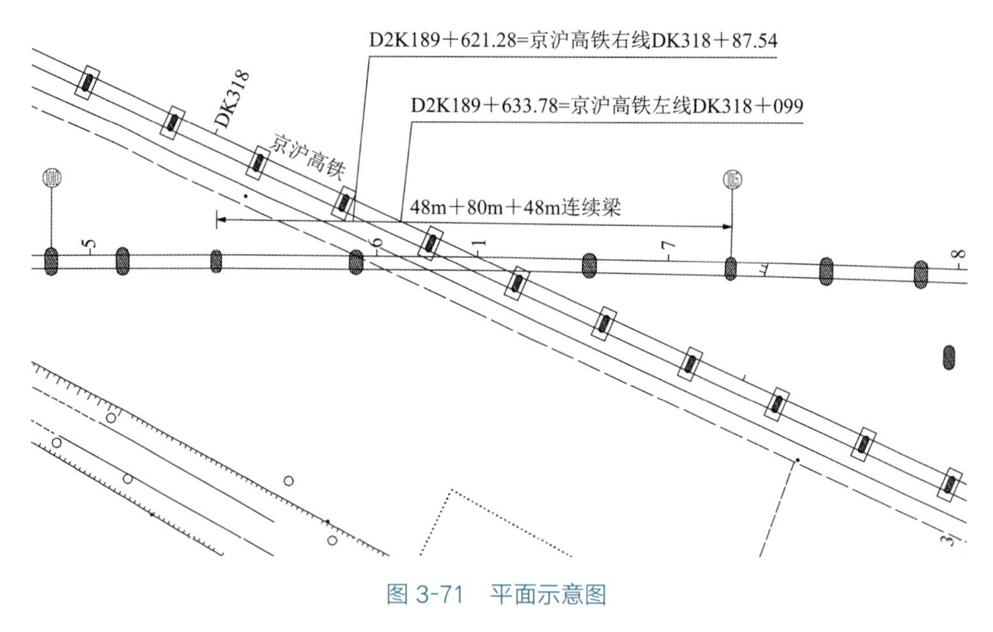

图 3-71　平面示意图

2）工程地质和水文地质概况

（1）工程地质条件

桩身及桩尖范围内土层由黏土（110～250kPa）、粉质黏土（130～260kPa）、粉土（110～200kPa）、粉砂（120～200kPa）、细砂（210～300kPa）、中砂（400kPa）等互层组成，无不良地质，地下水位埋深 2.1～9.6m。既有桩基础桩长 44m，采用摩擦桩。

（2）水文地质特征

①桥址区内分布有沟渠，勘测期间 11-ZD-8515 附近沟渠内存在地表水，水深最大约 1.0m，其他沟渠内无地表水。

②桥址区地下水类型为第四系孔隙潜水，勘测期间地下水位埋深 2.10～9.60m（高程 10.82～16.13m）。地下水主要受大气降水补给，排泄方式为人工取水，水位季节变化幅度 1.0～4.0m。

③水质分析。根据“全线水质和土对混凝土结构的侵蚀性评价报告”，地下水对混凝土结构具硫酸盐侵蚀性，环境作用等级 H2，具氯盐侵蚀性，环境作用等级 L1。

3）安全评估内容

本工点安全评估的内容主要包括以下两个方面：

（1）石济桥梁桩基施工、承台基坑开挖、承台施工、基坑回填、桥墩施工、架梁、运营阶段对京沪高铁桥梁附加沉降的影响评估；

（2）石济桥梁桩基施工、承台基坑开挖、承台施工、基坑回填、桥墩施工、架梁、运营阶段对京沪高铁桥梁附加水平变形的影响评估。

4）有限元模型建立

（1）土层参数

土层参数使用的压缩模量的经验公式以及压缩模量的取值原则均按照前文中研究内容为准。根据地质资料以及前文的取值原则，本工点将场地土简化为如下若干个土层，详见表 3-39。

土层参数表　　表 3-39

土层序号	岩土名称	土层厚度（m）	土层深度（m）	基本承载力（kPa）	天然重度γ（kN/m^3）	黏聚力c_q（kPa）	内摩擦角φ_q（°）	压缩模量（MPa）
1	粉土	3	3	120	20	17	32	2.7
2	粉质黏土	4.3	7.3	160	19.7	17	11	5.7
3	粉土	5.9	13.2	140	18.4	10	13	11.7
4	粉砂	6.7	19.9	150	20.5	5	36	27.4
5	粉砂	5.1	25	150	20.5	5	36	31.9
6	细砂	11	36	300	20.5	5	38	41.6
7	粉质黏土	10.5	46.5	260	19.8	20	30	25.0
8	粉土	11.5	58	240	20.8	20	30	114
9	粉质黏土	12	70	250	19.9	20	30	108
10	粉质黏土	20	90	260	21.3	20	30	534

（2）计算模型

采用岩土有限元分析软件 Plaxis 2D 进行模拟。模型宽度为 220m，深度 90m，土体采用土体硬化模型来模拟土的本构关系，桥梁承台、桩基均采用板单元模拟，桥梁上部结构均以均布荷载形式加载在承台上来模拟，桩土之间摩擦关系采用界面单元模拟，界面折减系数取 0.7，土体水平边界采用水平约束，底边界采用固定约束。

（3）施工阶段

计算分以下 9 个施工阶段，分别为：

①施加土层自重和静水压力的初始阶段；

②京沪高铁现状阶段；

③石济客专桩基施工阶段；

④石济客专承台基坑开挖阶段；

⑤石济客专承台施工阶段；

⑥石济客专承台基坑回填阶段；

⑦石济客专桥墩施工阶段；

⑧石济客专架梁阶段；

⑨石济客专运营阶段。

5）安全评估结果分析

根据以上施工阶段，分别计算石济客专施工及运营对京沪高铁的附加影响，计算结果见表 3-40。图 3-72 为各阶段位移曲线图。

评估计算结果汇总表　　表 3-40

施工阶段	建模过程	阶段附加水平位移（mm）	阶段附加竖向位移（mm）	累计附加水平位移（mm）	累计附加竖向位移（mm）
1. 桩基施工	桩基建模	0.13	−0.09	0.13	−0.09
2. 承台基坑开挖	开挖	−0.03	0.04	0.1	−0.05
3. 承台施工	承台建模	0.02	0.02	0.1	−0.05
4. 基坑回填	回填	0.17	−0.08	0.27	−0.13
5. 桥墩施工	桥墩自重加载	0.5	−0.23	0.77	−0.36
6. 架梁	梁重加载	0.42	−0.2	1.19	−0.56
7. 运营	二期恒载加载	0.35	−0.16	1.54	−0.72

注：竖向位移负值为沉降，正值为隆起。

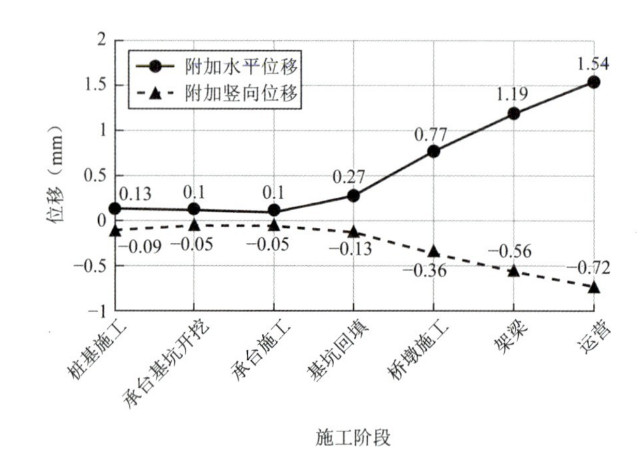

图 3-72　各阶段位移曲线图

综上所述，石济客专景德特大桥上跨京沪高铁沧德特大桥，石济客专 1016 号墩与京沪高铁 K295 号墩，均为简支梁跨，线间距为 42m，石济桥墩施工及运营对京沪桥墩产生的累计附加竖向位移为 0.72mm，附加水平位移为 1.54mm。因此本工点按照 42m 线间距的条件下，石济客专的施工及运营引起京沪高铁桥梁基础竖向位移满足《高速铁路设计规范》（TB 10621—2014）中墩台均匀竖向位移小于 20mm，差异竖向位移小于 5mm 的要求，同时满足墩顶水平位移引起的桥面处梁端水平折角不大于 1.0‰弧度的要求（按照 32m 简支梁计算水平限值最大为 16mm）。同样该评估结果满足高铁无砟轨道平顺性评估标准中经常保养条件下 4mm 的竖向和水平位移要求。

3.6.10　桥梁并行路基地段竖向位移影响评估

1）工点介绍

本工点为石济客专禹齐特大桥并行京沪高铁禹城路基段，石济客专禹齐特大桥为 32m

简支梁桥，京沪高铁为四线路基，如图3-73所示。

选取的评估计算截面为：石济客专385号墩，设计里程D2K385+151.03；京沪高铁为路基，填方7.5m，边坡按1∶1.5放坡，京沪左线与石济右线线间距36m，京沪坡脚边缘距石济桩基边缘为8m。

石济客专385号墩墩高7m，采用8根1m钻孔桩，桩长44m。

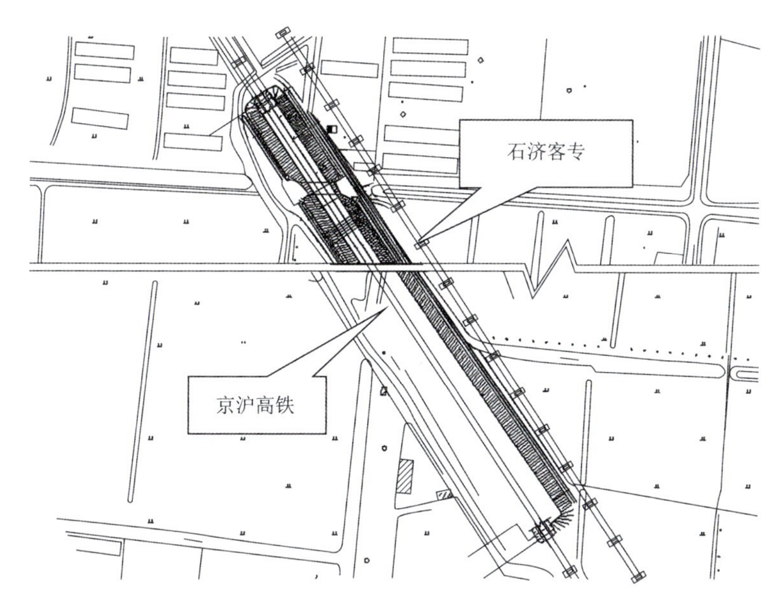

图3-73 平面示意图

2）工程地质和水文地质概况

冲积平原，地形平坦开阔；局部地段分布沟渠，部分渠内有水。该段位于德州市禹城市，多为耕地，建筑物稀疏。

（1）工程地质条件

既有路基土层由黏土（110kPa）、粉土（130kPa）、粉质黏土（150～260kPa）、粉砂（200kPa）、细砂（210～300kPa）等互层组成，无不良地质，地下水位埋深为1.5～2.4m。

（2）水文地质特征

桥址区勘测期间改DK383+245，改DK384+355沟渠内有水，水深0.6～3.0m，多为灌溉水。地下水为第四系孔隙潜水，勘测期间地下水埋深1.5～2.4m，高程16.16～17.51m。地下水主要由大气降水及地表水补给，水位变幅2～3m。

3）安全评估内容

本工点安全评估的内容主要包括以下两个方面：

（1）石济桥梁桩基施工、承台基坑开挖、承台施工、基坑回填、桥墩施工、架梁、运营阶段对京沪高铁桥梁附加沉降的影响评估；

（2）石济桥梁桩基施工、承台基坑开挖、承台施工、基坑回填、桥墩施工、架梁、运营阶段对京沪高铁桥梁附加水平变形的影响评估。

4）有限元模型建立

（1）土层参数

土层参数使用的压缩模量的经验公式以及压缩模量的取值原则均按照前文中的研究内容为准。根据地质资料以及前文的取值原则，本工点将场地土简化为如下若干个土层，详见表 3-41。

土层参数表　　表 3-41

土层序号	岩土名称	土层厚度（m）	土层深度（m）	基本承载力（kPa）	天然重度γ（kN/m³）	黏聚力c_q（kPa）	内摩擦角φ_q（°）	压缩模量（MPa）
1	黏土	4.6	4.6	110	19	20	15	4.4
2	粉土	6.4	11	130	20	20	20	10.7
3	粉质黏土	9	20	150	20	20	20	14.7
4	细砂	5	25	210	20.5	5	36	40.9
5	粉质黏土	13	38	200	20	20	15	26.6
6	细砂	10	48	300	20.5	5	38	67.4
7	粉砂	7	55	200	20.5	5	36	90.0
8	细砂	5	60	300	20.5	5	38	150.0
9	粉砂	12	72	200	20.5	5	36	135.0
10	粉质黏土	18	90	260	21.3	20	30	450.0

（2）计算模型

采用岩土有限元分析软件 Plaxis 2D 进行模拟。模型宽度为 220m，深度 90m，土体采用土体硬化模型来模拟土的本构关系，桥梁承台、桩基均、路基 CFG 桩均采用板单元模拟，桥梁上部结构均以均布荷载形式加载在承台上来模拟，桩土之间摩擦关系采用界面单元模拟，界面折减系数取 0.7，土体水平边界采用水平约束，底边界采用固定约束。

（3）施工阶段

计算分以下 9 个施工阶段，分别为：

①施加土层自重和静水压力的初始阶段；

②京沪高铁现状阶段；

③石济客专桩基施工阶段；

④石济客专承台基坑开挖阶段；

⑤石济客专承台施工阶段；

⑥石济客专承台基坑回填阶段；

⑦石济客专桥墩施工阶段；

⑧石济客专架梁阶段；

⑨石济客专运营阶段。

5）安全评估结果分析

根据以上施工阶段，分别计算石济客专施工及运营对京沪高铁的附加影响，计算结果见表 3-42。图 3-74 为各阶段位移曲线图。

评估计算结果汇总表 表 3-42

施工阶段	建模过程	阶段附加水平位移（mm）	阶段附加竖向位移（mm）	累计附加水平位移（mm）	累计附加竖向位移（mm）
1. 桩基施工	桩基建模	0.14	–0.06	0.14	–0.06
2. 承台基坑开挖	开挖	–0.02	0.17	0.12	0.11
3. 承台施工	承台建模	0.01	–0.03	0.13	0.08
4. 基坑回填	回填	0.43	–0.27	0.56	–0.19
5. 桥墩施工	桥墩自重加载	0.19	–0.13	0.75	–0.32
6. 架梁	梁重加载	0.7	–0.46	1.45	–0.78
7. 运营	二期恒载加载	0.64	–0.45	2.09	–1.23

注：竖向位移负值为沉降，正值为隆起。

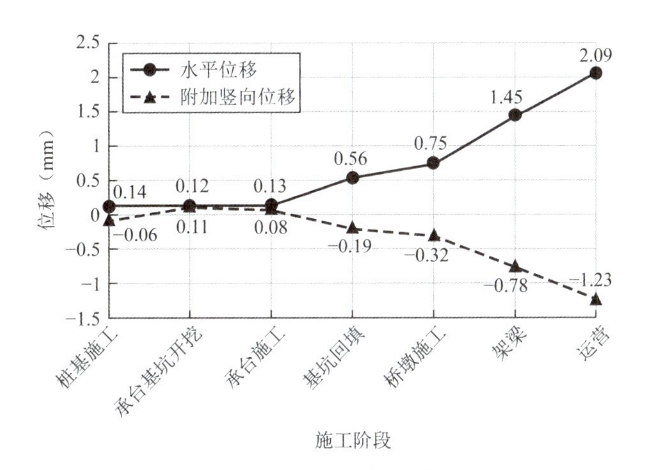

图 3-74 各阶段位移曲线图

综上所述，石济客专禹齐特大桥并行京沪高铁禹城路基段，京沪左线与石济右线线间距 36m，京沪坡脚边缘距石济桩基边缘为 8m，石济桥墩施工及运营对京沪路基产生的累计附加沉降为 1.23mm，附加水平变形为 2.09mm。因此本工点按照 36m 线间距的条件下，评估结果满足高铁无砟轨道平顺性评估标准中经常保养条件下 4mm 的竖向和水平要求。

3.6.11 安全影响评估结果汇总

附加竖向位移影响汇总表如表 3-43 所示。

石济客专施工对既有京沪高铁附加竖向位移一览表 表 3-43

序号	工点名称	线间距（m）	适用情况	附加竖向位移评估值（mm）
1	32m 简支梁（10m 墩高）	25	普通地段，石济客专普遍墩高 10m 左右，简支梁对简支梁典型代表	−1.47↓
		30		−1.16↓
		35		−0.83↓
		50		−0.41↓
2	32m 简支梁（大于 10m 高墩）	25	普通地段，石济客专墩高大于 12m，简支梁对简支梁典型代表	−1.27↓
		30		−1.16↓
		35		−0.93↓
		50		−0.46↓
3	徒骇河	25	大跨连续梁（40 m + 64 m + 40m）对简支梁典型代表	−1.76↓
4	禹齐特大桥跨 353 省道	30	大跨连续梁（48m + 80 m + 48m）对连续梁（48 m + 80 m + 48m）典型代表	−1.85↓
5	德州东站小里程王官中桥并行京沪刚构中桥	50	框构对框构典型代表	−0.73↓
6	104 国道	40	四线并行段落，大跨连续梁（40 m + 64 m + 40m）对大跨连续梁（40 m + 64 m + 40m）典型代表	−2.46↓
7	石济景德特大桥上跨京沪沧德特大桥	42	交叉段落，石济客专墩高大于 20m，简支梁对简支梁典型代表	−0.72↓
		55		−0.35↓
8	石济客专禹齐特大桥并行京沪禹城路基段	36	桥对路的典型代表	−1.23↓

根据计算结果可以看出，新建石济客专桥梁工点施工对既有京沪高铁的桥梁、路基存在一定的影响。由于石济客专的加载作用，将会引起既有京沪高铁的附加沉降，数值在−0.35～−2.46mm。

3.6.12 安全施工影响分析

1）预警值的确定

经研究，采用京沪高铁相邻桥墩的差异竖向位移指标作为预警值（基于项目实施期规范），具体数值如下：

（1）普通工点

普通工点预警值见表 3-44。

普通工点预警值（单位：mm） 表 3-44

监测段落类别	黄色预警限值	橙色预警限值	红色预警限值
简支梁段落	1.9	2.6	2.8

（2）特殊工点

特殊工点预警值见表 3-45。

特殊工点预警值（单位：mm） 表 3-45

监测段落类别	黄色预警限值	橙色预警限值	红色预警限值
连续梁段落	2.3	2.7	2.9

2）安全施工作业

考虑京沪高铁运营通车后，列车时速高，沉降要求严格，并行范围长，施工期间钻机、吊机作业等势必对京沪高铁运营产生影响，根据既有京沪高铁管理部门规定，此类施工按照对京沪高铁行车安全的影响，属于 A 类施工范畴，可能发生的问题主要包括：

①起重机高度大于起重机至铁路限界之间距离的施工；

②在铁路保护区内使用铲车铲土、挖掘机挖土、推土机推土首日施工；

③架桥机架梁、汽车起重机架梁时设备或梁体翻落可能侵入限界的施工；

④现浇桥梁施工机械设备翻落可能侵入限界的施工；

⑤靠近线路侧进行搭设脚手架、鹰架等施工；

⑥倾倒后可能侵入限界的钻孔桩机、打桩机等安装和拆卸施工；

⑦施工机械倾覆、旋转、塌架等可能侵入限界或影响接触网安全的其他施工。

（1）起重机作业

按照起重机施工机械倾覆、旋转等可能侵入京沪高铁箱梁梁体或影响接触网安全进行分析，以确定合理的线间距。

根据统计，本段并行段京沪高铁和石济客专平均桥高为 11m，其中梁顶至地面平均高度为 10m。

基本数据：钢筋笼长 16.5m，吊索长 5m，钢筋笼距离地面 1m，终起吊高度为 23m。

施工时可能发生吊索断裂、起重机失稳倾覆（图 3-75）两种情况。

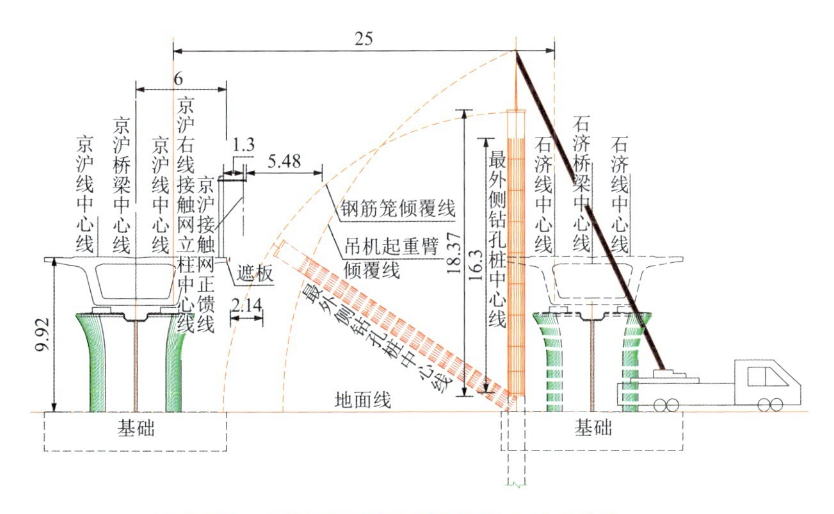

图 3-75 起重机失稳倾覆示意图（尺寸单位：m）

①吊索断裂，钢筋笼从起重机掉落下来向京沪高铁倾覆；

②起重机失稳，吊杆向京沪高铁倾覆。

钢筋笼倾覆和起重机失稳吊杆倾覆两种情况的倾覆曲线，以钢筋笼倾覆为最不利，考虑起吊高度、钢筋笼吊装位置等变化因素，钢筋笼倾覆时再增加 2m 安全距离，京沪高铁与石济客专相邻线之间的线间距按照 25m，可以确保与京沪高铁并行段基础施工时高铁的运营安全（图 3-76）。

图 3-76　起重机位置

（2）钻机作业

钻机大臂长 17m，钻头高 1.5m，钻头距离地面 1.5m，钻机作业时总高度为 20m，旋转半径为 4m。如图 3-77 所示，钻杆倾覆时，若考虑 2m 安全值，则相邻线最小线间距需要 25m。

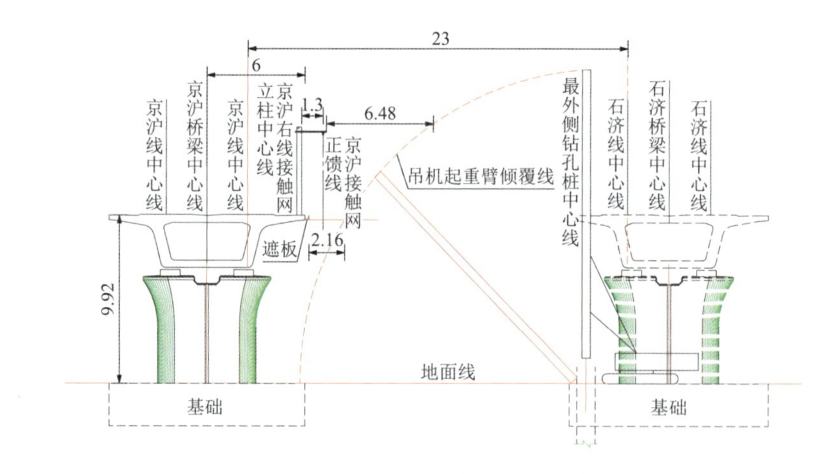

图 3-77　钻机失稳倾覆示意图（尺寸单位：m）

3）并行地段指导性施工方案

（1）施工前，应严格按照《铁路运输安全保护条例》（国务院令 639 号）、《铁路营业线施工安全管理办法》（铁运〔2012〕280 号）及京沪高铁管理部门相关规定等要求，做好施工前相关报批工作。

（2）施工过程中，距离京沪高铁两侧各 100m 范围内严禁基坑抽水作业，指导性施工方案：一般地段及河中墩台基础施工时，基坑开挖可根据基坑深度、水位高低，采取止水钢板桩或钻孔防护桩＋止水帷幕的基坑防护施工方案；基坑底部可采用封底混凝土或旋喷桩止水帷幕封底。墩台位于鱼塘中时，基坑开挖可按草袋围堰＋钢板桩基坑防护＋止水帷幕＋旋喷桩封底方案考虑。

（3）本线施工过程中，应建立并行地段对京沪高铁桥梁变形观测的监测体系，建议对京沪高铁桥梁变形观测进行连续自动化监测，通过监测数据实时分析、预测和反馈，监测施工对京沪高铁的影响，以确保京沪高铁的运营安全。

（4）施工单位应根据监测方案制定的预警值，动态调整施工方案并制定相应紧急预案，确保施工过程中京沪高铁的运营安全。

（5）施工前应根据相关施工规范和施工技术指南要求，认真做好基础施工工艺控制，严防塌孔；施工机械、材料堆载及施工便道应在远离京沪高铁侧；为减少桩基础施工对京沪高铁影响，建议跳桩施工，按照“钻一根，灌一根，待桩身混凝土达到一定强度后，再施工相邻桩基”的原则施工。

（6）施工机械、临时堆载应在远离京沪侧进行，以免对京沪造成影响。

（7）邻近京沪高铁一侧两排桩基施工时钢护筒应适当跟进。

（8）严防钻机、起重机、架桥机等侵限作业和倾倒。

3.6.13 安全影响评估建议

本评估执行项目实施期规范。

（1）综合以上沉降分析及安全施工影响，对于桩身及桩尖范围内土层由粉质黏土（140～260kPa）、粉土（130～210kPa）、细砂（300kPa）、粉砂（200kPa）、黏土（220kPa）等互层组成，无不良地质，地下水位埋深为1.5～2.4m范围内条件下。并行高铁桥梁推荐线间距如下：

①既有京沪高铁为32m简支梁，石济客专修建桥梁，推荐相邻线线间距为25m。

②既有京沪高铁为（48 m＋80 m＋48m）大跨连续梁，石济客专修建（48m＋80m＋48m）大跨连续梁，推荐相邻线线间距为35m。

③既有京沪高铁为刚构中桥，石济客专修建刚构中桥，推荐相邻线线间距为50m。

④既有京沪高铁为路基，石济客专修建桥梁，推荐相邻线线间距为35m。

（2）由于并行京沪高铁段落太长，如果石济客专修建路基，建议前期选择几处代表性工点按照路基断面进行堆载实验，同时对京沪高铁进行观测，避免石济客专修建路基对京沪高铁轨道产生不利影响。

（3）石济客专施工期间禁止抽水作业或采取隔水措施，防止水位降低引起地层沉降对京沪高铁轨道产生影响。

（4）石济客专桥梁施工期间采用钢板桩的防护措施，减少基坑开挖面，同时坑底位于地下水位以下，应采用封底混凝土进行止水。

3.7 富水软土地区下穿高铁工程安全影响评估案例

3.7.1 翠亨路下穿京津城际铁路及京沪铁路立交工程概况

天津市武清区翠亨路下穿京津城际铁路及京沪铁路立交工程，设计起止桩号K0＋000～K0＋459.34，路线全长459.34m；设计内容包括道路工程、翠亨路下穿京沪铁路的顶进框构、下穿京津城际铁路刚构连续梁桥下的封闭式路堑、设计段落内其他封闭式路堑、一支渠的钢筋混凝土箱涵以及相关配套设施工程如：设计范围内排水、泵站、泵房、照明预留等。

翠亨路下穿京津城际铁路及京沪铁路立交工程设计方案总平面如图3-78所示，立体效果如图3-79所示。

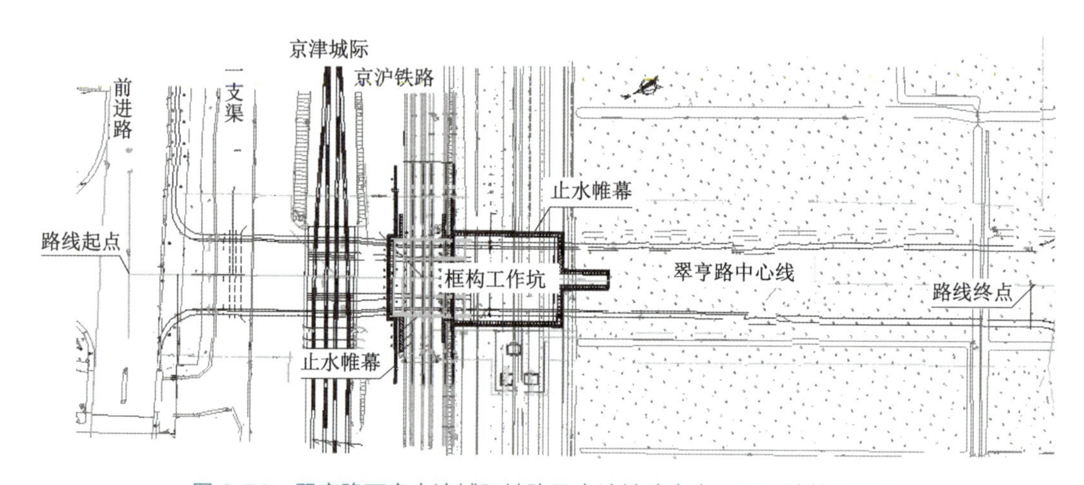

图3-78 翠亨路下穿京津城际铁路及京沪铁路立交工程设计总平面图

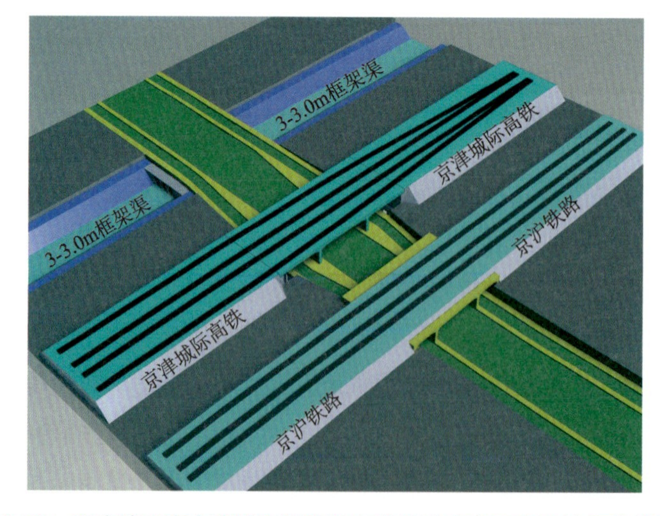

图3-79 翠亨路下穿京津城际铁路及京沪铁路立交工程设计方案效果图

1）既有高铁工程现状

（1）京津城际铁路

①京津城际铁路现状

本工程位于京津城际铁路武清站东侧咽喉区，道路中心距武清站最近站台边缘约 138m，既有京津城际铁路与路线交叉里程为 K0 + 106.915。在该处城际线路由 2 条正线及 2 条到发线组成，2 条正线为无砟轨道线，线间距 5.0m，到发线为有砟轨道线。京津城际铁路为翠亨路预留了 16 m + 20 m + 16m 刚构连续梁桥，桥长 56.8m，桥上轨面高程 11.50m，梁底最低点高程为 9.36m，承台顶高程为 2.36m，刚构连续梁中桥下地面高程为 4.35m，梁底距离地面高 5.01m，两侧为路基。城际运营的刚构连续梁中桥中心里程为 JJK84 + 761.66，两桥台台尾的里程分别为 JJK84 + 733.26、JJK84 + 790.06。

京津城际铁路路基侧排水沟至城际翠亨路中桥处中断，路基两侧排水沟排水通过刚构中桥下排至一支渠。刚构桥横断面布置如图 3-80、图 3-81 所示。

图 3-80　16m + 20m + 16m 刚构连续梁

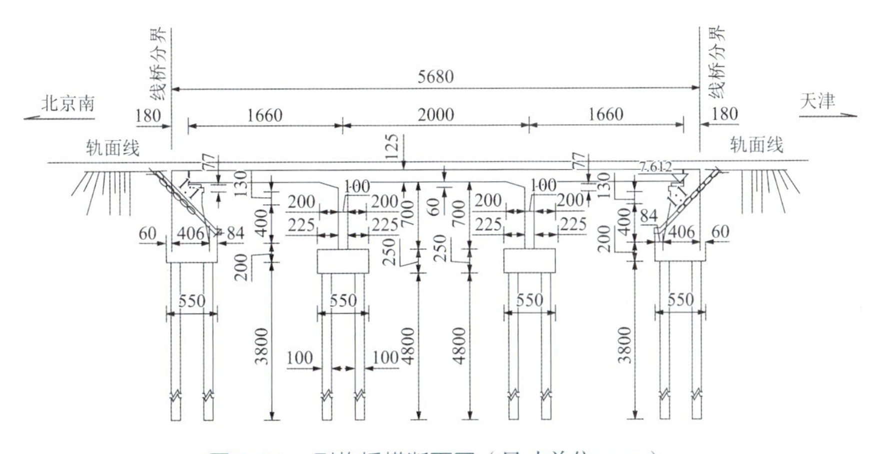

图 3-81　刚构桥横断面图（尺寸单位：cm）

②京津城际铁路沉降概述

a. 区域沉降

武清沉降段（JJK83 + 007～JJK86 + 800）在 2008 年 8 月开通运营以来段落内区域地

面在 2007 年 3 月至 2010 年 12 月存在 80.2～80.7mm 的沉降，沉降趋势明显；段落内差异沉降明显，特别是翠亨路中桥附近产生了较大的不均匀沉降，差异沉降变化值有所变小，但是累计差异沉降值还在进一步加大。

b. 翠亨路中桥及两侧路基总沉降

本工程影响范围内（JJK84 + 236.66～JJK85 + 061.66）最大的总沉降值（2007 年 10 月至 2011 年 8 月）222.3mm，发生在 JJK84 + 386.66 处，距离翠亨路中桥北京方向桥台 350m。

而翠亨路中桥北京方向端桥头路基 JJK84 + 736.66 处与翠亨路刚构中桥桥台处 JJK84 + 686.66 差异沉降达到 25.9mm，距离间隔 50m；在翠亨路刚构中桥天津方向桥台 JJK84 + 786.66 与翠亨路中桥天津端桥头路基 JJK84 + 836.66 差异沉降达到 29.4mm，距离间隔 50m；短距离内如此大的差异沉降也是造成 2009 年 6 月底座板和轨道板离缝的主要原因。

c. 京津城际铁路翠亨路中桥的工程预留情况

京津城际铁路翠亨路刚构中桥建设之初为翠亨路预留了平面通过条件，基础设计考虑了承台两侧车道的路面荷载以及车辆荷载，按照换算土柱后静载加在承台与桩基上。

本次施工图设计中，考虑地下水位较高，因此刚构连续梁中桥下为封闭式路堑（U 形槽）设计，车道的路面荷载及车辆荷载均作用在 U 形槽上，U 形槽两侧不放置在桥墩承台上，从而减小了桥墩承台的荷载大小，优化了预留条件。

依据原始设计计算数据，该处桥墩的工后沉降为 15.8mm，桥台的工后沉降 13.8mm。

（2）既有京沪铁路

路线向南分别与京沪铁路Ⅲ线、京沪铁路下行线、京沪铁路上行线交叉，线间距依次为 5.37m，4.01m，交叉处轨面高程分别为京沪铁路Ⅲ线 9.124m，京沪铁路下行线 9.584m，京沪铁路下行线 9.564m。京沪铁路为有砟铁路，轨道类型为 60Kg。既有京沪铁路为电气化铁路，该处接触网形式为硬横跨，基础埋于路肩两侧。京津城际铁路与既有京沪铁路位置关系如图 3-82 所示。

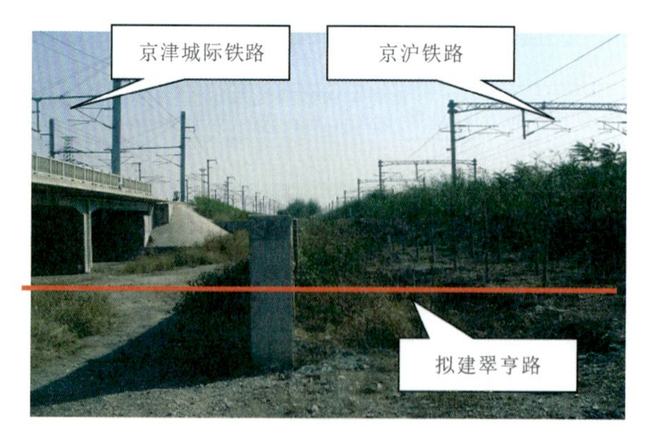

图 3-82　京津城际铁路与既有京沪铁路

2）武清区翠亨路下穿京沪铁路框架桥设计概况

武清区翠亨路采用（8.5m + 17 m + 8.5m）框构下穿京沪铁路，框构轴向长 38.88m（包括悬臂及平衡重部分)，总宽38.0m，框构就位后前端(框构中轴)至既有京津城际铁路框架中桥边缘为20.42m，前悬臂至京沪III线中心线的距离9.7m，尾端(框构中轴)距离京沪上行线距离为19.6m，京沪III线与京津城际铁路靠近京沪线最近股道的距离为32.84m。

预制框构的工作坑(止水帷幕内侧)沿框构轴向方向长54.53m，宽43.44m，基坑边缘(止水帷幕内侧)距离京津城际铁路路基坡脚距离为42.7m，距离京沪上行中心线距离为10.06m。

框架桥桥址平面如图3-83所示。

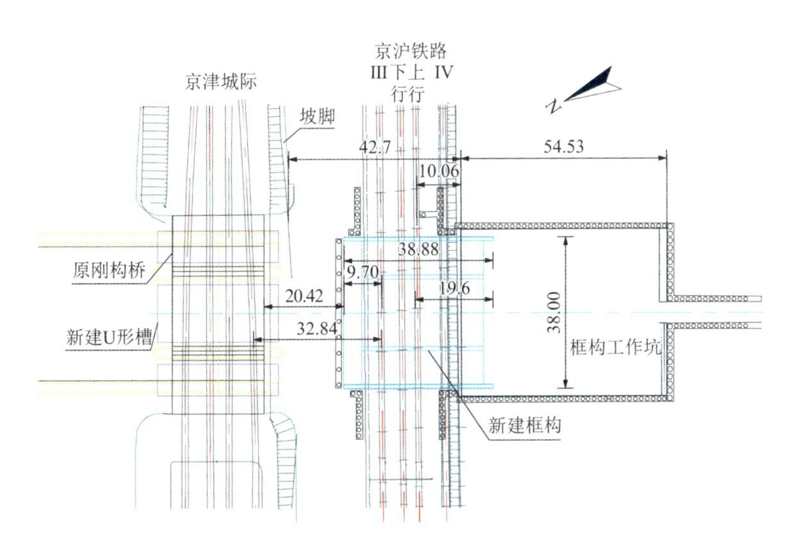

图3-83 框架桥桥址平面图(尺寸单位：m)

(1)下穿京沪铁路框架桥结构

主要设计尺寸如表3-46所示。顶进框架桥横断面设计图如图3-84所示。

翠亨路下穿京沪铁路主体结构主要尺寸表 表3-46

建筑物名称	结构跨度(m)	顶板厚度(cm)	底板厚度(cm)	边墙厚度(cm)	平面角度	底板顶高程(m)	净高(m)	轴向长度(m)	结构总高度(m)
京沪铁路框构	8.5+17+8.5	100	110	100	89°29′	1.524	5.8	38.88	7.9

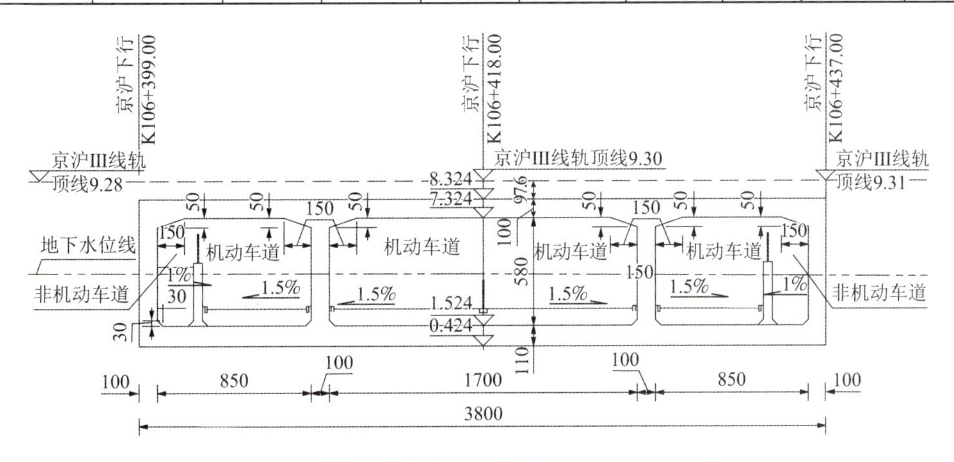

图3-84 框架桥横断面设计图(尺寸单位：cm)

（2）附属结构及工程

①工作坑

工作坑范围地下水埋深 1.65～2.60m（高程 3.15～4.36m），地下水位较高，施工期间为避免降水引起京津城际铁路沉降，因此要求工作坑防护及止水要兼顾既有京沪铁路及京津城际铁路产生的不利影响。

工作坑尺寸的开挖边缘线距既有京沪上行铁路路肩 5.4m，铁路侧基坑开挖边坡坡率采用 1：1，并网喷 20cm 厚 C20 混凝土进行防护，工作坑两侧支护桩采用直径 1.25m 的钻孔灌注桩，桩长 21m，间距 1.5m；工作坑出土道的支护桩采用直径 1.25m 钻孔灌注桩，间距 1.5m，桩长 20m；支护桩及后背桩外侧采用两排直径 60mm 的旋喷桩止水帷幕，止水帷幕桩长 18.0m，桩底位于透水性较低的粉质黏土层。基坑底宽 33.6m，基坑底长 41.94m；坑底面做成尾低头高的仰坡，以减免顶进中出现“扎头”。

由于工作坑开挖及框构预制等工程的施工工期较长，为减少工作坑降水对既有京沪铁路及京津城际铁路路基的影响，在工作坑前端距离京沪上行线 10.06m 处设置双排止水帷幕，桩直径 60cm，桩间距 0.4m，桩长 19m，范围框构两侧各 20m，并工作坑周围形成闭合的止水帷幕，同时基坑下旋喷桩咬合封底，桩长 8.0m。在京津城际铁路与京沪铁路之间，距离京沪III线 12.0m 处设置直径为 60cm 旋喷桩止水帷幕，三排，桩间距 0.4m，桩长 21m，止水帷幕防护长度为框构及两侧各 63m，止水帷幕与京津城际铁路到发线的最近距离 19.33m。本工程由于地下水位较高，为保证框构顶进过程中施工安全，在既有京沪线两侧采用降水井降水措施，在框构顶进前端同样设置降水井，降水井直径 0.35m，以保证框构顶进过程中地下水降至底板底以下 0.5m。在京津城际铁路与京沪铁路之间的止水帷幕外侧，即靠近京津城际铁路侧，设置观测井及回灌井，确保该区域的水位不发生变化。

②地基加固

本工程地质较差。为满足基础压应力要求，底板以下需要处理 6.0m，高程至−6.276m。

a. 基坑地基加固：为便于施工，工作坑滑板底及到距离既有线 10.6m 范围采用直径 60cm 高压旋喷桩桩对地基进行加固，桩间距 0.4m，桩底高程为−6.276m，高压旋喷桩除加固地基外，还兼有工作坑封底的作用，加固后的地基承载力应 ≥ 200kPa。

b. 顶进框构地基加固及两侧路基加固：在京沪铁路顶进框构下及框构两侧各 15m 范围内采用压浆固化对地基进行加固，压浆固化深度需穿透软土层至框构底板底以下 9.0m，注浆后的地基承载力应满足 120kPa，设计地基承载力为 108kPa。

注浆拟采用二重管无收缩 WSS 工法，对轨道路基边缘进行超前注浆加固。施工时从轨道两侧进行地面放射性注浆加固，加固注浆深度为框构顶板以下 3m 至框构底板以下 9m，加固宽度京沪III线线路中心外侧 12m，京沪上行线线路中心外侧 12m。

3）武清区翠亨路下穿京津城际铁路封闭式路堑工程概况

（1）封闭式路堑 U 形槽主体结构

京津城际铁路连续刚构下设置为一个主 U 形槽，两个边 U 形槽；其余一般地段为一

表层粉土：褐黄色，软塑，含少量姜石，厚 2.0m，$\sigma_0 = 90kPa$；粉质黏土：褐黄色，软塑，含少量姜石，厚 2.8m 左右，$\sigma_0 = 110kPa$；黏土，褐灰色，硬塑，6.0m 以下软塑，含粉砂夹层，厚 3.9m 左右，$\sigma_0 = 85kPa$；粉质黏土：灰褐色，软塑，局部含粉土薄层，厚 3.1m 左右，$\sigma_0 = 110kPa$；黏土：灰白色，软塑，局部含粉土薄层，厚 2.7m，$\sigma_0 = 85kPa$；粉质黏土：褐黄色，软塑，含锈斑，厚 5.9m 左右，$\sigma_0 = 140kPa$。

（4）地质构造

天津地区位于华北平原沉降带的东北部、纬向构造体系和新华夏构造体系的交接部位。基底构造复杂，区域性深大断裂发育，地震频繁。市区内主要断裂有海河断裂、大寺断裂、天津北断裂、天津南断裂、宜兴埠断裂等，但活动时代较老，它们最新活动不会晚于晚更新世，全新世以来无明显活动，且有巨厚的新生界第四系和第三系沉积层覆盖。因此，地质构造对工程影响不大。

（5）岩土施工工程分级

素填土、粉质黏土、黏土、粉土、淤泥质土：II级；粉砂：I级。

（6）地震动峰值加速度

地震动峰值加速度为 0.15g（地震基本烈度为VII度）。

（7）土壤最大冻结深度

土壤最大冻结深度为 0.70m。

（8）水文地质条件

本工程区域的河流属海河水系。勘测期间线路 K0 + 49.3 为水渠，水渠宽 33m，水深 2.0～2.5m，淤泥厚 0.5～1.0m。根据水质分析，地表水（水渠）对混凝土具硫酸盐侵蚀性，环境作用等级 H1，具氯盐侵蚀性，环境作用等级 L2。

本工程区域的地下水为第四系孔隙潜水，勘测期间地下水埋深 1.65～2.60（高程：3.15～4.36m），主要靠大气降水及地表水下渗补给，水位变幅 1.0～2.0m。经取地下水样分析，桥址区范围内地表水对混凝土结构具硫酸盐侵蚀性，环境作用等级 H1，具氯盐侵蚀性，环境作用等级 L2；工点范围内土对混凝土结构不具侵蚀性，抗浮水位：4.5m。

各土层的渗透系数：

黏土、淤泥质土$k = 0.01m/d$；

粉质黏土$k = 0.05m/d$；

粉土$k = 0.6m/d$；

粉砂$k = 2.0m/d$。

（9）不良地质

软土：淤泥质黏土在勘察范围内普遍分布，层底埋深 1.8～4.6m，层厚 0.7～2.8m；淤泥质粉质黏土在勘察范围内呈透镜状分布，层底埋深 8.1m，层厚 2.9m。

不良地质：K0 + 340～K0 + 380 粉砂为地震可液化层，层厚 7.2m，呈透镜状分布。

沿线普遍分布淤泥、淤泥质黏土，最大埋深 8.1m，其具有含水量高、压缩性高、透水性差和强度低的特点。浅层黏性土含水量高、孔隙比大，具有软土的特性。

3.7.2 项目安全评估工作的主要内容

1）评估阶段

本项目工作阶段为施工阶段的安全评估。

2）评估对象

针对立交桥梁的特殊性，考虑到高铁运营安全的重要性，本次安全评估对象主要为下穿立交施工对京津城际铁路的安全风险评估，同时兼顾对京沪铁路安全风险评估。

由于下穿立交框架和U形槽施工及运营中的自身安全也会严重影响到运营铁路线路安全，因此评估对象的基础也包括立交结构自身安全性评估。

3）评估目标

通过安全评估，识别新建工程施工及运营状态对高铁运营存在的潜在风险因素（危险源），评价主要危险源的危险等级，提出施工、监控等层面的风险处理措施，将各类风险降到可接受水平（合理控制区域），以达到确保核心安全的目的。

4）评估方法

采用危险性分析方法开展定性和定量的安全评估。

在危险源分析中，主要依托专家调查法，通过风险交流过程，对比类似工程风险研究成果，初步明确可能存在的危险源。风险交流是指通过研究者和相关人员（业主、使用者、其他领域专家等）进行广泛深入的交流，从不同角度的风险认识差异中获得涵盖面更为广泛的风险感受。风险交流不仅应用于危险源分析，也将贯穿于整个评估过程的动态研究过程。

在危害性分析中，采用定性与定量分析相结合方法开展。定性分析依托风险交流和专家调查而开展。定量分析由研究者通过经验计算公式与复杂有限元模型相结合的方法开展数值模拟计算来实现。定量与定性相结合的方法目的是能从理论和实践上获得对危害程度科学判断。

5）参与人员

在本项目中由于研究涉及桥梁工程、岩土工程、路基工程、地质工程等多个技术专业，各专业的专家调查与风险交流需要开展充分协调，进行综合分析与评估。为确保安全评估工作的准确性和客观性，主要风险识别与评估工作由上述专业从业 10 年以上、对工程风险有足够认识度的专家和设计人员参与完成。

6）具体评估内容

依据相关参考规范指南要求，根据与设计单位开展的动态风险交流结果，结合本工程特点而拟定的主要专项评估内容包括以下几个方面。

（1）施工降水过程引起的京津城际铁路的沉降变化评估。具体包括：框架桥基坑的开挖降水；京沪铁路与京津城际铁路间封闭式挡墙开挖降水；一支渠 3 孔 3m 排水涵基坑开挖降水等分项工程。

（2）各种施工防护措施、地基处理、本体施工对既有京津城际铁路桥梁、路基的安全性评估。

3.7.3 翠亨路下穿京津城际铁路及京沪铁路立交工程对高铁影响的危险性预分析

1）危险源及危害性分析

（1）施工阶段危险源分析

本工程施工阶段对京津城际铁路潜在安全影响由正常施工和非正常施工两种状态决定。依据专家调查、同类工程比较开展研究，识别出的主要危险源及其危害性前期分析结果参见表 3-48。

下穿立交施工阶段主要危险源及其危害性前期分析结果　　表 3-48

序号	危险源描述	危害情况	危害性	发生概率	可预兆性	可探测性
1	止水帷幕缺陷	引起京津城际铁路路基变形，诱发高铁运营事故	1～5（需定量分析）	4（可能）	2（有一定预兆）	4（可通过人工及设备探测）
2	基坑开挖、与支护、地基处理施工	引起京津城际铁路路基或桥梁发生变形，诱发高铁运营事故	2～5（需定量分析）	4（可能）	2（有一定预兆）	4（可通过人工及设备探测）
3	钻孔灌注桩设计	引起京津城际铁路桥梁基础与结构发生变形，诱发高铁运营事故	3（严重）	3（偶尔）	2（有一定预兆）	2（可通过人工探测）
4	结构浇筑及顶推施工	引发路基变形	4（一般）	4（可能）	2（有一定预兆）	4（可通过人工及设备探测）
5	施工机具与设备运输操作不当	对京津城际铁路桥梁发生碰撞或其他干扰	3（严重）	3（偶尔）	1（无明显预兆）	1（无法探测）

（2）运营阶段危险源分析

本工程施工阶段对京津城际铁路潜在安全影响由下穿立交正常运营和非正常运营两种状态决定。依据专家调查、同类工程比较开展研究，识别出的主要危险源及其危害性分析结果见表 3-49。

下穿立交运营阶段主要危险源及其危害性前期分析结果　　表 3-49

序号	危险源描述	危害情况	危害性	发生概率	可预兆性	可探测性
1	下穿框架、U形槽等接缝止水构造失效	引起京津城际铁路路基缓慢变形，诱发高铁运营事故	2（非常严重）	4（可能）	3（有明显预兆）	2（可通过人工探测）
2	失控运营车辆	碰撞并破坏U形槽后造成对高铁桥墩的撞击	3（严重）	3（偶尔）	1（无明显预兆）	1（无法探测）
3	超高车辆通过	碰撞京津城际铁路桥梁梁体	1～2（非常严重～灾难性）	2（不可能）	2（有一定预兆）	1（无法探测）

2）风险曲线描述

通过各类危险源的分析可以了解危险在“空间”上的分布情况。对于主要的风险还需要结合结构的全寿命状态进行“时间”上的描述。与产品的故障率分布的澡盆曲线（Bathtub curve）相近似，桥梁工程的设计-施工-运营-拆除阶段的潜在风险也呈现为一倾斜澡盆曲线。

研究本项目中铁路下穿立交对高铁的关联风险影响，随着立交桥结构的建造和运营过程，其主要潜在风险的倾斜澡盆曲线如图 3-88 所示。

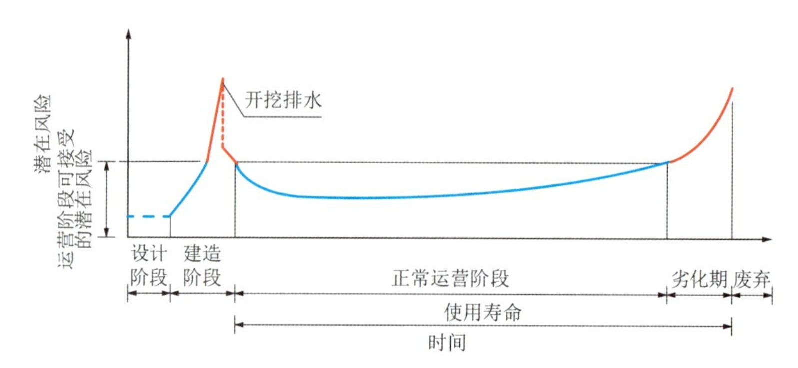

图 3-88　本项目的风险倾斜澡盆曲线描述

在施工初期，随着开挖工程、支护工程、抽水施工的开展，对高铁安全影响的潜在风险逐步积累；在施工中后期，当支护及止水工程正常使用并处于可靠监控后，风险会快速释放。当下穿立交运营阶段，可能由于结构自身的劣化过程，特别是结构止水构造的劣化或破坏导致对高铁运营的潜在风险再一次逐步积累。风险曲线能提示出来对危险源或结构危险的关注应当放在一个更长时间范围内加以考虑。

3）危害性分析

在危险性分析中，核心是危害性的分析和评级，通常需要通过定量的计算来进行客观评价。

通过风险交流过程，确定出本工程的主要风险是由于下穿立交施工的开挖及降水工程对京津城际铁路可能带来不同程度的危害。具体危害程度与引起的路基变形直接相关。同时，京津城际铁路开通运营后路基自身可能已经存在一定程度的变形。为此，需要通过一定的计算分析工作来具体预测出下穿立交施工带来的不利变形情况，以明确实际危害等级，为监测预警和主动安全控制提出风险决策建议。

依托相关计算分析开展的安全性评估，具体工作内容参见后续章节。

3.7.4　翠亨路立交施工降水对京津城际铁路安全性影响评估

1）基于经验公式框算的降水影响分析

（1）不设置止水帷幕时降水对既有高铁的影响

①框架顶进施工降水影响分析

本工况为对比工况，假定翠亨路下穿京沪铁路立交工程中，基坑三面布置降水井，工作基坑中心地下水位应降至工作坑底以下 1m，同时京沪铁路两侧布置降水井，保证顶进施工质量。沉降计算参数见表 3-50。

沉降计算参数表　　表 3-50

参数	数值
天然重度γ（kN/m^3）	19.0
浮重度γ'（kN/m^3）	10.0
E_s（MPa）	9.0
经验系数ξ	1.0

$$S = \xi \sum_{i=1}^{n} \beta_i \frac{\overline{\sigma}_i}{E_i} h_i \tag{3-29}$$

式中：ξ——经验系数；

β_i——泊松比的函数$\beta_i = 1 - \frac{2\nu_i^2}{1-\nu}$；

$\overline{\sigma}_i$——各土层附加应力平均值；

E_i——各土层弹性模量；

h_i——各土层厚度。

京津城际铁路路基计算沉降最大值为 4.4mm。

②U 形槽施工降水影响

在京沪铁路和京津城际铁路之间 U 形槽施工时应降水至 U 形槽底板以下 0.5m，由于京津城际铁路邻近 U 形槽，可近似认为京津城际铁路路基水位降深同 U 形槽施工水位降深，沉降计算参数同表 3-50。

京津城际铁路路基计算沉降最大值为 11.3mm。

③沟渠涵洞施工降水影响

沟渠涵洞现浇施工降水降深 3m，京津城际铁路在影响半径边缘甚至之外，影响有限。

（2）设置止水帷幕后对铁路影响的理论分析

由于工作坑开挖及框构预制等工程的施工工期较长，为减少工作坑降水对既有京沪铁路及京津城际铁路路基的影响，在工作坑前端距离京沪上行线 10.06m 处设置双排止水帷幕，桩直径 60cm，桩间距 0.4m，桩长 19m，范围框构两侧各 20m，并工作坑周围形成闭合的止水帷幕，同时基坑下旋喷桩咬合封底，桩长 8.0m；在京津城际铁路与京沪铁路之间，距离京沪III线 12.0m 处设置直径 60cm 旋喷桩止水帷幕，三排，桩间距 0.4m，桩长 21m，止水帷幕防护长度为框构及两侧各 63m，止水帷幕与京津城际铁路到发线的最近距离 19.33m。在框构顶进前端两个止水帷幕内侧每隔 4.0m，设置降水井，井深均为 17m，并设置水位观测井，井深为 15m，以保证框构顶进过程中地下水降至底板底以下 0.5m。在京津城际铁路与京沪铁路之间的止水帷幕外侧，即靠近京津城际铁路侧，设置观测井及回灌井，确保该区域的水位不发生变化。

止水帷幕布置如图 3-89 所示。

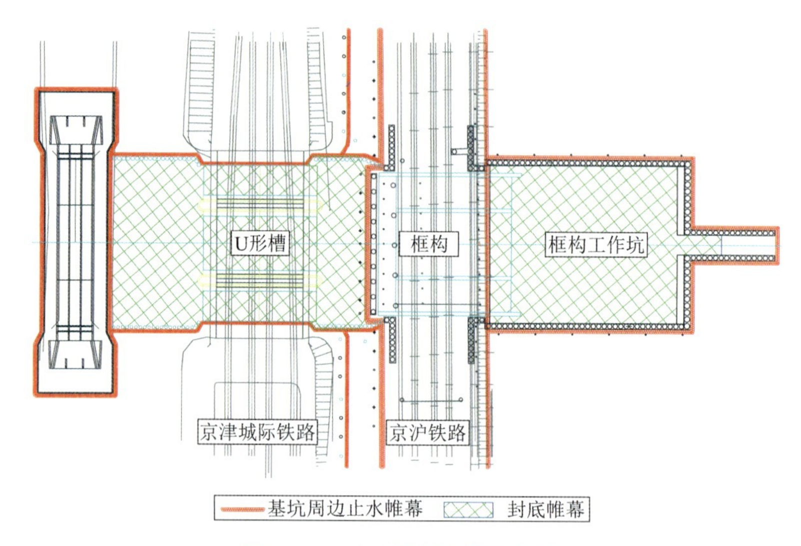

图 3-89　止水帷幕布置示意图

对于设置止水帷幕后，降水施工对建筑物及地表变形影响目前尚无较实用的经验计算公式，仅能从理论上和经验上定性分析止水帷幕的效果。

根据地勘资料，止水帷幕未达到隔水层，因此止水帷幕两侧地下水仍然能相互渗流，但是由于止水帷幕很长，地下水渗流路径得到了很大的延长，水位变化缓慢，土体沉降也变缓。京津城际铁路地基主要为黏土、粉质黏土等，其渗透系数很小，京津城际铁路路基水位变化缓慢，易保证地下水位稳定。理论上分析，如果整个工程施工过程中放在首位的就是要控制施工降水时高铁路基附近水位不变化，这样施工降水对高铁的影响就减少能到最小。因此在保证地下水位稳定条件下，京津城际铁路几乎不产生沉降。

2）基于经验公式和理论分析的评估结果

在不设置止水帷幕的工况下，基坑降水会引起京津城际铁路路基沉降最大值 4.4mm，U 形槽施工降水会引起京津城际铁路路基沉降，沉降最大值为 11.3mm。如果基坑和 U 形槽同时施工降水，京津城际铁路路基可能出现超过 15mm 沉降。从理论上分析，在设置止水帷幕后，在保证地下水位稳定条件下，京津城际铁路路基不会产生过大沉降。

3）基于有限元计算的降水影响分析

（1）常规止水方案分析计算

常规止水方案是指京津城际铁路和京沪铁路之间设置一道止水帷幕且基坑均未做止水封底措施的方案。

①计算模型与工况说明

分析本项目中止水帷幕设置及效果是影响京津城际铁路运营安全的核心因素，对降水影响还需开展更为深入的计算分析工作，以获得更为定量的影响数据。

根据本工程的特点，简化为平面问题进行计算。为消除计算边界效应以及降水影响半径的影响，并且考虑到连续刚构桥桩基的长度，整个模型长度方向上取 500m，高度方向上取 63m。

由于施工方案的可变化性，针对不同的工况进行建模计算，现选取几个代表性工况进行说明。

a. 整个降水影响区域不设置止水帷幕，且基坑、京沪铁路及箱涵处同时降水（以下简称“三处降水”），如图 3-90 所示。

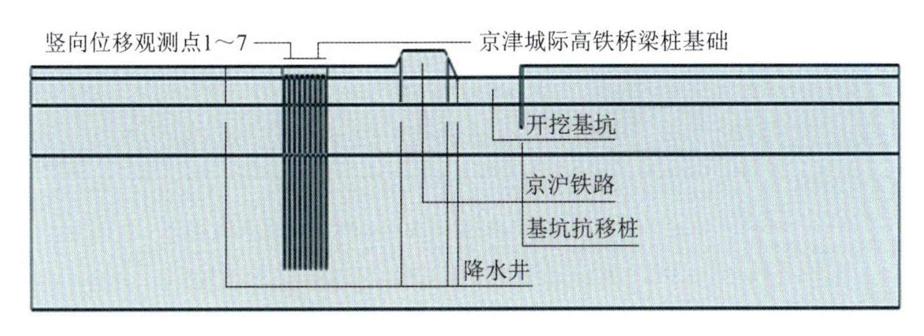

图 3-90　整个降水影响区域内不设置止水帷幕三处降水计算模型

b. 基坑、京沪铁路、U 形槽及箱涵处都设置止水帷幕（以下简称“全止水帷幕”），三处降水计算模型如图 3-91 所示。

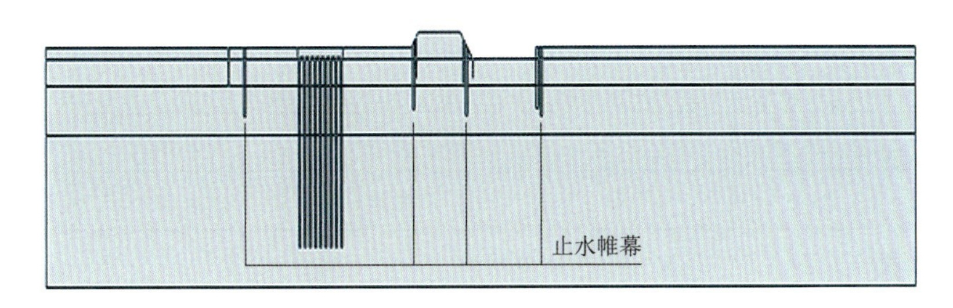

图 3-91　全止水帷幕三处降水计算模型

c. 全止水帷幕，仅基坑降水，计算模型如图 3-92 所示。

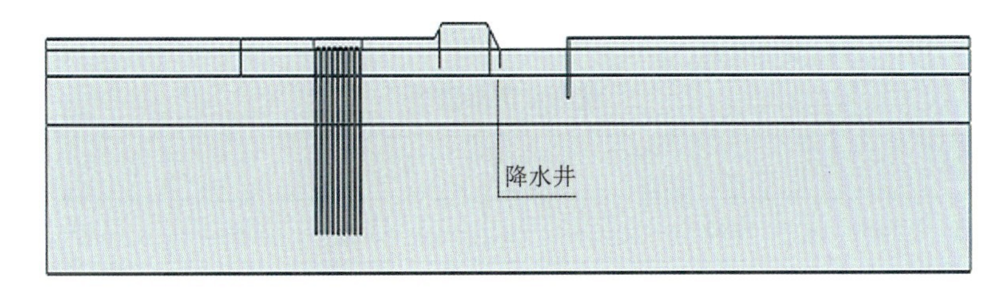

图 3-92　全止水帷幕基坑降水计算模型

d. 全止水帷幕，京沪铁路两侧降水，计算模型如图 3-93 所示。

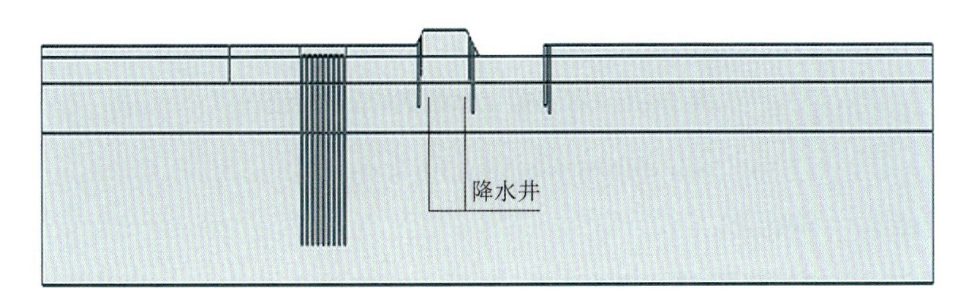

图 3-93　全止水帷幕京沪铁路降水计算模型

e. 全止水帷幕，基坑、京沪铁路两侧降水，计算模型如图 3-94 所示。

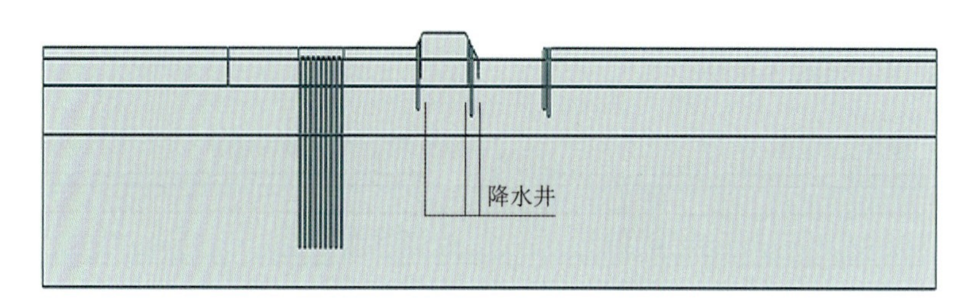

图 3-94　全止水帷幕基坑、京沪铁路降水计算模型

②计算参数

计算时将土、桩基以及止水帷幕视作弹性材料，为便于简化，将整个土由上而下分为三类土，分别为黏土、粉土和粉砂。涉及的材料参数列于表 3-51 中。

材料参数表　　表 3-51

参数名称	密度（t/m³）	弹性模量（MPa）	泊松比	渗透系数（m/s）	孔隙比
黏土	1.9	9	0.3	1×10^{-7}	0.8
粉土	2.0	10	0.24	5×10^{-7}	0.9
粉砂	2.1	11	0.20	1×10^{-6}	1.0

③计算结果

a. 整个降水影响区域不设置止水帷幕

整个降水影响区域内不设置止水帷幕，京津城际铁路桥梁基础部分最大沉降值为 3.03cm，观测点 1～7（观测点位于桩基顶面处，位置参见图 4-2），沉降值见表 3-52，整个区域位移云图如图 3-95 所示。

观测点沉降值表　　表 3-52

观测点	1	2	3	4	5	6	7
沉降值（cm）	3.03	3.02	3.02	3.03	3.02	3.03	3.03

图 3-95　不设置止水帷幕的沉降云图

注：图中 U2 表示沉降，单位为 m，下同。

b. 全止水帷幕三处降水

全止水帷幕，京津城际铁路桥梁基础部分最大沉降值为 7.2mm，观测点 1～7 沉降值见表 3-53。整个区域位移云图如图 3-96 所示。

观测点沉降值表　　表 3-53

观测点	1	2	3	4	5	6	7
沉降值（mm）	7.2	7.2	7.2	7.2	7.2	7.2	7.2

图 3-96　全止水帷幕三处降水沉降云图

c. 全止水帷幕，仅基坑降水

京津城际铁路桥梁基础部分最大沉降值为 1.1mm，观测点 1～7 沉降值见表 3-54，整个区域位移云图如图 3-97 所示。

观测点沉降值表　　表 3-54

观测点	1	2	3	4	5	6	7
沉降值（mm）	1.1	1.0	1.0	1.1	1.1	1.0	1.0

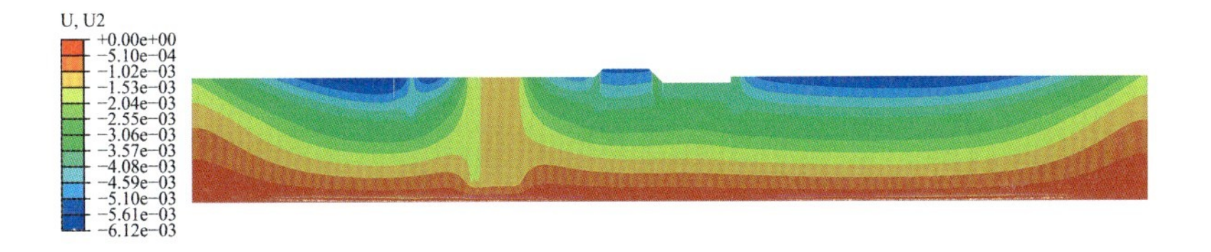

图 3-97　全止水帷幕基坑降水沉降云图

d. 全止水帷幕，京沪铁路两侧降水

京津城际铁路桥梁基础部分最大沉降值为 2.0mm，观测点 1～7 沉降值见表 3-55，整个区域位移云图如图 3-98 所示。

观测点沉降值表　　表 3-55

观测点	1	2	3	4	5	6	7
沉降值（mm）	2.0	1.9	1.9	1.9	1.9	2.0	2.0

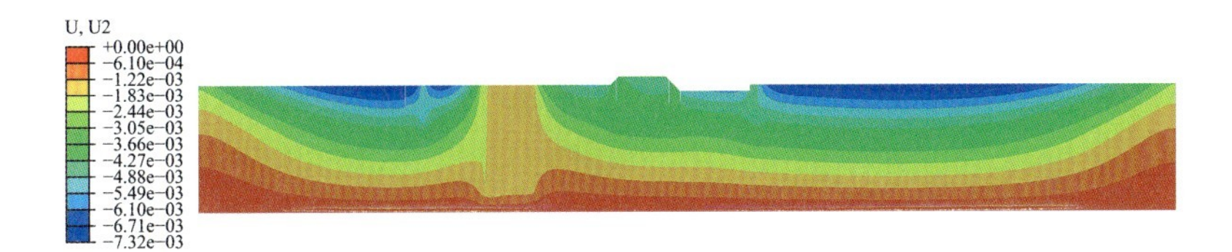

图 3-98　全止水帷幕京沪铁路降水沉降云图

e. 全止水帷幕，基坑、京沪铁路两侧降水

京津城际铁路桥梁基础部分最大沉降值为 3.2mm，观测点 1～7 沉降值见表 3-56，整

个区域位移云图如图 3-99 所示。

观测点沉降值表　　表 3-56

观测点	1	2	3	4	5	6	7
沉降值（mm）	3.2	3.1	3.1	3.1	3.1	3.2	3.2

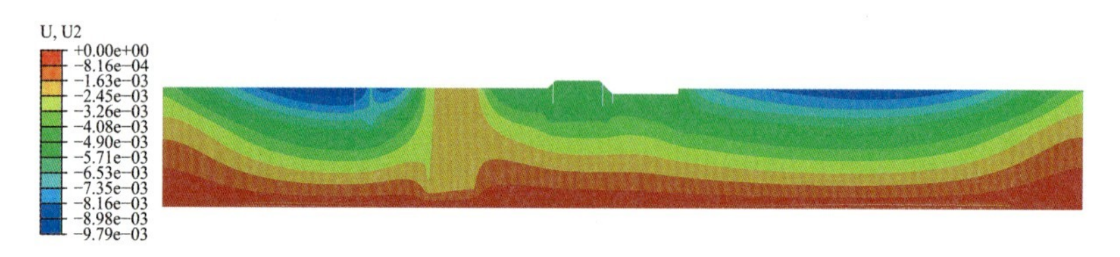

图 3-99　全止水帷幕，基坑、京沪铁路沉降云图

（2）加强型止水方案分析计算

加强型止水方案是指京津城际铁路和京沪铁路之间设置两道止水帷幕且部分基坑（框构工作坑、一支渠涵洞、京沪铁路与京津城际铁路间 U 形槽）做止水封底措施的方案。

①计算模型与工况说明

本项目中止水帷幕设置及效果是影响京津城际铁路运营安全的核心因素，对降水影响还需开展更为深入的计算分析工作，以获得更为定量的影响数据。

根据本工程的特点，建立三维模型进行计算分析。为消除计算边界效应以及降水影响半径的影响，并且考虑到连续刚构桥桩基的长度，整个模型长度方向上取 280m，高度方向上取 22m，宽度方向上取 250m。计算时将土简化为 3 层，从上往下依次为土 1、土 2 和土 3。按设计，框架桥施工时有 2 排降水井，并设置 3 道止水帷幕。根据地勘资料，将地下水位设置在地面以下 2m 处。按施工要求，地下水位应降至框架桥底板以下 1m。其计算模型如图 3-100 所示。

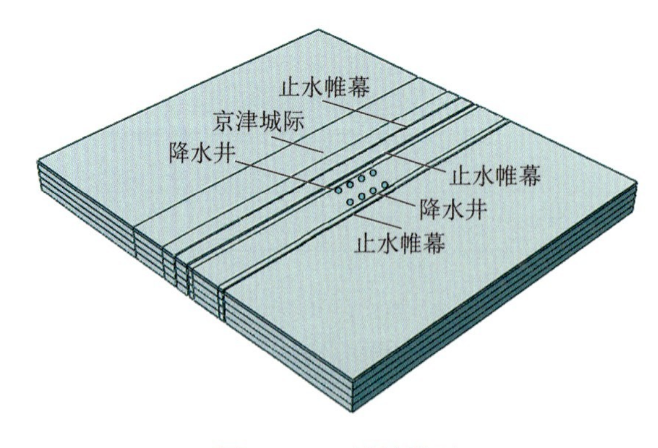

图 3-100　计算模型

②计算参数

计算时将土、桩基以及止水帷幕视作弹性材料，为便于简化，将整个土由上而下分为三类土，计算时，各土层的参数见表 3-57。

土层材料参数　　表 3-57

名称	参数		
	弹性模量（MPa）	泊松比	渗透系数（m/s）
土 1	9	0.3	1×10^{-7}
土 2	10	0.24	5×10^{-7}
土 3	11	0.20	1×10^{-6}

③计算结果

图 3-101～图 3-103 所示分别为降水影响区域图、地表沉降分布图和降水引起的水位下降云图。

a. 由图 3-101 可以看出，止水帷幕作用显著，可保证降水时京津城际铁路路基范围的水位基本不受影响。

b. 由图 3-102 可以看出，京津城际铁路路基范围内的沉降小于 1mm，因此框架桥施工降水不会对京津城际铁路产生不良影响。

c. 由图 3-103 可以看出，施工造成的整个京津城际铁路范围内的地下水位下降在 0.56～0.61m 之间。如需进一步控制沉降，应严密监测其地下水位变化情况，并建议采取主动回灌措施。

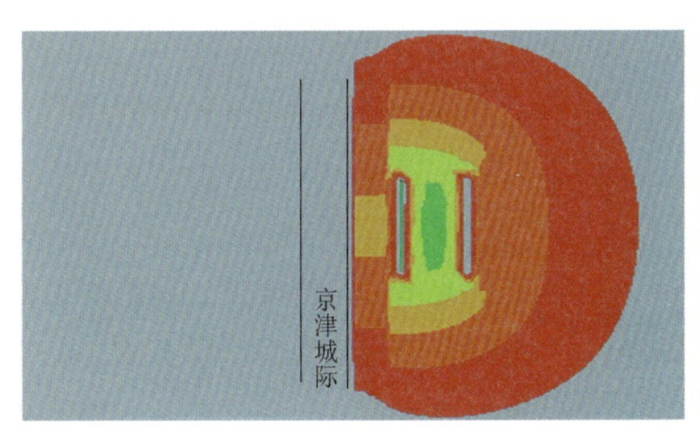

图 3-101　降水影响区域

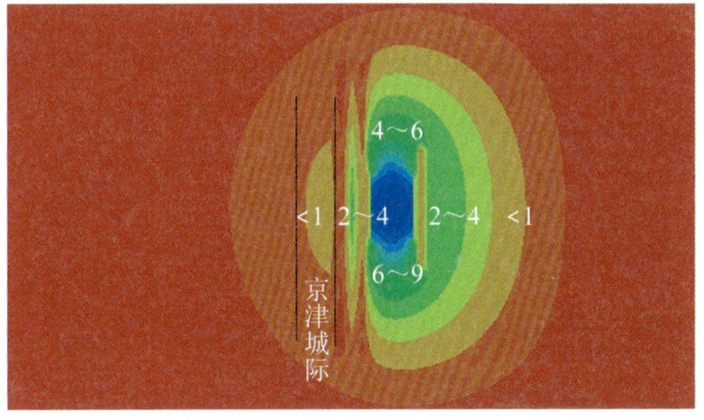

图 3-102　地表沉降分布（单位：mm）

图 3-103　降水引起的土体孔压下降分布云图（单位：Pa）

根据上述计算结果并参考类似工程及相关经验，可得到以下结论：

①在保证下列条件下，框架桥施工降水对京津城际铁路该段路基及桥梁基础产生的沉降可控制在 1mm 内，不会产生不良影响。

a. 止水帷幕施工质量能够得到保证；

b. 降水井不过度降水，最高水位维持在框架桥底板以下 1m 即可。

②框架桥的顶进施工降水工程不会影响京津城际铁路安全。

③京津城际铁路区域区域均设置地下水位变化观测井，地下水位变化的预警阈值建议取为 0.2m（计算变化值的 1/3）。

（3）有限元分析计算结果不同工况对比分析

不同工况下降水对京津城际铁路的沉降影响见表 3-58。

不同工况下降水对京津城际铁路的沉降影响（单位：mm）　　表 3-58

地基处理方法	降水工况					
	基坑降水	顶进施工京沪线两侧降水	U 形槽施工降水	箱涵施工降水	基坑和京沪线两侧同时降水	三处降水
无止水帷幕	—	—	—	—	—	30
京沪与京津之间布置一道止水帷幕	1.1	2.0	3.4	0.1	3.2	7.2
京沪与京津之间布置两道止水帷幕且封底处理	—	< 1	—	—	—	—

由表 3-58 可看出：

①整个作业区域内不设置止水帷幕时，最大沉降为 30mm；

②常规止水方案，最大沉降为 7.2mm；

③设计所采用的加强型止水方案，仅需考虑顶进施工时降水对京津城际铁路的影响，沉降影响值小于 1mm。

（4）降水施工对高铁安全性影响评价

①根据经验公式匡算和有限元模拟分析结果，在未布置止水帷幕情况下，降水施工会使得京津城际铁路路基会出现超过 15mm 的沉降值，不能满足高铁运营安全性要求。

②设置止水帷幕能有效地减小降水对京津城际铁路的沉降影响，为保证止水帷幕充分发挥作用，建议其底部至少应在降水井底部以下 4m。但必须严格地控制止水帷幕和高压旋喷桩的施工质量，保证铁路线和施工点形成有效地隔水带，增长渗流路径。止水帷幕纵向应有足够长度，长度应至少超过工作基坑 1.5 倍。

③根据有限元分析，常规止水方案即在京津城际铁路与京沪铁路之间设置一道止水帷幕之后，抽水过程中的稳定流状态下仍会导致 4～7mm 城际铁路路基沉降量。施工时的动态抽水状况还会进一步增加沉降量。如果叠加目前京津城际铁路的既有沉降量，将会使得高铁运营处于不安全状态。

④在目前施工设计方案即京津城际铁路与京沪铁路之间设置两道止水帷幕且采取旋喷桩密搅封底的技术措施对基坑进行封底处理情况下，并且在止水帷幕和旋喷桩质量得到保证，使之渗透系数达到 1×10^{-8}m/s 的前提下，能够使得其京津城际铁路的路基沉降仅受框架顶进施工期间降水的短暂影响，计算沉降值可有效控制在 1mm 以内。

⑤必须采取更为有效的手段严密监控城际铁路的桥梁与路基的变形情况、地下水位的变化情况。同时建议采取主动安全措施，设置充分数量的回灌井，一旦出现水位下降超过0.3m，宜考虑及时回灌，尽可能稳定京津城际铁路的地下水位，以进一步减小或延缓降水引起的瞬时沉降发生，消除安全隐患。

⑥应严格按照施工技术要求并控制好旋喷压力，避免旋喷桩施工对京津城际铁路产生不良影响。

3.7.5 翠亨路立交施工开挖对京津城际铁路安全性影响评估

武清区翠亨路下穿京沪铁路立交工程在施工过程中，基坑的开挖、下穿框架桥结构顶进、U形槽开挖都会引起京津城际铁路基础沉降变化，高铁对沉降控制要求严格，故在项目开工前需对京津城际铁路的沉降作出评估，本部分评估内容主要考虑施工过程对京津城际铁路沉降的影响。

1）施工开挖后场地变形的理论计算

（1）常规支护加固开挖方案分析计算

常规支护加固开挖方案是指框构顶进施工工作基坑和U形槽开挖仅布置支护桩，而没有咬合封底旋喷桩的方案。

①计算模型概述

采用ABAQUS建立三维模型，为消除计算边界效应的影响，考虑到施工过程中的空间效应，计算模型取其有效影响范围，评估中取长170m，宽94m，自地表起16m厚土体作为计算范围。计算模型中，包括基坑支护结构、下穿框架桥结构，模型顶面取为自由边界，底面采用三向约束，其他面均采用法向约束。综合各种因素，最终选定的计算模型如图3-104所示。

计算模型土体采用C3D4单元模拟，下穿框架桥结构采用C3D8R单元模拟，图3-105所示为计算模型网格图。

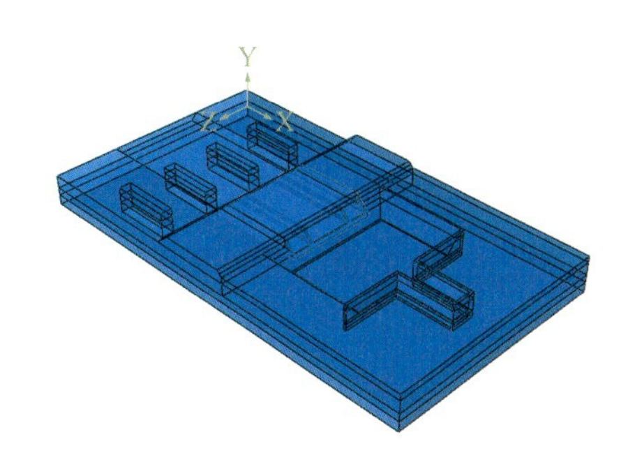

图3-104 常规支护加固开挖计算模型图

图3-105 常规支护加固开挖计算模型网格图

②土体材料参数

计算时将土体视作弹塑性材料，服从 Mohr-Coulomb 屈服准则，下穿框架桥结构视作弹性材料。根据地勘资料，把自地表起 16m 厚土体分为三类不同土体，土体材料参数见表 3-59。

土体材料参数表 表 3-59

土层	密度（t/m^3）	弹性模量（MPa）	泊松比	黏聚力（kPa）	内摩擦角（°）
上层土体	1.9	9	0.30	150	25
中间层土体	2.0	10	0.30	200	25
下层土体	2.1	11	0.30	200	28

③模拟工序

根据工程施工步骤，施工模拟工序有三步。基坑的开挖、下穿框架桥结构顶进、U 形槽开挖。

工序一：基坑的开挖。施工模拟工序如图 3-106 所示。

工序二：下穿框架桥结构顶进。施工模拟工序如图 3-107 所示。

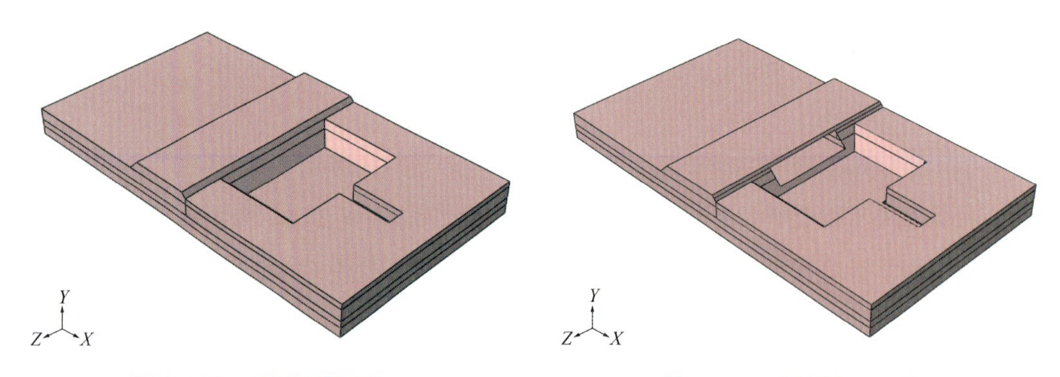

图 3-106 模拟施工工序一　　图 3-107 模拟施工工序二

工序三：U 形槽开挖。施工模拟工序如图 3-108 所示。

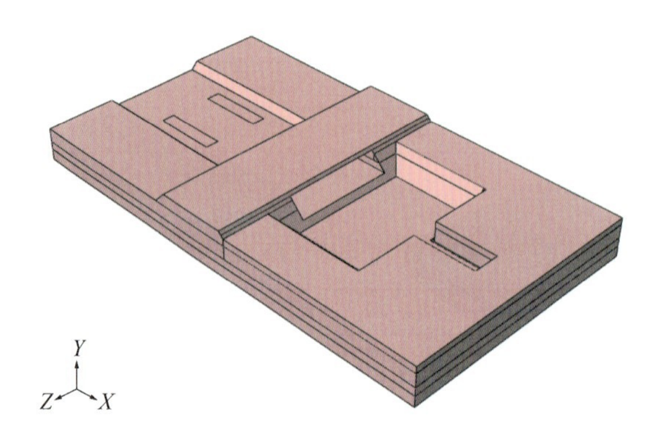

图 3-108 模拟施工工序三

④计算结果及分析

工程的施工会对京津城际铁路连续刚构桥基础产生一定程度上的竖向位移和水平位移。其中，水平位移最大值为 0.487mm，发生在工序二施工后 U 形槽内基础上；竖向位移最大值为 0.926mm，发生在工序三施工后 U 形槽内基础上。模型计算区域内变形结果汇总见表 3-60。

模型计算区域内土体位移结果汇总表 表 3-60

位移	工序	最大值（mm）
水平位移	工序一（基坑开挖）	0.039
	工序二（框架顶进）	0.487
	工序三（U 形槽开挖）	0.440
竖向位移	工序一（基坑开挖）	0.021
	工序二（框架顶进）	0.920
	工序三（U 形槽开挖）	0.926

模型计算在每个墩台基础处（土层）选取 7 个位移考察点，分别给出施工过程中各位移考察点的水平位移和竖向位移变化情况。桥墩、桥台基础位置情况如图 3-109 所示，基础处土体位移考察点位置情况如图 3-110 所示。

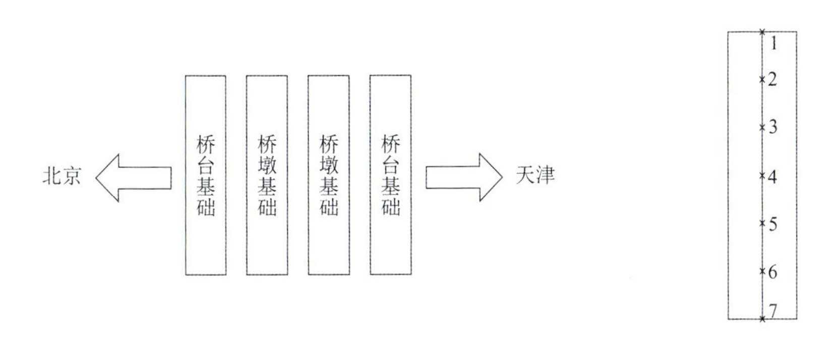

图 3-109 桥梁墩台位置图　　图 3-110 土体位移考察点位置图

桥台基础 1 处土体水平位移相对较小，各位移考察点水平位移情况见表 3-61，土体水平位移分布如图 3-111 所示。其中土体水平位移以天津方向为正值，北京方向为负值。

截面一（桥台基础 1）土体水平位移值表（单位：mm） 表 3-61

位移考察点	1	2	3	4	5	6	7
工序一（基坑开挖）	0.005	0.005	0.006	0.007	0.010	0.015	0.021
工序二（框架顶进）	−0.002	−0.002	−0.003	−0.005	−0.007	−0.009	−0.011
工序三（U 形槽开挖）	0.004	0.005	0.004	0.003	0.004	0.008	0.012

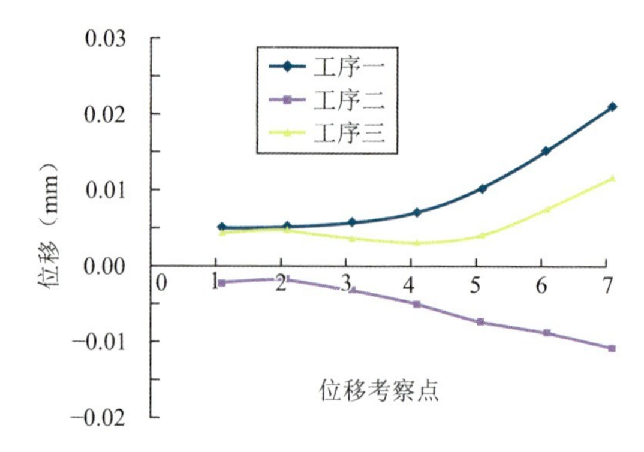

图 3-111　截面一（桥台基础 1）土体水平方向位移分布图

桥墩基础 2 处土体水平位移相对较大，各位移考察点处水平位移值见表 3-62，土体水平位移分布如图 3-112 所示。

截面二（桥墩基础 2）**土体水平位移分布表**（单位：mm）　　表 3-62

位移考察点	1	2	3	4	5	6	7
工序一（基坑开挖）	0.008	0.008	0.009	0.011	0.016	0.025	0.037
工序二（框架顶进）	0.423	0.173	0.053	−0.036	−0.126	−0.264	−0.425
工序三（U 形槽开挖）	0.440	0.190	0.074	−0.010	−0.088	−0.209	−0.349

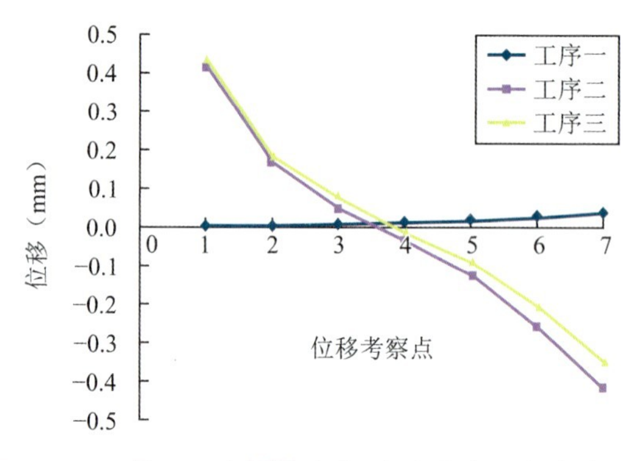

图 3-112　截面二（桥墩基础 2）土体水平方向位移分布图

桥墩基础 3 处土体水平位移相对较大，各位移考察点处水平位移值见表 3-63，土体水平位移分布如图 3-113 所示。

截面三（桥墩基础 3）**土体水平位移值表**（单位：mm）　　表 3-63

位移考察点	1	2	3	4	5	6	7
工序一（基坑开挖）	0.008	0.009	0.009	0.012	0.017	0.024	0.037
工序二（框架顶进）	0.273	0.161	0.051	−0.031	−0.136	−0.244	−0.487
工序三（U 形槽开挖）	0.292	0.181	0.073	−0.003	−0.095	−0.189	−0.408

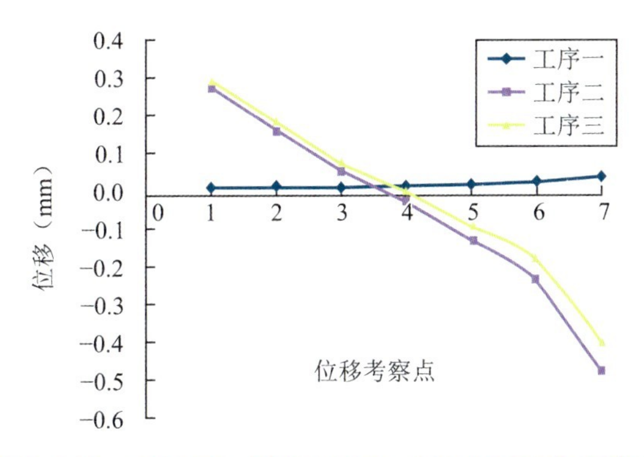

图 3-113 截面三（桥墩基础 3）土体水平方向位移分布图

桥台基础 4 处土体水平位移相对较小，各位移考察点处水平位移值见表 3-64，土体水平位移分布如图 3-114 所示。

截面四（桥台基础 4）**土体水平位移值表**（单位：mm） 表 3-64

位移考察点	1	2	3	4	5	6	7
工序一（基坑开挖）	0.005	0.005	0.006	0.007	0.01	0.016	0.022
工序二（框架顶进）	−0.003	−0.004	−0.002	−0.005	−0.008	−0.011	−0.013
工序三（U 形槽开挖）	0.004	0.003	0.004	0.004	0.003	0.007	0.012

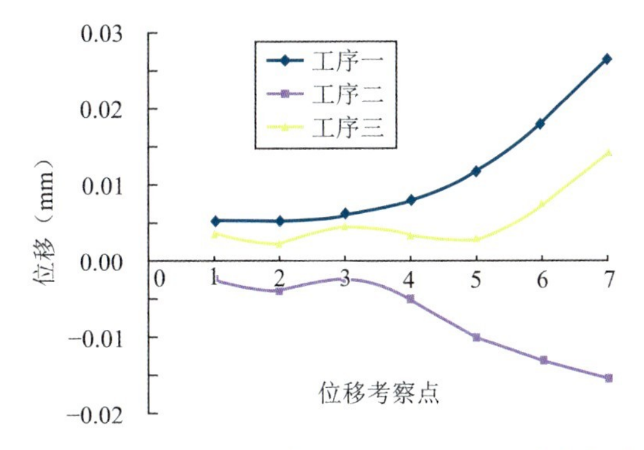

图 3-114 截面四（桥台基础 4）土体水平方向位移分布图

桥台基础 1 处土体竖向位移相对较小，各位移考察点处竖向位移值见表 3-65，土体竖向位移分布如图 3-115 所示。

截面一（桥台基础 1）**土体竖向位移值表**（单位：mm） 表 3-65

位移考察点	1	2	3	4	5	6	7
工序一（基坑开挖）	0.001	−0.001	−0.001	−0.002	−0.004	−0.007	−0.015
工序二（框架顶进）	−0.114	−0.095	−0.085	−0.078	−0.077	−0.081	−0.082
工序三（U 形槽开挖）	−0.114	−0.097	−0.088	−0.084	−0.086	−0.097	−0.109

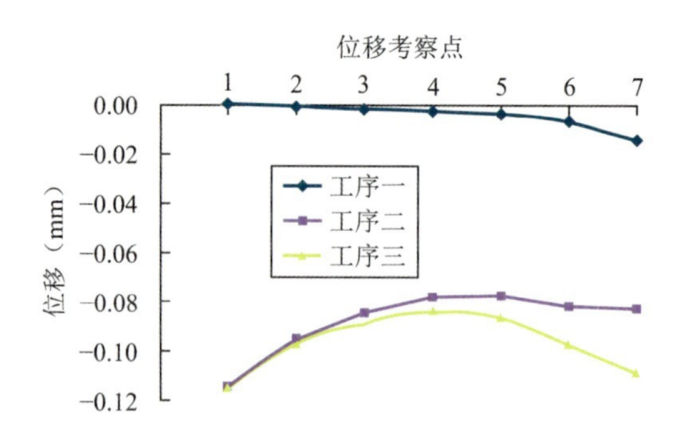

图 3-115　截面一（桥台基础 1）土体竖向位移分布图

桥墩基础 2 处土体竖向变形相对较大，各位移考察点处竖向位移值见表 3-66，土体竖向位移分布如图 3-116 所示。

截面二（桥墩基础 2）**土体竖向位移值表**（单位：mm）　　表 3-66

位移考察点	1	2	3	4	5	6	7
工序一（基坑开挖）	0.002	0	−0.001	−0.001	−0.003	−0.006	−0.02
工序二（框架顶进）	0.775	0.256	0.213	0.215	0.263	0.317	0.718
工序三（U 形槽开挖）	0.779	0.256	0.21	0.209	0.252	0.295	0.665

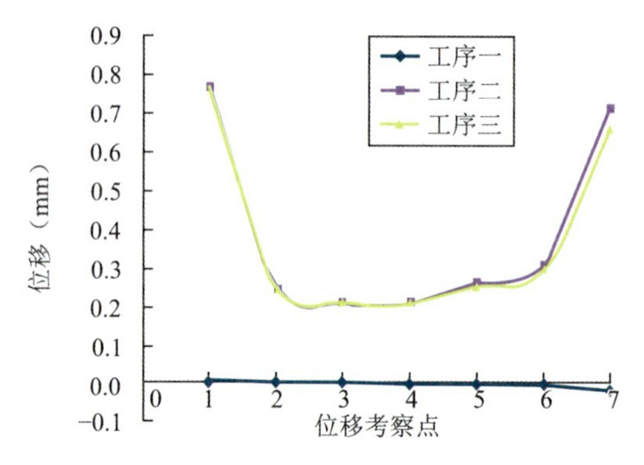

图 3-116　截面二（桥墩基础 2）土体竖向位移分布图

桥墩基础 3 处土体竖向变形相对较大，各位移考察点处竖向位移值见表 3-67，土体竖向位移分布如图 3-117 所示。

截面三（桥墩基础 3）**土体竖向位移值表**（单位：mm）　　表 3-67

位移考察点	1	2	3	4	5	6	7
工序一（基坑开挖）	0.002	0.001	0.000	−0.001	−0.002	−0.006	−0.020
工序二（框架顶进）	0.555	0.349	0.271	0.243	0.234	0.305	0.679
工序三（U 形槽开挖）	0.560	0.350	0.268	0.239	0.224	0.285	0.631

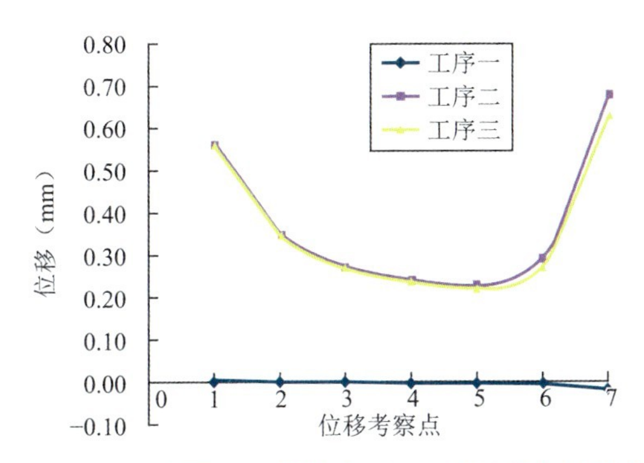

图 3-117　截面三（桥墩基础 3）土体竖向位移分布图

桥台基础 4 处土体竖向变形相对较小，各位移考察点处竖向位移值见表 3-68，土体竖向位移分布如图 3-118 所示。

截面四（桥台基础 4）**竖向位移值表**（单位：mm）　　表 3-68

位移考察点	1	2	3	4	5	6	7
工序一（基坑开挖）	0.001	0.000	−0.001	−0.002	−0.003	−0.007	−0.015
工序二（框架顶进）	−0.107	−0.094	−0.079	−0.079	−0.082	−0.087	−0.094
工序三（U 形槽开挖）	−0.107	−0.095	−0.083	−0.085	−0.091	−0.103	−0.124

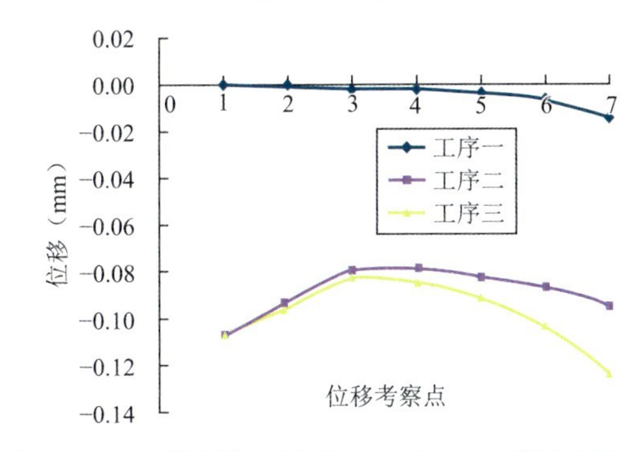

图 3-118　截面四（桥台基础 4）土体竖向位移分布图

（2）加强型支护加固开挖方案分析计算

加强型支护加固开挖方案是指框构顶进施工工作基坑和 U 形槽开挖布置支护桩，同时布置咬合封底旋喷桩的方案。

①计算模型概述

采用 ABAQUS 建立三维模型，为消除计算边界效应的影响，考虑到施工过程中的空间效应，计算模型取其有效影响范围，评估中取长 170m、宽 94m，自地表起 16m 厚土体作为计算范围。计算模型中，包括基坑支护结构、咬合封底结构、下穿框架桥结构，模型顶面取为自由边界，底面采用三向约束，其他面均采用法向约束。综合各种因素，最终选定的计算模型如图 3-119 所示。

计算模型土体采用 C3D4 单元模拟，下穿框架桥结构采用 C3D8R 单元模拟，图 3-120

所示为计算模型网格图。

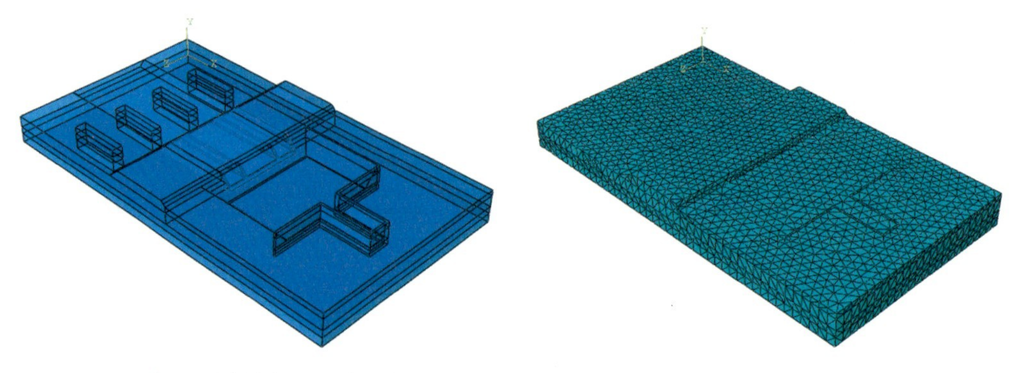

图 3-119　加强型支护加固开挖计算模型图　　图 3-120　加强型支护加固开挖计算模型网格图

②土体材料参数

计算时将土体视作弹塑性材料，服从 Mohr-Coulomb 屈服准则，下穿框架桥结构视作弹性材料。根据地勘资料，把自地表起 16m 厚土体分为三类不同土体，材料参数见表 3-69。

土体材料参数表　　表 3-69

土层	密度（t/m^3）	弹性模量（MPa）	泊松比	黏聚力（kPa）	内摩擦角（°）
上层土体	1.9	9	0.30	150	25
中间层土体	2.0	10	0.30	200	25
下层土体	2.1	11	0.30	200	28

③模拟工序

根据工程施工步骤，施工模拟工序有三步。基坑的开挖、下穿框架桥结构顶进、U 形槽开挖。

工序一：基坑的开挖。施工模拟工序如图 3-121 所示。

工序二：下穿框架桥结构顶进。施工模拟工序如图 3-122 所示。

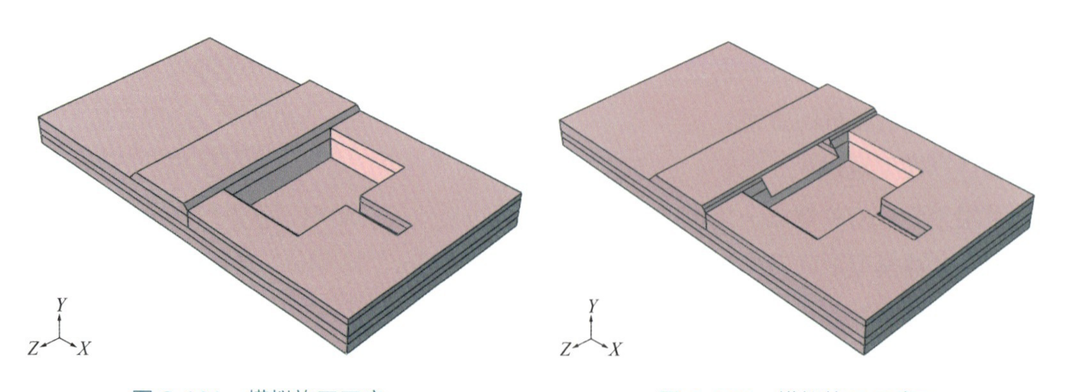

图 3-121　模拟施工工序一　　图 3-122　模拟施工工序二

工序三：U 形槽开挖。施工模拟工序如图 3-123 所示。

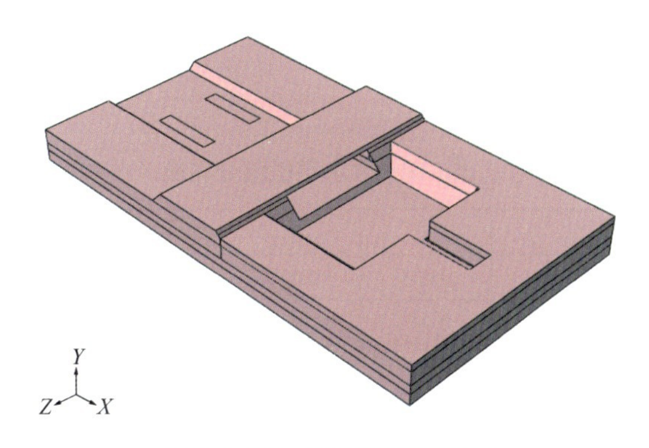

图3-123 模拟施工工序三

④计算结果及分析

工程的施工会对京津城际铁路连续刚构桥基础产生一定程度上的竖向变形和水平位移。其中，水平位移最大值为0.151mm，发生在工序三施工后U形槽内基础上；竖向变形最大值为0.338mm，发生在工序三施工后U形槽内基础上。施工中引起的京津城际铁路连续刚构桥基础位移汇总见表3-70。

模型计算区域内土体变形结果汇总表 表3-70

位移	工序	最大值（mm）
水平位移	工序一（基坑开挖）	0.053
	工序二（框架顶进）	0.116
	工序三（U形槽开挖）	0.151
竖向位移	工序一（基坑开挖）	0.020
	工序二（框架顶进）	0.328
	工序三（U形槽开挖）	0.338

模型计算范围内京津城际铁路连续刚构桥有4个墩台基础，在每个墩台基础处选取7个位移考察点，分别给出施工过程中4个墩台基础上位移考察点的水平和竖向位移变化情况。桥墩、桥台基础位置情况如图3-124所示，基础上土体位移考察点位置情况如图3-125所示。

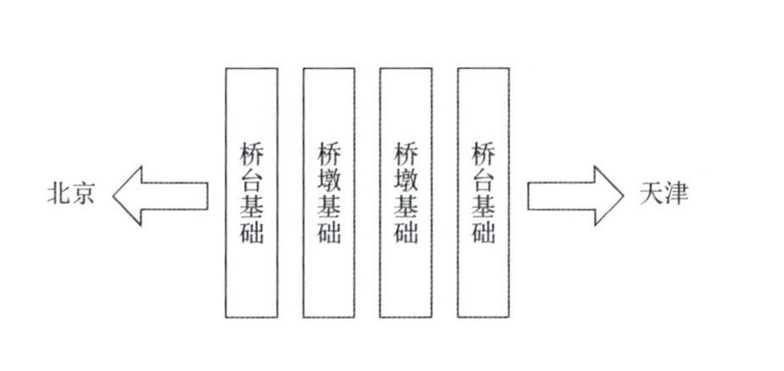

图3-124 桥梁墩台位置图

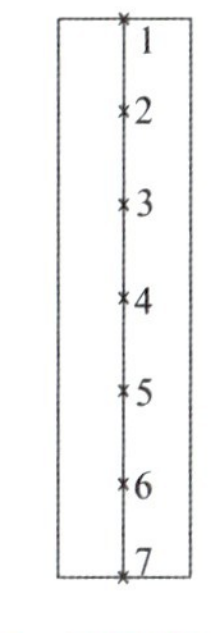

图3-125 位移考察点位置图

桥台基础 1 处土体水平位移相对较小，各位移考察点处水平位移值见表 3-71，土体水平位移分布如图 3-126 所示。

截面一（桥台基础 1）**土体水平位移分布表**（单位：mm） 表 3-71

位移考察点	1	2	3	4	5	6	7
工序一（基坑开挖）	0.004	0.005	0.007	0.010	0.013	0.018	0.024
工序二（框架顶进）	0.004	0.005	0.006	0.009	0.012	0.020	0.027
工序三（U 形槽开挖）	0.005	0.006	0.008	0.011	0.016	0.026	0.036

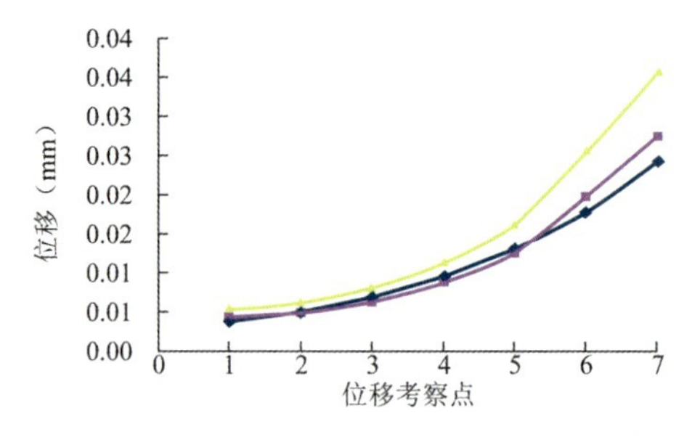

图 3-126 截面一（桥台基础 1）土体水平方向位移分布图

桥墩基础 2 处土体水平位移相对较大，各位移考察点处水平位移见表 3-72，土体水平位移分布如图 3-127 所示。

截面二（桥墩基础 2）**土体水平位移分布表**（单位：mm） 表 3-72

位移考察点	1	2	3	4	5	6	7
工序一（基坑开挖）	0.007	0.010	0.014	0.019	0.027	0.036	0.049
工序二（框架顶进）	0.011	−0.012	−0.041	−0.053	−0.066	−0.093	−0.105
工序三（U 形槽开挖）	0.014	−0.016	−0.053	−0.069	−0.086	−0.121	−0.136

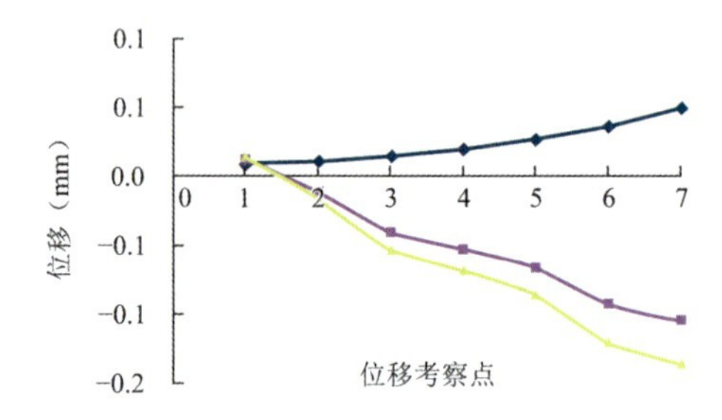

图 3-127 截面二（桥墩基础 2）土体水平方向位移分布图

桥墩基础 3 处土体水平位移相对较大，各土体位移考察点处水平位移值见表 3-73，土体水平位移分布如图 3-128 所示。

截面三（桥墩基础 3）**土体水平位移值表**（单位：mm） 表 3-73

工序	1	2	3	4	5	6	7
工序一（基坑开挖）	0.012	0.012	0.014	0.018	0.025	0.038	0.053
工序二（框架顶进）	−0.002	−0.021	−0.019	−0.038	−0.065	−0.082	−0.116
工序三（U 形槽开挖）	−0.003	−0.027	−0.025	−0.049	−0.085	−0.106	−0.151

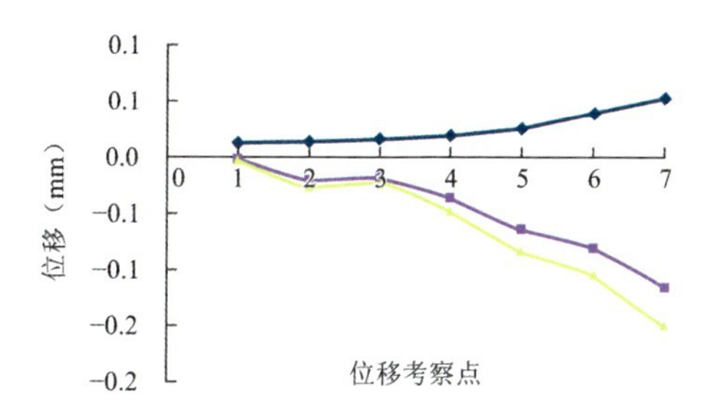

图 3-128 截面三（桥墩基础 3）土体水平方向位移分布图

桥台基础 4 处土体水平位移相对较小，各位移考察点处水平位移值见表 3-74，土体水平位移分布如图 3-129 所示。

截面四（桥台基础 4）**土体水平位移值表**（单位：mm） 表 3-74

位移考察点	1	2	3	4	5	6	7
工序一（基坑开挖）	0.006	0.007	0.008	0.010	0.014	0.021	0.030
工序二（框架顶进）	0.005	0.005	0.007	0.009	0.014	0.021	0.031
工序三（U 形槽开挖）	0.006	0.007	0.009	0.012	0.018	0.028	0.040

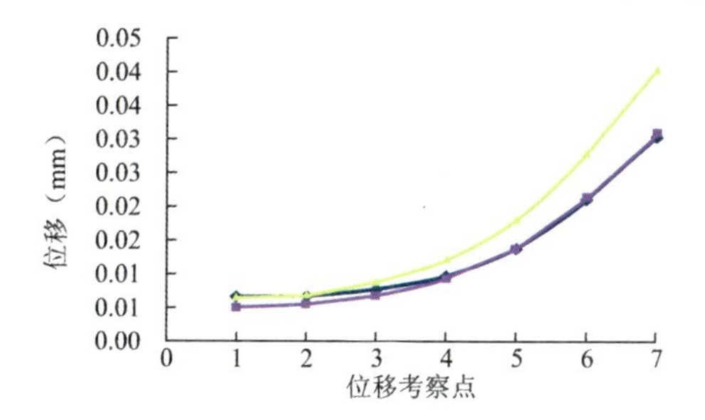

图 3-129 截面四（桥台基础 4）土体水平方向位移分布图

桥台基础 1 处土体竖向位移相对较小，各位移考察点处竖向沉降值见表 3-75，土体竖向位移分布如图 3-130 所示。

截面一（桥台基础 1）**土体竖向位移值表**（单位：mm） 表 3-75

位移考察点	1	2	3	4	5	6	7
工序一（基坑开挖）	0.002	0.000	0.000	−0.001	−0.001	−0.005	−0.013
工序二（框架顶进）	0.004	0.004	0.004	0.003	0.002	−0.002	−0.011
工序三（U 形槽开挖）	0.001	0.002	0.002	0.003	0.002	0.005	0.010

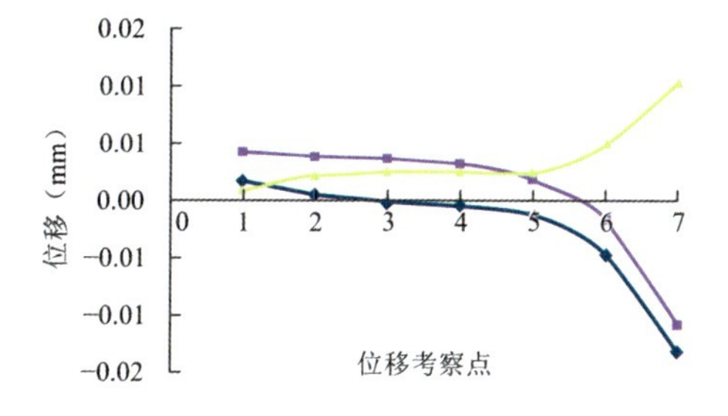

图 3-130 截面一（桥台基础 1）土体竖向位移分布图

桥墩基础 2 处土体竖向位移相对较大，各位移考察点处竖向位移见表 3-76，土体竖向位移分布如图 3-131 所示。

截面二（桥墩基础 2）**土体竖向位移值表**（单位：mm）　　表 3-76

位移考察点	1	2	3	4	5	6	7
工序一（基坑开挖）	0.000	−0.002	−0.001	−0.002	−0.001	0.000	−0.001
工序二（框架顶进）	0.309	0.319	0.324	0.328	0.327	0.317	0.314
工序三（U 形槽开挖）	0.308	0.318	0.323	0.326	0.325	0.313	0.300

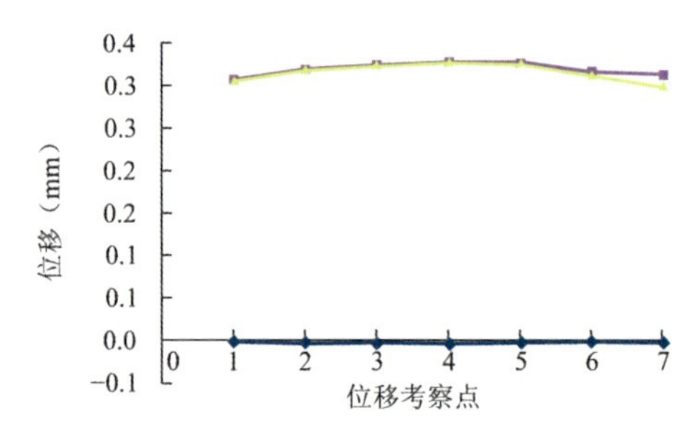

图 3-131　截面二（桥墩基础 2）土体竖向位移分布图

桥墩基础 3 处土体竖向位移相对较大，各位移考察点处竖向位移值见表 3-77，土体竖向位移分布如图 3-132 所示。

截面三（桥墩基础 3）**土体竖向位移值表**（单位：mm）　　表 3-77

位移考察点	1	2	3	4	5	6	7
工序一（基坑开挖）	0.000	−0.002	−0.001	−0.003	−0.020	−0.001	0.000
工序二（框架顶进）	0.318	0.330	0.333	0.333	0.324	0.335	0.315
工序三（U 形槽开挖）	0.317	0.329	0.332	0.332	0.325	0.338	0.315

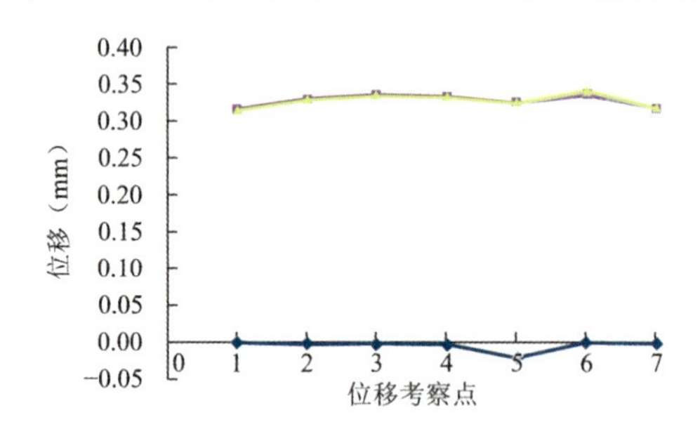

图 3-132　截面三（桥墩基础 3）土体竖向位移分布图

桥台基础 4 处土体竖向位移相对较小，各位移考察点处竖向位移值见表 3-78，土体竖向位移分布如图 3-133 所示。

截面四（桥台基础 4）**土体竖向位移值表**（单位：mm）　　表 3-78

位移考察点	1	2	3	4	5	6	7
工序一（基坑开挖）	0.002	0.001	0.000	0.000	−0.001	−0.005	−0.015
工序二（框架顶进）	0.004	0.004	0.004	0.003	0.002	−0.002	−0.011
工序三（U 形槽开挖）	−0.001	0.001	0.002	0.003	0.004	0.009	0.020

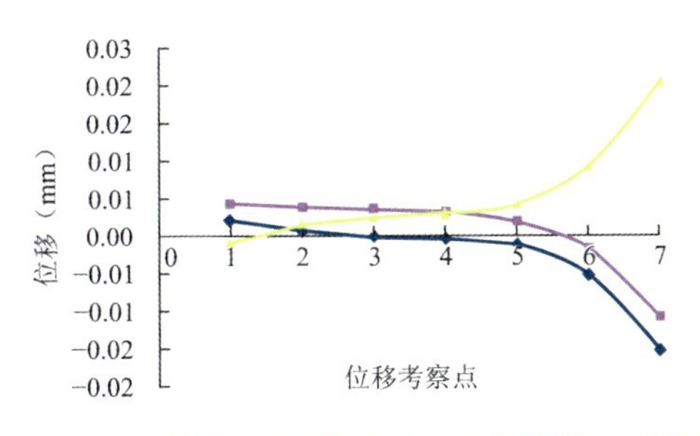

图 3-133 截面四（桥台基础 4）土体竖向位移分布图

2）开挖和顶进施工对高铁影响的安全性评估

通过建立三维地层-结构有限元分析模型，开展施工期变形空间分析，并以此来评价施工环节对京津城际铁路桥梁及路基安全的影响。

（1）下穿框架基坑开挖及框架顶进施工会对京津城际铁路连续刚构桥基础及路基产生位移影响，但影响程度有限。常规支护加固开挖时，桥墩基础处土层最大水平位移影响值为 0.5mm，桥墩基础处土层最大竖向位移影响值为 0.8mm，对桥台及路基竖向和水平方向影响量接近于零；加强型支护加固开挖（即增加咬合封底措施）时，桥墩基础土层最大水平位移影响值为 0.15mm；桥墩基础处土层最大竖向位移影响值为 0.34mm；对桥台及路基竖向和水平方向影响量接近于零。

（2）由于京津城际铁路连续刚构桥设计计算中已经考虑了桥下预留翠亨路下穿通道建设时的工程荷载预留，上述施工引起的桥梁结构基础不均匀变形对京津城际铁路刚构桥受力安全不会产生影响。

（3）从变形和受力分析结果，在翠亨路正常施工状态下（施工处于自身安全状态、降水和止水措施有效），基坑开挖施工及框架桥顶进等工程不会对京津城际铁路的安全运营带来实质影响。

（4）考虑到京津城际铁路在本项目区段已经发生一定量的路基竖向位移，施工期间仍需要严密监测京津城际铁路桥梁及路基变形情况。

3.7.6 钻孔灌注桩及旋喷桩施工对京津城际铁路安全性影响评估

1）钻孔灌注桩设计布置概况

（1）纵横梁体系支撑桩

沿铁路线两侧布置采用直径 1.25m 钻孔灌注桩，桩间距 6.0m，桩长 7.0m，桩中心距离外侧线路中心 4.5m。

（2）抗移桩

为避免顶进过程中铁路轨道变形，以及防止顶进挖土造成顶进前端土体崩塌，顶尖前端京沪III线中线为 11m 处平行铁路设置抗移桩。抗移桩采用直径 1.25m 的钻孔灌注桩，桩间距 4.0m，桩长 20m。

（3）路基防护桩

为避免顶进作业以及工作坑开挖违纪铁路运营安全，应将框构就位位置的大小里程侧顺线路方向设置路基防护桩。路基防护桩采用直径 1.25m 钻孔灌注桩，桩长 20m。

（4）工作坑支护桩

两侧支护桩采用直径 1.25m 的钻孔灌注桩，桩长 21m，间距 1.5m；工作坑出土道的支护桩采用直径 1.25m 钻孔灌注桩，间距 1.5m，桩长 20m。

（5）开挖支护桩

K0 + 063.3～K0 + 088.5 段采用 1：1.0 放坡开挖，为防止城际路堤变形，于坡顶外 0.5m 处设置一排钻孔灌注桩作为开挖支护桩。支护桩桩径 1.0m，桩间距 1.2m，桩长 6.0m。

K0 + 119.5～K0 + 132.60 段（城际与京沪线之间）基坑边坡采用放坡开挖，坡率 1：1.0，坡顶外 0.5m 处设置一排钻孔灌注桩作为开挖支护桩。开挖支护桩桩径 1.0m，桩间距 1.2m，桩长 12m。

（6）刚构桥下地基加固桩

K0 + 088.5～K0 + 119.5 段（城际刚构桥下）基底采用钻孔灌注桩加固，桩径 1.0m，横向间距 3.5～5.6m，纵向间距 5.6m，与既有桥相邻桩交错布置，并与既有桥钻孔桩桩中心间距为 3.0m，桩长 35m，桩位平面点误差不应大于 50mm。

（1）～（5）钻孔灌注桩布置概况如图 3-134 所示；（6）刚构桥下地基加固桩布置概况如图 3-135 所示。

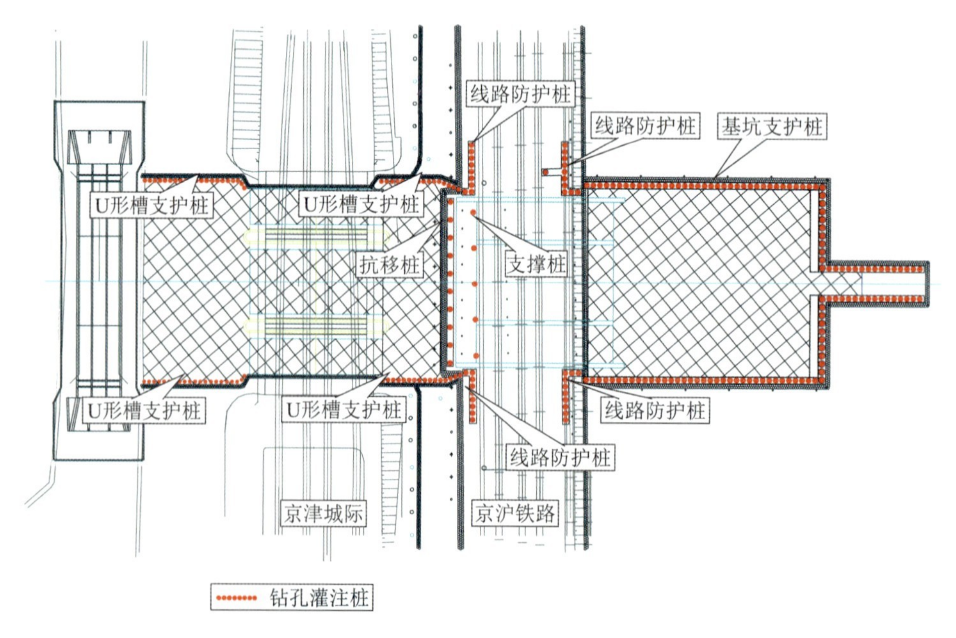

图 3-134　（1）～（5）钻孔灌注桩布置图

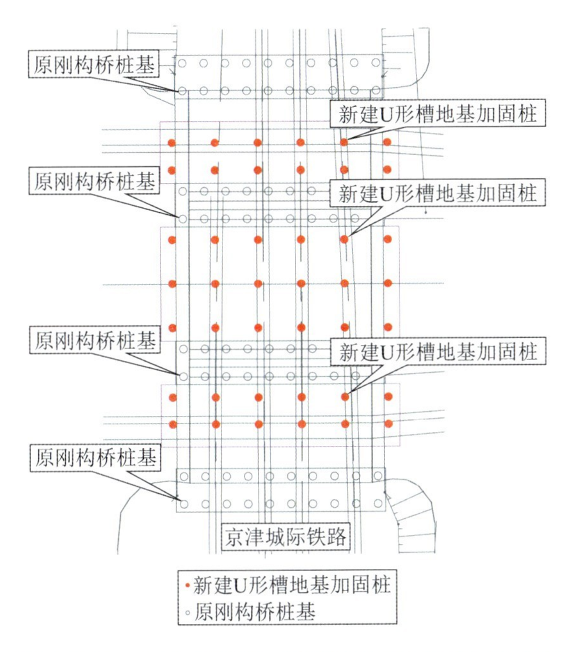

图 3-135 （6）刚构桥下地基加固钻孔灌注桩布置图

2）旋喷桩设计布置概况

（1）基坑支护桩及后背桩外侧采用两排直径 60mm 的旋喷桩止水帷幕，止水帷幕桩长 18.0m。

（2）工作坑开挖及框构预制等工程的施工工期较长，为减少工作坑降水对既有京沪铁路及京津城际铁路路基的影响，在工作坑前端距离京沪上行线 10.06m 处设置双排止水帷幕，桩径 60cm，桩间距 0.4m，桩长 19m，范围框构两侧各 20m，并与工作坑周围形成闭合的止水帷幕。

（3）基坑下旋喷桩咬合封底，桩长 8.0m。

（4）在京津城际铁路与京沪铁路之间，距离京沪III线 12.0m 处设置直径 60cm 旋喷桩止水帷幕，三排，桩间距 0.4m，桩长 21m，止水帷幕防护长度为框构及两侧各 63m，止水帷幕与京津城际铁路到发线的最近距离 19.33m。

（5）一支渠涵洞基底采用旋喷桩咬合封底，桩径 0.6m，桩长 6.0m，间距 40cm。

（6）K0＋070～K0＋088.5 段基底采用旋喷桩加固，桩径 0.6m，间距 1.5m，正方形布置，桩长 8m。U 形槽底板底部铺设 0.2m 碎石垫层，其上铺设 0.1m 混凝土垫层。

（7）K0＋088.5～K0＋119.5 段（城际刚构桥下）主槽及边槽均采用直坡开挖，基坑深 1.3～2.2m，开挖范围内采用旋喷桩密搅封底，桩径 0.6m，间距 0.4m，桩长 4m。京津城际铁路刚构桥两侧锥体护坡外侧沿城际路基边坡坡脚设置两排旋喷桩止水帷幕，设置长度沿城际方向 63m，桩深 15m，间距 0.4m，桩径 0.6m。

（8）K0＋119.5～K0＋136.28 段（城际与京沪线之间）基底采用旋喷桩封底加固，桩径 0.6m，旋喷桩长短间隔布置，8m 桩长间距 1.2m，每两根 8m 桩之间咬合布置两根 4m 长旋喷桩，桩顶铺设 0.1m 混凝土垫层。

旋喷桩布置概况如图 3-136 所示。

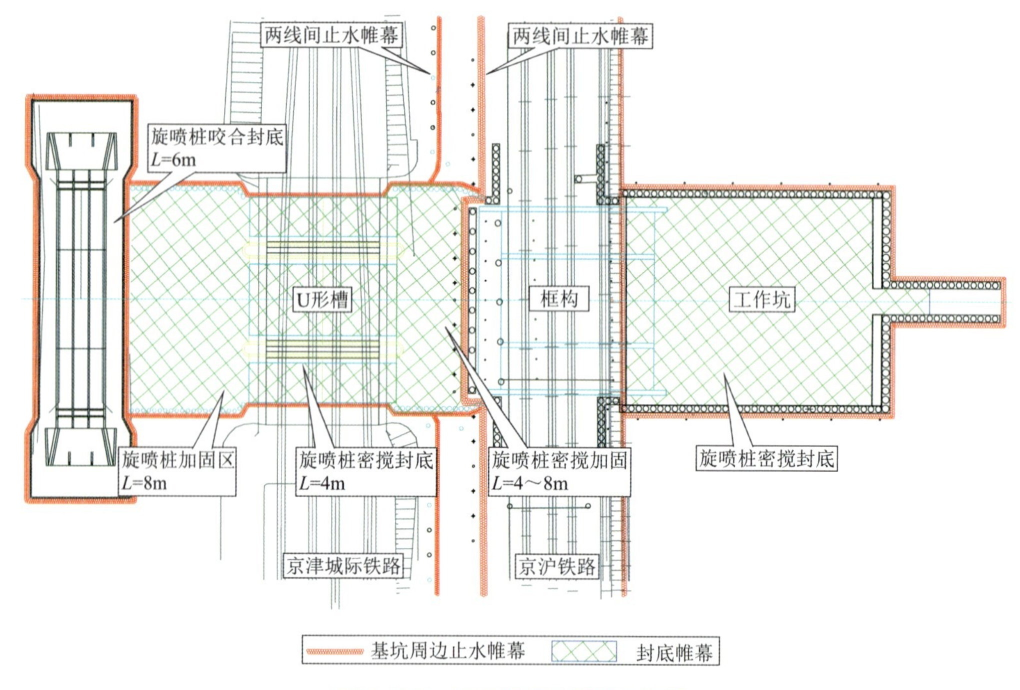

图 3-136　旋喷桩设计布置示意图

3）钻孔灌注桩及旋喷桩对京津城际铁路安全性影响分析及评价

（1）刚构桥下 U 形槽桩基础施工对京津城际铁路安全影响分析

对京津城际铁路运营安全影响最直接（最可能）的因素是京津城际铁路刚构桥桥墩桥台附近的下穿 U 形槽地基加固桩施工。区域具体基础平面布置参见图 3-135。

既有京津城际铁路翠亨路中桥（三跨刚构桥）的墩台基础设计情况如图 3-137 所示。该桥桥墩及桥台均采用群桩基础。每个承台下设置 2 排 10 根直径 1.0m 的钻孔灌注桩。桩基顺桥向（京津城际铁路线路方向）间距 3.5m，横桥向间距 2.8m。

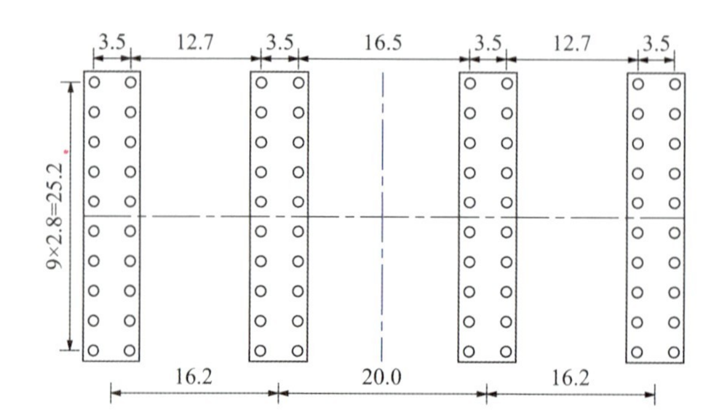

图 3-137　翠亨路中桥桩墩台基础布置图（尺寸单位：m）

新设计翠亨路下穿有京津城际铁路采用 U 形槽结构，结构布置如图 3-138 所示。其 U

形槽的基础采用桩基础设计，平面布置如图 3-139 所示。

下穿 U 形槽基础仍采用直径 1m 的钻孔灌注桩。U 形槽下桩基纵向间距 3.5m、5.6m，水平间距 5.6m。设计中考虑到减少对翠亭路刚构桥的影响，将 U 形槽桩基础水平与刚构桥桩基础交错布置。二者基础布置的相对平面关系如图 3-140 所示。

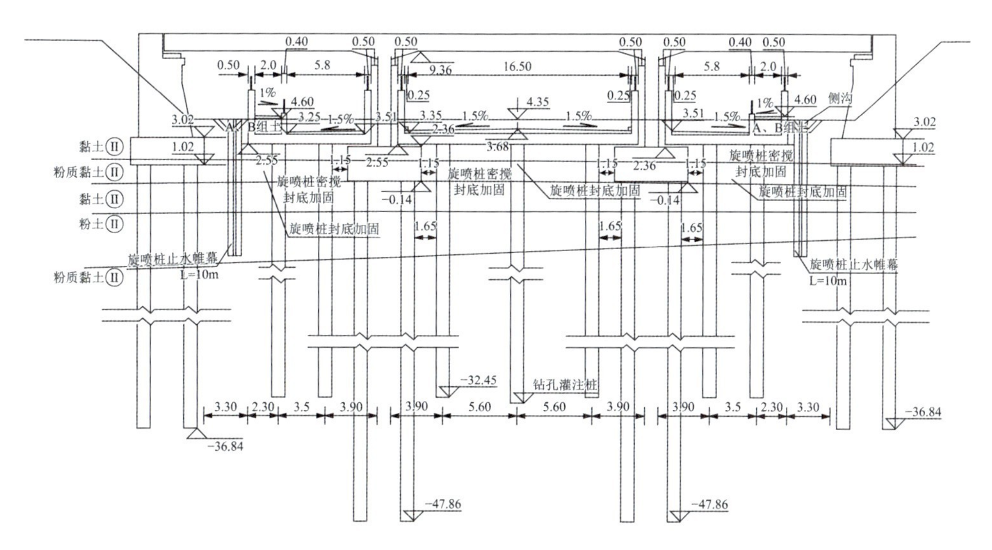

图 3-138 下穿 U 形槽结构布置图（尺寸单位：m；高程单位：m）

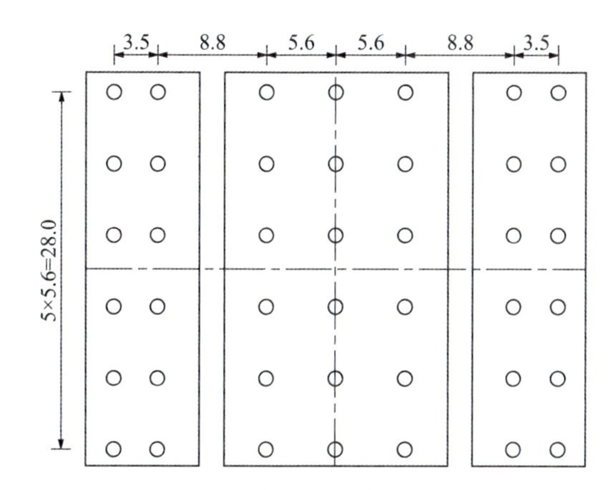

图 3-139 下穿 U 形槽基础平面布置示意图（尺寸单位：m）

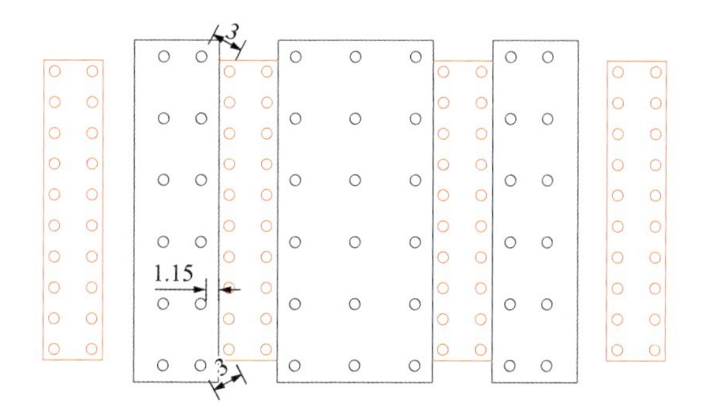

图 3-140 下穿 U 形槽基础（黑）与刚构桥基础（红）相对关系示意图（尺寸单位：m）

从图 3-140 中可以看到，新建 U 形槽的桩基础距离既有翠亨路中桥桩基础的轴心最小水平间距为 3m，距既有承台最小水平净距为 1.15m。

由于翠亨路中桥的桥墩采用了小直径的群桩设计，基础竖向承载形成了整体基础的受力形态。新建 U 形槽桩基础距既有刚构桥墩的桩基间距为 3m，小于 6 倍桩径，在其桩端面处与既有桥墩桩基础存在一定的压力分布范围重叠现象，采用工程技术理论与手段分析二者间的相互影响尚存在困难。因此规范中仅规定对于钻孔灌注桩这类的非挤压桩桩间距按大于 2.5 倍桩径来控制（根据项目实施期规范），以消除因桩间土体过少带来的对摩擦力支撑作用降低的风险。本工程中新施工桩基距既有桩基间距已达到 3 倍桩径，二者的相互影响可以忽略，桩身摩擦力可以有效发挥。

本工程因存在淤泥及部份流沙层，转孔桩施工较为困难，容易出现塌孔。所以在施工期间应保证桩基侧扰动或塌孔范围应控制在桩径以外 0.5m 的范围内，应先做施工工艺试验，确保桩基础施工自身安全性。

U 形槽施工中，考虑到桩基施工（特别是桥墩侧）为逐桩施工，不具备一侧 6 根桩同时施工的条件。如果出现偶发性的单桩塌孔情况，因翠亨路中桥桥墩自身为 20 根桩形成的群桩基础，单孔的塌孔对京津城际铁路桥墩安全不会带来影响。

如果出现施工塌孔，应及时处置并应系统性总结经验，进一步改善施工工艺，避免出现多桩因系统性工艺缺陷带来的累积性影响。累积性的桩基坍孔现象会对京津城际铁路刚构桥桥墩基础带来相对较大的安全风险。

（2）桩基施工对京津城际铁路安全性影响综合评价

①由于本场地的土层较为软弱，而桩径相对较大，施工时应加强护壁措施，成孔后及时浇筑，防止出现坍孔、缩颈、断桩等现象，影响桩的质量。浇筑混凝土应严格按照规程进行，防止出现过厚的浮浆。

②灌注混凝土前认真清孔，避免桩底沉积过后的沉渣，影响桩的承载力。

③基坑支护桩、U 形槽支护桩的施工对京津城际铁路的影响不大。

④京沪III线两侧线路防护桩的间距很小，距线路很近，施工工序不合理会对本线路产生不良影响，应加强护壁措施，及时浇筑混凝土，多台钻机同时作业时，所挖钻孔之间应保持足够距离，减小应开挖造成的线路土体位移。总的来说，线路防护桩的施工可能会对京沪III线产生一定的影响，但对京津城际铁路基本没有影响。

⑤抗移桩的施工与线路防护桩对京沪III线的影响相似，但更小。对京津城际铁路基本没有影响。

⑥刚构桥下的灌注桩长度较大，且主要承受竖向荷载，清孔不好，将会导致其承载力的下降，除应加强施工质量控制外，还可对成桩质量进行检测。只要施工过程中不出现坍孔等问题，其施工对京津城际铁路的安全影响很小。

⑦旋喷桩施工时，应严格控制压力，特别是京沪III线路基旁防水帷幕旋喷桩施工时，

压力过大，可能会对本线路产生一定的不利影响。

⑧基坑底部的旋喷桩间距小、加固范围大，可能会因土层中的孔隙水压力无法及时消散，而造成周围一定范围内土层的上鼓及水平位移，从而对京沪Ⅲ线产生一定影响，但对京津城际铁路的影响则较小。建议为旋喷桩的施工设计合理的次序，同时在旋喷桩施工过程中，对土层的位移进行监测。

⑨框构桥处土层的大范围注浆加固也有可能会造成土层的上鼓及水平位移，因此在注浆施工期间，也应注意对土层位移的监测。

⑩桩基础施工宜按照“对称、均衡、分散”原则及设计文件要求考虑具体施工顺序。

⑪为避免大型施工机具在京津城际铁路作业区内运输、安装、作业、拆除等工序中可能存在的其他危害高铁运营的风险，建议合理安排工期，尽量在高铁非运营时段开展工作。

3.7.7 评估结论

1）评估报告内容

根据施工图设计相关内容，在本阶段包括翠亨路立交施工降水对京津城际铁路安全性影响评估、翠亨路立交施工开挖对京津城际铁路安全性影响评估、钻孔灌注桩及旋喷桩对京津城际铁路安全性影响评估等几方面内容。

2）主要风险的评估情况

（1）通过危险性分析方法，对翠亨路下穿京沪铁路立交工程对京津城际铁路安全性影响进行施工与运营阶段危险源分析、危害性评价，通过定量与定性相结合的评估过程，结合得出本项目的核心危险源为施工中的工程相关止水措施设置及使用效果，该危险源的风险等级为高度。

（2）在翠亨路下穿京沪铁路立交施工过程中，采用止水帷幕与基坑封底相配合的技术措施能有效减少降水引起的路基沉降。目前设计方案中降水工程对京津城际铁路路基和桥梁沉降影响量小于 1mm。采用主动回灌等措施后可以将降水施工对城际铁路的影响控制到接近于零的水平。降水施工不会降低京津城际铁路按设计时速运营的既有安全度。但如止水工程在施工使用过程中出现缺陷导致止水失效，会引起较大的路基变形，加大既有的桥台与路基差异沉降量，危及高铁运营安全。

（3）在翠亨路下穿京沪铁路立交施工过程中，正常的基坑开挖、地基处理、顶推施工、桩基施工等关键工艺措施会对京津城际铁路桥梁和路基产生有限的变形影响。目前设计方案中，桥梁基础处土层最大竖向位移影响量小于 0.4mm，最大土层水平位移影响量小于0.2mm，路基位移影响量接近于零。开挖施工不会降低京津城际铁路按设计时速运营的既有安全度。该类危险源的风险等级为中度。

（4）翠亨路下穿京沪铁路立交运营阶段对京津城际铁路安全影响的主要危险源是结构缝间止水措施的使用效果。该危险源的风险等级为高度。

（5）施工及运营阶段均存在车辆撞击京津城际铁路桥梁的风险，该危险源的风险等级为高度。

（6）由于运营中的京津城际铁路已出现一定的区域沉降和工后沉降，桥梁与路基间已有的较大差异沉降，且还在继续发展，即便无下穿立交的施工干扰，高铁现状情况下的自身运营安全度及其发展趋势仍然需要专门开展系统评价。对高铁桥梁及路基变形情况，施工前需要提前开展更为密集的既有变形观测，施工期间需要建立监控体系开展更为系统的施工变形监测，竣工后建议继续开展运营期变形监测。施工监控的核心目标为监控翠亨路中桥桥台与路基的差异沉降量。

3）主要风险的决策结果

基于 ALARP 准则（尽可能合理降低原则，as low as reasonably practice），在具体风险控制中的接受准则与处理措施见表 3-79。

对不同风险等级下的风险处置措施　　表 3-79

风险等级	区间（接受准则）	处理措施
低度	可忽略	风险较小，不需要采取风险处理措施和监测
中度	可接受	中度风险，一般不需要采取风险处理措施，但需要予以监测
高度	合理控制区间 ALARP	风险较大，必须采取风险处理措施并加强监测。但降低风险的成本不高于风险发生后的损失
极高	不可接受	风险极大，必须高度重视并规避，否则要不惜代价将风险降低到不期望程度

参照表中所列的不同风险等级对应的风险处置措施，对于中度风险，一般不需要采取风险处理措施，但需要予以监测。对于处于表 3-79 中风险等级为高度的风险，必须采取风险处理措施并加强监测。

4）设计及施工技术方案建议

（1）框架较长，基础不均匀沉降可能带来较大影响，施工过程中应密切监控，必要时及时采取有效的基础处理措施。

（2）施工过程中应注意，避免对京津城际铁路桥墩造成任何撞击，诱发危及高铁安全的次生灾害。

（3）京津城际铁路两侧的 U 形槽施工开挖取土、运土和弃土堆放应要求做详细施工组织设计（含通道设计），以规避施工中开挖机械、运输车辆对城际铁路桥梁产生危害。

（4）由于本场地的土层较为软弱，而桩径相对较大，施工时应加强护壁措施，成孔后及时浇筑，防止出现坍孔、缩颈、断桩等现象，影响桩的质量。

（5）基坑底部及刚构桥附近的旋喷桩间距小、加固范围大，可能会因土层中的孔隙水压力无法及时消散，而造成周围一定范围内土层的上鼓及水平位移，建议为旋喷桩的施工设计合理的次序，严格控制压力，同时在旋喷桩施工过程中，对土层的位移进行监测。

（6）设计止水措施已相对完备，进一步加强止水方案效果不显著；在施工中应密切监控，在必要情况下及时回灌。建议针对回灌工艺进行具体设计要求，包括回灌压力指标、异常变化判断准则。建议当日水位变化量大于 200mm、累计水位下降量大于 400mm 时采取主动回灌。

（7）除进行回灌工艺确保地下水位稳定外，需要根据抽水、回灌过程中的水位变化监测分析查找止水帷幕是否存在施工缺陷。必要时可增设观测与回灌井进行辅助判断。对判断出的止水帷幕缺陷区进行及时灌浆补漏。

（8）建议在下穿立交体系中设置限高防护栏构造，避免可能出现的超高车辆对高铁桥梁产生意外碰撞带来高铁行车安全隐患。限高护栏可在离高铁桥梁外 50～100m 处下行道单侧设置，并配合相应的声、光报警提示设施，提示驾驶员减速。

（9）由于运营中的京津城际铁路已出现一定的区域沉降和工后沉降，并且存在沉降分布不均匀的情况，施工期间仍需要严密监测京津城际铁路桥梁及路基变形情况，必要时应考虑采用控制压力灌浆等技术措施预先纠正部分不利竖向位移。

（10）考虑到社会对高铁运营安全的高度关注，当出现安全隐患（如超出监控预警限值）时，应充分开展安全联动。必要时应考虑采取运营降速的主动安全措施，确保运营安全。

（11）在翠亨路下穿立交的运营阶段，宜加强对京津城际铁路桥下 U 形槽段等重点部位的日常人工巡检工作。人工巡检工作的核心为结构接缝止水构造的使用效果。对于出现病损或病损征兆的构造及时开展预防性维修工作，以有效减小因地下水位变化诱发的高铁路基沉降风险。

（12）综合本项目安全评估工作的分析过程，建议在施工前、施工中及竣工后就以下内容开展现场测试及工艺试验，确保工程实际施工安全性能及京津城际运营安全性能得到有效保障：

①止水帷幕及旋喷桩密搅封底工艺试验，实际渗透系数测定试验，并验证止水效果。考虑到止水帷幕质量可能存在时效性问题，止水帷幕的渗透系数测定宜结合实际施工时间确定，或考虑采用多次测定方法以获得准确数据。

②钻孔灌注桩工艺试验，验证钻孔施工过程中施工安全与质量保障工艺措施。

③回灌措施工艺试验，评定拟定回灌措施效果，优化回灌井布设与回灌压力设定。

④下穿立交施工后续沉降观测验证试验，通过竣工运营后半年以上的变形监测与结构日常巡检，验证下穿立交止水排水体系使用效果。

本章参考文献

[1] 魏道垛，胡中雄. 上海浅层地基上的前期固结压力及其有关压缩性参数的试验研究[J]. 岩土工程学报, 1980, 2(4): 13-22.

[2] 陈建峰，孙红，石振明. 修正剑桥渗流耦合模型参数的估计[J]. 同济大学学报, 2003, 31(5): 544-548.

[3] VERMEER P A, DEBORST R. Non-Associated Plasticity for Soils, Concrete and Rock [J]. Heron, 1984, 29(3): 1-64.

[4] BRINKGREVE R B J. Plaxis 2D-Version 8 Mannual [M]. A. A. Balkema Publishers, Rotterdam, Netherlands, 2002

[5] 张云, 薛禹群, 吴吉春. 上海第四纪土层邓肯-张模型的参数研究[J]. 水文地质工程地质, 2008(1): 19-22.

[6] 杨雪辉. 非饱和重塑黄土强度特性的试验研究[D]. 杨凌: 西北农林科技大学, 2008.

[7] 王卫东, 王建华.深基坑支护结构与主体结构相结合的设计、分析与实例[M] 北京: 中国建筑工业出版社, 2007.

[8] BRINKGREVE R B J. Selection of soil models and parameters for geotechnical engineering application [C]//Proceedings of the Sessions of the Geo-Frontiers 2005 Congress, Austin, Texas, F, 2005.

[9] 张小平, 张青林, 包承纲, 等. 卸荷模量数取值的研究[J]. 岩土力学, 2002, 23(1): 27-30.

[10] 刘国彬, 侯学渊. 软土的卸荷模量[J]. 岩土工程学报, 1996, 18(6): 18-23.

[11] 郑刚, 颜志雄, 雷华阳, 等. 天津市区第一海相层粉质黏土卸荷变形特性的试验研究[J]. 岩土力学, 2008, 29(5): 1237-1242.

[12] 李琦. 深圳地区海相淤泥水泥土强度特性的研究[D]. 北京: 铁道科学研究院, 2005.

[13] 陈修. 水泥系材料改良饱和黏性土力学性质之研究[D]. 桃园: 国立中央大学土木工程研究所, 1985.

[14] 彭木田. 深层搅拌工法强化深开挖安全性之探讨[D]. 台北: 台湾工业技术学院营建工程技术研究所, 1992.

[15] 吴时选. 地盘改良于邻产保护之分析研究[D]. 台北: 台湾科技大学, 2006.

[16] 刘国彬, 王卫东. 基坑工程手册[M]. 北京: 中国建筑工业出版社, 2009.

CHAPTER FOUR

第4章

邻近高铁立交工程施工安全防护与控制

邻近高速铁路立交工程
关键技术研究与实践

RESEARCH AND PRACTICE ON KEY TECHNOLOGIES OF
ADJACENT HIGH SPEED RAILWAY
INTERCHANGE ENGINEERING

在进行安全评估的基础上，需针对施工过程中的风险因素进行安全控制。本章针对高铁桥梁基础存在的邻近基坑开挖、降水施工、桩基施工、土体堆载、框构顶进等扰动的问题，分别以石济客专并行京沪高铁基坑开挖工程、邻近京津城际铁路桥梁旋喷桩施工、邻近京沪高铁桥梁周边土方堆载、下穿邻近高铁顶进框构工程等工程案例，运用数值模拟与现场试验相结合的方法，研究了周边扰动对高铁桥梁基础的影响机理与规律，并进一步开展针对性的防护设计。

4.1 邻近高铁基坑开挖施工

4.1.1 影响机理分析

基坑开挖过程是基坑开挖面上卸荷的过程，卸荷会引起坑底土体产生向上为主的位移，同时也会引起围护墙在两侧压力差的作用下产生水平位移并因此而产生墙外侧土体位移。由此可认为，基坑开挖引起周围地层移动的主要原因是坑底的土体隆起和围护墙体的位移。

1）坑底土体隆起

坑底土体隆起是垂直向卸荷而改变基坑底土体原始应力状态的呈现。在开挖深度不大时，坑底土体在卸荷后发生垂直的弹性隆起。当围护墙底下为清孔良好的原状土或注浆加固土体时，围护墙随土体回弹而抬升。坑底弹性隆起的特征是坑底中部隆起最高，且坑底隆起在开挖停止后很快停止。此时坑底隆起基本不会引起围护墙外侧土体向坑内移动。随着开挖深度的增加，基坑内外的土面高差不断增大，当开挖到一定深度时，由于基坑内外土面高差所形成的加载和地面各种超载的作用，使得围护墙外侧土体向基坑内移动，基坑坑底产生向上的塑形隆起，同时在基坑周围产生较大的塑性区，并引起地面沉降。

2）围护墙位移

围护墙墙体变形是因水平向改变基坑外围土体的原始应力状态而引起的地层移动。基坑开始开挖后，围护墙便开始受力变形。在基坑内侧卸去原有的土压力后，墙外侧受到主动土压力，而在坑底的墙内侧则受到全部或部分的被动土压力。因开挖在前，横向支撑在后，故围护墙在开挖过程中，安装每道支撑前总发生一定的先期变形。而围护墙的位移会使墙体主动压力区和被动压力区的土体发生位移。墙外侧主动压力区的土体向坑内水平移动，使围护墙背后土体水平应力减小，以致剪力增大，出现塑性区，而在基坑开挖面以下的墙内侧被动压力区的土体向坑内水平位移，使得坑底土体水平向应力增大，以致坑底土体剪应力增大而产生水平向挤压和向上隆起的位移，在坑底处形成局部塑性区。

墙体变形使得墙外侧发生地层损失从而引起地面沉降，使墙外侧塑性区扩大，因而墙外土体向坑内的位移增加并造成相应的坑内隆起加大。因此，在同样地质和埋深条件下，深基坑周围地层变形范围及幅度因墙体的变形不同而存在很大差别，故墙体变形往往是引起周围地层移动的重要原因。

3）坑外土体位移

基坑开挖时，因荷载不平衡导致支护结构产生水平向变形和位移，从而改变基坑外围土体的原始应力状态，进而引起土体移动。此外，支护结构外侧主动区的土体向坑内移动，使得背后土体水平应力减小，剪力增大，出现塑性区；而在开挖面以下的被动区土体向坑内移动，使得坑底水平应力加大，导致坑底土体剪应力增大而产生水平向挤压和向上隆起的位移。

当开挖深度较大且土质较弱时，基坑周围土体塑性区范围较大，土体的塑性流动也较大，土体从支护结构外围向坑内和坑底移动，此时支护结构后产生地层移动，此为产生坑外土体变形的主要原因。基坑开挖土体变形如图4-1所示。

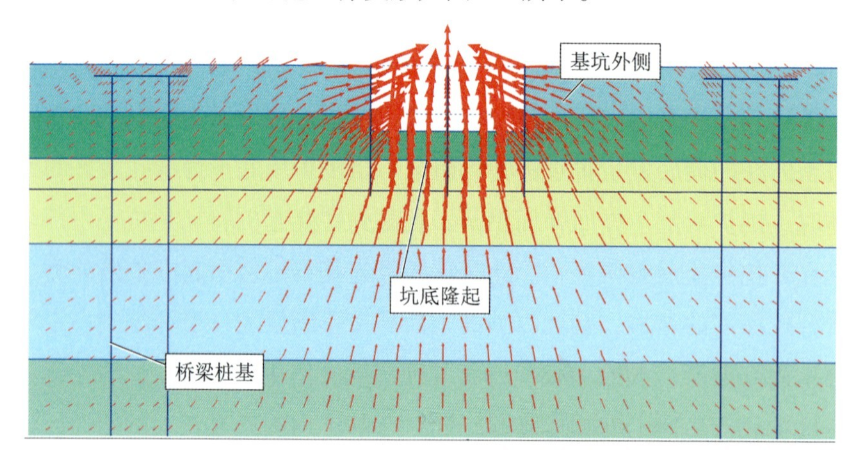

图4-1　基坑开挖土体变形示意图

（1）影响实例一

某城市道路采用U形槽接框构的形式下穿既有高铁桥梁，如图4-2和图4-3所示。基坑采用明挖法开挖，共分为两部分，1号基坑平面尺寸为22.5m × 20.0m，深度为8.236m，采用1.25m@1.5m钻孔灌注桩防护，桩长19.35m，设置$\phi = 609$mm、$t = 12$mm的钢管撑6道，间距4.5m；2号基坑平面尺寸为22.5m × 28.26m，深度为8.24m，采用1.25m@1.5m钻孔灌注桩防护，桩长19.35m，设置0.8m × 0.85m钢管混凝土支撑3道，间距8.5m。2号基坑一侧接既有框构。交叉位置处既有高铁为无砟轨道，桥梁结构形式为（32 + 48 + 32）m连续梁，桥墩基础为桩基础，桩径1.5m，桩长56m。基坑防护桩与桥墩承台的最小净距为2.02m。

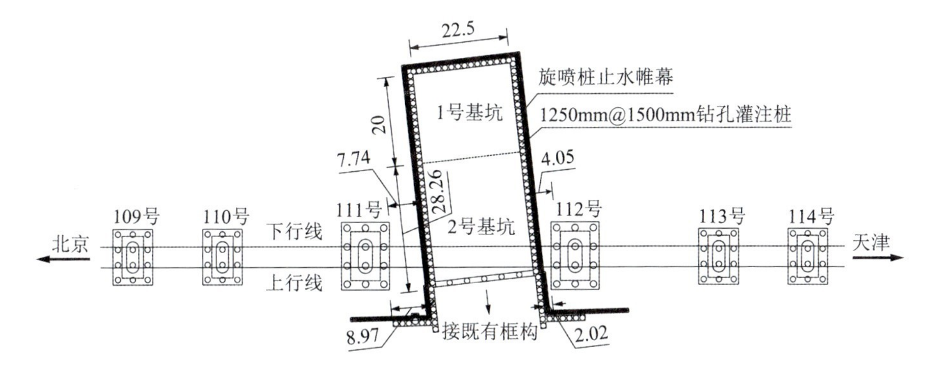

图 4-2 基坑与周边高铁桥墩平面关系示意图（尺寸单位：m）

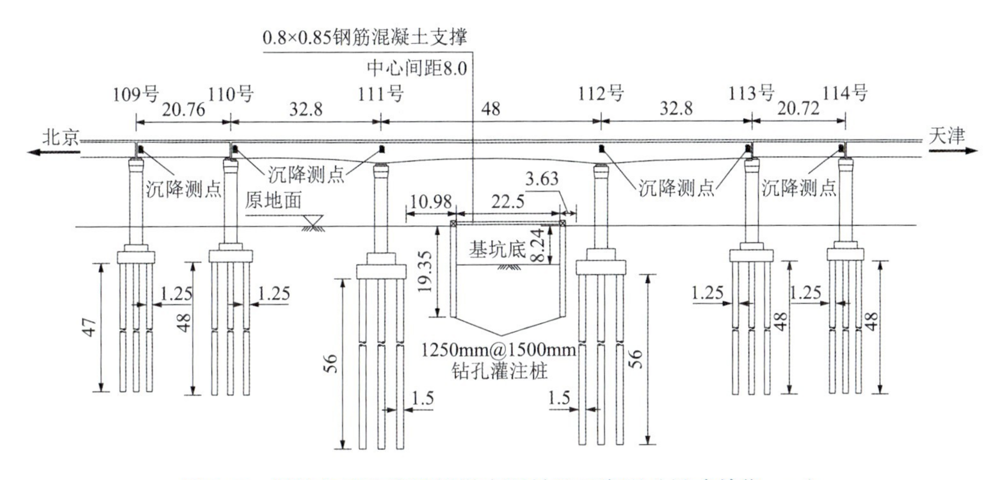

图 4-3 基坑与周边高铁桥墩立面关系示意图（尺寸单位：m）

基坑开挖采用分层分片的方式，由于下穿区域位于市内，受交通组织影响，开挖及出土均于当日夜间至次日凌晨进行，白天则处于停工状态，前三次的开挖情况如图 4-4 所示。

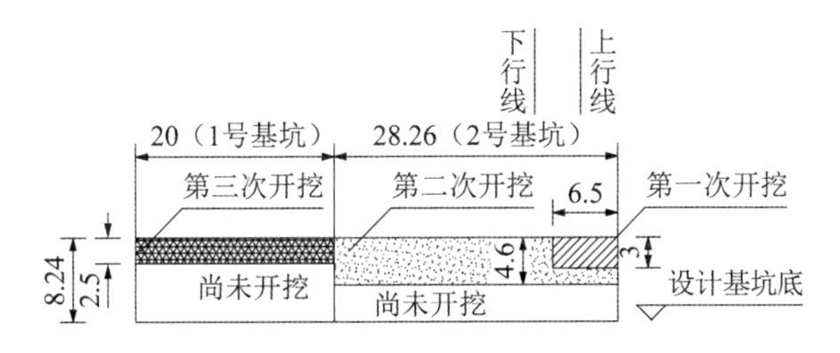

图 4-4 前三次开挖基坑剖面示意图（尺寸单位：m）

第一次开挖于 2016 年 10 月 8 日 17:00—2016 年 10 月 9 日 08:00 进行，开挖平面尺寸为 6.5m × 22.5m，开挖深度为 3.0m，开挖量为 438.75m^3；第二次开挖于 2016 年 10 月 9 日 20:00—2016 年 10 月 10 日 06:00 进行，开挖平面尺寸为 28.26m × 22.5m，开挖深度为 4.6m，开挖量为 2486.16m^3，第三次开挖于 2016 年 10 月 11 日 17:00—2016 年 10 月 12 日 07:00 进行，开挖平面尺寸为 20.0m × 22.5m，开挖深度为 2.5m。前三次开挖区域与线路中心的距离由近及远，第一次开挖中心与线路中心的距离为 3.16m，第二次开挖中心与线路中心的距离为 7.90m，第三次开挖中心与线路中心的距离为 21.93m。

基坑开挖过程中，采用高铁沉降变形自动化监测系统 SMAIS 对既有桥梁结构的竖向变形情况进行监测，沉降监测测点布置于梁体支点位置。监测成果如图 4-5 及图 4-6 所示。由图 4-5 可知，开挖期间每日夜间至次日凌晨，随着基坑开挖及出土的进行，既有高铁桥墩出现较为明显的隆起趋势，在白天基坑开挖的间隙期，既有高铁桥墩的竖向变形基本保持稳定。由图 4-6 可知，既有高铁测点的隆起表现出了随着与基坑边缘距离增加而衰减的明显规律，由于距离基坑边缘较近，111 号及 112 号桥墩的隆起趋势比较明显，而在距离基坑边缘较远的 109 号、110 号、114 号桥墩未出现明显的隆起规律。由于桥墩隆起值并不一致，因此在前三次开挖完成后，110 号桥墩及 111 号桥墩的差异沉降值已达到 0.61mm。随后，现场调整了施工步骤，将开挖过程中的挖方土体暂时堆至基坑防护桩两侧及桥墩周围进行反压，待基坑内的框构及 U 形槽结构施工完成后，再将挖方土体运出施工场地，从而避免了既有高铁桥墩差异沉降快速增加。

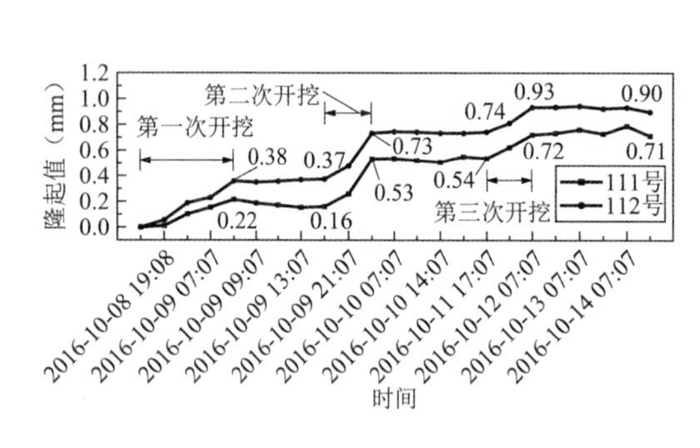

图 4-5　既有高铁 111 号及 112 号测点隆起值时程曲线

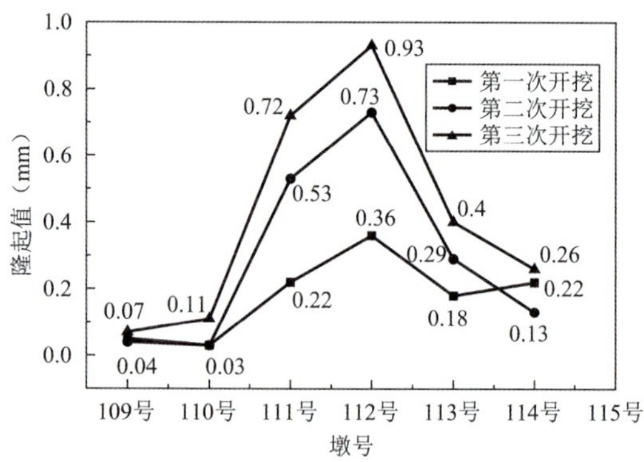

图 4-6　既有高铁桥梁隆起值断面曲线

（2）影响实例二

某高速公路框构下穿既有高铁桥梁采用顶推法施工，工作坑位于既有高铁南侧，为矩形布置，采用放坡开挖形式，基坑边坡坡比为 1：0.6，基坑底面轮廓尺寸为 58.6m × 83.6m，底面开挖面积为 5066m^2，基坑顶面轮廓尺寸为 71.6m × 97.8m，顶面开挖面积为 7107m^2，基坑开挖深度为 10m，基坑开挖总体积为 51500m^3，基坑轴线与桥梁轴线的斜交角度为 61.8°。既有高铁为无砟轨道，桥梁结构为 32m 简支梁，基础为桩基础，其中 138～140 号桥墩为下穿公路预留条件，承台下埋 10m，且桩长进行了相应的加长。基坑与桥墩平面如图 4-7 所示，立面如图 4-8 所示。

2016 年 5 月 7 日—2016 年 5 月 13 日，现场进行了基坑开挖施工，开挖量共计 49000m^3。在开挖过程中，对既有高铁的竖向变形进行了实时自动化监测。监测测点布置于梁体支点位置，上下两侧各布置 1 个测点。

图 4-9 及图 4-10 给出了 140 号桥墩和 141 号桥墩的隆起值与开挖方量的关系曲线。由图 4-9 及图 4-10 可以看出，随着基坑开挖的进行，140 号和 141 号测点的隆起值逐渐增加。

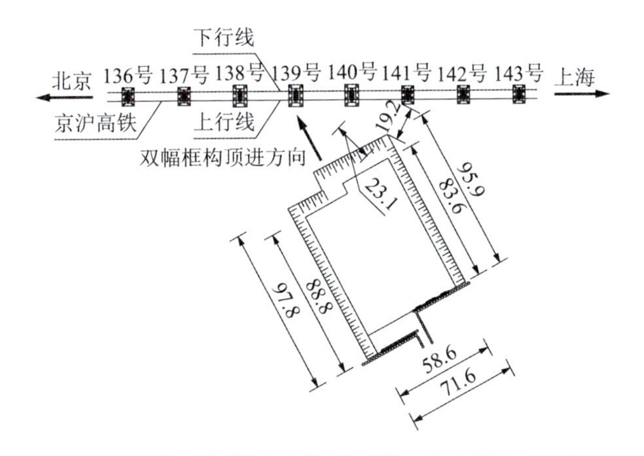

图 4-7 基坑与桥墩平面示意图（尺寸单位：m）

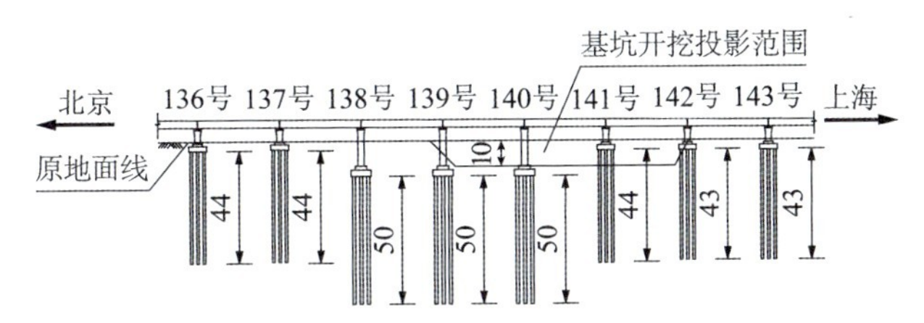

图 4-8 基坑与桥墩的立面示意图（尺寸单位：m）

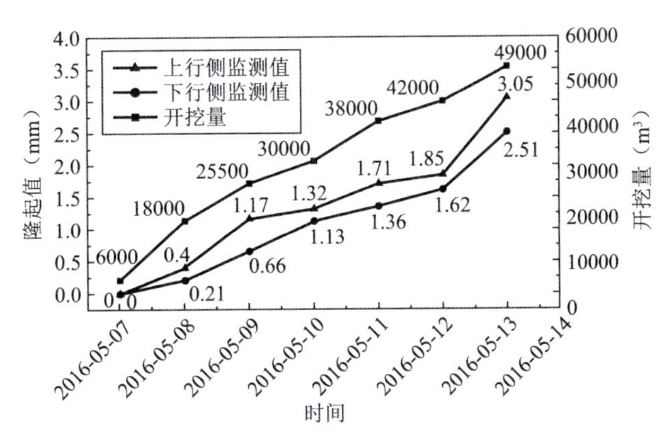

图 4-9 140 号桥墩隆起值与开挖量关系曲线图

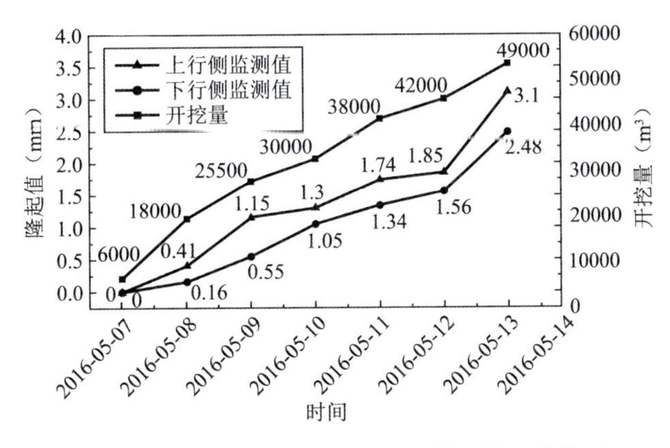

图 4-10 141 号桥墩隆起值与开挖量关系曲线图

图 4-11 给出了开挖 49000m^3 时既有高铁隆起值的断面曲线。由图 4-11 可知，基坑开挖至 49000m^3 时，既有高铁桥墩出现明显的隆起现象。横向上比较，由于上行侧测点与基坑的距离较近，因此上行侧测点的隆起值大于下行侧测点的隆起值，上行侧的最大隆起值为 3.10mm，下行侧的最大隆起值为 2.51mm，二者相差 0.59mm。纵向上比较，随着各测点与基坑边缘距离的增加，隆起值出现衰减现象。由于各测点隆起值不一致，出现了差异沉降，最大差异沉降位于 138 号桥墩和 139 号桥墩的上行侧，达 0.72mm，因此影响不可忽略。为避免隆起值的进一步发展，现场采取了桥下反压堆土的措施，隆起趋势得到抑制。

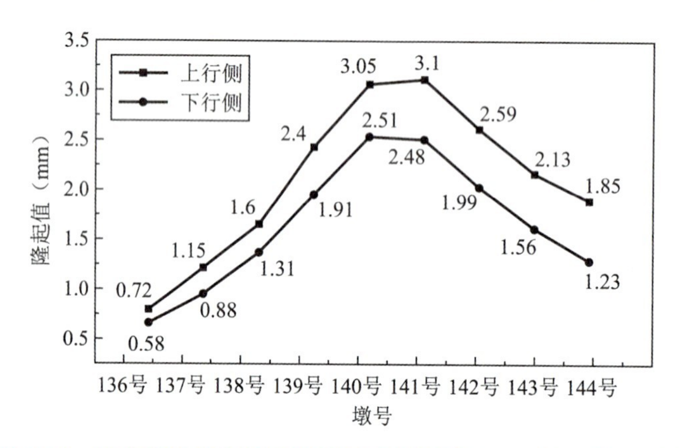

图 4-11　既有高铁铁路桥墩隆起断面曲线图（2016 年 5 月 13 日）

4.1.2　影响内容

由于基坑开挖，邻近桥梁桩基周围土体将发生竖直向上的变形以及水平变形。桩侧土体竖直向上的变形将导致桩基隆起，增大相邻桥墩之间的不均匀沉降；桩侧土体的水平变形将对桩基产生附加弯矩，从而增大桩基内力，影响桩基的强度安全，此外水平变形还将导致整个桥墩发生纵向偏移，叠加竖向列车活载后可能导致梁端竖向转角超限。

基坑开挖对高铁桥梁的影响主要表现在桥墩的竖向变形影响、水平变形影响以及桩基受力影响三方面内容。

（1）竖向变形影响

基坑开挖时，基坑周边土体应力场发生变化，基坑底部及周边土体隆起，围护结构外侧一定范围地表土体发生沉降，这些土体的位移势必作用于高铁桩基上，带动桩基一起产生竖向变形，因此高铁桩基产生沉降或隆起将是土体与桩基综合作用的结果。由于高铁对轨道平顺性要求极高，对线下相邻桥墩之间的差异沉降也控制严格，前文主要技术标准已做介绍，因此基坑开挖对高铁产生的竖向变形将是最重要的控制指标。

（2）水平变形影响

由于高铁桥梁桩基位于基坑的外侧，基坑开挖后，产生竖向变形势的同时还会产生水平变形。由于高铁桥梁桩基为群桩布置，桩顶设有承台，对桩基的约束力强，整体刚度大，因此桩基产生的水平变形一般较小，对桥梁上部结构的影响通常可忽略，最终主要体现在桩基内力变化上。

（3）桩基受力影响

由于土体对桩基水平变形的影响，将增大桩基内力，影响桩基强度安全，因此需对桩基配筋进行检算，确保强度满足要求。若桩基周围土体发生沉降，还需综合考虑土体对桩基负摩阻力的作用。

4.1.3 影响控制措施

（1）减小基坑开挖深度。

（2）加强基坑支护结构的刚度。

（3）增大基坑与桥墩的距离。

（4）增加围护结构入土的深度。

（5）及时回填，缩短基坑暴露时间。

4.1.4 石济客专并行京沪高铁基坑开挖防护设计

基坑开挖对本来应力平衡的土体进行了扰动，使基坑周边土体各项指标发生变化，易出现滑坡、坍塌等现象，容易使得邻近高铁路基、桥梁产生安全问题。基坑支护结构的作用主要是承受基坑开挖卸载后所产生的土体压力和地下水压力，对基坑上部、侧壁和周边环境进行加固、封闭、隔离、支撑和保护，以此来确保基坑施工及周边环境的安全，是稳定基坑的一种施工临时措施。

1）常用的铁路基坑支护类型简介

常用的铁路基坑支护类型有板桩式（钢板桩、钢管桩等）、排桩式（钻孔灌注桩、挖孔灌注桩等）、密排桩（水泥搅拌桩、高压旋喷桩）等。

（1）板桩式

①打入工字钢基坑支护

工字钢基坑支护在中等深度以下的基坑中较为常用，一般适用于地下水位低的黏质土、砂性土和粒径不大于 100mm 的砂卵石基坑，在水位高或有上层滞水时，应进行降水，使得水位低于坑底高程。软土地基也可用，但应慎重。工字钢基坑支护的施工工序为开挖前，先插打工字钢，插打的深度严格按照设计要求，一般插打间距为 800～1000mm，同时，随开挖深度的加大，在两条工字钢与坑内土体之间放入木板，以支挡坑内土体的侧压力，板厚一般大于 5mm。此种基坑支护类型的优点是成本低、施工简便快捷、受力性能好、材料省，缺点是止水性能差，施工噪声大。

②打入拉森钢板桩支护

拉森钢板桩作为一种新型建材多用于深基坑支护工程中，由于其具有止水性能卓越、围挡刚度强、施工简易、费用低、材料可多次使用等优点，因此在建筑同行中得到频繁运用，特别是在大型管道、抗洪抢险和地下铁道中。但碍于其施工作业过程时的噪声较大，因此较少被运用到市区。拉森钢板桩根据其断面形式可分为 U 形、Z 形和 W 形。在插打第一根拉森钢板桩前，先按照支护设计图纸放线定位，做到严格准确，才能保证后续桩位不偏不移。在插打拉森钢板桩时，在锁口上填涂黄油或油脂等润滑防水材料，以方便打入、拔出及提高板桩防水性能。全过程监测每根桩的插打倾斜度，当其倾斜度不大于 2%时，采用拉齐法予以调整，否则，拔起重打。宜采用屏风式插打拉森钢板桩，当插打完成后，采用灌砂冲水或其他密实材料填充桩周出现的裂缝。拔除拉森钢板桩时，先用拔桩机夹住桩头振动 1～2min，使桩周土体松动，减少拔桩的摩阻力，对于拔除阻力较大的拉森钢板桩，可采用间歇振动拉拔法。拔桩后的桩孔采用灌砂冲水或注浆的方式填充。

打入钢板桩普遍存在的问题是打、拔施工时噪声太大，作为悬臂桩时，变形较大，将对邻近的铁路路基、桥梁有一定的影响。

（2）排桩式

排桩式主要有挖孔灌注桩、钻孔灌注桩两种形式。

①挖孔灌注桩支护

挖孔灌注桩，主要为人工挖土成孔，之后在孔内放置钢筋笼，是灌注混凝土的一种防护形式，施工流程的一般为放孔定位→安装简单机具→边挖孔边做护壁→下钢筋笼→灌注混凝土→凿除桩头→施工桩顶冠梁。挖孔桩的主要特点是工程投入小，成本低，施工便捷，对周围环境干扰小，施工无噪声，无泥浆排放，环保性强，但一般桩径不小于 1.2m。此外，挖孔桩适用于地下水位较低的黏土、砂土地层，而水位较高的黏土、砂土等地层不宜采用。

②钻孔灌注桩支护

钻孔灌注桩是指在工程现场通过机械钻孔的手段在地基土中形成桩孔，并在其内放置钢筋笼，灌注混凝土而形成的桩。此施工工艺最早在 20 世纪 50 年代左右出现，目前已被广泛运用于基坑支护和高层建筑上。钻孔灌注桩支护多采用泥浆护壁成桩施工法，施工流程一般为平整场地→泥浆制备→埋设护筒→安装钻机→钻孔→下钢筋笼→灌注水下混凝土→拔出护筒→检查质量。该过程中应注意以下几个方面：

a. 泥浆应选用膨润土或高塑性黏土在现场加水搅拌制备，在施工时，泥浆水应高出地下水位 1m 以上。

b. 埋设护筒时，其顶端宜高出地面 500mm，护筒底端埋深应大于 1000～1500mm，护筒应具有足够的强度和稳定性。

c. 钻孔关键工序，严格控制好中线位置、深度和垂直度。

d. 灌注水下混凝土时务必连续作业，一次成型，一步到位，确保混凝土的均质性，避免出现断桩现象。钻孔桩的主要特点是应用范围广泛，适用于任何土质，地下水有无不限，施工快捷，桩基本身刚度大，变形较小，无施工噪声污染，不扰民。但该种防护形式不防水，地下水位较高时需辅以止水帷幕，基坑还需做封底处理，此外需要配备泥浆池，以避免造成环境污染。

（3）密排桩

密排桩即为桩与桩相互咬合连接形成类似于地下连续墙的一种防护形式，多采用水泥搅拌桩、高压旋喷桩等，多适用于黏土、软土及淤泥质土层。此种防护形式的主要优点是具有较好的防水、止水性能，但其自身刚度、强度均相对较弱，不适合开挖较深、对变形要求比较严格的基坑。

2）石济客专并行京沪高铁基坑设计

石济客专并行京沪高铁基坑设计具体内容如下。

（1）基坑防护设计

石济客专并行既有京沪高铁全段落范围共计 99km，涉及桥墩 1384 个。代表性基坑防护形式见表 4-1。各工点开挖基坑采用相应防护措施后，支护结构强度、刚度以及稳定性均满足规范要求，对基坑周围公路等既有设施的影响较小，地面沉降影响范围未涉及既有京沪高铁基础。在桩后和基坑底部采用注浆帷幕和混凝土封底的施工方法以达到止水目的，施工过程中未采用井点降水等大量抽取地下水的措施，防止既有京沪高铁因地下土体有效应力增加而产生沉降。目前该工程已顺利竣工。

代表性基坑防护形式　　表 4-1

并行形式	并行线间距（m）	基坑尺寸（m）	基坑深度	地下水位	防护形式	最大横向变形（mm）	整体稳定安全系数	抗倾覆安全系数	坑外土体最大沉降变形计算值（mm）
桥并桥	24.5	10.4 × 6.8	2.7	基坑底面以下	普通工字钢	11.6	2.37	1.99	11.6
桥并路	72.0	10.4 × 4.8	4.0	基坑底面以上 1.6m	拉森钢板桩 + 封底混凝土	36.2	2.44	1.76	24.6
桥并桥	31.0	12.5 × 8.1	6.0	基坑底面以下	ϕ1.25m@1.5m 钻孔灌注桩	2.9	2.45	1.33	4.5
	31.2	12.5 × 9.1	6.16	基坑底面以上 1.26m	ϕ1.25m@1.5m 钻孔灌注桩 + 封底混凝土	2.1	2.55	2.17	3.0
	26.1	14.6 × 10.6	6.2	基坑底面以上 0.5m	ϕ1.25m@1.5m 钻孔灌注桩 + 封底混凝土	1.6	2.46	2.12	2.7
	32.6	14.6 × 14.6	8.0	基坑底面以上 6.7m	ϕ1.25m@1.5m 钻孔灌注桩。在钻孔桩外侧采用 0.6m 厚的止水帷幕，止水帷幕深度为基底以下 2m	3.0	2.9	2.05	4.2

（2）计算示例

石济客专某桥，跨度为 48m + 80m + 48m，斜对孔，如图 4-12、图 4-13 所示。石济客专设计速度为250km/h，采用有砟轨道，191号墩基础采用16根直径1.5m桩，桩长61m。此工点石济客专距离既有京沪高铁的最小线间距为32.6m，承台尺寸为14.6×14.6×3.5m，加台尺寸为11.2×9.6×3m，埋深8m，如图4-14所示。

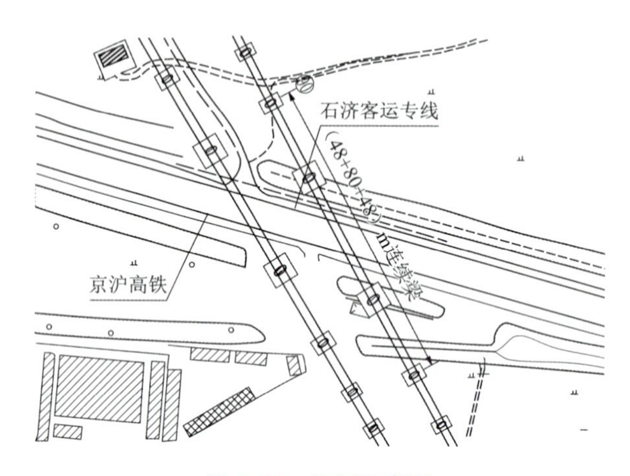

图4-12 平面示意图

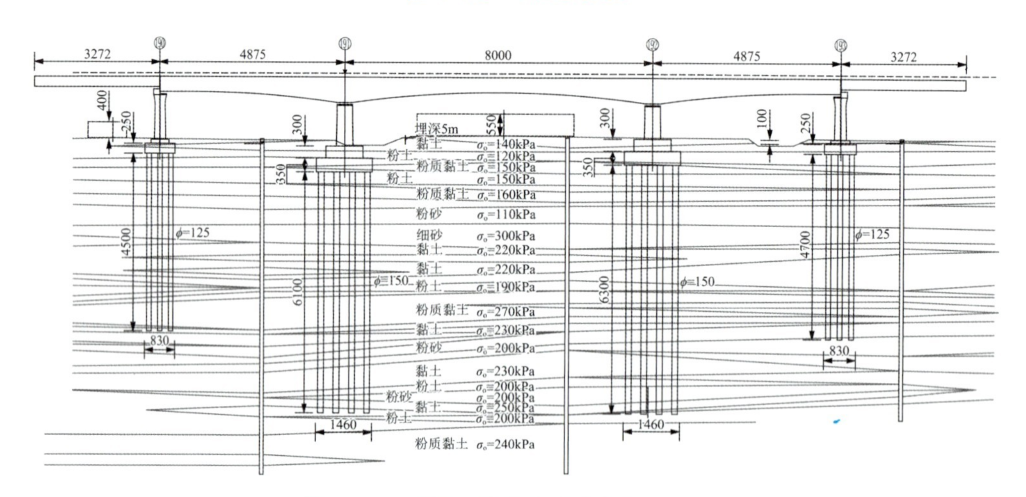

图4-13 立面示意图（尺寸单位：mm）

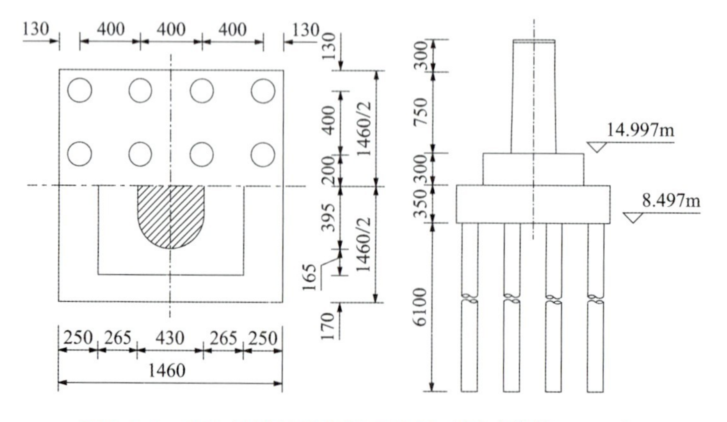

图4-14 191号墩基础布置示意图（尺寸单位：mm）

地质资料显示稳定地下水位在 15.51m，地下水埋深较浅，基坑开挖后有水。

由于本工点基坑较深且地下水位较浅，采用钻孔桩进行基坑防护，桩径 1.25m，桩长 18m，桩间距为 1.5m，在钻孔桩外侧采用 0.6m 厚的止水帷幕，止水帷幕深度为基底以下 2m。基坑支护方案如图 4-15 所示。采用深基坑支挡结构设计软件进行计算。

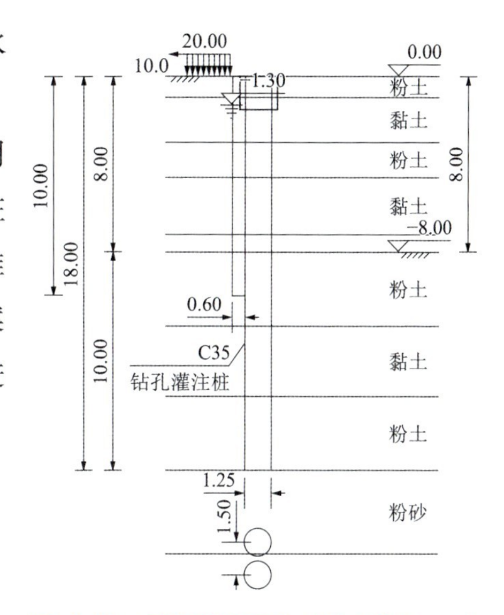

图 4-15　基坑支护方案（尺寸单位：m）

（3）计算过程及结果

①内力变形计算

水土压力计算结果见表 4-2。

计算宽度：1.50m。

水土压力结果汇总表　　表 4-2

水土压力分布图	分层号	层顶深度（m）	层顶压力（kPa）	层底深度（m）	层底压力（kPa）
水土压力（kN/m）×10；10 5 0；深度（m）5 10 15 20；总压力；开挖至-8.00（深8.00）m	1	2.75	0.00	3.00	4.60
	2	3.45	0.00	4.60	10.95
	3	4.60	34.08	7.20	81.98
	4	7.20	44.63	8.00	52.74
	5	8.00	52.74	11.40	52.74
	6	11.40	96.72	12.25	96.72
	7	12.25	79.85	14.60	79.85
	8	14.60	43.47	18.00	43.47

基床系数计算结果见表 4-3。

计算宽度：$0.9\times(1.5\times1.25+0.5)=2.14$，取 1.50m。

基床系数结果汇总表　　表 4-3

基床系数分布图	分层号	层顶深度（m）	层顶基床系数（MN/m³）	层底深度（m）	层底基床系数（MN/m³）
基床系数（MN/m²）×100；0 1 2 3；深度（m）5 10 15 20；开挖至-8.00（深8.00）m	1	8.000	0.000	11.400	78.489
	2	11.400	23.664	14.600	45.936
	3	14.600	152.361	18.000	230.850

内力变形结果：每根桩抗弯刚度 EI = 3775031kN · m²。以下内力和土体抗力的计算结果为每根桩；支撑反力是每延米的数值，开挖至–8.00（深 8.00）m 内力及变形如图 4-16 所示。

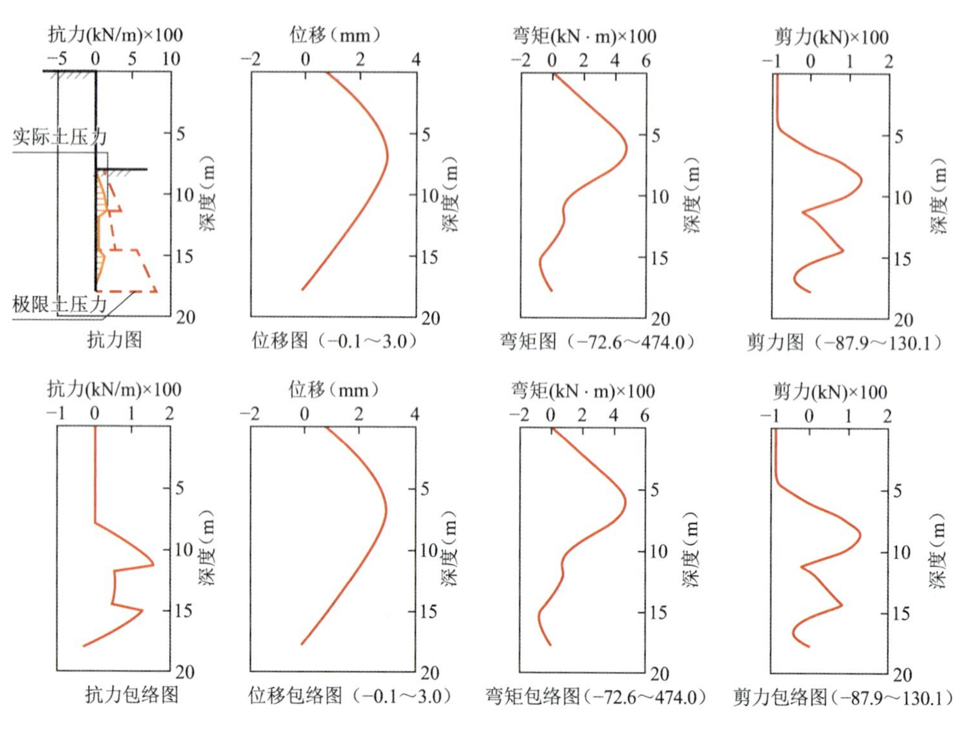

图 4-16　开挖至–8.00m（深 8.00m）内力及变形图

②整体稳定计算

开挖至–8.00m（深 8.00m），整体稳定计算如图 4-17 所示。

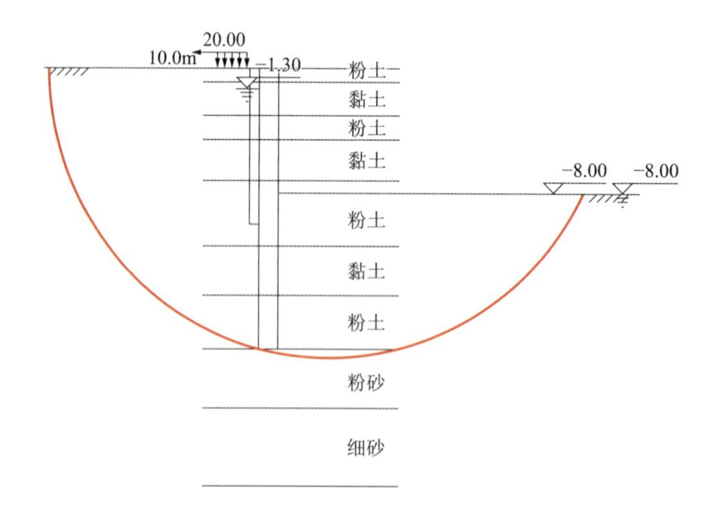

图 4-17　整体稳定计算示意图

滑弧圆心（3.33m，–0.00m），半径 18.57m，起点（–15.25m，0.00m），终点（20.09m，8.00m），拱高比 0.799。下滑力 1390.16kN/m，土体（若有则包括搅拌桩和坑底加固土）抗滑力 4035.96kN/m，安全系数 2.90，满足要求。

③抗倾覆计算

抗倾覆稳定计算如图 4-18 所示。

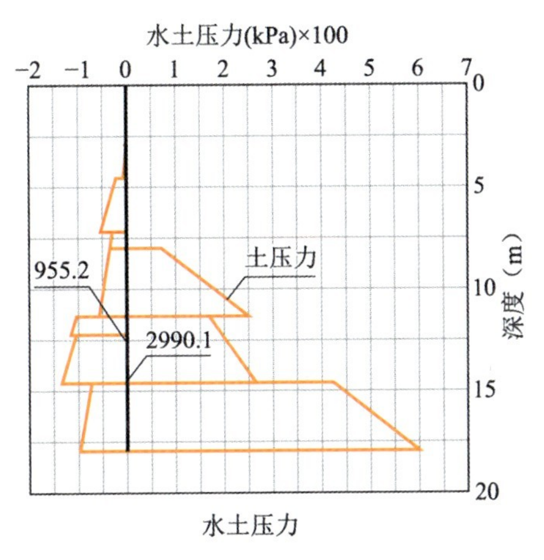

图 4-18　抗倾覆稳定计算示意图

抗倾覆安全系数：$\frac{2990.1\times3.53}{955.2\times5.40}=2.05$，要求安全系数为 1.25。

④地表沉降计算

地表沉降计算如图 4-19 所示。

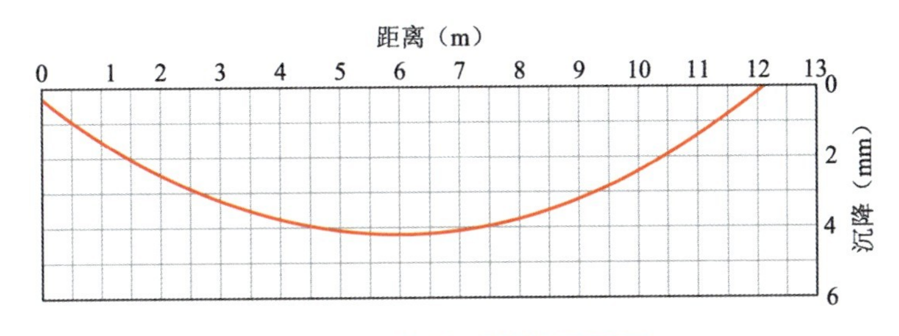

图 4-19　地表沉降计算示意图

地表沉降计算方法采用同济抛物线法。最大沉降变形为 4.2mm，发生在距离基坑边缘 6m 左右处，距离基坑边缘 12m 以外沉降趋于 0，此处最小线间距为 32.6m，因此该范围内采用此种防护形式可靠。

4.2 邻近高铁降水施工

4.2.1 影响机理分析

浅层地下水是指含水层埋深不大，且与大气降水不存在直接联系或联系不紧密的一种地下水。抽取浅层地下水的井为浅井，一般认为浅井的深度小于 80m。浅部地层引起的局部不均匀沉降比深部地层更为严重一些。

（1）浅层地下水开采的影响范围

浅层地下水开采时影响半径R可由下式计算：

$$R = 10S\sqrt{K} \tag{4-1}$$

式中：S——水位降深；

K——含水层渗透系数。

当工程沿线浅层地下水含水层多以粉砂为主，局部有细砂，含水层的渗透系数K为1.0～5.0m/d，就可推算R值为100～220m。此外，工程地质手册中给出的粉砂含水层的影响半径为100m。由上述可知，浅层地下水开采的影响范围为100～200m。故此，目前要求在铁路沿线200m范围内严禁开采地下水的规定是必要的。

（2）降水影响作用机理

地下水位下降，地层中土的自重应力增大。地下水位平均每下降1m，在地层内相应增加10kPa自重应力，可采用分层总和法估算并预测地面沉降量，地下水水位下降后，引起地层中自重应力增加，土层产生压密固结，导致地面产生沉降。

某高铁跨环线主桥采用80m＋128m＋80m连续梁结构形式，桥梁基础为钻孔桩，桥梁布置形式如图4-20所示。

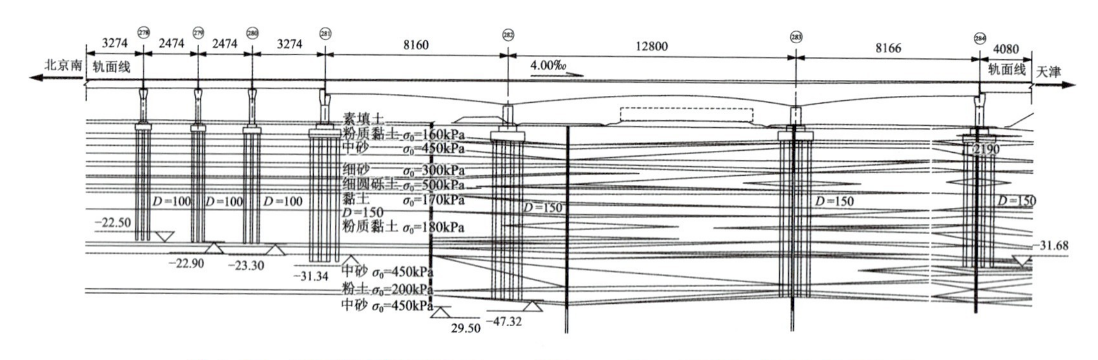

图4-20　某环线主桥采用80m＋128m＋80m连续梁立面布置示意图
（尺寸单位：cm；高程单位：m）

D-桩径

主桥位于沉降区域内，属区域地面沉降比较严重的范围，观测资料表明，主桥附近同时存在小的沉降漏斗，桥墩处不均匀沉降十分严重。

到2011年9月份，相邻两主墩沉降差远超出规范值5mm要求，并且还在发展，没有收敛趋势。为此，对桥梁周边情况进行了调查，发现周边地物发生较大改变。2008年桥梁竣工时，主桥右侧为林地，地面没有建筑物。近期现场调查发现桥址附近建成了石材厂，厂区距离铁路直线距离不超过100m。在厂区堆积大量石材块料，码放高度达到5～6m之高。同时了解到工厂加工石材需要水锯，初步调查，工厂规模很大，有数十台水锯，需要大量水。初步询问厂内工人，确认在厂区范围内有多口水井。

经分析，由于石材厂大量堆载及抽取地下水影响，在局部形成小的沉降漏斗，小范围内沉降剧烈变化，造成相邻桥墩的不均匀沉降值超标。按照天津地区的资料表明，浅层井水位下降 10m 时，地下水位下降漏斗中心地带的沉降最大可达 438mm。桥墩周边抽取浅层地下水，会形成局部小漏斗，致使相邻桥墩出现明显不均匀沉降，甚至出现沉降差超过 5mm 规范值的情况。持续的抽取浅层地下水会加剧不均匀沉降发生，其后果是影响轨道平顺性，危及运营安全。

4.2.2 影响内容

（1）抽取浅层地下水引起的地面沉降

地区资料表明，浅层井水位下降 10m 时，地下水位下降漏斗中心地带的沉降最大可达 438mm。若工程沿线两侧 100～200m 之内的浅层地下水开采，会对高铁产生影响，并且距离越近影响越大。

（2）抽取浅层地下水引起的坡度变化

抽取浅层地下水对地面将产生很大的影响，采用浅井抽取浅层地下水，会在浅井周边产生一个局部的漏斗，若水位下降 10m，一般情况影响范围约 100m，按照漏斗底部深度 0.5m 计算，由此产生的地面坡度变化约为 5‰。若处在铁路一侧则可能导致铁路结构物倾斜，小的漏斗会引起相邻结构物出现不均匀沉降。

（3）开采浅层地下水引起的地面沉降特征

由于浅井的开采深度较浅，单独一口浅井抽水引起地面沉降的范围相对较小，若抽水井分布的间距较大且不均匀，将引起波状起伏，影响轨道的平顺性。

4.2.3 影响控制措施

（1）为保证高铁的安全运营，必须和当地政府部门制定科学的地下水开采规划，针对性地压缩高铁沿线地下水开采量，使其达到既能合理开发利用地下水，又能控制地面沉降进一步发展的目的。对于浅井来说，应该有针对性地封闭或减少沿线两侧各 100～200m 范围内的浅层地下水开采井或开采量。

（2）长期监测，制定运营期精测网复测和结构变形监测技术方案并实施；运营期加强对轨道平顺性检查，及时发现异常沉降点；跟踪分析异常沉降点对轨道平顺性的影响，及时对影响轨道平顺的地段进行调整。

（3）在地下水位较高的地区邻近高铁施工时，应采用全封闭止水措施，以避免地下水位产生变化。

4.2.4 翠亨路下穿京津城际铁路降水施工防护设计

京津城际铁路是连接北京和天津两大直辖市的城际高速客运专线，设计速度 350km/h，是京津两地客运交通大动脉，其自2008年8月开通运营以来地面沉降趋势明显，段落内差异沉降明显，特别是翠亨路中桥路桥过渡段产生了较大的不均匀沉降，虽然差异沉降发展速度有所放缓，但是累计差异沉降值还在进一步加大，截至2012年3月北京台后50m过渡段差异沉降累计26.3mm，天津台后50m过渡段差异沉降累计29.8mm，故差异沉降是影响城际铁路行车安全的控制性因素。

天津武清翠亨路下穿京津城际铁路工程是我国首例下穿正在运营中的高铁预留刚构桥立交工程，其具有安全风险高、工程技术复杂、施工难度极大等特点。在设计施工阶段，中国铁路北京局集团有限公司先后组织了七次专家论证会，专家们一致认为本工程具有极高风险。工程设计和施工过程中，所遇到的软土地区邻近高铁的防护设计问题、安全风险评估技术问题以及高铁的实时自动化监测技术问题均是影响工程顺利开展和确保京津城际铁路运营安全的关键，由于本工程为首次下穿高铁的立交工程，所有的相关技术和理论、实践方面基本处于空白，无现成经验可以借鉴。本项目由于高压旋喷帷幕止水和U形槽基坑开挖施工距离京津城际铁路近，止水帷幕高压旋喷桩施工产生的挤压作用和基坑开挖产生的卸载作用会导致高铁路基、墩台基础及线路产生附加变形，而在理论、设计以及试验技术方面的经验十分欠缺。

确保京津城际铁路安全运营，是翠亨路立交工程施工的首要前提，由于翠亨路中桥路桥差异沉降累计较大，过渡段已几次调轨，轨道扣件已调整至极限。因此为了保证城际铁路运营安全，翠亨路立交工程对京津城际铁路产生的附加差异沉降必须控制在允许范围内。从2011年1月至2015年7月组织科研攻关，分别针对翠亨路下穿京津城际铁路立交工程防护设计与安全评估技术研究、翠亨路下穿京津城际铁路立交工程高压旋喷桩施工和开挖对桥台影响足尺试验研究以及翠亨路下穿京津城际铁路立交工程监测技术研究进行了深入研究和测试。通过对上述主要技术问题的研究、实践，获得了大量宝贵的试验和实测数据，在邻近高铁的基坑开挖、框构桥施工、封闭式U形槽施工、高压旋喷桩止水帷幕和封底桩施工等方面取得了重大突破，掌握了各个施工关键环节的变化规律，为翠亨路下穿京津城际铁路立交工程的关键技术提供理论依据，也可为今后同类项目的实施提供借鉴和参考。

由于基坑紧邻京津城际铁路和京沪铁路开挖，安全是红线，施工中保证铁路运营安全是第一位的。因此，工程中基坑开挖按I级基坑要求进行防护，确保施工过程不会对既有京沪铁路及毗邻的京津城际铁路产生影响。

（1）顶进框构基坑防护设计

框构基坑开挖采取钻孔灌注桩进行防护，基坑两侧及后方运土通道均采用直径1.25m钻孔灌注桩+桩顶冠梁进行防护，防护桩间距1.5m，桩长20m。后背采用直径1.5m钻孔灌注桩+2.0m×2.5m后背梁的形式，后背桩间距1.8m。经计算分析，该基坑防护形式满足I级基坑控制要求。

（2）封闭式路堑基坑防护设计

封闭式路堑基坑开挖采取钻孔灌注桩进行防护（图 4-21），钻孔桩直径 1.0m，间距 1.2m，桩长 12m，桩顶辅以 1.0m × 1.2m 冠梁以增加防护桩的整体性能和安全性。U 形槽基坑防护桩南侧应与框构顶进施工的防护桩衔接，北侧设置于桥台锥体前端，外围设双排旋喷桩止水帷幕。按照I级基坑指标控制，基坑周围地表沉降量及围护结构水平位移检算结果满足规范要求。

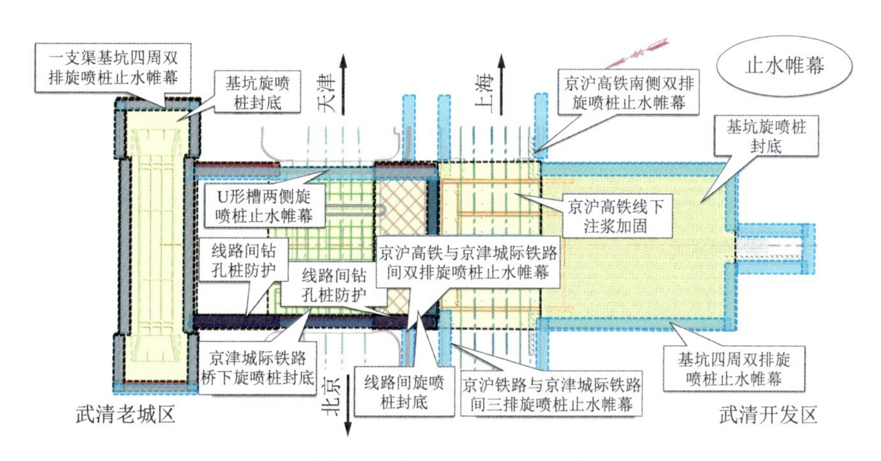

图 4-21　翠亨路下穿京津城际铁路防护设计

（3）降水设计

在既有京沪线两侧及线间均设置直径 35cm 的降水井进行井点降水，井深 17m，降水井间距 4m，以保证框构顶进过程中地下水降至底板底以下不小于 1.0m。在京津城际铁路止水帷幕内侧，即靠近京津城际铁路路基侧，设置观察井，以便及时发现京沪铁路降水引起的京津城际铁路处的水头变化。设置回灌井，便于在京津城际铁路水头下降时予以回灌，确保京津城际铁路处的地下水位不变动，以避免引起京津城际铁路路基及桥梁的沉降。

（4）止水设计

翠亨路顶进框构及 U 形槽施工中须采取加强型咬合旋喷桩止水帷幕进行地基处理及封底措施，并对京沪高铁处的降水严密监测，以保证京津城际铁路处的地下水位不受影响，避免降水引起京津城际铁路沉降。

于京沪铁路南侧，即靠近框构工作坑侧的路基坡脚处顺铁路方向设置一道ϕ60cm 双排咬合旋喷桩止水帷幕，桩间距 0.4m，桩长 19m。于京沪铁路北侧，即靠近京津城际铁路侧的京沪铁路路基坡脚处顺铁路设置一道ϕ60cm 三排咬合旋喷桩止水帷幕，桩间距 0.4m，桩长 21m。同时，在京津城际铁路与京沪铁路之间，沿京津城际铁路路基坡脚自桥台锥体开始，顺铁路增设一道ϕ60cm 双排咬合旋喷桩止水帷幕，桩间距 0.4m，桩长 18m。在垂直京津城际铁路方向桥下沿两座桥台锥体外侧分别设置一道ϕ60cm 双排咬合旋喷桩止水帷幕，桩间距 0.4m，桩长 18m，使得京津城际铁路路基不在降水影响范围之内。

有限元检算和工程实践表明，以上止水帷幕设计均满足止水要求，能够保证京津城际铁路范围地下水位稳定，不会对京津城际铁路产生影响。该工程已于 2013 年顺利通车，至今一切正常。

4.3 邻近高铁桩体施工

4.3.1 影响机理分析

打入桩（主要是管桩）是目前建筑行业包括高铁路基地基处理最常用的桩型，该桩型施工方便快捷、经济实用。但因为施工时带来的振动以及对土的挤压作用，打入桩的整个过程若得不到有效的控制，可能给邻近建筑物造成较大影响，导致隆起或者水平变形。

钻孔灌注防护桩是一种常用的基坑防护形式，其具有自身刚度大、造价低、施工噪声和振动较小等特点。根据工程经验，当单桩施工时，其影响范围为成孔桩径范围以内，当群桩同时施工时，影响范围较大，因此可能引起铁路的附加沉降和水平变形。

旋喷桩有止水的作用，但由于旋喷桩的成桩机理是通过高强的注浆压力将浆液注入土体中，挤密凝固后成桩。因此，高压旋喷桩的影响范围要远远大于其成孔直径，邻近高铁施工时，可能会引起铁路的侧移或沉降变化。

在饱和含水地层（特别是有砂层、粉砂层等透水性较好的地层），由于止水帷幕的止水效果不良或失效，致使大量的水夹带砂粒涌入基坑，严重的水土流失会造成地面塌陷，如图 4-22、图 4-23 所示。

在砂层或粉砂底层中开挖基坑时，在不打井点或井点失效后，会产生冒水翻砂（即管涌），严重时会导致基坑失稳，如图 4-24 所示。

图 4-22 止水帷幕渗漏，桩间流土

图 4-23 宁波某基坑发生流土与地面塌陷

图 4-24 湖南浯溪水电站二期基坑出现管涌

4.3.2 影响内容

打入桩、钻孔桩、旋喷桩，若距离高铁过近，施工方法不当，均会引起铁路的水平位移、沉降或隆起，进而影响铁路运营安全。

4.3.3 影响控制措施

首先根据桩基的用途以及距离铁路的远近，选取合适的桩型。针对选定的不同桩型，分别采取以下风险控制措施。

（1）钻孔桩

为了降低钻孔桩施工对高铁的影响，一般要求在使用钻孔桩时，注意桥下净空，给钻机留出足够高度避免施工机具撞到桥梁。同时，必须保证“钻一孔、注一孔”，等到先前的灌注桩有了一定强度之后再进行邻近钻孔桩施工，钻孔时，距离邻近桩灌注混凝土的时间不宜小于 24h，此外最好采用跳桩施工。

（2）打入桩基础

为了降低打入桩施工对邻近高铁的影响，一般可采取如下措施：合理安排基础施工顺序，先做深基再做浅基、先打长桩再打短桩；合理控制打桩速率；设置适当的应力释放孔；有条件时采用静压法施工。

（3）旋喷桩止水帷幕

为了减小高压旋喷桩施工对高铁的影响，一般要求施打旋喷桩时需间隔 2 根桩（间距 4.5m），待旋喷桩强度达到 80%时方可进行周边桩施打。旋喷桩施工时要严格控制间距和时间，严禁集中、大面积施工。采取分排施工法，整个施工过程遵循先近后远施工，即先施工距离桥墩台近的旋喷桩再施工远离墩台的旋喷桩，先施工的旋喷桩硬化后，能阻隔后施工旋喷桩产生的侧压力，墩台两侧对称施工，使墩台两侧对称受力，减小偏载。

4.3.4 翠亨路下穿京津城际铁路旋喷桩施工影响试验

由于旋喷桩挤土效应复杂，目前尚无精确分析其对周边影响的理论，依托翠亨路下穿京津城际铁路工程开展了原位 1∶1 大型足尺试验，以研究旋喷桩施工对高铁桥梁变形影响的规律，为防护设计和施工提供支撑。

通过无止水帷幕直接开挖基坑，以及采用两组不同旋喷参数（喷射压力、提速）的全封闭帷幕止水试验，检验对比成桩情况和止水效果。以便选取最佳的旋喷参数，达到帷幕止水目的，实现基坑无水施工。

旋喷桩止水帷幕止水效果试验共设计 2 种方案，方案 1 采用无止水帷幕，直接开挖基坑；方案 2 采用全封闭止水帷幕双排方形咬合工艺，桩长 11.5m，止水帷幕桩 48 根；封底旋

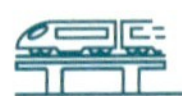

喷桩 16 根，桩长 4m，位于旋喷止水底部，止水帷幕平面布置如图 4-25 所示。止水帷幕旋喷桩施工顺序呈折线形，如图 4-26 所示。方案 3 采用全封闭止水帷幕双排梅花形咬合，桩长 10m，止水帷幕桩 52 根；封底旋喷桩 23 根，桩长 4m，位于距地面 6m 深处。止水帷幕平面布置如图 4-27 所示。止水帷幕施工顺序为先施打一排旋喷桩后，返回施打第二排，止水帷幕旋喷桩施打顺序如图 4-28 所示。施工配合比均为水泥：原状土：水 = 199：503：199，水泥掺量为 40%。

340
100
140
100
地下水位
150
止水帷幕
600
基坑1.4m×1.4m×7.5m（深）
止水桩48根，长度11.5m，封底桩16根，长度4m，总长616m。适用于U4段。
封底
400

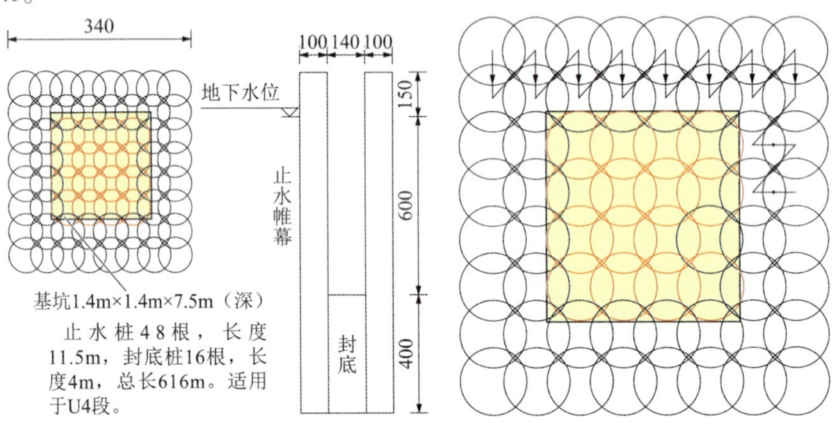

图 4-25　双排旋喷桩方形咬合布置示意图（尺寸单位：cm）

图 4-26　双排旋喷桩方形咬合施打顺序图

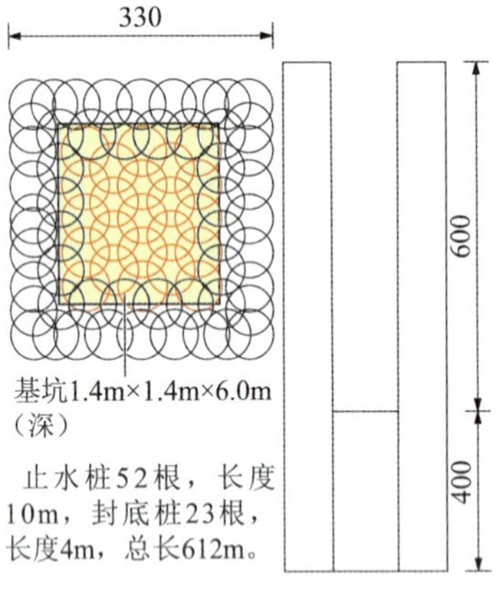

330
600
基坑1.4m×1.4m×6.0m（深）
止水桩52根，长度10m，封底桩23根，长度4m，总长612m。
400

图 4-27　双排旋喷桩梅花形咬合布置示意图（尺寸单位：cm）

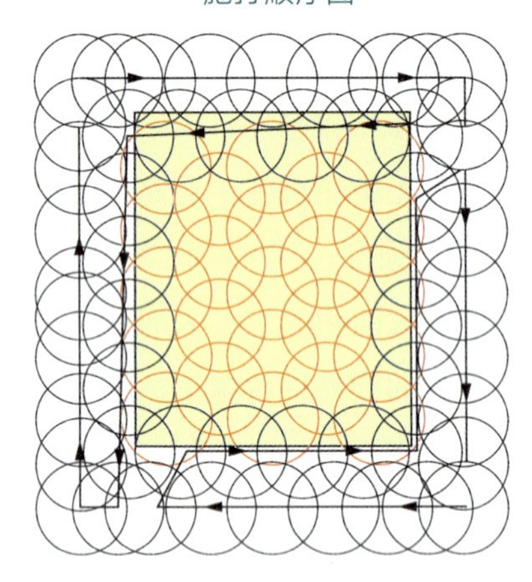

图 4-28　双排旋喷桩梅花形咬合施打顺序图

在黏性土中，施工方案 2 旋喷参数见表 4-4。

双排旋喷桩方形咬合施工参数　　表 4-4

对应方案	喷射压力（MPa）	钻速（r/min）	提速（cm/min）	喷嘴直径（mm）	设计桩径（cm）	设计桩间距（cm）	咬合方式
方案 2	25	20	20	2.4	60	40	双排方形咬合
方案 3	28	20	18	2.4	60	40	双排梅花形咬合

试验方案 1 中无止水帷幕，在基坑开挖深 1m 左右，基坑坑内出现渗水，待基坑开挖

完毕后，坑内积水如图 4-29 所示。采用止水帷幕后开挖基坑效果如图 4-30 所示。

图 4-29 无止水帷幕直接开挖基坑效果图

图 4-30 采用止水帷幕后开挖基坑效果图

从上述两图可知，采用止水帷幕施工可有效地实现基坑止水。

旋喷桩达到强度后，将止水帷幕中间土体挖开。从方案 2 开挖结果来看，单桩成桩效果较好，但桩位间距大小不一，桩径达不到要求，经检测，旋喷桩直径仅 55cm，且桩与桩之间搭接较少。帷幕四周有 6 处渗出水点，其中帷幕拐角出现 3 处出水点。在距地面 4.7～4.9m 深处，为粉土夹层，桩体出现“缩颈”现象，桩径仅 50cm，桩间出现 1cm 直径的涌水。采用水不漏将水临时堵住，在桩体咬合处打注浆孔，用小压浆泵压注聚氨酯止水。

从方案 3 开挖结果来看，距地面 1.2m 范围内，因土体较疏松，水泥浆窜浆较严重，开挖面成墙状，1.2m 以下则成桩完整，桩墙排列整齐，桩位间距均匀，桩与桩之间搭接满足要求，旋喷桩直径 63cm。但桩体本身分布有小裂隙。距地面 4.6～5m 为粉土夹层，因是复喷，故桩径为 60cm。此外止水帷幕无渗漏现象。

从基坑开挖止水情况来看，试验方案 3 止水效果要优于试验方案 2，故止水帷幕施工采用试验方案 3 旋喷参数。施工方案 3 中旋喷桩体出现细小裂隙，经分析，是由于两排旋喷桩施工时间间隔超过 36h，后施工的旋喷桩对已完成初凝的相邻桩体挤压所致。

（1）采用高压旋喷桩止水帷幕可以有效地实现基坑止水。

（2）在黏土层中且$\sigma_0 = 85～120\text{kPa}$情况下，当旋喷压力为 25MPa 时，桩径为 55cm；当旋喷压力为 28MPa 时，桩径为 63cm，地表处桩径达到 70cm。要达到旋喷桩径 60cm 的要求，旋喷压力以 28MPa 为宜。

（3）在同间距、同压力、同提速情况下，止水帷幕两排旋喷桩间梅花形咬合的止水效果要强于方形咬合。

（4）止水帷幕渗漏点多出现在拐角处及旋喷桩施工间隔时间较长处。

（5）止水帷幕施工时，为保证不出现渗漏点应做到：①尽可能减少止水帷幕相邻桩体施工时间间隔，且间隔应小于 4h；②在旋喷止水帷幕拐角处进行加桩，覆盖结合处。

（6）旋喷桩垂直度是保证止水旋喷桩咬合的重要因素之一，因此必须保证钻杆的连接通直性和钻杆的垂直度。

（7）在粉土夹层中，在相同旋喷压力情况下，桩径要小于其他土层桩径约 10cm，针对此情况，可通过复喷和缩小旋喷桩间距的方法来解决桩径较小问题。

（8）旋喷机械拆管时，搭接长度不小于 15cm。

（9）出现渗漏点时，需及时进行封堵，避免渗漏点冲刷土、沙，形成较大水流。

4.3.5 旋喷桩止水帷幕施工对周围土体挤压试验

黏土层中，在不同旋喷压力作用下，测试高压旋喷施工对周围土体挤压作用的影响范围及大小，以便确定止水帷幕安全施工距离。

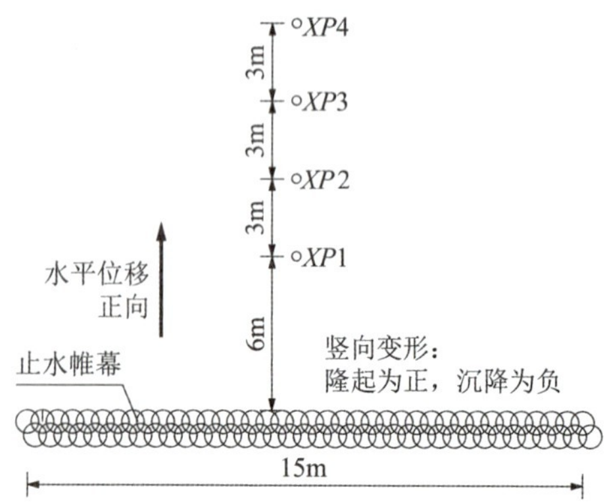

图 4-31 位移、沉降观测点布置示意图

1）试验方案

在黏土层中，试验方案 1（25MPa 旋喷压力）和方案 2（28MPa 旋喷压力）旋喷压力施工一道止水帷幕，长 15m，双排咬合，桩长 18m，在距止水帷幕 6m、9m、12m、15m 处各设一个观测点，如图 4-31 所示。

2）试验结果及分析

试验方案 1（25MPa 旋喷压力）和方案 2（28MPa 旋喷压力）施工止水帷幕时，各观测点水平及竖向位移详见表 4-5、表 4-6。

方案 1 观测点位移　　表 4-5

测点	与止水帷幕距离（m）	水平位移（mm）	竖向变形（mm）
XP1	6	5	4
XP2	9	3	2.5
XP3	12	1	0.8
XP4	15	0.2	0.1

方案 2 观测点位移　　表 4-6

测点	与止水帷幕距离（m）	水平位移（mm）	竖向变形（mm）
XP1	6	7	6
XP2	9	4	3
XP3	12	1	0.6
XP4	15	0.1	0

从表 4-5、表 4-6 可得，旋喷压力越大，对止水帷幕近距离土体挤压作用越大，引起的

土体远离止水帷幕方向水平位移越大，但当距离增大到 15m 时，影响甚微。

25MPa 和 28MPa 旋喷压力下对不同距离测点的水平位移曲线如图 4-32 所示。25MPa 和 28MPa 旋喷压力下对不同距离测点的竖向变形曲线如图 4-33 所示。

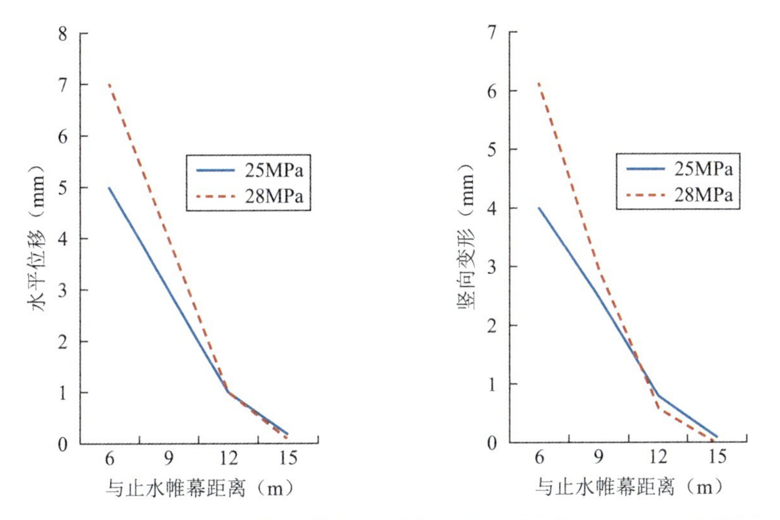

图 4-32　25MPa、28MPa 旋喷压力下不同距离测点的水平位移图　　图 4-33　25MPa、28MPa 旋喷压力下不同距离测点的竖向变形图

3）旋喷桩止水帷幕施工对周围土体挤压试验结论及建议

（1）结论

①旋喷桩施工会对周围土体产生影响，引起周围土体的水平及竖向变形。

②不同旋喷压力的旋喷桩对周围土体引起的影响不同，旋喷压力越大对周围土体引起的水平及竖向变形也越大。

③旋喷桩施工对周围土体的影响，随着距旋喷桩施工距离的增大而减小。当距离达到 15m 时，旋喷桩对周围土体的水平及竖向变形的影响已很小，可忽略不计。

（2）建议

①对于影响范围 15m 以内的旋喷桩施工，应尽可能采用 25MPa 的旋喷压力；大于 15m 的范围，可以采用 28MPa 旋喷压力的旋喷桩。

②随着旋喷压力的增大，对周围土体的影响也将增大。在满足施工条件的原则下，应尽可能选择旋喷压力小的旋喷桩施工，此举能够使得旋喷桩施工的影响降到最小。

4.3.6　旋喷桩施工对邻近高铁桥台影响试验

尽管高压旋喷桩止水帷幕产生较好的止水效果，但在施工过程中会对周围土体产生明显的挤压作用，引起周围土体产生侧向位移，进而使承台基础受到较大的侧向挤压力。

因此，需要实时监测承台关键断面的应力、周围土体土压力的变化，以及承台结构的变形，掌握结构的受力状态及变形情况，为评估结构安全和施工安全提供依据，旋喷桩影响试验如图 4-34 所示。

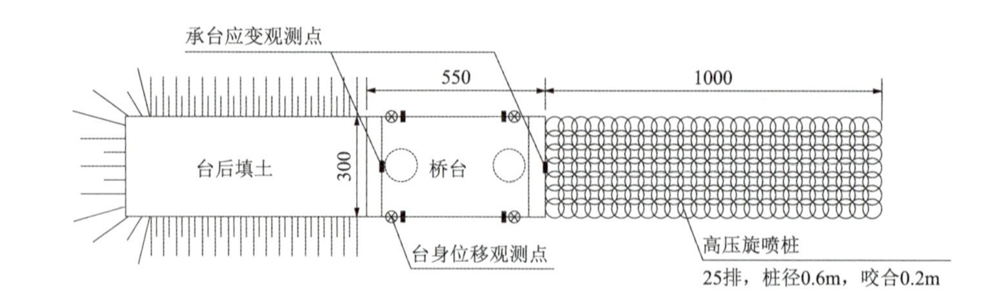

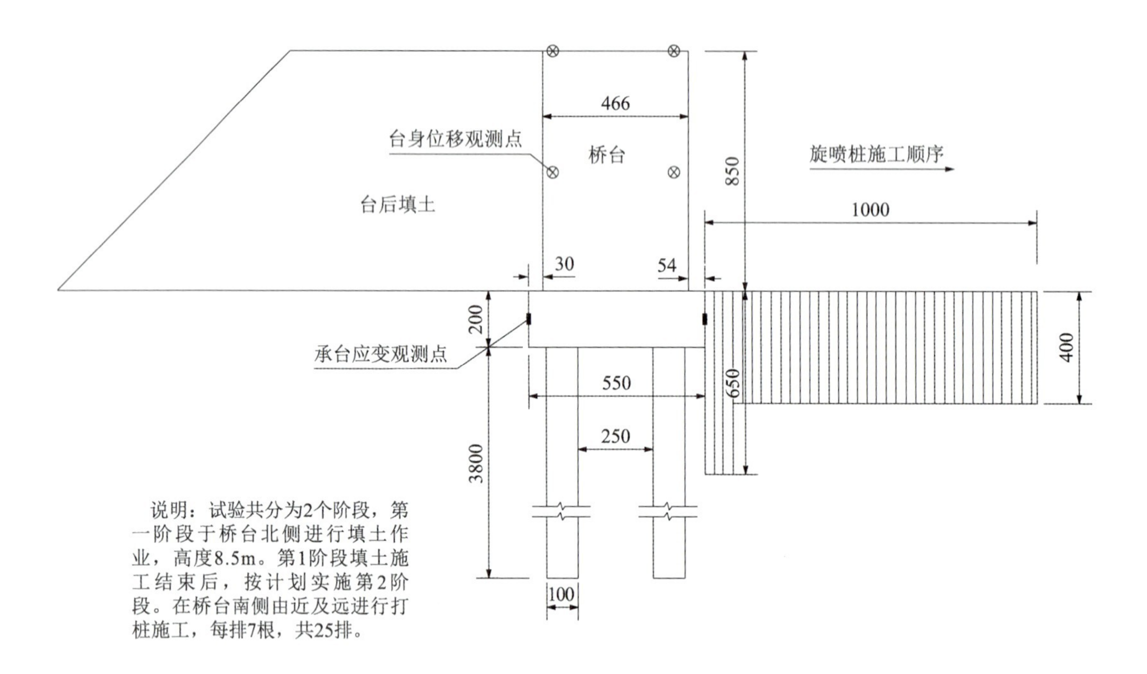

图 4-34　旋喷桩影响试验（尺寸单位：cm）

根据工程概况及试验目的，主要有以下测试内容：

（1）承台的应力应变测试。

（2）周围土体土压力测试。

（3）承台结构的变形观测。

1）测点布置

（1）承台应变监测点布置

考虑到水文条件的复杂性，共布置测点 12 个，如图 4-35、图 4-36 所示。

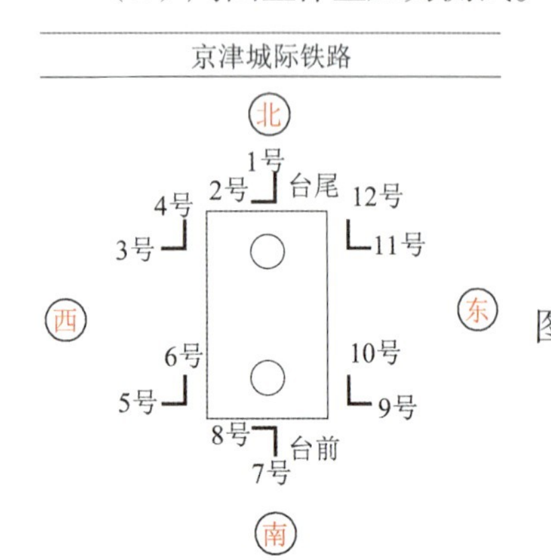

图 4-35　测点布置平面示意图

（2）土压力监测点布置

土压力监测点布置见图 4-37。

（3）承台结构的变形观测

承台结构的变形观测如图 4-38～图 4-40 所示。

（4）试验安排

第二部分试验分为两个阶段，第一阶段为填土阶段，第二阶段为打桩阶段。

此试验承台位移及应变观测点布置与无堆载单排高压旋喷桩施工影响范围试验相同，桥台南侧有土压力监测点 4 个。试验共分为 2 个阶段，第 1 阶段于桥台北侧进行填土作业，高度 8.5m。第 1 阶段填土施工结束后，按计划实施第 2 阶段在桥台南侧由近及远进行打桩施工，每排 7 根，共 25 排，如图 4-41 所示。

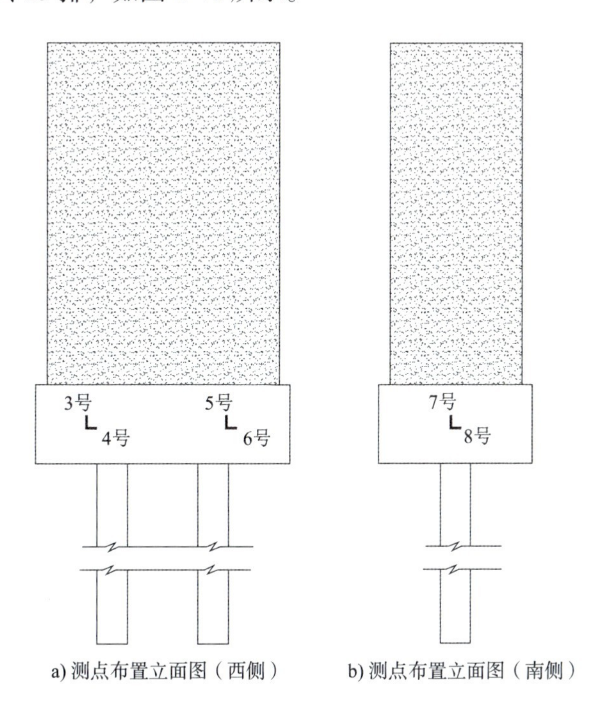

a) 测点布置立面图（西侧）　b) 测点布置立面图（南侧）

图 4-36　测点布置立面示意图

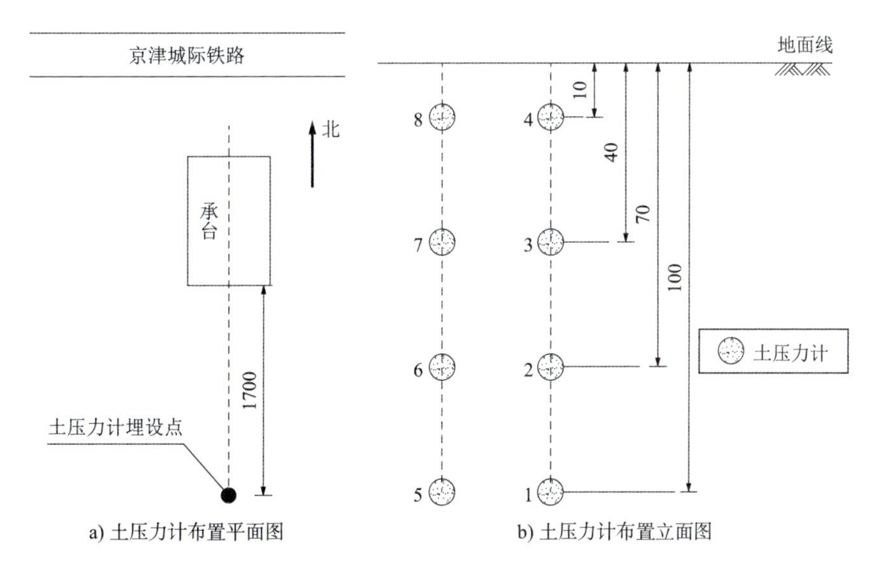

a) 土压力计布置平面图　b) 土压力计布置立面图

图 4-37　土压力布置示意图（尺寸单位：cm）

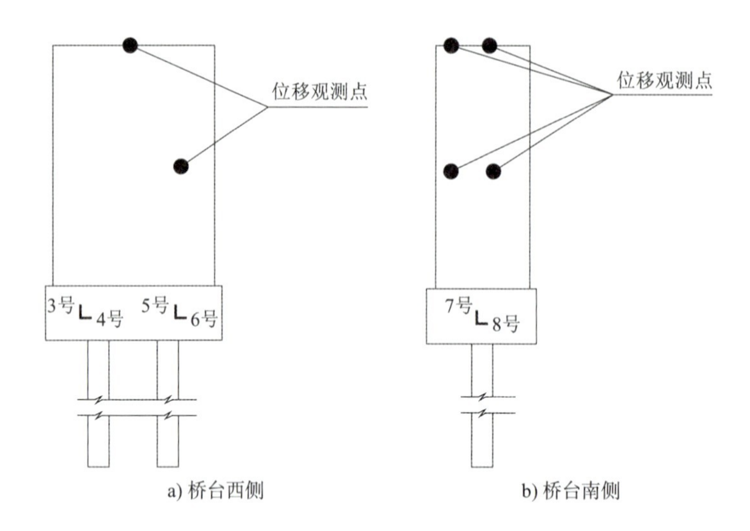

图 4-38　变形观测测点布置示意图

图 4-39　变形观测测点实际布置图

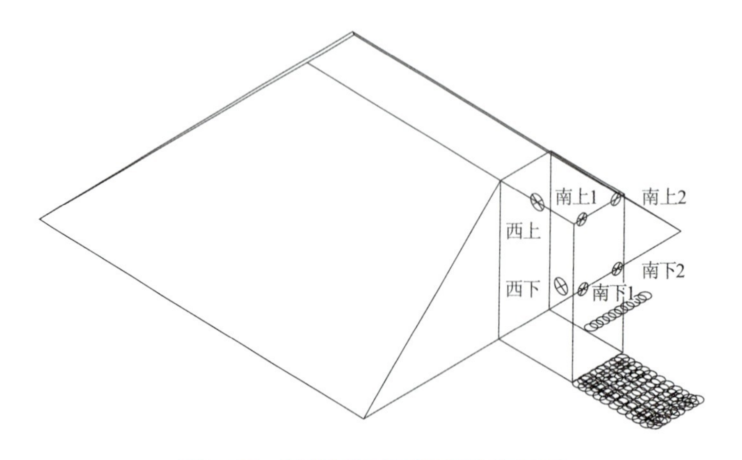

图 4-40　试验桥台变形观测点布置图

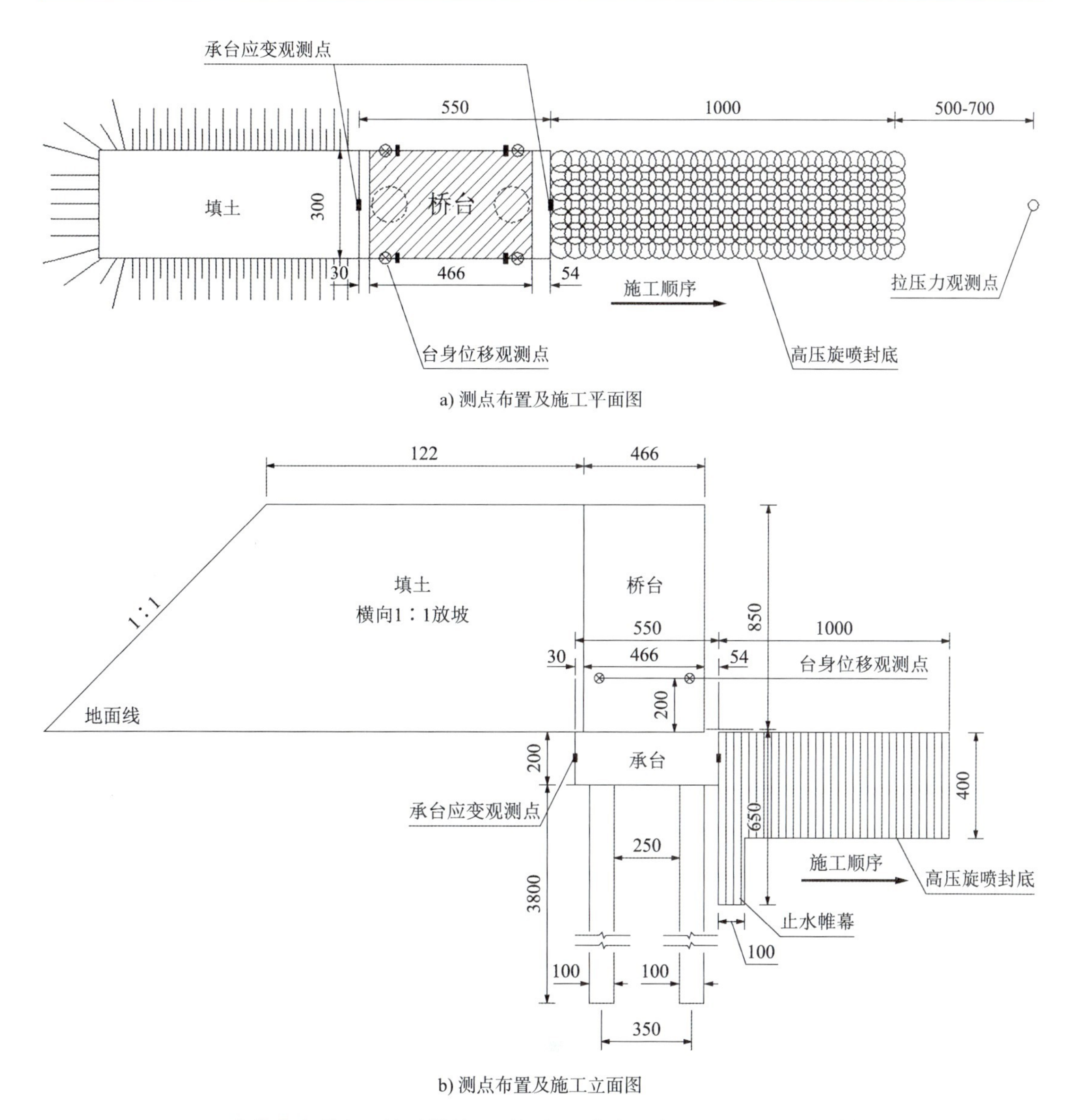

a) 测点布置及施工平面图

b) 测点布置及施工立面图

图 4-41 有堆载多排高压旋喷桩施工对桥台影响试验施工示意图（尺寸单位：mm）

2）有堆载多排高压旋喷桩施工对桥台影响试验

（1）承台应力测试结果

承台应力测试结果如图 4-42、图 4-43 所示。

从有堆载多排高压旋喷桩施工对桥台影响试验第一阶段（填土阶段）试验承台应力数据可以看出，相对于无堆载单排高压旋喷桩施工影响范围试验，前者对桥台的受力有较明显的影响，当全部填土完成后，桥台台尾受到的拉应力约为 401kPa，位于 1 号测点，远小于钢筋混凝土承台 C30 的要求（抗拉强度 1.43MPa，抗压强度 14.3MPa），如图 4-44 所示。因此，总体上看，有堆载多排高压旋喷桩施工对桥台影响试验第一阶段填土施工时桥台的受力较小，结构处于安全状态。

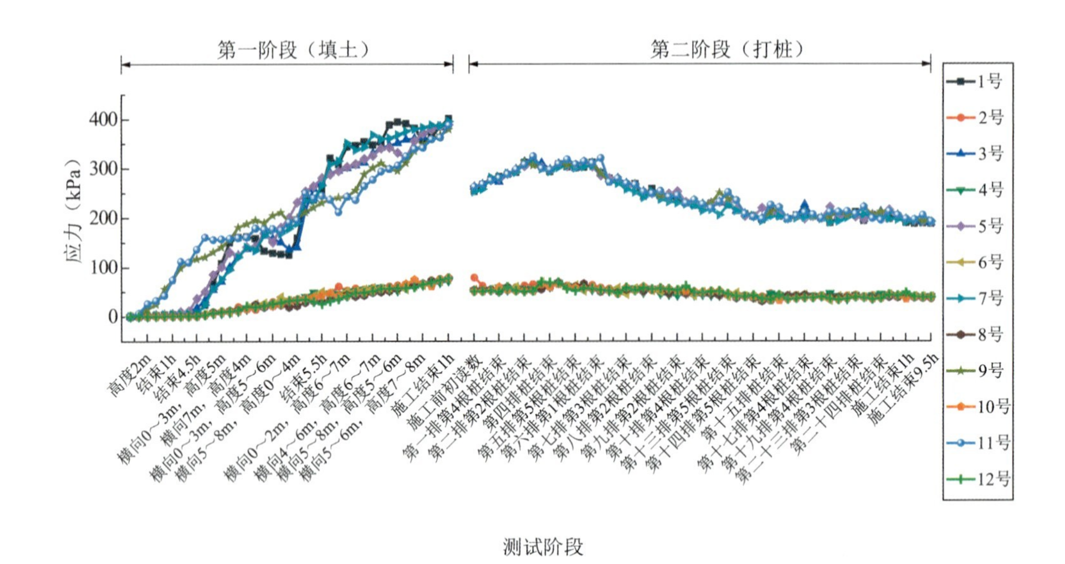

图 4-42 承台应力测试结果

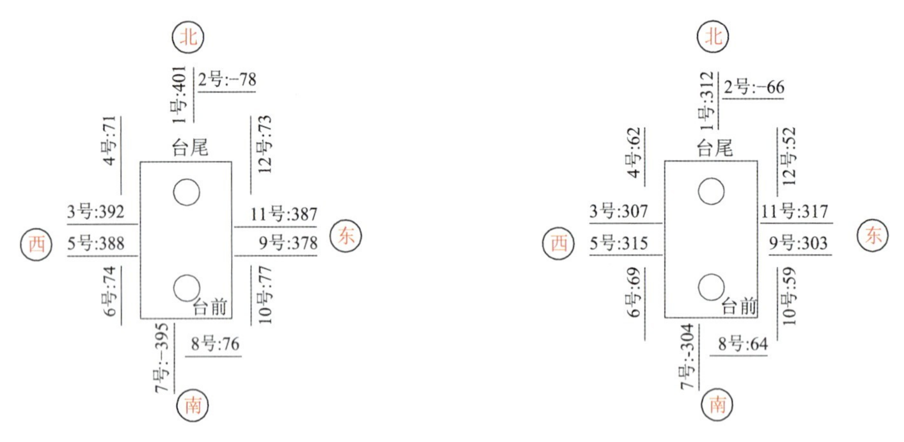

图 4-43 有堆载多排高压旋喷桩施工对桥台影响试验填土阶段承台测点应力图

图 4-44 有堆载多排高压旋喷桩施工对桥台影响试验打桩阶段承台测点应力图

从有堆载多排高压旋喷桩施工对桥台影响试验（打桩阶段）试验打桩过程中承台应力数据可以看出，打桩阶段桥台台尾产生最大的拉应力为 312kPa，且在打完第十一排桩后，后续的旋喷桩施工对桥台的影响趋于缓和。总体上，桥台的受力较小，由于钢筋混凝土承台采用了 C30 混凝土（抗拉强度 1.43MPa，抗压强度 14.3MPa），因此结构处于安全状态。

（2）侧向位移结果

有堆载多排高压旋喷桩施工对桥台侧向位移的影响如图 4-45 所示。

由图 4-45 可以看出，当全部填土完成后，西上、西下测点侧向位移分别为 4.3mm、3.4mm；南上 2、南下 2 测点侧向位移分别为 6.9mm、4.4mm；南上 1、南下 1 测点侧向位移分别为 6.3mm、4.2mm。在最后一根旋喷桩施工完成后，西上、西下测点侧向位移分别为 2.4mm、1.3mm；南上 2、南下 2 测点侧向位移分别为 2.9mm、1.6mm；南上 1、南下 1 测点侧向位移分别为 2.6mm、1.5mm。

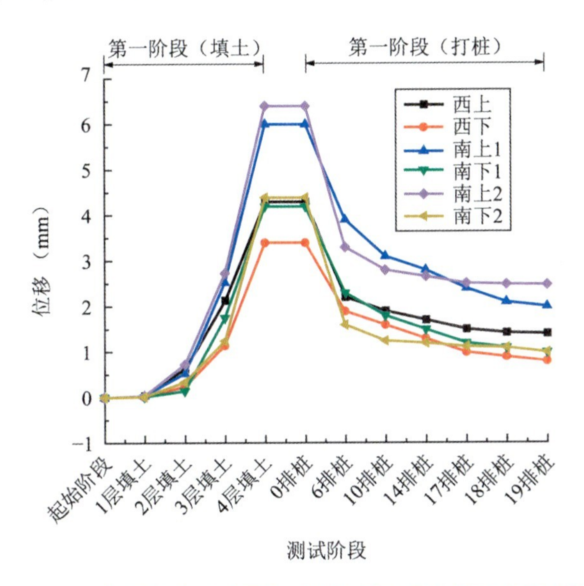

图 4-45　有堆载多排高压旋喷桩施工对桥台侧向位移的影响

填土施工使桥台向台前方向发生水平位移，在全部填土施工完成后，桥台侧向位移最大值为 6.9mm，打桩阶段桥台顶向台前方向水平侧移最大值为 2.9mm，且在打完第八排桩后，后续的旋喷桩施工对桥台位移的影响趋于缓和。

（3）沉降结果

有堆载多排高压旋喷桩施工对桥台沉降的影响如图 4-46 所示。

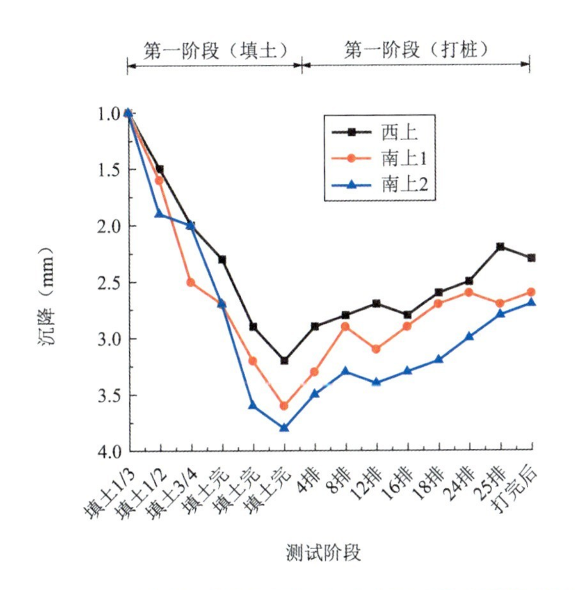

图 4-46　有堆载多排高压旋喷桩施工对桥台沉降的影响

从上图可以看出，当全部填土完成后，西上测点沉降为 3.2mm；南上 2 测点沉降为 3.8mm；南上 1 测点沉降为 3.6mm。在最后一根旋喷桩施工完成后，西上、南上 1、南上 2 测点最终沉降分别为 2.4mm、2.8mm、2.6mm；在打完所有桩后，打桩过程中累计使西上、南上 1、南上 2 测点隆起 0.8mm、1.0mm、1.0mm。

填土施工对桥台的沉降也有较明显的影响，当全部填完土后，桥台沉降累计值为 3.8mm，打完所有桩后桥台沉降最大值为 2.8mm，小于规范 20mm 的要求，且在打完第八排桩后，后续的旋喷桩施工对桥台沉降影响逐渐减小。总体上，由于高压旋喷桩的挤土作用，使桥台隆起累计值为 1.0mm，对桥台的总体附加沉降有一定减小。沉降值满足规范要求。

（4）土压力测试结果

有堆载多排高压旋喷桩施工对桥台周围土压力沉降的影响如图 4-47 所示。

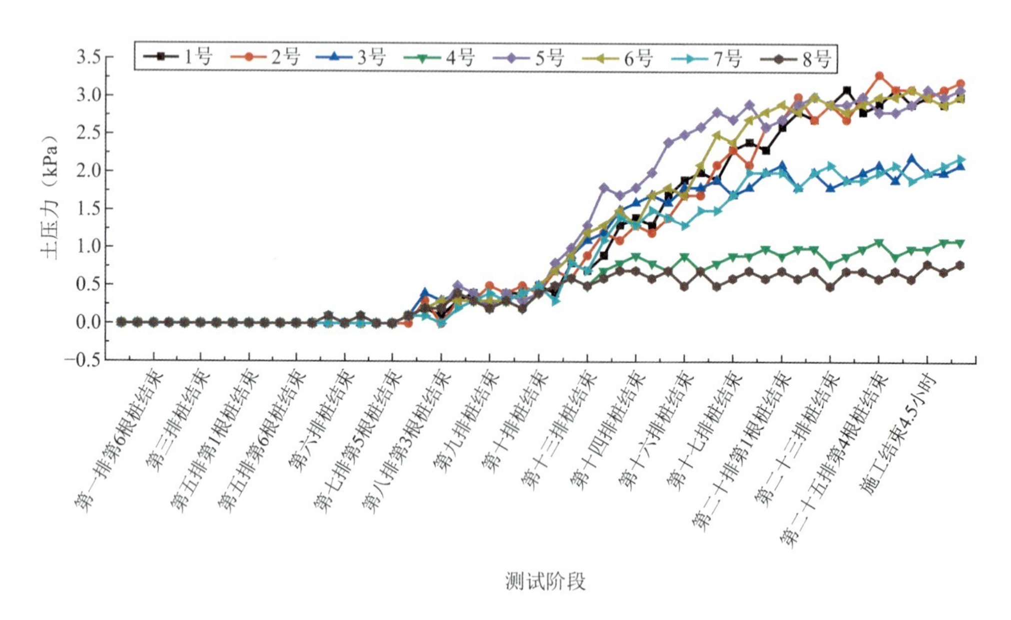

图 4-47　有堆载多排高压旋喷桩施工对桥台周围土压力沉降的影响示意图

从有堆载多排高压旋喷桩施工对桥台影响试验（打桩阶段）试验土压力数据看出，打桩阶段土压力测点处最大的土压力值为 3.5kPa，且在打完第十排桩后，后续的旋喷桩施工对测点处土体逐渐产生影响。总体上，周围土体土压力的变化很小，满足要求，因此结构处于安全状态。

3）旋喷桩施工对邻近高铁桥台影响试验结论及建议

（1）结论

①无堆载单排高压旋喷桩施工，随着施工距离的减少，对桥台的应力、侧向位移以及沉降的影响有逐渐增大的趋势。

②在桥台东侧打单排旋喷桩会引起桥台向西侧弯曲，对承台产生一定的挤压应力，但承台西侧 4 号测点最大应力为 166kPa；桥台顶向西方向发生水平位移 1.8mm；桥台最大隆起 0.5mm。

③有堆载多排高压旋喷桩施工填土阶段，随着台后土层高度的增加，对桥台的应力、侧向位移以及沉降的影响有逐渐增大的趋势；打桩阶段，随着施工距离的增加，对桥台的应力、侧向位移以及沉降的影响有逐渐减小的趋势。

④在桥台台后填筑土时，桥台向台前方向发生弯曲，台尾处 1 号测点最大拉应力为 401kPa，桥台顶向台前方向发生水平位移 6.9mm，桥台沉降 3.8mm。

⑤在桥台台前打桩时，桥台向台尾方向发生弯曲，与填土阶段弯曲方向相反，但作用效果没有台后填土阶段大，故整体表现为桥台仍向台前方向弯曲。台尾处 1 号测点最大拉应力为 312kPa，桥台顶向台前方向发生水平位移 2.9mm，桥台沉降 2.8mm。在打桩过程中，桥台隆起 1.0mm。

（2）建议

①当台后无堆载，高压旋喷桩施工距离大于 8m 时，旋喷桩施工对桥台的应力、侧向位移及沉降影响很小，可不予考虑。

②台后堆载对桥台的应力、侧向位移及沉降均会产生不利影响。除既有堆载外，施工时不得在既有结构侧堆载，防止对结构产生不利影响。

③台前旋喷桩施工会对桥台产生不利影响，施工时应尽可能远离既有结构物。

4.3.7 总体结论及建议

1）结论

（1）旋喷桩止水帷幕止水效果试验结果表明：采用高压旋喷桩止水帷幕可以有效地实现基坑止水。在黏土层中且$\sigma_0 = 85 \sim 120$kPa 情况下，当旋喷压力为 25MPa 时，成桩桩径为 55cm；当旋喷压力为 28MPa 时，成桩桩径为 63cm，地表处成桩桩径达到 70cm。要达到旋喷桩径 60cm 的要求，旋喷压力以 28MPa 为宜。在同间距、同压力、同提速情况下，止水帷幕两排旋喷桩间梅花形咬合的止水效果强于方形咬合。止水帷幕渗漏点多出现在拐角处及旋喷桩施工间隔时间较长处。

（2）旋喷桩止水帷幕施工对周围土体挤压试验结果表明：高压旋喷桩施工会对周围土体产生影响，引起周围土体的水平及竖向变形。不同旋喷压力的旋喷桩对周围土体造成的影响也不同，旋喷压力越大，周围土体产生的水平及竖向变形也越大。旋喷桩施工对周围土体的影响，随着距旋喷桩施工距离的增大而减小。在软土地区，当距离达到 15m 时，旋喷桩对周围土体的水平及竖向变形的影响已很小，可忽略不计。

（3）有堆载多排高压旋喷桩施工填土阶段，随着台后土层高度的增加，对桥台的应力、侧向位移以及沉降的影响有逐渐增大的趋势；打桩阶段，随着施工距离的增加，对桥台的应力、侧向位移以及沉降的影响有逐渐减小的趋势。在桥台台后填筑土时，桥台向台前方向发生弯曲，台尾处最大拉应力为 401kPa；桥台顶向台前方向发生水平位移 6.9mm；桥台沉降 3.8mm。

（4）在桥台台前打桩时，使桥台向台尾方向发生弯曲，与填土阶段弯曲方向相反，但作用效果没有台后填土阶段大，故整体表现为桥台仍向台前方向弯曲，当打桩完成以后台尾处 1 号测点最大拉应力减少至 312kPa；桥台顶前方水平位移减小至 2.9mm，沉降量减小至 2.8mm。因此，在台前打桩过程中，高压旋喷桩的挤压作用明显，桥台向台尾方向倾倒，引起台尾处 1 号测点最大应力变化为−89kPa（受压），桥台顶向台尾方向发生水平位移变化量为 4mm；桥台隆起 1mm。

2）建议

（1）止水帷幕施工时，为保证不出现渗漏点应做到：尽可能减少止水帷幕相邻桩体施工时间间隔，间隔时间应小于 4h；在旋喷止水帷幕拐角处进行加桩，覆盖结合处。

（2）出现渗漏点时，需及时进行封堵，避免渗漏点冲刷土、沙，形成较大水流。

（3）对于影响范围 15m 以内的旋喷桩施工，应尽可能采用 25MPa 的旋喷压力；大于 15m 的范围，可采用旋喷压力为 28MPa 的旋喷桩。

（4）在满足施工条件的原则下，应尽可能选择旋喷压力小的旋喷桩施工，以使得旋喷桩施工的影响降到最小。

（5）当高压旋喷桩施工距离大于 15m 时，旋喷桩施工对桥台的应力、侧向位移及沉降影响很小，可不予考虑。

（6）台后堆载对桥台的应力、侧向位移及沉降均会产生不利影响。除既有堆载外，施工时不得在既有结构侧堆载，以防对结构产生不利影响。

（7）台前旋喷桩施工会对桥台产生不利影响，施工时应尽可能远离既有结构物。

（8）软土地区基坑开挖时，应尽可能远离既有结构物，避开基坑开挖的影响范围，从而保证既有结构物安全。

4.4 邻近高铁土体堆载

4.4.1 影响机理分析

直接在地面上堆载，对地下土层是一个预压固结的过程，在堆载重力作用下，土层中的空隙会被挤密，含水土层的水分会被部分挤出，致使地面发生沉降。此外，大量的堆载会增大压缩层厚度，松软土地层的压缩厚度可达到数十米深，沉降漏斗影响范围也会很大。堆载产生地面沉降是一个复杂过程，往往需要几年的时间才能达到稳定。

某高铁简支桥梁段落，桥高 7m，基础均为桩基，桩长均为 45m。地质以黏性土为主，夹有薄的砂层。桥梁布置形式如图 4-48 所示。

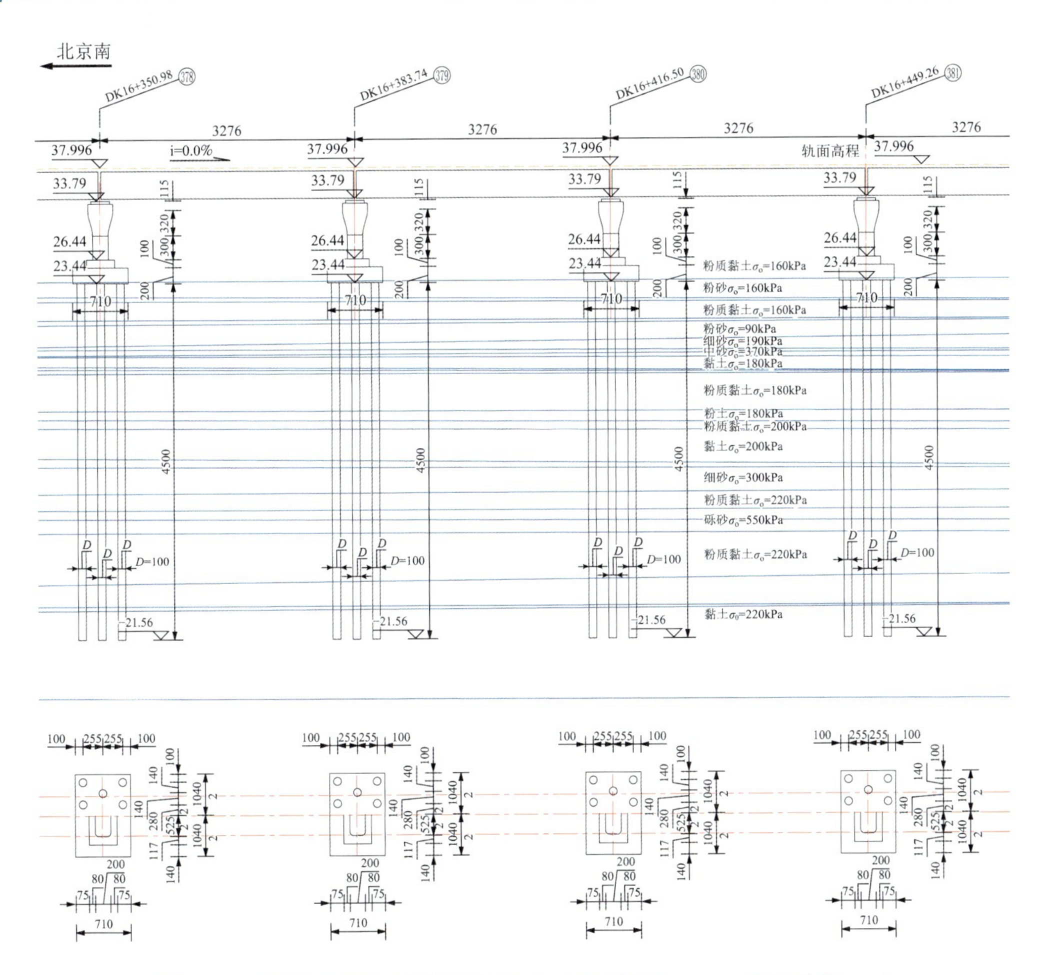

图 4-48　某简支桥梁立面布置示意图（尺寸单位：mm；高程单位：m）

现场调查发现，桥墩左侧有一新填筑的建筑垃圾土堆，最大填高达到 15m，坡脚已到桥墩边缘。经进一步测量，堆土桥墩附近顺桥 300m 范围有较明显沉降漏斗，半年的局部沉降突变约为 35mm。堆土处局部沉降测量成果如图 4-49 所示。

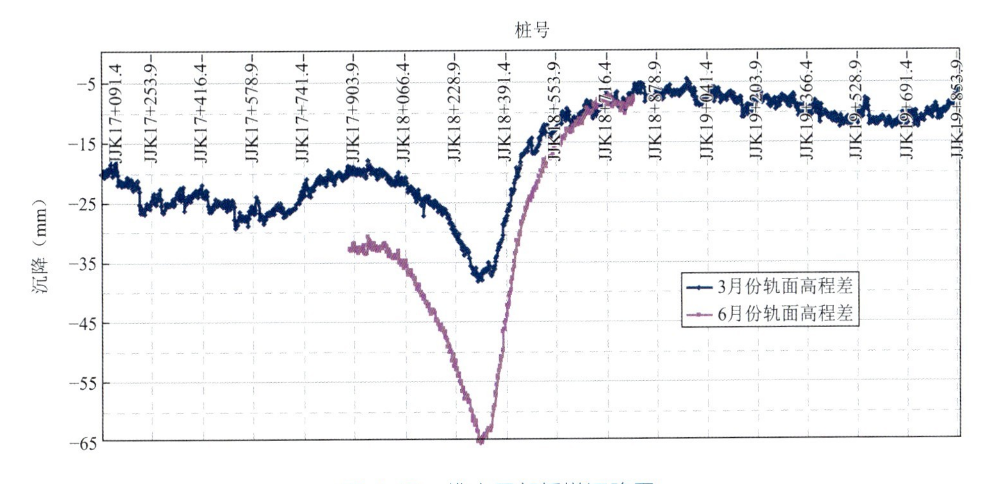

图 4-49　堆土局部桥墩沉降图

通过计算分析，得出由于堆土产生的局部地面总沉降最终将达到 1.6m，若不及时处置，引起的桥墩处地面沉降将达到 0.3m 以上。由于地面下沉对基础产生附加摩阻力，将加速桥墩的沉降趋势，进而影响行车安全。此外，桥墩处在沉降漏斗边缘，还将受到横向不均匀沉降的影响，将会造成桥墩倾斜。

因此，铁路周边尤其是地质条件为软弱地层时，堆载对周边地面沉降影响是十分明显的，大量的堆载会在周边形成局部漏斗，加剧周边铁路的变形，产生附加沉降，甚至危及安全。故而，必须重视铁路周边堆载的影响，避免在铁路周边大量堆载。

4.4.2 影响内容

堆载产生的地面沉降，在压缩层范围内，土体下沉会对桥墩基础产生向下的附加应力，此时正常摩阻在压缩层变形范围失效，引起桥梁基础随地面沉降下沉。

4.4.3 影响控制措施

（1）在桥梁设计中，对桥梁两侧堆载要严格限制，一般要求施工中在基础施工完成后，桥梁两侧 30m 范围内禁止堆载。

（2）运营铁路要加强巡检，及时发现铁路两侧环境变化，一旦发现堆载情况，应及时分析，并采取措施。

4.4.4 南沿江高填方路基并行宁杭高铁安全防护设计

南沿江铁路某高填方路基工点线路右侧为既有宁杭高铁，为避免坡脚占压既有桥墩，故线路右侧设扶壁式挡土墙收坡。为确保路基工后沉降和地基承载力满足要求，需对地基进行处理，如图 4-50 所示。

正线设置挡墙段落，于挡土墙内侧填土水平宽度 3.0m 范围内，自挡土墙底板顶面至墙顶处每隔 0.6m 铺设一层双向拉伸塑料土工格栅（抗拉强度为 30kN/m）。

改 DK13 + 450～改 DK14 + 110 靠近挡墙侧采用管桩桩筏加固，设三排管桩，三角形布置，桩间距 1.8m，桩长 12～15m。桩长 12～13m，单桩承载力 ≥ 800kN；桩长 14～15m，单桩承载力 ≥ 900kN。

DK13 + 632.60～DK13 + 731.49、改 DK14 + 110～改 DK14 + 233.85 段路基基底采用预应力管桩进行加固，桩径 0.5m，桩间距 2.4m，桩长 12～18m，正方形布置，桩顶设 C35 混凝土桩帽，设 0.85m 厚碎石垫层，垫层内设双层土工格栅。桩身混凝土强度等级不小于 C80。桩长 12～13m，单桩承载力 ≥ 800kN；桩长 14～16m，单桩承载力 ≥ 900kN；桩长 17～18m，单桩承载力 ≥ 1000kN。

要求每结构段挡墙底部 9 根钻孔灌注桩，桩径 0.8m，横向设置 3 根，纵向 3 根。桩身混凝土强度等级不小于 C40，单桩承载力 ≥ 1900kN。

本段路基因邻近既有高铁，施工顺序应由邻近既有线逐步向外侧施工，管桩施工段落宜采用静压施工，并于管桩最外排与既有线桥梁承台间设应力释放孔，释放孔纵向布置与管桩对应、超出承台范围两端各 2.0m，直径不小于 30cm，孔深为桩长的三分之二，但不得小于 10m，钻孔完毕后采用碎石或中粗砂及时回填。

每节墙前埋设侧向位移计。在改 DK13 + 640、改 DK13 + 880、改 DK14 + 030、改 DK14 + 180 处设置分层沉降和侧斜观察点，监测淤泥层竖向和侧向位移变化。

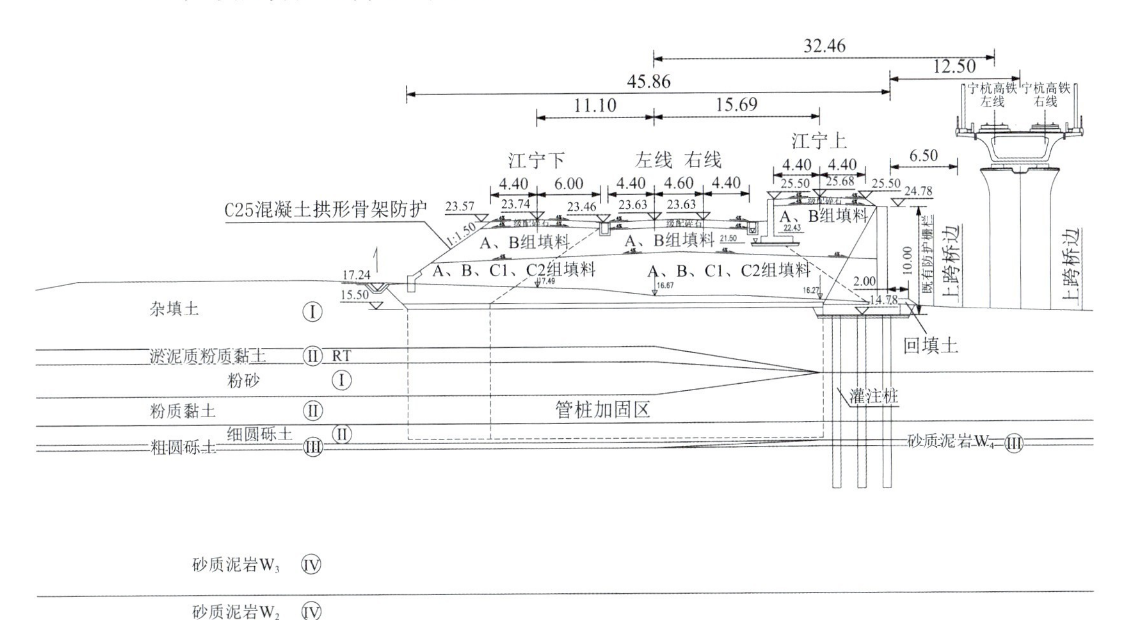

图 4-50 南沿江铁路并行宁杭高铁高填方路基横断面示意图（尺寸单位：m）

4.5 邻近高铁顶进框构施工

4.5.1 影响机理分析

顶进涵洞或框构由于土体卸载，应力平衡被打破，涵底的应力较大，将导致土体出现隆起的趋势，见图 4-51。

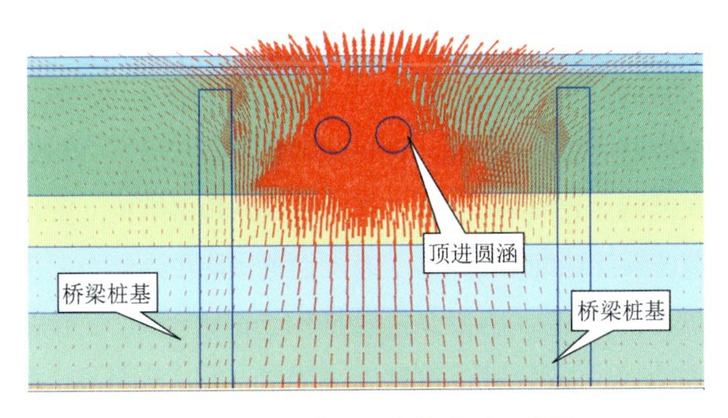

图 4-51 顶进圆涵土体变形示意图

4.5.2 影响内容

涵洞在桥下顶进施工，邻近的桥梁桩基周围土体将发生竖直向上的变形及水平变形。桩侧土体竖直向上的变形导致桩基隆起，会增大相邻桥墩之间的不均匀沉降；桩侧土体的水平变形对桩基产生附加弯矩，从而增大桩基内力，影响桩基的强度安全。

4.5.3 影响控制措施

（1）对涵洞周围土体进行注浆，固化土体。

（2）减小顶进涵洞的埋深。

（3）增大涵洞与桥墩的距离。

（4）压重顶推施工方式。

随着交通基础设施的不断发展，超深、超宽道路下穿高铁不断增多，这类工程具有开挖体量大，卸载效应明显，变形影响控制难度大的特点。下文以京台高速公路下穿京沪高铁为依托，开展了超深挖道路下穿高铁工程的安全控制技术研究，最终基于卸载-加载平衡理念提出了压重平衡顶推框构法，并于2016年成功实施。

4.5.4 京台高速公路下穿京沪高铁工程安全防护设计与动态施工控制

项目位于北京市东南部大兴区域内，路线起点与蒲黄榆快速路连接，终点于市界与京台高速河北段衔接，路线全长约26.6km。本项目建设标准为高速公路，设计速度为100km/h（起点至主线收费站）、120km/h（主线收费站至终点），桥涵设计荷载为公路I级；建设规模横断面布置为双向八车道加硬路肩，路基宽度为41/42m。

本项目于桩号ZK18＋222处与京沪铁路相交、桩号ZK18＋335.44处与京沪高铁相交。相交处京山铁路为路基形式、京沪高铁为高架桥形式。受目前铁路条件控制，高速公路ZK17＋740～ZK19＋590范围设置为路堑段。道路从北向南以61.5°交角下穿京山铁路及京沪高铁。

目前，顶推框构法多用于新建道路下穿既有高铁桥梁的工程，由框构主体、线路加固体系、三桩体系等构成。由于缺少压重措施和监测措施，存在对邻近结构物的影响不可控的问题。高铁对于结构变形的要求极为严格，目前国内外尚无超深挖道路下穿既有高铁桥梁的工程先例，因此，需要对既有的顶推框构法进行改进。针对此问题，提出基于“卸载-加载平衡”理念的压重平衡顶推框构法。在框构上方预制围挡，并在既有高铁桥梁结构上安装变形监测测点。在顶进过程中，根据变形监测器反馈的监测数据，在围挡范围内填入碎石，并实时调整碎石量，保证既有高铁结构变形的稳定可控。与传统的顶推框构法相比，取消了线路加固体系，增加了围护结构和框顶压重，并添加了既有高铁结构的监测系统，以此保证既有高铁结构的变形可控。

采用压重平衡顶推框构法进行深挖道路下穿既有高铁桥梁，具备以下特点：施工过程避免在高铁桥梁侧面形成临空面，对高铁桥梁的扰动小，减小高铁桥墩的纵向变形；基于“卸载-加载平衡”平衡理念，可避免开挖卸载引起的土层深部的应力释放，减小桥墩桩基的回弹变形。

采用两座 18.75m 正交框构，轴向长均为 75.5m，分为三节，中间设沉降缝。在京沪高铁南侧防护开挖顶进工作坑，为现浇框构，由南往北顶进。顶进施工时沿着顶进方向设置导向桩。

现场工程施工自 2016 年 5 月 8 日开始，至 2017 年 2 月 25 日通车。总体施工内容见表 4-7。

京台高速公路下穿京沪高铁总体施工阶段　　表 4-7

步骤号	施工时间（天）	施工内容
0	0	初始值
1	12	南侧基坑开挖
4	17	导向桩、隔离桩、滑板施工
5	69	框构预制阶段
6	3	第一次顶推及调整
8	9	第二次顶推及调整
10	2	第三次顶推及调整
11	4	第四次顶推及调整
12	8	第五次顶推及调整
13	24	北侧基坑开挖
14	21	路面铺装
15	119	通车运营

顶进框构施工方案可在一定限度上减少由于高速公路路堑开挖引起的坑底土体大面积隆起，且框构本身重量也会抵消一部分土体隆起，此外顶进过程中可在顶板压重，进一步减小因开挖引起的土体隆起。方案平面及立面布置图如图 4-52、图 4-53 所示。压重结构构造见图 4-54。

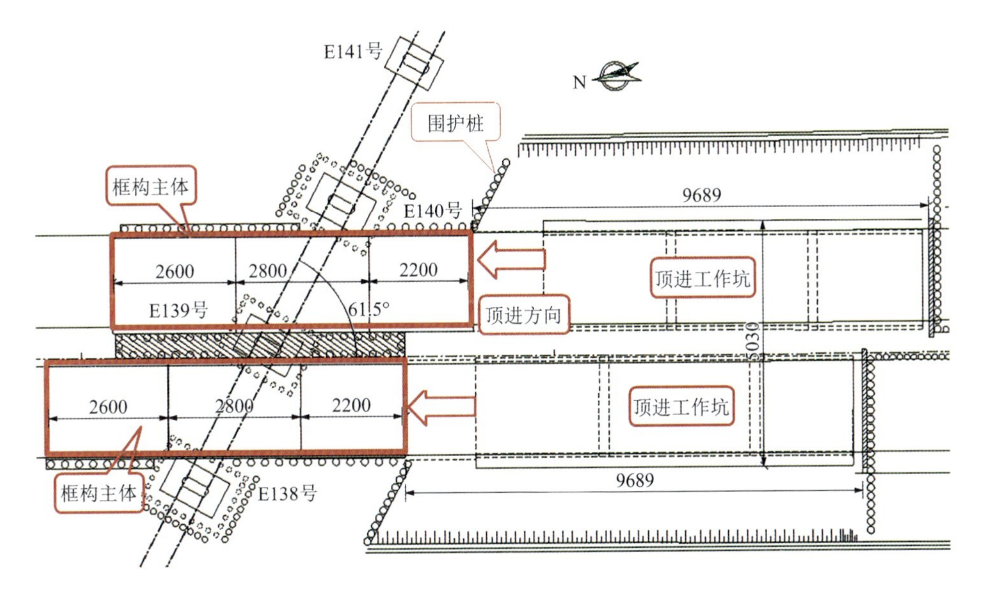

图 4-52　方案平面布置示意图（尺寸单位：mm）

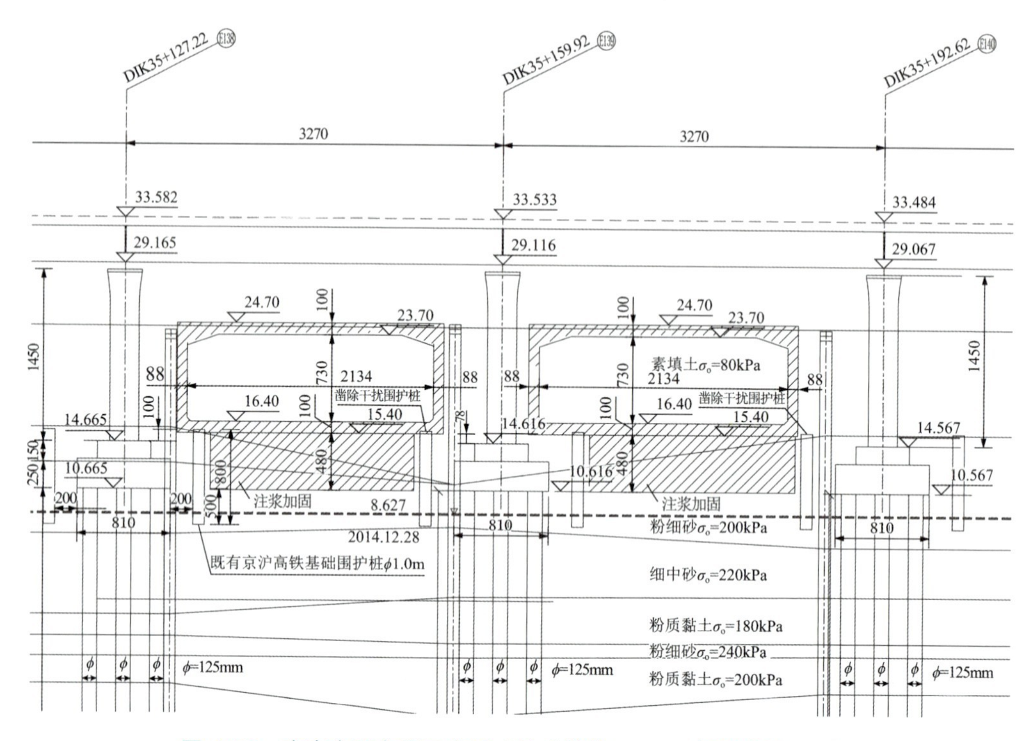

图 4-53 方案立面布置示意图（尺寸单位：mm；高程单位：m）

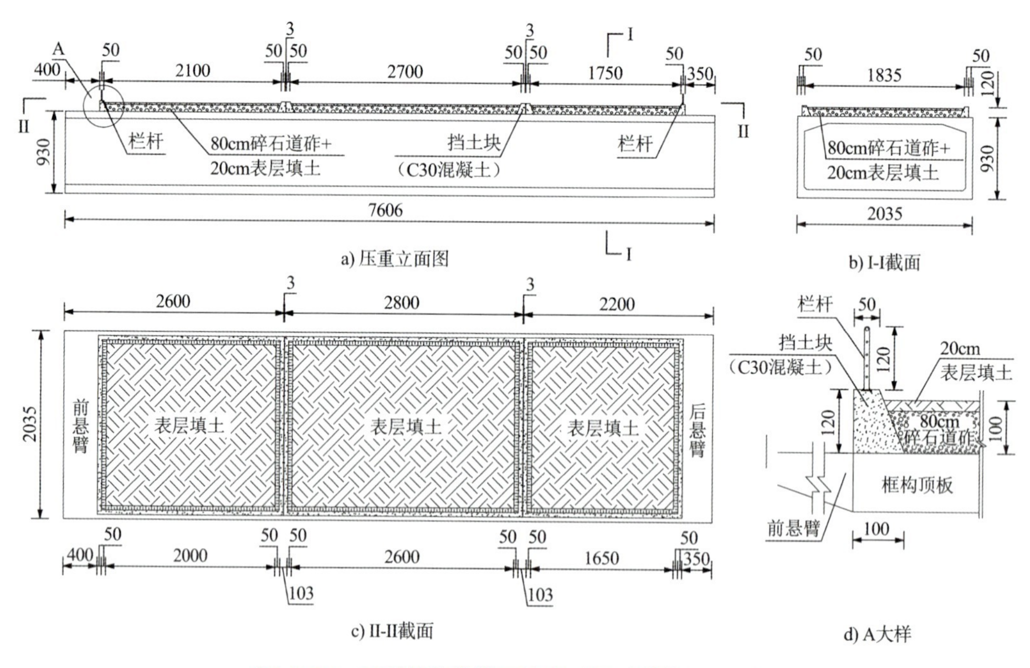

图 4-54 压重结构构造示意图（尺寸单位：mm）

由于篇幅所限，在此仅对框构顶进过程及调整措施以及沉降监测值进行介绍，未包括南侧基坑、北侧基坑等施工过程介绍。

1）框构初始位置

框构初始位置如图 4-55 所示。

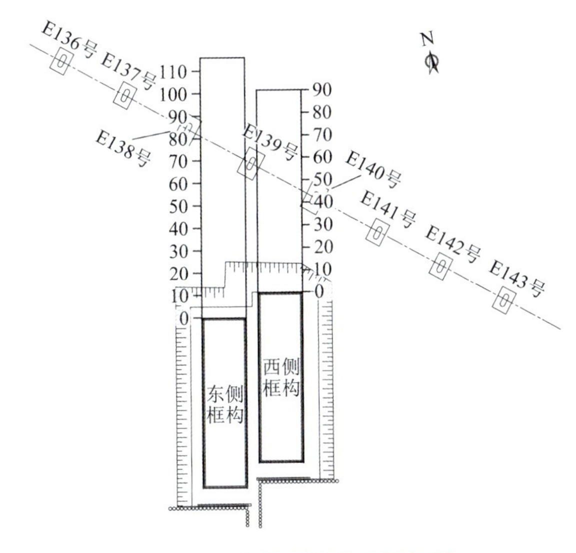

图 4-55　框构初始位置示意图

2）第一次顶推及调整

2016 年 8 月 16 日—2016 年 8 月 17 日，现场开始了框构的顶推工作。东侧框构顶进 11.02m（顶进速度 5.61m/d），西侧框构顶进 7.88m（顶进速度 3.94m/d）。2016 年 8 月 18 日，现场暂停施工，在框构顶首次施加压重，填筑碎石 2000m³，如图 4-56 所示。

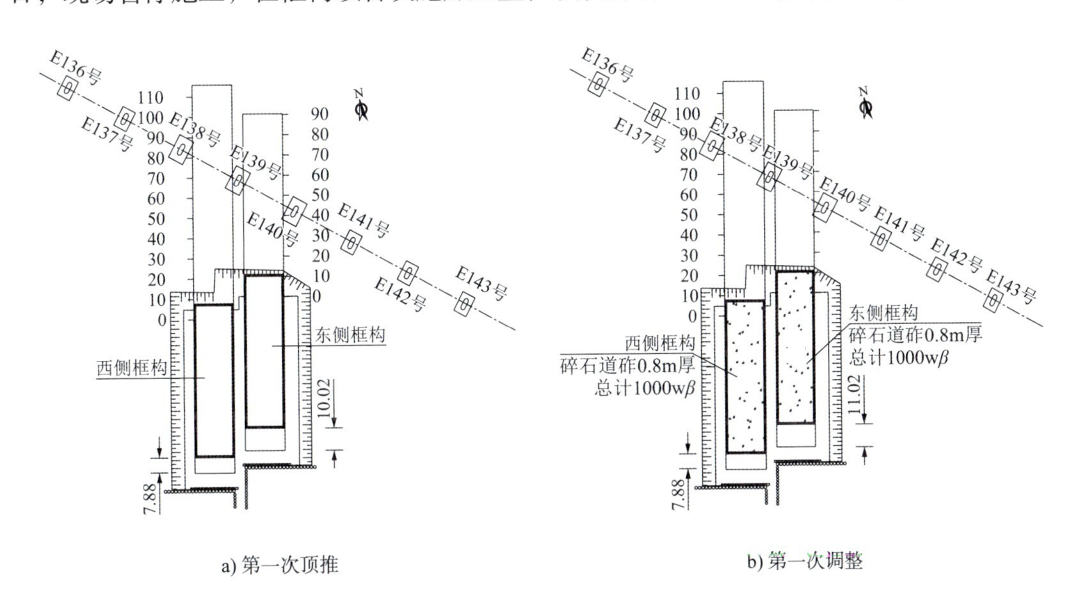

图 4-56　第一次顶推及调整平面图（尺寸单位：m）

框构第一次顶推期间及压重调整期间京沪高铁桥墩的隆起状态如图 4-57 及图 4-58 所示。

由图 4-57 可以得出，在框构顶进初期，因此时顶进前端所开挖的土体为原状基坑的边坡，而非全框构断面开挖，置换位置处框构的重量大于移除土体的重量，总体效应为加载效应，因此顶进前期在原状态基础上沉降 0.2mm。由图 4-58 可知，第一次调整后，京沪高铁在上阶段基础上沉降，最大沉降值为 0.2mm，其发生在 140 号桥墩处。

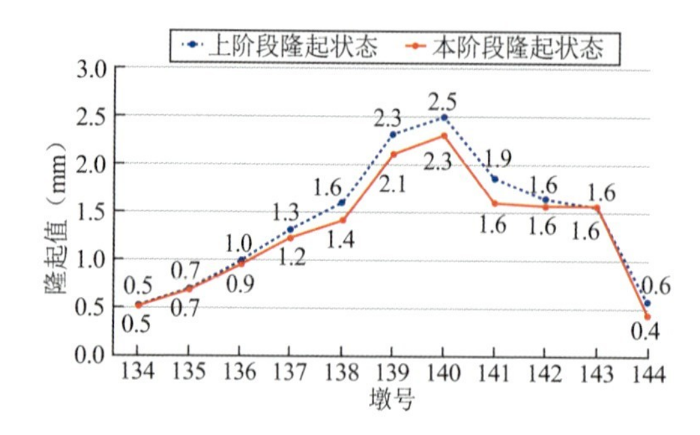

图 4-57　第一次顶推阶段京沪高铁隆起状态

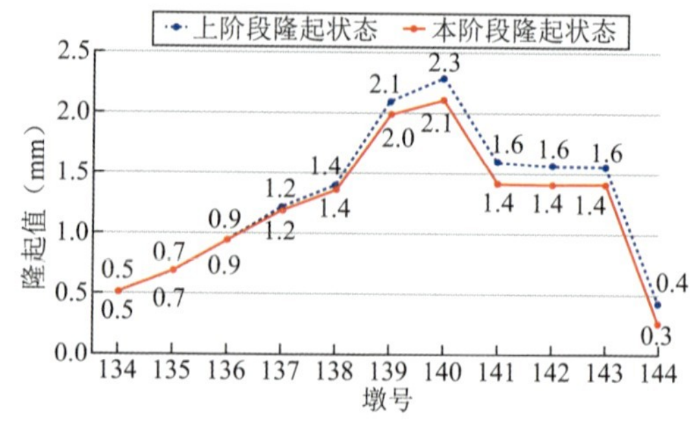

图 4-58　第一次调整阶段京沪高铁隆起状态

3）第二次顶推及调整

2016 年 8 月 19 日—2016 年 8 月 26 日，现场进行框构桥的第二步顶推。东侧框构由原来的 11.02m 顶进至 57.32m（顶进速度为 6.6m/d），西侧框构由原来的 7.88m 顶进至 58.04m（顶进速度为 7.2m/d）。

2016 年 8 月 27 日，现场暂停顶推施工，进行压重的进一步调整如图 4-59 所示。调整措施如下：

（1）顶进框构顶覆土加载到与预留框构上方挡墙齐平高度，填土高度为 40cm，填土量 1240m^3。

（2）两框构之间的 60cm 防护桩范围内（无防护桩范围除外）进行堆载，采用土方堆载，堆载高度 2.5m，堆载量为 540m^3。应确保堆载土方稳定。

（3）框构内存土应以尽可能少取为原则。

（4）以上三项措施加紧实施，压载过程中暂停顶进施工。

（5）压载完成后的 24h 内对压载作用进行观察，在确认京沪高铁桥墩基础变形得到控制后，方可继续进行顶进。

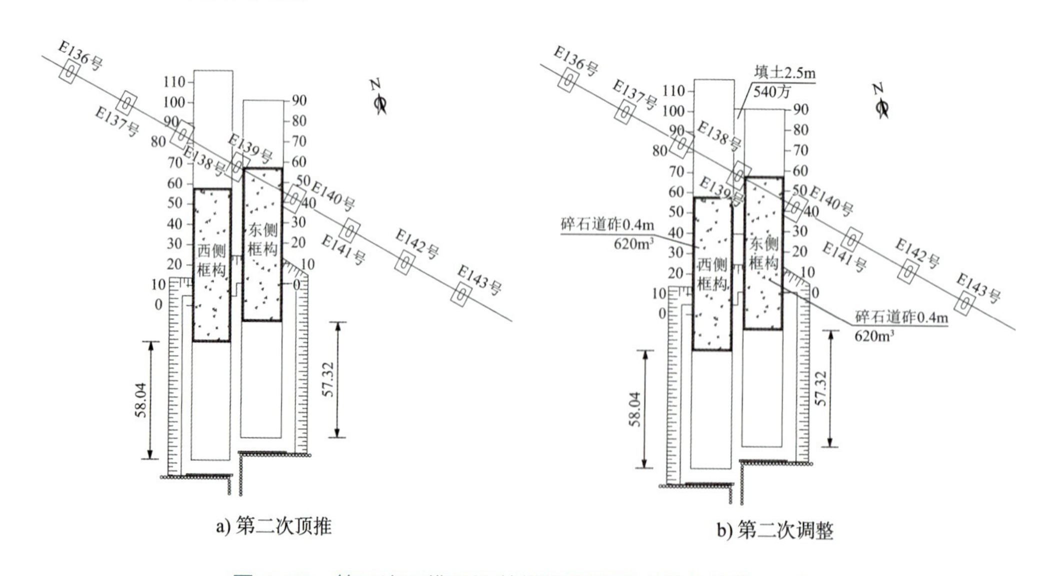

图 4-59　第二次顶推及调整措施平面图（尺寸单位：m）

框构第二次顶推期间及压重调整期间京沪高铁桥墩的隆起状态如图 4-60 及图 4-61 所示。

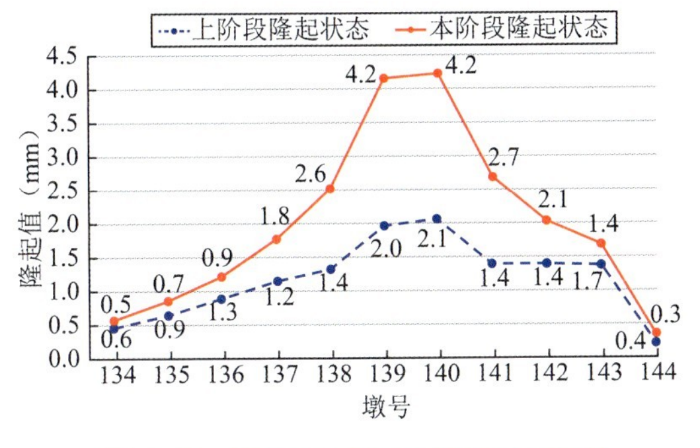

图 4-60 第二次顶推完成后京沪高铁桥墩隆起状态

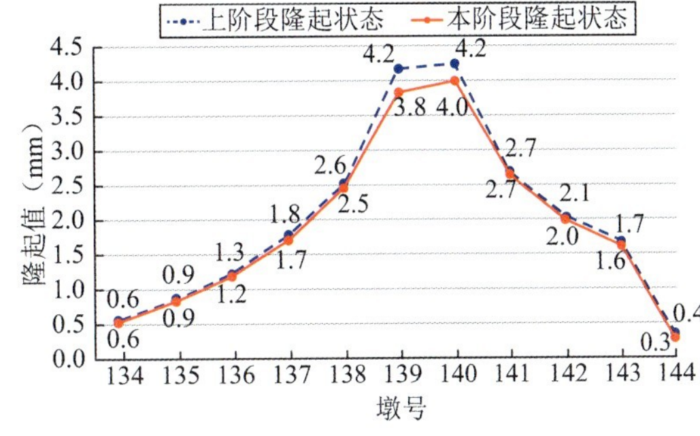

图 4-61 第二次调整完成后京沪高铁桥墩隆起状态

由图 4-60 可以看出，第二次顶推完成后，京沪高铁桥墩隆起值在上阶段的基础上增加了 2.2mm，增量最大值发生在 139 号桥墩。由图 4-61 可以看出，第二次调整后，京沪高铁桥墩的隆起趋势得到抑制，比原状态下降 0.2mm。

4）第三次顶推及调整

2016 年 8 月 28 日—2016 年 8 月 29 日，现场开始框构的第三次顶推。东侧框构在上阶段 57.32m 的基础上顶推至 66.24m，西侧框构在上阶段 58.04m 的基础上顶推至 66.92m。

2016 年 8 月 29 日，现场组织了第三次调整，如图 4-62 所示，调整措施如下：

（1）暂停西侧框构顶进施工，在西侧框构内堆土，堆载土量不少于 700m³。

（2）东侧框构可继续顶进，在保证框构内保留 700m³ 土的前提下出土；待东侧框构顶进就位后，根据后期监测数据，在对东侧框构顶堆载方案落实后，方可恢复西侧顶进施工，且西侧顶进期间框构内保留土量应不少于 700m³。

（3）京沪高铁 E139 号桥墩与东西两侧框构间缝隙应用土填满，填土高应控制在顶板高程以上，桥墩观测高程以下。

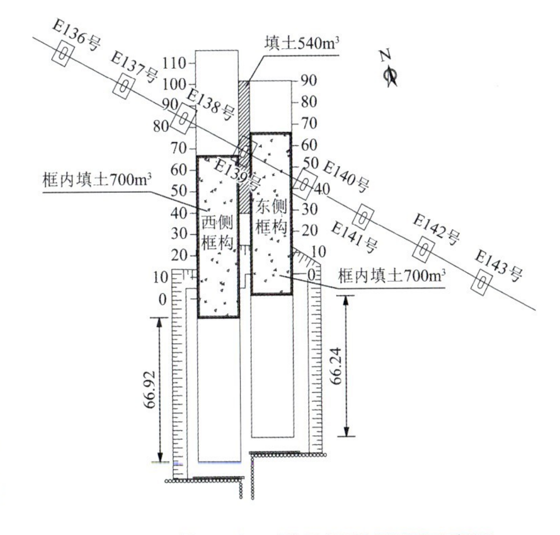

图 4-62 第三次顶推及调整平面示意图（尺寸单位：m）

（4）鉴于出土对高铁变形影响较大，建议尽可能将出土时间安排在晚上，从而使得每次顶进附加隆起最大值控制在天窗点发生。

第三次顶推期间京沪高铁的隆起状态曲线如图 4-63 所示。

由图 4-63 可知，在第三次顶推期间，京沪高铁隆起值增大，在原基础上增加了 0.5mm，增量最大值位于 139 号桥墩。

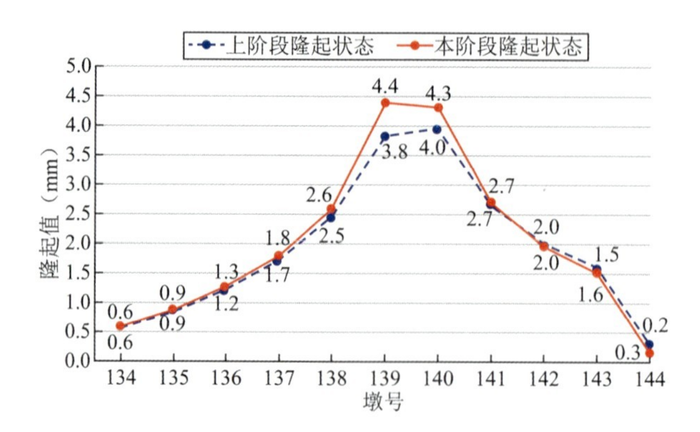

图 4-63　第三次顶推期间京沪高铁桥墩隆起状态曲线

5）第四次顶推及调整

2016 年 8 月 30 日—2016 年 9 月 2 日，现场进行第四次顶推。东侧框构由原 66.24m 顶进至 90.3m，顶进就位。西侧框构暂停顶推，仍维持原 66.92m 位置。

2016 年 9 月 2 日，现场进行第四次调整，如图 4-64、图 4-65 所示，调整措施如下：

（1）在已经就位的东侧框构中间一节顶面继续堆土，增加堆土高 1m，堆土面积为中间节框构顶面积，堆土量 570m³。

（2）在京沪高铁 E140 号和 E141 号墩之间继续堆土，堆土高度与现有堆土高相同，堆土范围为两墩墩身周边填满，堆土量为 500m³。

（3）西侧框构顶进过程中，E139 号桥墩墩身裸露部分应及时填满，不得长时间裸露在外。

（4）西侧框构顶进过程中，仍应保证框构内保留 700m³ 土的前提下出土，顶两镐一出土，不得快顶。

（5）施工单位应密切关注现场监测数据变化情况，一旦变化量较大，应马上停工，经多方研究对策后方可继续施工，以保证京沪高铁运营安全。

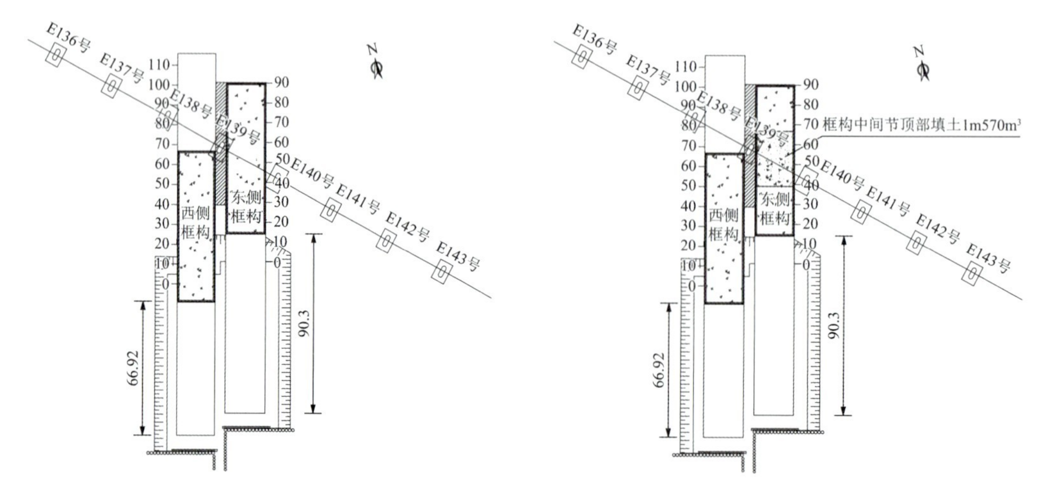

图 4-64　第四次顶推平面示意图（尺寸单位：m）　图 4-65　第四次调整平面示意图（尺寸单位：m）

第四次顶推及调整完成后，京沪高铁的隆起状态如图 4-66 所示。

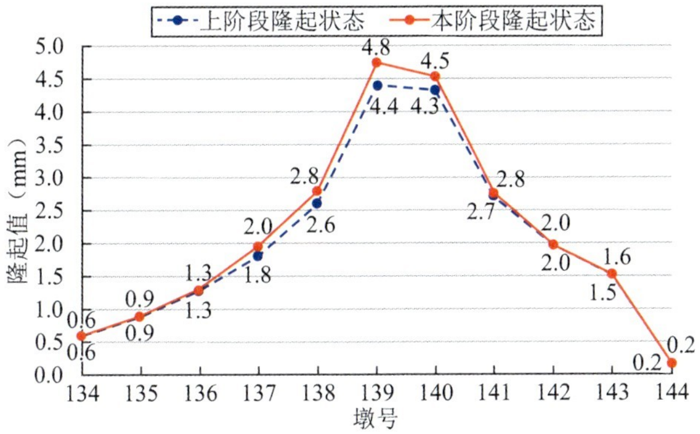

图 4-66　第四次顶推期间京沪高铁桥墩隆起状态

由图 4-66 可知，第四次顶推期间，京沪高铁隆起状态在原状态下增加，最大增加值位于 139 号桥墩，最大增加量为 0.4mm。

6）第五次顶推及调整

2016 年 9 月 3 日—2016 年 9 月 10 日，现场进行第五次顶推，东侧框构由于已顶进就位，停止顶推。西侧框构由原 66.92m 顶进至 115.9m，顶进完成。

2016 年 9 月 10 日，现场进行了第五次调整。

在北侧引道基坑开挖施工前，如图 4-67、图 4-68 所示，应采取以下措施：

（1）在已就位的西侧框构中间节顶面继续堆土，堆土高度为 1m，堆土量为 569.8m³。

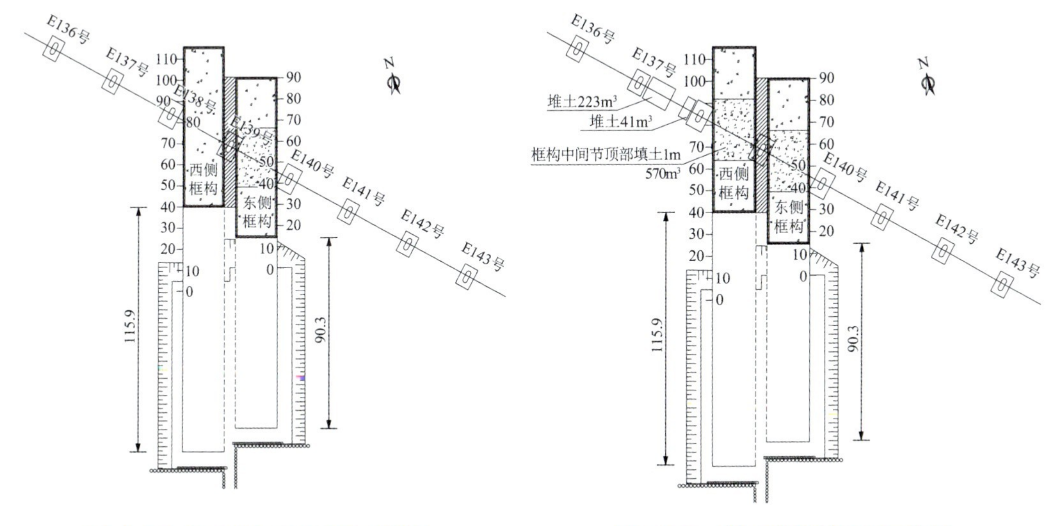

图 4-67　第五次顶推平面示意图（尺寸单位：m）

图 4-68　第五次调整平面示意图（尺寸单位：m）

（2）在 137～138 号桥墩间堆土，堆土范围为高铁线路中线两侧各 5m，填土高度 2m。填土过程中若现场施工需要，可在堆土中心预留施工便道，堆土总方量 640m³。

（3）138 号、139 号、140 号桥墩周围采用人工碾压夯实后，采用砂夹碎石或原土回填。

（4）框构沉降缝施工完成后，采用 C15 自密实混凝土回填导向桩与两侧框构间的间隙，并振捣密实。

（5）北侧引道基坑开挖过程中应由北至南，分层开挖，每层挖深 1.5m，用时 2 天，开挖过程中应严格按照本条要求执行，不得超挖，不得过快开挖。开挖过程中应密切关注京沪高铁桥墩变形监测数据，若变形发展过快，应马上停工，研究处理措施。

（6）待北侧基坑开挖完成后，方可进行东、西两侧框构内的路面结构施作，且施工顺序应分幅进行。

第五次顶推期间京沪高铁隆起状态如图 4-69 所示。

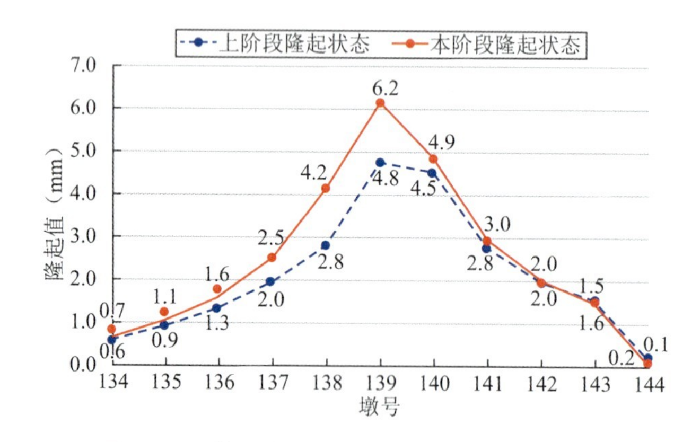

图 4-69　第五次顶推期间京沪高铁桥墩隆起状态

由图 4-69 可知，第五次顶推期间，京沪高铁隆起状态在原状态下增加，最大增加值位于 139 号桥墩处，最大增加量为 1.4mm。

压重平衡顶推框构法在京台高速下穿京沪高铁工程得到全面应用，验证了系统的有效性、可靠性和先进性，根据实时监测数据和动态评估计算，及时地提出暂停施工、桥下反向压载、调整框构顶压载、框内留土等具体措施，有效控制了京沪高铁结构变形。下穿工程施工自 2016 年 5 月 8 日开始，至 2016 年 10 月 22 日完成，目前已通车运营多年，运营正常，工程现场照片如图 4-70 所示。

图 4-70　京台高速公路下穿京沪高铁工程现场照片

本章参考文献

[1] 孟繁增. 地铁双洞单线盾构隧道下穿引起既有铁路沉降实测研究[J/OL]. 铁道标准设计: 1-6[2023-01-29].

[2] 孙宗磊, 孟繁增. 下穿高铁桥梁施工安全风险评估及变形动态控制技术[J]. 桥梁建设, 2022, 52(05): 135-141.

[3] 孟繁增. 基坑开挖引起邻近高铁桥墩隆起变形实例分析[J]. 铁道标准设计, 2020, 64(04): 98-103.

[4] 孟繁增. 公路路堑下穿既有高速铁路桥梁的影响研究[J]. 高速铁路技术, 2019, 10(04): 70-75.

[5] 李悄, 孟繁增, 牛远志. 压重顶进框构下穿高铁引起桥墩变形及控制技术[J]. 岩土力学, 2019, 40(09): 3618-3624.

[6] 吴向明. 新建道路上跨高速铁路立交桥的设计与防护研究[J]. 高速铁路技术, 2017, 8(02): 54-59.

[7] 孟繁增. 临近地面荷载对桩基础竖向位移影响的简化计算[J]. 高速铁路技术, 2017, 8(01): 29-33, 43.

[8] 王淑敏. 软土地区下穿运营高铁通道工程关键技术研究[J]. 铁道标准设计, 2016, 60(09): 83-88.

[9] 王淑敏. 软土地区施工对临近高速铁路桥台影响的试验研究[J]. 高速铁路技术, 2016, 7(02): 69-75.

[10] 王淑敏. 临近既有高铁桥梁工程对运营安全性影响分析[J]. 铁道勘察, 2016, 42(02): 60-63.

[11] 禚一, 张军, 宋顺忱. 软土地区基坑开挖对临近高铁影响数值仿真分析[J]. 铁道工程学报, 2014(02): 41-47.

[12] 李吉林, 孙宗磊, 刘洪占. 公路上跨高速铁路桥梁防护措施方案探讨[J]. 铁道工程学报, 2013, 30(05): 52-56.

[13] 李悄, 孙宗磊, 张军, 等. 软土地区新建公路下穿既有高速铁路影响分析及对策[J]. 高速铁路技术, 2013, 4(01): 26-30.

[14] 王菲, 禚一. 基坑开挖对既有铁路桥基础变位的影响分析[J]. 铁道工程学报, 2012, 29(08): 28-33.

[15] 顾津申. 地面堆载对临近高速铁路桥墩沉降影响分析[J]. 铁道勘察, 2017, 43(01): 41-44.

CHAPTER FIVE

第5章

邻近高铁立交工程自动化安全监测技术

邻近高速铁路立交工程
关键技术研究与实践

RESEARCH AND PRACTICE ON KEY TECHNOLOGIES OF
ADJACENT HIGH SPEED RAILWAY
INTERCHANGE ENGINEERING

在邻近高铁立交工程实践中，工程的实际状态和设计工况往往存在一定的差异，在设计计算和安全评估时不能全面、准确地反映工程的各种变化，故有必要在理论分析指导下进行有计划施工监测。由于传统人工现场测量与内业分析评价相结合的方法时效性较差，不能及时地发现高铁桥涵和路基的沉降变化，也就不可能对高铁沉降和变形的突发性事件进行预警。此外，高铁大多处于封闭状态，采用传统人工测量方法很难进行连续监测。故要保证结构的安全性，除严格控制施工措施外，应对其进行远程、实时、在线、自动监测，从而保证既有高铁的运营安全。因此，建立一套适应于既有高铁标准，同时又具有自动化、实时化、远程化、可视化特点的在线监控系统，对既有高铁开展自动化沉降和变形监测具有十分重要的工程意义和极大的应用价值。

5.1 自动化监测总体方案

邻近高铁营业线工程涉及因素极多，施工监测需要对总体情况进行全面掌握，以便有针对性地制订监测方案。邻近工程的设计方案，如管道、地铁、道路等的设计和防护方案将影响到监测范围的确定；高铁营业线结构设计和运营情况，包括既有结构体系、既有结构变形设计值、既有结构已发生的变形（绝对沉降、差异沉降、水平变形）、轨道的平顺性和扣件调整量等将影响到监测布点和预警值的确定，针对有砟轨道高铁路基还可能存在电缆及光缆影响布点的问题；建设场地的工程地质条件和周边环境条件，如地下水是否丰富、是否软土地区、是否抽水等工程风险源，影响到监测重点和监测关键期；施工方案和施工组织则是施工监测方案编制的主要依据，除常规的编制监测方案外，当采用自动化监测系统时，还应特别注意自动化监测系统的布置。此外，因自动化监测系统一般需要超前于邻近工程安装，还应特别注意测点等监测设备和采集仪、连接线、供电及通信设备等设备是否与拟施工的邻近工程存在交叉干扰，并采取绕避和保护措施，从源头避免后期施工对自动化监测系统的破坏，以保证监测的连续性和施工的顺利进行。因此，邻近高铁营业线施工监测方案需要综合考虑上述的种种因素，在实施前进行详尽的调查，综合制订合理的监测方案，并精心策划、组织并实施监测。设计阶段，邻近高铁工程设计单位应考虑邻近高铁营业线施工监测措施。必要时，应进行专项设计。

5.1.1 监测工作内容

1）总体工作内容

综合考虑各种因素，在项目施工过程中，重点对施工影响范围内既有高铁的变形进行自动化监测，所取得的数据可靠地反映邻近高铁施工所造成的影响。具体工作内容如下：

（1）自动化监测方案设计。根据设计原则、勘测基础资料以及安全评估意见，提出技术可行、经济合理的设计方案。

（2）自动化监测系统安装。根据设计方案并结合施工组织进度统筹安排自动化监测仪器的安装、布线等工作。

（3）现场监控中心搭建。根据设计方案预先规划好监控中心选址，并根据监控中心所在位置微调设计方案，同时做好监控中心内部设备的布设工作。

（4）调试运营，开展监测数据采集。对已经搭建好的自动化监测设备系统进行调试，检验每台仪器采样数据的合理性及准确性，验证整个系统的运行稳定性，并开始监测数据的采集工作。

（5）监测成果分析、预警、评价。通过自动化监测系统的自动分析，实时显示采集数据的结果，实时分析评价对既有高铁的影响。当出现预警时，及时将结果反馈给相关部门，并迅速采取相应措施。

2）监测工作步骤

监测工作宜按下列步骤进行：

（1）接受委托。

（2）收集资料，现场踏勘。

（3）制订监测方案并通过审查。

（4）按照设备单位管理规定，与设备管理单位签订相关协议，包括安全协议、配合协议等，并办理相关手续，组织人员培训。

（5）监测设备、仪器校验和元器件标定，监测现场实施与验收。

（6）现场监测。

（7）监测数据的处理、分析及信息反馈。

（8）提交阶段性监测成果和报告。

（9）监测工作结束后，对设备进行拆除和场地恢复。

（10）提交最终监测成果报告。

3）资料收集、现场踏勘阶段工作内容

（1）了解建设方和高铁营业线设备管理单位的具体要求，收集和掌握高铁营业线设备管理单位的管理规定。

（2）收集并熟悉现场勘察资料、气象资料、邻近营业线工程的设计资料以及施工组织设计（或项目管理规划）等。

（3）收集并熟悉高铁营业线桥梁、路基、隧道的原始设计资料、既有变形资料等。必要时可采用拍照、录像等方法保存有关资料或进行必要的现场测试或测量取得有关资料。

（4）通过现场踏勘，复核相关资料与现场状况的关系，了解邻近营业线施工现状，确定拟监测项目现场实施的可行性以及监测进场时间。

（5）了解邻近营业线施工工程的设计和施工情况。

4）监测方案设计内容

监测方案应包括下列内容：

（1）工程概况。包括邻近工程情况，高铁营业线情况，二者的相对位置关系，安全评估情况。

（2）建设场地自然地理、工程地质条件、水文地质条件及周边环境状况等。

（3）监测目的和依据。

（4）监测项目及方法。

（5）自动化监测系统设计。

①当采用自动化监测时，应说明系统组成及功能，确定纳入自动化监测的项目、监测方式和测点数量，以及监测仪器设备的布置方案。明确监测设备与既有线的关系、距离、安装与防护方法，是否侵限。

②确定监测仪器的技术指标和要求。

③确定数据采集装置的布设、通信方式及网络结构设计，拟定供电方式。

（6）基准点、监测点的安装与保护。

应说明监测系统的安装作业计划和安装过程中的保证措施、方案和应急预案。必要时编制专项安装作业方案。

当采用自动化监测时，应详细说明基准点、监测点、设备、线缆的安装工艺、安装流程与保护措施，并结合铁路相关规范，检验安装的可靠性。

（7）监测方法及精度。

（8）监测期和监测频率。

（9）监测报警及异常情况下的监测措施。

（10）监测数据处理与信息反馈。

（11）监测实施组织计划及人员配备。

（12）监测仪器设备选型。

（13）作业安全及其他管理制度。

（14）建设方和设备管理单位的管理规定所要求的其他事项。

5.1.2 自动化监测方案设计原则

由于既有高铁已开通运营，线路处于封闭状态，在邻近高铁立交工程建设期间对既有高铁的变形进行监测受到一定的制约。因此确定监测方案的编制原则为：

（1）采用自动化监测方案，辅以人工联测校正基点。既有高铁的变形监测是邻近高铁立交工程的重点，由于监测周期长，为了校验自动监测点监测结果的准确性，在自动化测点的基础上，对自动化监测基点定期进行人工校核。利用人工测量高程结果校核自动化监测基点的高程，从而确保测量结果的准确性。

（2）自动化测点安装及测量应与新建工程的施工组织结合。根据邻近高铁立交工程的施工组织，相应调整施工区段内的监测频次，以达到突出监测重点、实时反映问题的目的。

（3）自动化监测相关施工应确保对既有高铁不产生安全隐患，并保证高铁的运营安全。

（4）根据本工程周边环境特点，在广泛收集各类资料，现场调查踏勘和分析资料的基础上，采用设计和现场施工相结合的方法，投入先进的仪器设备，采用有效的监测手段，以最短的时间和最少的工作量达到信息化监测的目的。

（5）监测点的布设根据不同的监测对象合理布设，且具备可实施性，满足招标文件的要求以及工程设计和施工的需要。

（6）使用仪器必须满足精度要求且在有效的检校期限内，符合设计和规范规程的要求，能及时准确提供数据，满足信息化施工的要求。

（7）监测信息及时反馈工程各方，同时在日常的施工过程中加强对各项监测数据综合分析，找出指标变化的原因并提出相应的对策，及时预测下道工序的影响，优化施工，切实达到信息化施工的目的。

（8）应当考虑将安全监测过程与既有高铁日常轨道监测工作得到的安全信息进行充分交流，建立联动机制。

（9）监测数据应及时处理并及时反馈，以便指导施工，做到信息化施工。当发现有异常情况应立即采取措施，以防发生工程事故。监测数据超过预警值时，应及时采取措施并增加观测频次。

5.1.3 监测范围与测点布置

1）桥梁监测范围与测点布置

当高铁营业线为桥梁结构时，施工监测的必测项目包括结构竖向位移和结构水平位移；选测项目包括结构倾斜、错台和结构裂缝。在设计及安全评估中，可根据现场情况对监测项目的选测内容进行调整。

当邻近工程下穿高铁营业线桥梁时，高铁营业线的监测范围可参照表 5-1 确定。当邻近工程并行高铁营业线桥梁时，监测范围应经过安全评估确定。

下穿高铁工程监测范围　　表 5-1

工程类型		监测范围
顶管（拉管）工程		每侧外扩 2 孔或 60m
盾构工程		（1）外扩 3 孔或 100m； （2）盾构正上方 3.0（$H+D$）～4.0（$H+D$）
路基工程	$h<1$m	每侧外扩 3 孔或 100m
	1m $\leqslant h<3$m	每侧外扩 5 孔或 150m
	$h>3$m	—

续上表

工程类型		监测范围
路堑工程	$h < 3\text{m}$	每侧外扩 3 孔或 100m
	$3\text{m} \leqslant h < 10\text{m}$	每侧外扩 5 孔或 150m
	$h > 10\text{m}$	—
桩板/桥梁工程		每侧外扩 3 孔或 100m
基坑工程		（1）基坑周边 $3.0H \sim 4.0H$； （2）基坑周边 $1.0B$

注：1. 表中h针对路基工程指填方高度，针对路堑工程指挖方高度。H指盾构隧道顶板的埋深，D指盾构隧道的外径。B指基坑的长边宽度。

2. 对于$h > 3\text{m}$ 的路基下穿高铁工程、$h > 10\text{m}$ 的路堑下穿高铁桥梁工程以及风险、复杂程度较高的工程，应进行专项论证或经过计算确定。

监测范围内高铁营业线桥梁施工沉降变形和水平变形测点应逐墩布置。当采用静力水准测量时，可采用间接测量的方式，将静力水准仪安装在箱梁内部或者梁体外侧，与支座对应放置，以支座位置处梁体的沉降变形反映基础的沉降变形。高铁营业线桥梁基础水平变形监测的观测点宜设置在墩顶。

2）路基监测范围与测点布置

当高铁营业线为路基结构时，施工监测应包括下列项目：

（1）必测项目：路基面竖向位移、路基面水平位移。

（2）选测项目：路基坡脚位移、地下水位变化、挡墙墙顶水平位移、挡墙墙顶竖向位移、结构裂缝。

大面积降水、桩基施工、顶进桥涵、路基填挖方、基坑开挖、石方爆破、长距离并行施工等工程的监测范围应根据专项安全评估并结合地区经验综合确定。邻近高铁营业线路基有施工抽降水时，监测范围不应小于降水施工区域边缘以外 200m。如果遇到基坑规模大、开挖深度深、施工周期长、地层渗透系数大、有承压水分布的邻近施工，监测范围应进一步扩大。未经加固处理的一般黏土地段或松软土地区，邻近高铁路基有预应力管桩、高压旋喷桩等有挤土效应桩基施工时，监测范围不宜小于施工区域边缘以外 30m。

高铁营业线路基段邻近施工变形监测点应根据施工性质、设备状态等因素设置于路基面和坡脚适当位置。一般情况下沿线路方向每 20m 设置一个监测断面；长大段落并行高铁营业线路基施工时，在地势平坦、地质条件均匀、工况相似的情况下可适当拉大监测断面间距，但无砟轨道营业线路基监测断面间距不应大于 50m，有砟轨道营业线路基监测断面间距不应大于 100m。施工过程中变形监测异常变化时应适当加密。横向结构物、过渡段、道岔区、地形复杂、不良地质等特殊路基地段应适当加密，监测断面间距根据现场情况按 3～10m 控制。高铁营业线路基变形监测点设置应避开轨旁设备和埋设管线，并应满足设备管理单位相关营业线施工管理规定。

路基面变形观测点宜设置于路基面合适位置，无砟轨道路基面测点宜布置在底座板侧面 10～20cm 位置，有砟轨道路基面测点宜布置在砟脚外侧 10～20cm 位置。邻近抽降水施工影响范围内的高铁路基，宜在路基坡脚适当位置埋设地下水位计，埋设数量和间距根据抽降水影响范围确定。邻近管桩、高压旋喷桩等有挤土效应的桩基施工影响范围内的高铁路基，宜在坡脚附近适当位置埋设测斜仪，并与路基位移监测点在同一断面。测点的位置应避开轨旁设备及下部管线。

5.1.4 监测方法

自动化监测方法可采用静力水准监测方法、智能型全站仪监测方法及其他方法，所采用的仪器均应进行检定，并在检定有效期内。沉降变形监测和水平变形监测的精度应符合表 5-2 的规定。对于自动化监测方法，应根据相应的精度要求进行设备选型及方案设计。

变形测量精度要求　表 5-2

垂直位移测量		水平位移观测
变形观测点的高程中误差（mm）	相邻变形观测点的高差中误差（mm）	变形观测点的点位中误差（mm）
0.5	0.3	0.7

5.1.5 监测频率

监测期与监测频率应符合下列规定：

（1）在施工实施前的 3 天时间内，应采集施工监测的初始值。当采用自动化监测方法时，应采集不少于 10 次数据，取平均值作为初始数据；当采用人工监测方法时，应采集不少于 3 次数据，取平均值作为初始数据。

（2）工程施工期间和竣工 1 个月内的监测频率不应低于表 5-3、表 5-4 的规定，还应符合《邻近铁路营业线施工安全监测技术规程》（TB 10314—2021）及设备管理单位的具体规定。

邻近高铁营业线施工监测频率（营业线结构为桥梁）　表 5-3

<table>
<tr><th colspan="2">工程类型</th><th>施工期间监测频率</th><th>竣工 1 个月内监测频率</th></tr>
<tr><td colspan="2">定向钻、顶管、拉管工程下穿高铁桥梁</td><td>4 次/d</td><td>1 次/d</td></tr>
<tr><td colspan="2">盾构工程下穿高铁桥梁</td><td>1 次/2h</td><td>4 次/d</td></tr>
<tr><td colspan="2">路基工程下穿高铁桥梁</td><td>1 次/2h</td><td>4 次/d</td></tr>
<tr><td colspan="2">路堑工程下穿高铁桥梁</td><td>1 次/2h</td><td>4 次/d</td></tr>
<tr><td colspan="2">桩板/桥梁工程下穿高铁桥梁</td><td>1 次/2h</td><td>4 次/d</td></tr>
<tr><td colspan="2">桥梁上跨高铁桥梁（转体、顶推、框架墩）</td><td>1 次/2h</td><td>4 次/d</td></tr>
<tr><td colspan="2">高压旋喷桩邻近高铁桥梁</td><td>1 次/2h</td><td>4 次/d</td></tr>
<tr><td rowspan="2">基坑工程邻近高铁桥梁</td><td>基坑与桥梁基础的净距 $D \geqslant (3.0 \sim 4.0) H$ 且 $D \geqslant 1.0B$</td><td>4 次/d</td><td>1 次/d</td></tr>
<tr><td>基坑与桥梁基础的净距 $D < (3.0 \sim 4.0) H$，或 $D < 1.0B$</td><td>1 次/2h</td><td>4 次/d</td></tr>
</table>

注：表中 H 指基坑深度，B 指基坑长边宽度。

邻近高铁营业线施工监测频率（营业线结构为路基）　　表5-4

工程类型		施工期间监测频率	竣工1个月内监测频率
定向钻、顶管、拉管穿越高铁路基		1次/2h	4次/d
盾构工程下穿高铁路基		1次/2h	4次/d
桥梁上跨高铁路基（转体、顶推、框架墩）		1次/2h	4次/d
高压旋喷桩邻近高铁路基		1次/2h	4次/d
基坑工程邻近高铁路基	基坑与路基坡脚的净距$D \geqslant (3.0\sim4.0)H$且$D \geqslant 1.0B$	4次/d	1次/d
	基坑与路基坡脚的净距$D < (3.0\sim4.0)H$，或$D < 1.0B$	1次/2h	4次/d

注：表中H指基坑深度，B指基坑长边宽度。

竣工1个月后，根据监测数据分析，变形趋于稳定，竣工一个月后变形速率不大于0.5mm/月时，监测单位可提出停测申请。当竣工一个月后，变形速率仍未收敛时，监测周期和监测频率由相关单位共同协商确定。

当采用自动化监测方法时，应同时进行人工复测，复测频率不应低于1次/月，当自动化监测出现预警时，应及时进行人工复测。

当出现下列情况之一时，应提高监测频率，并应及时向相关单位报告监测结果：

（1）监测数据达到报警值。

（2）监测数据变化量较大或者速率加快。

（3）出现其他影响高铁营业线及周边环境安全的异常情况。

（4）施工过程中的工序转化或遇到的其他异常情况。

（5）由于暴雨、冻融等自然灾害引起的其他变形异常情况。

5.1.6 监测预警值与应急预案

根据《邻近铁路营业线施工安全监测技术规程》（TB 10314—2021），当高铁营业线为桥梁结构时，施工监测预警值、报警值和控制值应符合表5-5的规定。

高铁桥梁结构变形监测预警值、报警值和控制值　　表5-5

监测项目		控制标准		
		累积量预警值（mm）	累积量报警值（mm）	累积量控制值（mm）
无砟轨道	墩台（梁部支点）竖向位移	±1.2	±1.6	±2
	墩台顶水平位移	±1.2	±1.6	±2
有砟轨道	墩台（梁部支点）竖向位移	±1.8	±2.4	±3
	墩台顶水平位移	±1.8	±2.4	±3

注：设备状态良好，附加沉降均匀或通过有效措施能保证轨道平顺性和结构性能满足运营要求情况下，经安全评估和专项论证，可对控制标准进行调整。

受邻近工程施工影响的高铁营业线路基位移限值应符合表 5-6 规定。

高铁路基变形监测预警值、报警值和控制值 表 5-6

监测项目		控制标准		
		累积量预警值（mm）	累积量报警值（mm）	累积量控制值（mm）
无砟轨道	路基竖向位移	+1.2 −3.0	+1.6 −4.0	+2 −5
有砟轨道	路基水平位移	+1.8 −4.8	+2.4 −6.4	+3 −8

当监测值超出预警值、报警值及控制值时，宜采取以下应急预案：

1）超出预警值情况应急预案

（1）对超过预警值位置进行人工复测，并增加频次。

①检查测量数据。首先联测沉降观测的起算点，检查起算点是否有变动，之后将突变较大的沉降观测点进行重测，确定测量数据无误。

②观察现场情况。观察现场既有高铁桥梁和路基等监测对象是否受到影响，比如桥梁是否有新的裂痕、桥墩是否存在倾斜的趋势等现场情况，加以记录，采用数码相机进行拍照，及时反映给监理和施工单位。

③分析原因，进行深入观察监测。

（2）提请设备单位检查预警位置设备情况及轨道平顺度。

2）超出报警值情况应急预案

（1）报警限值位置临时停工，监测方必须立即组织进行人工复测和加密观测。

（2）提请设备单位检查预警位置的设备情况及轨道平顺度。

（3）由建设单位组织应急小组及设计、施工、监理、监测、设备管理部门各方召开现场研究会，结合监测数据分析超限原因，确定处置方案后，现场恢复施工，监测方继续进一步重点观测。

3）超出控制值情况应急预案

（1）超过控制限值位置紧急停工，监测方必须立即进行人工复测和加密观测。

（2）提请设备单位检查预警位置的设备情况及轨道平顺度。

（3）由建设单位组织召开专家会，确定整治方案及措施，处理完成后，现场恢复施工，监测方继续进一步重点观测。

5.1.7 监测资料成果分析

1）监测数据的存储

自动监测数据通过监测单位自主开发的数据采集和接收系统，自动接收现场自动采集单元通过无线 GPRS 模块发送的监测数据，并按照规定格式存储在远程服务器上的数据库中。

人工监测数据必须真实准确，不得造假，记录必须清晰，不得涂改，测量与记录人员必须签名。监测数据必须当天经人工录入方式及时输入电脑，经检算审核无误后保存在计算机内，并及时提交给监控中心负责人员。

2）监测数据的整理和成果分析

监测取得的数据成果，经整理、复核、审核后每日以“电子日报表”的形式进行分发，分发和上报单位包括建设单位、路局管理单位、施工单位、监理单位等各方；对于每次的监测数据，及时进行计算、分析和上报工作，整理规范的报表和图表。在上报的数据表格后不定期地附以监测意见，在出现异常或其他问题时做出简要说明；当监测出现预警时，应增发“预警报表”，详细说明预警位置、超限值，超限时间等预警信息。定期提交监测月报，汇总监测沉降时程曲线等结果。

此外，当实时监测数据达到（或超过）“预警值”时，监测单位当日即刻向建设单位口头报警，以便及时采取相应措施确保施工和周围环境的安全。监测项目部则以最快方式提交“日报表”，在日报表上对超限数据以明显的示警标记提示。异常情况及处理建议在日报表简述，说明栏中注明。极端情况下，可以采用传真形式，上报预警超限报告给建设单位和路局管理部门，以避免产生严重后果。

5.1.8 监测资料上报

监测资料主要分为五种形式上报：原始数据核备报告、日报表、月报告、紧急成果报告和监测成果报告。

1）原始数据核备报告

在监测初期，经过初始值的测量，稳定后，应把初始值整理汇总为原始数据核备报告，上报建设单位和路局管理单位备案。报告内容主要为施工前各测点高程及沉降量的初始值。

2）日报表

当监测数据未超出预警值时，日报表的主要内容为当天监测的监测数据纵断面相关的曲线和数据表格。若局部测点有超限的趋势，将把该点的监测数据时程曲线重点给出，并持续跟踪，直至恢复正常。

当监测数据超出黄色预警值时，日报表将每日上报建设单位、路局管理单位、施工单位、监理单位等各方。日报表内容除包含正常情况下报表内容外，还将重点给出超出预警值的位置及原因分析。

3）月报告

根据施工进展情况，应不定期地进行月报告的汇总工作，将几个月的成果整理、分析和总结后，形成监测月报告，并上报建设单位、路局管理单位、施工单位、监理单位等各方，月报告的主要内容包括几个月测点的监测数据纵断面变化曲线、监测数据时程曲线等。

4）紧急事件报告

当监测指标超限时，应整理紧急事件报告，及时上报建设单位、路局管理单位、施工单位、监理单位等各方，极端情况将采用预警短信及邮件的形式，上报建设单位和路局管理部门，以避免产生严重后果。紧急事件报告的主要内容为超限预警位置、超限值，超限时间、预警指标的时程曲线等预警信息。

5）监测成果报告

当局部测点的差异沉降量接近或超过预警值，或当整个监测项目完成后，项目部将对近期监测过程中的所有监测数据、图表和预警过程等内容进行汇总，并对监测结果进行分析、总结，形成监测成果阶段报告，上报建设单位和路局管理单位。

5.1.9 联动机制

（1）开展邻近高铁立交工程自动化监测是确保既有高铁安全运营的重要安全管理措施。为了安全起见，监测单位需要在建设单位的统一管理下，与铁路局集团公司管理部门、工务段以及铁路防灾减灾系统等部门开展充分的安全信息共享与交流。

（2）建议铁路工务部门对监测范围内既有高铁的轨道平顺性进行动静态初始检测和过程检测，监测单位将自动化数据结果与工务部门提供的轨道检查结果及时对接，动态调整结构监测与轨道检测的频率与范围，及时发现安全隐患。当自动化监测数据超过预警范围时，监测单位应及时通知相关部门，明确预警原因，共同研究解决方法。

（3）在建设单位统一管理下，建设单位、路局管理单位、监测单位、施工单位及监理单位等各方安排专人负责，确保监测单位预警信息的及时传递。

5.1.10 安全管理

（1）变形监测单位必须严格执行设备管理单位关于高铁安全和营业线施工安全的相关规定，并与相关设备管理单位签订安全协议和配合协议后，在设备管理单位的配合下实施。

（2）变形监测单位所有作业人员和管理人员必须经过铁路安全知识培训，经考试合格后，持证上岗作业。

（3）作业人员必须配备安全防护设备，严格遵守高铁营业线安全管理规定。

（4）施工现场的各种安全设施、设备和警告、安全标志，未经同意不得任意拆除和挪动。

（5）测量作业中出现安全险情时必须立即停止工作，组织撤离危险区域，及时向相关单位报告。

5.2 基于静力水准仪的自动化监测

流体静力水准测量是20世纪50年代末在丹麦首都哥本哈根首次进行试验的，20km的中误差为±1.0mm。此后，流体静力水准测量在各种高程测量和精密工程测量中推广使用。

当前国内外制造的多种型号的流体静力水准仪，可用于工程建筑物和沉陷观测，地震和大型机械安装测量等。经实践证明，当软管长 30～40m，且测量条件较好时，测高精度可达 ±0.05mm。静力水准系统具有结构简单，观测迅速，可连续观测（其最高监测频次甚至可达到 100 次/s）的特点，便于实现自动化监测，因此在邻近高铁营业线自动化监测中得到广泛应用。

5.2.1 监测原理

静力水准测量目前有连通管式静力水准和压力式静力水准两种装置，其原理如图 5-1 所示。

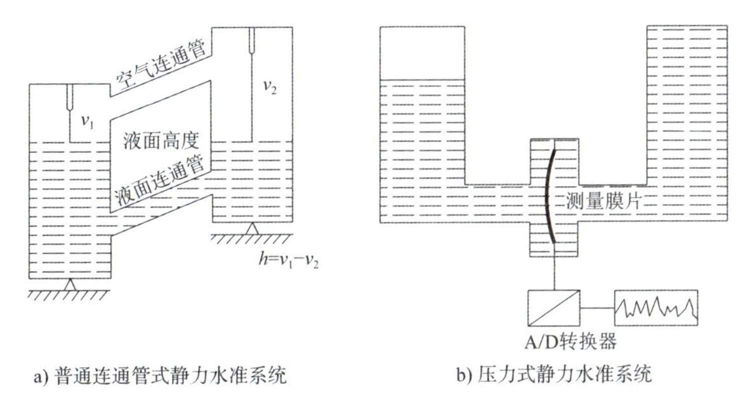

图 5-1 连通管式与压力式静力水准原理示意图

v_1、v_2-液面高度；h-液面高度差

目前在用的静力水准测量系统多为连通管式静力水准，其利用相连容器中静止液面在重力作用下保持同一水平这一特征来测量各监测点间的高差。各监测点间的液体通过管路连通，称为连通管法，其特点是各个容器中的液体是连通的，存在液体流动和交换。

压力式静力水准系统其容器间的液体被金属膜片分断，不存在液体间的相互交换，通过压力传感器测量金属膜片压力差的变化可计算监测点间的高差，又称为压差式、差压式、晶硅式、硅压阻式、压阻式、液压式静力水准传感器，有时也被称为位测计、位移计、沉降计。

量程和精度是静力水准的两个重要指标。对于同一型号的传感器，精度为量程的百分数，如 0.05%F.S，0.1%F.S、0.2%F.S。如某款静力水准传感器其标称量程为 50mm，精度为 0.1%F.S，则测量精度为±50mm × 0.1% = ±0.05mm。目前常用的连通管式液体静力水准仪有 20～200mm 多种量程，绝对精度高，可达到±0.02～±0.2mm，而压力式静力水准传感器的量程一般较大，可达 600mm、1200mm、1800mm 甚至 3000mm，但是精度则相对较低，为±0.6～±3.0mm。因此，针对待测量的精度要求和量程要求进行合理的传感器选型极为重要，对于需要研究变形过程的监测项目，建议优先采用连通管式静力水准仪。

为了保证液体的流动性，每条液体通路的长度不宜超过 350m。连通管式静力水准系统要求所有测点的液面均位于一个水准面上，初始安装时要求各传感器安装在同一高度，安装高度的偏差直接影响沉降测量的量程。压力式静力水准系统的高差限制较宽，但也有相应要求。

对于有纵坡的线路结构，常常需分段分组安装测线，相邻测线交接处应在同一结构的上、下设置两个传感器作为转接点（图 5-2）。变形测量作业现场，静力水准的参考点很难布设到稳定区域，点位稳定性很难满足基准点的要求，应定期进行水准联测。

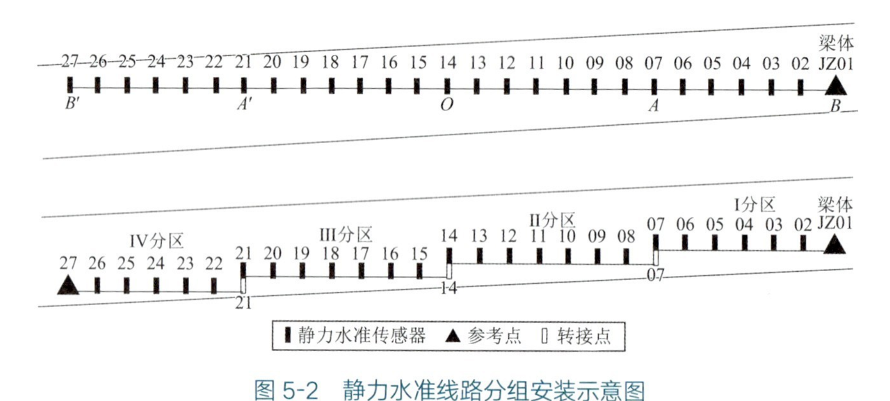

图 5-2　静力水准线路分组安装示意图

对连通管式静力水准系统，同一测段内静力水准测量的沉降观测值按下列计算：

$$\Delta H_{kg}^{ij} = \left(h_k^i - h_g^i\right) - \left(h_k^j - h_g^j\right) \tag{5-1}$$

式中：ΔH_{kg}^{ij}——k测点第i次测量相对于测点g第j次测量的沉降量（mm）；

h_k^i——k测点第i测次相对于蓄液罐内液面安装高度的距离（mm）；

h_g^i——g测点第i测次相对于蓄液罐内液面安装高度的距离（mm）；

h_k^j——k测点第j测次相对于蓄液罐内液面安装高度的距离（mm）；

h_g^j——g测点第j测次相对于蓄液罐内液面安装高度的距离（mm）。

5.2.2　静力水准自动化监测注意事项

（1）当高铁营业线为桥梁结构时，其沉降变形监测宜采用静力水准系统。

（2）采用静力水准系统进行测量时，应根据计算的预估沉降量提出监测精度要求，选取相应精确度等级和量程的静力水准传感器。采用的静力水准传感器应经过检定。

（3）由于高铁变形监测精度要求极高，沉降测量应采用固定式仪器，并可靠安装，保证传感器与待测结构的变形一致。

（4）静力水准系统的工作基点应采用水准测量方法定期与基准点联测。

（5）我国幅员辽阔，为保证自动化监测系统的持续稳定运行，应根据所在地区的气候条件和历史温度选择合适的元器件。当采用静力水准仪时，其测量元件的选型应符合下列要求：

①元器件的正常工作温度应适合被测区的环境条件。

②量程不应小于监测点设计总沉降变形量及监测段落垂向距离之和的 1.5 倍。

当采用静力水准仪时，其精度不应低于表 5-2 所规定的监测精度，且不低于 0.1%F.S，当需要研究微小变形规律时，其精度还不应低于预计待测变形量的 1/3。

（6）静力水准监测的测量线路布置应符合下列规定：

①一组静力水准测量系统可由一个参考点和多个监测点组成。

②当采用静力水准仪进行基础沉降测量时，每条液体通路的长度不宜超过 350m。

③当采用多组串联方式构成观测路线时，在相邻组的交接处，应在同一结构物的上下位置设置转接点。

④当观测范围小于 350m，且转接点数不大于 2 个时，可将一端的参考点设置在相对稳定的区域作为工作基点；否则，宜在观测路线的两端分别布设工作基点。

⑤同组中的传感器宜布置在同一高度，高差不宜超过 1cm；管路中任何一处与蓄水罐出口及传感器接口的高差不宜超过±2cm。确有困难时，应尽可能减小高差，以减小液体的密度效应造成的温度误差。如某项目静力水准仪安装于墩身，连通管由静力水准仪引至地面后采用地埋方式敷设，尽管保证了静力水准仪位于同一高程，但由于管线与传感器高差过大，且由于敷设环境恶劣，连通管的平顺性难以保证，导致产生了较大的温度漂移误差，见图 5-3。

图 5-3　连通管与传感器高程不一致产生温度漂移误差

（7）静力水准系统的整体精度不但受传感器的精度影响，还受其连通管、液体介质等多种因素影响，其连通管材质和灌注的液体介质（如防冻液等）均应符合各自的国家标准和行业标准，见图 5-4、图 5-5。连通管及液体应符合下列要求：

①宜采用尼龙连通管或不锈钢管作为连通管，连通管材质应符合相应规范的要求。

②所灌注的液体根据所处的环境可采用纯净水、防冻液、硅油或其他性能稳定的液体，应具有良好的流动性。在环境温度可能达到冰点的安装现场，填充液应采用防冻液或其他不会冻结的液体。

③实践表明，静力水准系统内所灌注液体的温度-密度关系将极大地影响测试系统整体的精度和稳定性，因此，建议对所灌注的液体按照批次或型号委托专业检测进行严格的温度-密度标定，以便修正由液体密度的温度误差所带来的系统测试误差。

图 5-4　连通管与传感器敷设于箱梁内部

图 5-5　连通管与传感器敷设于 T 梁侧壁

（8）静力水准监测应采取防液体蒸发、防气泡和防漏液措施。图 5-6 中由于在管线弯折处气泡汇聚，在夏天气温升高后气泡膨胀堵塞通液管，引起压力传递不连续，造成设备监测值出现异常，见图 5-7。防液体蒸发可采用添加硅油或液体石蜡等措施；防气泡除了在灌注过程中需要小心以外，还应该采用将液体介质静置一天以上或煮沸 15min 以上，以排净气泡。防混凝物可采用在液体介质中添加硫酸铜或采用防冻液的方法。防漏液应采用可靠的连接并定期进行检查。

图 5-6　软管弯折造成通液不畅

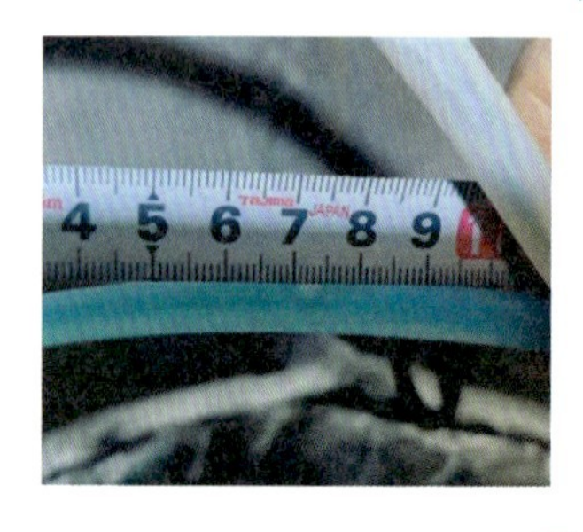

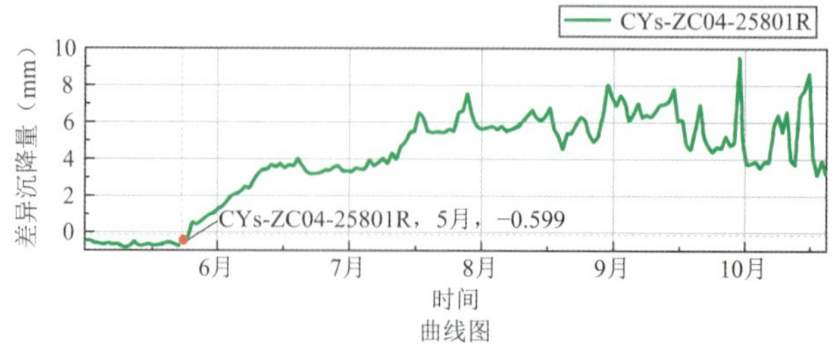

图 5-7　气泡汇聚造成测量数据失真

（9）静力水准监测的管路和测量元件应采取措施保证温度尽可能一致，避免过大的局部温差。管路和传感器应采用措施，如反射、保温、遮挡、避免阳光直射等措施以保证同一系统内温度的一致性，避免局部温度不一致造成过大的温度误差。可采用外包铝箔的保温棉，应严格注意不应有局部的漏包或者破损情况，特别是保温棉之间的接头处以及管线与设备的接头处。

（10）尽管在室外安装时应采取措施保证全部连通管管路温度均匀，避免阳光直射，但在监测过程中仍不可避免地由于环境温度变化引起液体密度、管线尺寸、仪器自身的温度漂移等造成监测误差，因此在实际监测过程中，应根据实际情况进行温度补偿。

（11）静力水准监测的数据采集与计算应符合下列规定，宜采用自动化形式进行。

①观测时间应选在气温最稳定的时段，观测读数应在液体完全呈静态下进行。当采用自动化采集方式时，宜采用滤波算法滤除列车震动造成的异常值。

②多组串联组成静力水准观测路线时，应先按测段进行闭合差分配后计算各组参考点的高程，再根据参考点计算各监测点的高程。

5.3 基于智能全站仪的自动化监测

5.3.1 监测原理

智能全站仪又称全自动跟踪全站仪、测量机器人，是一种能代替人进行自动搜索、跟踪、辨识和精确找准目标并获取角度、距离、三维坐标以及影像等信息的智能型电子全站仪。它是现代多项高技术集成应用于测量仪器制造领域的最杰出的代表，测量机器人通过 CCD 影像传感器和其他传感器对现实测量世界中的“目标”进行识别，迅速做出分析、判断与推理，实现自我控制，并自动完成照准、读数等操作，以完全代替人的手工操作。将测量机器人与能够制订测量计划、控制测量过程、进行测量数据处理与分析的软件系统相结合，其完全可以代替人完成许多测量任务。

在变形体平面位移和局部性变形监测方面，智能全站仪技术得到了较好的应用。它可以进行一定范围内无人值守、全天候、全方位的自动监测。系统无须人工干预，自动采集、传输和处理变形点的三维数据。利用 Internet 或局域网，还可实现远程监控管理。该方式的监测点布设成本低，维护管理简单，监测精度高，监测测距精度可达 ±（0.6mm + 1ppm）（D为监测点与基点的距离）。

利用智能全站仪进行自动化变形监测采取的监测形式为一台智能全站仪与监测点目标（照准棱镜）及上位控制计算机形成变形监测系统，可实现全天候的无人值守监测，其实质为自动极坐标测量系统。

多台网络模式是将多台测量机器人和多台控制计算机通过网络、通信供电电缆连接起来，组成监测网络系统。该模式通过组网解算各测站点的坐标，之后对变形观测数据进行统一差分处理，以实现目标点坐标计算以及变形分析，包括投影改正、仪器加乘常数改正、气象插值改正、距离差分改正、高差差分改正。该方式实现控制网测量、变形点测量及数据处理的完全自动化，非常适合较大区域尤其是复杂结构工程的变形监测，目前已在多个监测工程中得到应用。

基于全站仪的水平位移监测方法可采用小角法、极坐标法、前方交会法、后方交会法。

5.3.2　水平位移自动化监测应注意的事项

（1）水平位移监测规定。

①水平位移监测基准网可采用独立坐标系统一次布设；控制点应采用有强制归心装置的观测墩；照准装置宜采用有强制归心装置的精密棱镜。

②在设计水平位移监测基准网时，应进行精度预估，选用最优方案。

（2）当采用全站仪进行邻近高铁营业线施工监测时，应选用 0.5″级全站仪，采用自动化监测方式时，应具有马达驱动和自动照准功能。

（3）监测点应采用固定棱镜的方式布置，并做好保护。

（4）水平位移自动化监测采用智能型全站仪时，应符合下列规定：

①工作基点宜配置防护装置，满足对仪器的防护要求；宜配备强制归心装置；选点时应考虑施工对工作基点的扰动和对视线的阻挡。如某项目，在安装时虽然通视，但经过半年时间后，由于桥下树木生长较快，在风力作用下树叶摇晃间断性遮挡实现，引起数据波动，见图 5-8。

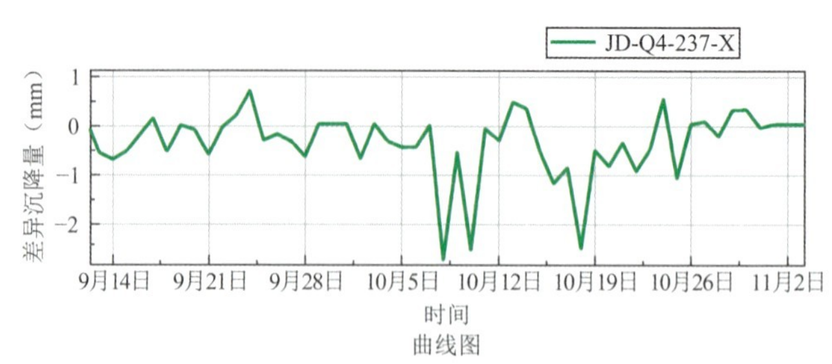

图 5-8　通视遮挡导致数据波动

②监测点与基准点宜同步进行观测，并应同时观测至少 3 个监测网点。

③应定期检查仪器的整平状态，并及时校正。

（5）智能型全站仪架设位置宜安装电子气温气压计，控制系统，通信系统及不间断供电系统等配套设备，并注意防护。

（6）监测点与全站仪、后视基准点与全站仪之间的距离均不应大于 200m。

（7）长期监测时，棱镜应加装保护罩防护，防止雨滴、灰尘等引起镜面脏污，并定期清理，如图 5-9 所示。未安装保护罩前，棱镜积灰严重，安装保护罩后，棱镜表面的整洁度得到保证。

（8）基准点的设置应保证稳定并定期校核，如图 5-10 所示。基准点位置设置于施工临时用地，由于临时用地复垦引起坐标变化。

图 5-9　加装保护罩前后的效果对比

图 5-10　基准点位置由于复垦引起坐标变化

当高铁营业线为桥梁结构，采用全站仪进行平面变形监测时，棱镜布置和全站仪布置可按图 5-11、图 5-12 布置。当视线受限时，智能型全站仪也可安装在墩侧或在地面上新建基础墩安装。

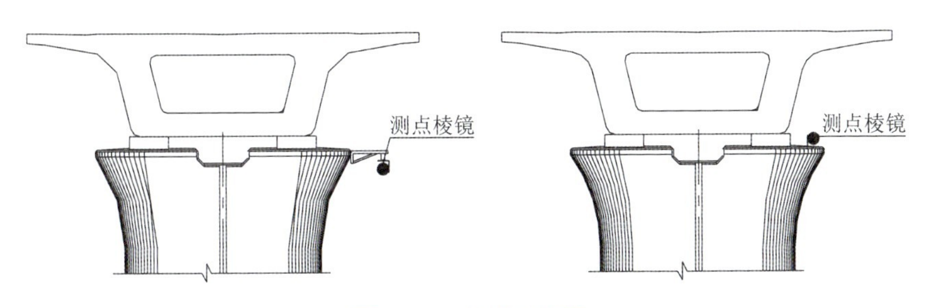

图 5-11　棱镜布置图

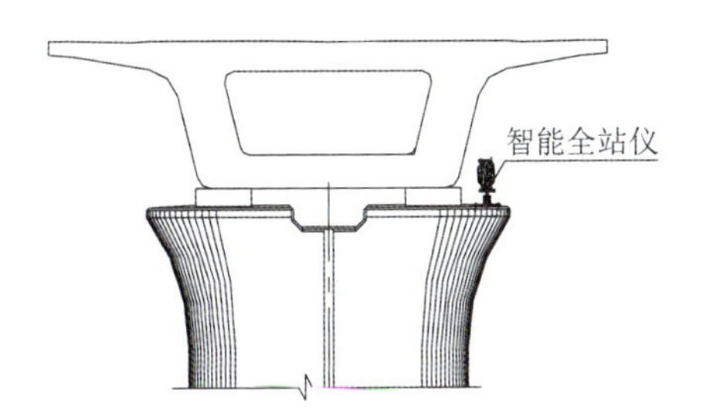

图 5-12　全站仪布置示意图

5.4 基于分布式架构的变形自动化监测系统

5.4.1 总体架构设计

高铁桥梁沉降变形自动化监测、评估、预警系统 SMAIS，可用于对高铁桥梁、路基等工程结构的沉降和变形进行远程化、实时化、可视化自动监测和预警。SMAIS 系统实现了现场数据的实时采集入库、测量数据的处理分析、实时数据的动态显示查询、海量历史数据的查询处理、预警信息的无人值守式自动报警、监测成果报表报告的自动化生成、监测监控项目的文档管理、权限、人员的综合管理和人工测量数据的入库处理分析等功能；结合高铁监测系统设计和安全评估技术，SMAIS 系统还研发了监测项目设计功能，实现从底层传感器的配置、计算公式配置、测点布设设计、解调仪设计到项目最终调试的一整套设计功能；结合三维 GIS 和数据库技术，以及视频监控硬件设备，实现了现场在线的视频监控与测点设计 CAD 图纸信息、三维地图信息、测量实时成果的无缝融合。

SMAIS 系统架构包含传感器子系统，数据采集、传输和存储子系统，人工监测数据管理和分析子系统，客户端实时跟踪和远程查询子系统，监测成果后处理子系统，预警子系统和监测数据分析、管理和评估 7 个子系统，其具体内容见图 5-13、表 5-7。

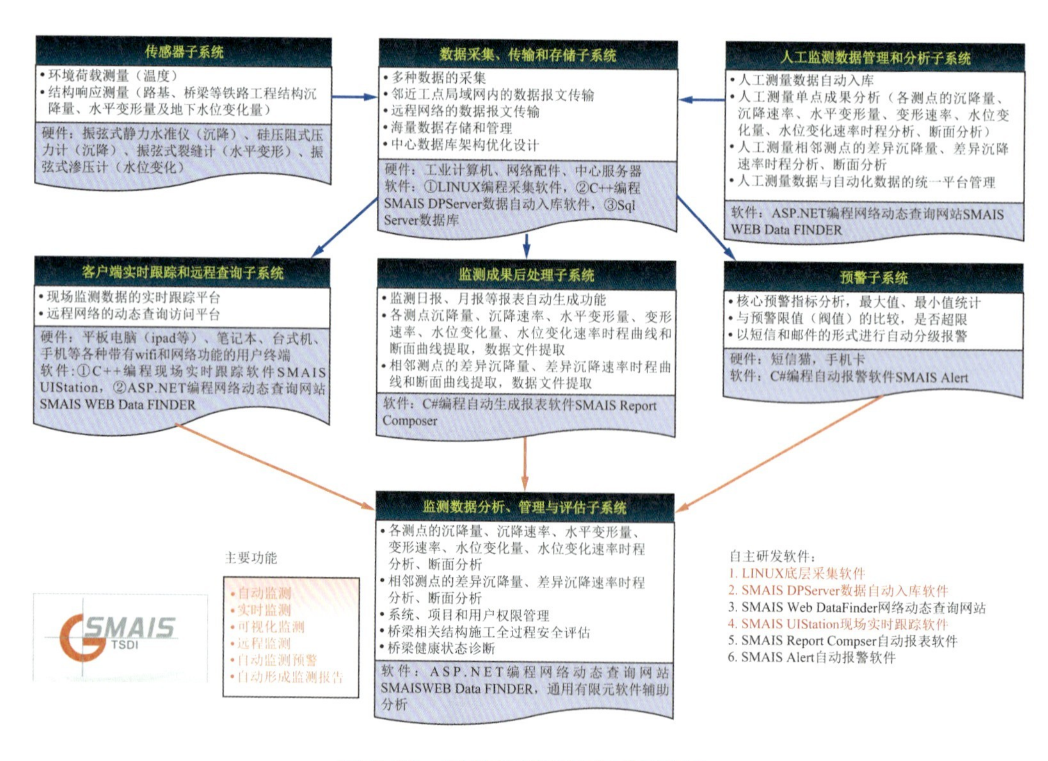

图 5-13　SMAIS 子系统组成示意图

自动化监测系统构成及功能 表 5-7

序号	子系统名称	子系统主要组件	主要功能
1	现场测量传感器子系统	静力水准仪	光纤光栅式和物位计压力式，自动测量结构沉降变形数值
2		通液、通气管线	连接仪器设备之间，传递压力，使得通路内的仪器处于密封状态
3		仪器安装件	安装支架，将光纤光栅静力水准仪固定于结构物上
4		仪器设备保护桶	保护监测设备，达到防水、防腐、抗拉拽。同时防止线上仪器设备零件脱落对高铁运营造成影响
5		线路保护设备	护线槽：保护铺设在线路上的光缆，电缆、通液、通气管线
6	现场视频监控子系统	摄像头	现场视频监控
7		光端机	将视频信号转换为光信号
8		配电箱	集成电源空开，漏电保护，光端机等现场设备
9	数据采集和传输子系统	数据采集模组	包括光纤光栅解调仪，采集器。实时采集存储现场仪器设备数据和控制现场仪器设备工作
10		电源管理设备	保证整个系统的电力供应，防止出现断电、漏电等现象
11		电力传输设备	电缆，为监测系统、数据传输采集系统、现场摄像头提供电力。
12		通信传输设备	光缆：连接仪器设备之间、仪器与解调仪之间的信号传输，以及视频信号传输，将现场仪器设备的光信号传递给采集设备 光纤接线盒：用于光缆之间的连接
13	监控中心子系统	数据采集仪	用于将传感器输出的模拟信号转换为数字信号
14		硬盘录像机	用于采集和存储收集到的视频信号
15		服务器	云端服务器
16		工控机	软件运行平台及数据库管理
17		工业级路由器	用于无线信号的发送传输
18		光端机	用于将光信号还原为视频信号
19		短信猫	用于预警短信的发送
20		设备机柜	承载和保护数据转换、采集、管理设备和无线传输设备等
21	后台设备子系统	通信管理系统软件	数据传输采集系统与后台服务器通信进行管理
22		数据处理分析软件	进行数据筛选、计算，分析、处理等工作
23		预警软件	根据预警规则提供显示、短信、e-mail 等方式的报警工作
24		数据查询和发布软件	将沉降数据及分析处理结果，视频信号发布到各种终端显示

5.4.2 自动化监测系统软件 SMAIS 结构及组成

（1）软件结构

为了解决铁路长大干线自动化监测项目海量数据存储和查询的问题，SMAIS 系统采用了“分布式并行计算架构”，服务器端分为一台“主服务器”和多台“分布式服务器”（也称“子服务器”）。

主服务器负责用户权限的管理和数据的调度，子服务器负责数据的计算和储存。采集端程序采集到数据后，首先将数据包发送给主服务器，主服务器不对数据包做任何处理，而是将其分配给不同的子服务器处理。子服务器接收到数据包后进行解析、计算、分析和预警，此举大大缓解了主服务器的计算和存储的压力。当客户端查询监测结果时，首先向主服务器发送查询请求，主服务器根据测点-服务器的对应关系将请求路由给相应的子服务器，子服务器再将查询结果返回给客户端。

分布式并行计算架构将计算资源和带宽的压力分散给多个服务器，大大增强了系统的计算能力和扩展性，能够满足长大干线高铁监测对实时性和并发性的要求。

（2）软件组成

SMAIS 系统软件组成见表 5-8、图 5-14。

SMAIS 系统软件组成　表 5-8

软件类型	运行位置	主要功能
采集端软件	监测现场的数据采集仪	控制数据的自动采集并将结果打包发送给服务器端
服务器端软件	云服务器	监测数据的计算、分析、预警和存储以及响应客户端的查询请求
客户端软件	远程客户端计算机	数据的查询和项目的配置

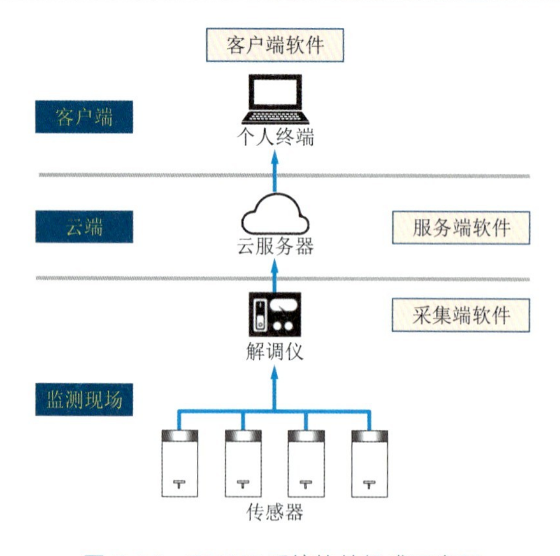

图 5-14　SMAIS 系统软件组成示意图

5.4.3　自动化监测系统软件 SMAIS 模块划分

SMAIS 软件程序系统分为 8 个模块，如表 5-9 所示。

监测系统模块　表 5-9

序号	名称	功能
1	首页	对监测情况的概括性展示，让用户以最快的速度了解监测方案及当前监测情况
2	项目信息	介绍每个项目的信息，包括项目概况和测点布置图

续上表

序号	名称	功能
3	动态数据	高频数据采集，实时观测列车通过等瞬时荷载对结构的影响幅值
4	监测数据	关于监测数据的查询、提交和报表生成的模块
5	预警管理	报警信息的显示、查询和处理的模块
6	文档管理	管理项目相关的文档和图片的模块
7	综合管理	包括用户信息的设置、报表模板的管理和用户权限的设定等功能的模块
8	项目设计	旨在将监测方案从图纸设计转换为 SMAIS 监测系统解决方案的通用设计模块。包括设计仪器的接线图、仪器参数设定、数据库的配置等功能

其中前 5 个模块面向所有用户，用于监测项目的数据查询和管理，“综合管理”模块面向系统管理员，用于对已有项目、人员、功能的管理。“项目配置”模块面向项目开发者，可以实现将监测方案从传统的图纸设计转化 SMAIS 监测系统解决方案，见图 5-15。

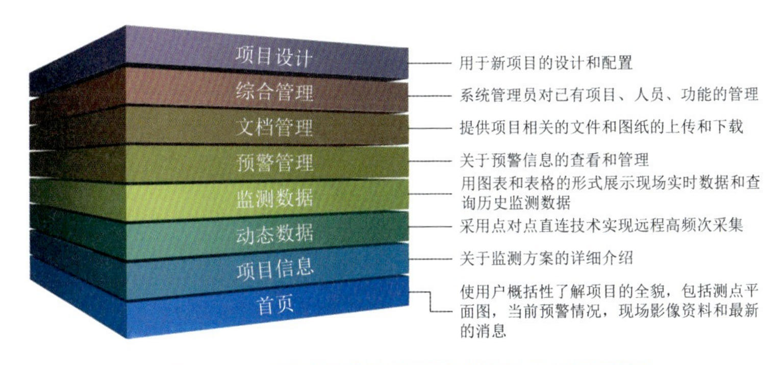

图 5-15　监测管理分析子系统模块划分示意图

5.4.4　自动化监测系统软件 SMAIS 数据库设计

SMAIS 监测系统的数据库分为主数据库、项目数据库和分布式数据库三种类型，具体如表 5-10 所示。

数据库类型说明　　表 5-10

类型	位置	功能
主数据库	主服务器	记录用户账户信息和数据采集设备与分布式数据库的对应关系
项目数据库	主服务器	记录某个监测项目的测点所在的区段、工点的层次结构以及项目相关的资料信息
分布式数据库	分布式服务器	每一台采集设备对应一个分布式数据库，其中记录着采集的传感器原始数据和经过计算之后的监测指标数据

5.4.5　自动化监测系统软件 SMAIS 界面功能设计

1）用户界面

该界面主要用于登录与修改网络连接，如图 5-16 所示。

图 5-16　登录窗口

2）首页

首页主要分为左侧的导航栏和右侧的功能显示区。导航栏中的数据只显示到“工点”级别。右侧显示区又分为 4 个部分，分别为“当前预警信息”“测点布设”“视频监控”和“最新消息”，如图 5-17 所示。

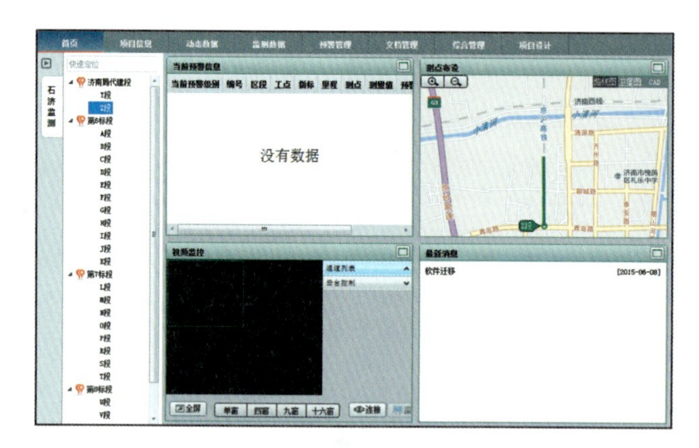

图 5-17　首页四窗口界面

（1）当前预警信息

该模块主要列出当前项目在当日所有的预警情况，且具备跳转、切换及排列功能。

（2）测点布设

该模块主要显示测点布置的平面图，可分为“路线图”“卫星图”和“CAD”三种表现形式。

（3）视频监控界面

该模块主要显示导航栏中选中的当前监测段落的视频影像，并具有控制云台来调整视频位置、录像、截图、回放等功能。

（4）最新消息

该模块是用于查看用户消息，当标题边上有“New”字样则表示此消息当前用户并未读过，当用户双击打开对应的消息后，“New”消失并弹出此详细消息。

3）项目信息

该模块主要分为左侧的导航栏和右侧的功能显示区。导航栏中的数据只显示到“工点”级别。右侧显示区又分为 3 个部分，分别为“项目介绍”“工点介绍”“图纸”。

（1）项目介绍

该模块主要以内嵌 Word 文档的方式显示左侧选中的项目介绍信息，有编辑权限的用户可对内容进行编辑。只有查看权限的用户只能对内容进行查看。

（2）工点介绍

该模块类似于项目介绍，主要介绍树状列表中当前工点的信息，是一个文本显示区域，选择指定工点后，显示该工点的介绍信息，有图片和文字混排在一起，这些介绍文字可由具有相关权限的人在此页中进行编辑。

（3）图纸

该模块主要显示当前工点的测点布置图。

4）动态数据

（1）动态曲线

该模块采用 P2P 方式建立客户端与数据采集仪之间的直接连接，用来展示高频动态数据曲线，见图 5-18。

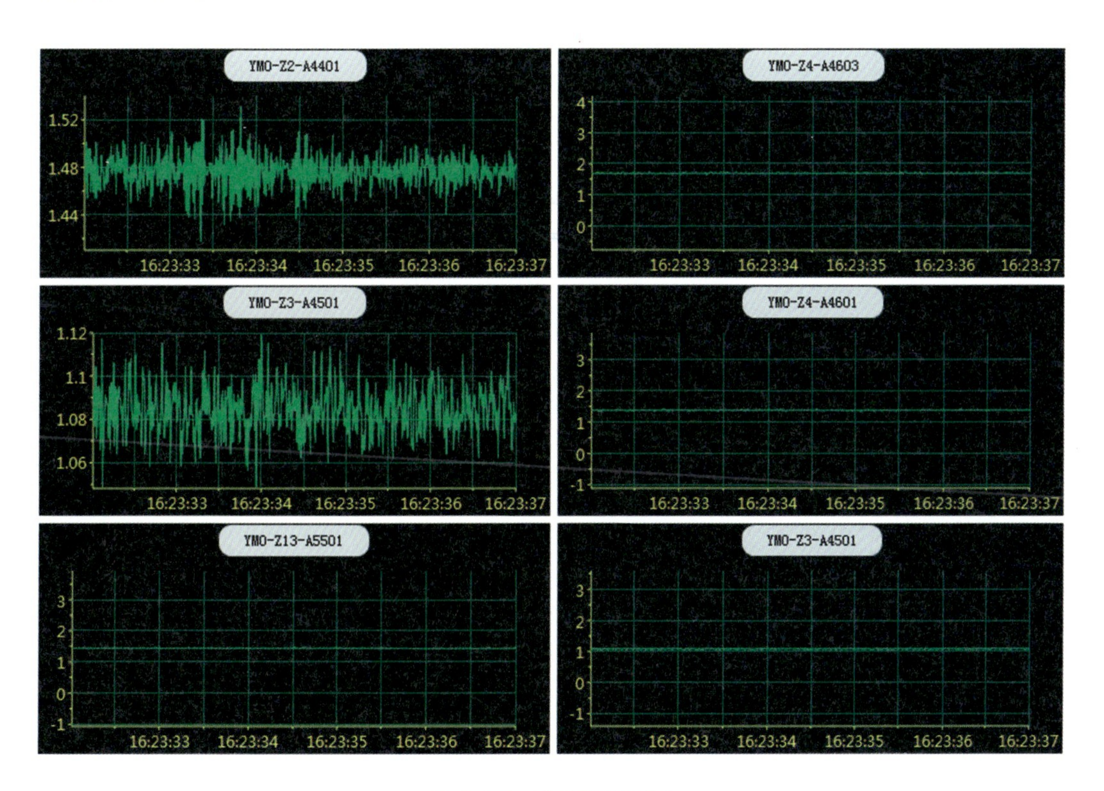

图 5-18　动态曲线界面

（2）动态数据计算

该模块主要是将动态曲线保存下来的原始数据，通过系统配置的参数，计算相关测点的结果值并保存到本地数据文件。

5）监测数据

该模块主要分为左侧的导航栏和右侧的功能显示区。导航栏中的数据显示到“测点”级别。右侧显示区又分为 5 个部分，分别为“实时数据”“施工状况”“数据查询”“报告编制”“人工数据提交”。

（1）实时数据

该模块实时地显示最新的测点监测数值。

（2）施工状况

该模块用来上传、编辑、查看目前工点的施工情况。

（3）数据查询

该模块采用图表和表格的形式提供了历史数据查询的功能。图表分为时程曲线和断面曲线两种形式进行数据查询，如图 5-19 所示。

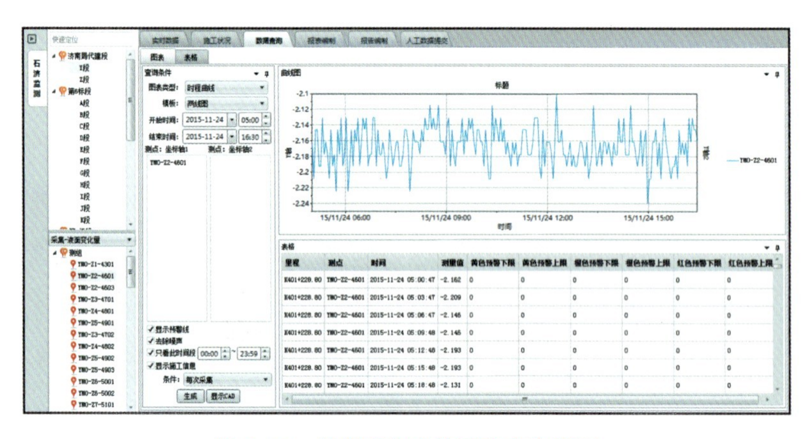

图 5-19　数据查询中的图表查询界面

（4）报表编制

该模块用来自动生成监测报表。

（5）报告编制

该模块用来根据模板生成监测报告。

（6）人工数据提交

该模块是针对人工测点提交数据。录入方式分为“手动录入”“自动录入”“批量录入”3 种。

6）预警管理

该模块管理测点的预警状态，并发送邮件和短信通知相关人员，如图 5-20 所示。分为 3 个功能页，分别是“当前预警”“预警历史”和“预警报告”。

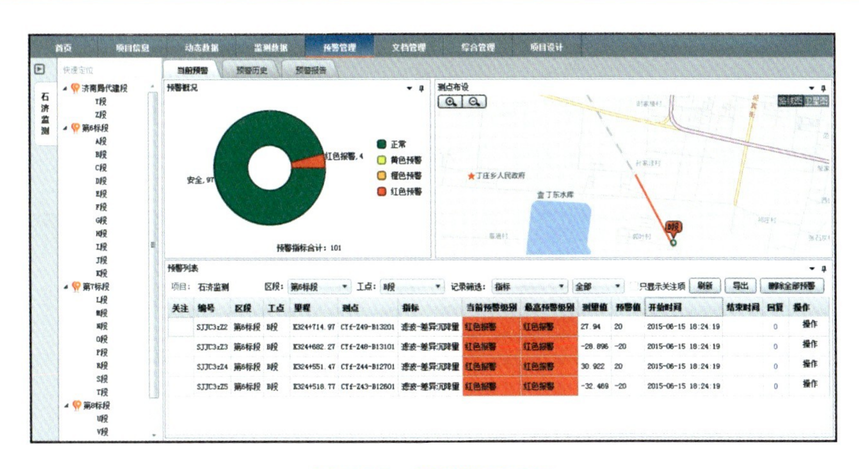

图 5-20　预警管理界面

（1）当前预警

该界面显示了安全、黄色、橙色与红色预警数目，并可检索和超链接至预警项目，如图 5-21 所示。

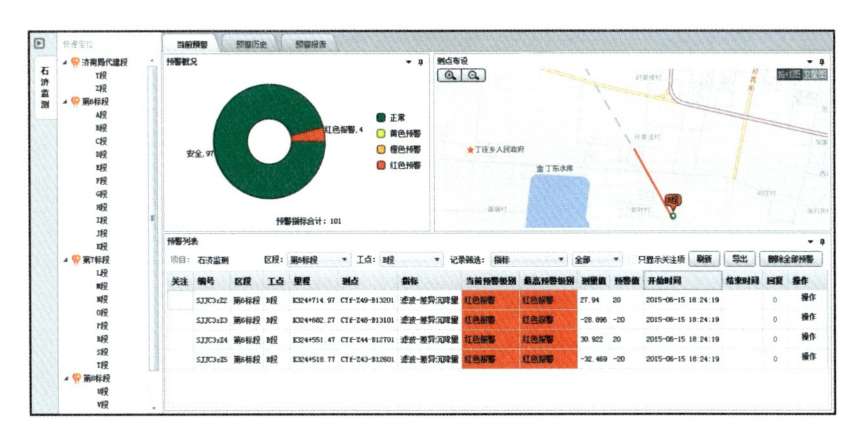

图 5-21　当前预警界面

（2）预警历史

该模块显示所有的预警信息，并可检索预警历史。

（3）预警报告

该模块是生成测点预警报告，用户可自己录入预警编号来生成报告，也可根据条件筛选来获取预警编号来生成报告。

7）文档管理

（1）工程资料

在工程资料中，用户可录入、查询相关的工程资料。在该模块中的文件都是从此模块上传的文件。

（2）监测报告

在此功能页中可以查看所有“监测数据”和“预警管理”模块中上传的报告。

（3）照片库

此功能页上显示在“监测数据”模块、“施工状况”功能页和“预警管理”模块、“预警历史”功能页上传的照片，也可显示用户单独上传的图片，如图 5-22 所示。

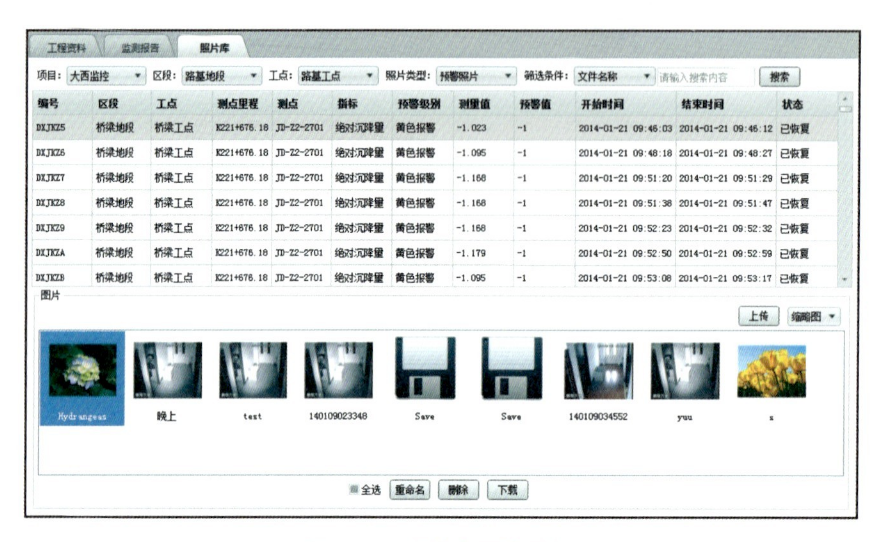

图 5-22　照片库预警照片

5.5　超长并行高铁工程自动化监测实例

5.5.1　工程背景

新建石济客专与京沪高铁并行段总长约 99km，在设计上已充分考虑了二者的相互影响关系，将修建石济客专对京沪高铁的影响降至最小。但由于外界环境变化以及人为等不利因素对京沪高铁桥梁、路基的长期影响以及京沪高铁对基础变位的严格要求。因此，对与新建石济客专并行段的京沪高铁开展监测工作十分必要。

5.5.2　监测方案设计

1）设备选型

根据项目的监测范围、类型，依据监测方案的设计原则和要求，参考仪器的性能、技术对比结果，最终选择光纤光栅静力水准仪作为现场数据采集设备。

（1）光纤光栅传感器

通过光纤光栅解调仪实现对不同光纤光栅传感器的反射波长的测量，将波长转化成压力或应变的数据。

利用连通器原理，用光纤光栅传感器，测量每个测点容器内液面的相对变化，再通过计算求得各点相对于基点的相对沉降量，见图 5-23、图 5-24、表 5-11。

图 5-23　光纤光栅静力水准仪

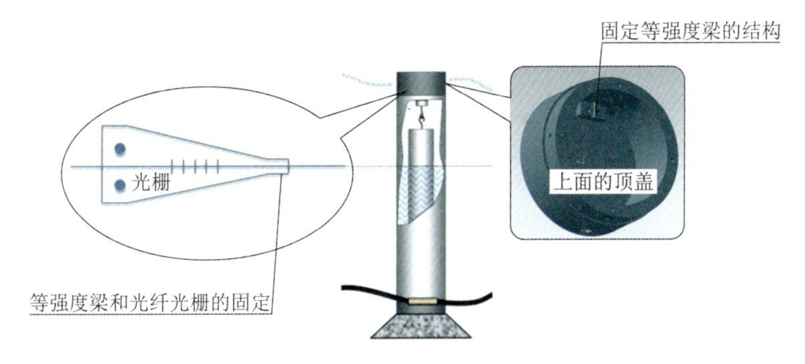

图 5-24　光纤光栅原理示意图

光纤光栅静力水准仪主要技术指标　表 5-11

项目	技术指标
标准量程	150mm
测量精度	0.1%F.S.
分辨率	0.1%F.S.
波长范围	1525nm～1565nm
尺寸	ϕ133 × 370mm
连接方式	FC/PC 或熔接
外封装	不锈钢外壳铠装引线
安装方式	打孔或焊接安装
温度补偿形式	内置温补光栅
使用温度	−30～80℃

根据图 5-24 所示，在等强度梁受到向下的力的作用下，粘贴在等强度梁上的光栅后受力作用后被微小地拉伸，拉伸量和拉力呈线性关系。拉伸量和波长呈线性关系，拉力和液位呈线性关系，从而使液位的高低可以用光纤的波长变化来测量。因温度补偿，可以在同一根光纤上刻两个光栅，分别贴于等强度梁的正反面，将两个波长的变化相减，即可增加

灵敏度，抵消温度的作用。光纤光栅静力水准仪由主体容器、连通管、光纤光栅传感器等部分组成。当仪器主体安装墩发生高程变化时，主体容体相对于位置产生液面变化，引起作用在静力水准仪的拉力变化，通过测量装置测出光纤光栅波长的变化即可计算得测点的相对沉降。

（2）光纤光栅解调仪

光纤光栅解调仪是光栅传感器的采集仪器，内置 GPRS 通信及以太网模块，可实现无人值守的远程数据采集。采用独特的网络技术，可在远程设置参数，无须到现场修改；采用嵌入式系统，无风扇设计，低功耗、可靠性高，见图 5-25、表 5-12。

图 5-25　光纤光栅解调仪

光纤光栅解调仪主要技术指标　　表 5-12

项目名称	性能指标
通道数	32/16/8/4
每通道最大测点数	8
波长范围	1525～1565nm
分辨率	1pm
通信接口	100MB 以太网、GPRS 通信模块
工作环境	温度：−10～+50°C；湿度：0%～80%无凝结
存储环境	温度：−20～+60°C；湿度：0%～95%无凝结

2）监测范围

（1）监测范围划分

本项目的监测主体是新建石济客专并行段落内京沪高铁的桥梁结构，京沪高铁并行段里程范围：沧德特大桥 K304＋843.80～禹济特大桥 K404＋293.51，并行长度为 99.384km，总计桥梁段落监测长度为 48.518km。

（2）监测范围确定

根据《石济客专与京沪高铁并行地段线间距研究报告》中的结论及建议，石济客专桥梁段并行京沪高铁的自动化监测范围确定如下：

京沪高铁沧德特大桥 K304＋843.80～禹济特大桥 K404＋293.51，京沪高铁线位对应石济客专线位，普通段落：线间距 S ≤ 25m 的桥梁段落和线间距 S ≤ 35m 的路基段落，特殊工点：线间距 25m ≤ S ≤ 50m 的特殊工点段落（大跨连续梁段落及交叉段落），总长 48.518km，下述监测范围不含基点。

①普通段落：线间距 S ≤ 25m 的“桥对桥”段落及线间距 S ≤ 35m 的“桥对路”段落

a. 石济客专桥梁段对应京沪高铁桥梁段（桥对桥）

石济客专景德特大桥、德平特大桥、平禹特大桥、禹济特大桥、济南西黄河南、北特大桥以及济南西上联特大桥桥梁段落对应京沪高铁沧德特大桥、德禹特大桥、禹济特大桥桥梁段落。其中包含特殊工点段落 7 处。

b. 石济客专桥梁段对应京沪高铁路基段（桥对路）

石济客专禹齐特大桥对应京沪高铁预留禹城线路所，区段长度 0.842km。

②特殊工点：线间距 25m ≤ S ≤ 50m 的特殊工点段落

石济客专与京沪高铁并行段，25m < 线间距 < 50m 的特殊工点段落有 4 处。

3）自动化监测方案设计思路

根据监测方案设计原则，对石济客专桥梁与既有京沪高铁并行段落进行自动化监测设计。于并行段落既有京沪高铁桥梁监测范围布设自动监测系统。

桥梁段落，将 K304 + 843.80～K404 + 293.51 范围内，线间距小于 25m 的所有段落以及线间距在 25～50m 之间的特殊结构段落作为监测点的布置范围，总监测范围为 48.518km。沿线路方向布置 1 条监测线路，每条监测线路划分为若干区段，每个监测区段设置 1 个基点。于桥墩位置设置监测点，考虑到线路纵坡以及自动化监测仪器量程的限制，将每个通液通气区段控制在 600m 范围以内，并在相邻通液通气区段间设置转点以关联相邻通液通气区段内监测点的沉降值。

由于每个区段的沉降监测基点也安装在线路上，因此并不能保证基点的绝对沉降量为零。根据监测设计原则，在自动化监测的基础上，对每个监测基点的高程定期辅以人工校核。通过与已经建立的沿线高程控制网联测确定基点的准确高程，根据人工测量结果修正各基准点高程，进而修正各自动化监测测点的沉降变形值。

此外，每个监测区段需在石济客专本段开工建设之前完成整个监测系统的安装调试工作，并保证自动化监测系统稳定运行且连续采集 3 次以上有效数据，以获取各监测测点的初始高程以及沉降变形趋势，为石济客专开工建设后准确评估施工对既有京沪高铁附加沉降的影响提供初始条件。

4）测点布设方案

监测设备布设于箱梁内部，见图 5-26，具有以下优点：

（1）测点安装及线路敷设均在梁内进行，施工方便，安装进度快。

（2）增加了仪器的隐秘性，防止仪器丢失。

（3）受环境温度影响小，减小温度误差。

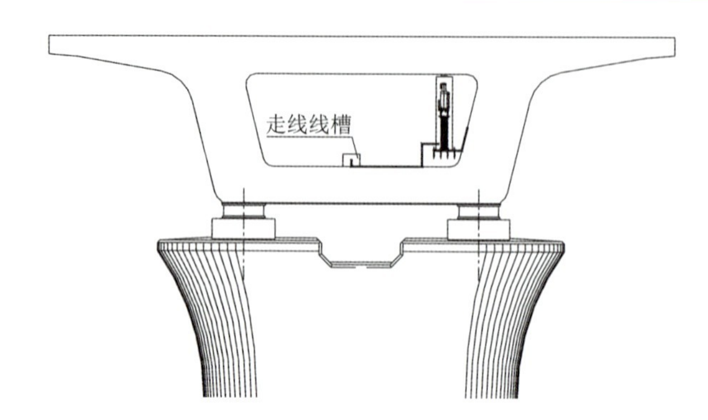

图 5-26　测点布置于箱梁内

5）监测频率

根据铁道部《关于新建石家庄至济南铁路客运专线初步设计的批复（铁鉴函〔2012〕1570 号）》中“本工程建设工期按 4 年内控制（含联调联试及运行试验）”的要求，拟定不同施工阶段期间自动化监测的采集频率。

既有京沪高铁自动监测系统在施工单位开工三个月之前运行，期间监测频次为 1 次/h，采集数据作为自动化监测的初始值，人工观测基准点监测频次为 1 次/3 个月；施工关键期即施工单位开工至铺设完成后关键工序的施工阶段，监测频次为 1 次/10min，人工观测基准点监测频次为 1 次/6 个月；施工后即铺轨完成后延长监测 3 个月的时段，监测频次为 1 次/h，人工观测基准点监测频次为 1 次/3 个月。新建石济客专路基监测断面自动监测系统建成开始至铺轨结束期间，监测频次为 1 次/10min，人工观测基准点监测频次为 1 次/月；铺轨完成后延长监测 3 个月的时段，监测频次为 1 次/h，人工观测基准点监测频次为 1 次/月。具体监测频次详见表 5-13。

自动化监测频次表　　表 5-13

序号	段落	监测内容	监测手段	测点数量（个）	监测频率		
					施工前	施工关键期（48 个月）	施工后 3 个月
1	石济客专桥梁段落对应京沪高铁（并行段落）	京沪高铁桥墩沉降自动化监测（27 个区段）	自动化	1690	1 次/h	1 次/10min	1 次/h
2		京沪高铁桥墩沉降基准点测量	人工	27	1 次/3 个月	1 次/6 个月	1 次/3 个月

注：施工关键期应根据工期进行调整，且不超过 48 个月。

6）监测控制指标及预警值

本监测项目京沪高铁沉降按三级预警值进行预警，对监测结果分别按照黄色、橙色和红色三级预警进行控制。监测预警值根据规范对工后沉降量、差异沉降量和轨道平顺度的限值及细化安全评估结果共同确定。

（1）规范限值

《高速铁路设计规范》（TB 10621—2014）明确给出了工后沉降的定义、路基和桥梁工后沉降量及差异沉降量限值要求，如下：

①工后沉降定义：以铺轨工程完成以后，基础设施产生的沉降量为工后沉降。

②路基结构的工后沉降量和路桥过渡段的差异沉降量规定为无砟轨道路基工后沉降量应符合扣件调整能力和线路竖曲线圆顺的要求。工后沉降不宜超过 15mm；沉降比较均匀并且调整轨面高程后的竖曲线半径符合要求时，允许的工后沉降为 30mm。路基与桥梁、隧道或横向结构物交界处的工后沉降差不应大于 5mm，不均匀沉降造成的折角不应大于 1/1000。

③桥梁墩台基础的沉降应按恒载计算，其工后沉降量不应超过表 5-14 规定的值。对于本工程涉及的京沪高铁，为无砟轨道。因此，按照《高速铁路设计规范》（TB 10621—2014）要求，控制的墩台均匀沉降为 20mm，相邻墩台的沉降差为 5mm。

静定结构墩台基础沉降限值　　表 5-14

沉降类型	桥上轨道类型	限值
墩台均匀沉降	有砟轨道	30mm
	无砟轨道	20mm
相邻墩台沉降差	有砟轨道	15mm
	无砟轨道	5mm

同时，《高速无砟轨道线路维修规则（试行）》（TG/GW 115—2012）规定了对于无砟轨道的静态几何尺寸容许偏差管理值，如表 5-15 所示。对于经常保养情况的高速无砟轨道，其轨道水平和高低静态几何尺寸容许偏差为 4mm。

250（不含）～350km/h 线路轨道静态几何尺寸容许偏差管理值　　表 5-15

项目	作业验收	经常保养	临时补修	限速（160km/h）
轨距（mm）	+1 −1	+4 −2	+5 −3	+6 −4
水平（mm）	2	4	6	7
高低（mm）	2	4	7	8
轨向（直线）（mm）	2	4	5	6
扭曲（mm/3m）	2	3	5	6
轨距变化率	1/1500	1/1000	—	—

注：1. 高低和轨向偏差为 10m 及以下弦测量的最大矢度值。
2. 扭曲偏差不含曲线超高顺坡造成的扭曲量。

对于京沪高铁的桥梁段落，本工程京沪高铁桥梁结构规范限值，偏安全的将规范限值按照《高速无砟轨道线路维修规则（试行）》（TG/GW 115—2012）确定，将桥墩差异沉降量规范限值取为 4mm；对于路基段落，因本工程监测范围内存在横向结构物，综合考虑，按照《高速铁路设计规范》（TB 10621—2014）将正线路基差异沉降量规范限值取为 5mm。

（2）桥墩沉降变形的评估值

根据安全评估结论，石济客专修建对既有京沪高铁的沉降影响列于表 5-16。

细化评估石济客专修建对既有京沪高铁的沉降影响 表 5-16

序号	工点名称	线间距	评估值
			附加沉降（mm）
1	简支梁普通墩高（7m 墩高）	25m	−1.47
2	简支梁高墩（12m 墩高）	25m	−1.27
3	大跨连续梁对大跨连续梁（跨 353 省道）	30m	−1.85
4	石济客专上跨京沪高铁	42m	−0.72
5	刚构对刚构（王官中桥）	50m	−0.73
6	石济客专并行京沪路基段	36m	−1.23
7	大跨连续梁对简支梁（徒骇河）	25m	−1.76
8	四线并行，大跨连续梁对大跨连续梁（104 国道）	40m	−2.46

（3）京沪高铁并行段落预警值确定

经研究，采用京沪高铁相邻桥墩的差异沉降量指标作为预警值，具体数值如下：

①普通工点差异沉降量预警值见表 5-17。

普通工点差异沉降量预警值 表 5-17

监测段落类别	黄色预警限值	橙色预警限值	红色预警限值
简支梁段落	1.9	2.6	2.8

②特殊工点差异沉降量预警值见表 5-18。

特殊工点差异沉降量预警值 表 5-18

监测段落类别	黄色预警限值	橙色预警限值	红色预警限值
连续梁段落	2.3	2.7	2.9

项目实施期间《邻近铁路营业线施工安全监测技术规程》（TB 10314—2021）及新版高速铁路线路维修规则尚未颁布，监测预警值根据当时《高速铁路设计规范》（TB 10621—2014）、《高速无砟轨道线路维修规则（试行）》（TG/GW 115—2012）等对工后沉降量、差异沉降量和轨道平顺度的限值及细化安全评估结果共同确定。

5.5.3 监测方案实施

1）监测断面布设

根据安全评估的分析结果，确定石济客专桥梁段落对应京沪高铁的监测范围为线间距小于 25m 的所有段落以及线间距在 25～50m 之间的特殊结构段落，京沪高铁里程范围为 K304＋843.80～K404＋293.51，总监测长度为 48.518km，其中线间距小于 25m 之间的特殊段落 7 处，线间距在 25～50m 之间的特殊结构段落 4 处。

由于线路并行段长度较长，为了充分利用光纤调制解调仪的测点通路，将全部监测范围共分为 27 个监测区段（区段编号 A～Z、AA）。监测范围共设置 1515 个监测断面，118 个转点断面，15 个基点断面，监测 1492 个桥墩以及 739.09m 路基。

2）监测点布设

简支梁监测断面测点布设：每个断面设置 1 个自动化沉降监测测点，测点布置于梁内小里程侧纵向支座中心线位置，靠近石济客专一侧，见图 5-27～图 5-29。

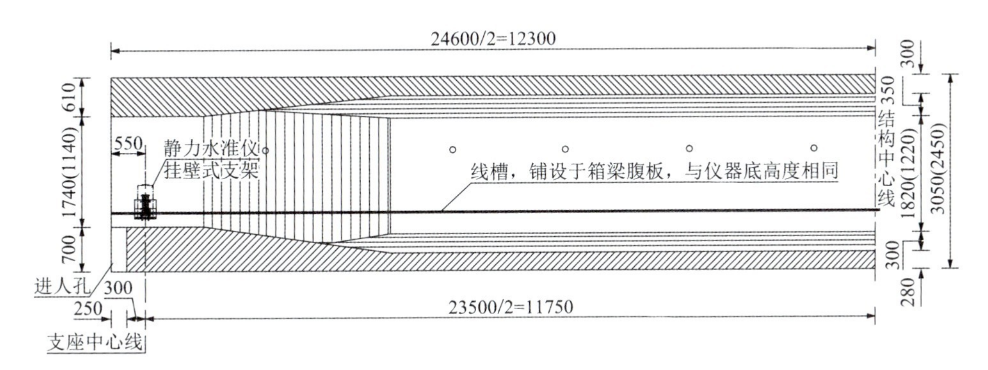

图 5-27　简支梁监测断面测点布设立面布置示意图（尺寸单位：mm）

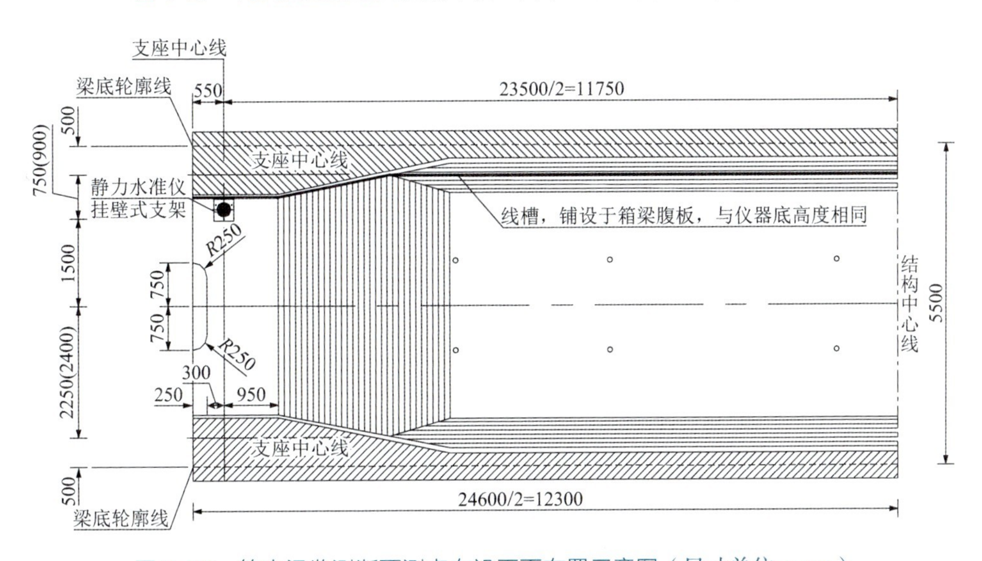

图 5-28　简支梁监测断面测点布设平面布置示意图（尺寸单位：mm）

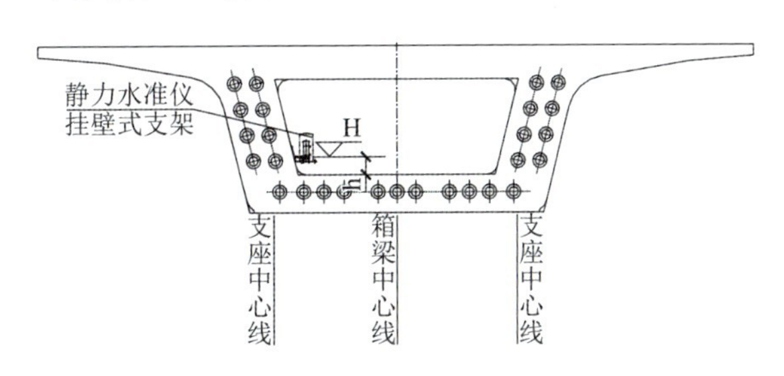

图 5-29　简支梁监测断面测点布设横截面布置示意图

连续梁监测断面测点布设：每个断面设置 2 个自动化沉降监测测点，测点布置于边跨及中跨横隔板内侧，见图 5-30～图 5-32。

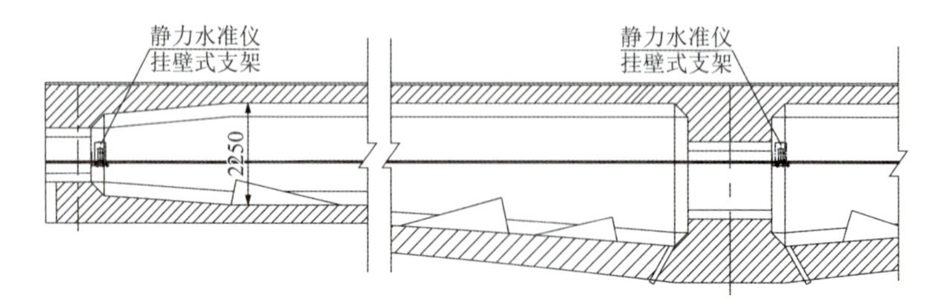

图 5-30　连续梁监测断面测点布设立面布置示意图（尺寸单位：mm）

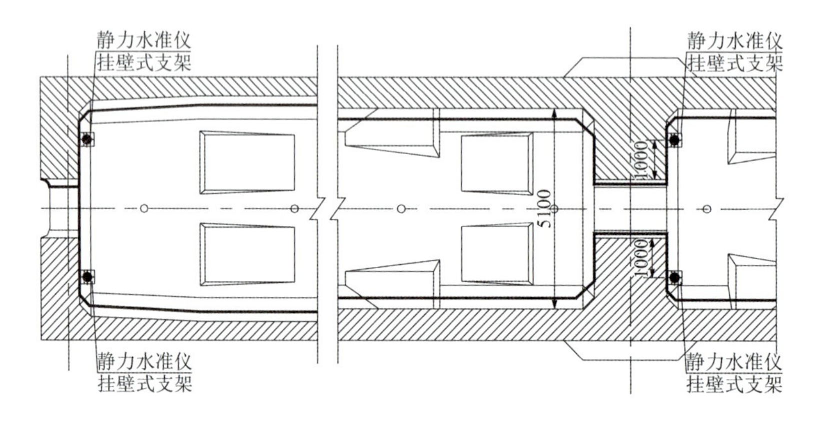

图 5-31　连续梁监测断面测点布设平面布置示意图（尺寸单位：mm）

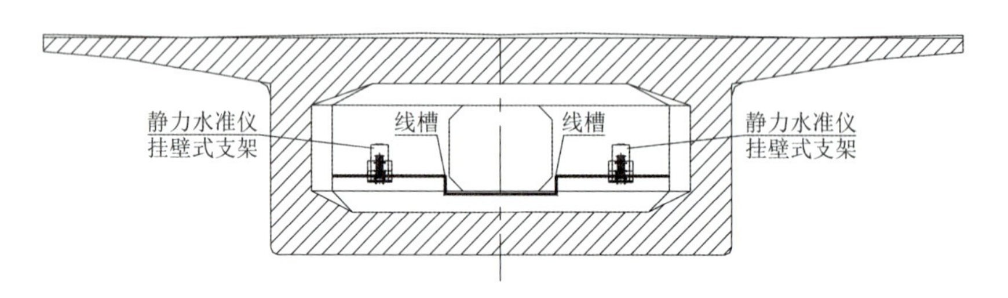

图 5-32　连续梁监测断面测点布设横截面布置示意图

路基断面测点布设:每个断面布置 1 个自动化沉降监测测点,布置于路肩挡墙处,见图 5-33。

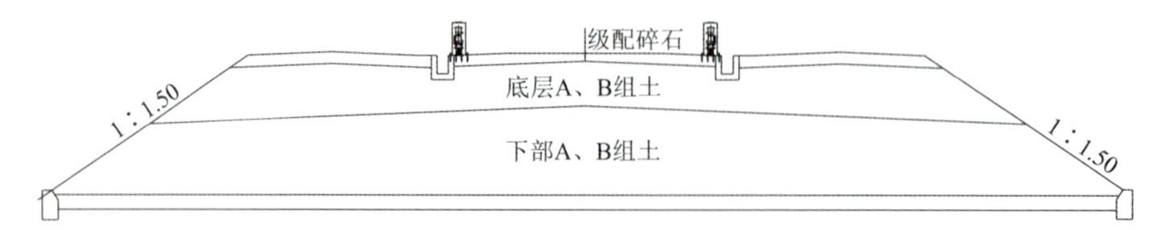

图 5-33　路基断面布置示意图

转点断面测点布设：每个转点断面设置 2 个自动化沉降监测测点，称为转点。与监测断面上的 2 个测点共同设置在一个监测断面位置处，起到数据衔接的目的，以此使整个监测工程范围内数据相互关联，见图 5-34。

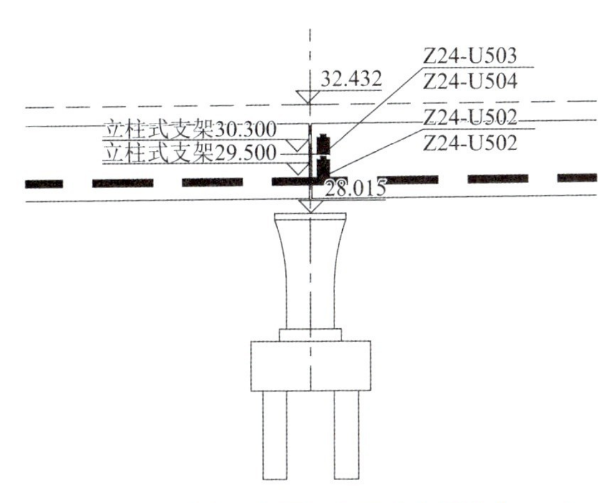

图5-34　转点断面布置示意图（高程单位：m）

整个监测范围共设置1531个监测断面，118个转点断面，15个基点断面。

3）通液及通气区段划分

（1）通液区段划分的高差控制原则

自动化静力水准仪的测量原理要求每个通液通路的仪器位于同一水平线上，受到线路纵坡、梁高、仪器量程和支架高度等因素的影响，控制同一通液区段内每个支架基础底部高差在1m以内，以满足测量要求。对于特殊通液区段（低梁及连续梁范围），高差以特殊结构段为控制节点，向两侧顺延。当超过高差控制值时，则需要在两条通液管路之间增加一个转点，进行沉降关联。

（2）通液区段划分的距离控制原则

根据自动化静力水准仪的测量原理，若同一通液及通气区段段落长度过长，会影响测量的实时性及精度，故按照区段长度小于600m的距离，划分通液及通气区段，且每两个区段在衔接桥墩处，需增加一个转点，进行沉降关联。

4）光纤区段划分

全部监测范围内27个区段中，每个或多个区段布设一台光纤光栅解调仪。每个光纤光栅解调仪区段内可布置若干光纤区段。利用主光缆与同一区段内各个光纤区段连接，主光缆采用32或24芯光缆。光纤区段内仪器间采用串联连接，每个光纤区段的自动化静力水准仪个数上限为8个。

（1）测点仪器安装

由于石济客专并行京沪高铁监测段落范围较长，自动化静力水准仪测点的安装及调试计划，应根据施工单位提供的施工组织计划制订，在满足施工安全的基础上，有序合理地开展全线自动化仪器的安装和调试工作。

①桥对桥段落

由于既有京沪高铁监测范围较长且部分地段墩高达到10m以上，考虑到自动化水准仪安装的便捷性及安装、使用的安全性，经多方案比选，采用将自动化静力水准仪安装于箱梁内部的方案。为了真实反映测点位置地面沉降对桥梁结构的影响，简支梁地段自动化静力水准仪采用挂壁式支架，布置于纵向支座中心线位置，连续梁地段自动化静力水准仪采用挂壁式支架，布置于边跨及中跨横隔板一侧。通过调整挂壁式支架的支架高度位置，从而达到满足同一通液及通气区段自动化静力水准仪的安装在同一水平线上的要求，且安装误差不大于2cm。

受梁高、线路纵坡及液面稳定时间等的影响，需在不同通液及通气区段之间设置转点，以满足监测数据的连续性和一致性。为了避免由于安装时打孔对箱梁安全造成影响，本项目采用环氧树脂粘接的方式，将静力水准仪与箱梁连接。

②桥对路段落

采用立柱式支架布置于路肩挡砟墙顶，利用膨胀螺栓或植筋的方法将支架固定于路肩上，安装仪器测点。

（2）支架安装

设计了通用挂壁式支架用于自动水准仪的安装。挂壁式支架的固定位置位于仪器底部，采用螺栓调整仪器高度。支架侧板与箱梁腹板采用环氧树脂粘钢胶连接，支架安装图如图5-35所示。

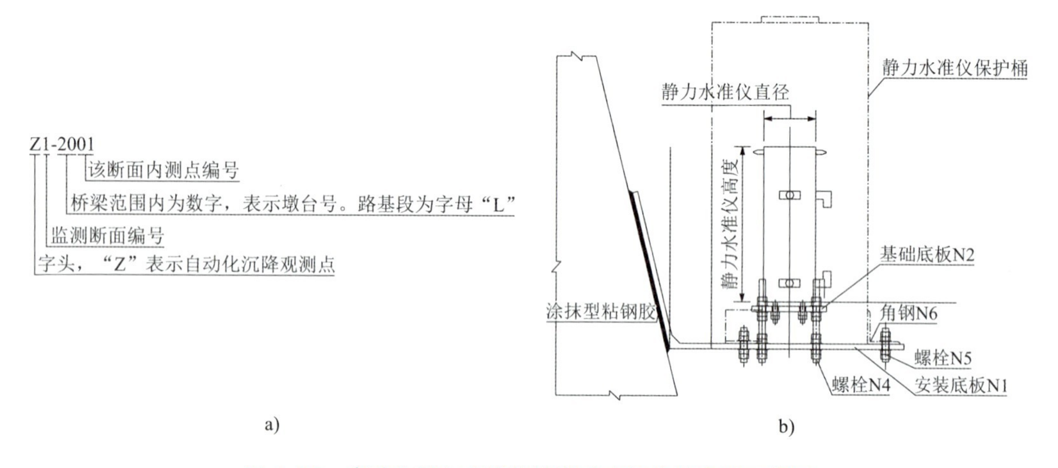

图5-35　自动化静力水准仪挂壁式支架安装布置示意图

（3）管线敷设

①“桥对桥”段落内，管线沿箱梁铺设于箱梁内部腹板侧，且安装高度应与仪器底部高程相同。当有干扰时，可适当调整铺设位置，但需保证通液管的高程低于仪器底高程；“桥对路”段落内，管线沿路肩铺设于线路两侧。

②于管线易损部位（如上下桥位置等）铺设5cm × 5cm线槽用以保护通液管、通气管及光纤。

③通液管外侧应采用相应的保温材料包裹。

5）光纤光栅解调仪安装

监测范围内的27个段落中，每个或多个段落需设置一台光纤光栅解调仪，并利用主光缆接入现场监控中心所在位置。解调仪采用机柜的形式进行保护。

（1）现场监控中心搭建

监控中心应于现场仪器设备安装前进行选址，尽可能设置于京沪高铁沿线附近，监控中心中需要配备稳定的电力系统以及对外通信网络系统。于整个监测段落范围内，设置 2 处监控中心，监控中心内配置主服务器 1 台，监控屏幕 6 个，工控机 3 台，工业级路由器 1 台，硬盘录像机 1 台。自动静力水准仪监测数据及球形探头视频数据经过主光缆传输至监控室内，球形探头的电缆接入电源，所有测量成果通过无线网络发射器与因特网连接，并发送至远程服务器终端。

现场监控中心可实时进行测量数据的自动化监控和管理，能够方便地完成日报、月报等报表整理工作。任意公网客户端可通过远程服务器访问监控中心的实时监测数据。若监测出现数据超限情况，监控中心将及时报警。

（2）设备保护

线槽：采用 5cm × 5cm 槽对管线进行保护，线槽铺设于管线易损部位（如上下桥位置等）。

自动化水准仪：每个自动化测点均采用保护桶将仪器罩上，防止仪器损坏与丢失。

（3）桥梁上监测设备安装对既有京沪高铁运营影响及控制措施

监测仪器的安装及布线施工均应避免恶化既有高铁的运营条件，保证铁路行车的运营安全。为此，分别从仪器对既有结构及限界影响、仪器安装过程对既有铁路运营的影响等方面采取措施，保证既有客专运营的安全。

①既有京沪高铁箱梁为钢筋混凝土结构，为避免梁内施工打孔，对箱梁自身结构安全的影响，通过环氧树脂黏结方法安装自动化静力水准仪。每个自动化仪器及支架重量小于 50kg，每孔梁内只设置一对静力水准仪于支座中心线或横隔板位置，不会对既有结构造成影响。

位于既有京沪高铁路基上的自动化静力水准仪，仪器通过基座固定在埋设于路肩的挡砟墙顶，与线路中心线距离约为 4.3m，不侵入铁路限界。

②仪器及管线均采用钢桶保护罩及防护材料保护，以免影响铁路运营安全。

③上线安装仪器应严格按照铁路部门要求进行，服从管理人员安排。

④线上施工应做好遗漏检查，确保不遗漏杂物于高铁线路上，影响铁路运营安全。

6）项目完成情况

依托石济客专与京沪高铁并行段沉降监测工程，自 2014 年 5 月底进场到 2016 年 11 月底，完成了德州至济南 100km 并行区段内的沉降自动化仪器设备检验、安装、质检、调试、运营管理和预警处理工作，监测范围总长 48.518km，划分为 27 个监测区段，1515 个监测断面，118 个转点断面，15 个基点断面，监测 1492 个桥墩，共计布设自动化精密光纤光栅静力水准仪 1684 台。项目运行周期内采集了监测范围内沉降变化的海量数据。

7）监测方案设计成果

完成石济监测项目的全部设计任务，共完成设计出图 28 套、设计文件 1 份、总体台账 1 份。

8）仪器检验成果

完成 1684 台静力水准仪和全部解调仪的检验，出具 281 份检验报告，22 个段落的上线安装单。

9）仪器安装质检成果

完成了全部 27 个监测区段的仪器安装及质检工作，共派遣质检 505 人次，出具质检报告 78 份。

5.5.4 监测成果分析

由于建设工程原因，在京沪高铁上行线一侧既有鱼塘内堆载了大量的土体，堆载土体在京沪高铁 58～60 号桥墩范围内。堆载与京沪高铁正线桥墩边界最近距离约为 20m，土体堆载面积约为 80m × 100m，高 3.7m，总堆载土方达到近 29600m^3。堆土范围与高铁关系如图 5-36 所示。堆载引起了京沪高铁发生了明显的沉降变形，SMAIS 系统发现了这一数据变化情况并触发了预警，如图 5-37 所示。

图 5-36　堆载范围与京沪高铁平面关系示意图（尺寸单位：m）

图　5-37

图 5-37　现场照片

1）预警发生的过程

（1）阶段一：2014 年 4 月 1 日—2014 年 5 月 8 日

从监测得到的不同时期沉降量断面曲线可明显看出：由于施工单位在京沪高铁东侧进行打桩等基础施工，而产生对京沪高铁的上行线附加沉降量为−0.34～0.29mm，差异沉降量为−0.29～0.44mm，下行线附加沉降量为−0.51～0.29mm，差异沉降量为−0.39～0.50mm，施工对京沪高铁沉降量的影响甚微。

（2）阶段二：2014 年 5 月 8 日—2014 年 5 月 27 日

在该时间段，施工单位在石济客专济 53～56 号、64～72 号墩附近（对应京沪高铁桥墩 47～50 号、58～66 号墩）进行打桩、基坑开挖、承台浇筑以及 65 号墩附近小范围的堆土等施工作业。同时，在此期间当地地方人员在距离京沪高铁下行线一侧堆土（西侧），堆土范围为：顺铁路方向 120m，垂直铁路方向 80m，堆土高度达 4m，累计堆载土方量 38400m^3，按土体容重 17kN/m^3 计算，土体总重约 65280t，堆土范围对应京沪高铁 58～60 号墩。在此期间，京沪高铁 58～60 号桥墩沉降明显增大，截至 2014 年 5 月 27 日，京沪高铁上行线监测附加最大累计沉降量为−2.68mm，发生在 58～60 号墩，差异沉降量为−1.34～1.23mm，京沪高铁下行线监测最大附加累计沉降量为−2.61mm，发生在 58～60 号墩，差异沉降量为−0.91～1.10mm，触发了预警。数据变化过程如图 5-38 所示。

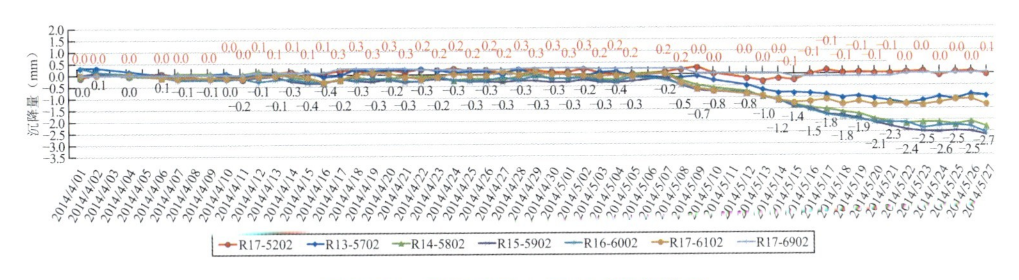

图 5-38　京沪高铁上行线时程曲线图

2）数值模拟

根据设计图纸，将桥墩编号为 58～63 号的承台及桩基各部结构，按实际尺寸建立有限元模型。桩基础与承台所采用的材料参数依据设计及施工相关资料选取。

土体尺寸：根据圣维南原理可知，基坑开挖对周边应力影响范围为开挖范围的 3～5 倍，因此选取开挖范围的 3 倍，确定土体模型的计算尺寸为 240m × 300m（顺线路方向）× 100m（厚度）。

模型中采用三维实体单元 C3D8R 对土体、高铁铁路承台，桩基础进行了模拟，模型节点总数 96568 个，单元总数 48576 个，计算模型如图 5-39 所示。

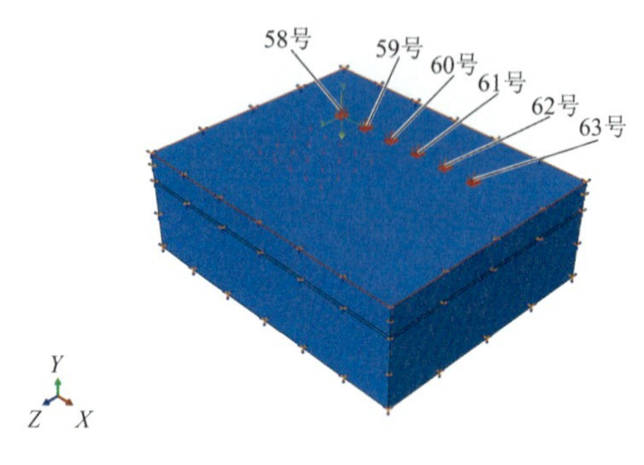

图 5-39　计算模型云图

图 5-40 给出了京沪高铁桥梁 58～63 号桥墩经模型计算分析得出的竖向位移云图。从图中可看出，高铁附近堆载会对邻近高铁下部结构产生沉降影响，且堆载距离越近对既有结构的沉降影响越大。其中，堆载产生的既有结构最大沉降发生在 59 号桥墩，其下部结构最大竖向位移值为 4.50mm。

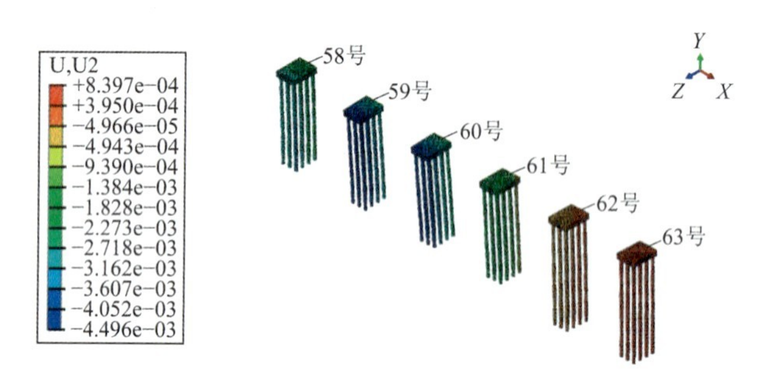

图 5-40　竖向位移三维位移云图

图 5-41 给出了京沪高铁桥梁 58～63 号桥墩竖向位移的纵断面云图，从图中可看出，由于堆载集中在 58～60 号桥墩附近，将会使得该区域范围内产生明显的沉降漏斗。沉降漏斗影响范围集中在 58～61 号范围内，故靠近堆载土体的 58～61 号桥墩沉降相对明显，而距离堆载区较远的 62 号、63 号桥墩，堆载作用对其竖向变形影响相对较小。

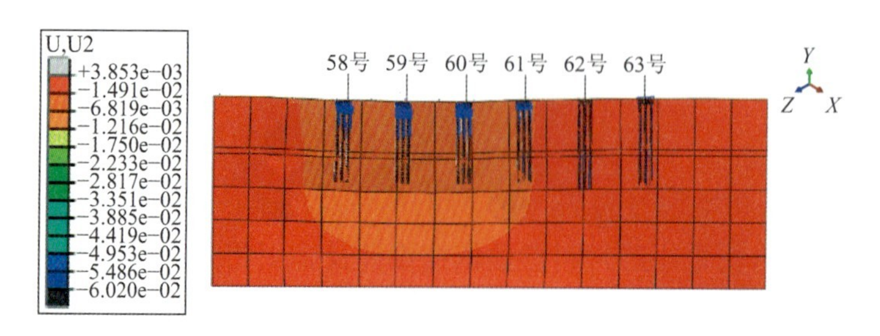

图 5-41　纵断面竖向位移云图

图 5-42 给出了 58～63 号桥墩计算沉降及差异沉降断面曲线，从图中可看出，沉降量与差异沉降量曲线与沉降漏斗影响范围吻合较好，差异沉降最大值发生在堆载范围外沉降槽边缘附近，即 60 号与 61 号桥墩之间，其值为 2.21mm。

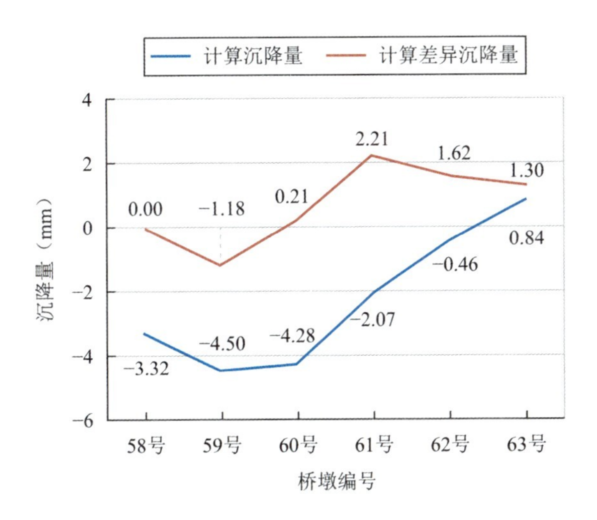

图 5-42 桥墩沉降及差异沉降断面曲线

3）数值模拟计算与实测结果对比分析

为了验证数值模拟计算结果的正确性，对京沪高铁 58～61 号进行了沉降变形监测，得到邻近京沪高铁土体堆载前后桥墩的沉降变化。并将实测数据与评估数值进行对比，确定数值模拟参数取值及模型建立的合理性。

将 2014 年 3 月京沪高铁桥墩沉降监测采集值作为初始高程值，对比 2014 年 7 月京沪高铁桥墩的监测高程结果。将监测时间范围内 58～61 号桥墩最大累计沉降量与数值模拟的最大沉降变形量进行对比，对比曲线如图 5-43 所示。

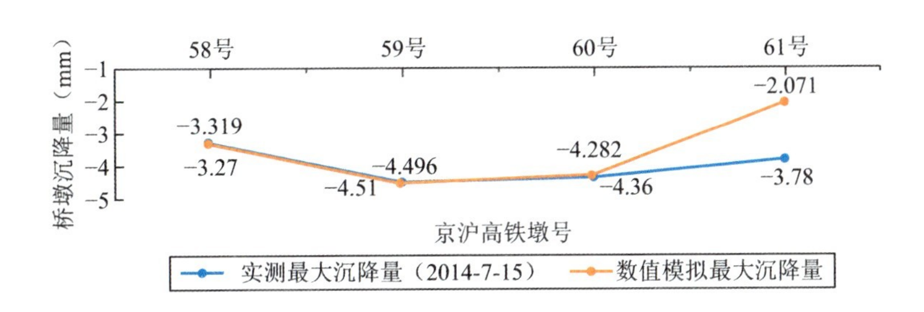

图 5-43 堆载范围桥墩数值模拟与实测沉降对比曲线

根据对比曲线分析可知，58～60 号桥墩实测数据与理论计算值的误差在 0.1mm 左右，61 号桥墩误差在 1.7mm 左右。通过数值模拟计算得到的桥墩结构沉降变形结果与实际桥墩监测的累计沉降量数据吻合程度较高，验证了三维有限元分析的正确性和合理性。

61 号桥墩误差较大的原因主要是模型等效时未按照实际堆土形状加载；61 号桥墩刚好位于沉降漏斗边缘，数值模拟结果具有不一致性。

根据以上分析，相邻桥墩附加差异沉降量数值已经接近《高速铁路设计规范》（TB 10621—2014）中规定，相邻桥墩不均匀量 5mm 的限值。加之软土地区桥梁结构随时间的推移，沉降变化逐年增加，若任其发展势必将影响高铁的运营安全，故应及时对现场堆载的土体进行搬移，确保累计差异沉降量不会继续增加。

4）分析结论

通过对预警测点数据曲线的跟踪以及利用数值模拟分析了邻近堆载对既有桥梁结构的沉降影响，并将理论计算数据与实测数据进行对比，得到以下结论：

（1）在地质条件多为粉土、黏土的情况下，邻近高铁桥梁一侧 20m 外堆载 100m × 80m × 4m 的土方，将会对既有高铁桥梁下部结构产生约 5.5mm 的沉降影响。

（2）邻近铁路堆载会引起高铁桥梁的沉降变形，由于高铁运营对平顺性要求较高，应尽可能避免堆载对桥墩的影响。

（3）桥梁下部结构的沉降变化会直接传递到上部结构，相邻桥墩的不均匀沉降量会对无砟轨道的平顺度造成影响，降低了高铁的行车时的舒适性，当不均匀沉降超限的情况下将直接威胁高铁的运营安全。鉴于此，同类工程应根据工程实际情况对高铁桥梁墩台、基础及地基土进行有限元分析，评估堆载的安全性，确定堆载的安全范围，进而满足高铁对桥墩沉降的要求。

（4）本文数值模拟方法及有限元模型能够较好地模拟堆载工况对高铁桥墩的沉降变形影响，可为同类工程的安全评估工作提供依据和参考。

5.6 转体连续梁上跨高铁路基自动化监测实例

5.6.1 工程背景

国道 234 线郑州境国道 310 以南段（荥阳乔楼—崔庙段）改建工程上跨徐兰高铁建设地点为郑州荥阳市，起点里程 K18 + 110.973，终点里程 K18 + 618.373，桥梁全长 507.4m。重点控制工程为 2 × 75m T 形刚构预应力混凝土转体桥（上跨徐兰高铁）。主体工程计划工期 450 日历天。

左幅桥墩基坑边缘与铁路下行线封闭网之间的最小距离为 5.26m，与铁路下行线路堑坡顶之间的最小距离为 12.27m，与铁路下行线中心的最小距离为 24.02m。右幅桥墩基坑边缘与铁路上行线封闭网之间的最小距离为 4.68m，与铁路上行线路堑坡顶之间的最小距离为 11.41m，与铁路上行线中心的最小距离为 21.82m。

为保证转体桥（图 5-44）施工全过程对徐兰高铁变形的影响可靠，采用变形自动化监测系统对徐兰高铁进行变形监测。

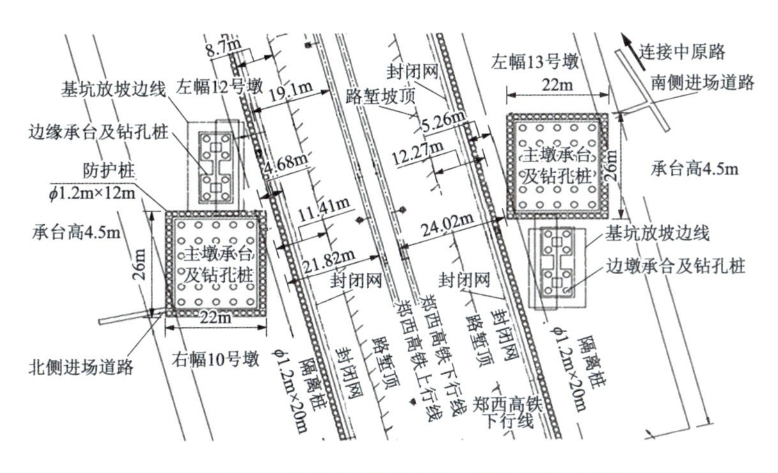

图 5-44　转体桥与徐兰高铁平面关系示意图

5.6.2　监测方案设计

1）设备选型

（1）沉降自动化监测设备选型

采用嵌入式数字模块和固态差压传感器研制了用于既有高铁沉降变形测量的传感器，该传感器通过测量管道内部液面高差，完成路基、桥涵的形变或沉降观测。实际应用时，相关测点的传感器通过液体管道彼此相连，部分传感器用作参考点，其他的传感器用于沉降测量（相对于参考点）。传感器电器连接使用串行总线方式，兼容 1-Wire/RS-485 总线，见图 5-45、图 5-46。

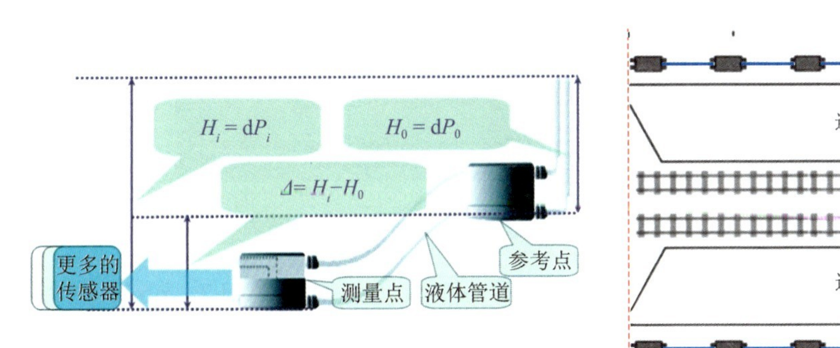

图 5-45　沉降传感器测量原理示意图

dP_i-微差压；H_i-液柱高差；Δ-沉降值

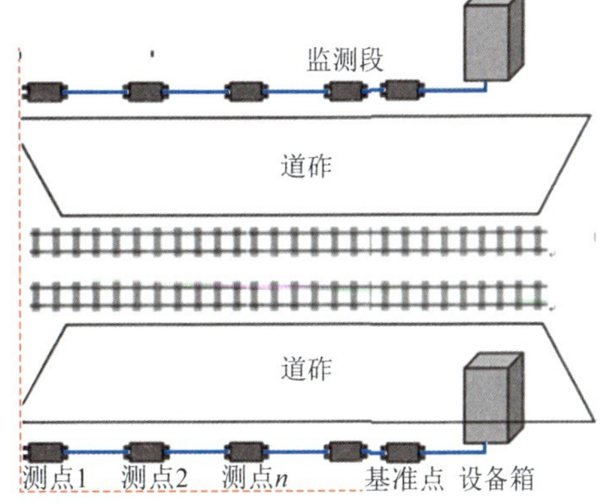

图 5-46　沉降传感器测量布置方式示意图

采用的压力传感器是利用硅的压阻效应制成的，见图 5-47，其核心部分是一块沿某晶向切割的N形的圆形硅膜片，在膜片上利用集成电路工艺方法扩散上四个阻值相等的P形电阻，用导线将其构成平衡电桥。膜片的四周用圆硅环（硅杯）固定，其下部是与被测系统相连的高压腔，上部一般可与大气连通，其主要技术指标见表5-19。在被测压力P作用下，膜片产生应力和应变，相应的，集成电阻也随之变化，通过平衡电桥转化为电压变化信号后，测量电压变化值即可间接测量得到液位变化值。自动化监测元器件见图5-48，传感器安装见图5-49，安装见图5-50。

传感器主要技术指标　　表5-19

项目	技术指标	项目	技术指标
标准量程	0～600	连接方式	四芯电缆连接
仪器测量精度	±0.2mm	供电方式	12V DC
分辨率	0.2mm	工作环境温度	−40～80°C
尺寸	ϕ55 × 37mm	连通器	ϕ8mm

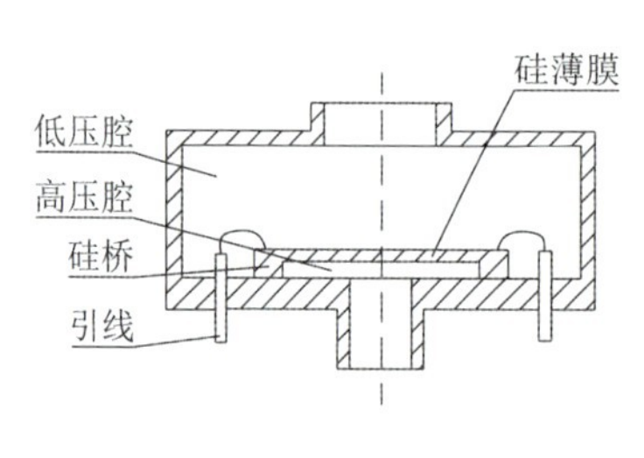

图5-47　压力传感器内部构造图

图5-48　自动化监测元器件

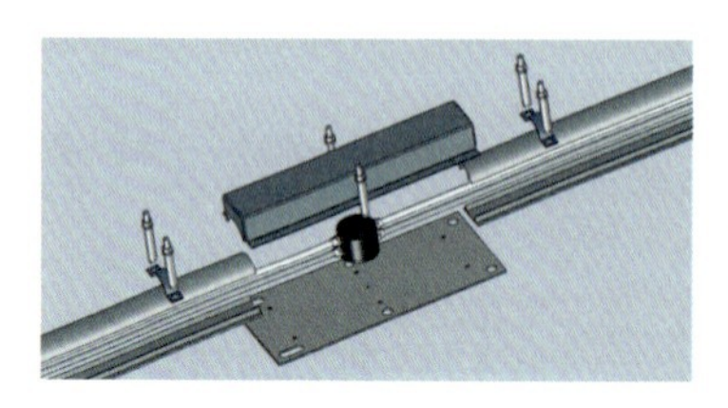

图5-49　传感器安装示意图

图5-50　安装实物图

设备箱内由蓄电池、主控采集器、储液罐及GPRS天线组成，如图5-51、图5-52所示。

（2）水平变形监测设备选型

考虑到徐兰高铁的重要性，此次自动化变形监测项目采用Trimble S9型全站仪（图5-53），具有电磁驱动MagDrive技术、精确定点SurePoint技术、多目标跟踪MultiTrack技术、精准锁定FineLock技术、长距离精准锁定Long Range FineLock技术等。

图 5-51　设备箱内部图

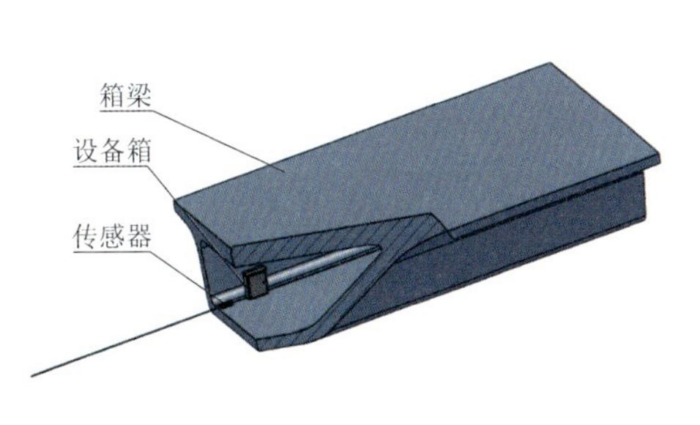

图 5-52　整体安装示意图

图 5-53　天宝 S9 型全站仪

①电磁驱动 MagDrive

伺服系统是一种高转速和高精度的 MagDriveTM 电磁直接驱动系统。它的无摩擦运动特点消除了伺服噪音并减小了仪器磨损程度。系统提供无限制的水平和垂直运动，包括无限制的微调。此技术使得整个测量过程在无声下进行，快速而又准确，同时减小了摩擦和仪器返修次数。

②精确定点 SurePoint 技术

此技术与补偿器交互作用可对微小倾斜，晃动和仪器未整平，进行水平角度和竖角两个方向改正。同时当 S9 瞄准锁定目标后将不再改变瞄准位置，在有大风、震动、沉降、手动操作较多的工作环境中该功能发挥重大作用，从而避免了因小的视角改变而带来的较大误差。

③多目标跟踪 MultiTrack 技术

可主动（适用于远距离目标）、被动地跟踪 360°棱镜目标及 360°主动式 LED 环，可同时设置用于主动跟踪 8 个不同 ID，被动跟踪棱镜数量不受限制。此方式便捷准确，颠覆了传统的全站仪作业模式。

④精准锁定 FineLock ™

此全站仪配备智能跟踪感应器，能跟踪 20～700m 的棱镜，在 200m 处能分辨出间距为 50cm 的棱镜，从而可避免相邻棱镜干扰，灵活方便地安排目标，进度出色可靠，完全适合地铁等线状监测目标。

⑤长距离精准锁定 Long Range FineLock

在仪器里打开此功能，仪器会启动长距离智能跟踪感应器，能进行 250～2500m 的准确锁定，满足长距离作业的项目，使得较少的全站仪完成较大的工程项目。

⑥电子安全锁 eProtect ™

仪器配带双重密码保护功能，极大地保证数据的安全性。

⑦智能电源管理

仪器具有自动启动功能，在监测应用中，用户无须到现场重新启动仪器。此技术适用于自动化监测项目。

2）徐兰高铁监测周期、频率及预警值

（1）徐兰高铁监测周期

监测系统应在隔离桩施工前完成安装，并采集初始值。工程竣工 1 个月，且监测数据已稳定后结束监测，并拆除监测设备。

（2）徐兰高铁变形测量频次

徐兰高铁的变形监测频次结合上跨桥施工过程对徐兰高铁的影响风险确定。变形监测频次见表 5-20。

施工内容与监测频次　表 5-20

施工内容	监测频次	施工内容	监测频次
场地平整	1 次/2h	支架预压	1 次/1h
桩基施工	1 次/2h	模板搭设	1 次/2h
基坑开挖	1 次/10min	梁体浇筑	1 次/1h
承台施工	1 次/2h	满堂支架拆除	1 次/1h
桥墩施工	1 次/2h	转体	1 次/10min
满堂支架施工	1 次/2h		

人工沉降及水平变形复测监测频次为 1 次/月。

（3）徐兰高铁监测预警值

①相关规定

a.《高速铁路设计规范》（TB 10621—2014）规定：无砟轨道路基工后沉降应符合扣件调整能力和线路竖曲线圆顺的要求。工后沉降不宜超过 15mm；沉降比较均匀，允许的工后沉降量为 30mm，并且调整轨面高程后的竖曲线半径符合：

$$R_{sh} \geqslant 0.4v^2 \tag{5-2}$$

式中：R_{sh}——竖曲线半径（m）；

v——设计速度（km/h）。

路基与桥梁、隧道或横向结构物交界处的工后沉降差不应大于 5mm，不均匀沉降造成的折角不应大于 1/1000。

b.《高铁无砟轨道线路维修规则》（TG/WG 115—2012）：WJ-7 型扣件左右位置调整量 ±6mm，钢轨高低位置调整量+26mm，−4mm。WJ-8 型扣件左右位置调整量±5mm，钢轨高低位置调整量+26mm，−4mm。300-1 型扣件左右位置调整量±8mm，钢轨高低位置调整量+26mm，−4mm。SFC 型扣件左右位置调整量±6mm，钢轨高低位置调整量 30mm。

线路静态几何尺寸容许偏差管理值见表 5-21。

线路静态几何尺寸容许偏差管理值　表 5-21

项目	作业验收	经常保养	临时补修	限速（200km/h）
轨距（mm）	+1	+4	+5	+6
	−1	−2	−3	−4

续上表

项目	作业验收	经常保养	临时补修	限速（200km/h）
水平（mm）	2	4	6	7
高低（mm）	2	4	7	8
轨向（直线）(mm)	2	4	5	6
扭曲（mm/3m）	2	3	5	6
轨距变化率	1/1500	1/1000	—	—

注：1. 高低和轨向偏差为 10m 及以下弦测量的最大矢度值。
2. 扭曲偏差不含曲线超高顺坡造成的扭曲量。

②预警值

监测过程中的预警值分为黄色、橙色、红色三级预警，分别为经常保养值的 60%、75%、90%，见表 5-22。

徐兰高铁变形监测预警值　　表 5-22

监测内容	黄色预警值（mm）	橙色预警值（mm）	红色预警值（mm）
沉降量	2.4	3	3.6
水平变形值	2.4	3	3.6

项目实施期间《邻近铁路营业线施工安全监测技术规程》（TB 10314—2021）及新版《高速铁路线路维修规则》尚未颁布，监测预警值根据当时《高速铁路设计规范》（TB 10621—2014）、《高速无砟轨道线路维修规则（试行）》（TG/GW 115—2012）等对工后沉降量、差异沉降量和轨道平顺度的限值及细化安全评估结果共同确定。

5.6.3 监测方案实施

1）沉降变形自动化监测系统设备安装、维护及拆除方案

（1）沉降变形自动化监测系统设备安装总体流程

沉降变形自动化监测系统设备安装总体流程如图 5-54 所示。

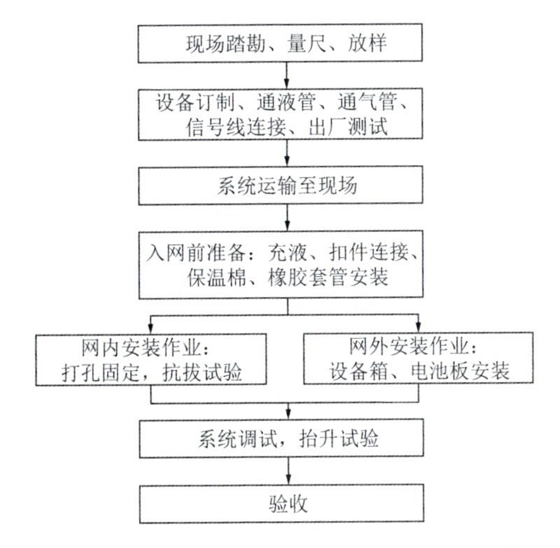

图 5-54　沉降自动化监测系统安装作业总体流程图

①现场踏勘，量尺，放样（天窗内进网作业）

首先根据设计要求在观测目标的测点处确定高程，各测点的静力水准仪安装高程应相同。安装架固定好后静力水准仪高程应基本相同。现场确定点位后，用红漆标记，并精确测量每个点位之间的距离，为沉降监测系统、保温棉、橡胶套管等的订制提供依据。现场踏勘过程中，应同时根据高程情况确定通液区段的分段，每个通液区段内的仪器高差应控制在 500mm 以内。

②设备定制、通液管、通气管、信号线连接、充液、出厂测试（网外作业）

通液管和通气管的连接在工厂内进行，从而可减小天窗点内工作量，并提高连接质量。

根据现场所需设备的量程、精度进行监测设备的加工制造并逐个进行精度、稳定性、耐久性、高低温性能等各项测试。测试完成后，根据现场确定的测点间距进行通液管、通气管和信号传输线的连接。

③系统运输至现场

系统通过专人专车运输至现场，运输和搬运过程中应小心，避免过大的振动和磕碰出现，保证运输过程中设备不会发生损坏。

④入网前准备

充液、扣件连接、保温棉、橡胶套管安装。由于天窗作业时间较短，且存在施工降效问题，因此设备安装的总体思路是将大量的工作尽可能在网外准备阶段完成，最大限度地减少网内安装作业量。网外的准备工作时，由于时间和环境可控，因此可以提高充液质量和连接质量。入网前在已连接好后的系统内灌注防冻液，灌注过程中必须保证系统内无任何气泡。防冻液灌注完成并检查没有气泡后，在通气管和通液管外侧包裹保温棉，并再进一步包裹橡胶套管，保证通液管和通气管防护可靠。在网外提前连接好设备的铝扣件和法兰板。

⑤网内安装作业

由于大量的工作已在线下完成，因此线上的工作仅为螺栓的打孔和固定、储液罐安装工作。进网后，首先将测点放置在已用红漆标记后的位置，经安装负责人确认后，在既有路基封闭层上进行钻孔，安装后扩底螺栓后，安装测点及管线。储液罐的安装完成后，与防护罩之间的空隙采用泡沫填充剂填充，以保证储液罐的稳定性。

⑥网外安装作业：设备箱、电池板安装

根据设计图纸，在防护栅栏外侧 1m 范围内（避开防护栅栏立柱），安装太阳能电池板和设备箱。首先开挖平面尺寸为 40cm × 40cm，深度为 80cm 的基坑，将钢管放入，调整钢管的竖直度后，用水泥填实。全部立柱安装完成后，原地面用混凝土换填，平面尺寸为 2037.5cm × 100cm，厚度为 30cm。换填完成后，在混凝土面上安装设备箱。

⑦系统调试，抬升试验

全部设备安装固定完成之后，进行供电系统和通信系统的连接，设置上传的 IP 地址，并进行软件端的配置工作。此项工作均由专业工程师进行。调试过程中，应随机抽取仪器总数的 5%并不少于 5 台设备，进行指定沉降量的抬升试验，验证系统的综合精度。

⑧系统验收

全部工作完成后，由业主组织沉降监测系统的验收工作。

（2）沉降传感器安装方案（网内）

一般监测断面间距为 10m，靠近基坑段落监测断面间距为 5m，全段落设置 2 个基准监测断面，25 个沉降监测断面，共 50 个测点，共 60 台设备（包括中继监测点）。中继基准点与相应里程处的测点位于同一个支架上。测点布置如附图 1 所示。自动化监测位测计的测试原理要求每个通液通路区段的位测计位于同一水平线上，位测计高差不允许超过其量程。超过高差控制值时则需在两条通液管路上增设一个中继基准点进行沉降关联。

测点应位于高铁建筑限界以外且确保不会侵限。沿既有铁路线路方向布置于建筑限界以外的混凝土封闭层上，沉降测点布置于距离轨道板底座 1.7m 处（位于接触网杆与电缆槽边缘之间），如图 5-55 所示。

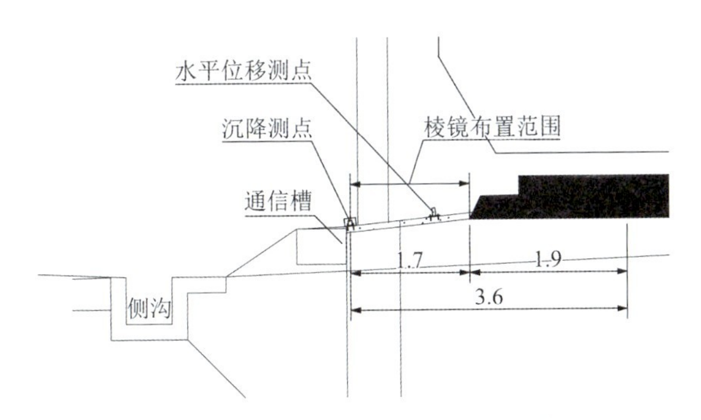

图 5-55　沉降测点横断面布置图（尺寸单位：m）

既有无砟轨道安装及徐兰高铁沉降测试元件安装位置现场分别见图 5-56、图 5-57。

图 5-56　既有无砟轨道安装案例

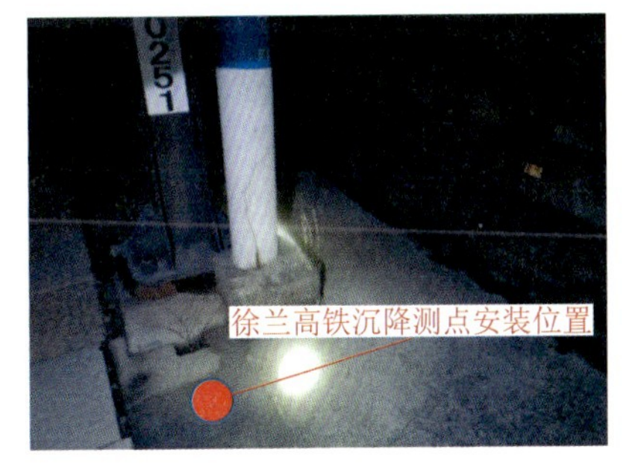

图 5-57　徐兰高铁沉降测试元件安装位置现场照片

沉降监测元件的安装由底部法兰、测试元件、防护扣件、防护罩组成，防护扣件和防护罩均采用 6061-4T 铝合金材质，如图 5-58 所示。

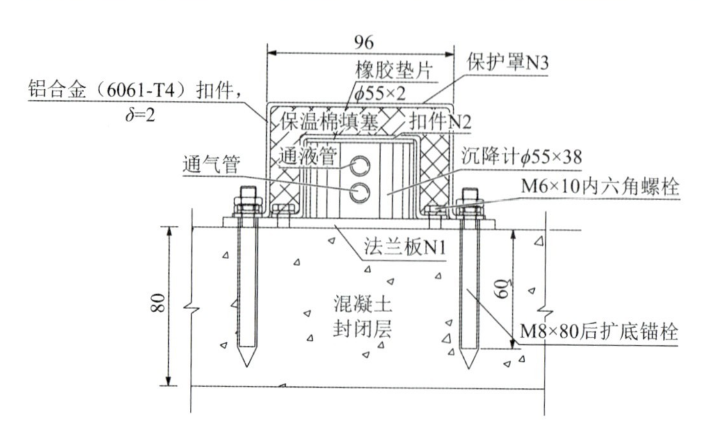

图 5-58　自动化监测元器件安装大样图（尺寸单位：mm）

（3）管线布设与防护设计

根据上述理论分析与试验结果，制订以下管线防护原则：①同组中的传感器宜布置在同一高度，高差不宜超过 1cm；管路中任何一处与蓄水罐出口及传感器接口的高差不宜超过±2cm。确有困难时，应尽可能减小高差，以减小液体的密度效应造成的温度误差。②采用有效措施进行管线防护。

图 5-59　通液及通气管实物图

通液及通气管采用内径 8mm，壁厚 1mm 的 PA 尼龙管，具备较高的强度和耐久性，可以保证监测期间液体不会渗漏和挥发。通液管及通气管采用保温棉包裹后放置在橡胶套管内，固定于路基封闭层上，接触网杆外侧，见图 5-59。

为了保护通液管路不被破坏，对保护套管材质进行选型研究，如图 5-60 所示。

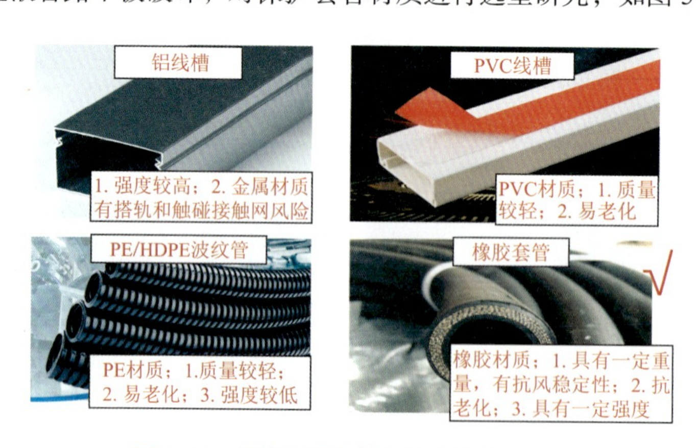

图 5-60　通液及通气管保护套管选型研究

对比上述优缺点，最终采用非金属橡胶套管对通液管路进行保护。每 1m 橡胶套管采用 U 形扣件固定在路肩的混凝土封闭层上。橡胶套管共计 500m，每侧 250m。由于固定橡胶套管所采用的 U 形卡子不是直接承受动力荷载的承重结构，因此采用 M6 × 70mm 膨胀螺栓固定，如图 5-61 所示。

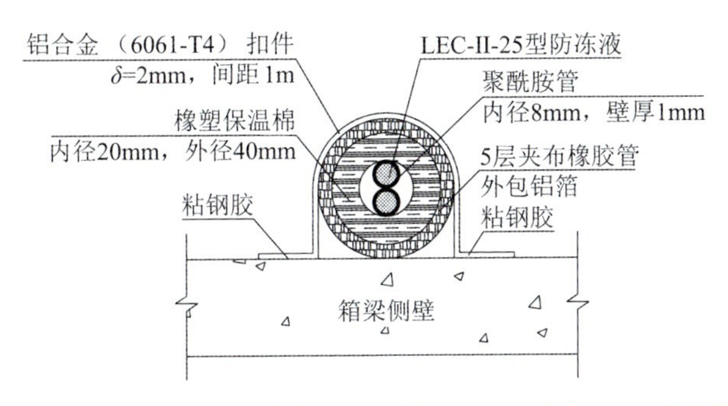

图 5-61　通液及通气管固定方式（每侧 250m，总长 500m）示意图

（4）沉降变形监测系统储液罐安装方案（网内）

储液罐尺寸为ϕ160 × 350mm，采用不锈钢保护壳保护。储液罐设备箱安装在网内，其中最不利位置处距离线路中心 3.6m，横向上，与接触网杆对应布置，不侵入设备限界。采用 4 颗 M8 × 80mm 后扩底锚栓固定于接触网杆边。储液罐采用后扩底锚栓固定，见图 5-62。

（5）沉降变形太阳能板及设备箱安装方案（网外）

沉降变形太阳能板及设备箱安装在防护栅栏外侧 1m 范围内。太阳能电池板的最高安装高度不大于防护栅栏高度。太阳能电池板尺寸为 67cm × 47cm，采用ϕ150mm × 3mm 钢管固定。钢管埋深 80cm。钢管埋设位置原地面采用现浇混凝土换填，换填深度 30cm。设备箱平面尺寸为 100cm × 50cm，高度为 60cm，采用预埋螺栓锚固在换填后的现浇混凝土面上，见图 5-63。

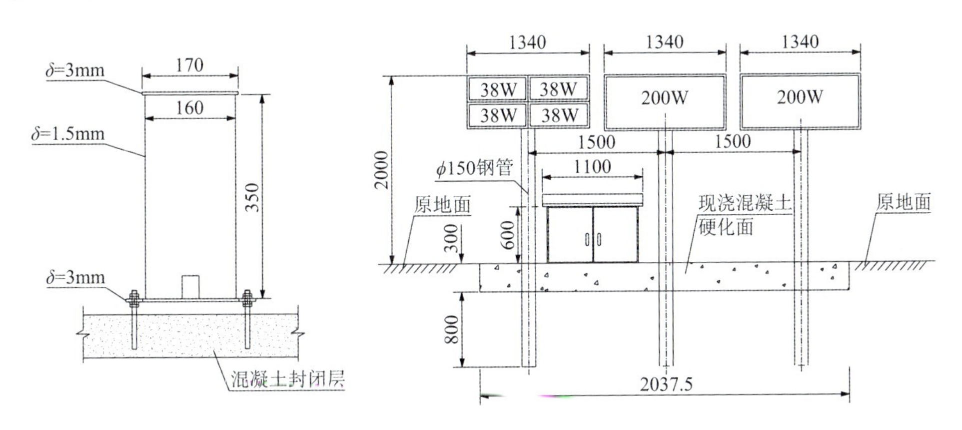

图 5-62　储液罐安装大样图（尺寸单位：mm）

图 5-63　防护栅栏外太阳能电池板及设备箱固定方式示意图（尺寸单位：mm）

2）水平变形自动化监测设备安装、维护及拆除方法

（1）水平变形自动化监测系统安装流程

①现场踏勘、放样

根据监测设计方案的测点布置，在现场确定测点和自动化全站仪的安装位置，注意应确保自动化全站仪与测点间相互通视，且小视场角小于 9.4′，以免自动化全站仪照错棱镜。

确定好位置后，用红漆标记。

②网内施工：全站仪基础施工

自动化全站仪支架采用预制混凝土墩的形式固定在路肩侧的浆砌片石边坡上。首先拆除安装位置处的砌石边坡后，安装$\phi 300 \times 3$mm 钢管，钢管埋深为 70cm。安装混凝土基础模板，混凝土基础平面尺寸为 50cm × 50cm，厚度为 70cm，对钢管进行固定。自动化全站仪的安装位置应严格按照设计图纸进行，并逐测点确定通视条件，避免被接触网支柱、橡胶套管等遮挡。全部确认无误后，进行全站仪基础的施工。

③网内作业：全站仪安装、棱镜安装、保护罩安装

混凝土初凝 24h 后，在钢管上部固定全站仪连接件，并安装全站仪及保护罩。棱镜的安装固定采用后扩底锚栓固定在路肩的封闭层上，以确保安装牢固，不会脱落和侵限。棱镜支架高度小于 10cm，并加保护罩保护。全站仪与棱镜的通视条件的核查应贯穿安装和调试过程始终，在确定全部全站仪和棱镜的位置后，进行一次性统一安装，在全站仪和棱镜安装固定前，应确保全站仪与每个棱镜之间的通视条件，避免打孔固定完成后才发现通视条件不良，增加现场返工工作量，造成废弃螺栓孔，甚至导致天窗时间延点情况出现。通视条件的确定应采用两步法，首先统一确定全部棱镜的位置和全站仪的位置，之后确定棱镜的朝向，确认完成后，安装全程由专业人员指导、司镜统一指挥。

④网外作业：设备箱、电池板安装

机箱和太阳能电池板均安装在防护栅栏外侧。与沉降监测系统的设备箱及电池板统一安装。

⑤调试

连接供电、通信模块，开机后首先进行机器学习，以便将棱镜的位置输入到全站仪中，使得全站仪可以自动识别各个棱镜。采集三次数据取平均值作为初始值存储到数据库后，开始正常监测。自动化水平变形监测的频率为 1 次/h。

⑥验收

全部系统安装完成后，由业主组织水平变形监测系统的验收工作。

（2）自动化全站仪安装方案（网内）

本项目共设置 2 台 Trimble S9 自动化全站仪，全站仪通过现浇混凝土墩固定于路基面电缆槽外侧的浆砌片石斜坡上，距离线路中心 4.3m 以上，如图 5-64 所示。

首先拆除安装位置处的砌石边坡后，安装$\phi 300 \times 3$mm 钢管，钢管埋深为 70cm。安装混凝土基础模板，混凝土基础平面尺寸为 50cm × 50cm，厚度为 70cm，对钢管进行固定。混凝土初凝 24h 后，在钢管上部固定全站仪连接件，并安装全站仪及保护罩。全站仪保护罩结构大样图详见图 5-65。

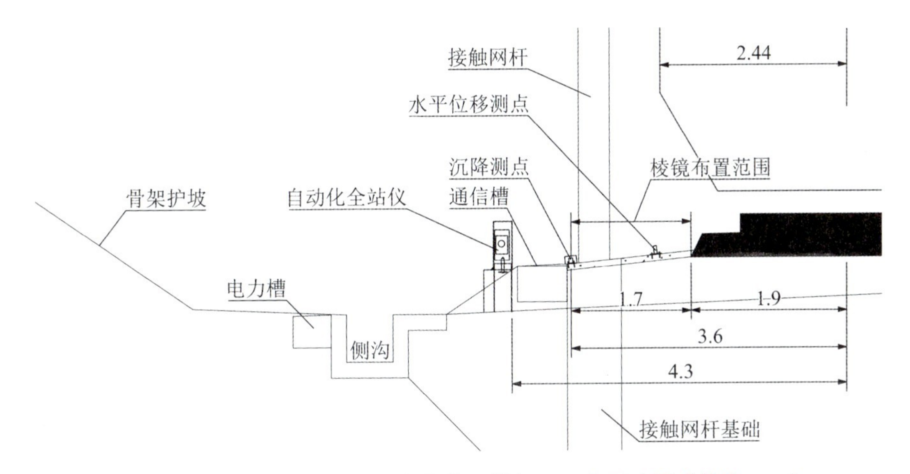

图 5-64　天宝 S9 型全站仪安装位置横断面示意图（尺寸单位：m）

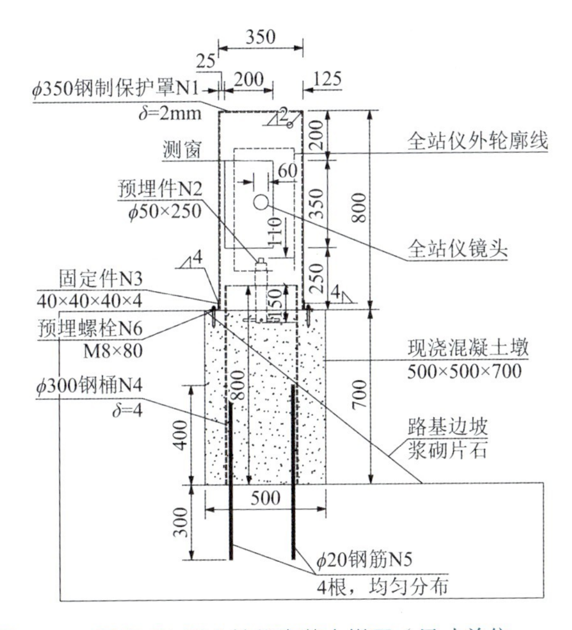

图 5-65　天宝 S9 型全站仪安装大样图（尺寸单位：mm）

（3）水平变形监测系统棱镜安装方案（网内）

本次水平变形自动化测量采用trimble prism-25型棱镜(图5-66)。采用1颗M8mm × 80mm后扩底锚栓固定在路基面的封闭层上。棱镜布置在轨道底座板边缘与电缆槽边缘之间的范围内，具体安装位置根据现场通视条件确定。距离线路中心线的最小距离为 2.0m，未侵入高速车辆限界。本项目共安装 46 支棱镜。棱镜安装完成后，加保护罩保护，见图 5-67、图 5-68。

测点应位于高铁建筑限界以外并确保不会侵限。根据现场调查情况，既有徐兰高铁路肩及侧沟平台处植被茂密，通视条件较差，路基面范围内通视条件较好，将测点沿既有铁路线路方向布置于铁路防护栅栏内，高铁车辆限界以外的混凝土封闭层上，初步设计位移测点布置于距离线位 2.8m 处。

图 5-66 trimble prism-25 型棱镜

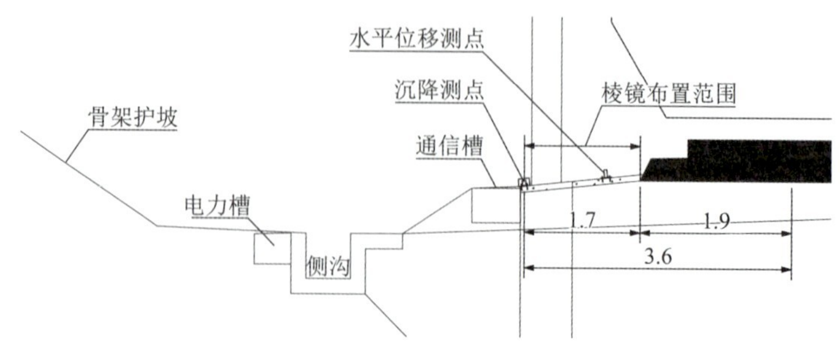

图 5-67 棱镜安装位置示意图（尺寸单位：m）

图 5-68 棱镜安装位置现场照片

监测断面间隔应以能准确反映出水平变形范围及规律为目的，根据以往监测项目经验，与沉降变形相比水平变形一般不显著。防护桩起终点监测断面间距 20m，新建工程位于安全保护区内靠近基坑段落监测断面间距为 5m，其他地段监测断面间距为 10m。全段落设置 2 个基准点监测断面，21 个水平变形监测断面，每个监测断面两侧各设置 1 处水平位移监测点，共 4 个自动化基准点，42 个自动化监测点，共设置 46 个棱镜，2 台全站仪。在每个监测断面上，水平变形监测测点与沉降监测测点的横向关系如图 5-69 所示。

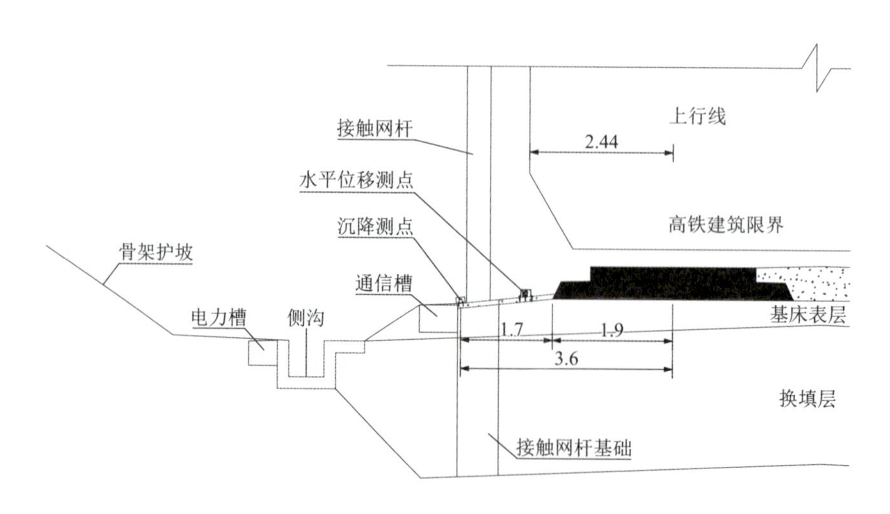

图 5-69 水平变形监测点横断面布置及与沉降监测点的关系示意图（尺寸单位：m）

保护罩采用 3mm 厚的铝合金材质制作，铝合金材质为 6061-T4，保护罩结构大样图详见图 5-70。为了防止振动松脱，保护罩的固定螺栓采用 M8mm × 80mm 的后扩底螺栓。

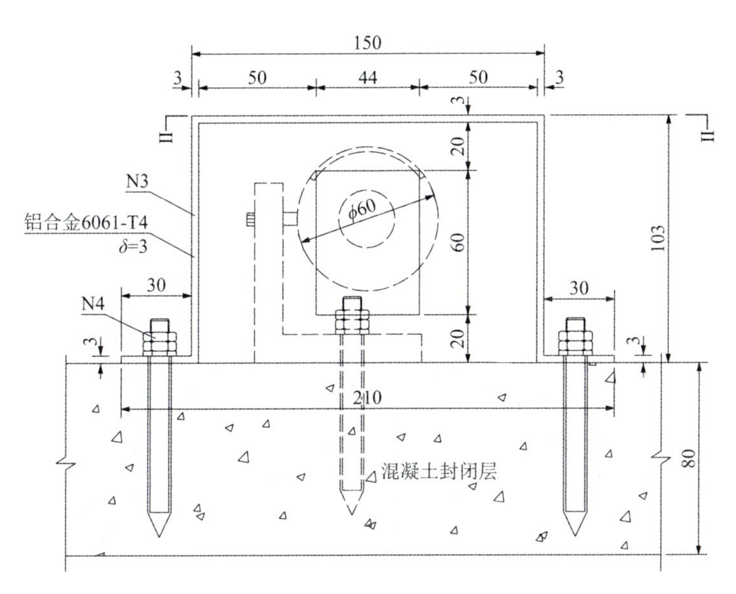

图 5-70　棱镜及保护罩安装大样图（尺寸单位：mm）

保护罩设计：保护罩采用 3mm 厚的铝合金材质制作，铝合金材质为 6061-T4。为了防止震动松脱，保护罩的固定螺栓采用 M8mm × 80mm 的后扩底螺栓。

（4）水平变形太阳能板及设备箱安装、维护和拆除方案（网外）

水平变形太阳能板及设备箱安装在防护栅栏外侧 1m 范围内。太阳能电池板尺寸为 134m × 99.2cm，采用ϕ150mm × 3mm 钢管固定。钢管埋深 80cm。钢管埋设位置原地面采用现浇混凝土换填，换填深度 30cm。设备箱平面尺寸为 100cm × 50cm，高度为 60cm，采用预埋螺栓锚固在换填后的现浇混凝土面上，与沉降监测系统共用。

5.6.4　监测成果分析

1）徐兰高铁变形监测值汇总

监测系统于 2020 年 7 月 1 日安装完成，经过近 1 个月试运行后，于 2020 年 7 月 23 日进行了现场的精度标定。精度标定采用垫片法进行，具体是在基点位置的仪器底下垫上 2mm 厚的垫片，人为造成基准点隆起 2mm 的工况，则意味着其他点的理论测量值应为 −2mm。结果显示，其他仪器的测量值为 1.3～2.0mm，意味着系统测试精度在 0.7mm 以内。现场还进行了螺栓的抗拔试验，抗拔试验证明，锚固螺栓的强度均可达到数千牛，远超过承载力需求，设备安装牢固性可以得到保证。系统投入运行 5 个月以来，运行稳定，数据正常见图 5-71、图 5-72。

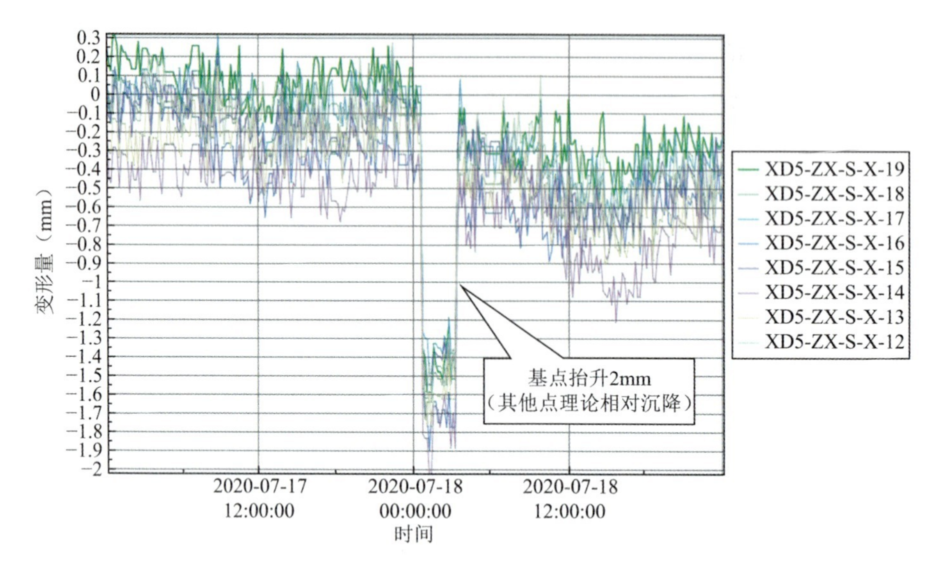

图 5-71　抬升试验过程监测数据

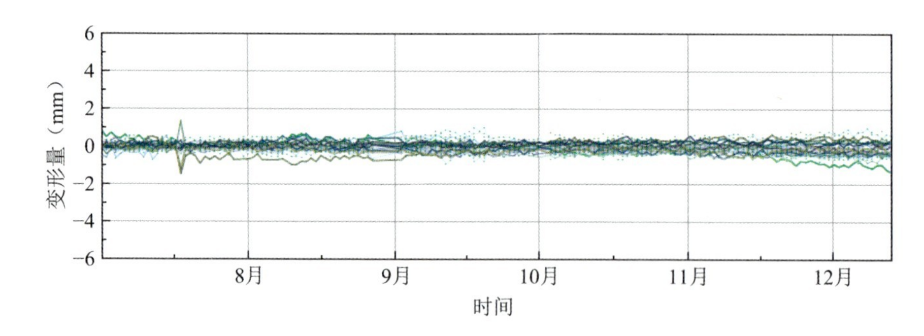

图 5-72　截至 2020 年 12 月 13 日系统数据情况

由图 5-72 可知，截至 2020 年 12 月 13 日，系统运行稳定，差异沉降波动量在 1mm 以内。

2）沉降预警及分析

（1）预警情况

2020 年 12 月 14 日 17:00 开始，国道 234 线郑州境 310 以南段（荥阳乔楼至崔庙段）监测系统 ZX-S-X-7、8、9、10，ZX-S-X-19、20、21、22、23、24 点开始持续隆起，达到红色预警限值，截至 2020 年 12 月 17 日 12:40，最大隆起值达到 12.5mm，最大差异沉降值达到 5.7mm，随后开始恢复，至 19 日基本恢复，但仍有波动。

（2）网外施工情况

网外转体桥采用满堂支架现浇工法，单幅转体桥共分为 5 个节段（双幅桥共 10 个节段），如图 5-73 所示。

2020 年 12 月 15 日 8:30 始，对称浇筑南侧转体桥的东西侧 2 号节段，浇筑工作持续 26.5h，于 2020 年 12 月 16 日 10:30 结束，共 $783.9 \times 2 = 1567.8\text{m}^3$ 混凝土，共计 4076.28t。

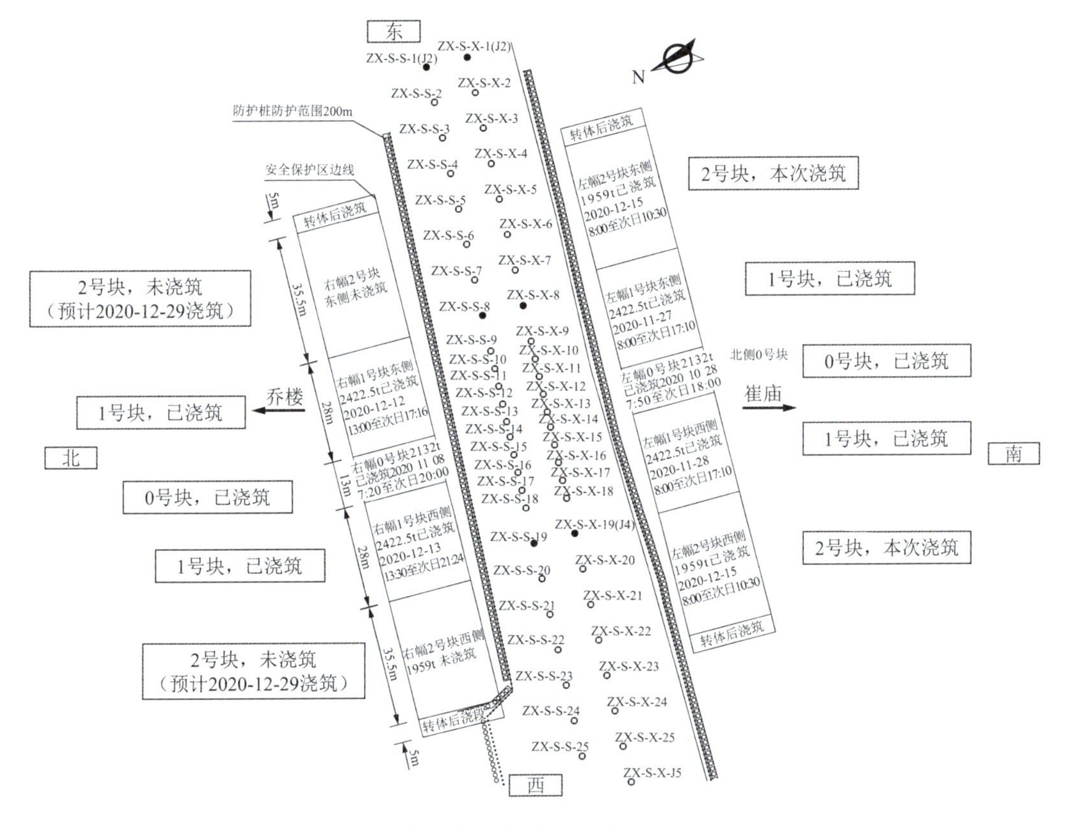

图 5-73 现场浇筑进度示意图

现场浇筑照片如图 5-74 所示。

图 5-74 2020 年 12 月 16 日晚现场浇筑照片

（3）监测位置处温度变化情况

在沉降变形测点内置了温度传感器，见图 5-75、图 5-76 分别以北侧的 21 号点和南侧的 21 号点为表示了 2020 年 12 月 1 日—2020 年 12 月 20 日的温度变化。由该图可以看出，现场从 2020 年 12 月 14 日开始出现一次明显的降温过程，北侧的最低温度首次降至零下，南侧的最低温度降至−4℃，最高温度降至 1℃。由于线路和桥体均为东西走向，位于南侧的测点由于边坡遮挡，不受太阳照射，其最高温度和最低温度均要低于北侧，白天温度低 7～10℃，夜间温度低 4～5℃。

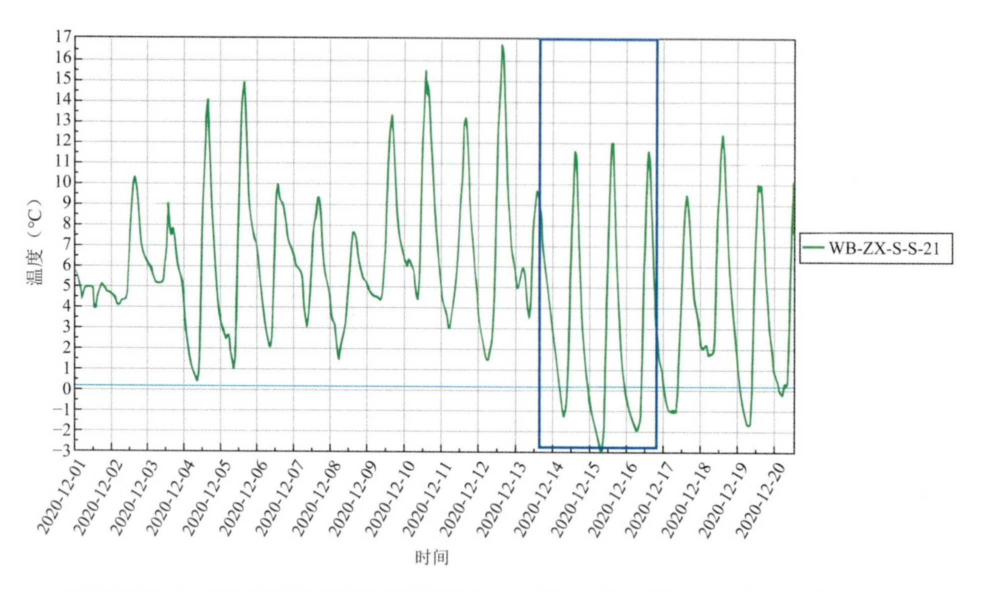

图 5-75　北侧测点温度（无边坡遮挡）（2020 年 12 月 1 日—2020 年 12 月 20 日）

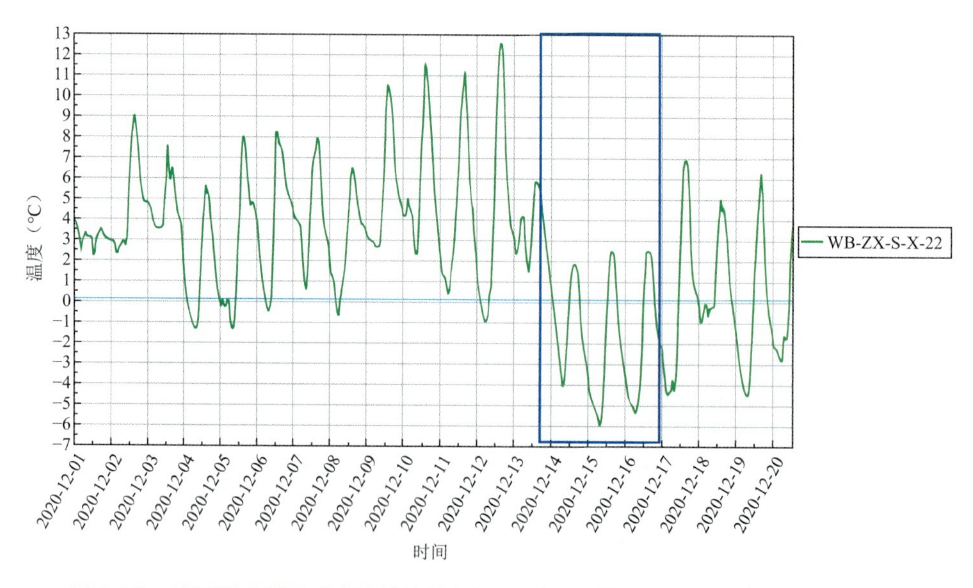

图 5-76　南侧测点温度（有边坡遮挡）（2020 年 12 月 1 日—2020 年 12 月 20 日）

（4）监测数据情况

从 2020 年 12 月 14 日（南侧 2 号块浇筑前一天）17 点始，徐兰高铁南侧（下行线）19～23 号测点出现了连续隆起情况并持续增大，最大值达到 12.5mm，之后于 2020 年 12 月 17 日 11 点开始逐步恢复，如图 5-77 所示。

2020 年 12 月 17 日夜申请天窗点上线对各测点进行人工复测及对比，如图 5-78 和图 5-79 所示，该图为 2020 年 12 月 17 日相对于 2020 年 12 月 13 日的徐兰高铁网内监测点的增量值，其中向下为沉降，向上为隆起。由此图看出，2020 年 12 月 17 日夜相对于 2020 年 12 月 13 日夜而言，下行侧（南侧）20～23 号测点自动化监测和人工监测均出现隆起情况，隆起最大值达到 6.31mm，位于 22 号测点（该点在上线人工测量时已进入恢复期，历史最大隆起值发生在当日中午，达到 12.5mm），北侧数据和南侧其他点数据正常。由于人工监测点与自动化监测点相距 30～40cm，并未位于同一点，因此监测数据有误差，但均表现隆起现象。人工测量值和自动化监测数据吻合良好，数据可信。

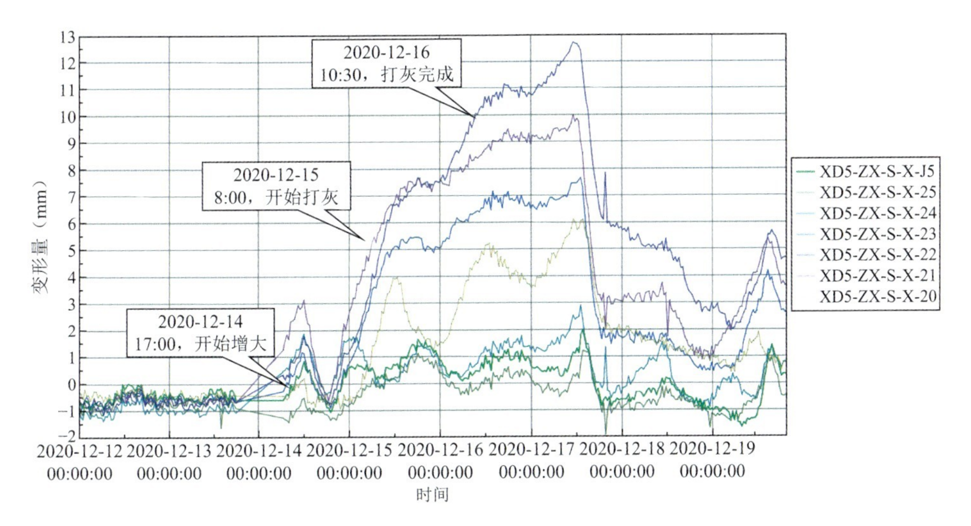

图 5-77　部分测点监测数据情况（2020-12-10—2020-12-18，间隔 1h）

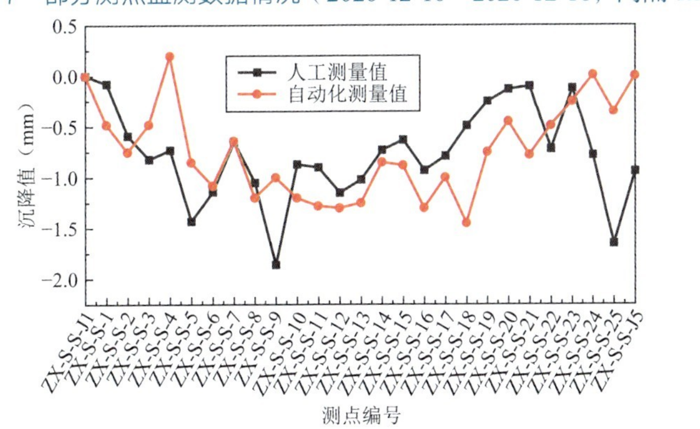

图 5-78　徐兰高铁上行线 2020-12-13—2020-12-17 沉降变化量（北侧）

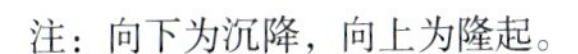
注：向下为沉降，向上为隆起。

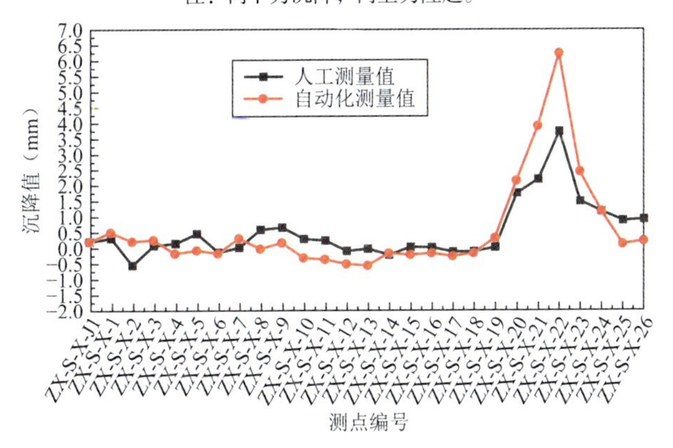

图 5-79　徐兰高铁下行线 2020-12-13—2020-12-17 沉降变化量（南侧）

注：向下为沉降，向上为隆起。

（5）网外地表沉降监测情况

发现数据异常后，为了明确是否由于施工影响，第一时间安排测量人员对网外施工位置处的地面沉降进行了连续测量，测量数据如图 5-80 和图 5-81 所示。测量结果显示，相对于南侧桥 2 号块浇筑前，地面沉降为–0.36～0.66mm，可认为基本无变化。同时，结合以下分析：第一，由于网外施工为加载，应为沉降，而网内自动化监测点显示为隆起；第二，网外加载时间为 15 日 8 点，而网内自动化监测数据的数据出现增大趋势的时间为 14 日 17 点，时间上也不符；第三，从加载方量上看，此处的加载方量小于前几次的加载方量或基本持平，而前几次加载过程中监测数据均表现平稳，均未表现出如此大的数据波动，因此，可排除此变化是由于网外施工因素引起，应结合现场其他因素仔细分析原因，以便更好地发挥监测数据的作用，保证施工的顺利进行和徐兰高铁的运营安全。

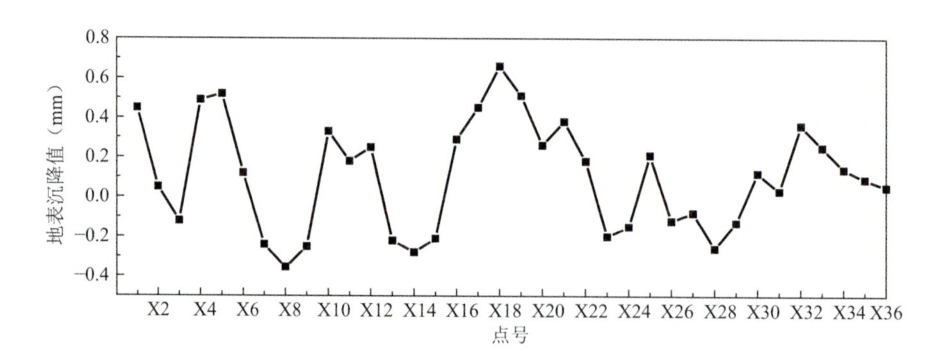

图 5-80　南侧转体桥下地表沉降变化量

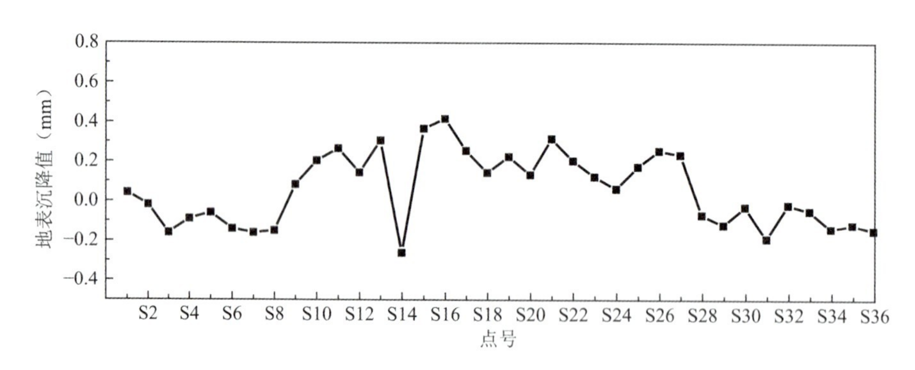

图 5-81　北侧转体桥下地表沉降变化量

（6）徐兰高铁线路调查情况

2020 年 12 月 17 日晚，申请天窗点上线进行现场的调查，重点调查变形较大的 ZX-S-X-19～24 号测点。调查照片如图 5-82、图 5-83 所示。调查可见南侧封闭层面有冰，推断此处封闭层下含水率较高，因封闭层冻胀隆起原因导致出现错台。

（7）数据异常原因分析

综合现场调查情况和温度变化情况、邻近施工情况，此次监测数据的异常变化过程可排除施工原因，而是一次典型的冻融过程。线路南侧的封闭层隆起变形与温度值的对应关系如图 5-84 所示（以南侧的 22 号测点为例），图中绿色线为温度线，灰色线为隆起值。由该图可知，2020 年 12 月 13 日 17:00 之前，现场的最低温度一直高于 0°C，相应的监测数据一直保持稳定，2020 年 12 月 13 日 17:00 之后，现场的最低温度开始低于零下，相应的测点开始发生隆起变形，至 14 日 12:00，由于温度升高，冻胀融化，变形恢复，至 14 日 17:00，变形恢复至原始值。但由于此时又开始到了降温过程，温度开始低于零度，又开始发生冻胀变形，由于此夜低温较低，冻胀变形较大，因此至第二天 15 日 12:00 时，冻胀变形只是暂缓而没有恢复，至第二天 15 日 17:00 时，冻胀变形又在原基础上开始增大，一直持续至 17 日 12:00，连续低温情况结束，冻胀变形才进入迅速的融化过程，此时最大冻胀变形已经达到 12.5mm，现场的调查情况也印证了这一变化。

图 5-82　ZX-S-X-21 号测点附近封闭层与电缆槽出现错台

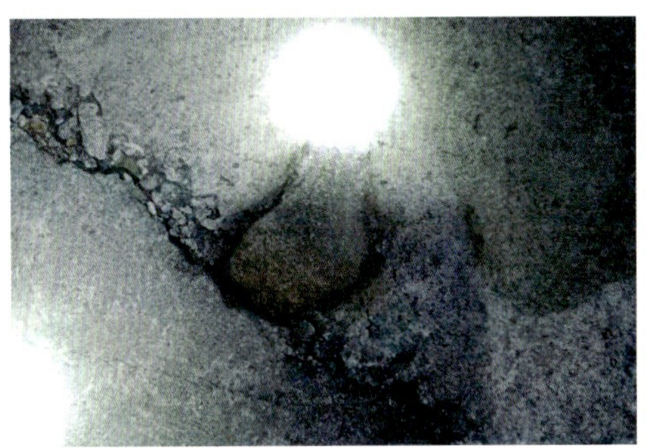

图 5-83　南侧封闭层表面出现结冰现象

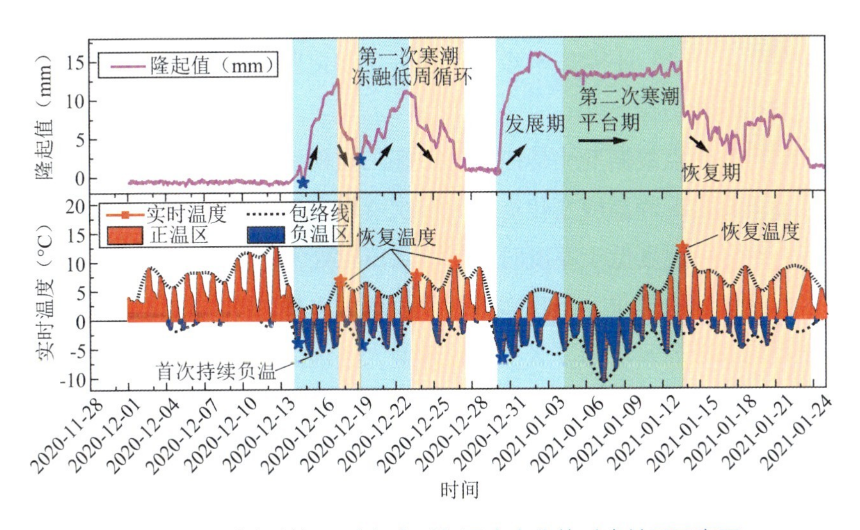

图 5-84　南侧封闭层隆起变形与温度变化的对应关系示意图

与南侧对应的，由于北侧没有边坡遮挡，白天可受到温度照射，因此未发生连续低温现象，相应的也没有发生这样的连续冻胀变形，只是在发生夜间低于 0 度的 13—17 日，夜间发生冻胀变形，而在白天即恢复的周期性变形，如图 5-85 所示。

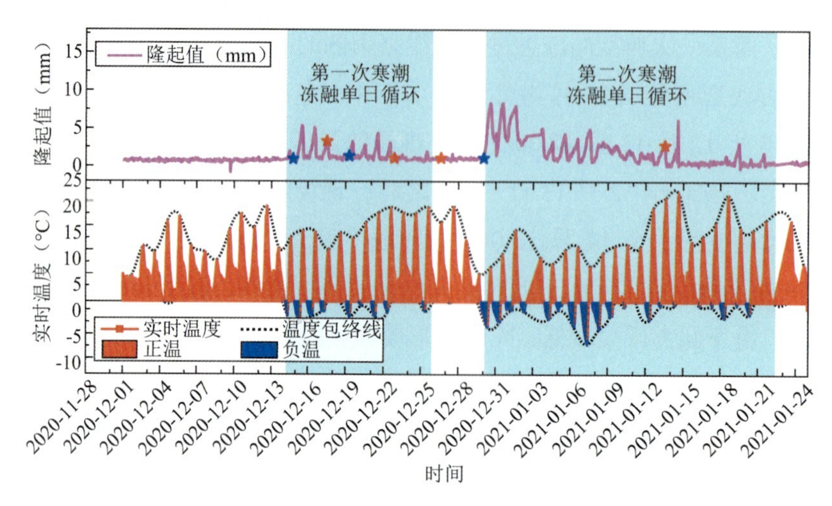

图 5-85　北侧封闭层隆起变形与温度变化的对应关系示意图

（8）预警分析结论及处置建议

①2020 年 12 月 14 日 17:00 开始，国道 234 线郑州境 310 以南段（荥阳乔楼至崔庙段）监测系统 ZX-S-X-7、8、9、10，ZX-S-X-19、20、21、22、23、24 点开始持续隆起，达到红色预警限值，截至 2020 年 12 月 17 日 12:40，最大隆起值达到 12.5mm，最大差异沉降值达到 5.7mm，随后开始恢复，截至 19 日基本恢复至低于黄色预警值，但仍有波动。

②综合考虑以下因素：

a. 网外地面沉降基本无变化。

b. 测点变形为隆起而非沉降。

c. 测点变形的量级明显高于以往的混凝土打灰的影响值。

d. 网外加载时间为 15 日早上 8 点，而网内自动化监测数据的数据出现增大趋势的时间为 14 日 17 点，时间不符。

因此可排除此次测点数据变化是由于网外施工因素引起。

③综合现场调查情况和温度变化情况，此次变形为典型的冻融现象。当封闭层下填料含水量较高，同时环境温度低于零度时，封闭层位置处发生冻胀现象。冻胀现象分为单日冻胀现象和多日连续冻胀现象，单日冻融现象表现为单日的冻胀融化循环，最大值为 3～6mm，多日连续冻胀现象表现为冻胀变形持续增大，最大值达到 12mm，当低温持续时，还可继续增大。

④封闭层的冻胀变形具有局部性，不但与当地的气温有关，且与所在位置处的温度直接相关。以本案例为例，北侧的封闭层可受到阳光照射，而南侧的封闭层受到边坡遮挡，不能受到阳光照射，因此北侧的地温要高于南侧，相应的北侧仅发生单日冻融循环，而南侧则发生了多日的持续冻胀。

⑤遇连续低温天气时，由于冻胀变形在白天不能恢复，且会迅速发展增加，因此需要特别予以重视。

⑥高铁变形自动化监测系统成功地捕捉到了一次完整的路基封闭层的冻融变形过程，通过与人工监测数据和同期温度变化的相互印证，其结果可信，验证了高铁变形自动化监测系统的可靠性，尤其是在低温条件下的工作性能，可用于高铁既有线的冻胀及涨板病害监测。

⑦由于自动化监测系统测量的变形为路基封闭层的结构变形，不能反映轨道上的变形，因此建议高铁设备管理部门对轨道平顺性进行检查。特别的，天气预报显示，在 2020 年 12 月 27 日—2021 年 1 月 3 日，荥阳地区将迎来又一次历史少见的明显的连续低温过程，最低气温将达到−10℃，建议高铁维修部门对监测位置处的轨道平顺性进行测量和实时关注，避免由于冻胀变形影响行车。

5.7 富水软土地区大型城市通道下穿既有高铁自动化监测实例

以翠亨路下穿京津城际铁路为例介绍富水软土地区大型城市通道下穿运营高铁自动化监测。该项目工程概况见第 3.7 节，在此不再赘述。

5.7.1 监测方案设计

1）监测总体要求

（1）监测范围

根据《武清区翠亨路下穿京津城际铁路立交工程方案设计》等文件及现场的具体情况，将本项目监测的重点为京津城际铁路的路基及翠亨路中桥，总监测范围为 582m，其中核心区域在 335m 范围内，重点监测京津城际铁路的桥梁和路基沉降、水平变形以及地下水位变化的影响。

具体监测范围为：

①自动化监测范围：从翠亨路刚构中桥天津一侧路桥分界线外延 103m，北京一侧路桥分界线外延 175m，总共 335m 范围内布设自动化监测点。

②人工监测范围：从翠亨路刚构中桥天津一侧路桥分界线外延 264.7m，北京一侧路桥分界线外延 260.5m，总共 582m 范围内，布设人工监测点。

③水位监测范围：以翠亨路刚构中桥的垂直投影为中心，沿既有铁路线路在投影中心两侧各延长 72m，共 174m，在施工范围内路基两侧，布设水位测点。

（2）监测内容

具体监测内容如表 5-23 所示：

①京津城际铁路路基和桥梁的沉降变化情况。

②施工区域地下水位变化情况。

③路基和桥梁水平变形情况。

④路桥结合段相对水平变形情况。

⑤接触网支柱基础水平变形情况。

京津城际铁路监测项目及仪器汇总　　表 5-23

序号	监测项目	监测手段	监测仪器	测量精度
1	路基和桥梁沉降	自动化	振弦式静力水准仪	±0.125mm
2	施工区域地下水位	自动化	振弦式渗压计	17.0mm
3	路桥结合段相对水平变形	自动化	振弦式位移计	±0.05mm
4	路基和桥梁线上特征断面沉降	人工	精密电子水准仪	±0.3mm/km
5	路基和桥梁水平变形	人工	全站仪	±1″、1＋1ppm
6	施工区域地下水位	人工	振弦式渗压计	17.0mm
7	接触网支柱接触水平变形	人工	全站仪	±1″、1＋1ppm

（3）监测频率

拟按照设计要求及监测内容制订以下监测频率。因现场情况的变化，以及监测手段的不同，根据实际情况进行监测频率的加密或减少。

根据工期安排，拟定施工前监测 1 个月，完成监测仪器的安装调试工作，建立自动监测系统，开始采集数据，获取自动化和人工监测的基础观测值；施工期监测 10 个月，关键施工期 6 个月，加密监测频率，普通施工期 4 个月；施工后继续监测 6 个月，自动化及人工监测频率相应降低，整个监测过程采用自动化和人工监测相结合的形式进行。各个监测项目的监测频次如表 5-24 所示。

京津城际铁路第三方监测频次　　表 5-24

监测项目	监测手段	测点个数	监测频率					
			施工前 1 个月	施工关键期 6 个月	施工非关键期 4 个月	施工后 1～10 天	施工后 11～30 天	施工后 1～6 个月
路基和桥梁沉降	自动化	41	1 次/h	1 次/30min	1 次/30min	1 次/h	1 次/2h	1 次/2h
施工区域地下水位	自动化	21	1 次/d	1 次/30min	1 次/30min	1 次/2h	1 次/2h	1 次/2h
路桥结合段相对水平变形	自动化	4	1 次/h	1 次/30min	1 次/30min	1 次/h	1 次/2h	1 次/2h
路基和桥梁线上特征断面沉降	人工	72	1 次/5d	1 次/1d 重点测点	1 次/3d	1 次/3d	1 次/15d	1 次/月
路基和桥梁水平变形	人工	18	1 次/5d	1 次/1d	1 次/3d	1 次/3d	1 次/15d	1 次/月
施工区域地下水位	人工	21	1 次/5d	1 次/1d	1 次/3d	1 次/3d	1 次/15d	1 次/月
接触网支柱接触水平变形监测	人工	12	1 次/5d	1 次/1d	1 次/3d	1 次/3d	1 次/15d	1 次/月

2）自动化监测方案设计

（1）自动化监测硬件

①振弦式静力水准仪

振弦式静力水准系统是一种精密液位测量系统，该系统设计用于测量多个测点的相对沉降，极其适合于要求高精度垂直位移或沉降的监测场合，高精度的振弦式液位传感器最低可监测到0.0125mm的高程变化。图5-86为振弦式静力水准系统的组成。振弦式静力水准仪的主要技术指标及实物图分别如表5-25和图5-87所示。该仪器的其他配套设备包括四芯屏蔽电缆、测点容器通气管和测点容器通液管等。

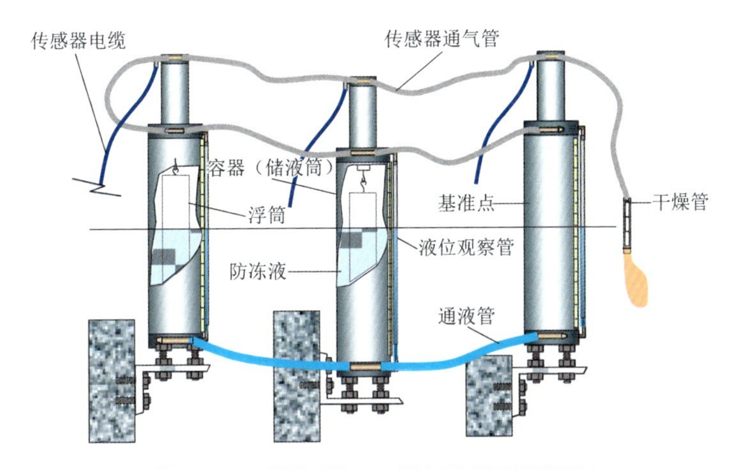

图5-86 振弦式静力水准系统组成示意图

技术指标 表5-25

标准量程	50、100、150、300、600mm
传感器精度	±0.1%FS
传感器灵敏度	0.025%FS
温度范围	−20～+80℃（使用防冻液）

图5-87 振弦式静力水准仪实物图

②振弦式渗压计

振弦式渗压计为一种小量程水位精密测量仪器，适合于埋设在水工建筑物和基岩内，或安装在测压管、钻孔、堤坝管道或压力容器中，以测量孔隙水压力或液体液位。在完善电缆保护措施后，可直接埋设在对仪器要求较高的碾压混凝土中，图 5-88 为振弦式渗压计的结构。

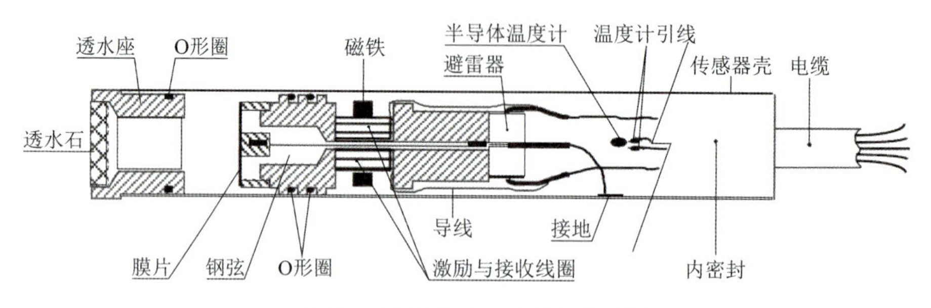

图 5-88　振弦式渗压计结构示意图

振弦式渗压计的主要技术指标及实物图分别如表 5-26 和图 5-89 所示。该仪器的其他配套设备包括四芯屏蔽电缆、测点容器通气管和测点容器通液管等。

振弦式渗压计技术指标　　表 5-26

标准量程	70kPa、170kPa
非线性度	直线：≤ 0.5%FS； 多项式：≤ 0.1%FS
传感器灵敏度	0.025%FS
过载能力	50%
外径	25.40mm

图 5-89　振弦式渗压计实物图

③振弦式裂缝计

振弦式裂缝计用于测量表面缝的开合度，例如建筑、桥梁、管道、大坝等混凝土的施工缝，配用不同的附件，也可测量土体的张拉缝与岩石和混凝土的裂缝。仪器常用于表面式安装。

在翠亨路下穿京津城际铁路监测项目中，振弦式裂缝计用于测量翠亨路中桥主梁与桥台间的相对横向变形。图 5-90 给出了振弦式裂缝计的结构示意图。振弦式裂缝计的主要技术指标及实物如表 5-27 和图 5-91 所示。

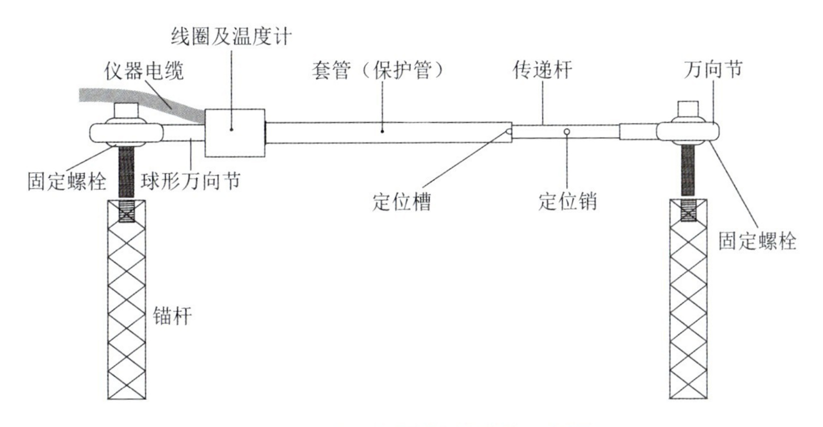

图 5-90 振弦式裂缝计结构示意图

振弦式裂缝计技术指标 表 5-27

标准量程	12.5mm、25mm、50mm、100mm、150mm、200mm
非线性度	直线：≤ 0.5%F · S； 多项式：≤ 0.1%F · S
传感器灵敏度	0.025%F · S
外径	12mm

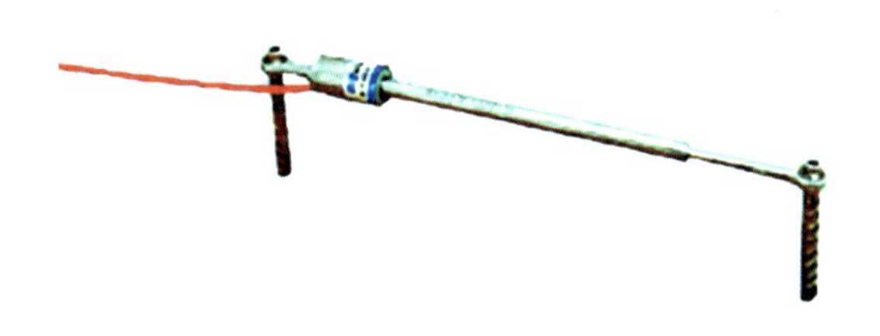

图 5-91 振弦式裂缝计实物图

（2）京津城际铁路路基和桥梁的自动化沉降监测

京津城际铁路路基和桥梁沉降监测是本次监测项目的重点，是保证京津城际铁路安全运行的关键。

自动化测点布置方案是在以翠亨路刚构中桥中心线为中心，两侧范围为 335m 范围内对京津城际铁路路基和翠亨路中桥的沉降进行监测，测点布设原则为在线路既有 CPIII 控制点基础上加密布设。为了提高京津城际铁路路基和桥梁沉降监测的冗余度，在自动化监测过程中，采用 3 条通路的测点布设方式，等同于提供了两条测量通路的冗余度，具体布置形式为：

①通路一：位于京津城际铁路正线左线北侧，路基布置 12 个测点，桥梁布置 3 个测点，武清站台内布置该通路的一个监测基点，通路一合计 16 个沉降监测点。

②通路二：位于京津城际铁路正线右线南侧，路基布置 12 个测点，桥梁布置 3 个测点，武清站台内布置该通路的一个监测基点，通路二合计 16 个沉降监测点。

③通路三：位于京津城际铁路路桥结合段，路基和桥梁各布置 4 个测点，在武清站台内布置该通路的一个监测基点，通路三合计 9 个沉降监测点。

④自动化沉降监测点共计 41 个。

⑤在 335m 监测范围内，线路既有 CPIII控制点 12 个。

编号原则：S（代表自动化沉降测点）+ 通路编号（如 1，2，3）+ 测点序号（如，01，02 等），因此，通路一编号自西向东编号依次为 S100、S101、…、S115；通路二自西向东编号依次为 S200、S201、…、S215；通路三编号为 S300、S301、…、S308。其中 S100、S200 和 S300 为各条通路的基点。具体的测点布置平面图如图 5-92 和图 5-93 所示。图 5-94 展示了测点路基和桥梁上测点的横断面布置。

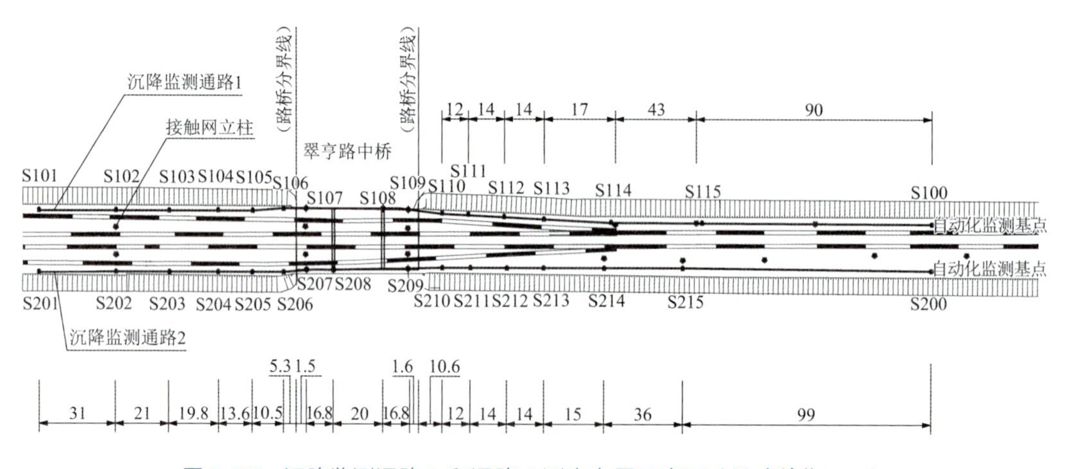

图 5-92 沉降监测通路 1 和通路 2 测点布置示意图（尺寸单位：m）

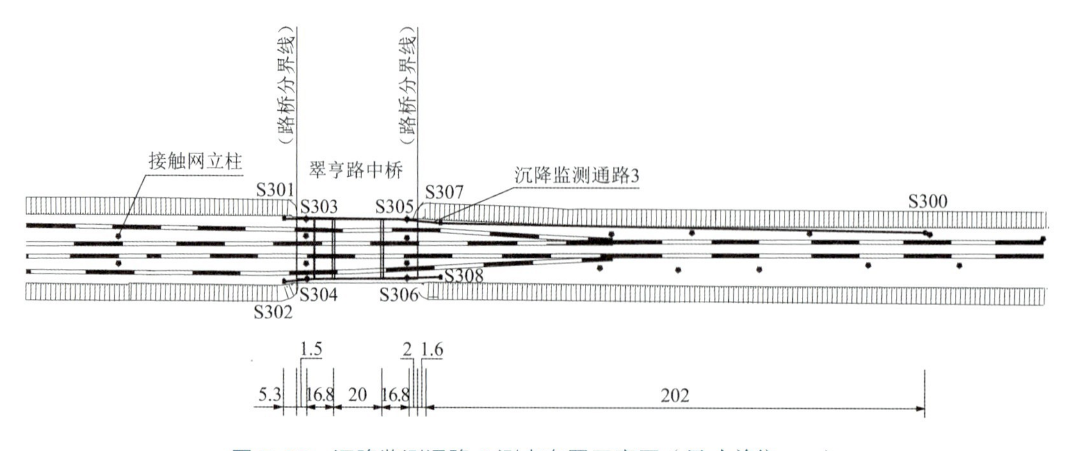

图 5-93 沉降监测通路 3 测点布置示意图（尺寸单位：m）

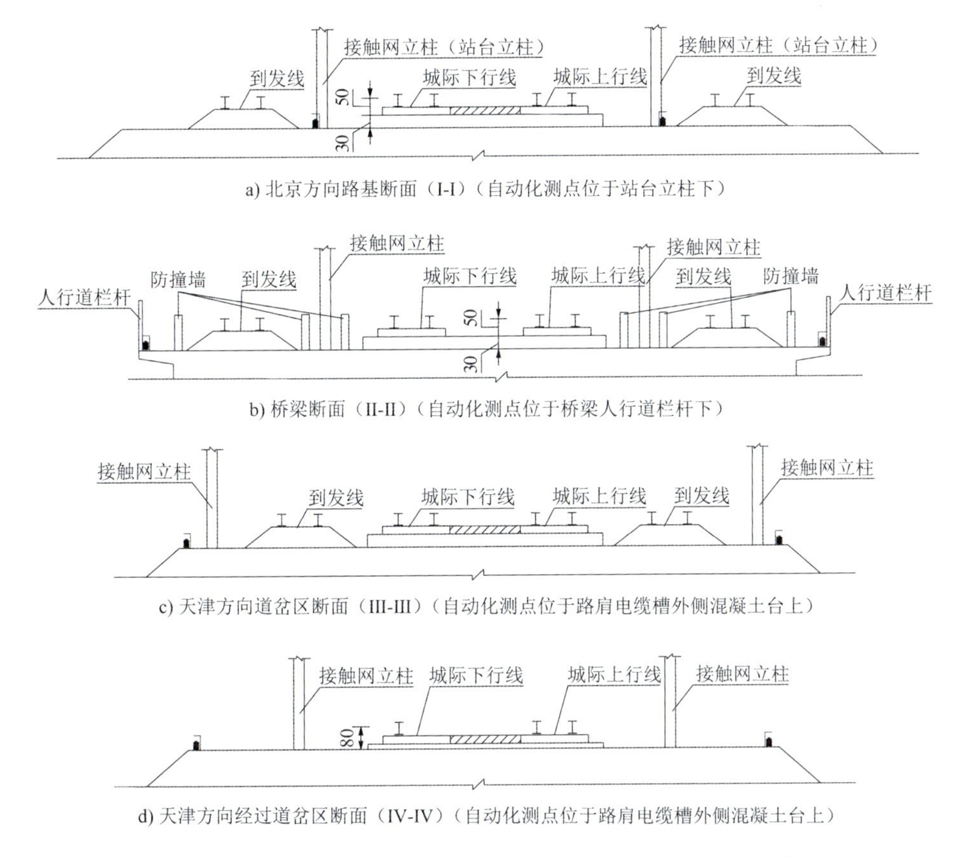

a) 北京方向路基断面（I-I）（自动化测点位于站台立柱下）

b) 桥梁断面（II-II）（自动化测点位于桥梁人行道栏杆下）

c) 天津方向道岔区断面（III-III）（自动化测点位于路肩电缆槽外侧混凝土台上）

d) 天津方向经过道岔区断面（IV-IV）（自动化测点位于路肩电缆槽外侧混凝土台上）

图 5-94　京津城际铁路沉降自动化测点横断面布置示意图（尺寸单位：mm）

（3）施工区域地下水位自动化监测

地下水位的变化是引起路基及桥梁沉降的重要因素。因此，对施工区域地下水位的自动化监测也是翠亨路下穿京津城际铁路项目监测的重点。采用自动化振弦式渗压计对施工过程中的地下水位变化情况进行实时监控，选择有代表性的 21 口水位观测井进行监测。

针对翠亨路下穿京津城际铁路项目的核心安全控制因素（核心危险源），设计时就施工中避免京津城际铁路和京沪铁路地下水位异常变化制定了相关的监控措施。

该措施的核心是在降水施工过程中，在京津城际铁路及京沪铁路沿线施工范围内设置 21 口水位观测井，采用振弦式渗压计进行地下水位的监测，以监控地下水位的变化情况。水位测点布置如图 5-95 所示。测量过程中采用自动化和人工监测相结合的方法进行，施工期间采用自动化监测，施工前、施工后采用人工监测。水位测量采用振弦式渗压计进行监测。地下水位自动化监测点根据监测项目和地理位置进行编号，京津城际铁路沿线路基北侧测点编号依次为 AW16、AW17、AW18、AW19，其中“A”代表自动化测点（AUTO），“W”代表水位监测（WATER）；京津城际铁路沿线路基南侧测点编号依次为 AW12、AW13、AW14、AW15，AW20、AW21；京沪铁路北侧测点编号依次为 AW05、AW06、…、AW11；京沪铁路南侧测点编号依次为 AW01、AW02、AW03、AW04，其中 AW20 和 AW21 为水位监测基点。

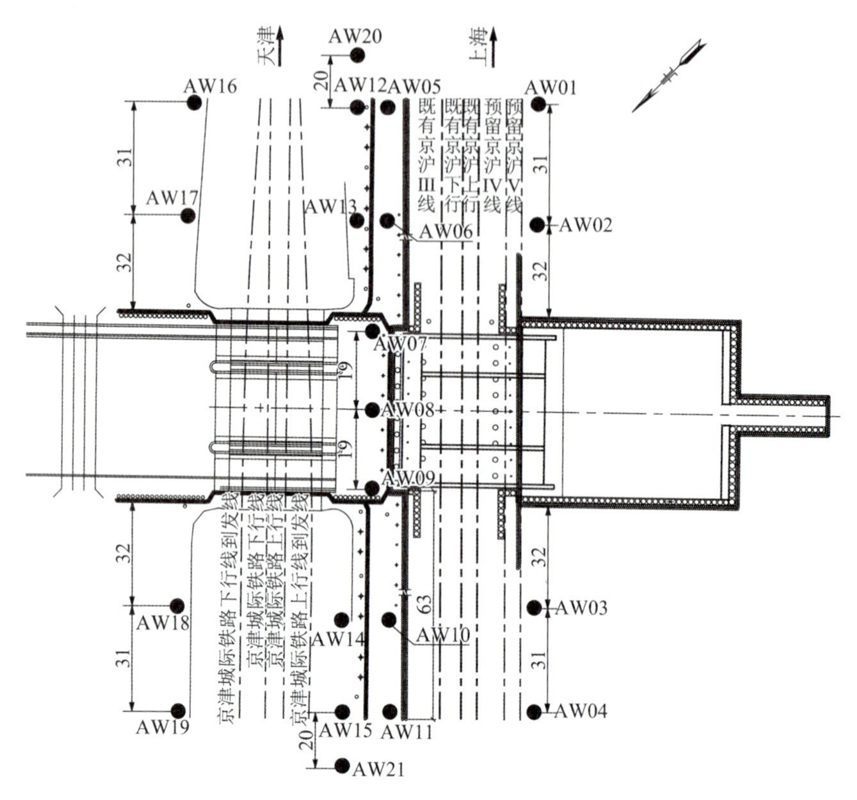

图 5-95 地下水位自动化测点布置示意图（尺寸单位：m）

（4）路桥结合段相对水平变形自动化监测

路桥结合段相对水平变形是体现翠亨路框构顶进对京津城际铁路影响的一个辅助指标。在京津城际铁路翠亨路刚构中桥的路桥结合段位置安装 4 个振弦式位移计，实时监测刚构桥梁和路基之间的相对水平位移。

在翠亨路刚构中桥两端的路桥结合段每一侧安装一个横向位移计，共计 4 组横向位移测量装置。每组装置采用一根钢棒将桥台顶与主梁在侧面相连，钢棒的一段为固定连接，另一端采用振弦式位移计连接，详细布置形式见图 5-96。

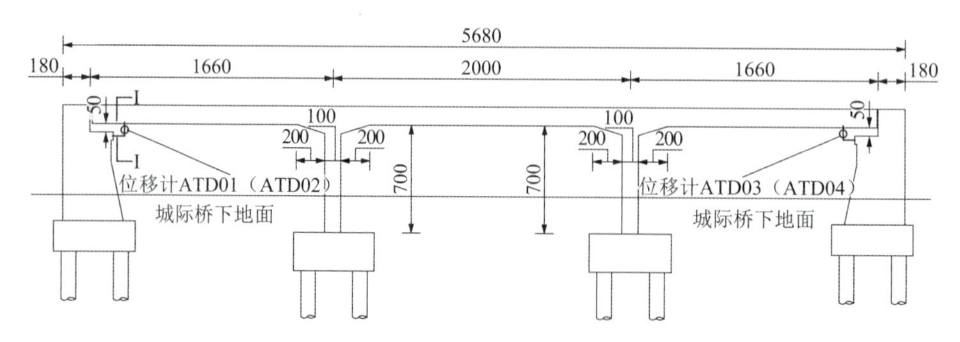

图 5-96 路桥结合段路基和桥梁相对水平变形测点布置图（尺寸单位：mm）

（5）桥墩水平变形监测

桥墩水平变形监测布点及观测方法见图 5-97。

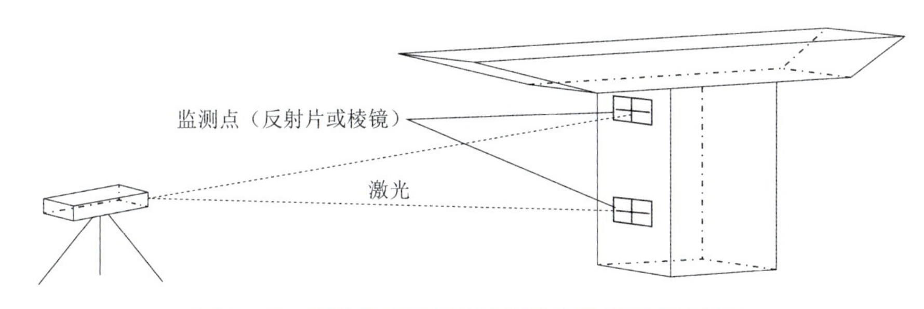

图 5-97 桥墩水平变形监测布点及观测方法示意图

测量方法：在 1.5～2 倍上、下观测点距离的位置建立观测站，要求全站仪视准轴尽可能垂直于桥墩面且正对反射标，并且每周期观测时要在同一点设站。按国家二级水平位移观测要求测定待测点的相对坐标值，两次观测坐标差值即可计算出该建筑物的倾斜变化量。

（6）接触网支柱基础水平变形监测

采用全站仪对京津城际铁路，以翠亨路中桥为中心，两侧合计 335m 范围内的 12 根接触网支柱基础进行水平变形监测，测点布置如图 5-98 所示。

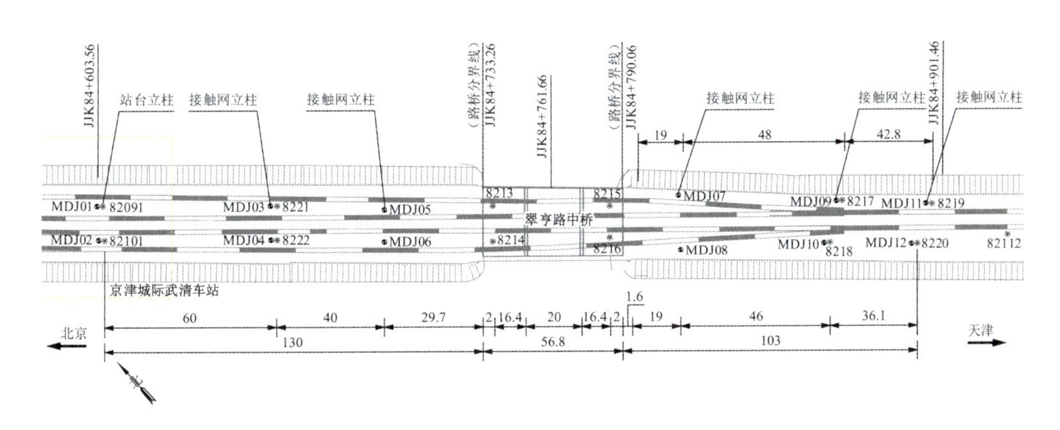

图 5-98 接触网支柱基础水平变形监测测点布置图（尺寸单位：m）

京津城际铁路接触网支柱基础水平变形测点编号原则：自小里程向大里程方向依次为 MDJ01、MDJ02、…、MDJ12。其中，“M”代表人工测点（Manual），“D”代表变形（Deformation），“J”代表接触网立柱。监测基点利用既有 CPIII点测量，且基点不少于 4 个。测量仪器采用徕卡 2003 或 1201 全站仪及相关附件或同等级全站仪。仪器应通过国家法定机构检定，并在检定有效期内。

3）预警指标体系

（1）轨面预警限值

以对应于路基测点断面的轨面相邻测点间的累计差异沉降量作为翠亨路下穿京津城际铁路项目的核心预警指标，按黄色、橙色、红色三级提供第三方监测方，轨面累计差异沉降量预警限值如表 5-28 所示。

轨面相邻测点累计差异沉降量预警限值 表 5-28

序号	人工断面	自动化通路	说明	黄色预警值（mm）		橙色预警值（mm）		红色预警值（mm）	
				下限	上限	下限	上限	下限	上限
1	MS02-MS01	—	路基	−1.5	1.5	−2.0	2.0	−2.8	2.8
2	MS03-MS02	—	路基	−1.5	1.5	−2.0	2.0	−2.8	2.8
3	MS04-MS03	—	路基	−1.5	1.5	−2.0	2.0	−2.8	2.8
4	MS05-MS04	—	路基	−1.5	1.5	−2.0	2.0	−2.8	2.8
5	MS06-MS05	S102-S101/S202-S201	路基	−1.5	1.5	−2.0	2.0	−2.8	2.8
6	MS07-MS06	S103-S102/S203-S202	路基	−1.5	1.5	−2.0	2.0	−2.8	2.8
7	MS08-MS07	S104-S103/S204-S203	路基	−1.5	1.5	−2.0	2.0	−2.8	2.8
8	MS09-MS08	S105-S104/S205-S204	路基	−0.8	0.8	−1.0	1.0	−1.4	1.4
9	MS10-MS09	S106-S105/S206-S205	北京路基过渡段	−0.8	0.8	−1.0	1.0	−1.4	1.4
10	MS11-MS10	S107-S106/S207-S206 S303-S301/S304-S302	北京方向路桥结合段	−1.0	0.5	−2.0	0.7	−3.0	1.0
11	MS12-MS11	S108-S107/S208-S207	桥上	−0.5	0.5	−0.8	0.8	−1.0	1.0
12	MS13-MS12	S209-S208	桥上	−0.8	0.8	−1.0	1.0	−1.4	1.4
13	MS14-MS13	S109-S108	桥上	−0.8	0.8	−1.0	1.0	−1.4	1.4
14	MS15-MS14	S110-S109/S210-S209 S307-S305/S308-S306	天津方向路桥结合段	−0.5	1.0	−0.7	2.0	−1.0	3.0
15	MS16-MS15	S111-S110/S211-S210	天津路基过渡段	−0.5	0.5	−0.8	0.8	−1.0	1.0
16	MS17-MS16	S112-S111/S212-S211	路基	−0.8	0.8	−1.0	1.0	−1.4	1.4
17	MS18-MS17	S113-S112	路基	−0.8	0.8	−1.0	1.0	−1.4	1.4
18	MS19-MS18	S114-S113/S213-S212	路基	−0.8	0.8	−1.0	1.0	−1.4	1.4
19	MS20-MS19	S115-S114/S215-S214	路基	−1.5	1.5	−2.0	2.0	−2.8	2.8
20	MS21-MS20	—	路基	−1.5	1.5	−2.0	2.0	−2.8	2.8
21	MS22-MS21	—	路基	−1.5	1.5	−2.0	2.0	−2.8	2.8
22	MS23-MS22	—	路基	−1.5	1.5	−2.0	2.0	−2.8	2.8
23	MS24-MS23	—	路基	−1.5	1.5	−2.0	2.0	−2.8	2.8

注：正值表示后一点较前一点沉降量小，负值表示后一点较前一点沉降量大。

项目实施期间，《邻近铁路营业线施工安全监测技术规程》（TB 10314—2021）尚未颁布，监测预警值根据当时《高速铁路设计规范（试行）》（TB 10621—2009）等对工后沉降量、差异沉降量和轨道平顺度的限值及细化安全评估结果共同确定。

（2）路肩预警限值建议

结合轨面的实测情况及既有路基和桥梁结构的刚度变化情况，对路基与轨面差异沉降量变化进行了数值模拟分析，根据二者的变化规律，按照 5 个位置对路基与轨面的换算比例进行确定，分别为普通路基及桥梁段、北京方向路基过渡段、北京方向路桥结合段、天津方向路基过渡段和天津方向路桥结合段。将轨面差异沉降量累计值预警限值按不同位置的比例放大后，作为路肩差异沉降量累计值预警限值，具体数值见表 5-29。需要说明的是，本计算结果是基于假设轨道结构状态完好，钢轨、扣件、轨道板、砂浆层、底座（或支承层）各层间连接紧密的条件下分析得到的，与实际情况有所差别，监测过程中应严密监测轨面变，以轨面实测累计差异沉降变化情况为准进行报警。按换算比例对丰台工务段提供的轨面累计差异沉降量限值进行换算后得到的表 5-29 中的路肩预警限值，仅作为报警参考。

路肩相邻测点累计差异沉降量预警限值 表 5-29

序号	人工断面	自动化通路	说明	黄色预警值（mm）		橙色预警值（mm）		红色预警值（mm）		换算比例
				下限	上限	下限	上限	下限	上限	
1	MS02-MS01	—	路基	−1.5	1.5	−2.0	2.0	−2.8	2.8	1
2	MS03-MS02	—	路基	−1.5	1.5	−2.0	2.0	−2.8	2.8	1
3	MS04-MS03	—	路基	−1.5	1.5	−2.0	2.0	−2.8	2.8	1
4	MS05-MS04	—	路基	−1.5	1.5	−2.0	2.0	−2.8	2.8	1
5	MS06-MS05	S102-S101/S202-S201	路基	−1.5	1.5	−2.0	2.0	−2.8	2.8	1
6	MS07-MS06	S103-S102/S203-S202	路基	−1.5	1.5	−2.0	2.0	−2.8	2.8	1
7	MS08-MS07	S104-S103/S204-S203	路基	−1.5	1.5	−2.0	2.0	−2.8	2.8	1
8	MS09-MS08	S105-S104/S205-S204	路基	−2.8	2.8	−3.5	3.5	−4.9	4.9	3.5
9	MS10-MS09	S106-S105/S206-S205	北京路基过渡段	−1.8	1.8	−2.3	2.3	−3.2	3.2	2.3
10	MS11-MS10	S107-S106/S207-S206 S303-S301/S304-S302	北京方向路桥结合段	−2.3	1.2	−4.6	1.6	−6.9	2.3	2.3
11	MS12-MS11	S108-S107/S208-S207	桥上	−0.5	0.5	−0.8	0.8	−1.0	1.0	1
12	MS13-MS12	S209-S208	桥上	−0.8	0.8	−1.0	1.0	−1.4	1.4	1
13	MS14-MS13	S109-S108	桥上	−0.8	0.8	−1.0	1.0	−1.4	1.4	1
14	MS15-MS14	S110-S109/S210-S209 S307-S305/S308-S306	天津方向路桥结合段	−0.6	1.2	−0.8	2.4	−1.2	3.6	1.2
15	MS16-MS15	S111-S110/S211-S210	天津路基过渡段	−1.0	1.0	−1.5	1.5	−1.9	1.9	1.9
16	MS17-MS16	S112-S111/S212-S211	路基	−0.8	0.8	−1.0	1.0	−1.4	1.4	1
17	MS18-MS17	S113-S112	路基	−0.8	0.8	−1.0	1.0	−1.4	1.4	1
18	MS19-MS18	S114-S113/S213-S212	路基	−0.8	0.8	−1.0	1.0	−1.4	1.4	1
19	MS20-MS19	S115-S114/S215-S214	路基	−1.5	1.5	−2.0	2.0	−2.8	2.8	1
20	MS21-MS20	—	路基	−1.5	1.5	−2.0	2.0	−2.8	2.8	1
21	MS22-MS21	—	路基	−1.5	1.5	−2.0	2.0	−2.8	2.8	1
22	MS23-MS22	—	路基	−1.5	1.5	−2.0	2.0	−2.8	2.8	1
23	MS24-MS23	—	路基	−1.5	1.5	−2.0	2.0	−2.8	2.8	1

注：本表中路肩预警限值仅作为报警参考，同时应严密监测轨面变化，并以轨面差异沉降量累计值变化情况进行报警。

项目实施期间，《邻近铁路营业线施工安全监测技术规程》（TB 10314—2021）及新版《高速铁路线路维修规则》尚未颁布，监测预警值根据当时《高速铁路设计规范（试行）》（TB 10621—2009）等对工后沉降量、差异沉降量和轨道平顺度的限值及细化安全评估结果共同确定。

5.7.2 监测方案实施

1）京津城际铁路路基和桥梁的自动化沉降监测测点安装

（1）路基和桥梁沉降自动化测点现场仪器布线方式

结合现场情况，拟定在翠亨路刚构中桥天津方向桥台内侧，设立一个监测基站，三条沉降测量通路均与该基站相连。基站实体为一个仪器保护机柜，机柜内放置自动化数据采集单元、电源及其他配套装置。各个测点与基站的连接方式如图 5-99 所示。

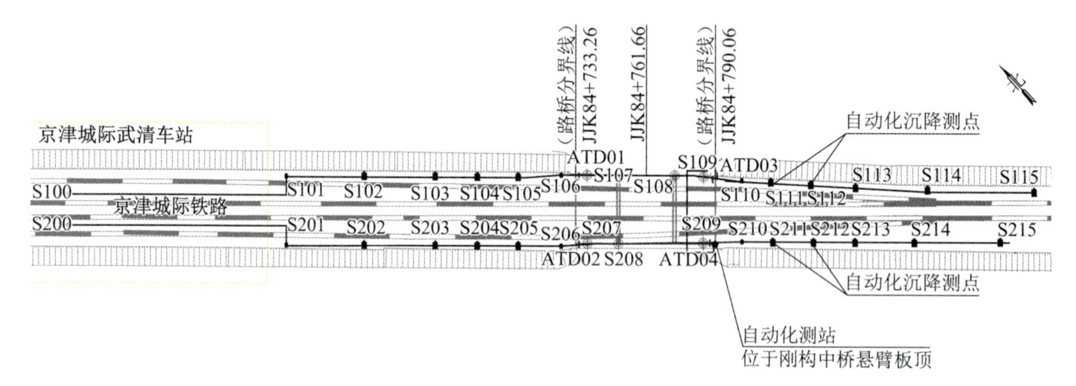

图 5-99 京津城际铁路路基和翠亨路中桥沉降现场仪器布线示意图

（2）路基测点静力水准仪的安装和保护

本项目中监测仪器安装和保护方法的设计是基于既能取得较好的测量效果，又不影响高铁行车安全的前提下完成的，结合现场踏勘后的成果，路基处测点的布置方案为路基处的沉降自动化测点布置于路肩电缆槽外侧的混凝土台上，混凝土台宽 50cm，高 30cm。采用在路肩混凝土顶面安装静力水准仪基座，并加盖保护盖的方式。对仪器设备进行安装和保护，具体的安装方法如图 5-100～图 5-103 所示。

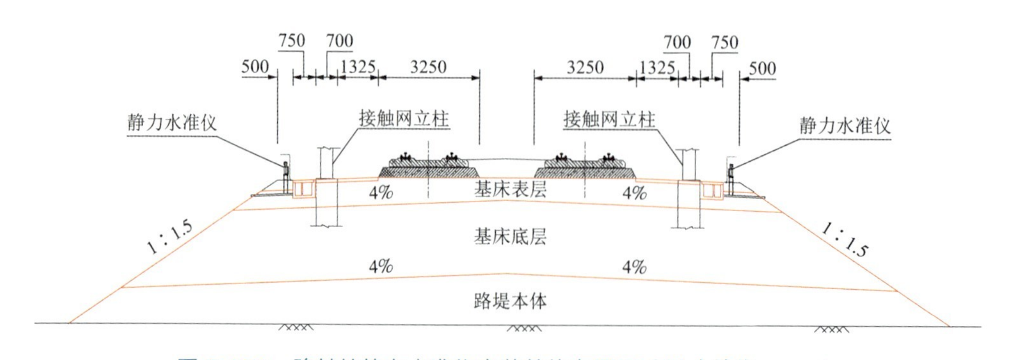

图 5-100 路基处静力水准仪安装总体布置图（尺寸单位：mm）

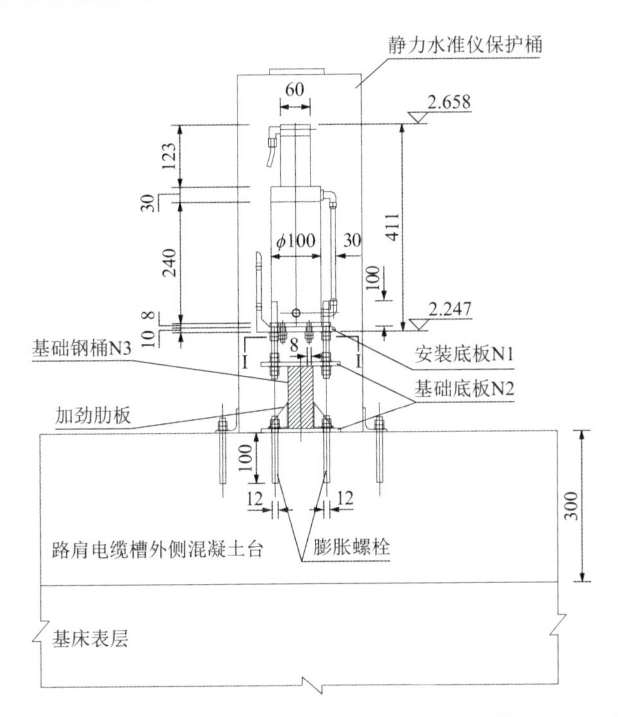

图 5-101　路基处静力水准仪安装横断面布置示意图（尺寸单位：mm；高程单位：m）

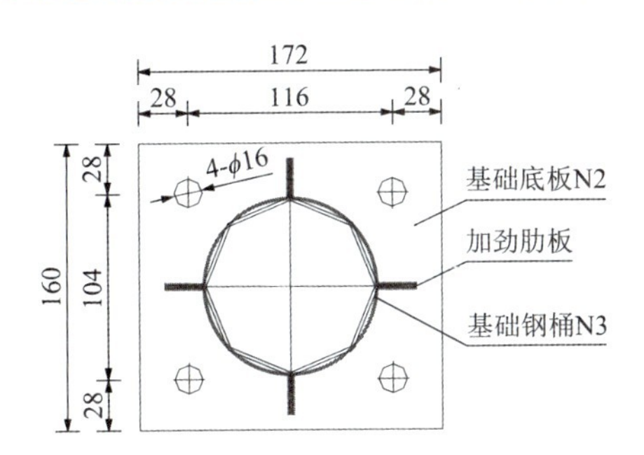

图 5-102　路基处静力水准仪保护壳安装平面布置示意图（尺寸单位：mm）

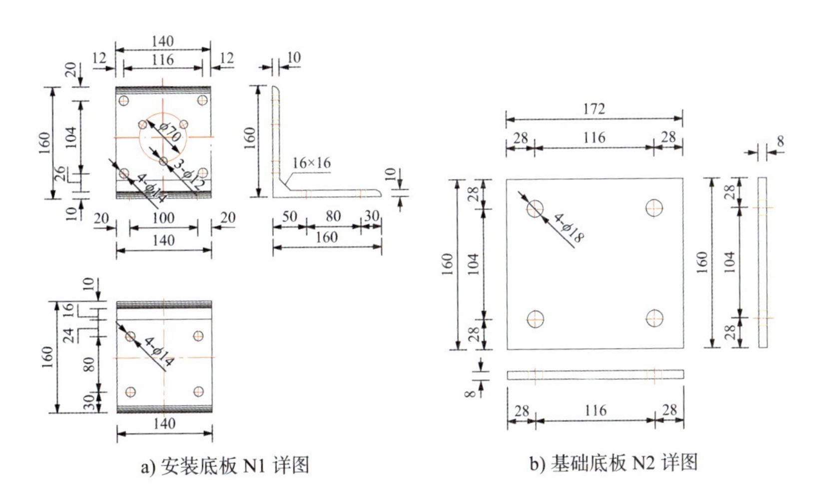

图 5-103　路基处静力水准仪基墩底板和安装底板详图（尺寸单位：mm）

（3）桥梁测点静力水准仪的安装和保护

桥梁处沉降自动化测点安装于到发线外侧的栏杆下，同样考虑行车安全和仪器保护问题，在静力水准仪的外侧增加了保护壳，以确保运营路线和测量设备的安全。具体布置方法如图5-104、图5-105所示。

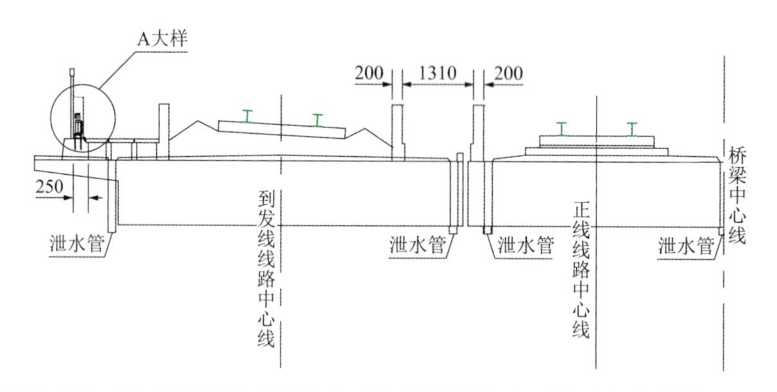

图5-104 桥梁测点静力水准仪安装和保护横断面示意图（尺寸单位：mm）

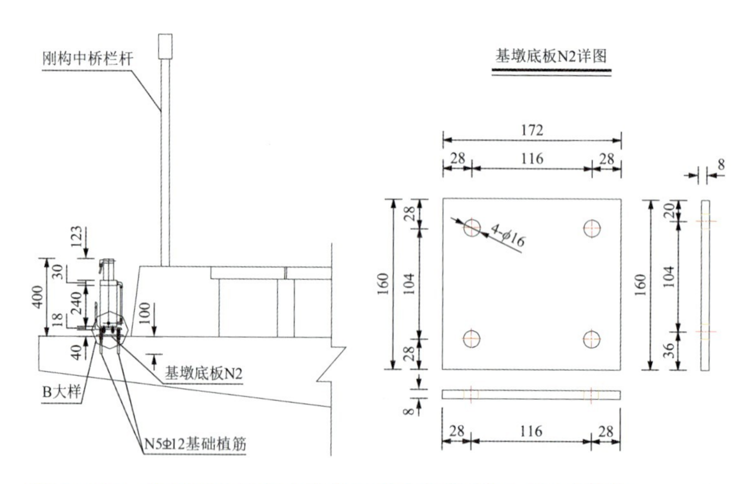

图5-105 桥梁测点静力水准仪安装和保护详图（尺寸单位：mm）

静力水准仪的具体安装步骤包括：①安装底座；②安装水准仪；③通液管连接、铺设；④系统充液；⑤悬挂浮筒，组合容器与容器顶盖；⑥通气管安装、铺设；⑦安装并连接采集设备；⑧配置现场计算机并安装采集软件；⑨系统调试。

2）施工区域地下水位自动化监测测点的安装

（1）施工区域地下水位测点现场仪器布线方式

施工区域共设置3排水位测点，分别位于京津城际高铁的东西两侧和京沪铁路西侧，其中，京津城际两侧的测点可沿线路连接至翠亨路刚构中桥防撞墙基站处；京沪西侧测点需沿施工期纵横抬梁的空隙，穿越京沪线，最后连接至翠亨路刚构中桥基站处，具体布线形式如图5-106所示，最终21口水位监测井施作了16口，布设16个水位监测测点，在这16个水位监测点中，有2个采用了自动化监测的方法，其余14个采用人工监测的方法。

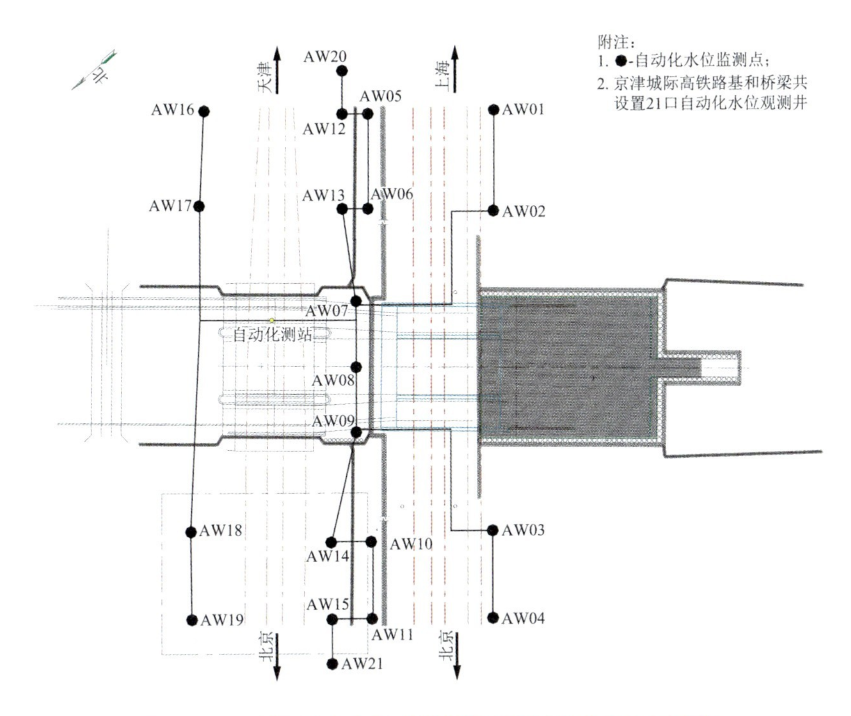

图 5-106　地下水位自动化监测测点现场仪器布线示意图

（2）地下水位测点渗压计安装和保护

测量地下水位变化的振弦式渗压计直接置于预设的水位观测井中即可，但需在保护井口处开槽，以便于仪器电缆穿过，图 5-107 为了渗压计的安装和保护示意图。

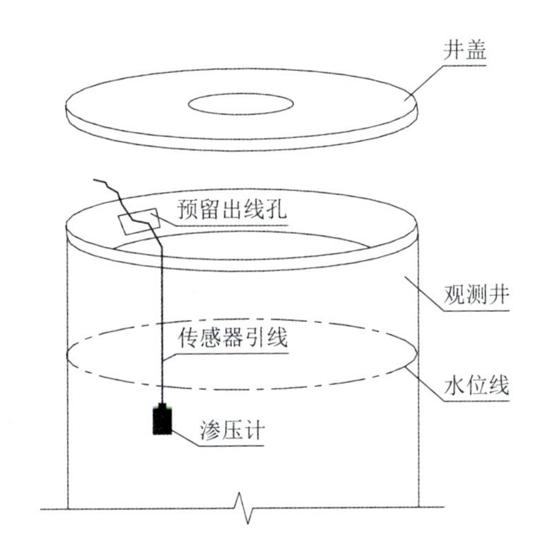

图 5-107　水位测点渗压计的安装和保护示意图

3）路桥结合段相对水平变形自动化监测的测点安装

现场安装时，将裂缝计安装于两侧到发线边梁与桥台之间，裂缝计的轴向与桥梁的横桥向平行，其中裂缝计两侧锚杆至杆件中心的距离为 28cm，埋入边梁底的深度为 3cm。具体的安装如图 5-108、图 5-109 所示。

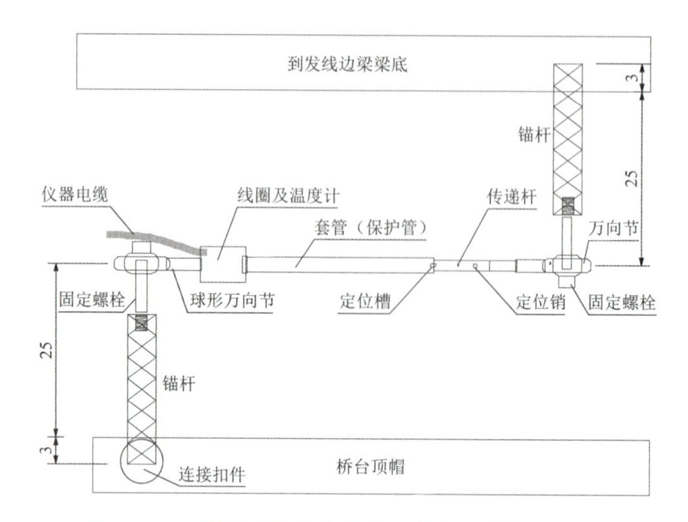

图 5-108　振弦式裂缝计安装示意图（单位：mm）

图 5-109　振弦式裂缝计安装照片

翠亨路下穿京津城际铁路项目所研发的 SMAIS 京津城际高铁自动化管理与分析系统从 2012 年 6 月 15 日开始上线安装，于 2012 年 8 月 13 日组网建成。经过 2 天的采集数据校核和调试后，于 2012 年 8 月 13 日开始采集第一组数据，系统开始运行。人工上线监测于 2012 年 6 月 13 日开始测量。现场安装和调试过程如图 5-110 所示。

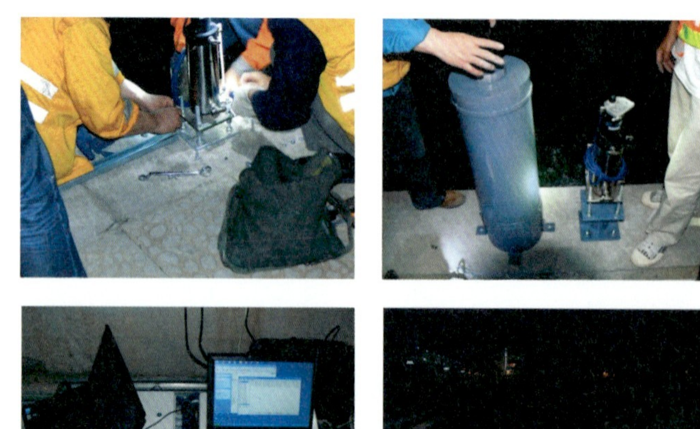

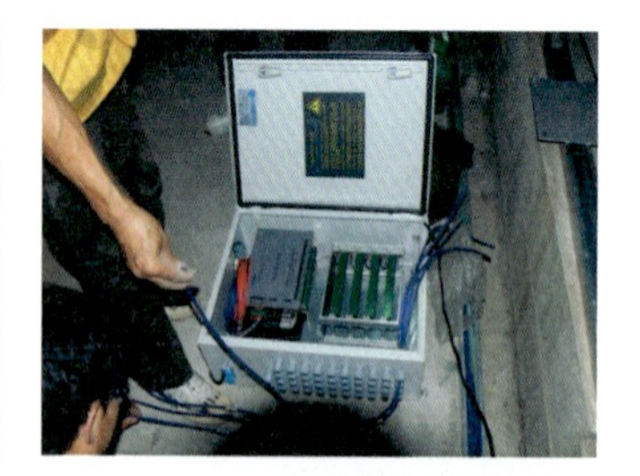

图 5-110　现场安装和调试过程

5.7.3 监测成果分析

节选整个施工过程 6 个关键节点，详见表 5-30。各关键节点沉降断面曲线见图 5-111 和图 5-112。

关键节点划分　　　　表 5-30

关键节点	日期
初始值	2012.6.13
一支渠施工完毕	2012.9.17
框构施工完毕	2013.1.3
U 形槽施工完毕	2013.4.18
工程竣工	2013.5.18
最近一次测量	2013.9.27

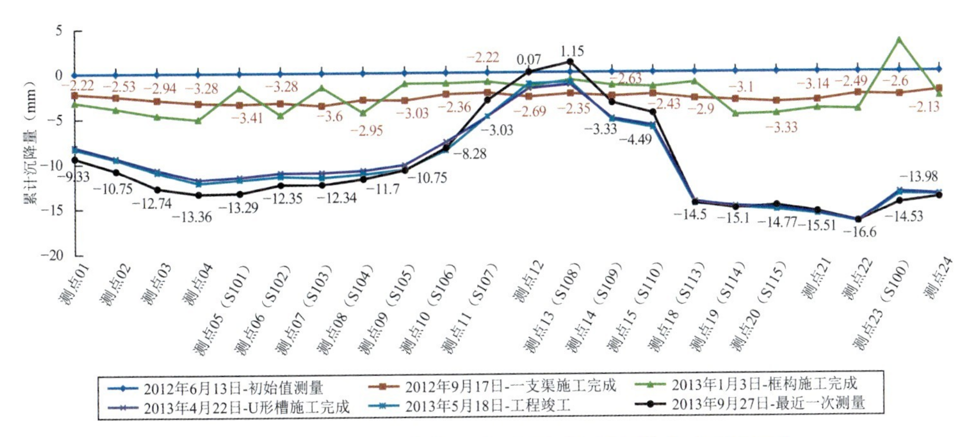

图 5-111　下行 01 通路施工全过程沉降断面曲线变化示意图

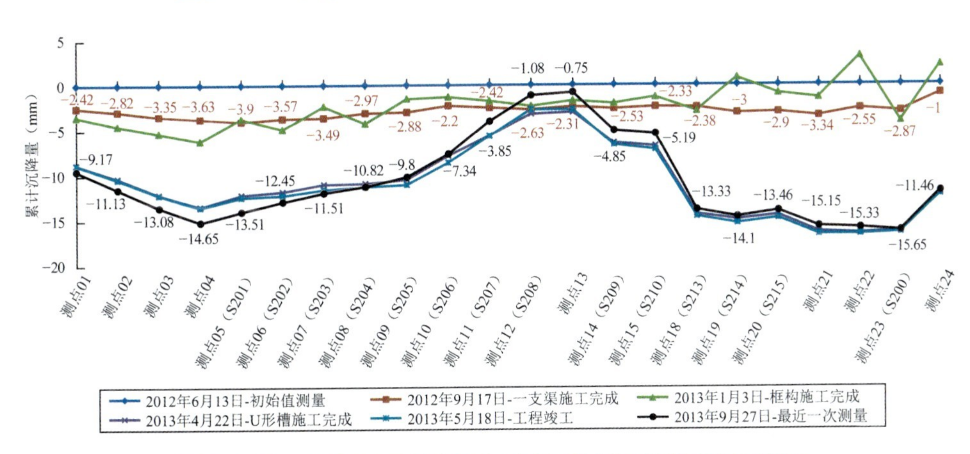

图 5-112　上行 03 通路施工全过程沉降断面曲线变化示意图

从断面曲线可以看出整个施工过程中，京津城际铁路发生了沉降变形，路基沉降要大于刚构中桥发生的沉降变形。

从 2013 年 5 月 18 日工程竣工到 2013 年 9 月 27 日最后一次测量各测点的沉降量变化见表 5-31，时程曲线见图 5-113 和图 5-114。从图表中可以看出，施工结束后的 4 个月中，测点沉降变形曲线平缓，未再发生显著变化，因此可判断施工的影响已经稳定。测量结果见图 5-115、图 5-116。

工程竣工到最近一次测量期间各测点发生的沉降变形（单位：mm）　　表 5-31

通路	测点编号	测点位置	竣工到最近一次测量		
			开始：2013 年 5 月 18 日	结束：2013 年 9 月 27 日	变化量
下行 01	测点 09（S105）	路基	−10.71	−10.75	↓0.04
	测点 10（S106）	路基过渡段	−8.60	−8.28	↑0.32
	测点 11（S107）	北京方向桥头	−4.86	−3.03	↑1.83
	测点 12	桥上	−1.25	0.07	↑1.32
	测点 13（S108）	桥上	−1.06	1.15	↑2.21
	测点 14（S109）	天津方向桥头	−5.29	−3.33	↑1.96
	测点 15（S110）	路基过渡段	−6.16	−4.49	↑1.67
上行 03	测点 09（S105）	路基	−11.02	−10.14	↑0.88
	测点 10（S106）	路基过渡段	−8.41	−7.49	↑0.92
	测点 11（S107）	北京方向桥头	−6.06	−4.03	↑2.03
	测点 12	桥上	−2.17	−0.49	↑1.68
	测点 13（S108）	桥上	−1.99	−0.23	↑1.76
	测点 14（S109）	天津方向桥头	−5.78	−4.44	↑1.34
	测点 15（S110）	路基过渡段	−9.86	−8.96	↑0.90

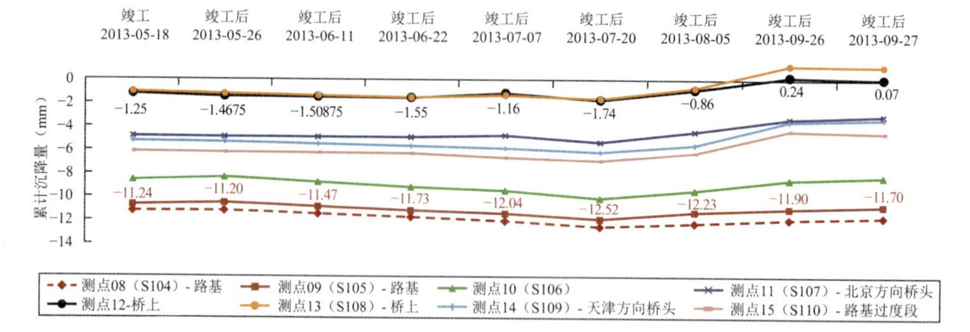

图 5-113　下行 01 断面竣工后各测点时程曲线变化示意图

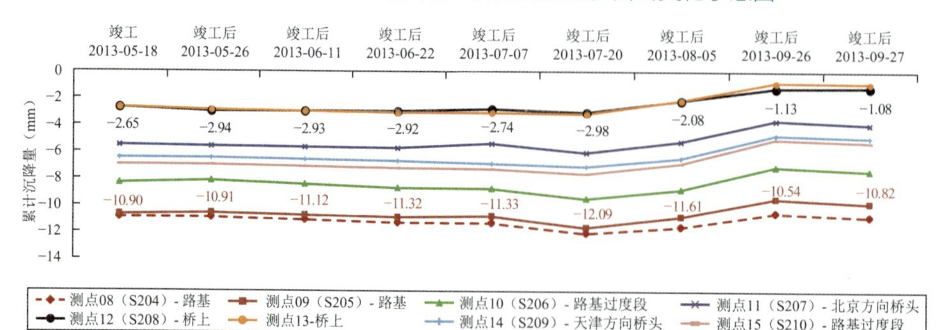

图 5-114　上行 03 断面竣工后各测点时程曲线变化示意图

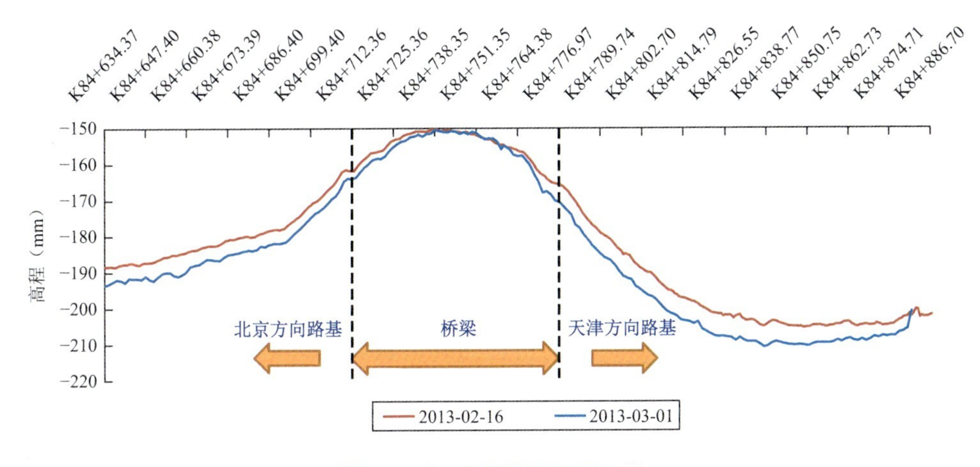

图 5-115 轨道高程测量结果

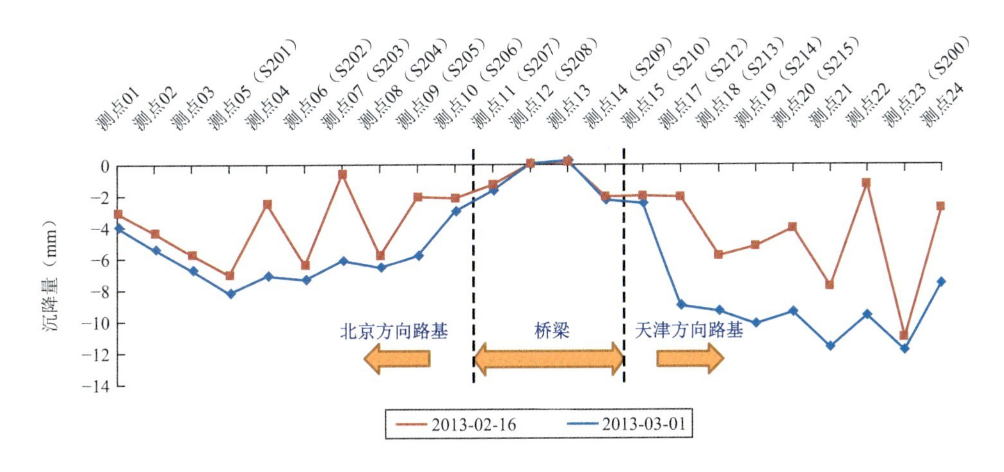

图 5-116 路基和桥梁结构沉降测量结果

5.8 高架站桥邻近既有高铁桥梁沉降自动化监测实例

5.8.1 工程概况

京雄城际铁路北京大兴高架站规模为两台五线，包括 2 条正线、3 条到发线、1 座岛式站台和 1 座侧式站台。该高架站桥由分离式的预应力混凝土连续梁桥、T 构桥及简支箱梁桥组成，如表 5-32 所示。

高架站桥结构形式及跨度　　表 5-32

序号	线别	结构形式及跨度
1	Ⅰ、Ⅱ道	1-(65 + 110 + 110 + 65)m 双线连续梁
2	3 道	1-(65 + 110 + 110 + 65)m 单线连续梁
3	4 道	1-(65 + 110 + 110 + 65)m 单线连续梁

续上表

序号	线别	结构形式及跨度
4	6 道	1-(85 + 85)m 单线 T 构 + 1-24m 单线简支梁 + 1-(50 + 94 + 50)m 单线连续梁
5	侧式站台	1-(36 + 68 + 36)m 连续梁
6	岛式站台	1-(36 + 68 + 36)m 连续梁 + 1-13m 简支梁

图 5-117 表示了新建高架站的基础平面布置及与既有京沪高铁桥梁的关系。如图 5-117 所示，新建高架站最大承台为正线连续梁 76 号承台，达到 24m × 39.3m × 6.9m，该承台基坑采用钻孔灌注桩防护，桩径为 1.25m，桩间距 1.5m，靠近高铁侧钻孔灌注桩进行了加长，桩长 55～70m，其余的钻孔灌注桩桩长为 13～20m。新建高架站与京沪高铁最小线间距为 35m，承台最小净距为 13m，位于侧式站台梁 3 号桥墩。

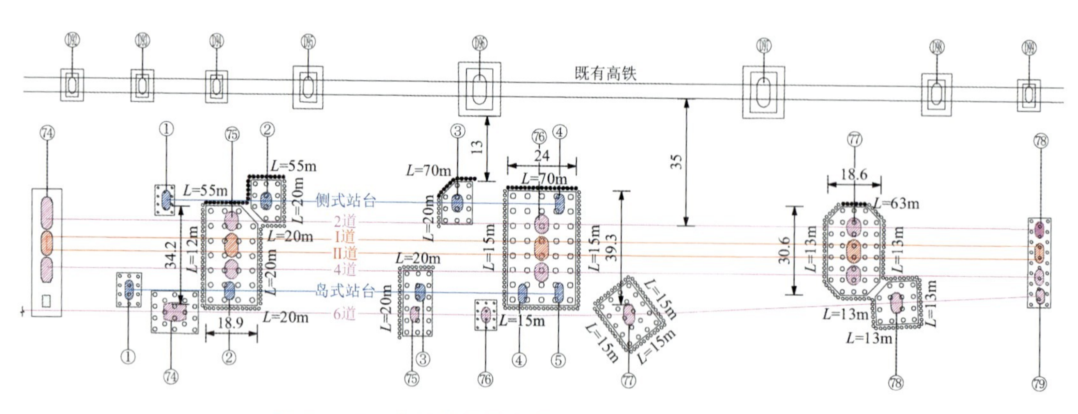

图 5-117　高架站平面布置示意图（尺寸单位：m）

新建高架站桥各连续梁的立面布置如图 5-118～图 5-120 所示。

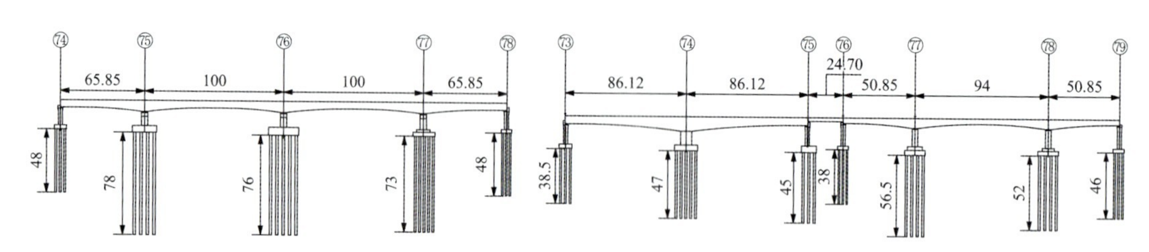

图 5-118　3 道、4 道及正线连续梁立面布置示意图（尺寸单位：m）

图 5-119　6 道连续梁立面布置示意图（尺寸单位：m）

既有京沪高铁为无砟轨道，运行速度 350km/h，线下结构采用60m + 100m + 60m连续梁，立面布置如图 5-121 所示。

本桥桥址区地层为第四系全新统冲洪积层（Q_4^{al+pl}）：黏土、粉质黏土、淤泥质粉质黏土、粉土、粉砂、细砂、中砂、粗砂和砾砂；第四系上更新统冲洪积层（Q_3^{al+pl}）黏土、粉质黏土、粉土、粉砂、细砂、中砂、粗砂、砾砂、细圆砾土、粗圆砾土；下伏白垩系下统（K_1）泥灰岩。局部地表覆盖第四系全新统人工堆积层（Q_4^{ml}）素填土、杂填土、填筑土。

地下水为第四系地层孔隙潜水，稳定水位埋深为 17.40～24.60m，水位季节变幅 3～5m。

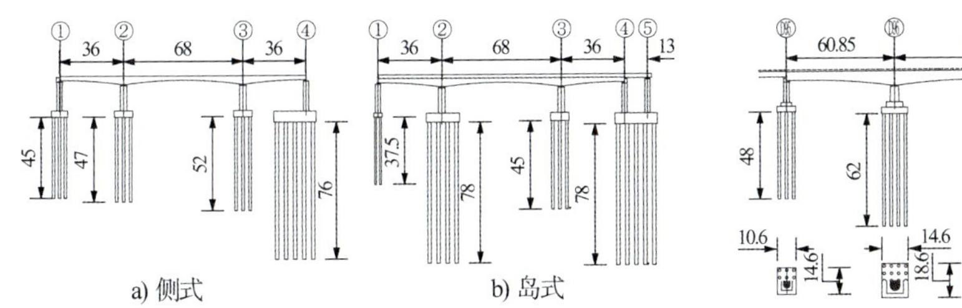

图 5-120　岛式、侧式站台连续梁立面布置示意图（尺寸单位：m）

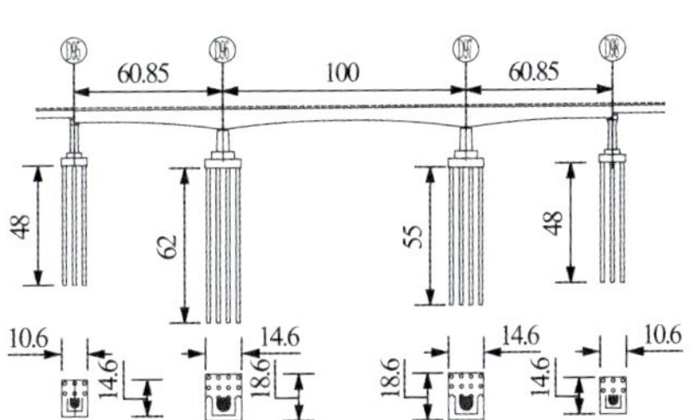

图 5-121　京沪高铁桥梁立面布置示意图（尺寸单位：m）

结合轨面平顺性、历史沉降、安全评估等情况，综合确定京沪高铁不均匀沉降预警值，如表 5-33 所示。

京沪高铁桥梁不均匀沉降预警值（单位：mm）　　表 5-33

监测内容	黄色预警值	橙色预警值	红色预警值
相邻墩台差异沉降量	2.0	3.2	3.6

5.8.2　监测方案设计

1）监测项目及技术要求

监测项目及技术要求见表 5-34。

监测项目及技术要求　　表 5-34

监测指标	监测方式	测点位置	精度要求
沉降变形	自动化	桥墩断面箱梁腹板处	点位中误差 ≤ 1.5mm
	人工	桥墩墩身侧面	二等水准
水平变形	自动化	桥墩箱梁腹板内侧	0.6mm + 1ppm
	人工	桥墩箱梁腹板内侧	二等平面
视频监测	自动化	桥墩顶	—

2）监测周期

自并行段落内京雄城际铁路开始施工至铺轨完成后 3 个月。

3）沉降变形监测方案设计

（1）测点布置

监测范围内的京沪高铁逐墩布置沉降监测测点，测点布置于京雄城际铁路施工侧。测点布置在桥墩支座垂线对应的箱梁内腹板上。

（2）设备选型

采用 5.6.2 节所述自动化沉降监测传感器。

4）水平变形监测方案设计

（1）测点布置

京雄城际铁路北京大兴站对应京沪高铁水平变形监测：采用自动化测量机器人的方式进行监测，监测范围内逐墩布点，测点布置在墩顶支座垂线所对应的箱梁内部腹板上，双侧布点。布设高精度全站仪4台，温度气压传感器4个，棱镜66个，供电及其他配套设备4套。

（2）设备选型

①自动全站仪

自动全站仪又称测量机器人，是一种集自动目标识别、自动照准、自动测角与测距、自动目标追踪、自动记录于一体的测量平台，此次水平变形自动化测量采用徕卡TS50型全站仪（图5-122）。

全站仪通过太阳能电池板供电，经计算，需要3组40W太阳能电池板及3块蓄电池串联对其进行供电。

②棱镜

自动化水平变形监测所使用的棱镜名称为德国Sinning棱镜（图5-123）。Sinning棱镜是CPIII测量专用棱镜，在我国京沪高铁、石武客运专线、徐兰客运专线等线路中应用广泛。Sinning棱镜打磨精度为2″，是目前打磨精度最高的测距棱镜。棱镜为铝镁合金制造，测量范围800m，兼容多种预埋件。

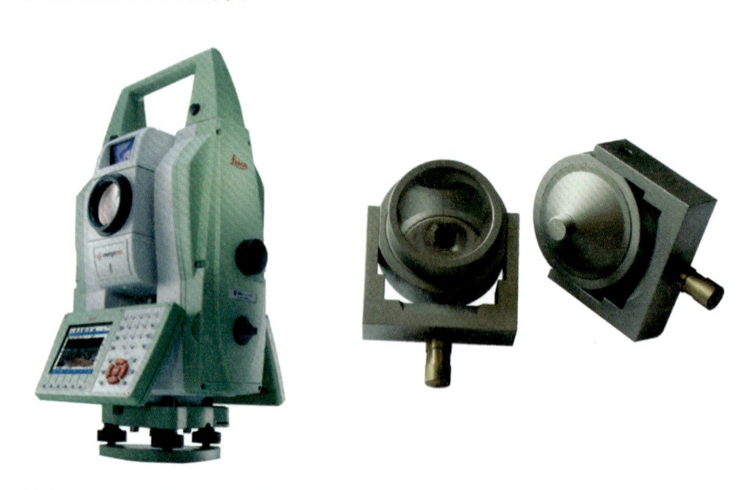

图5-122　徕卡TS50全站仪　　图5-123　Sinning棱镜

5）施工现场视频监控

采用高速高清摄像头组成的视频监控系统对并行段落施工区域内的施工作业进行视频监控，沿监测段落共布置7处视频监控点，分别布置C117号、D16号、D47号、D70号、D95号、D129号、D165号桥墩靠近京雄城际铁路施工一侧，在支持对现场视频影像的实时查看、回放，以便于结合现场施工情况对京雄城际铁路监测数据进行分析。视频监控系统采用太阳能电池板供电，经计算，每个高清摄像头需要3块40W太阳能电池板及3块蓄电池串联进行供电。

6）监测频率及预警机制

（1）京沪高铁变形监测采集频率

根据不同的施工阶段和监测内容，设置不同的监测频率。京沪高铁变形监测的核心方法为自动化监测，在施工单位开工之前，自动化监测系统采集 10 次数据，施工关键期自动化监测频率为 1 次/10min，施工非关键期自动化监测频率为 1 次/6h，施工后自动化监测频率为 1 次/d。

自动化监测系统建立前辅助人工测量，施工前测量 3 次作为原始数据，开工后在施工影响段落内为 1 次/3d；自动化监测过程中的人工校核自动化基准点和各通液区段转点频次为 1 次/月，见表 5-35。

自动化监测频次　　表 5-35

序号	监测内容	监测手段	测点数量（个）	监测采集频率			
				施工前	施工关键期	施工非关键期	铺轨后 3 个月
1	自动化沉降监测	自动化	241	10 次	1 次/10min	1 次/6h	1 次/d
2	自动化水平变形监测	自动化	66	10 次	1 次/10min	1 次/6h	1 次/d

（2）京沪高铁变形监测成果上报频率

施工沉降监测成果报告频率为 1 次/d。

（3）预警值

①并行段落既有沉降分析

并行段落及两侧一定范围内的京沪高铁 CPIII 点的沉降监测数据如图 5-124 所示。

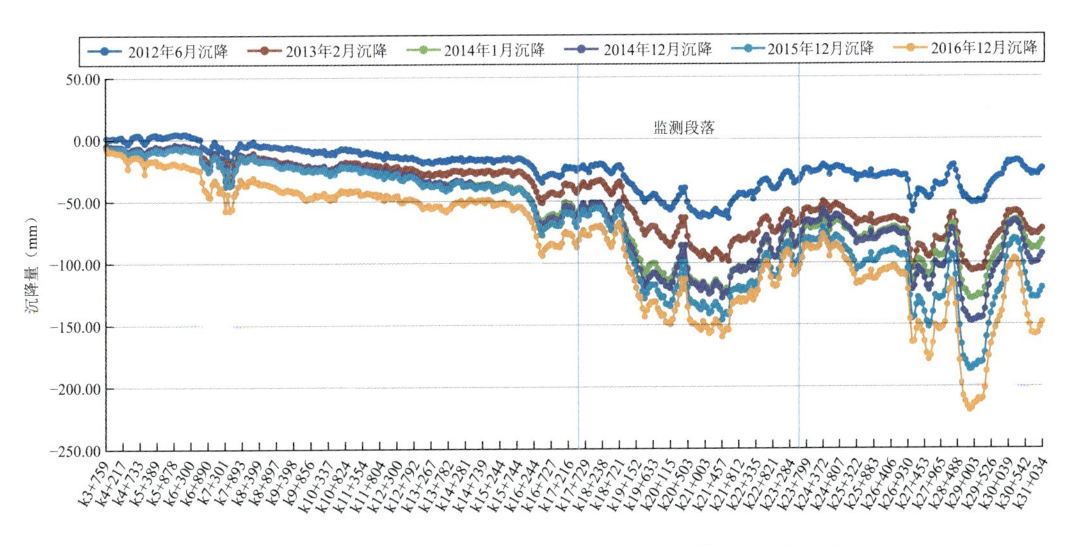

图 5-124　京沪高铁 K3 + 579～K31 + 034 段落 CPIII 点沉降量

图 5-124 表示了京沪高铁 K3 + 579～K31 + 034 段落内的 CPIII 点的沉降量，图示曲线均以 2011 年调轨前的高程数据为基准。由图中可以看出，并行段落位于区域沉降漏斗内。考察 2016 年的沉降速率，见图 5-125。

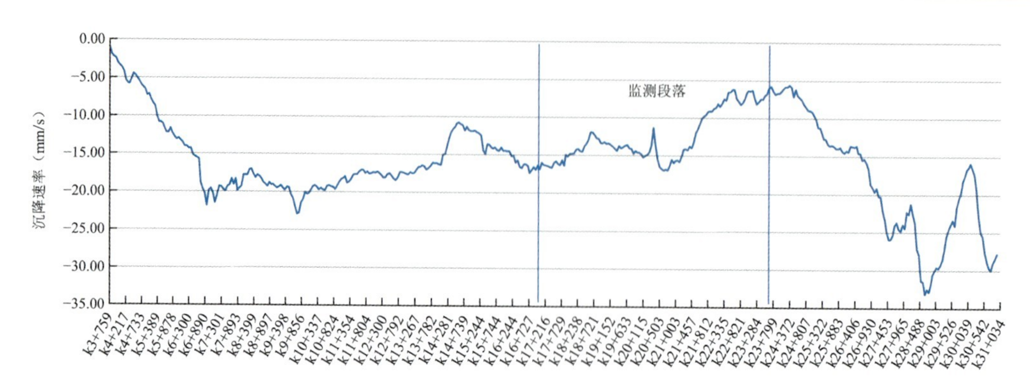

图 5-125　京沪高铁 K3 + 579～K31 + 034 段落 CPIII 点 2016 年沉降速率

由图 5-125 可以看出，并行段落内 2016 年区域沉降速率为 5～18mm。

由于 CPIII 点与桥墩的位置并不一致，因此该数据只能定性地判断监测段落的沉降趋势，而并不能严格地、定量地反映桥墩的差异沉降值。

②《高铁无砟轨道线路维修规则（试行）》（铁运〔2012〕83 号）的规定

《高速铁路无砟轨道线路维修规则（试行）》（铁运〔2012〕83 号）第 6.1.1 条对线路静态几何尺寸容许偏差管理值作出了规定，如表 5-36 所示。

250（不含）～350km/h 线路轨道静态几何尺寸容许偏差管理值（高低及轨向）　表 5-36

项目	作业验收	经常保养	临时补修	限速（200km/h）
高低（mm）	2	4	7	8
轨向（直线）（mm）	2	4	5	6

注：高低和轨向偏差为 10m 及以下弦测量的最大矢度值。

③预警值确定

根据《新建京雄城际并行京沪高铁安全性评估报告专家意见》第二条：

“对新建京雄城际并行的京沪高铁地段的轨道现状及扣件运用情况进行全面调查，施工前需对并行地段京沪高铁的轨道调整到最佳状态，施工中根据变形观测情况适时进行相应调整”。在并行地段既有京沪高铁轨面调平归零的基础上，从工务维修的角度出发，分别以经常保养、临时补修、限速（200km/h）三级限值的 60%确定黄色预警、橙色预警、红色预警，如表 5-37 所示。因为《高速铁路无砟轨道维修规则》中轨向和高低值均指 10m 及以下弦测量的最大矢度值，而监测范围内京沪高铁桥梁的最小跨度为 24m，因此采用此方法确定的监测预警值是偏于安全的。

京沪高铁桥梁结构沉降变形监测预警值　表 5-37

监测内容	黄色预警值（mm）	橙色预警值（mm）	红色预警值（mm）
相邻墩台差异沉降量	2.0	3.2	3.6
相邻墩台水平变形差异值	2.0	3.2	3.6

项目实施期间，《邻近铁路营业线施工安全监测技术规程》（TB 10314—2021）及新版《高速铁路线路维修规则》尚未颁布，监测预警值根据当时《高速铁路设计规范》（TB

10621—2014)、《高速无砟轨道线路维修规则(试行)》(TG/GW 115—2012)等对工后沉降量、差异沉降量和轨道平顺度的限值及细化安全评估结果共同确定。

5.8.3 监测方案实施

1)沉降变形监测施工方案

(1)仪器安装工艺流程及质量检查标准

在监测区段每一孔桥墩对应梁体设置一个测点，测点布设于桥墩顶部箱梁斜腹板对应支座中心线位置，靠近施工侧；测点布设于桥墩顶部箱梁腹板对应支座中心线位置，靠近施工侧。测点之间连接管线包含电缆、通液管及通气管。在变形极值点等关键部位增设监测点，每个测点单元安装一个 JS-1800 型硅压阻式沉降仪，测点安装在箱梁的斜腹板上，与线路平行。硅压阻式沉降仪使用法兰、铝扣件、螺栓、支架固定，管线使用管线扣件固定。系统安装工序，如图 5-126 所示。

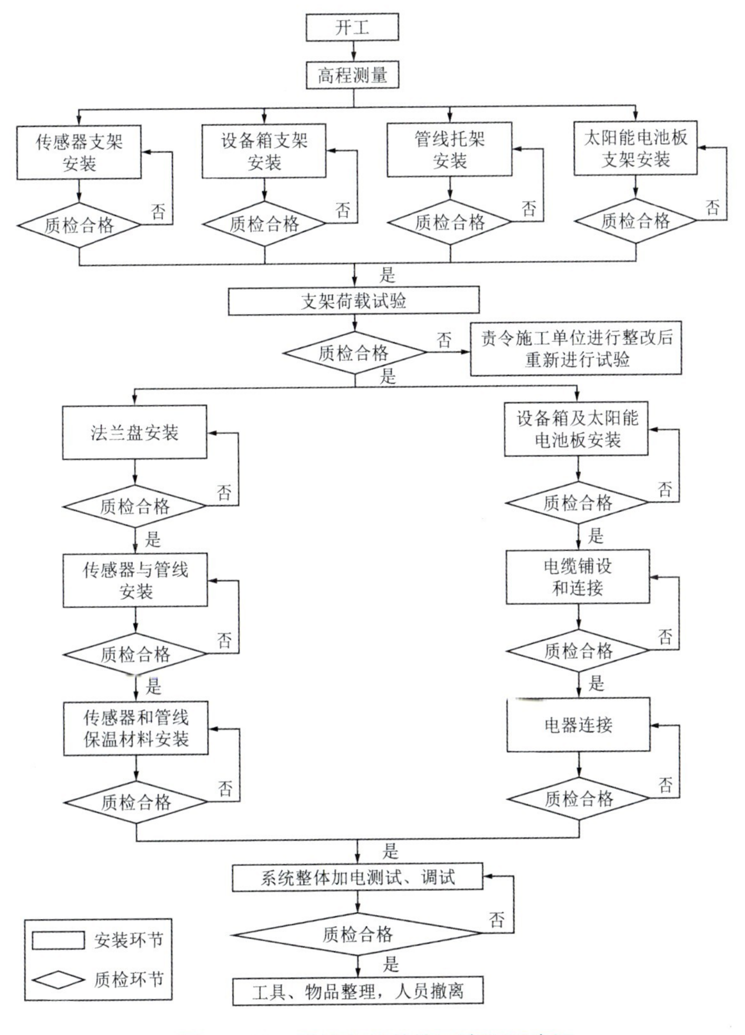

图 5-126 系统布设的施工流程示意图

（2）测点固定

硅压阻式沉降仪（高 37mm，ϕ55mm），每个测点安装 1 台硅压阻式沉降仪，使用防护盒扣件进行防护，防护盒扣件固定在基础钢板顶端法兰上。测点处桥墩的沉降带动梁体上支架沉降，硅压阻式沉降仪从而感应到梁体的沉降变化，实现桥墩的沉降监测。测点安装和固定如图 5-127、图 5-128 所示。

图 5-127　硅压阻式沉降仪实物图

图 5-128　仪器安装实例参考图

（3）支架的安装

水准仪通过仪器支架与箱梁连接，因此仪器支架起到固定仪器和传递位移的作用，要求其具备足够的强度和刚度。为避免对既有梁体造成损坏，采用涂抹型粘钢胶对支架进行固定。值得注意的是，为了保证自动化沉降测量的精度，要求同一通液区段内各仪器位置尽可能处在同一高度。因此，需高度重视支架安装前的抄平和放样工作，而且水准仪与通液通气管线需在同一水平线上。

（4）管线的安装

各硅压阻式沉降仪间使用液管和气管连接，液管和气管统称为管线。各台仪器间的液体通过管线进行联通，同时为了减小温度变化引起的误差，全段管线均用保温材料包裹。本项目将通液管及通气管通过管线扣件固定在箱梁腹板上。管线安装如图 5-129、图 5-130 所示。

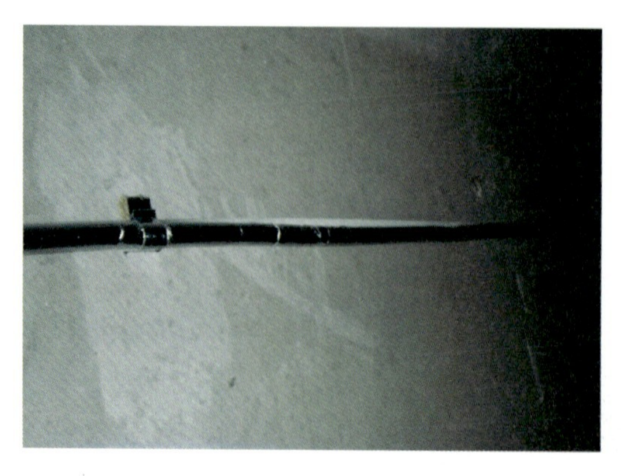

图 5-129　管线安装实例参考图

图 5-130　保温材料实物图

（5）设备箱的安装

设备箱一般固定在监测系统靠近基准点海拔较高的位置，见图 5-131、图 5-132。GPRS 天线固定在设备箱侧面，以避免有其他干扰。

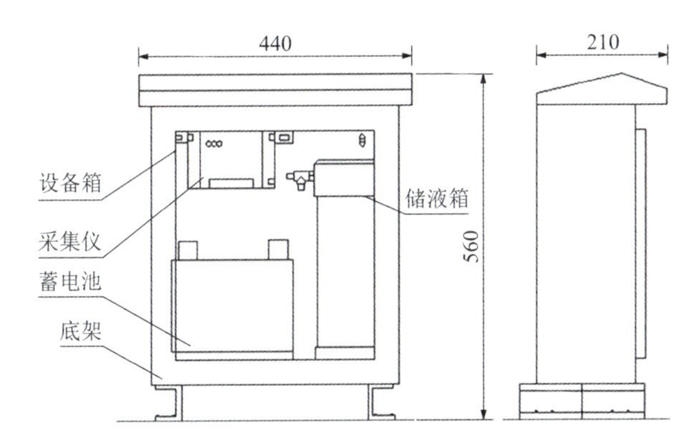

图 5-131　设备箱安装示意图（尺寸单位：cm）

图 5-132　设备箱安装实物图

（6）太阳能电池板的安装

太阳能供电安装于墩顶朝阳合适的位置进行固定。太阳能支架采用 M10 膨胀螺栓与桥墩连接，每个螺栓配置两个螺母，确保支架固定的牢靠。

（7）设备安全检查

所有设备安装完成后，需逐一对系统进行检查，确认所有仪器安装无误后，将现场清理干净。

（8）系统维护

由于该系统由硅压阻式沉降仪部分、数据采集传输部分、电源及配套部分和数据接收分析部分等四大功能模块组成，每个监测段安装若干套监测系统，共计 N 个测点。每套设 1 个基准点，使用 1 套控制模块、1 套通信模块和 1 套辅助模块。故当系统中个别硅压阻式沉降仪出现故障时，可进行独立更换，对整个系统不产生影响。

2）摄像头安装方案

本项目采用高速球形摄像头，带有夜视红外功能，红外有效距离 150m，具有防雷功能，电源接口4kV，通信接口和视频接口3kV，带三级浪涌保护，可耐一定持续高压，防护等级符合IP66 FCC CE并通过中国公安部测试标准，产品重量3.5kg。监测段落共布置7处视频监测点，分别布置C129号、D16号、D47号、D70号、D95号、D129号、D165号桥墩靠近京雄城际铁路施工一侧，在支持对现场视频影像的实时查看、回放，以便于结合现场施工情况对京雄城际铁路监测数据进行分析。

3）设备保护措施

（1）沉降监测设备通过仪器保护罩防护，并通过钢支架可靠连接于箱梁侧壁，保护箱外设置醒目警示标识，防止人员误碰造成仪器监测数据的波动。

（2）用于自动化水平变形的全站仪安装于进人孔的一侧，并设置醒目警示标识，防止人员误碰。

（3）用于自动化水平变形的棱镜通过粘钢胶固定于箱梁侧壁上，并设置醒目警示标识，防止人员误碰。

（4）当监测数据发生较大变化时，现场监测人员应第一时间核实测点位置是否发生误碰等情况。

5.8.4 监测成果分析

既有京沪高铁96～97号桥墩对应的新建桥梁情况复杂，最大承台24m × 39.3m，相邻墩间不均衡恒载达到3.1万吨，而同比一般双线桥梁的恒载仅为约0.2～0.4万吨。现场下部结构及支架搭设完毕后，京沪高铁96～97号桥墩差异沉降值最大，最大值达到2.89mm，接近橙色预警值。同时轨道动态检测数据显示，与之前相比，120m长波高低变化2.05mm，上行平均TQI由2.98变化为3.22；区段内各检测点单项值高低、轨向均存在变化。鉴于现场即将开展梁部的现浇施工，而后期需加载的梁部的荷载远大于已施工完成的荷载，因此极有可能发生红色预警，具有极大风险。

高架站桥连续梁上部结构全部采用支架现浇法施工。侧式、岛式站台梁分为5段现浇，3、4线单线（65 + 110 + 110 + 65）m连续梁及正线（65 + 110 + 110 + 65）m双线连续梁分别分为7段现浇，6线（80 + 80）mT构分为3段现浇，（50 + 94 + 50）m连续梁分为5段现浇。现浇梁分段及荷载大小如图5-133所示。

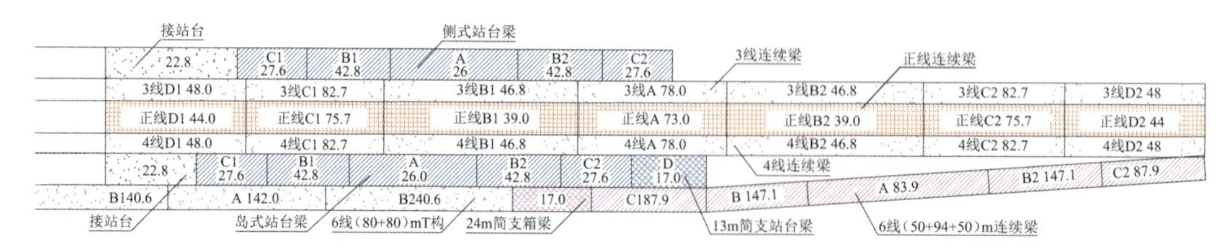

图5-133 高架站桥上部结构现浇荷载平面分布示意图

注：图中字母编号表示现浇梁节段编号，数字表示现浇重量换算得出的均布荷载值，单位为kN/m²。

计算后续上部结构施工对京沪高铁 D96、D97 桥墩沉降影响，结果如图 5-134 所示。由该图可以看出：在后续的现浇过程中，完成 4 线 B1 梁部浇筑之前，由于加载集中作用在 D96 桥墩附近，D96、D97 桥墩差异沉降呈现增大趋势，最大差异沉降值达到 4.89mm。在完成 4 线 B1 梁部浇筑之后，由于后续加载集中作用在京沪高铁 D97 桥墩附近，高铁 D96、D97 桥墩差异沉降呈现减缓趋势，最大差异沉降降低至 2.48mm。随后随着站台梁的施工，差异沉降值又有所增加，最大增加至 3.33mm。全部梁体施工完成后，施工二期恒载时，差异沉降值继续增加至 4.45mm，将超过红色预警值。因此，必须采取主动控制措施。

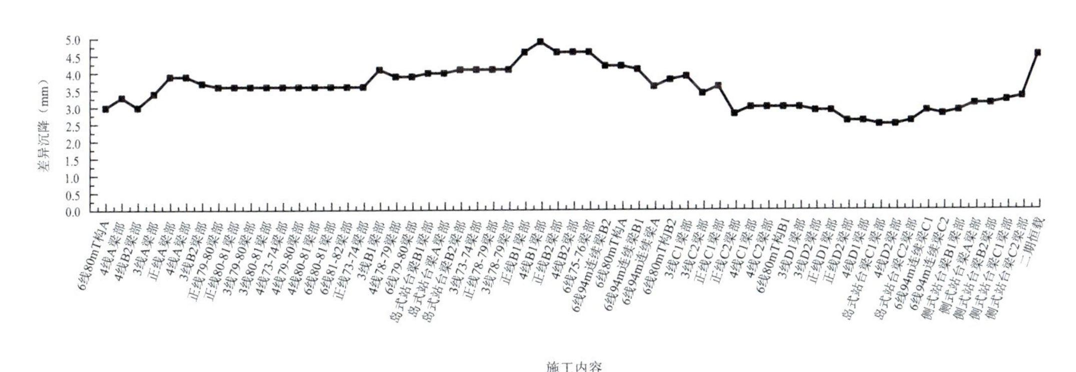

图 5-134　高架站桥上部结构现浇阶段京沪高铁 *D96*～*D97* 桥墩间差异沉降预测曲线

（1）平衡浇筑法

由图 5-134 可知，施工 6 线（50 + 94 + 50）m 连续梁对于京沪高铁 D96、D97 桥墩的差异沉降影响为负值，可减小两个桥墩之间的差异沉降值。经计算，建议将 6 线（50 + 94 + 50）m 连续梁 A、B1、B2 梁段的浇筑时机提前至 4 线 A 段箱梁浇筑之前，可将 D96～D97 桥墩之间的差异沉降峰值由 4.89mm 降低为 3.94mm，但仍将超过红色预警值，需要进一步研究其他方案。

（2）堆载配重法

为了控制京沪高铁的差异沉降值不超过红色预警值，在调整浇筑顺序的基础上，进一步提出堆载配重方案。该方案在京沪高铁 D97 桥墩附近适时采用预压块进行堆载配重，并根据监测数据调整堆载量，如图 5-135 所示。

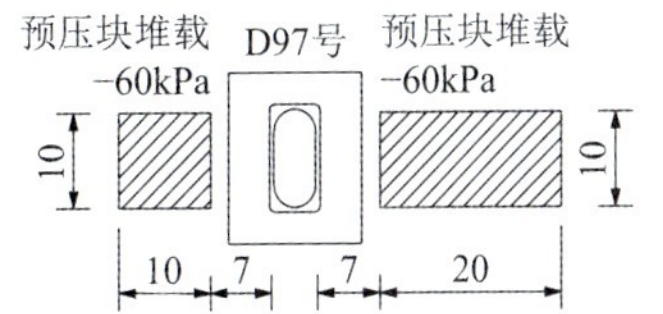

图 5-135　堆载配重方案平面布置示意图（尺寸单位：m）

经计算，堆载配重方案可使京沪高铁 D96～D97 桥墩的差异沉降减小 1.12mm，则后续施工全过程的最大差异沉降值可进一步减小至 2.82mm，低于红色预警值。

现场根据上述组合方案，对后续的浇筑顺序进行了调整，同时采用单块体积为 $1m^3$ 混凝土预制块进行堆载配重。加载共分为 3 次，随监测数据的发展趋势适时进行。监测数据显示后续梁体浇筑及铺轨等施工过程中，邻近的高铁桥墩差异沉降数据平稳，未发生超红色预警的情况。该高架站桥已于 2019 年顺利通车运营。

本章参考文献

[1] 何晓业. 静力水准系统的最新发展及应用[M]. 合肥: 中国科学技术大学出版社, 2010.

[2] 魏丽君, 唐冬梅. 静力水准仪测量精度的影响因素实验研究[J]. 工业仪表与自动化装置, 2022(06): 3-8.

[3] 李笑, 何晓业, 王巍, 等. 静力水准系统用于基准高差测量的研究[J]. 强激光与粒子束, 2022, 34(12): 110-116.

[4] 肖兴, 吴琪, 陈果, 等. 考虑温度效应的静力水准仪测试精度修正模型[J]. 仪器仪表学报, 2022, 43(08): 131-139.

[5] 陈果, 李波, 吴琪. 环境温度对压差式静力水准仪测试精度影响试验研究[J]. 南京工业大学学报(自然科学版), 2022, 44(01): 92-99.

[6] 孙丽, 王兴业, 李闯, 等. 基于等强度梁的新型双光纤光栅静力水准仪[J]. 光学学报, 2021, 41(14): 58-66.

[7] 李竹庆, 蔡德钩, 闫宏业, 等. 基于液位压差原理的高速铁路路基沉降监测技术研究[J]. 铁道建筑, 2020, 60(12): 78-82.

[8] 闫文吉, 陈红亮, 陈洪敏, 等. 硅压阻式压力传感器测量误差在线补偿方法研究[J]. 仪器仪表学报, 2020, 41(06): 59-65.

[9] 宋威. 基于中位数原理的高速铁路沉降自动化监测数据滤波方法[J]. 铁道勘察, 2016, 42(02): 9-11.

[10] 李保平, 潘国兵. 变形监测[M]. 成都: 西南交通大学出版社, 2012.

[11] 孔祥元, 郭际明. 控制测量学[M]. 3 版. 武汉: 武汉大学出版社, 2013.

[12] 黄声响, 尹晖, 蒋征. 变形监测数据处理[M]. 武汉: 武汉大学出版社, 2003.

[13] 武汉大学测绘学院测量平差学科组. 误差理论与测量平差基础[M]. 武汉: 武汉大学出版社, 2003.

[14] 王洪. 全站仪自由设站法精度分析及应用研究[J]. 测绘与空间地理信息, 2016, 39(04): 82-85,88.

[15] 赵振伟. 边角后方交会计算方法及精度分析[J]. 辽宁科技学院学报, 2010, 12(01): 16-17.

[16] 李丽, 法维刚. 全站仪使用中边角后交的几种计算方法[J]. 辽宁科技学院学报, 2009, 11(02): 38-39.

[17] 闻道秋. 测边和测角相结合的两已知点后方交会[J]. 东北测绘, 1998(02): 43-45.

[18] 徐正扬. 边角后方交会的精度分析及应用[J]. 解放军测绘学院学报, 1985(01): 1-13.

[19] 何名灯. 全站仪边角后方交会在水平位移监测中的应用[J]. 福建建筑, 2018(01): 83-86.

[20] 禚一, 王旭, 张军. 高速铁路沉降自动化监测系统 SMAIS 的研发及应用[J]. 铁道工程学报, 2015, 32(04): 10-15.

[21] 王旭. 长大干线高速铁路自动化沉降监测系统研究[J]. 高速铁路技术, 2017, 8(06): 68-73, 83.

CHAPTER SIX

第 6 章

邻近高铁立交工程研究展望

邻近高速铁路立交工程
关键技术研究与实践

RESEARCH AND PRACTICE ON KEY TECHNOLOGIES OF
ADJACENT HIGH SPEED RAILWAY
INTERCHANGE ENGINEERING

邻近高速铁路立交工程
关键技术研究与实践

RESEARCH AND PRACTICE ON KEY TECHNOLOGIES OF

ADJACENT HIGH SPEED RAILWAY INTERCHANGE ENGINEERING

邻近高铁立交工程已开展大量的实践，积累了宝贵的经验，同时在过去的十余年里，邻近高铁立交工程理论和方法的研究也取得了很大发展，人们对邻近高铁立交工程的认识也逐步深化，但针对邻近高铁立交工程的需求，目前仍存在进一步研究和提升的空间。

6.1 存在的问题

6.1.1 邻近高铁立交工程影响控制标准

邻近高铁立交工程对既有高铁的变形影响控制标准直接关系到工程标准或工程措施，也关系到邻近高铁立交工程的投资。变形影响控制标准需要综合历史沉降、结构安全性、线下结构变形、轨道平顺性等综合因素确定。目前仍以线下工程的变形为主要控制因素，尚未考虑与轨道变形的映射关系，因此实践过程中采用了较严格的变形控制标准。

6.1.2 邻近高铁立交工程全生命周期变形影响

在施工期间，基于静力的工程降水、开挖等对既有高铁影响的分析理论及方法已有较为成熟的技术手段，但邻近的破桩施工、碾压施工等振动荷载对既有高铁的动力影响分析目前研究仍然较少。

在运营期间，新建立交工程改变了原有地应力场及地下水的分布，将对既有高铁的变形产生影响，在深厚软土地区，上述变形影响无法在施工期全部完成，将延续至运营期。此外，在运营期公路车辆与高铁列车的振动耦合效应还需进一步研究。

6.1.3 邻近高铁立交工程低扰动施工工艺

邻近高铁立交工程钻孔灌注桩、管桩、旋喷桩等基础及防护施工会对既有高铁基础产生扰动，此扰动量无法用理论分析的方式获得，且离散性较大。为了减少扰动，采用控制桩基与既有高铁基础距离的构造方式，增加了上跨桥跨径，减小了下穿桥的净宽，因此需进一步研发体积较小、布置灵活、扰动量低的施工工艺及装备。

6.1.4 邻近高铁立交工程智能监测与施工控制系统

当传感器数量较多时，由于自动化监测系统规模增加引起整体故障率几何指数上升，基准点变化、现场遮挡、传感器故障等问题的解决需要较多人工干预，因此自动化监测系统尚未实现真正意义的无人化，同时尚未形成基于可靠度的自动化监测系统设备、设计、安装、集成标准体系，从而制约了进一步的智能控制技术发展。

6.2 研究展望

邻近高铁立交工程是我国基础设施建设的重要组成部分，不断提高设计、施工、评估、监测和施工控制技术水平可进一步提升发展效能。随着《交通强国建设纲要》《国家综合立体交通网规划纲要》《加快建设交通强国五年行动计划（2023—2027年）》的出台，邻近高铁立交工程将迎来更大的机遇和挑战，因此需在以下方面进一步开展邻近高铁立交工程的相关研究：

（1）深入开展邻近高铁立交工程设计施工新技术研究。开展邻近高铁桥梁新材料、新工艺、新结构、新装备研究，进一步开展既有高铁桥轨协同变形控制标准研究。

（2）进一步开展邻近高铁桥梁施工风险定量评估和既有结构影响精细化仿真技术研究，开展土体参数、软土时空效应、桩土界面、压缩层厚度等方面的理论研究，开展深厚软土地区高铁立交工程长期耦合变形影响研究及动力影响研究。

（3）开展大规模高频实时监测系统的可靠性、耐久性、健壮性研究，进一步提高非接触式自动化监测方法及系统的精度和全天候适应性，进一步减少接触式自动化监测方法及系统的实施成本；开展自动化监测传感器测试与标准研究，进一步深化梁轨变形相关性监测试验研究。

（4）进一步开展基于数据驱动和人工智能算法的邻近高铁桥梁变形影响施工监控技术研究。基于目前海量的监测数据，结合深度学习等人工智能算法，研究邻近高铁桥梁智能化施工控制技术。